歷史與現場 88

陸鏗回憶與懺悔錄

陸鏗／著

ISBN 957-13-2334-9

▲年輕時的楊惜珍。

▲1943年7月18日在重慶與楊惜珍結婚。

▲陸鏗全家福。（後排左四為四女南軍）

▲76歲的楊惜珍在美國與大兒子可望全家。

▲1986年可人與馬來西亞小姐在紐約結婚。(右二陸鏗、右三楊惜珍、左一三女南達)

▲好不容易在美國賓州養老院找到了恩人李惟果。

▲陸鏗的老師、三四十年代中國在國際上最著名的記者趙敏恒和夫人謝蘭郁。

▲1948年于右任競選副總統失敗後，攝於南京寓所。(左起劉問渠、陸鏗、卜少夫、樂恕人)

▲1941年和丁中江（右）參加陪都記者自貢訪問團，站在自流井的鹽包上留影。

▲1948年南京《中央日報》新聞研究班結業。(中爲三陳：陳果夫、陳立夫、陳布雷)

▲抗戰時期政校同學集會重慶南泉，與戴傳賢、陳果夫合影。（右一馬星野、右三陸鏗）

▲1947年與于右任、邵力子（右三）在南京郊遊。（右二陳丙一、右一樂恕人）

▲1948年在南京設宴歡迎謝壽康夫婦，由于右任、張厲生、王世杰、謝冠生、張道藩、劉文島、桂永清等作陪。

▲蔣介石夫婦送別馬歇爾。（後立者爲陸鏗）

▲1945年9月在巴黎盟軍統帥艾森豪威爾總部的四個戰地記者。（左起毛樹清、陸鏗、樂恕人、余捷元）

▲蔣緯國與石靜宜。（陸鏗攝於徐州）

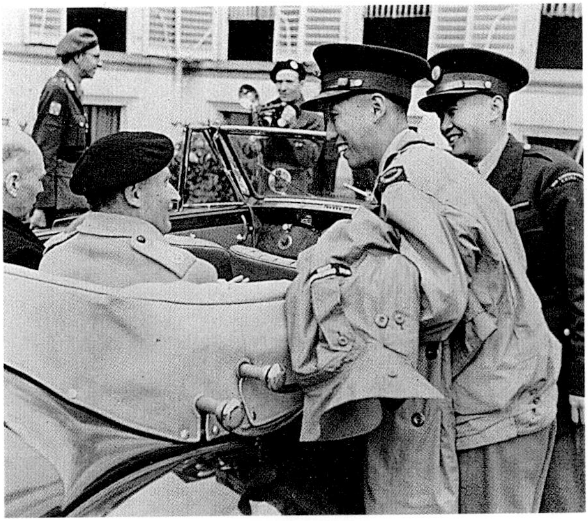

▲與毛樹清在阿姆斯特丹巧遇蒙哥馬利元帥。

▲在巴黎與《法蘭西晚報》的女記者。

▲1947年2月參加中國記者團視察戰後廣島。

▲一別45年後重訪波茨坦，特別到當年美、英、蘇三巨頭會議廳憑弔。

▲1945年11月1日給茶花女墓獻花。(右起陸鏗、徐兆鏞、樂恕人、丁垂遠)

▲1945年陸鏗與樂恕人擔任駐歐戰地記者。

▲1945年在英國牛津大學校園。

▲1947年參加中美通航訪問白宮。

▲1948年應閻錫山（中）之邀率領首都記者團訪問山西。

▲1948年5月率首都記者團訪問北平，在北京電影製片廠與影星陳燕燕（中）、謝添（右二）及團員。（左後三起林家琦、李蔚榮、漆敬堯）

▲陸鏗與一些民主人士在雲南昆明收包穀。

▲雲南二監之「圖書室」爲陸鏗所題。

▲中國大陸戲劇家協會副主席、京劇名旦關鷫鸘。

▲重慶政校同學張淑寶。

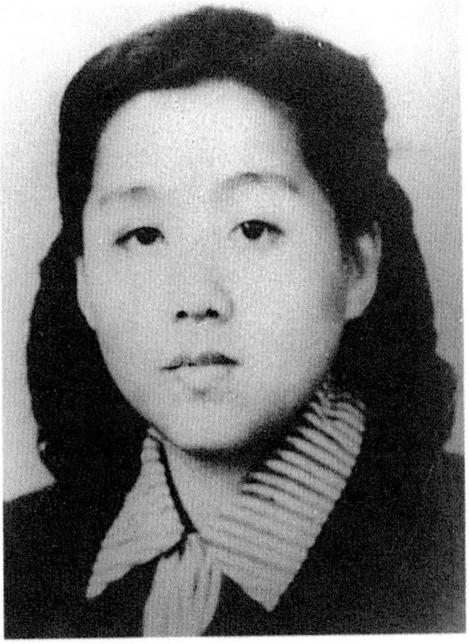

▲備受苦難的陸鏗胞妹陸敬賢。

▲陸鏗的三個兒子：可望、可信、可人。

▲李廣平和陸鏗的三個孩子，可望、可信、南達。

▲在東京朱世明墓前嚎啕大哭。

▲1987年與李香蘭東京重逢。

▲1980年陸鏗在香港重逢蕭乾。（右起胡金銓、蕭乾、胡菊人）

▲接受許芥昱教授邀請在舊金山州立大學講毛、周、鄧。

▲與李荊蓀夫人方佩倩爲李荊蓀掃墓。

▲陸鏗歡迎王丹鳳，促成左中右文化人共聚一堂。

▲1979-82年在香港中文大學教授採訪學，與部分學生合影。

▲1981年8月在哈佛大學費正清中心演講，與費正清合影。

▲1986年11月1日爲唐德剛（右）和夏志清（左）和解。

▲伍集成、伍宗琳父女和龍繩文等雲南同鄉歡聚於香港。

▲陸鏗、崔蓉芝拜會梁漱溟。

▲與徐復觀攝於蔡元培墓前。

▲1992年6月29日台北重逢張群。

▲陸鏗爲維護黃少谷清譽，與于衡不打不相交。

▲半世紀老友團聚台北。（右起蔣緯國、陸鏗、丁中江、衣復恩）

▲與大特務沈醉因同「窗」而成好友。

▲1993年與新聞界友好歐陽醇等會於台北。

▲1993年6月20日中國大陸三名人（左起許家屯、胡績偉、李銳），聽陸鏗談展望大陸新聞自由。

▲1985年5月10日在北京中南海訪問胡耀邦。

▲1985年5月8日在北京人民大會堂台灣廳會見鄧穎超。

▲1985年5月在上海訪問汪道涵。

▲1985年7月24日與李鵬（右）、姬鵬飛（左）會於華府。

▲1985年在紐約訪問中國大陸國防部長張愛萍。

▲1983年與台獨元老郭雨新 會於華府。

▲許信良在洛杉磯辦《美麗島》，鼓吹革命，接受陸鏗訪問。

▲與康寧祥（右）和新亞洲文化基金會主席范止安在台北。

▲在紐約與美國前駐華大使洛德夫婦。

▲與劇作家吳祖光攝於北京。

▲與司馬文武在美國。

▲陸鏗與卓以玉教授。

▲出席中國留美學生學者第一屆代表大會，與美參議員塞孟和嚴家其攝於主席台上。

▲參加中國民聯二次代表大會。（左一戈揚、左三劉賓雁、左四陸鏗、右一劉千石、右二阮銘）

▲1992年4月與黃雨川、徐東濱分別頒1991年傑出民主人士獎給陶百川、吳宏達和香港民主黨（由何俊仁代表接受）。

▲與劉賓雁夫婦在普林斯頓。

▲1989年9月與嚴家其、高皋巴黎重逢。

▲在北京方勵之、李淑嫻夫婦家中。

▲顧毓琇先生考證蘇州顧陸遺跡猶在。

▲1992年與許家屯在洛杉磯討論許氏〈和平演進〉文章。

▲1991年8月在洛杉磯和崔蓉芝爲許家屯祝壽。

▲與著名經濟學家千家駒、梁漱溟之孫梁欽東攝於洛杉磯。

▲與國民黨第一尊大炮黃宇人攝於加拿大。

▲曾敏之（右一）在港送行，朱啓平、孔文梅與張文達作陪。

▲陸鏗與焦仁和就兩岸關係漫談。

▲陸鏗與李志綏（中）、戴鴻超在洛杉磯。

▲參加第三屆兩岸三地新聞研討會。左起潘煥昆、葉明勳、陸鏗、袁睽九、王鴻鈞。

▲1993年冬訪張學良於台北。

▲接受霍英東贈送其企業在廣東開發新市之畫冊。

▲兩岸三地文化界人士聚首。（右起潘耀明夫婦、薛曉光、龔小夏、戴晴、樂黛雲、金觀濤、劉青峰夫婦、湯一介、陸大聲）

▲與張佛千、張玉法、劉紹唐、曾永義、袁暌九等人歡迎余秋雨（右一）。

▲陸鏗對李遠哲說：「2000年閣下可能會當總統」。

▲與柏楊、張香華、崔蓉芝在台北。

▲與世界級考古學家張光直在台北南港。（中為張教授助理胡家瑜）

▲綺色佳追蹤李登輝與各報記者合影。

▲李登輝在康大校園石橋上大聲說：「陸先生你怎麼來了」。

▲1996年兩岸關係緊張時與友人訪問金門。

▲在企業家戴一義（左二）帶領下，與阮銘、卜大中、崔蓉芝參觀台塑六輕看抽沙填海。

▲參加紀念雷震百年冥誕。（左起陳宏正、聶華苓、殷海光夫人、陸鏗、程績寬）

▲星雲大師和陸鏗在美國西來寺用寶劍切蛋糕。

▲陸鏗與達賴會於洛杉磯。

▲與證嚴法師談禪。

▲70壽誕，接受美聯邦衆議員Marthew G. Martiney致贈「美國之友」表揚狀。

▲1978年在香港浸信會受洗。

▲在敦煌騎駱駝。

▲陸鏗70大壽與崔蓉芝。

▲黃昏之戀：陸鏗和崔蓉芝。

實大聲宏・性眞情切

——歷盡滄桑一記者

楊國樞

陸大聲兄的大名久已如雷貫耳，但眞正認識則是最近幾年的事。這一年來，大聲兄在中央研究院學術活動中心面對青山，埋頭撰寫回憶與懺悔錄，見面的機會便多了。大聲兄爲人樸實坦誠，交往的年代雖然不長，但我對他倒有老朋友之感。《陸鏗回憶與懺悔錄》出版在即，大聲兄命我作序，便覺無可推託了。

大聲兄是一位性情中人。他爲人處世率眞誠懇，實話實說，毫不矯揉做作。他是雲南人，從小生長在湖北（襄陽），但聲音宏大、容貌厚實、體型高壯，頗類燕趙之士。于右任本「實大聲宏」之義賜號「大聲」，可說良有以也。他喜歡交朋友，且能見眞情、講義氣，別人很難抗拒和他論交，成爲敵人更是不易。他交友不拘一格，三教九流無所不親，朋友遍及新聞界、輿論界、政治界、學術界，而且友情久而彌堅，不因久不見面而磨滅。

作爲一個人，大聲兄最令人感動的一個特點，就是他的「無可救藥的樂觀主義」。他坐過國民黨的大牢，也坐過共產黨的大牢，前後共有二十二年，時間不可謂不久，但長期的慘痛經驗似乎並未在他心中留下什麼傷痕。他的人生觀好像並未產生負面的改變，他還是那麼樂觀，那麼積極。這種根深柢固的樂觀主義，不只是胡適有，陸鏗有，而且是大多數自由主義者所共有。政治、經濟、社會等方面的改革，自由主義者之所以偏好漸進的改良主義，便是因爲他們在性格上具有這種「無可救藥的樂觀主義」。眞正的自由主義者只有暫時的悲觀，不會長久的喪志；只有暫時的消極，不會長久的沉寂。他們受到了重大的挫折或打擊，經過療傷止痛的過程，又會重振精神，再度樂觀而積極。

作爲一個人，大聲兄是一位無可救藥的樂觀主義者；作爲一個記者，他是一位堅忍不拔的自我實現者。正因爲前者，才能成其爲後者。在五十八年的漫漫成人歲月中，他既未從軍，也未從政，更未從商。他歷經種種橫逆，忍受重重苦難，終能堅守記者的信念和職志，卓然成爲一位令人欽佩的名記者。從本書所記述的衆多事蹟看來，大聲兄之所以能在強大的政治壓力下堅守記者的信條，能在長久的監禁中屹立不搖，主要是因爲記者的工作不只是他的「職業」，而且是他的「志業」。記者的工作既是他的志業，乃能在其中安身立命，久而久之，記者的工作就和他的生命、生活合而爲一，再也難分難解。大聲兄五六十年的記者生涯，毫無疑義的見證了一件事：他的自我生命已經在記者的志業中獲得了無可替代的實現。就這個意義而言，大聲兄可以說是一位眞正的自我實現者。在社會的現實環境和條件下，一個人能成爲一位自我實現者，便算是不虛此生。

在漫長崎嶇的記者生涯中，大聲兄已經通過了種種嚴酷的考驗，彰顯了他對新聞工作的熱愛，對新聞自由的堅持，爲記者的社會角色樹立了突出的典範。年輕的記者們若能細讀本書，必可心領神會，學習到很多寶貴而難得的經驗。

大聲兄的這本大著，不僅記述了他的爲人、他的志業，也記述了他與衆多歷史人物的交往事蹟和訪問內容。在過去五六十年中，大聲兄直接接觸或訪問的歷史人物甚多，如蔣介石、胡適、于右任、張群、徐永昌、杜聿明、孫立人、盧漢、邵力子、陳布雷、周恩來、胡耀邦、鄧穎超、馬歇爾、司徒雷登，甚至與其中不少人維持長久的友誼關係。由於工作上的方便，新聞記者常能看到或聽到一般正式記載中所未曾涵蓋的事情。例如，書中詳述一九四九年四月一日他奉陳布雷和陶希聖之命，通知胡適本人國民黨願推薦他爲總統候選人的經過，並接受爲胡適撰寫候選人小傳的任務，情節頗爲細膩動人。這一類有歷史意義的記述，書中時有所見，都值得治史者參考。也就是說，這本書包含了很多有關史實的記載，值得對中國近代史有興趣的人士仔細閱讀。

以上是我閱讀大聲兄回憶錄部分的感想。至於懺悔錄部分，主要涉及大聲兄的感情生活和家庭生活，我就不便置喙了。我只想藉此機會向大聲兄及其家人祝福，希望他們能在歷盡大時代的苦難之後，勇敢的繼續追求自己的夢想，締造新的人生境界。

永遠奔馳中的野馬

司馬文武

把陸鏗關在南港中央研究院自寫回憶錄，好像一隻森林裡的老虎突然被關在柵欄裡面，朋友們都覺得有點殘忍，也不大相信他眞的能夠如期寫完。因爲陸鏗的精力太充沛，活動力太強，誰也栓他不住。果然，他經常找藉口往外跑，不過，這些藉口都有堂皇的外衣，因爲都跟新聞有關，一聽到新聞，陸鏗似乎就不顧一切地往外衝。然後又乖乖地回來。在孤燈下，振筆疾書，龍飛鳳舞地如期完成他一生的懺悔錄。這種專業的工作紀律和他的野馬精神，伴隨他長達五十八年，至今仍然站在採訪前線，每碰到新聞，還是莫名亢奮，眞是海峽兩岸第一人。

鄧小平去世當天午夜，他連續打了三次電話才聯絡到我，告訴我這個大新聞。碰到這種大事，他幾乎壓抑不了他的亢奮，接連幾天，不是寫稿，就是接受訪問，每天睡不到三小時。歲月在他頭上留下白髮，但似乎並未在他心理上和精神上留下痕跡，他仍像一匹不停奔馳的野馬。

我讀過許多歐美老記者的回憶錄，他們的經歷令人羨慕，但他們太幸福了，不只可以結交權貴，到全世界各地自由採訪，退休時還過著社交名人生活。台灣和大陸記者從來沒有這樣好命。陸鏗別號大聲，但以前在國共兩黨的共同壓迫下，坐了廿多年政治牢，一生飄泊，雖然相交滿天下，但卻只能勉強靠稿費爲生。兩袖清風，幾無身外之物，與歐美專業記者富裕的生活，無法相提並論。

近代中國大陸出現不少傑出記者，尤其在對日戰爭前後。不過，他們在戰亂的政治漩渦中，逐一淹沒了。任何一位有良心的記者，都無法對不義的社會，長期保持超然與客觀的態度，因此早晚必定被捲進去，他們在國共鬥爭的夾縫中，根本無法找到新聞記者的生存空間，他們被迫選擇立場。結果他們的命運可想而知。

留在大陸的記者，如果不是參加共黨的文宣隊伍，就是被鬥被整被關被殺，幾乎無一倖免，陸鏗即在大陸坐牢廿二年。逃來台灣的，上焉者改行不問政治，中焉者寄身新聞學界，或者寫風花雪月的人情文章。下焉者甘爲文宣打手；壓制新聞自由，忘了自己是誰。而台灣在日據時代，本來也有一些記者，但剛要發芽即被壓死，沒有成長的機會。

因此不論大陸或台灣，都看不到專業記者的典型，記者缺乏職業尊嚴，找不到眞正以新聞工作爲終身職志的資深記者。尤其是對兩岸的政治，都能保持密切的關心，而且思想仍能趕上時代，頭腦仍然清楚的，看來看去，只有陸鏗。

十五年前，我在主編黨外雜誌的年代，即開始向從大陸跑去美國不久的陸鏗要稿，他一口氣爲《八十年代》（一九八二年十二月）寫了三篇文章。一、作蔣經國鄧小平的客——邀訪李漢魂將軍夫人。二、訪問中共駐美大使柴澤民。三、訪問台灣駐華府地下大使蔡維屏。這是他首次幫台灣的媒體寫稿。

雖然他於一九八一年曾經來過台灣，但後來數度申請均未能獲准。因爲他那次在台言行留下「不良記錄」。這次他為我們所寫的文章，更觸怒當局，尤其那篇把蔣經國和鄧小平相提並論的文章，在當時相當犯忌。但是，好戲還在後頭，因為不久他又應我們的建議，寫了一篇〈請蔣經國先生不要連任總統〉的文章，希望他專任黨主席，這下子更不得了。情治單位都認定他是中共派出來的間諜，對台負有特殊任務。

他在美國訪問中共駐美大使和國防部長，又到大陸訪問許多要人，交遊廣闊，台灣懷疑他有政治背景，這在當時是很容易理解的。尤其是大家從沒有看到一位七十多歲的人，仍然這樣跑來跑去，很少人相信他只是一名專業記者。

他為人熱誠坦率，很容易贏得信賴，但他訪問要人也有許多訣竅，有時故意讓人「跑馬」，再想辦法把他拉回來，胡耀邦就因為這樣而不由自主的講了許多自己會後悔的話。他人情練達，很懂得從對方的角度看問題，所以即使很尖銳的題目，也會很自然地被引導出來，這是資深記者的看家本領。

陸鏗講理重義，當年他是《新聞天地》的發起人之一，這批老朋友，後來雖然政治立場互有遠近，但他仍然把政治和友誼分開來看。他曾為繫獄十多年的老報人李荊蓀的冤案與時任總政戰部主任的王昇據理力爭。對於他所認識的黨外朋友，不論得意失意，他都一樣地熱情。他的朋友遍佈各地，其來有自。

他靠跑新聞和寫稿為生，每天奮筆疾書，不論客廳、餐廳，不論噪嘮安靜，他為稿債所逼，憑著驚人記憶力和過度的好奇心，他搜集資料，尋找新聞題材。那種鍥而不捨，天涯海角也要追蹤到底的緊迫釘人功夫，很少人能夠加以抗拒。這種獨立自由的工作，需要堅強的意志。他那野馬般的性格，老虎般的生命力，配合這種工作紀律，構成波濤起伏的一生。

他早年為了新聞工作而不顧家庭生活，晚年又為了愛情而拋妻別子。他的記者生涯有寫不完的故事，他的感情世界有太多的懺悔。這本書所寫的可能只是其中一小部分。

這位始終站在採訪前線，努力超越自己，把所有生命投注在新聞工作的前輩，其實也是在為新一代的新聞工作者披荊斬棘，努力建立專業記者的尊嚴，讓大家以後不需要在政治夾縫中求生存。

目錄

實大聲宏・性眞情切……楊國樞 1
永遠奔馳中的野馬……司馬文武 5
永葆樂觀與拒絕死亡——代序 001
没落門第説家世 009
漫天烽火歸故里 022
抗日歌聲響邊城 030
當兵走上新聞路 035

中國最早的廣播記者　043
歐洲戰地記者行　051
《中央日報》歷盡滄桑　092
宣佈徐永昌失蹤　101
隨蔣介石東北行　108
馬歇爾八上八下盧山　117
到日本做麥帥的客人　131
韓國復國面貌一瞥　146
破壞了朱世明、李香蘭的戀愛　150
揭發孔宋貪污與蔣公直接衝突　159
奉命通知胡適博士做總統候選人　181
影響半生命運的山西行　201
金陵王氣黯然收・蔣介石于右任離京　214

廣州封報捕人，大聲幾乎送命　223
永懷于右老・草書慰國魂　234
自投羅網回昆明，不要收條坐大牢　246
春城看守所生涯　261
打下十八層地獄　271
大特務才子沈醉談殺人　291
雲南易幟經過和國軍攻昆失利　303
獄中性飢餓與色膽包天　314
大殺人時差一點就被送上刑場　319
妹夫之死和胞妹被鬥——兼談雲南小台灣和龍雲　330
被劃爲「親美反蘇極右份子」　336
「文革」我藏「保險箱」　349
空軍英雄的受難　364

紅色政權下的戀愛悲劇　376
回歸自由，三撞鄧小平　396
記平生最不愉快的「合作」　411
艱辛備嚐說《百姓》　425
胡耀邦接受訪問，陸大聲一言喪邦　436
老記者、名作家蕭乾評〈訪胡記〉　456
會見鄧穎超・回想周恩來　458
千古奇冤李荆蓀　470
談起海外民運我傷心　481
和星雲大師結緣　494
義助許家屯再上黑名單　509
緯國夫人被毒死・章亞若遭同一命運　522
楊惜珍醫生和我們的五個兒女　529

八個女性的故事 545
和崔蓉芝的黃昏之戀 577

附錄：友直談大聲

新加坡大書法家潘受先生詩評陸大聲…… 590
永葆樂觀的陸大聲……………千家駒 593
大漢不歒是個寶……唐德剛 595
老虎記者……胡菊人 612
陸大聲——闖蕩江湖的好漢……冒舒諲 618
陸鏗．陸大聲……卜少夫 622
肝膽相照．道義相許……丁中江 624
體健．膽高．腦強．聲大……徐佳士 628
粗中有細，有膽有識……龔選舞 630

我看陸大聲嚎啕大哭……劉賓雁　647
長幼之誼・情同兄弟……梁欽東　654
後記　659

永葆樂觀，拒絕死亡

——代序

我一生以新聞記者爲職業和事業。自一九三九年開始從事新聞事業至一九九七年，五十八年的經歷可以概括爲：記者——犯人——記者——犯人——記者——犯人——記者；既坐過國民黨的牢，又坐過共產黨的牢。出獄來到海外後，一九八二年因寫了一篇〈建議蔣經國先生不要連任總統〉，遂上了國民黨的黑名單，時間長達八年。直至一九九〇年才走下台灣的黑名單。緊接著因在新華社香港分社社長許家屯先生赴美時，幫了一點忙，一九九一年被中共中央文件第三次點名（按：因訪問胡耀邦曾在一九八七年被中共中央文件點名兩次），並被列入中共黑名單。一個人既坐兩邊的牢，又上兩邊黑名單，可謂百年難逢之異數。

一九九六年七月，台北紀念雷震先生百年冥誕，許信良以民進黨主席之身宴請與會者。席間，朋友們談起我的遭遇，有人說：「會不會坐民進黨的牢」，許信良連稱：「不會，不會！」而從民進黨主席特別助理陳文茜小姐詭魅的淺笑中，我感到也難說。

答李政道夫人問

還記得是一九八三年的事，在紐約，數理邏輯專家王浩教授請客，文學家陳幼石那時還是他的太太，燒得一手好菜。客人除我外，還有李政道伉儷、戲劇家吳祖光和舞蹈家江青等。

席間，李政道太太對我說：陸先生，我有一個問題想請教你，你坐了那麼長時間的牢，怎麼還會是這個樣子？我說：我理解你的問題，按一般的想法，一個人長時間坐牢，一定是弄得「壯心與身退，慘慼非朱顏」，說話不敢大聲，甚至見人不敢抬頭。而我卻若無事然，仍大聲談笑。問題的關鍵，我是一個記者，記者多半是海闊天空。我生就一個樂觀的性格，加上新聞迷，凡事想得開。我曾對香港中大新聞系的學生舉例，一九五一年在中共搞大鎮壓運動時，我主要考慮的問題不是死亡，而是：如果我被殺，新聞標題怎麼做？因爲我當時被指控的罪名是代表閻錫山接收雲南，又是雲南人，又在盧漢易幟所謂「起義」後，專機飛昆明。殺我的時候，看熱鬧的人一定很多。我考慮了半天，終於想出一個題目：「萬人爭看殺陸鏗」。自己滿意極了，暗暗得意了兩天；而那時同監房的人都籠罩在死亡的陰影下愁眉苦臉。

廿二年怎麼過來的？

後來在很多場合，都有朋友問我，直到最近在台北南港還有朋友提出問題：廿二年呀！你怎麼過來的？

我怎麼過來的？恢復自由已經廿一年，來到海外自由地區也已經足足十八年了，還沒有系統地小結這個問題，在《回憶與懺悔錄》快殺青之時，似乎應該有個答案。

通過簡單的思考，得出了簡單的結論，就是八個字「永葆樂觀，拒絕死亡」。作爲一個基督徒，當然懂得生死操之於上帝，而非操之於個人。我憑什麼拒絕死亡呢？

憑什麼拒絕死亡

回顧一下廿二年的獄中歲月，主要是依靠五個東西：

一、與暴君作健康比賽，一定要活過毛澤東，不能比他早死，一定要比他晚死。無產階級專政制度下獨裁者的死，必然帶來政局的變化，而政治犯的處境，也必然隨政局的變化而變化。當然，以生活條件論，一個天上，一個地下，根本不能比。但應看到自己的優勢，第一，比他年輕，時間在自己方面；第二，毛生活條件優裕，但他自己糟塌也很厲害，自己關在監獄，被迫清心寡欲，也是長壽之道；第三，自己心裡有上帝，心裡有平安；而老毛單是殘害百姓，誅殺功臣，心裡就無平安；第四，要看到自己是站在正義的一方，是被迫害者；而老毛是站在邪惡的一方，是迫害者。從歷史發展看，正義必走向光明，而邪惡必歸於滅亡。

二、要能適應最艱難的環境，學會絕處逢生，本著好死不如賴活的原則，決不自殺。而且要善於自我陶醉，自得其樂。

比如我曾長期單獨監禁，與外界絕對隔絕，這是中共對於他們認為問題嚴重而又不肯交代或交代不清的囚犯的一種懲罰。一個監舍分六個監房平列，面對一扇高牆，留有一個約四公尺寬、廿公尺長的小院，供單獨監禁犯人每人每日洗馬桶兼散步半小時。我就充分利用這半小時，把馬桶沖刷的乾乾淨淨，並抱著馬桶以舞步讓桶底對著驕陽與人同享陽光普照。

再比如，天天看陽光破窗而入也是一種享受，一條金線，由短變長，由細變粗，到正午金光灑滿監房，精神自然為之一爽。正午過後，陽光又由粗變細，由強變弱，最後慢慢告別。日積月累，承陽光之關照，到後來已達到看陽光比用錶還準。一看陽光照到什麼角度，知道該吃早飯了，馬上就聽到衛兵叫「開飯」，不禁拍腿叫絕，蓋無案可拍，只能拍腿也。

坐牢前享受陽光，認為天經地義，沒有什麼感覺，坐牢後才曉得陽光實在是人類的救星，它絕對大公無私，它照耀皇帝，也照耀犯人。

還有一例，對中國文字的奧妙也是單獨監禁體會出來的。因為當時不准有任何活動，只准定定地坐著反省自己的所謂「罪惡」。終於發現為什麼要叫坐監，而不叫站監、臥監或睡監，原來監本來是要坐的。

雖然是小小的發現，也帶來了樂趣與滿足。

三、借單獨監禁，心靈眞空，藉而回顧自己的人生歷程，也是「千載難逢」的良機。因為平日忙得要死，根本不可能有反思機會。現在坐下來了，回首人生歷程，覺得有些遭遇，似乎不可思議，但卻可以摸索出一條必然的發展規律來。雖然必然中有偶然，但偶然在一定程度上又反映必然。就拿我橫衝直闖、一直闖進監獄的過程看，看起來是偶然的因素，冷靜思索分析，這正是我天不怕、地不怕、自恃有膽有識、逞強行險僥倖的必然結果。正所謂「久走夜路必然遇鬼」是也。

老子有言：「禍兮福之所倚，福兮禍之所伏。」在我身上也屢次應驗。比如，揭發孔宋，看起來是禍，結果是福，至少堅定了為新聞自由奮鬥一生的志節。再如，董顯光先生遠在一九四九年底就任命我為中國廣播公司副總經理，如我不是回昆明坐牢，而是到台灣履任，看起來是福，但以我的個性、作為，在白色恐怖的年代，勢非送命不可，其慘況可能比沈元璋、李荊蓀還慘。也是一項意外的收穫。

四、要善於魂飛天外，想過去的快事、樂事、好事。豈不聞：「重門不鎖相思夢，隨意遶天涯。」單獨監禁是與外界絕對隔絕的，什麼東西都看不到。有一天忽然收到家裏送來的一瓶魚肝油丸，使我眼睛突然一亮：原來已經一年多沒有看到任何字了。感到藥瓶上的每個字都是那麼美麗。平時誰會欣賞小小藥瓶上的字呢？可這個藥瓶上的字，我反覆看了好多天，從中發現倉頡之可愛。並連想到黃帝，因而魂飛天外矣。

五、抓住機會，進行反攻，實事求是，不編假供。

一九六〇年正是中共對外宣佈所謂三年自然災害最重之一年。光是安徽一省就餓死六百萬人，這是我出獄後聽到的。

那時，連管監獄的幹部都吃不飽肚子，更不要說犯人了。最高的營養是每人每兩天配給一小碗「小球藻」，也就是獄方建了幾個大水池養青苔煮水給犯人喝。而經常有犯人餓死，已經不是秘密。

在一九五八至六〇年第二次單獨監禁的兩年中，我只吃到兩隻煮熟了的雞蛋。還是家人向雲南省公安廳第八處（管審訊）處長胡殿斌苦苦哀求於中秋節日獲准送入的。因為太難得了，所以我連蛋殼一起吃下去。在心理上這兩隻蛋被我視為「上帝要我繼續活下去的一種啓示」。（「文革」中胡被誣為假共產黨員，憤而自殺，不知是否與這兩隻蛋有關。）

一九六〇年的一天我正餓得發昏的時候，突然叫提訊，被帶出監房走到獄部的一間會客室裡，一位個頭很大、服裝整齊的幹部翹著二郎腿，靠在一個單人沙發上抽香煙，他見我進去，就從口袋裡掏出香煙盒遞給我一支煙，我說：「不會，謝謝！」看樣子，此人不是一般幹部。

他馬上帶著笑臉說：「在國際上走的記者，那有不抽煙的，別客氣了。」

我說：「真的不會，不是客氣。」

他問：「最近怎麼樣？還好嗎？」

我衝口而出地說：「不好！餓得要死。」接著我抓住機會抗議：「發生自然災害，全國都吃不飽，我沒有話可說。但你們強調的是改造，既然改造，為什麼連馬列的書都不給看一本，恐怕太過份了。」

他說：「你現在的情況是問題沒有交代，或者說交代不清。不過，看書不是問題，可以考慮。」接著從口袋裡掏出一尺見方的一張傳單：

控訴餓死人

全國餓死人，責任在共黨。共產黨口口聲聲為人民服務，結果弄得赤地千里，餓殍載道。這明明是中共中央政策錯誤，如不及時反省，改弦更張，必將引致民變。

人民無負於共產黨，共產黨有負於人民！

我一看，自然反應說：「這個字很像我寫的。」

對方馬上說：「你到底是經過改造的，一看就承認了。」

我說：「我說很像我寫的，並沒有說，就是我寫的。這裡面是有差別的。」

他說：「你看，你經不起表揚，我剛剛表揚你，你就翻案了！」

我說：「不是翻案，要實事求是。」

他說：「人的思想總有個過程，你即使承認也沒有什麼了不起。」

我說：「試想我是關在這裡單獨監禁。沒有筆，沒有墨，也沒有紙。即使我能變戲法樣地變出筆、墨、紙來，有什麼人能替我帶出去呢？又有什麼人敢張貼呢？因此，根本沒有可能性！這無法解釋得通。」

他說：「世界上的事情無法解釋得通的太多了，你還是考慮考慮吧！」

接著，他按鈴，一個警衛進來。他吩咐「叫金所長來！」

金所長進來後，第一句話是：「報告廳長！」我才知道原是廳長大人駕到。後來了解他是省公安廳副廳長，但中共習慣，副職都按正職叫。聽他問金：

「陸鏗現在吃什麼飯？」

「號子裡的飯。」金答。（昆明監獄稱監房爲號子，關在監房裡的犯人，是連勞動都不准的，藉口爲問題沒有交代清楚。）

「還有什麼飯？」

「還有勞動飯。」

「還有什麼飯？」

「還有重勞動飯。」

「從明天起陸鏗吃重勞動飯。」（按：重勞動飯是可以吃飽，以從事重體力勞動。）命令下達後，站起來對我說：「傳單，政協圈子裡很多人一看都說是你的大筆，你一看也說像你寫的。我們的政策你是了解的，想想清楚。」揚長而去。

第二天送來了一厚本《列寧文選兩卷集》。

這一來，不但從餓死的邊緣上得救，而且配搭了精神糧食。

我如飢似渴讀了《列寧文選兩卷集》三遍，只差做列寧專家了。

至於對廳長大人的「想想清楚」的命令怎麼覆命呢？我婉轉地利用他叫我寫交代的筆墨紙給他寫了一封信，本著唯物辯證法的道理，說明這張傳單絕不可能出於我手。並謝謝他叫人送來的書。

此事就這樣不了了之。至於重勞動飯是不是繼續吃，金所長是沒有膽子問的。而廳長大人日理百機，又怎麼會想起下達取消陸鏗吃重勞動飯的指示呢？

我，奇蹟般地越過了餓死這一關。

再一次實現了拒絕死亡。

沒落門第說家世

●世事惡衰歇，萬事隨轉燭——唐・杜甫
●人無千日好，花無百日紅——元曲〈兒女團圓〉

我是一個一生以新聞記者爲職業、也爲事業的人。

在五十八年的記者生涯中，有一個問題是我一直想解答的：一個沒落門第的家世，究竟對我的記者生涯產生多大的影響？

我是雲南保山人，從小生長在湖北襄陽。

在我腦子裡，長期存在這樣一幅家的圖畫：高大的兩扇黑漆大門，上面有兩個獅頭的銅環。寬度逾十公尺的五級石階，門牌號碼是襄陽縣司令部後街一號。因祖父曾任襄鄖鎮守使署高級參謀（鎮守使張聯陞），人稱「陸參謀家」。高大的大門後面是八扇綠底灑金花的二門。進得門來，兩旁是傳達室和警衛室，傳達室裡有兩個人，警衛室平常空無一人，只有當軍閥過境時有的到我家作客，帶上警衛，才派上用場。我家對街的大牆，就是駐在湖北襄陽的軍事長官的司令部所在。這裡在我記憶中先後住過張聯陞、岳維峻、方振武、阮肇昌、林逸聖、范石生等等，蔣介石直轄的軍事委員會別動總隊總隊長鼎鼎大名的康澤，也曾在這裡威鎮一方，最後作困獸之鬥時，作了共產黨的俘虜。使這個自古以來兵家必爭之地，又多了一個故事。

當一九三〇年蔣介石、閻錫山、馮玉祥所謂蔣馮閻大戰前夕，蔣介石在同年四月下旬視察平漢路防務時，還特別到了襄陽，訪問隆中諸葛亮隱居地之餘，也曾到我家小坐兩小時。

由於我家有一大間頗帶書卷氣的會客廳，字畫全部按春、夏、秋、冬季節的更易而改換，遇到喜歡附庸風雅的駐軍首長有時候就要借我家宴客。對於當年的軍閥在我家駐足印象比較深的是率部過境的石友三，這是一位以翻雲覆雨「倒戈」有名的將軍，一下擁護馮玉祥，一下靠攏蔣介石。記得一九二九年他駐足我家，氣派十足，特別從武漢運了十幾箱英國製的汽水到襄陽，這是我和弟妹妹生平第一次喝到汽水。石友三的參謀長姓謝喜歡下圍棋，我剛十歲，父親叫我陪他下一盤，陪的結果竟把他打敗了，父親斥我「無禮」，石友三反說我父親「無理」，我覺得這個倒還近人情。

當父親結交軍閥時，我家的狀況已經是日落西山了。我印象最深刻的是，我們已到了吃飯都成問題的地步，傳達室仍養著兩位傳達。名叫王德三的，一副瘦骨嶙峋的樣子，且總是板著面孔，不苟言笑；名叫史朝貴的，胖胖的，反王德三之道而行之，笑口常開。客人來時，先得由他們兩個中的一個通報或引路。有時還端著一個漆托盤，上面放著訪客的名片，入內報告。在這種氣派下，客人作夢都不會想到這家人常常窮得連買米的錢都要大費周章，以致兩位傳達先生要站在他們的崗位上「枵腹從公」。

一個幼年的心靈，對這種怪現象自然會發生疑問：爲什麼窮到這種地步，還要擺這種譜？祖母的解釋是，再窮，面子總是要撐的，而且這兩個傳達，他們十幾歲時就跟祖父，和家庭成員沒有分別了。王德三已成家立業，兒子都做事了，生活沒有問題，只因念故主之情，在他自己家裡也沒事，所以到我家「上班」，完全是盡義務。如果哪天我們家開不出伙來，他就回他自己家吃飯。史朝貴是單身漢，無家可歸，當我們家揭不開鍋蓋時，老王也會邀老史去吃上一餐兩餐。另外老史在我們家當差期間，結識了一批朋友，少數的錢他還可以代我家張羅借一點。

我祖父陸壽圖，號椿橋，是個山水畫家，在得意時又結織了一批文士，比如清末名狀元陸潤庠就和我祖父認了同宗，給我祖父寫了好多幅字。光緒年間祖父在河南作官時，逢慈禧太后過壽，曾辦過皇差，弄了一大批古董字畫。我家家道中落以後，先是賣古董，後是賣字畫。到古董字畫都賣得差不多時，只好進當舖，先是當首飾，後是當皮衣，再當綾羅綢緞服裝。因爲根本找不到贖當的錢，常常「死當」。弄到後來不管我們家裡拿什麼去抵押借錢，人家都不接受了。抗日戰爭發生後，落魄到有時只好一早拿蓋著的被子去借高利貸，得一塊錢，用以備辦一天兩頓飯，我父親就在這天傍晚之前想法子弄一塊一毛錢回來，把被子贖了回來。這種日子簡直不是人過的。

我記得讀初中時，不時會收到父親派傳達先生送來的字條，上寫「今午不必回家」，就知道又沒有米下鍋了。有時我就趴在課桌上睡一覺，有時餓急了，就跑到舅舅家去狠吃一餐。

我們的老家在雲南保山，原籍江蘇吳縣，陸家在三國時就是大族。據顧毓琇先生考證，蘇州顧、陸遺蹟，迄今猶在。我家祖上是明初時被迫遷到保山的。

保山原係永昌府的府城所在地，出產豐富，爲雲南有名的大縣，有「銀保山」之稱。諸葛亮七擒孟獲故事中的孟獲，其故鄉就在保山縣城外的金雞村，迄今金雞村還有孟獲的後代。抗戰時期滇軍中一位善戰的團長孟葆初，也在我家住過，就是孟獲的裔孫。

按保山陸氏族譜，明初以永昌（即保山）爲滇西邊府，鄰近外國，遂根據戍邊政策把江南衣冠巨族趕到永昌戍邊。明太祖朱元璋以陸氏遠祖陸烈曾爲元朝「五經博士」，屬「歷史反革命」，乃欽點陸烈戍邊。陸烈年老，請示以長子陸琦代父應召赴滇，也就是落籍永昌的陸氏一世祖。結合我在一九五七年被劃右派後，一九五八年被以「歷史反革命」判刑勞改，看來是歷史的重演。

至於陸氏最早的來源，在西周時，舜的後裔嬀滿爲周陶正，武王以太姬妻之，封衛陳地，是爲胡公。到陳公子定（敬仲爲諡號）奔齊，子孫世爲齊卿，至田和得國爲田齊。有庶子封於平原縣陸鄉，才由田姓改爲陸姓。

到了漢代，有一個子孫當了江蘇吳縣的縣令，從而世居吳縣，子孫繁衍。正如清太子太保禮部尚書顧可學撰隆昌陸氏世德碑文曰：「東吳舊族，詩書門第，遷徙徼外，化民移俗，濟濟衣冠文物之美，以科第起家，在內則爲名御史，在外則爲賢牧伯，子孫頭角矗矗者，正未可量也。……」這裡所謂的東吳舊族，顯然是根據《三國志》，陸績爲吳郡吳人，有「懷橘遺母」的逸事傳世。陸遜也是吳郡吳人，世爲江東大族，遜子抗、抗子陸機、陸雲，都是陸門菁英。

五代末陸氏有避難江右的，遂爲金谿陸族。金谿陸族最有名望者爲陸象山、九淵先生。明代又實行了大遷移，遠在江蘇吳縣的陸氏族人被迫遷到了滇西邊區。

陸氏在保山幾百年形成了一個大族，城內有黌學街陸家、朱紫街陸家，鄉下有牛旺。摹落墩陸家、施甸陸家、三台山陸家、楊柳壩陸家等等。我祖父是屬於黌學街這一支的。按族譜所記，他是永昌陸氏十三世祖陸芝的長子，陸芝是我的曾祖父。曾祖父三歲時，有一晚被一位信奉伊斯蘭教的乳母抱著到一個她相識的回民家裡看娶新媳婦，不料，當夜發生了回民領袖杜文秀抗清起義，官兵殘酷鎮壓，激起了回漢兩族人民互殺的慘劇，我們黌學街陸家被起義回民滅門，只留下我曾祖父這一個根。曾祖父完全由奶媽養大，結婚生子，才有了我祖父。

祖父自幼好學，尤其喜歡畫中國山水畫，對於八股文卻重視不夠，只中了秀才，未考上舉人。但他風流自賞，以書畫自娛。後來，清朝政府公然訂價賣官，祖父就決定離開雲南到外面闖天下了。他先到了北京，後轉到河南開封，在巡撫衙門謀得一個類似今日秘書的職務。後外放到光山、寧陵兩縣任知縣。這兩縣地處河南東部，靠近信陽，是比較貧瘠的地區，光山在現代史上唯一的人物即周恩來夫人鄧穎超。一九四三年在重慶時，我採訪鄧穎超時提到這一點，她很風趣地說：「這樣說來，你祖父還是我們的父母官哩！」

辛亥革命前不久，我祖父參加了雲南同鄉黎天才將軍的幕府。辛亥革命爆發時，黎天才將軍駐軍南京，我祖父就擔任了他的參謀，後隨黎天才到了湖北，就在湖北定居下來。在軍閥割據時代，湖北一度是直系軍閥吳佩孚的勢力範圍。蕭耀南被吳任命為湖北督軍時，我祖父因與蕭「交稱莫逆」，被蕭任為當時湖北最肥的一個差使——襄陽張家灣釐金局局長，是專門收取貨物稅的一個機構。當時，四川、陝西、河南的貨物，凡經鄂北都要納稅。祖父的個人收入年達數萬銀元，其收稅數量之大，可以想見，被視為直系軍閥吳佩孚重要的財務補給點之一。

據祖母說，我出生前後的兩三年一九一八到一九二一年，是我祖父官運財運最好的三年，被祖父母視為陸門帶來好運的麟兒，乳名取名襄麟。在我周歲的時候，家中辦酒筵慶祝，賀客千人，轟動襄樊。我不僅帽子上綴以金質十八羅漢，連脚上戴的裝飾品也是純金的。

最巧的是我出生於民國八年（一九一九）陰曆前七月廿六日。（當年閏七月）七月廿七日祖母過五四大壽，我剛好趕上，喜上加喜。我受祖母特別疼愛，隨她長成，最後爲她送終，祖母信佛，喜說「緣法」。

中國有句古話：「君子之澤，三世而斬」。我們家的情況則爲一世而敗。祖父由於錢來得太容易，花起錢來也就滿不在乎。他連續娶了六位夫人，把襄陽城裡二十年代初期最好的一所住宅，用高價典了下來，佔地數畝，且有假山竹林，除雄偉的大門當地無匹外，還有一個大而無當的廳堂，在招待客人時可以並排安放四十輛轎子，正中門上方，高懸蓋有大總統印的徐世昌給我祖父的一塊匾，親書「急公好義」四字，大小尺寸，超過哈佛燕京圖書館陳列的那一塊徐世昌所書橫幅。如今很不多見了。

我在讀小學時，常常約一些小朋友在廳堂裡踢皮球，祖母就警告過我，小心碰著大總統的匾。

此外給我印象較深的，是我們家中有一條兩公尺多寬、二十多公尺長的柏油小徑，兩旁有花台搭有葡萄架，說明那座房子的確是夠大的。一九八五年相隔近半世紀，我到襄樊市去探訪故居，發現已改爲一所小學校，唯一留下的一點痕跡即還有一塊假山石，的確不勝滄海桑田之感。正如《桃花扇》裡所說的「眼看他起高樓，眼看他宴賓客，眼看他樓塌了。」

我父親陸幼樵是一個非常奇怪的人，按理祖父號椿橋，他的名字應該是幼橋，他偏偏以樵代橋。他從青年時代起就生活在一個特殊環境中。我祖父在清朝時有三個兒子、兩個女兒、入民國後又增添一個女兒、兩個兒子，我父親排行老三。我祖父在與湖北督軍蕭耀南做了換「蘭譜」的弟兄時，就把我父親寄給蕭耀南做乾兒子。蕭也許是爲了籠絡我祖父，也許是眞的喜歡我父親，把他按年齡排在蕭的八個兒女之後，稱爲「九少爺」。我父親由於自幼受寵，養成了「衙內」習氣，不肯好好讀書。當時爲趕時髦，蕭耀南把他送到漢口天主教一間教會學校去。他帶頭在學校胡鬧，法國神父校長決定讓他退學，他跑到校長辦公室要求法國神父給家長寫封信說明情況。正當校長全神貫注寫信給督軍解釋爲什麼要開除「九少爺」時，我父親已偷偷把神父道袍上繫的繩子牢牢結死在可以轉動的大圈椅上，並狠狠地給神父校長兩個耳光，拔腿就跑。神父猛地站起身回擊，不料他身上的繩子已捆緊在座椅上，座椅又把他壓倒在地，幾乎受傷，氣憤之餘，決定循外交途徑通過法國駐漢口領事要求懲兇道歉，鬧了一場軒然大波。這一來，蕭督軍對於調皮搗蛋的「九少爺」再也不感興趣了，就派人專車把他從武漢送到襄陽交還給我祖父。他因沒有好好唸書，所以一輩子除中年擔任過襄陽電燈廠首任廠長外，從未固定做過什麼事。

祖父母認爲他完了婚可能會變得規矩一些，便很快地爲他迎娶了陳家四小姐陳韻言，我的母親。那知他照樣唱戲、票戲、玩坤伶，我祖母曾跟我講過兩個有關父親的荒唐故事。一個就是上面說的打法國神父校長；另一個是在民國九年我祖母過五五大壽之日，我也滿了周歲，決定舉辦堂會慶祝，自是一番盛況。堂會主要的戲碼是漢口名旦小月紅擔綱演出《穆柯寨》，但祖父母萬萬料不到當晚爲小月紅主持文場打小鼓的竟是我父親。我母親氣得流眼淚，我祖父更是一怒而退席。因爲在舊社會「戲子」的地位是非常低的，世家子弟這樣做被視爲輕薄、失格。

我的母親陳韻言，一九〇一年出生於南京，外祖父是南京人，也是做官的。我母親是陳家四小姐，讀過私塾，也上過學堂。十七歲時在襄陽由父母之命、媒妁之言，和我父親結婚。結婚後，生了我和一個妹妹。因我父親心花，夫婦感情發生了裂痕，但我母親幼讀詩書，從幼年起就接受了「三從四德」封建禮教的教育，雖然一肚子委曲，卻只有認命，從來不和我父親吵鬧，彼此見面點頭為禮。父親和母親結婚後兩年，娶了第二位太太，生了三弟一妹。

祖母是懂得媳婦的痛苦心情的。可又沒有辦法改變自己的兒子，便主動承擔起教養長孫的責任，讓我母親有多餘時間回娘家去，和她的姊妹兄嫂在一起過比較愉快的日子。

我舅舅陳鳴霄家，也是個大家庭。外祖父自南京遊宦到了襄陽，因感於襄陽是諸葛亮隱居的地方，隆中就在離城三十華里之地，有鍾靈毓秀之氣，就購屋住下了。舅舅陳鳴霄於國民政府奠都南京後，出任襄陽電報局局長，有兩位太太和獨子陳韜石。後來我表哥子承父業，也做了襄陽電報局局長。我母親的大姊，我們稱大姨媽，是位寡婦，和當地首富楊家的一位居孀者建立了深厚的友情，日同行，夜同宿，形影不離，用現在的眼光看，就是「同性戀」了。我母親的妹妹我們稱五姨媽，嫁給湖北南漳縣最大的地主趙馨陔，因為趙也討了小老婆，所以五姨媽也常常回到娘家來享受團聚之樂。五姨媽有個女兒叫趙學筠，當五姨媽本人在中共土改時被鬥自殺後，學筠就易名惠農在襄陽當了中學教員，故事是很曲折的。我還有一位善良而能幹的姨婆婆，她原本是侍候我外祖父的丫鬟，後收房做姨太太，年齡和我母親差不多，相處甚得。我母親一年大概有九個多月在舅舅陳家，不足三個月在我們陸家。

一九三六年六月，我還不滿十七歲，母親因患癌症逝世，她當時也不過三十四歲。停柩於襄陽縣城外眞武山，俗稱周公山的一個娘娘廟裡，歷經抗日戰爭和國共內戰，弄得屍骨無存。一九八五年我去襄陽尋找母親的遺體，連那座娘娘廟都不見了。除了自責自己的不孝，徒呼奈何！不過，在襄陽我見到了睽違幾十年的表兄陳韜石和表妹趙學筠，恍如隔世。

父親與祖父的關係鬧得愈來愈僵，他乾脆脫離家庭到內蒙去參加馮玉祥的部隊，這也是後來爲什麼他跟石友三弄得很熟的淵源。有一年他從張家口到了北平，由於他是個戲迷，恰遇京戲泰斗余叔岩演出，他竟把冬天的皮袍子送到當鋪裡當掉去聽戲，然後寫信向祖父母求救。那時，祖父正出任湖北南漳縣長，父親慌裡慌張地寫了封雙掛號信寄出，以爲萬無一失。當時中國的郵政是信件每經一郵局就蓋上一個郵戳，這封信在湖南全省試投，轉了一大圈，信封背後的郵戳幾乎蓋滿，信封都快蓋爛了，仍無法投遞。信退到了北平。父親當時飢寒交迫，一聽掛號信認爲救命錢寄到，那知原來是自己少寫了一個北字，湖北南漳縣變成了湖南漳縣，當然是無法投遞了。我父親就有這麼荒唐。

父親荒唐是荒唐，做人卻比較重義氣。我年輕時印象最深的一次是襄陽大抄家。時在一九三一年「九一八」事變發生前，當時祖父的六位太太，四個都已過世，因家庭經濟破敗，只能分散營生。祖父帶著四祖母和兩個小叔叔遷往武漢市，父親照料祖母和我們及大伯母一家留住襄陽。某夜，家裡來了兩個客人，一個面貌平平而表情深沉，不苟言笑；一個虎背熊腰，一臉殺氣，都是河南口音。因襄陽與河南新野交界，我基本分得出鄂北口音與河南口音的不同。平時來了客人，父親都命我出見，稱呼對方爲某爺爺（祖父輩的朋友）或某伯伯、某叔叔（父親輩的朋友），而這次對兩位河南客人則不作介紹。但我從父親的表情上已感到這兩位客人來路不同，頗爲神秘。第二天凌晨，天剛亮，父親把我叫醒，命我到後門去探視一下，看看通向城牆的果園中有沒有人，特別是有沒有武裝士兵出現。非常嚴肅地告訴我，他已得到消息，今晨地區司令部將派武裝士兵前來我家大搜查，主要是抓這兩位河南來客。我到後門看後，如果無人監視，就趕緊把這兩位客人從客廳領出果園指給他們通往城牆的路。就在我奉父命把這兩位神秘客送走返回家把後門關上走向前院時，發現滿院都是持槍的武裝士兵，如臨大敵。父親一見我，他知兩人已遁去，便神氣活現地跟奉命搜查的一位營長說：「你想想，我們是什麼人家？怎麼可能窩藏土匪頭子？簡直是笑話。」那位營長聲明他是奉命行事。上面得到確實報告，有兩個人進了我們家。希望我父親把人交出來，大家都方便；否則他們每間屋子都要看看。我父親表示可以，但提出：「老太太的臥房不能搜。」理由是祖母年紀大了，受不住驚嚇。那位營長也很精明，他說：「我只一個人進去，拜候一下老太太。」於是父親陪著他進了祖母臥房，口稱：「奉司令官的命令來看望老太太。」祖母明知家裡出了問題，故作不知，表示謝謝後，請他坐下，並叫奉茶，寒暄一番。父親看他老盯住祖母房裡一個大衣櫃，便順口跟祖母說，他有一件夾袍留在祖母房中，可能就在衣櫃內，順手把兩扇櫃門打開，營長的一對眼睛如鷹隼直逼櫃中的衣服，失望之餘，趕緊告辭。這時，幾十名士兵也分別由連排長率領，紛紛向營長報告，上房、下房、廂房、客房、廚房、花園、後院統統看過。營長叫在大廳集合，然後向我父親敬禮，連稱：「驚動！驚動！」而去。搜查部隊開走後，祖母把我父親叫進她的房裡去教訓一番，指出仗義救人，無可厚非，但要看是什麼人。有兩句話至今我還清晰地記得：「你怎麼糊塗到這種程度，竟窩藏起江洋大盜來了？！」父親辯解說，這些人也是被逼上梁山的。我聽父親這樣一說，盡量想把這兩個怪客跟梁山好漢對上號。一個勉強可比擬李逵；一個根本不夠格局，算不了一條漢子。直到一九四六年，事隔十五年，父親到南京會我，我問他一九三一年的兩個河南怪客，他才說出是當時被通緝的豫西（河南西部）土匪頭，後來被著名的土豪別廷芳收編了。

抗戰期間，父親帶著繼母和三個弟弟一個妹妹避居湖北鄖陽，又稱鄖縣，那是和陝西鄰近的山區，生活非常困難。弟妹都是吃包穀稀飯長大的。二弟陸鏘高中畢業後到了重慶，我把他送入張治中將軍主持的軍中文化研究班學日語，繼參加十萬知識青年從軍選拔入政工班，成爲蔣經國的門生。一九四七年初，我又把他送到德國，入柏林自由大學第一期，在德國度過了大半生，並入了德國籍，在《德國之聲》廣播電台創建了中國組，連續服務十五年。一九八八年退休赴美，在洛杉磯享受著德國較高的退休金待遇，是我們全家唯一沒有受過苦難的人。三弟陸錕，一九四八年我把他送給時在徐州任裝甲兵團團長的好友蔣緯國將軍去當裝甲兵，曾參加徐蚌會戰（中共稱「淮海戰役」）。一九五〇年在台灣犯了逾假不歸的錯誤，當時台灣形勢緊張，治軍從嚴，幾乎槍斃，是緯國保住了他一條小命，現在台灣成了老兵。四弟陸鈺，十四歲起在昆明當橡膠廠工人，現仍在昆明以工廠老師傅之身退休。大妹妹敬賢因患心臟病逝世，關於她的情況，我以後還會寫到。小妹妹敬慧，一九四八年在武漢從軍，參加「抗美援朝」，後轉業讀大學，五十年代起就在大陸醫藥衛生界當幹部。我的繼母一生辛勞，六十年代逝世於昆明。

抗戰後期，我到歐洲任中國駐歐戰地記者，一九四四年冬出國前，意外地接到父親從河南葉縣寄到重慶的信，沒有上款，也沒有下款：「現在河南葉縣正下著大雪。葉縣郊外一個茅草房裡，有一堆稻草，稻草上睡了一個老太爺，他已陷入絕糧狀態。你猜他是誰？他就是你爹，趕快寄錢來！」我當然只有遵命，把已換得的官價外匯再在黑市上賣出幾百元寄去給他。

一九四六年秋，我在南京《中央日報》出任副總編輯兼採訪組主任，父親到了南京住在我家，有一天晚上，他不聲不響摸到新街口《中央日報》大樓裡去，告訴守門的說，他要會陸副總編輯，是陸的朋友，傳達請他到編輯部等待。經常有人爲新聞的事來訪，多被安排在採訪部我發稿的座位旁邊的一張椅子上。他自稱是會我的，就和一班年輕記者龔選舞、漆敬堯、潘霨、徐佳士、張力耕等搭訕起來，問：「你們這位主任厲害不厲害？」他們說：「可厲害囉！」再問：「你們恨他不恨？」答：「不恨，他對我們很好。」記者們反問：「你認識陸副總編輯？」他答：「我們是二十多年的老朋友了。」再問：「是他要你在這裡等他的嗎？」答：「我剛剛從他家裡來。」正在這時，總編輯李荊蓀走了進來。因李和我們兩家都住大陽村十二號，樓上樓下，已見過面，進門就親熱地稱呼他：「老伯」，而且告訴說：「大聲有個應酬，馬上就到。」弄得一班記者一頭霧水，莫名其妙：陸副總編輯的朋友，李總編輯怎麼稱他爲老伯？直到荊蓀向大家介紹說明這就是大聲的父親，大家才恍然大悟，異口同聲地說：「這位老人家太會開玩笑了！」

父親雖然讀書不多，他卻有東方朔式的幽默。這與他的出身、際遇不無關係，因爲生長在那特殊的時代、特殊的社會、特殊的家庭，所以洞明世事、練達人情，他說和我是朋友，一點不假，從我懂事的那一天起，他和我談話就好像對朋友樣的。從不顯示父親的威嚴，對於我的朋友和同事自然更隨便了。

父親到了上海，住在《新聞天地》雜誌社裡，卜少夫、黃綿齡兩位好友熱情接待了他。有一晚他忽然提出：「上海有什麼好玩的地方，想去玩玩，在南京，考慮到大聲，不方便。」綿齡後來告訴我說，只好把他交給少夫安排了。

父親坎坷一生，卻能逆來順受。對我們做兒女的，從來不作空洞的要求，像一般封建家庭要求於兒女的：光宗耀祖，光大門庭。我告訴他我選了新聞記者這個職業，雖然辛苦，卻有意義，準備幹一輩子，可能一輩子都窮。父親說：「窮沒有關係，只要不窮得愁眉苦臉就好了！」我父親真是窮了大半輩子而從不愁眉苦臉。記得一九四八年六月患腦溢血於武漢逝世前，我趕去看他，他指著圍在他病床前的繼母和弟妹，斷斷續續地說了一句話：「今後要累你了！」溘然而逝。

回想起來，我做記者所以做得比較瀟灑，而且「見大人則藐之」，這種性格的形成，與家庭背景不無關係。其次即膽子大，敢想敢闖，對於金錢不大在乎，喜愛朋友，還有即喜歡女人，這多少受了祖父、父親的潛移默化影響。以遺傳學的觀點看即遺傳因子，用共產黨的觀點看則為「階級烙印」，所以非狠狠鎮壓與改造不可。

另外一點值得一提，在我們家窮得沒有飯吃時，最初是父親出面向祖父的朋友或他自己的朋友借錢，但「朋友救急不救窮」是中國社會人情交往的通則，而我父親從來是有借無還，直到後來沒有人借錢給他了，就命令我前往，不是找這個爺爺，就是找那個伯伯，我不肯去，他就大罵，而且威嚇，問我：是不是看著全家餓死？且教我如何措詞。我從代父借錢中，逐漸體會出說話的技巧。這對後來當記者做採訪工作，多少有了無形的助益。說句笑話，採訪新聞總比向生人借錢要容易些。

漫天烽火歸故里

●紅日照遍了東方，自由之神盡情歌唱。看吧！千山萬壑，銅牆鐵壁，抗日的烽火燃燒在太行山上，氣焰高萬丈，聽吧！母親叫兒打東洋，妻子送男上戰場。……〈我們在太行山上〉

一九三七年七月七日，日本軍國主義者在我國北平近郊的宛平縣城，發動了盧溝橋事變，隨即向我全國進攻。中國人民為了不做亡國奴，人無分老幼，地無分南北，掀起了轟轟烈烈、彪炳史冊的浴血抗戰。

隨著日軍進迫首都南京，國民政府於一九三七年十月三十日決定遷都重慶，即後來通稱的陪都。十二月十三日南京淪陷，日本軍隊製造了震驚世界的南京大屠殺血案。國民政府軍事委員會蔣介石委員長下令封鎖馬當要塞，一九三八年六月底馬當要塞失陷，戰火即將燒到武漢。我們寄居在湖北襄陽的家，決定疏散。七十三歲的祖母提出要回雲南保山故居。用她的話來說：「生為保山人，死為保山鬼。」我父親就把護送祖母返里的任務交給了我。當時，我已滿十八歲，高中剛畢業。

在湖北時，家裡人談起老家來，都說是「萬里雲南」，有一種遠不可測的印象。但祖父的原則是在外不置產，將來回雲南。雖然有一個時期，年入數萬金，但在不置產的原則下，不買一分地、一片房，所居的豪宅，還是「典」來的。以示落葉必須歸根。沒想到破落至一蹶不振。父親因爲窮，拿不出足夠的路費，他給我的錢，只夠我和祖母祖孫兩人從襄陽到湖南常德的汽車票。臨行前夕，他把他唯一的一件呢子大衣從箱底翻出來，朝我身上一披，說：「祖母從小把你帶大，你現在已滿十八歲、成人了。應該回報她老人家。她老人家既然決定要回雲南，你就招呼著回去吧！路費不夠（僅爲全程車資的十分之一），只好將就，好在戰時軍車多，你就闖闖，天無絕人之路，我相信你能把祖母送到老家。到老家後，你可找個事，養活祖母，直到她百年以後，你的責任就算了了。這件英國呢大衣是我唯一的財產，實在不行時，也可變點錢。」

我發現這是不可抗拒的命令，因爲日本軍隊很快就要打來，父親決定帶著繼母和弟妹們避居鄂陝交界的鄖縣。祖母一心回歸故里，我又是從小由她帶大，在無可選擇的情況下，只有硬著頭皮把這一重擔挑起來。

我祖母娘家姓趙，自幼知書能詩，並且是保山有名的美人。及長，嫁到保山山區一個姓楊的大地主家，不到一年，丈夫就去世了。我祖父生性風流倜儻，原來就聽說我祖母是個大美人，某次在一廟會中得見，驚爲天人，但因名花有主，只能望風懷想，等到得悉楊家媳婦居孀，遂不顧一切，化名變姓，到楊家投效當長工，藉以獲得接近美人的機會。不到一年，終於攫取了祖母的芳心，於是效法司馬相如、卓文君故事，相約私奔，不辭而別，因此祖父在家鄉有「保山唐伯虎」之稱。另一說祖父把他本人的畫作多幅連同一封長信留下，準備帶著祖母遠走，不料臨行前被楊家發現，祖父因在留下的信中已經表示了將來一定報答，就趁勢要求入贅，祖母也向楊家坦陳了經過，表明了心跡。楊家在「事已至此」的情況下，勉強同意招贅，並讓他們雙雙離開，遠走北京。祖母離開保山時二十二歲，回到保山時已經七十三歲了。

由於傳統的封建意識，關於祖父母的故事，作爲孫子平日是不可能得知的，直到送祖母返鄉，經歷了八千里路雲和月，才在路上從祖母口中得知一個輪廓。後來在保山縣中教書時才打聽到兩種說法。

半個世紀的滄桑，加上回鄉之行艱苦備嘗，使老人自然產生了「往事只堪哀，對景難排」的感慨。記得當我們好不容易到達貴州時，她不勝嘆息地跟我說：「五十年前我跟你祖父離開保山，每天按驛站的行程走六十華里，特別難走的地方，還走不到六十華里，幾個月才能到北京。五十年後，要方便多了，但想不到還是這麼艱難。」

這一路上，呈現在眼前的是一幅幅難民圖，扶老攜幼，面有菜色，踉踉蹌蹌，不是孩子的哭聲，就是老人的嘆息，還有就是婦女的悲嚎。當時，中國交通落後，所謂「京滇公路」（南京至昆明）遲至抗戰前夕才修通，尤因日本侵略中國，瘡痍滿目，整個民族在生死存亡中掙扎，所以顯得特別悽慘。再加上，我和祖母是沒有旅費的旅行者，其艱難困苦自然更異於一般人了。只舉一個例子，在這次旅行前，我的生活經驗是比較貧乏的，雖然在高中時鬧過學潮，但很少接觸社會，而我和祖母的路費到湖南常德就用光了，距離家鄉還有幾千里，怎麼辦？只有照父親臨別贈言去找軍車。沒想到，頭一次就碰了一個大釘子。

我囁嚅著向一個軍車駕駛員請求搭車，也就是俗稱的「搭黃魚」。他問我：「願意出多少錢？」

我坦誠地表示「身上一個錢也沒有。」他對我左看右看，幾乎把我當「神經病」，最後乾脆兩個字：「滾開！」

唯一支持我繼續去碰釘子的力量，就是父親的臨別贈言——「天無絕人之路」。接連碰了三次釘子，幾乎沒有勇氣做第四次試探時，終於遇到一位面貌誠實、心地仁厚的軍士，他是以駕駛班長的身份，自己開一部並帶領兩個駕駛員各開一部運子彈的車子從常德開往芷江的。我向他說明了我們祖孫兩人的困境，因爲是第四次向人告苦了，告苦的整段話，經過再三打磨，聽起來可能比較動聽，我表示願意做他這個小小車隊的雜役，聽他指揮，要求他把祖母和我免費帶到芷江。心裡打的「前進一步是一步」的算盤。

駕駛班長把我周身上下打量一番，只問了一句：「你是學生吧？」我說：「是的。」他就同意了。規定我做三件事：一是遇著車子拋錨，修理時，要配合駕駛員遞上工具，修理後收拾收拾。二是需要加水時，負責提提水。三是每天的行車日報由我塡，不懂怎麼塡時問他。就這樣，我歡天喜地的做了軍車司機的助手。

從常德經過沅陵、辰溪到達芷江。祖母是坐在駕駛室裡，我只能平躺在塞滿卡車的子彈箱上。子彈箱碼的高度超過了卡車左右及後部的三塊木板。當車篷全拉起來的時候，我想坐在子彈箱上都不行，整個人只能把腰腿都伸直了揷進車篷，像僵屍一樣直挺地躺著，人和子彈箱之間，只有一條摺疊的薄薄軍毯。中途吃飯或車子加水，或到站休息時，人要像翻鐵杠似的，雙手用力攀住車篷後面的鐵杠，慢慢把頭伸了出來，然後拉出身軀移出雙腿，縱身跳下。當年十八歲的小伙子，身體素質算是好的，頭一天勉強頂得住，第二天就感到背脊骨好像在跟子彈箱打架似地，酸疼難耐；渾身酸痛。第三天、四天，簡直受不了了，還得咬緊牙關忍受；只有咒詛該死的日本鬼子侵略中國！在湘西崎嶇不平的公路上，躺在毫無彈性的子彈箱上行進，即使是鋼筋鐵骨，也會把骨架抖散。車到芷江的時候，我走路腿都打飄，困乏得連吃飯的力氣都沒有了。幸得祖母沿途鼓勵我，並以佛家的因果律教導我，使我如飲甘露，重振精神。

當時，湘西土匪出沒無常，趁國軍在前線抗日，政府自顧不暇，於是更形囂張。少數車輛根本不敢行進，習慣上都要結成車隊才敢走。我們到達芷江後，參加的這個車隊是在芷江等了將近一個星期，由三十多部車子組成的。有公路局的客車、西南運輸處的運貨卡車，還有軍車。另外與我們同時到達的有一部小轎車，是一位國軍副軍長和他太太坐的。這位黃副軍長隨身帶了副官和衛士，擺出一副威風凜凜的樣子，人們就請他指揮車隊。我本人也經原來同行的駕駛班長爲我祖母代找到另一個駕駛室的位子。芷江出發前，黃副軍長約集了所有的司機，規定了路上聯絡照應、首尾相顧的方法，比如車子中途出了故障，相互如何支援等等。乘客們也彼此安慰，說有黃副軍長同行，是遇到了貴人。

車隊浩浩蕩蕩，一路平安無事。抵達湖南貴州交界的晃縣時，大家幾乎是以歡呼的口吻說：「托黃軍長的福！」黃副軍長經衆人一捧，也有點飄飄然的味道。公然說：「不要看我隨從的人不多，我們的火力，對付一兩百個土匪決不成問題。土匪大概知道我在這個車隊中，所以不敢碰。」晃縣，也就是中共建政後改稱的「湖南新晃侗族自治縣」，緊鄰貴州的少數民族地區。它的西郊有一個西南大旅社，我們整個車隊的乘客包括司機，總共三百多人，一起住進了這個三進大宅院改建的旅館，有一兩百個客房。黃副軍長住在最後一進第三院，我和祖母跟押運子彈的三位司機同院。房間的佈置很簡單，一張木製雙人床，除被子墊褥外，掛有夏布帳子，一張桌子，兩把椅子，一個木製洗臉架，架上放一只銅盆，如此而已。

我因路上太辛苦了，倒頭便呼呼大睡。大概是半夜三點鐘，被祖母推醒，只聽人聲鼎沸，大家驚恐地叫喊：「土匪來了！土匪來了！」剛剛披衣下床，聽見幾聲槍響，就見一群土匪手持火把在吆喝聲中衝進了我們的院落，不但有女土匪，而且有娃娃樣的小土匪，其中幾個孩子頂多十一、二歲，全身著黑衣，發出「呵！……呵！……」的呼嘯聲。這時，只見人流滾滾而進，不僅院子裡黑壓壓一片，連走廊上全是土匪。一個土匪頭子發佈命令：「注意，所有的旅客統統從客房裡走出來。舉起雙手，站在你們的房門口，聽候檢查。有槍的繳槍，有槍不繳，躲在房裡不出來，格殺勿論。」話音未了，只見院牆上高處都站滿了土匪，有的舉著火把，有的持槍，有的持刀，還有的持矛。院子裡繼續有土匪湧進。事後得知此次行動竟有一千之衆。黃副軍長因旅館內線出賣，一槍未發，已先在衆旅客之前被繳械了。

土匪走到祖母和我住房的門口，我才發現祖母怎麼不見了。當時幾乎急得要昏過去；回頭一看，兩個土匪，手持火把已衝進了我們房內，高聲叫喊：「帳子後面躲的什麼人，快站出來，我們要開槍了！」我定睛一看，帳子果然在火把的照耀中抖動，我這時反而清醒過來，不顧一切衝進房內，高喊：「不要開槍，是我祖母，我叫她出來。」然後三步併成兩步，走到床後面把全身顫抖的祖母攙扶出來。湖南到底有楚文化的傳統，土匪馬上打一聲呼哨，喊進一個女土匪來，搜我祖母的身。女土匪一眼就看中了祖母手上的一對紅綠相映的翡翠玉鐲，命令馬上取下來。祖母說已戴了四十多年了，確實取不下來。那個女土匪用力取了一下，祖母痛得哇哇叫，我見她痛得眼淚都流了出來。

接著一個男土匪警告祖母說，你再不取下來，就用刀砍掉你的手臂。我聽到這句話後，不知那裡來的一股衝動，便說：「我來替你們取！」拿起我祖母的兩隻手，把兩隻玉鐲對準一敲，鏗然一聲，雙雙落地。就在這時那個男土匪狠狠打了我兩個耳光，還罵了一聲：「肏你娘！」我被打得眼冒金星之際，只聽那個女土匪一面揀地上的碎玉鐲，一面說：「可惜！可惜！這麼好的一對玉鐲子。」

說起這對玉鐲子眞不簡單，原來還是光緒年間，我祖父在河南做官參加爲慈禧太后做壽準備禮物而搜羅到的，一紅一綠，紅翡綠翠，既潤且透，雖不能說價值連城，卻是我家最貴重的東西。當我家破落以後，祖母也曾想過把這對東西取下來去變賣，可無論怎樣也取不下來。據她說，戴上後四十多年只取下過一次，還是三十多歲時用肥皀水慢慢打滑取下來的。她之所以不顧生命危險躲在帳子後面，也是爲了這對玉鐲。

土匪在祖母和我的兩隻箱子裡翻不到任何值錢的東西，臨行拿走祖母的一件皮襖和我父親給我的那件大衣。嘴裡還不乾不淨地罵個不停。土匪搶劫，來去如風，大概只用了不到一個鐘頭的時間即呼嘯而去。我因被土匪打得小便急了，土匪前脚走，後脚就往廁所跑。那知跑到公廁小便還未解出一半，便聽到牆後廁坑有微弱的聲音在喊「救命！」原來，西南大旅社的廁所，前面男女隔開，各有入口，後面糞坑則是共通的。我跑到後面一看，一位女太太爬在糞坑坑口，已經上氣不接下氣，我於是衝到過道大喊「救人哪！」很快就來了一個飯店工作人員，和我一起把她拉了上來，問她住在幾號房間，她竟說記不清了。再問有沒有同行的？她直搖頭。我只好扶著她到祖母和我的住房裡，替她打水清洗，祖母就幫她換衣褲。等清洗完畢，讓她喝口茶休息休息，才知道這位太太姓謝，也是一位高級軍官的家屬。先生在前方抗戰，自己決定回到後方家鄉貴州去。爲了保住身上綑的一包金玉手飾和錢財不被土匪搶走，就在土匪命令大家站出房來高舉雙手時，趁混亂溜進了廁所，後來還是感到不保險，就決定躲在廁所糞坑所在地，天黑不小心掉進了糞坑。據她自己估計，若不是土匪退去得早，再耽誤一下，她一支持不住倒下去就完了。也是命不該絕，死裡逃生。

謝太太千恩萬謝說我救了她的命，拿出一疊鈔票來酬謝。而我祖母從一個佛教徒的角度說，這只是緣，決不能收她的錢。我也說，我並沒有爲她做什麼事，只是碰巧而已。談話中，她了解了我們祖孫的情況，主動建議我們不要再乘運子彈的車子了。邀我們和她同行，互相有個照應，車票由她負責，就這樣，一起結伴到了貴陽。到貴陽後，她還爲我們祖孫買了兩張由貴陽赴昆明的車票，我祖母送了她一串佛教的唸珠。

這件事，使我有了絕處逢生、救人自救的機遇。加上後來從貴陽到昆明、再從昆明到保山老家，各種各樣奇妙的遭遇，比如，一到達昆明，就遇著資源委員會中央機器廠招考練習生，我獲考取。被安排在總收發室做一位輔仁大學畢業生何先生的助理，學到不少東西。並因夜間主動加班工作，認識了廠長王守競博士，受到鼓勵和教益。由於有了這一段經歷，回到老家就持印有「資源委員會」字樣的名片，去拜訪保山縣長楊天理，目的是求職；沒有想到接談後，竟變成由他請我出任縣中公民課專任教員。深深感到父親說的「天無絕人之路」確有道理。問題在於自己必須持前進的生活態度。年輕時的冒險犯難，樂於助人，自然成爲後來鍥而不捨、遇事樂觀的記者性格的組成因子。

回憶往事，深覺老子的禍福相倚論斷之妙。

抗日歌聲響邊城

●小來思報國，不是愛封侯。——唐·岑參

從烽煙遍地的中原，回到寂靜無聲的邊城，看不到半點抗戰的跡象，有一種說不出的悲哀。敵人的鐵蹄，已把祖國的河山蹂躪得不成樣子；無數的同胞用頭顱和鮮血，譜寫了可歌可泣的衛國詩篇和樂章。爲什麼同是神州大地，這裡卻沒有任何回響，難道高黎貢山和瀾滄江竟把全縣的人都與世隔絕？

一九三八年的夏末初秋，回到保山的第三天和祖母在陸氏宗祠住下來以後，就以一個省外回鄉青年的身份，拜訪了當時身兼保山縣立中學校長的保山縣長楊天理。楊給我的印象，即深沉而有智慧，話不多，靜靜聽我講，我告訴他，我對故鄉的失望之情，與整個抗日的大環境太不相襯了。問他準備怎麼適應滇緬公路即將打通的新形勢？

也許因爲楊天理先生是北京大學畢業的，對於抗日戰爭的形勢有一定的認識，他承認，保山的昇平景象是一個病態，應該想辦法將氣氛變一變。但要變必須有人。他從我口中聽說我曾在湖北老河口參加過〈黃河大合唱〉的作者之一光未然（即張光年先生）領導的抗日救亡宣傳隊，問我願不願留下來在縣中教書，同時利用課餘時間選拔一些學生組織起來，進行抗日宣傳？這正是我拜訪他希望達到、求之不得的事。一方面解決了職業問題，可以借教書贍養祖母，一方面也爲抗日大業盡一點報國之忱。

兼校長派我教初二的國文，初三的公民。公民實際上就是三民主義教育，在他想來，我來自抗日中心中原地帶，多少可以給學生一些新的觀念。

當年（一九三八）保山只有兩間中學，一間是雲南省立保山中學，一間即保山縣立中學。兩間學校都位於饗學街，毗鄰而居。省中由於規模、經費、師資都比縣中略勝一籌，學生普遍存有高縣中一等的情緒。縣中學生面對現實，也找不到清除自卑心理之路。

自從我在縣中展開以抗日宣傳爲中心的各種課外活動後，比如組織抗日歌詠演唱，抗日活報劇演出，從各種可能見到的報刊中剪下有關抗日戰爭的圖片集中起來，舉辦抗日圖片展覽，以及組織抗日演講比賽等等。一下子縣中面貌煥然一新，幾百學生的抗日精神就像朝陽一樣的噴薄而出，學生們自然產生了一種自豪感。多年來存在的縣中矮省中一截的自卑心理消除了。省中的學生甚至向省中校長楊玉生提出：縣中轟轟烈烈，省中怎麼辦的問題。我本人在得到學生擁護的同時，還被縣長聘爲保山縣教育委員會委員。保山有很多學產，教育經費是比較充裕的，問題是怎麼用那些錢。

就在一九三九年春，又是作家又是記者的蕭乾，沿滇緬公路採訪來到了保山。因爲縣中的抗日宣傳活動搞得比較出色，縣裡的人就建議他訪問縣中。到了縣中，學校又讓我出面接談，蕭乾樸實的態度和對人的誠摯，感染了我，從他身上受到了啓發。我原來就有做記者的衝動，一九三八年底曾爲緬甸《仰光日報》寫了保山農民爲滇緬公路流血流汗的報導，成爲我從事新聞事業的處女作。會到蕭乾後，通過長談，更激發了做記者的熱情。我一九三九年春擔任《仰光日報》的通訊記者，直到在重慶進入中央政治學校後還爲該報提供通訊。

一九三八年寒假開始時，「保山縣抗日救亡宣傳團」以三十個縣中的學生組成。我被任命爲團長，一位比我年長十多歲姓楊的老師被任命爲副團長。到縣長授旗前夕，有人反映「救亡」兩字不妥，是共產黨的提法，按國民黨的提法應該是「救國」，我被楊縣長喊到縣衙門去考問一番。我告訴他，「救亡」、「救國」都是爲了抗日，用不著扣字眼。而遍及大江南北的「救亡演劇隊」是軍事委員會政治部命名的，能說是共產黨嗎?楊天理終於被我說服。後來我才了解縣長的開明與當時雲南在龍雲這位「雲南王」領導下，把昆明逐漸變成「民主堡壘」有一定的關係。

我帶領宣傳團在各鄉鎮巡迴演出，節目有活報劇、抗日歌曲大合唱以及抗日戰爭形勢報告。受到了普遍的歡迎。我們的宣傳活動多數是配合鄉鎮趕集的日子，那裡熱鬧，就在那裡出現。又不需要搭台子、拉布景，很適合農村因陋就簡的條件，所以花錢少而收效大。農民普遍反應說，聽了我們唱的抗戰歌曲和作的抗日形勢報告，知道了中華民族確是到了最危險的時候，改變了懵懵懂懂的思想狀況。這對後來的保山承受日本瘋狂大轟炸，掀起同仇敵愾的情緒，多少打下一些思想基礎。

蒲縹是保山縣屬一個有名的鄉鎮，當地有一個大地主名叫李堯，不僅爲蒲縹一霸，也是保山豪紳。他的女兒讀省中，兩個侄女李喬芳、李榴芳讀縣中，是我的學生。李堯本人非常封建，對於任何新生事物都採排拒的態度。我們宣傳團開到蒲縹時，楊副團長考慮到我們是男女合演，恐怕李堯以「有傷風化」出面阻撓，那就砸鍋了。他和我商量，我於是提出一個漸進的方法，第一天只作抗日戰爭形勢報告和演出抗日歌曲大合唱；活報劇和話劇都暫不演出，聽聽反應，如果一切順利，第二天再推出男女合演活報劇的節目也不遲。

第一天演出的結果，反響甚好，幾乎有口皆碑，於是乘勢在第二天推出全部節目。事後，聽說李堯只講了一句話：「就憑這些娃娃們唱唱叫叫就能抵住日本人的進攻嗎？」不過，幾年後，保山遭到日本飛機的瘋狂大轟炸，一位老先生倒說了句公道話，告訴他的兒女說：「幸而前幾年的抗日宣傳團給了我們一點挨炸的心理準備，否則忍受不了！」這話後來在保山普遍流傳。

就在抗日宣傳團巡迴各鄉鎮工作反響越來越好時，有一天下午三時，我正指揮全體團員在一個空場上練習唱歌，唱〈松花江上〉，指揮棒剛剛舉起就停在半空中不動了，只覺一陣心煩意亂，那支不到二兩重的指揮棒，竟有千鈞重的感覺。我一下變得呆若木雞，同學們紛紛呼喚：「陸老師！陸老師！」正在大家亂作一團、扶我稍息時，一匹馬衝到我的面前，只見一個全身穿黑的年輕人翻身下馬，結結巴巴地叫道：「陸老師不好了！你祖母要過世了，請你趕快回城裡去。」這時，我才如夢初醒，知道自己犯了不可饒恕的錯誤，急憤之中，噴出一口鮮血來。

想想，我明明知道祖母在病中，竟然把她丟在陸氏宗祠裡託一位家門的堂嫂照料，自己帶著宣傳團跑出來，這一下追悔莫及了。等我騎上馬衝回縣城，衝到陸氏宗祠祖母床前，她臉上已蓋上一張黃紙。晚了！晚了！我除了放聲大哭，又能做什麼呢？問堂嫂祖母是幾點鐘過去的？她說，是三點零五分。我一算時間，我的宣傳團是三點鐘集合好的，我指揮大家唱〈松花江上〉不正是三點零五分嗎？當時，一陣心煩意亂，不正是祖母等不及我最後和她見一面而撒手西去的時候嗎？

過去，曾聽到說，至親的人有「心靈感應」或稱「電傳感應」的精神交流現象，回憶我伯父因愛妾被其夫人逼迫自殺而死，憤而棄家到洪湖參加紅軍革命，成爲賀龍的部下，不幸，在中共搞肅反擴大化時被殺了頭。某夜，忽然跑到我祖母帳子前，掀開帳子，喊聲「媽！」以無頭之身向祖母告別，祖母驚恐中大叫，把睡在身旁的我嚇醒。問：「什麼事？」祖母說：「你大伯回來了，但是沒有頭。」繼後輾轉獲悉，大伯陸振之確實死在洪湖。那是我第一次聽到「心靈感應」這個提法，想不到事隔十多年，竟直接有「心靈感應」的經歷。

按照父親給我的任務，祖母逝世之日，也就是我盡完責任之時。可是，怎樣把祖母安葬好，也是個艱鉅的挑戰！這時，只有向宗族族長求援。由於「陸氏宗祠」是在我祖父的故居上建蓋的，我提出請各族長湊出一筆安葬費來，等於集體爲宗祠補償地價，而這一筆錢我不經手，由各位族長組織一個治喪會辦理。所幸祖母的棺材錢是縣長兼縣中校長批准由縣中借墊的，楊縣長自然站到我這一邊，認爲由陸氏門中原來建蓋、管理宗祠的人負責治喪是合理的，各族長鑒於縣長站在我這一邊，他們也不得不表示接受我的方案。加上我是保山縣教育委員會的委員，祖母出殯之日，縣教委會發動了縣中和縣城各小學的中小學的師生三千多人來送殯，據家鄉人說，是多年來保山少見的一次盛大的葬禮。整個送葬的行列中，披麻帶孝的只有我一個人，家族中人只背纏黑紗。當時，旣感到有點凄涼，又感到有點自豪，我走在送葬隊列中默默地思念祖母的一生，而我不負祖母將我養育大，助成了她完成「身爲保山人、死爲保山鬼」、熱愛故土的心願。

感謝祖母，她的慈愛溫婉、重視人的價値、強調心存忠厚，和做人的大度，成爲我選擇一生做記者的最大動力。

當兵走上新聞路

●獨立亭亭命世雄，男兒何必哭途窮，盧騷寡婦淮陰母，慧眼豪情不願逢。——于右任〈詠史〉

一九三九年，在家鄉安葬祖母後，決定走向抗戰司令塔的重慶。

重慶其時已經國民政府定爲陪都，也是青年人嚮往的聖地。不過，應當說明，思想左傾的卻把延安看做「革命聖地」。我可能因爲家庭背景的關係，用共產黨階級分析的觀點來看，具有嚴重的小資產階級動搖性，對於過左的一套東西不能接受，加之思想上受到伯父投奔共產黨、不幸在殘酷的黨內鬥爭中被清洗殺害的心理暗影，因此不願意去延安，而選擇了重慶。

這當中，牽涉一場師生戀，甚至因而一度被誤會爲「拐逃女生」而遭軟禁，失去人身自由一個月，在做政治囚徒之前就做過「私家囚徒」，留待後面寫八個女性的故事中交代。

重慶是中國有名的「三大火爐」之一，另外兩個是南京與武漢。七八月的天氣，酷暑蒸人，每天都是汗流浹背。在舉目無親又窮困無告的情況下，只能住在四川人所稱的「雞毛店」裡，過著「未晚先投宿，雞鳴早看天」的生活。唯一的出路就是報紙上的「招聘廣告」，報考各種各樣的職業，如報館校對、補習學校教師、工廠車間紀錄員、商店倉庫管理員等等，結果，都是失敗、失敗再失敗。

有一天，由重慶南岸過江回市區，走到躉船，才發現身無分文。萬般無奈中，只有耍賴皮，搶在一位女士的前面，到接近渡輪時，三步併兩步，快速登船，當收票員收票時，我頭也不回，手置肩頭，以大拇指向後一指就上了船。收票員攔住後面的女士要兩張票，這位女士聲明她是單身，還出言大罵「騙子！」我在船艙裡只能以心跳回應。

大概在「七·七」對日抗戰兩周年的前夕，好不容易考取了齊世英先生爲董事長設在重慶彈子石的軍學編譯社做助理編輯。報到之日，總編輯和我談了二十分鐘的話，就交下一本《馬克辛機關槍構造》叫我重寫，把原來生硬的譯文修改得盡可能口語化、通俗化一些。這對我來說，比理解劉伯溫的「推背圖」還難，工作成績之糟，是可以想見的。試用第二週，就被辭退了。

依靠得到的一個星期工資，又繼續從報紙廣告上找工作。最妙的是連考《國民公報》的校對都未獲錄取。兩年後，一九四一年參加「陪都記者自貢訪問團」結識了丁中江，他時任職《國民公報》，才知對外招聘是個幌子，用什麼人早就定了。有一天，到重慶化龍橋國民公報社中江的住處去玩，中江還從編輯部找出我的考卷共同「欣賞」一番，相顧大笑。他打趣說，如果那時我們取了你，你現在還不是在編輯部熬夜伏案工作。由於中國報紙有一個壞傳統，把校對看成編輯部最低級的工作，其實，校對的好壞，直接影響報紙的質量。

基於曾參加過光未然（張光年）領導的戰地演劇隊，見到教育部巡迴演劇第二隊招考隊員，於是前往報考，先考筆試，題目是「戲劇與抗日救國」，得以錄取。繼考表演，亦獲通過。沒有想到在入隊口試時，一位姓姚的隊長問了一下家庭和本人情況，竟表示從我的考卷看，有較高的水準，因此，不可能安心當個演劇隊員，他們不願意將演劇隊變成臨時歇脚的旅館，所以決定不予錄取。我表示願意立下五年不走的書面保證，仍是拒收。萬般無奈中，祇好窩在雞毛店裡發呆。

當時，我能送進當舖的衣服都送進去了。最慘的是把僅有的一件長衫和三件襯衫中一件較新的送進當舖，換到了一點錢，準備付雞毛店的宿費時，莫名其妙地竟連同一個小皮夾子一起被竊了。

走投無路，爲了繼續生存下去，只好到重慶復興關上去按報上某部招兵廣告，志願申請當二等兵。

陸軍第二十八、二十九兩師是直屬蔣委員長領導，由大特務頭子康澤統率的軍事委員會別動總隊改編的隊伍。別動總隊隊員，起碼的軍銜爲陸軍少尉，所以編組正規部隊後，有官無兵。軍政部下令由各軍管區補充，仍然兵員不足，不得已只好登報公開招募，廣告上寫復興關招收學兵，而復興關是中央訓練團所在地，招牌非常響，我決定去碰碰運氣。經過極其簡單的身體檢查，就被收容了。每天按《步兵操典》的規定，從立正、稍息做起，接受不算嚴格的軍事訓練。生活待遇非常之差，除發給一套單軍服、一條氈子外，什麼都沒有。吃的是抗戰時期有名的「八寶飯」，也就是不但有稗子、稻草、還滲了砂子、石子，有時外加老鼠屎的糙米飯。就是這樣的飯也吃不飽。爲了吃飽，只有比快，誰先吃完，誰先裝飯，落後的，只好望著空飯籮嘆氣。由於那時養成的狼吞虎嚥習慣，我到現在吃飯還是比一般朋友都快。朋友有時驚訝我吃飯的速度，我只有坦白地說是當兵搶飯吃養成的習慣，抱歉之至。

在一次連長徵求誰會唱抗日歌曲的晚點名上，我站了出來，他就命令我教大家唱抗日歌曲。從

〈大刀進行曲〉教起，每次晚點名都教，得到了連長的賞識。大約兩週後，連長找我作了一次個別談話，就改調我為文書上士，幫助造名冊。不久，我從報上看到中央政治學校新聞事業專修班招考學員的廣告，便向連長請求准我報考。

照理來說，我是不可能考上的。因為當時政校在全國大後方五大城市重慶、成都、西安、蘭州、昆明招考大學畢業或肄業三年以上的學生，報考者極為踴躍，平均十中取一。而考試的科目國文、英文、三民主義、史地、國際常識五門得分加起來以五除，平均分數起碼要在六十分以上，才能依序選拔錄取，極為嚴格。而且，我面臨報考證件的問題。

憑什麼證件去報考呢？情急智生，從報紙上的「遺失聲明」得到了鬼主意。有一天我看到《時事新報》上刊出一則遺失聲明，是北平中國大學的一個學生刊登的，說他遺失了政治系的畢業證書。於是我就千方百計打聽到重慶中國大學同學會，去問如果證書遺失，他們能不能補發證明？據答，同學會不能，不過可以代轉給當時住在重慶交通銀行四樓的老校長王正廷先生（曾任中國外交部長）處理。於是，根據政校招生規定新聞班乙組必須大學肄業三年以上才能報考，我就在《時事新報》上刊出下面一則「遺失聲明」：

「遺失聲明：本人一九三七年六月肄業於北平中國大學政治系三年級期滿，因七七抗日戰起，倉卒離平，戰亂中將肄業證書遺失，特此登報聲明。陸鏗。」（行筆至此，應該坦率承認，當台北為國民大會副議長謝隆盛的學歷眞假問題發生爭辯時，我的心都會跳，這也是一種連鎖反應的懺悔吧！）

這裡還要交代一下我的名字，我原名陸敬孔，是祖父取的。離開私塾，報考高小，受到「五・

四」運動後打倒孔家店思潮的影響，便跟祖父說，與其敬孔，何不敬先，在祖父同意下改名敬先。經過戰亂的鍛煉，覺得光敬先還是不行，應該獨立思考，有自己的聲音，因而改名陸鏗。

「遺失聲明」刊出後，寫了一封信給王正廷先生附上「遺失聲明」，要求賜一證明。他很快寄來一張秘書起稿、本人簽名蓋章的證明書，持而到政校報考，居然得以參加重慶區的考試。

國文題我到現在還記得：「力惡其不出於身也，不必為己說」。幸而入小學前讀過兩年私塾，對於孔老夫子的言論，多少背得一些，且小有領會，於是用小我服從大我的道理，把個人與國家對日抗戰結合了起來，意外地得到了八十五分（這是進校後查到的）。英文底子太差，只得到了三十分。史地和國際常識都在七十分以上。最突出的是三民主義，拜綦江軟禁、被迫狠讀了一個月之賜，竟名列全班第一，以九十五分上榜。五門平均達七十分，以乙等錄取。這一非常偶然的結果，說明了人生往往會遇到意外的機遇，體現禍福相生的道理，我若不是被演劇隊拒收，或未遭軟禁，整個命運也就變了，想當記者只能是空想。

說起政校的新聞系、科、班是相當複雜的。計分：

新聞系，高中畢業考入，讀四年。

新聞科，高中畢業考入，讀兩年。

新聞事業專修班，又分甲、乙組，甲組：國民黨黨報中級以上人員，經保送、審查合格，受新聞專門訓練半年。乙組：大學畢業或肄業三年以上或具有同等學力、曾任編輯、記者三年以上者，經考試錄取受新聞教育一年。

新聞事業專修班總共只辦了一年，甲組兩期，乙組一期，我是屬於乙組的。說句笑話，「前無古人，後無來者」。

我們班是個非常奇怪的組合，最老的同學伍雲，一九三九年就已年過五十，如果現在還活著，一百零八歲了。最小的我，當時剛滿二十。全班四十人，堅持做記者到底的，只有在下一人。

不過應該指出，政校培養的新聞人才，三、四十年代如李荆蓀、朱沛人、邵德潤、錢震、凌遇選、周天固、黎世芬、黃印文、彭河清、林家琦、毛樹清、徐鍾珮、張明、潘煥昆、耿修業、陳裕清、樂恕人、董品禎、徐佳士、王洪鈞、趙廷俊、漆敬堯、龔選舞、陸以正、齊振一、李蔚榮、楊孔鑫、趙廷俊、潘霦、周培敬、冷楓、余也魯、薛心鎔、張雲鵠、劉成幹、田玉振、朱培璜、楊天毅等，其中有的非新聞系所而是其他系所卒業的，對中國新聞事業或新聞教育，都作出了一定的貢獻。像荆蓀和沛人還分別遭到白色恐怖和赤色恐怖的迫害而致喪命。如果有一天，中國也像美國一樣地爲新聞事業而犧牲生命的新聞工作者立碑，他們的名字都將嵌在碑上。至於政大遷台後培養的新聞人才，那就更多了。如李金銓、張作錦、黃肇松、石永貴、曠湘霞、鄭瑞成、陳世敏、汪琪、黃年、陳國祥、項國寧、馬驥伸、黃天才、李瞻、潘家慶、李四端、張錦華、羅文輝、鄭貞銘、王力行、賴光臨、吳豐山、陳啓家、徐榮華、周玉寇、黃清龍、王念慈，還有學新聞而在其他方面有傑出表現的如林懷民、于宗先、黃文雄、焦雄屏等，充分體現了長江後浪推前浪的氣勢。

我在重慶南溫泉，正式接受新聞教育雖只一年，但有幸遇到了極好的老師。如班主任馬星野師畢生貢獻於新聞教育和新聞事業，他把在美國密蘇里新聞學院所學的新聞學理論結合中國新聞事業的實際，傳授給我們，強調新聞道德和記者操守，使我們得益極深。教授採訪學的趙敏恆師是公認的現代中國最了不起的記者，爲國際新聞界所推重；第二次世界大戰歐洲戰場上，我們遇到了英、美大牌記者，幾乎無一例外地提到他（Thomas Chao）就伸大拇指。教授新聞寫作的俞頌華師，是循循善誘的學者。而教授社論寫作的王芸生師，爲張季鸞後的《大公報》第一隻筆。在思想上，影響我最深的元老報人于右任先生關於革命新聞事業的演講，從《神州日報》到「三民」：《民呼日報》、《民吁日報》以至《民立報》的一個接一個地代表新生力量向腐朽勢力的挑戰，正如右老說的：「新聞事業是國家進步及民族文化解放上的神聖事業。」使我深深認識到新聞事業破舊立新的歷史使命。而他所說「新聞記者是時代最快活的人」，以及流露的「我還想作新聞記者」的感情，更大大激勵我奠定終生從事新聞事業的志節。

在這裡，我要感謝作家、也是記者蕭乾兄對我的啓蒙。一九三九年春滇緬公路上我們的巧遇，他的言行在我身上收到了潛移默化之功。當時他已是名記者了，不惜向我這邊地中學教師進行訪問邊疆人民對全民抗戰和打通滇緬路的各種反應，並及時筆記。他謙和、總是帶著微笑的態度，使我印象深刻。而他所表現的獻身新聞事業的熱忱，更使我受到鼓舞。榜樣的作用是無窮的，到了南溫泉機緣成熟，接受了右老諸師的教誨，我毫不猶豫地決定走上獻身新聞事業之路。

半個多世紀的記者生涯，雖然歷經坎坷，備嘗艱辛，但總的感覺是一種自豪的美好，或者說，美好的自豪。每當我的學生問我對記者生涯的感受時，我都坦誠相告：如果下一輩子叫我選擇職業和事業，我的選擇仍然是新聞記者。

事實證明，記者這個職業，或者說這個事業，從服務人群來說，影響是至深且廣的。

先賢范仲淹有言：「先天下之憂而憂，後天下之樂而樂。」作爲記者來說，既是「先天下之憂而憂」，又何嘗不是先天下之樂而樂呢？我爲什麼活到七十八歲還在新聞第一線採訪，讓我告訴朋友們一個秘密，因為樂在其中。

中國最早的廣播記者

●男兒志兮天下事，但有進兮不有止。——梁啓超

一九四〇年八月告別了重慶南溫泉，中央政治學校當年按制度是採取畢業後分配工作的。我和徐鍾珮、沈錡、樂恕人等四人，被學校一張介紹信分配到位於重慶城裡兩路口巴縣中學的中央宣傳部國際宣傳處。徐、沈畢業於大學部新聞系，英文較好，被派做英文新聞檢查，在魏景蒙指導下、朱撫松帶領下工作。魏在國府撤退台灣後成爲行政院新聞局長，朱在外交界脫穎而出，徐也成爲名作家。徐、朱在重慶一起工作，有了感情，一九四三年結婚。朱到台灣後，隨葉公超轉入外交界，歷任駐外大使，七十年代做了外交部長，徐一度是非常活躍的外長夫人。沈在台灣也做到外交部次長。這是後話。樂和我則被安排在中國國際廣播電台（The Voice of China）傳音科（即新聞部兼節目部），這是一個主管對海外廣播的部門，每天用十幾種語言對外廣播，成爲戰時中國唯一對外發出聲音的機構。鑒於它任務重要，在行政系統上劃歸中央廣播事業管理處，而在業務指導上則劃歸

國際宣傳處管。

國際宣傳處處長曾虛白是《孽海花》作者曾孟樸的公子、在上海辦《大晚報》有成，指導他工作的則是他的老戰友、曾任蔣介石英文老師、時任國民黨中央宣傳部主管國際宣傳的副部長董顯光先生（Hollington Tong）。他是一位心地善良的基督徒，對每一個工作人員都表現出很大的愛心，談話總是帶著期許，在他身上找不出半點官氣。在他領導下工作，是非常快樂的。

樂恕人和我的名義是助理編輯，工作是每天把中央通訊社的新聞寫成口語化的中文廣播稿。我還得兼任國語播音員，常常在半夜兩點鐘一個字一個字地播報中央社的「紀錄新聞」，供應淪陷區的抗日志士和抗日前線的軍中文宣工作者發行油印報刊用。遇到疑難的字，還得作解釋，比如翁文灝的灝字，要說：「三點水加風景的景字，旁邊再加頁碼的頁字。」工作辛苦，待遇微薄，但因爲直接服務於抗戰事業，所以精神狀態甚佳。

就在這個期間，常常爲了應付日本侵略者的狂轟濫炸，要跑警報。有時第一次防空警報尚未解除，第二次警報又來了，最長的時間持續四、五小時，吃飯睡覺都受極大的影響，可是人們在情緒上除了加深對敵人的仇恨，既沒有氣餒，也沒有怨言；相反地，有時還能自得其樂。比如，英語播音員馬彬和（Pin-ho MA，英文名J. A. Mac Causland）先生，這是一位因熱愛中國、放棄英國籍加入中國籍，無償地參加中國抗戰事業的偉大國際友人。他是蘇格蘭人，出身牛津大學，英文造詣之高固無論矣，而中文修養之深亦令人佩服。比如，我和他第一次互通姓名時，我說姓陸，他馬上問是不是陸象山的陸，令我大吃一驚。記得有一次在防空洞裡聽他講朱子治家格言，當時竟產生了一個奇特的心理，希望防空警報持續的時間長一點，可以多聽聽馬彬和先生的宏論。

馬彬和不僅用中文名字，穿中國長衫，說中國話，而且不修邊幅，鬍子滿腮也毫不在乎，對人彬彬有禮，文如其名。有時他因工作的事給傳音科長彭樂善先生寫信，簽名的時候恭恭敬敬寫上：弟馬彬和頓首再拜。彭樂善先生一九八八年在紐約逝世前有一次跟我談到這位「中國人民之友」，還表露了無限的敬佩與懷念之忱。

由於中國對日抗戰是正義的事業，不僅投身於抗戰的中國人信心百倍，努力工作，就連一些熱愛中國的外國朋友也勁頭十足，不辭辛勞。如後來在宋慶齡主持的兒童福利基金會長期任職的艾潑斯坦即其中之一。

在我的記憶中，凡是擔任播音工作的沒有一個遲到的，風雨無阻。我最記得，有一次日機轟炸，全城停電，偏遇上傾盆大雨，我們想馬彬和今晚大概不會來了，因為他住在十多里地之外，那知在對倫敦廣播的晚上十時節目還差五分鐘，只見他一襲陰丹士林布的長衫，拿著一張淋著水的紅油漆紙傘，長衫的下襬和褲脚全濕了，翩然而至。只問了一句：「停電，我們的廣播不受影響吧？」當然不受影響。《中國之聲》的工作信條是：抗戰繼續一天，我們的聲音就要保持一天。馬彬和先生表現的對中國的愛心和敬業精神，使《中國之聲》的每一個同事都深受感動。

在日本飛機對重慶轟炸中，一次巴縣中學中彈，我和三個同事住的簡易竹籬笆房子被炸燬，衣物全部被埋在土中。我還和同事開玩笑說，只要身子不被埋就不怕。那知就在這話說了不到一個星期，我和政校新聞班同組畢業同學高怡倫到鄉下去看一位朋友，夜裡遇到空襲，我們兩個躲在山邊的石崖下，不料日本人的炸彈就在我們周圍爆炸開花，只覺一陣疾風吹來，伴著一聲巨響，形成飛沙走石的局面，頗有天崩地裂的感覺，整個人被埋在石子泥土裡。等完全清醒過來，高怡倫才發覺他的一隻耳朵震聾了，後經過醫生檢查，證實耳朵鼓膜震破，可見炸彈威力之強。

震驚國際的重慶防空洞大慘案，是現代戰爭史上很少有的慘劇。當時，重慶最大的一個防空洞可容納一兩萬人，有一次日本飛機轟炸，把洞口炸燬，由於空氣不夠，後面的人向前面擠，希望衝出來，前面的人不支倒地，竟把洞口堵死。人越來越推擠，空氣越來越稀薄，死的人越來越多，一次空襲，單在一個防空洞裡，近萬人完全窒息而亡。事後，市政當局光是派卡車隊運送一個個臉部發黑的屍體，就足足拉了十天。用「慘不忍睹」都無法形容當時的慘況。——這都是日本侵略者欠中國人的債。

就在那種環境下，人們抗日意志仍然是高昂的。我們常常哼著「誰願意做奴隸？誰願意做馬牛？」的〈熱血歌〉。堅強地進行著各人的工作。非常奇妙的是，對於生活的苦，完全沒有計較，而且知道這苦是長期的，有時甚至以苦爲樂。當時，一心一意想的，是對國家如何能做更多更好的貢獻。周圍的人都是在樂觀奮鬥，聽不到一句哀聲嘆氣，看不到任何愁眉苦臉。只是考慮到自己是學新聞的，在廣播電台雖然也幹的是新聞工作，總不如做記者可以自由發揮。當時中國廣播事業，只有播音員，沒有記者（全國範圍包括延安皆是如此）。於是，我和樂恕人商量向彭樂善要求做記者，直接採訪新聞。彭是一個接受西方教育的人，他答應有機會向董顯光先生報告。後來，他說，Hollington同意了，但在行政系統上須尊重電台台長馮簡，最好寫個報告請馮簡批一下。馮簡是北洋大學出身的科學家，以重慶大學工學院院長的身份兼中國國際廣播電台台長，對於新聞事業的觀念還停留在邵飄萍、林白水的時代。他不懂現代新聞事業的運作，在我們的報告上批了「准予試作訪員」。「訪員」是民國初年對記者的稱呼，我們不管三七二十一，便印了中國國際廣播電台記者的名片，四出採訪新聞。

當時，四十年代初期，在一般人腦子裡，所謂「新聞記者」只能由報紙派出。連通訊社記者，都似乎很勉強，怎麼廣播電台也跑出記者來了？因此，我們要一面採訪、一面向採訪對象解釋，新聞有三種：一是「讀的新聞」——報紙；二是「看的新聞」——紀錄電影；三是「聽的新聞」——廣播。眞是費盡唇舌。有的人基於同情，勉強應付幾句。有的人嫌麻煩，斷然拒絕。有的甚至懷疑莫非是來招搖撞騙的。常常有一種事倍功半的感覺。

恰恰遇到政校新聞班甲組同學朱培璜創辦《僑聲報》，先出三日刊再出日報，邀我和樂恕人加盟，我們便參加了。離開了廣播事業大約半年，《僑聲報》結束，又回到廣播大廈工作。同年秋我受任中央廣播電台編審總幹事，並爲特別節目進行採訪。

一九四二年曾任美國共和黨的總統候選人威爾基先生給我們帶來了好運，他帶著《天下一家》(*One World*) 的著作來到重慶訪問，受到了熱烈的接待。同年十月三日，宋氏三姊妹在范莊舉行晚會歡迎。我事先跟何柏身、彭樂善中央、國際兩台傳音科長講好作一聯播節目。當威爾基先生由蔣夫人宋美齡、孫夫人宋慶齡、孔夫人宋藹齡陪同在晚會上出現時，我就將一個帶座的麥克風連著線拉到檯子上「啪！」地一聲放下，不料，受到便衣保安人員的喝斥：「幹什麼？」我向他解釋這是廣播電台準備向國內外作現場廣播的。他聽也不聽，一面說：「去、去、去！」一面就去拿掉麥克風。我才趕緊向宋美齡說：「Madame! I am correspondent from the Voice of China」（我是「中國之聲」的記者）接著用中文說明希望以今天的晚會做一個特別節目。蔣夫人於是向周圍跟隨的人示意：「讓他，讓他！」我才大膽地對著麥克風向聽衆介紹說：「今天是重慶各界人士歡迎會爲美國共和黨總統候選人的威爾基先生的園遊會。蔣夫人宋美齡女士、孫夫人宋慶齡女士和孔夫人宋藹齡女士都出席了大會。現在是現場實況廣播。」從這以後，中國才開始有了實況廣播，廣播新聞也才比較受到肯定。一九四五年在倫敦，BBC邀我做他們遠東節目的特約評論員，講述同年七月和另一位中國戰地記者毛樹清隨艾森豪威爾將軍進軍柏林的經過。BBC向聽衆介紹我時，稱我爲中國第一個廣播記者，我頗有一點當之無愧的味道，台灣話叫「臭美」。

回頭敍述《僑聲報》的一段奇遇。這張報紙只辦了半年，因經費困難而停刊。另一個政治上的原因，即出錢創辦《僑聲報》的同學朱培璜，他是崇拜陳嘉庚的，而當時當權的蔣介石則認爲陳嘉庚爲「左傾」僑領，有點討厭，比較喜歡被他視爲「右傾」僑領的胡文虎。在蔣看來，《僑聲報》也是一個麻煩。但就是這張以華僑和歸僑爲讀者對象的小小的三日刊，居然成爲戰時中國第一張爆出最大新聞的報紙，也是中國報業史上的一個異數。

一九四一年十二月八日的重慶，我和樂恕人在僑聲報宿舍睡得正熟，忽然被原在廣播大廈結交的一位工友小楊叫醒。(廣播大廈離僑聲報社一箭之遙)——順便提一句，小楊是辦公室的聽差，他除了供應茶水，有時還替我買早點，但我對他一直平等相待，通過一年多的接觸，到我離開廣播大廈時，彼此已變成朋友。

小楊匆匆忙忙地說：「彭樂善（《中國之聲》的傳音科長）剛剛聽到BBC廣播，日本偷襲珍珠港，太平洋戰爭爆發。彭科長興奮得叫了起來，他正打電話報告董副部長（指Hollington Tong），我就跑來告訴你們。」我讚美了小楊具有靈活的新聞頭腦，和恕人商量了一下，決定印發號外，但因《僑聲報》自己沒有印刷設備，於是兩人分工，由他去廣播大廈找彭樂善抄新聞，我到中央社找一位我們稱之謂「鋼板大王」的政校新聞班學長周培敬來刻蠟紙，出油印號外。恕人到廣播大廈時，正好遇見董顯光，乃向董打聽，董先生說：「我要到官邸報告委員長，沒功夫和你談，去問彭科長吧！」等恕人把新聞從彭處抄來，我也把周找到報社，於是印出了五百多份十六開大小的太平洋大戰號外：

日空軍襲珍珠港馬尼拉（眉題）〈美日大戰爆發〉（大題）〈日方宣佈與英美進入戰爭狀態。美總統下令動員三軍對日作戰〉（副題）。

（本報特訊）據此間國際廣播電台收音部收得英國BBC廣播公司廣播稱：八日晨一時（重慶時間）日空軍轟炸機群自太平洋上某地之航空母艦起飛，分襲檀香山美海軍根據地珍珠港及馬尼拉。當日空軍進襲之際，適爲日使野村、來栖在美國務院呈遞日政府致美某種文件之時。日方於發動戰爭後，即宣佈與英美進入戰爭狀態。美政府已召集最緊急會議，動員海空軍對日作戰。僑聲報號外。三十年十二月八日晨六時

號外印好後，擔任《僑聲報》經理的高怡倫以及周培敬、樂恕人和我像瘋子一樣地分兵幾路當街大叫：「號外！號外！」免費分送給路人，轟動了山城。過了一陣，《中央日報》、《大公報》、《國民公報》也分別印發了號外。

僑聲報社附近一家西藥行，看到我們的號外後，臨時四處派人收購了一大批西藥，並即刻把自己藥店的藥價成倍上漲，發了一筆「太平洋戰爭財」。

太平洋大戰爆發，自是世界歷史的轉折點，這麼驚天動地的新聞，在中國竟由一張小小的三日刊首先發佈，而來源還是收聽廣播。這裡面有一個重要的背景，當時在中國，收音機尚未普遍，聽廣播的人較少，聽國際廣播的尤其少。重慶的國內廣播機構和國際廣播機構，雖在同一大廈，除特別聯播節目外，一般缺乏聯繫。儘管國際台已得到這個消息，作爲國內台的中央台仍姍姍來遲。而國際各大通訊社的新聞當時是按合約由中央社轉發。中央社電務部雖每天廿四小時抄收國際電訊，十二月八日凌晨三四點鐘時已經抄到有關消息，但值班的報務員限於英文程度，看不出這是驚天動地的新聞，所以陰錯陽差讓我和恕人兩個初出道的年輕記者有了這一幸運。

後來，在重慶流行一種說法，日本偷襲珍珠港的消息，戰時由大特務戴笠指揮的「中美合作所」電台收到日本海軍方面秘密往來的電訊中，經過破譯，已獲得日本可能行動的情報，而且把這一情報及時傳達給了美國政府。而美國方面看不起中國，認爲以中國的科技水平，不可能得到如此尖端的情報，不予置信，當然也不做任何防衛準備，結果吃了大虧。

還有更神奇的說法，說是美國總統羅斯福得到這一情報後，故意留中不發，讓日本突襲珍珠港，使美國海軍受到損失，只有如此，才能激起美國民氣，展開歷史性的同盟國對軸心國的所謂消滅法西斯的全球大戰。

不管怎樣，太平洋戰爭，爲中國人對日抗戰展露了勝利的曙光。從一九四一年十二月八日這天起，中國人的心情顯然愉快多了。也就是說，勝利已經在望。

歐洲戰地記者行

●萬里赴戎機，關山渡若飛。——南朝梁・〈木蘭詩〉

●大兵如市，人死如林；持金易粟，粟貴於金。——漢・童謠

一九四四年，整個歐洲戰局發生了有利同盟國而不利軸心國的轉變，希特勒自進攻莫斯科遭到拿破崙同樣的命運以後，已改變攻勢爲守勢。盟國大軍在艾森豪威爾將軍指揮下決定大反攻，六月六日 D-Day 在諾曼第登陸，開闢了第二戰場。《大公報》駐英記者、作家蕭乾在倫敦的蒙哥馬利元帥總部申請得到批准，隨軍採訪，是中國在歐洲的第一個戰地記者，也是唯一參加諾曼第登陸戰的記者。諾曼第登陸後，盟國大軍東西夾擊，中央通訊社記者余捷元也於一九四四年底自遠東趕到歐洲隨軍採訪。

一九四五年春，毛樹清和我分別代表《中央日報》《重慶世界日報》、恩施《武漢日報》和《中國之聲》（The Voice of China）亦稱中國國際廣播電台參加了艾森豪威爾將軍爲首的盟國遠征軍

總部隨軍記者的行列，英文全名是 War Correspondent Accredited by SHAEF (Supreme Head-Quaters of Allied Expeditionary Force)。巴黎盟軍總部發給我的戰地記者證的編號是一〇四六，說明隨盟總的記者已逾千數，我是一個遲到者。我當時年齡不足二十六歲，自然是後進。戰地上活躍的同業，年齡最大的已近七十，是祖父輩的了。

我和樹清不僅有同學之誼，且自一九四〇年起就同時在新聞圈打天下，當艾森豪威爾指揮盟國大軍開闢第二戰場，於法國諾曼第登陸後，當時已爲五強之一的中國，決定增派記者到太平洋戰區和歐洲戰區隨軍。我得知此訊後，既爲自己爭取，又爲樹清申請前往。(毛時任昆明中央日報主筆)

一九四四、四五年，在歐洲盟軍總部申請批准隨軍採訪的中國記者共八人。實際到戰地的六人：蕭乾、余捷元、毛樹清、陸鏗、樂恕人(代表中央日報)、丁垂遠(代表新民報)。另二人已在盟總掛了號、領了證，但主要任務是分駐巴黎、倫敦，擔任中央社巴黎分社主任和倫敦分社主任的徐兆鏞和任玲遜。

當時，以我的資歷和英文程度是不夠資格擔此重任的，主要是對我特別愛護的元老報人于右任先生，請邵力子先生給時任中央宣傳部部長的梁寒操先生寫了一封推薦信，結果獲得批准。應該承認我的出國並不是憑眞本事。在外交部辦了護照，同時在財政部外匯管理局按規定申請到五千六百美元包括旅費和生活費的外匯，當時官價二十元折合一美元，而黑市已到二百多元法幣換一美元，可以說是享受特權。雲南鄉前輩、屬於我祖父輩的原政學系領袖李根源、印泉先生知道我非常窮，贈金以壯行色。

幸運的是，一九四五年春，告別重慶、從昆明飛越駝峰到達加爾各答時，除與樹清會合外，還遇到了生物學家、應邀到美國哥倫比亞大學講學的談家楨教授。這位遺傳學權威摩爾根的關門弟子，時年三十五，長我九歲，長樹清七歲，自然成了三人行的老大哥，我們稱他「老談」，相約以「Go Dutch」的方式同行。他生性曠達，風流倜儻，決不作「假正經」，而是隨遇而樂（不是「隨遇而安」）。帶著我們一起逛加爾各答，訪新舊德里，喀拉奇採風，直到開羅作客，一路上充滿了人生的探奇和輕鬆的歡笑。而且此一結識，導致了我和談家楨這位摩爾根學派在中國的傳人半世紀以上的友誼不墜。老談以八八高齡，將於一九九七在北京召開世界遺傳學大會，擔任大會主席，可喜可敬。

由於戰爭狀態，空中交通並不太方便，常常爲候機而滯留；到達開羅後，和老談告別，他飛美國，我和樹清轉赴歐洲。當我們從開羅飛阿爾及爾再飛馬賽到達巴黎時，希特勒大勢已去，只剩下表演最後一幕的困獸之鬥了。

蘇軍在東線，美英聯軍在西線，東西夾擊，進攻柏林。希特勒臨死前還有意製造一個大矛盾，在西線以重兵抵死，在東線配備較少兵力，故意造成俄國佬先於美國佬攻佔柏林的複雜形勢，給盟國內部留下冷戰的誘因。

我們飛抵巴黎後，很順利地在艾森豪威爾總部公共關係處辦好了手續，取得了證件，住進了專門接待戰地記者的旅館。然後到軍中商店（PX）買了和美軍軍官同樣的制服包括軍帽、臂章，打扮和包括艾克本人在內的美軍軍官一樣。區別只是他們胸前有勳標，五彩繽紛，而我們只有一條綠底金線繡的 War Correspondent（戰地記者）胸徽。不過對鏡自顧也很神氣。當時按規定受上尉待遇。照國際慣例，如果被俘，將升一級，敵方將以少校對待。因此記者間常開玩笑，比如隨空軍出發轟炸柏林時，彼此互祝不要升爲 Major（少校）。

巴黎的斯克瑞甫（Scribe）旅館，是艾森豪威爾總部特別爲戰地隨軍記者準備的，相當於戰時重慶巴縣中學內的國際宣傳處所設的外籍記者招待所一樣，在當年物資缺乏、糧荒、肉荒、煤荒、十分困窘的巴黎，仍然設備齊全、且廿四小時有熱水供應，每天只收當時約合美金十元的一百五十法郎房金，二十五法郎一頓的晚餐，有魚肉可吃，且大多是大西洋的另一岸美國運來的，戰地記者們雖然不時放言高論，但大家心裡都明白，這是一群被盟總奉養的「天之驕子」。

當時在戰地旅行是不收費的。只要是盟軍佔領後駐紮的地方可以隨意飛來飛去，且手續簡便，只消頭一天打一通電話，告訴公共關係官員，第二天什麼時候要飛什麼地方，到時候就有美軍開著吉普車，拿著塡好的機票到旅館來接，一直把你送到機場。因此，我們常常有這樣的事，頭一天感到巴黎的飯不好吃，想到倫敦的中國街去吃中國小館，當然也想順便看看朋友，特別是朱撫松、徐鍾珮這一對，第二天就飛倫敦了。

不過，到倫敦則需自訂房間，這件事多半是麻煩當時在倫敦中宣部倫敦辦事處工作、八十年代在台北出任外交部長的朱撫松兄。而且倫敦的旅館費用比巴黎高出很多。因爲沒有記者旅館的優待，一切貴客自理。一九四五年六月廿一日，斯克瑞甫的飯廳裡爆出了西線記者即可進軍柏林的消息，新聞專員發出了請各記者準備在七十二小時內啓程的通告。盼望的日子終於要來了，興奮之情，人人溢於言表。廿九日晚盛傳三十日出發，結果，七月一日清晨六時才分南北兩路向柏林前進。

以戰勝國的心情向戰敗國前進，這種經驗，還是生平第一次。

同行的人，具有雙重經驗的，即曾於第一次大戰結束後參加勝利進軍的，一百四十六個記者當中，不過二十個。算起來，已是二十七年前的事了。

盟國遠征軍總部戰地記者柏林參訪團出發了。中國方面只有代表中央社的余捷元、代表中央日報的毛樹清和代表中央廣播系統的我。曾經擔任《中國之聲》顧問的美國國家廣播公司代表郭寧，特別送我們一個總名字：「三中央」。這是一種偶然的巧合，也反映了當時中國的傳媒除《大公報》、《新民報》少數民營報紙外，還是國民黨中央控制。

我們分在南路的記者由美軍機護送（北路是由英軍機護送）自巴黎繞道飛往慕尼黑再飛威瑪。威瑪，是歌德的故鄉，加上威瑪憲法，在人們記憶中是座名城。但我們面對的威瑪，卻是一座好像死去的城市。十幾個美國工兵靜靜地拆除主要街道上的鐵絲網。我們走了兩條街，才開始看到第一個德國人，這是一位滿身黑色衣著的老太婆，騎著一輛脚踏車，身後跟著一群小孩兒，毫無目的地奔跑，看樣子年紀都不超過十歲，其中兩個竟能唸出我們肩章上的中國（China）字樣。德國孩子們的教育程度給了我第一個印象。

七月一日正逢禮拜天，我們走進一座教堂，竟找不出一點祈禱的痕跡，戰爭把人們的一切都帶走了，連宗教信仰也不例外。斜道裡轉出一個扶杖的老頭兒，從他不完整的英語中，我們知道，威瑪所有教堂的鐘聲已三個月沒有響了。

軍政府設在堆滿瓦礫的花園別墅中，間或有德國人走過，都冷然張望一眼，他們好像想從這裡找尋一點什麼，但當守門的美英憲兵和藹地向他們回看一眼時，他們又羞澀地低著頭走開了。我心中泛起的是——亡國的味道眞難受！

作夢也想不到，我們的記者營（Press camp）竟分設在一間旅館和兩座德國私人住宅裡。分配我們的一座，主人原是一個納粹軍官，當然，早已人去樓空，從牆上的照片裡辨識得出這是一位希特勒的黨衛軍官。家裡的陳設相當華麗，會客室一架大鋼琴，只有重慶廣播大廈的一座勉強可以比擬。玻璃櫃中幾件水晶製品也很精緻，我們沒有帶漱口杯，非常抱歉，借用了一件雕刻極美的水晶杯漱口。

細雨濛濛之中，六十輛吉普組成的記者行列，依序離威瑪向柏林前進。每輛吉普上三個記者、一個駕駛軍士或士兵。一個法國女記者高唱馬賽曲，好像要把幾年的悶氣，一口吐淨。我們的車號是六〇九。駕駛者是一個美國士兵，偏偏他名字的音等於「親愛的」意思的「打寧」。弄得同車的一位六十開外年紀的老記者囁嚅不安。

行進中，在農村的小鎮，偶而見到德國婦女集聚而觀，她們大概是想一瞻盟國記者的風采，當車子開動的時候，她們很自然地舉起手來，頻頻揮動，我們當然也趕緊答禮。偶爾走過三幾個從前線退下來的殘廢軍人，其中一位駐足凝視，對著這種情形，眼光流露出似乎仇恨又似乎不解的表情，這種多重涵意的光芒發自同一對眼睛裡，只有黷武者被打敗後才會有吧！

紅十字會醫院，是這班殘廢軍人唯一的安慰。初初踏進殘破的德國，假若你要找到一個比較有生氣的地方，那就是紅十字會醫院。任何盟國的旗幟沒有它顯眼，沒有它多，任何工作人員，沒有他們愉快，沒有他們輕鬆，在一個滿目荒涼的環境裡，能夠輕歌婉轉，只有那些臂上佩戴紅十字的小姐們。

東向哈雷進發，平坦如水的雙道公路上，使人不能不佩服德國的交通建設，公路兩旁，綠樹成蔭，養路工作的成績，有目共睹。農田中，雖露出青翠之色，而小村落中飢荒之象已露，由威瑪至哈雷全程一百五十公里，只發現了一隻雞，四五個菜園，也只有一兩片油綠菜。最後，在離哈雷廿五公里的一個小牧場裡，看見一個老太婆正牧放著一群小羊，大家不約而同地認爲是奇蹟。互相招呼：「快看！羊群。」

車子停在路上早餐的時候，我們曾跑進一個村莊裡一瞥，差不多，十個人中有六個婦女，兩個小孩，然後剩下兩個男人，不是年邁蒼蒼，就是斷手缺足。——這就是戰爭。

談到他們最關心的問題，衆口同聲呼喊食物。一個體格相當高大的老太婆，哭喪著臉敍述她六個月體重減輕六十磅的經過。她的兩個小孫子也從白白胖胖變得骨瘦如柴。本來，饑荒和戰爭是一個循環的鏈條，那個國家製造戰爭，那個國民承受饑荒。

哈雷是一座建築相當整潔的城市，街上行駛著幾輛破舊的電車。店鋪雖空著架子，比起威瑪有城無市又好多了。不過，饑荒的慘況在這裡仍觸目皆是。

十幾個德國孩子，仰望著高樓上的美國士兵，衆口同聲地呼叫：「請再丟一塊！」不丟吧，可能於心不忍，丟吧，眼看著一塊巧克力糖下去，至少有兩三個孩子搶得擦破了膝蓋。

這是誰形成的慘劇？問希特勒。

初見紅軍

紅軍向西移動，我們記者團的車隊則是向東。七月二日看到了他們的先頭部隊，三日卻是大隊人馬。平射炮大約有三十門的行列，頗有氣勢。最後點綴一小隊哥薩克騎兵，別有風味。

因爲記者團的行列與紅軍行列恰爲相反的方向，彼此互相揮手打招呼而過。也許是他們的服裝與美軍服裝一比相形見絀，尤其在疾風中顫抖的瑟縮樣子，使人們對史達林格勒的保衛戰感到有點不可思議。當然，一個是生死關頭，一個是勝利進軍，環境不同，心情不同，所表現的態度也就不同。從哈雷到柏林的沿途可見，德國人民的房舍窗戶裡，時不時會伸出一兩個帽子上有紅星俄國兵的頭，有時候，並吹著口哨，或舉起德國孩子以表歡迎。在我內心裡泛起的感情卻很奇怪，不是欣然，而是不快。雖然，中蘇當時是同盟國，但我總覺得德國被蘇聯佔領是人類的不幸。我沒有發覺，熱戰剛停，冷戰已在我心頭升起。

直到我見到紅軍裡面的婦女輔助隊員，心裡才舒服一點。短髮，身著草綠色軍夾克，面露微笑。她們多半尾隨著軍官，坐在小車子裡。只有兩個女炮手站在炮車後面，顯得特別威風，挺著胸膛，揮手而去。

出哈雷四十英里，見到蘇軍在路旁豎立的白底紅邊紅字的木質佈告，這些德文佈告的內容是：「德國人民將在蘇聯的領導下踏上復興大道。結語是：希特勒雖然死了，德國並沒有死！」最後署名——史達林。

樹清一向比我正統，即時產生了一種連鎖反應：希望將來進軍東京時，能有類似的日文佈告，最後簽署的名字是：蔣中正。——怎能想像，這在當時產生的高尙的憧憬，最後卻變成帶有悲劇色彩的諷刺。

七月三日下午一點鐘，抵達離柏林十二公里的采南道爾夫鎮（Zehlendorf）。公共關係官員宣佈，柏林城盡是斷瓦頹垣，找不到適當的住處，記者營就設在這裡。至於何時入城，下午八時的記者會中宣佈。

記者會準時舉行，很多同業議論紛紛，爲了搶先報導德國投降後的柏林第一印象，不少人遭到失敗。只有兩個例外，那是脫下了戰地記者服，單著一件軍襯衫跟著首先入城的美國兵混了進去的傢伙。大家判斷，一定是合衆社和路透社的記者，他們一路都在緊張地較量。

第一個失望的消息，就是在波茨坦舉行的三巨頭會議不許任何記者接近會場採訪。經過一番質問，才知道完全是史達林的意思。一位年紀較長的記者，抖地站了起來質問兩點：

「一、史達林的意思是這樣，是否杜魯門和邱吉爾的意思就不能那樣？二、假若史達林硬不同意記者採訪三巨頭會議，記者們能不能採訪杜魯門、邱吉爾的兩巨頭會議？」答案是可以想像的：沒有答案。這不過是代表大家一吐不滿之氣而已。

柏林殘景

「柏林城裡的人，現在住在什麼地方？」當我們在柏林城裡巡視了一周回到新聞營的時候，擔任駕駛的美國年輕士兵打寧很天眞地問出這個問題。

諸如破壁頹垣、瓦礫遍地、十室九空，對於劫後柏林都沒有這句問話來得洽當。全市的房屋頂多保存百分之十。所以，在我們匆匆發出的新聞電報裡柏林建築百分之九十被毀的估計，事後一想，都嫌不夠。

大部的建築毀了原形，連空架子也很少剩下。中國駐德大使館可能是最幸運的，六層樓只有最上兩層被毀。

一九四一年七月中國駐德大使陳介奉召返國後，柏林館務就停頓了。不久，老牌漢奸王揖唐聽見了這個消息，就向南京的傀儡政府主席汪精衛推薦了自己兩個「犬子」，分任僞政府駐西班牙和德國的使節。大兒子王德炎，去了馬德里；二兒子王德寅，胖胖的，左頰上有一顆黑痣，眼光遲鈍，撿起一張扔在他代辦辦公室寫字檯底下的照片看看，一副不成材的樣子。據大使館留下的唯一德籍女書記阿爾倍茲說，他是四月七日在一個傾盆大雨的午夜逃往馬德里去的，可以說是狼狽逃竄。

用了十多分鐘的時間，看了看整個使館，連馬桶間的鏡子都被人拿掉了，其餘的可想而知。大批文件、書籍，散落在地上。據阿爾倍茲說，在柏林最混亂的時候，很多老百姓得到軍隊的許可，成群結隊進來搬東西往鄉下。

三月二十三日，留在柏林的一部分華僑，包括學生和商人，在大使館成立了「臨時柏林華僑聯合會」，宗旨爲「謀柏林華僑之安全與福利」。華聯主席嚴敦炯，在德專攻航空工程七年。當下的工作，是登記僑胞。到我們去的那天，一百華僑，有八十人的志願是要求回國。這包括中共建政後在科技方面有傑出表現的過祖源、過晉源兄弟。

七月三日傍晚散步，遇著一位德國婦人帶著一個小孩兒匆匆上前招呼。我和樹清戰地記者肩章上繡有金色的 China 字樣，使她想起死去七年，曾在我國歐亞航空公司任飛機師的丈夫——孟沙先生。她顫抖著出示她的證件，並特別說她丈夫曾爲蔣委員長駕駛過飛機，三年旅居中國，使他們全家奠定了對這東方古國的愛。她現在九歲的女兒，就是在中國出生的，也是中國給孟沙全家最好的紀念品。她表示，以她的家世，以她的教育，以德國的國民訓練，是絕對不應該向我們要求什麼的；

但是，今天，在嚴重飢餓、營養不良和兒子得了水腫病的情況下，她想問，能不能從我們這裡得到一盒半年沒有吃到的肉糜，一包四個月沒有喝到的咖啡，一塊三個月沒有用到的肥皂，為她的孩子們，特別是那因嚴重營養不良、瀕於死亡的兒子求助。當然，我們應允了，她約好我們抽空去看看她佈置有中國竹畫、陳列有中國花瓶及舖著中國地毯的家，以證明她沒有說假話。

七月四日，美國國慶日，記者營供應比平日豐富。我們準備好她要的東西，另外還與管伙食的美國軍士商量好價購五磅麵包，說明實情，下不為例。（孟沙太太有四個孩子，大孩子因病躺在家中）。乘坐吉普車送去時，一路上，我和樹清討論著：一次的幫助，夠嗎？除了孟沙一家，又有多少德國人期待著同樣的幫助？又有多少歐洲人期待著同樣的幫助？

中國人的傳統是重情義，孟沙曾在中國服務，在這種特殊的情況下，給予一定的幫助是應當的。但面對著飢餓的歐洲，又將如何？

有一點，感到印象深刻的是，我們接觸到的德國人，包括孟沙太太在內，戰爭給他們帶來那麼深重的苦難，但他們對於發動戰爭的希特勒，並未流露痛恨的情緒，而是默默地承受苦難。我曾向孟沙太太提到這一點。她的反應是，責怪希特勒有什麼用。我當時想，大概這就是德國人。

吉普車回程中，轉向一個紅旗招展的廣場，看到了杜魯門、邱吉爾、史達林三巨頭的像。大概是為了紀念羅斯福總統，在三巨頭像對面，懸掛一幅德黑蘭會議圖。四十八響大砲聲中，美國布瑞德雷將軍和蘇聯布朗羅夫將軍先後為正式實行軍事佔領致詞，從此確定了三個佔領區。東區劃歸蘇軍，西南區劃歸英軍，西北區劃歸美軍。

晚上，一大群記者聊天時，互相問：這種局面能維持多久？最多十年。《檀香山日報》的女記者考林斯說。這位小姐在柏林時，每次記者會都喜歡坐在我的旁邊。樹清還以此開玩笑說：「她看中你了！」因此半世紀不忘其名。

一個可容五萬人的大廣場上，矗立著一座平看去有五十個兩丈見方大窗戶並列的大廈。窗子上沒有一塊完整的玻璃。直看進去，除了幾十根大理石的方柱子，就是一堆堆磚瓦、木頭和水泥塊。第二層樓，伸出的一座小陽台上，一大群美國兵疊起羅漢，大叫「希特勒萬歲！」爲謔。我趕忙拍下這歷史的鏡頭。原來這就是希特勒每次對著德國民衆，手舞足蹈、聲嘶力竭的演講台。而這座建築就是戰前威名赫赫、世界矚目的希特勒總理府。

入門三丈深，躺著兩輛破小汽車。旁邊小半個、也許只是四分之一的大地球儀，很多記者同業圍著議論，認爲這就是希特勒爲了征服世界，每天撫弄的寶貝。過去，早就有希特勒玩地球儀的傳說，想不到會在魔窟裡見到破碎的地球儀，上面糊了不少屎尿的殘跡，原來是蘇軍攻入時留下的，想來是發洩對希特勒的痛恨。

在第一進第一層樓上，散亂著無數的會計表冊，有一張總結的數目，竟超出原表冊上印的百億一項。另外在百億前加了一條紅線，有同業判斷可能代表千億。一位懂德文的法國同業如獲珍寶地叫道：「呵！這明明寫著『總理一九四四年辦公費』。眞是驚人的消耗。」接著，這位「仁兄」毫不客氣地把這張紙摺疊起來放進他的皮包裡，說了一句：「對不起！紀念品。」

會計室的旁邊是一間保管室。兩個高有一丈五尺的保險箱，上半截都被蘇軍用小鋼砲打通了。堆積的石灰層下，發現好幾百個納粹鐵十字勛章，每一個十字中央刻有一個卐字。不是製於一九三八年，就是製於一九三九年。這是希特勒準備用來征服全歐洲後獎賞有功將士的。在納粹德國屬最高榮譽。據說，蘇軍捷足先登拿走了無數個。剩下這幾百個埋在石灰堆下，所以成爲盟軍總部記者團進軍柏林的最好紀念品。第二天在同一層樓中，還發現幾桶鍍金和銀質的琺瑯勳章和獎章，記者都隨便拿。樂恕人在我們後進柏林，他一口氣拿了廿多個各色勳章、獎章，全部別在胸前照了一張像作爲紀念。我拿的這些章，除了送好朋友作紀念品外，一直保存到一九五一年中國大陸全面鎮壓反革命，舉國形成恐怖氣氛之時，我家裡人分三晚每晚揣幾個在口袋裡，一一丟進昆明翠湖。

在我的印象中，還有一個鏡頭始終不能磨滅，就是我們一群記者在總理府第四進其辦公室的牆脚，發現了一張希特勒的一呎二吋像，同樣被蘇軍拉了屎。一位美國同業不顧汚穢地舉起來：「請看這張倒楣的『英雄』臉！」我自然聯想起蘇東坡的一句話：「誠一世之雄也,而今安在哉!」「英雄」在一九四五年的柏林，成了最大的諷刺。我當時想，假使一個英雄崇拜者來到這裡，一定會嚎啕大哭。

在希特勒的地下室內，大家看到了一個紅皮蘿蔔，希特勒是在斷糧的情況下在這裡發出了永不投降的命令和與柏林共存亡的誓言。從這個紅皮蘿蔔，我們可以推想英雄末路到了什麼程度？蘇軍進柏林後，爲了想找希特勒的下落，幾乎把總部的地皮都翻一個過。據說，在地窟裡找到了三具燒焦了的屍體，有一具屍體的牙齒經過檢驗，判定像希特勒。

究竟是不是希特勒呢？

柏林之行後，來自各國的新聞同業興趣都集中在希特勒的死上。德國老百姓，有的說他死了，先吞毒藥，然後放火自焚。瑞典紅十字會會長曾發表談話，說希特勒是由侍從注射毒針而死，然後火焚。希特勒的一個衛士，宣稱目睹希特勒及其情婦依娃的屍體旁放置了幾桶汽油，準備焚化。

一九四五年十一月，我準備到紐倫堡採訪大審納粹戰犯，下榻於法蘭克福附近的威士巴登記者營。有一天半夜忽有警報長鳴，據說發現了希特勒的情婦依娃，所有同業，傾營出動，忙了大半夜，一無所得。不過在思想上卻有所得：希特勒雖然死了，但在德國的空氣中，彷彿還能感受到他的呼吸。這個混世魔王對德國人民精神上的影響的消除，起碼要經歷一個世代（Generation）。

饑餓恐怖

歐洲戰地採訪印象最深刻的即戰敗國人民的痛苦。首先是飢餓，已到了恐怖的程度。蘇軍佔領柏林後，官兵的糧食，全取之於德國。蘇軍有些部隊吃的近乎浪費，老百姓卻餓得只能維持呼吸。由於男性多數不是成了戰俘就是戰死，但見婦女成群結隊揹著筐子、提著籃子，到遠離城市二三十公里的鄉間去找山果與野菜，只是爲了一飽而奔波終日。早晨天亮動身，晚上天黑才能回家。路上不小心，所採的山果與野菜還有被搶的危險。本來，德國的社會治安是不錯的，但，飢寒起盜心，奈何！

更可惡的是，蘇軍入城後，把市民分做五等待遇。第一等是重工業工人，第二等是輕工業工人，第三等是電務員，第四等是一般平民，第五等是老弱平民。以麵包定量分配說，第一等每日可得七百克，第五等只能得一百克。因此，出現大量的水腫病人。加上受了欺侮，無處訴苦，遭了搶劫，無處告發。至於良家婦女用身體交換食品，更是慘極人寰。面對這種情況，樹清因而發出：「什麼都可以做，就是不能做亡國奴」的感慨。

根據我們在柏林的了解，戰爭結束之初，很多人是靠極少量的麵包和飲用大量的水，勉強維持生命。因此，多數孩子們的肚子都脹得像鼓一樣。

在柏林，記者同業們當時雖然還沒有發明「冷戰」這個詞，但開始感到冷戰陰影已在柏林上空晃動。

記者招待會中艾總部的一位將軍簡單地介紹了一下柏林的情況，表示自七月美英軍隊進駐之日起，柏林就實行三國共管，現在是蘇、美、英，以後還要增加法國部隊。記者的問題集中於德國百姓已到了飢餓死亡的邊緣，而俄國軍隊還要威逼德國平民供應俄國大兵的食物，請問這種狀況怎麼辦？

答覆是：美國只能盡其在我，除了美軍的食糧全部是由美國運來外，德國城市居民部分的配給糧食也是美國供應。各位記者先生，進軍柏林以來，所有吃的東西，包括礦泉水，都是來自美國。美軍曾就德國糧荒問題，與蘇軍會談，但俄國人強調他們受戰爭破壞最重，國內老百姓本身吃的糧食都成問題，軍隊在德國，只能就地取食。他們還說，美國遲遲參戰，本國沒有受到任何戰爭破壞，應當多盡國際義務。

記者追問：「是不是可以說，俄國人已經吃定德國人了？」

答案是：「由你自己判斷。」

「這樣豈不是沒有公理了嗎？」另一位記者追問。

答覆竟然是：「如果你實在認爲不公平，你可以找一位律師，幫他們告狀。」全場爲之大笑。

事後回憶，東西方「冷戰」，就是從這次記者招待會發出了信號。

在柏林，飢餓不僅籠罩著德國，而且籠罩著整個歐洲，德國人固然陷入飢餓狀態，其他國家的人也好不了多少。記得在荷蘭的阿姆斯特丹，有一次理完髮後，我告訴理髮師擦點油吧！他非常驚訝地問：「先生，你說什麼？油，如果有油，我早吃進肚子裡去了。」這話也使我五十年難忘。

我們到維也納的時候，奧國人的飢餓情況已漸趨緩和，但如果那一家麵包店出現一批麵包供應，仍會是當地報紙的頭條新聞。

記者營設在維也納的 Weisserhahn 旅館，規定每一位記者每個星期六晚餐時可以請一個客人，平日不許有外客。戰地記者們便用這個機會帶奧國小姐到旅館裡晚餐，而維也納的女孩子也以能交上戰地記者做朋友為榮，因此，每逢星期六下午，旅館大廳和餐廳人滿為患。吃完飯後，各個記者都心照不宣地帶著臨時女友上樓回到自己房間。不知是那個缺德的傢伙取了一個名詞，叫「進軍維也納」。攝影記者們特別放肆，常常在大庭廣衆中宣揚自己的「戰績」如何「輝煌」，大家對「人慾橫流」的嬉戲都不以為恥。

戰爭，眞是一股無所不摧的摧毀力量，它不僅摧毀一切物質建設，也摧毀人們的心靈，包括人的尊嚴。

而居於戰勝國一方的人，常常會忘其所以。給我印象比較深的是，我們在德國碰到一位美國律師，當感恩節大家一起吃火雞時，他洋洋得意地自吹自擂，說有一次別人問起他的職業，他的答覆是「佔領者」（Occupationist）。

在當時，我和其他人一起的反應，竟是一陣哄笑，不但沒有感到他這種說法有什麼不對，還覺得新鮮、有趣。殊不知在得意忘形的環境中，自己的心理已發生了扭曲而不自覺。

紐倫堡看戈林

大審納粹戰犯定於一九四五年十一月二十日，在德國紐倫堡納粹黨最初崛起之地舉行。

十一月初，我從法蘭克福乘火車夜車到紐倫堡。和一位從倫敦來的律師睡上下舖。入睡前，兩人聊天，知道他是被國際法庭指定的辯護律師之一，來爲受審的納粹戰犯辯護的。我很奇怪，戰犯們的罪行已是客觀事實，還有什麼可辯的。但這位律師說，戰犯固然已經由盟國依法逮捕受審，可是，根據人權，他仍可以爲自己提出辯護或請律師辯護。因此，這次大審納粹戰犯，盟國軍事管制委員會就爲二十名受審者，每人安排了一名律師。這對我來說，是個新課題——人權。

四十年後，一九八五年五月十日我在北京中南海訪問胡耀邦先生，提到魏京生的問題，我發現，人權對於這位中共中央總書記，也同樣是個新課題。

胡耀邦說：「講到人權，我們與西方是有所不同的。他們標榜的是一種抽象的人權。前兩天，不是慶祝反法西斯勝利四十周年嗎？有些法西斯分子的人權就不能保護嘛！他殺了那麼多人，他侵犯了別人的人權，你還保護他？」

我到達紐倫堡時，先找到記者營。距離大審的紐倫堡正義宮（Palace of Justice）不遠的地方，搭好了爲前來採訪大審的記者們住宿的帳篷。因距離大審還有一段時間，各國記者只是預先來了解一下情況。中國記者這次預定來聽審的只有代表《大公報》的蕭乾、代表《中央日報》的樂恕人和代表中央社的余捷元。我在記者營遇到老友蕭乾，因審判尚有待，他告訴我到別處打一轉再來。我決定先去看看審判大廳，如有機會，最好能找到關押納粹戰犯的地方看看戈林。

希特勒已經自殺身亡，戈林是盟國即將審判的第一號戰犯，值得一看。

大審法庭所在的紐倫堡正義宮，我去看的時候正在裝修，是把原來的兩個廳打通併成一間，準備容納四百人。好幾個德國工人正在叮叮噹噹地工作，他們正日夜趕工。

待審的納粹戰犯就關在紐倫堡法院附屬的監獄中，由美國佔領軍派兵警衛。我要求見負責看守的軍官，一個年紀二十多歲、中等身材、面貌和藹、名叫傑克的中尉軍官出面接談，他的姓因時間隔得長久忘了。交談之下，知道他們的任務就是保證安全不出問題。因此要對關押中的納粹戰犯日夜進行二十四小時監視，防止他們自殺。他們都是分別單獨監禁，按規定，除必須衣物和衛生用品外，任何東西都不許帶入監房。一日三餐，不准與任何人接觸，家屬亦不准接見。只有盟國法庭批准的辯護律師可以見。我拿出證件，說明自己的身份是來自中國的隨艾森豪威爾將軍總部的戰地記者，曾隨盟軍進軍柏林，原是準備來旁聽納粹戰犯的，因爲開庭還得等待兩個多星期，而我必須趕到捷克去採訪世界青年大會，翌日就要離開紐倫堡，請求准許我到關押納粹戰犯的看守所看一看戈林，那怕是看一眼都行。主要是中國人很關心這次審判。

爲了取得這位負責看管的美軍中尉的合作，我從口袋裡掏出在柏林總理府拿到的希特勒時代最高榮譽的鐵十字勛章（Iron Cross）送給他作爲紀念品。這位中尉一面感謝，一面說他可以陪我走一趟。不過事先約法三章：一、不能驚動；二、不能拍照；三、開審前不能發表消息，說見到了戈林。他說：戈林雖然是戰犯，也得尊重他的人權，不能像到動物園看動物樣地看他，只能一瞥就走。

中尉陪我通過門口有衛兵守衛的看守所鐵門進入裡面，迎面是一條筆直長約六十英呎、寬約十英呎的走道，一邊是高約三十英呎的圍牆，一邊是一排分成六個單間的監房，戈林就關在第一間裡。每間監房長約二十英呎，寬約十英呎。監房的門是鐵製的，每扇門有一個大約像普通雜誌大小的活動小窗門，安裝著玻璃，一天二十四小時監視。整個囚室，顯得空盪盪的，最顯眼的是一張固定在地板上的單人床。床上鋪的不薄，由一張黃色的毛毯罩住。洗手間不見，可能是套在側面或後面，很不顯眼。室內的光線不錯，窗戶都是鋼化玻璃，主要是防止自殺。

當我透過小窗門看戈林時，他正坐在床上，頭微微上揚，似乎在回憶什麼。我和陪我探看的美國軍官脚步很輕，盡可能不驚動他。但他顯然已經查覺，霎那間就把眼光直射囚室之門，似乎有心要保持元帥的威儀。僅僅一瞥，即把視線移開，仍然回到他的遐想中去。

我當時對於戈林的耳朵為什麼那麼靈，感到不解。因為我特別留心不要有脚步聲，而他仍及時聽到。直到我本人五年後坐了牢，經過長期關押，才發現，世界上犯人的耳朵是天下最靈的。想到小說中的形容詞，一根針掉在地上都聽得清楚，不禁啞然失笑。

戈林和照片上的他，沒有太大的區別。碧眼棕髮，態度端莊。胖胖的臉，仍帶紅潤，只是比原來消瘦了一點，肚子倒是小多了。眼睛仍炯炯有神，鬍子也刮得光光的。給我印象深刻的是，他向後梳的頭髮，照樣梳得很整齊。身上穿的一件黃色德國空軍軍官便服，顯然已經很舊了。原來元帥服上的領章、肩章和胸前的勳標、勳章，當然都「掃進了歷史垃圾堆」。

離開監房、走出法院大門時，我問負責看守的美軍中尉：你的最大責任是什麼？他說：防止這些納粹戰犯自殺。

但，「道高一尺，魔高一丈」。戈林在被送上絞刑架的前夕，還是自殺了。

紐倫堡大審，自一九四五年十一月二十日開庭，至一九四六年九月三十日結束審判，歷時近一年。一九四六年十月一日，戈林第一名被提審聆聽判決書，法庭判處絞刑，他當場要求槍決，但被法庭拒絕，並決定在十月十六日凌晨二時執行絞刑。他就在走向地獄前不到四個小時，服下入獄前準備好的氫化鉀，了斷一生，避免了上絞架。

這件發生在四十年代中期的震動國際的事，直到九十年代初期，相隔約半世紀，才揭示了戈林自殺之謎。

原來傳說戈林自殺是咬碎了事先裝好的一隻假牙，假牙裡預藏了氫化鉀。事後證明這一傳說不確實，他是把裝有氫化鉀的小瓶放在一個奶油罐中，帶進監獄，以備最後之需。

根據有關材料揭示，一九四六年十月七日，是被紐倫堡納粹戰犯法庭判處死刑的囚犯與家屬最後見面的日子，但戈林拒絕了這一安排。還把桌子上擺的家庭照片全部撤下去，交給自己的律師。十月十五日，即處絞的前一日，是戈林決定自殺告別人間的一天。他以讀書打發時間，究竟讀沒讀進去，天知道，不過，他還寫了筆記，表現了一定的從容赴死的態度。

這說明，隨著關押時間的增長，特別是審訊做出結論以後，戈林等的待遇有了改善。我於一九四五年十一月初看戈林時，不要說囚室內看不到照片和書籍，連桌子也沒有一張。

一九四六年十月十五日，戈林熟悉的宮廷神甫蓋萊克前來向他作告別祈禱，他在與戈林談話時，並未透露執行絞刑的確切時間。大約在當晚二十一點二十分，中尉道烏特走過他的囚室時，看見戈林仰面躺著，手放在毯子上，看上去睡著了。中尉作為知情者，很驚訝，面臨最後時光的人，竟睡得如此安詳。

提供有關戈林彌留之際證詞的，是看守本海姆和約翰遜。本海姆被約翰遜替換下來後，約翰遜成了戈林死亡的目擊者，他是二十二時三十分接的班。此時，戈林正仰面躺著，雙手伸出放在毯子上，這一姿勢保持了五分鐘，隨後舉起左手，像是要擋住刺向眼睛的光線，又躺向毯子。然後就這樣一動不動地躺著直到二十二時四十分，他舉起雙手，把它放在胸口上，把頭歪向牆，這時錶針指向四十四分。一、二分鐘後，囚室裡傳出一聲嘶啞的吼聲，戈林窒息了。約翰遜趕緊叫道：「快，戈林出事了！」

戈林之死，在獄中引起了震驚，負責看管的安德魯斯上校十六日對報界發表消息說：「戈林未受絞刑，他在昨晚二十二時四十五分服氫化鉀自殺了。」他還補充說：「需要查明的是，他是如何弄到毒藥的。」戰犯審訊法庭的公訴人聽到這一消息後的反應是：「法庭的全部工作都因此黯然失色。」

美國里查德將軍下令對此事進行調查，十九日檢查了戈林存在囚室中的個人物品，在奶油罐中發現了毒藥瓶，結論是，戈林在整個在押期間都藏有毒藥，但毒藥藏在監獄儲藏室中，而不是在他身上，所以未被發現。問題是戈林如何能在嚴密監視下，在自己選擇的時間把它順利取出的。

答案在半世紀後終於找到，原來是戈林以金筆、手錶賄賂了看守軍官傑克・維利斯，他要幫助戈林，需要做的只是：當戈林從其奶油罐中取一小瓶裝的氫化鉀時，把眼光轉向別處一兩分鐘就夠了。

關於聽審納粹戰犯過程，樂恕人因爲是開庭前夕在場的唯一中國記者，這裡引用他的記述如下：

一九四五年十一月二十日是一個歷史的日子。納粹戰犯從這一天起在紐倫堡盟國軍事法庭上開始受審。

希特勒、希姆萊、戈貝爾等畏罪自殺，其餘的戈林、赫斯、里賓特洛甫、杜尼茲、巴本等二十人身列戰犯名單的全部帶上了法庭。

法庭是一間寬約五十呎、長約九十呎的房間。後進樓上下是二百記者席，中部是美英蘇法的檢察官席，前部左方是被告席，被告前面是二十位辯護律師席。前部右方是美英蘇法四國法官席，他們背後插有各該國國旗。法官席前面臨近被告的律師席，是法庭書記和翻譯人員的座位。四周樓上玻璃窗內爲特定的攝影和廣播記者席。法庭採用英、法、俄、德四種語言。各個席位上都有選擇語言的設備。法庭區域由美軍警戒，法庭外面有坦克巡邏，以防意外。記者和工作人員進出，都要檢查通行證。

開審前一天的晚上，公共關係部按各國在盟軍總部記者的比例，發國際軍事法庭的特別記者證給二百六十名來自各國的記者，其中美國九十，英國五十，蘇聯三十，法國三十，波蘭五，瑞典、挪威、荷蘭、比利時、捷克各兩三人，我們中國記者在歐洲盟軍總部登記的只有八人，給我們留了兩席。可是頭三天出席聽審的只有一人。

不過，恕人回憶發記者證的那一晚，倒是令他非常興奮。當叫到China時，突然在記者群響起一片掌聲，他就在衆人的鼓掌歡迎中，頻頻揮手致謝。拿到特別記者證回到座位時，有不少英美記者和加拿大、荷蘭記者跑去和他寒暄，有人問國共衝突問題，他作了解答。還遇到曾在重慶採訪的美國 NBC 記者 Poster 問說：「只有你一個來？」恕人告訴他中央社的余捷元說要來，還未到。後來才知是誤於等飛機，改乘火車，所以晚了兩天。《大公報》的蕭乾繼後也去了。

十一月二十日上午十時正式開審，人們的注意力都集中在納粹戰犯身上，受審者分前後兩排各十名，正襟危坐於木椅上。其後有八名白盔白帶的美軍憲兵站立監視，兩端也各有一名憲兵手持白色木棍，守護著戰犯。攝影記者們爭相攝取鏡頭。戈林顯然是最大目標，雖然瘦了三十磅，仍保持胖的體形。其次是一九四一年私奔英國的納粹黨副首領赫斯，臉色蒼白，頭髮也快禿光了，眼眶深陷，望去就像個陰謀家。第三名是德國外長里賓特羅甫，身著咖啡色便服，面色紅潤，頭髮銀灰。他是德意日三國軍事同盟的簽訂者，也是德蘇互不侵犯條約的策劃人。最令記者想不到的，看上去最文雅安詳的是德國海軍上將、德國潛艇部隊總司令、投降政府負責人杜尼茲，他坐在後排第一位，正對著戈林。戰犯們任何行動，都要由兩名美國憲兵緊緊跟著，大小便都不能免。他們也表現出很合作。

「法官入席！」在司儀高叫聲中全體起立，法庭內立刻肅靜下來。首席法官英國的傑弗瑞爵士（Lord Geoffrey）宣告：

「這是歷史上空前未有的審判，本法庭代表全世界的人民，我們將履行我們神聖的任務，絕無畏懼，也絕不寬縱。」

接著由四國的檢察官宣讀起訴書。當讀到戈林協同希特勒發動侵略戰爭時，戈林站起來想發言，及時被法官制止，因爲還不到抗辯的時候，戈林只好垂頭喪氣地坐了下去。正如蘇東坡〈赤壁賦〉上說的：「固一世之雄也，而今安在哉！」

全部審訊歷時十個月零十天。最後判決，除曾任德國駐土耳其大使、在近東活躍一時並任官至副總理的巴本及另外兩人免予判刑外，都受到懲處，嚴重的如戈林判處絞刑，爲審訊日本戰犯東條英機等作出了示範。

教皇接見兩個中國記者

歐洲採訪生涯中，最感到榮耀的是在梵蒂岡會見了天主教教宗庇佑十二世（Pius XII）。八月初，我和樹淸自德國乘美軍吉普車到達義大利。訪問佛羅倫斯外，還到凡蓉娜（Verona）憑弔了羅密歐和朱麗葉殉情之地，最後到羅馬欣賞古羅馬的風光。

那已是墨索里尼被人民群衆吊死在米蘭以後，中國和義大利新政府剛剛建交，只派出一個代辦薛光前前去建館，在梵蒂岡則從戰前至戰後一直保持著公使級的外交關係。中國駐教廷公使謝壽康博士，是一位留法研究中西方文學的前輩，當他旅居巴黎時，和徐悲鴻、張道藩等結成了兄弟伙，被尊爲大哥。他的法文造詣甚深，以法文翻譯的《桃花扇》一劇，二次大戰前在巴黎和布魯塞爾先後上演，轟動一時。比利時國王觀劇後，讚賞不已，比利時皇家學院選他爲院士。從那以後，謝博士的文名比他外交代表的身份還要受到歐洲上流社會的尊重。

樹淸和我到達羅馬後，謝公使熱情接待了我們，並答應安排我們見教皇（現稱教宗）。當時，教皇接見客人，分爲三等，第一等稱私見（Private Audience），即單獨接見，可以對談，這是對待紅衣主教、各國元首和政府首腦的；第二等稱特見（Special Audience），即小範圍接見，可以談幾句話，這是對待各國部長、議會領袖人物和國際知名人士的，如權威學者、文學家、藝術家、音樂家等；第三等稱普通見（Common Audience），這是集體覲見，不能談話，只能接受教皇祝福。跪在前面的能一吻教皇手上的戒指已是榮幸了。謝公使表示，因爲他和教廷國務卿私交很好，可以爲我們爭取教皇特見，但並無把握，實在不行，只有普通見了。

無巧不成書。八月十日羅馬關於日本將無條件投降的消息已不脛而走。謝壽康公使在他住的位於羅馬市中心的大旅館（Grand Hotel）裡設宴歡迎前幾天到達的、其時身份爲天主教中國南京教區總主教的于斌主教和我們兩個記者。四人談話的主題，是中國到那個時候（一九四五年八月）還沒有一位紅衣大主教，正式稱呼爲樞機主教（Cardinal）。二次大戰前，原有七十人，教皇逝世後採封閉式集會互選教皇，得票最高者當選。（大戰期中死去近半數，其時只剩三十多位）。謝壽康說他曾經向教皇表示了希望教皇任命一位中國籍的紅衣大主教，教皇答應等大戰過後考慮。樹清和我異口同聲地說，非于總主教莫屬。于斌聽了非常高興自不待言。

晚宴進行時，傳來了比較正式的日本接受波茨坦會議規定的無條件投降的消息，我和樹清都歡喜得跳了起來。謝壽康公使馬上開陳年香檳慶祝，于斌主教說，他是不喝酒的，爲了慶祝抗日戰爭的勝利，也要浮一大白。

正在連連碰杯時，教廷國務院來電找謝公使，通知說，教皇已接到日本投降消息的報告，爲了對中國抗日戰爭的勝利表示祝賀，決定翌日、八月十一日上午十時在教廷教皇上書房，以私見禮接見原由公使代爲提出請見的兩位中國記者。當謝壽康博士接完電話轉述這一信息時，我激動得和他擁抱，樹清也趕緊和他握手稱謝。于斌主教舉起香檳酒杯既興奮又風趣地說：「看來，八年抗戰是爲你們兩個抗的了！來，爲中國的勝利乾杯！」

第二天，樹清和我身著整齊的戰地記者服，謝公使穿起配有勛章和綬帶、金線鑲邊的大禮服一起乘車赴梵蒂岡教廷。我第一次看到由各國志願人士組成的教廷衛隊，金色頭盔配著金邊藍底、領和袖都繡有花紋的制服，神氣極了。當謝公使和我們乘坐的挿有中國國旗的禮車駛入教廷正門後，衛隊舉槍致禮。下車後，由教廷國務院禮賓司司長迎接，並陪同走進皇宮，接著內務大臣也是一位紅衣大主教，把我們帶到教皇上書房。教皇身著白衣，頭戴米黃色蓋頂小帽，先和謝公使握手爲禮，繼由謝分別介紹樹清和我，教皇和我們一一握手後請我們入座。他坐在上書房上方的長約三公尺、寬約一公尺五的寫字檯後面、一張白底金邊和金色雕花高靠背椅中，我們兩個記者合坐一張足夠三人坐的金扶手紫絲絨沙發，謝公使則坐在我們對面的單人沙發上。我注意了一下四壁，除教皇寫字檯後面有一張聖母瑪麗亞的油畫像外，別無所有。簡單中反而呈現莊嚴。

教皇庇佑十二世讚美了中國對日抗戰，說中國人民在八年抗戰中作出了重大的犧牲，對世界和平作出了傑出的貢獻，他祝福中國人民在戰後重建家園中取得光輝的成就。

我們感謝教皇的破格接見，說這不僅使我們兩個中國記者感到光榮，也是對中國人民爲世界和平所作的犧牲奉獻給予肯定，我們一定要把教皇對中國人民的祝福傳回國內去。

我們試探性地表達了中國老百姓希望中國也能有一位樞機主教，教皇表示他已考慮到這個問題，不會使中國人失望。後來，教皇發表了任命中國北平教區總主教田耕莘爲樞機主教，即俗稱的紅衣大主教，于斌落空。謝壽康告訴我們，主要是教皇考慮到于斌總主教過於政治化。不過到了五十年代，于總主教也被選爲樞機。

教皇問了我們一個問題，就是中國國內會不會發生嚴重的內爭？（他避開用內戰一詞），也反映出他了解世情。當時，我們很有信心地回答說：中國八年對日抗戰，損失慘重，人民渴望復興、建設。今後必將全民團結，恢復戰爭的創傷，建設符合「五強」之一（當時世稱美英蘇中法為「五強」）地位的國家，永保世界和平。

教皇聽了我們的回答，表示很安慰，很高興。再一次為中國人民祝福，最後用拉丁文說：「上帝護佑中國人民！」謝壽康公使及時為我們作了翻譯。我們再一次感謝教皇的祝福。

接著，教皇從寫字檯上的一個金屬盒子裡，取出兩枚有教皇庇佑十二世頭像的紀念章，從座位上走出來，我們也趕緊站起來，他分別為我們兩個別到衣襟上，儼然受勛的模式。

在鞠躬致謝後，我提出希望得到教皇的簽名照，帶回中國，讓大家瞻仰一下教皇的風采。教皇笑著點頭應許，並伸出手來和我們握別。

第二天教廷就送來八乘十二吋的教皇照片，上面簽著 Puis XII 的名字，而且附來了一張教廷公報，公報上報導了教皇接見兩個中國駐歐戰地記者，為取得抗日戰爭勝利的中國人民祝福的消息。後來的事實證明我們錯估了國內的形勢，抗日的烽火剛停就發生了全面內戰，辜負了教皇的美意。

當我們離開羅馬時，謝公使特別為我們組織了一場晚會歡送，出席的客人中，竟有教皇的一位侄女光臨，亭亭玉立，明麗照人，樹清和我除了各請她共舞一曲外，未敢造次。

一九四六年謝壽康博士卸任教廷公使回到了南京，為了報答他在羅馬對我們無微不至的照顧，我在南京中央日報大樓設宴歡迎，而應邀作陪者為監察院長于右任、外交部長王世杰、內政部長張厲生、司法部長謝冠生、文化運動委員會主任委員張道藩及其法籍夫人、國民黨中常委、曾任中國駐意大利大使劉文島、海軍總司令桂永清。被當時南京新聞界稱爲由記者作主人的最出色的一次宴會。連我的老師，南京中央日報社長馬星野第二天在報上見到照片都說：「大聲，你眞有本事，請了那麼多要人來給你陪客。」我坦率地回答：「主要是沾于先生的光。」我安排這次宴會的基本考慮：謝是留法前輩，故將當時南京政壇所有留法的部長一網打盡；謝又是江西人，故找來他的江西同鄉桂永清。于先生是黨國元老，他出面自然使這一宴會有了主心骨。如果講規格的話，這是我的記者生涯中以主人身份邀集的空前絕後的一次宴會。事後反思，爲什麼在一九四七年七月有那麼大的勇氣，敢於揭發孔宋貪污案？成功地辦了歡迎謝壽康伉儷之宴，不知不覺地壯大了自己的膽子，也是埋在心底的一個因素。

感謝《傳記文學》社長兼主編劉紹唐兄，他在一九七七年二月，以謝壽康博士爲《傳記文學》第三十卷第二期封面專題人物時，在封底發表了這一宴會的集體照，看來是謝博士夫人提供的，其時謝已逝世，我還在大陸。而我所有的照片，歷盡劫難盡成灰，只有靠有心的朋友收存了。

會洋和尚陸徵祥

研究近代史的人都知道，從一八九四年甲午之戰起一百多年來，日本帶給中華民族數不盡的屈辱。其中，最窮兇極惡、充分暴露其亡我之心不死的就要數日本。

一九一五年，日本向時任中華民國總統的袁世凱提出廿一條，代表袁世凱在這一草約上簽字的就是時任外交總長的陸徵祥。

陸徵祥和我同姓陸，我從接觸近代史開始就對姓陸的出了這樣一個人，感到遺憾。當記者後，了解此人在歐洲一個天主教修道院出了家。等我和毛樹清一九四五年八月到了布魯塞爾，遇見一對比利時皇族的小姐，從她們那裡打聽到陸徵祥出家的修道院就在緊鄰布魯塞爾附近布瑞斯城外。這一對姊妹的姐姐Christine主動願作嚮導，陪我們作探訪陸徵祥之行。不過，按規定，這個修道院女性是不能進入的，Christine表示她可以在火車站附近的一家咖啡館等我們，讓我們不要為她操心，盡量與我的陸門同宗暢談好了。

「二位先生不遠萬里而來，看一洋和尚感何如之！」

一位頭上有兩條受戒的線、鬢髮略現斑白，扁嘴，彎腰，年已七十三歲的老人，金絲近視眼鏡，全身黑色道服迎了出來。他是得到聖安德勒天主教本篤會修道院院長的通知出見的。能相信這就是廿一條的簽訂者，後來曾任北洋內閣總理，到一九一九年第一次大戰後巴黎和會時的中國首席代表嗎？

赫赫之名，使我們不知不覺地同時用一種懷疑的眼光，凝視這位打扮得有點像中國尼姑的洋和尚。他自一九二八年起，住進這麼一個僻靜的地方，不需人關懷，不要人慰問，潛心地向著自己嚮往的天堂，一步一步走自己的路。自民國十五年四月十六日，共同生活廿七年的比利時籍的夫人逝世之後，就交卸了中國駐瑞士公使的職位，跟中華民國的官場道了「再見！」民國十七年一月十四日起，成為聖安德勒修道院的一員。

十七年來的生活很平靜，除了基督經典的自修外，就是學外國文。老人本來對英、法、俄文就有很高的造詣，尤其法文，在中國人中有史以來可能還是第一把交椅。

當然，我們近代的外交家像顧維鈞、錢泰、金問泗、謝壽康、胡世澤，法文的修養都很高，但專就文字本身的研究說，還得讓這位外交先進。比如拉丁文，一些住在中國的法國和義大利的主教和神父，過去基於成見認爲中國人愚笨，不可能學會。老人卻學得既精又通。尤其對中外哲學的比較研究，得出了孔子不亞於蘇格拉底、柏拉圖的結論，爲法比學界歎服。對傳教事業的長期精心觀察、研究，也得到了中國教區獨立發展的認識，並爲事實所驗證。

三個鐘頭的長談，老人多半傾向於對過去生活的回憶。他比較得意之作即主張外交「超然主義」，無黨無派。八任外長（顧維鈞七任居次），進行三次外交事務改革，從組織架構到專業訓練，爲提高中國外交人才素質，奠定了基礎。

老人談話中，提到次數最多者爲清末外交家許景澄，差不多每五分鐘就說一次「許文肅公」。陸自中國第一個外國語學校「上海廣方言館」和北京「同文館」畢業後即隨許氏使俄，任翻譯，甚得器重。

三年俄國生活以後，交際場合中認識了比利時國籍的太太。當初，許氏對這一段姻緣很反對，理由是馳名一世的德國鐵血宰相俾斯麥是不主張外交官娶外國太太的。因此，許氏再三給陸以警告。但情深似海，終於以如不結婚，寧願去職的決心，完成了終身大事。許氏在胡惟德先生的勸告中，也就馬虎地過去了。祇是玩笑地幽了一默：「子興（陸的號）！你學外國學得很徹底，連太太都娶了外國的，將來，假若沒有兒孫，你太太又先你過世，希望你進修道院去，這是外國的習慣。」

想不到一語成讖，「玩笑話竟變爲事實」。雖然事隔將近半世紀，七十六歲的老人，仍從微笑中露出一股年輕歲月的青春之光，點綴著美麗的回憶。

我問老人：「您信天主教是不是受了夫人的影響？」答曰：「她是天主教徒，但她從未以宗教的要求加諸丈夫。祇是她虔誠的宗教生活，給了我高尚的薰陶。」其實，稍微留心一下即可發現，政治舞台上走下來的人，從「功利境界」轉入「道德境界」是很自然的事。

談到過往十七年的修道生活，老人很興奮，他說：「我是一個錢沒有，而在這裡舒適地生活了十七年。修道院裡，不但有裁縫、木匠，而且五畜俱全。最初進院時，還有些小工廠。我越過越健康。做官三十七年，最後兩袖清風。廿一條簽訂後，本來曾以外交總長立場，建議袁世凱准設養老金制度。不久袁世凱下台，建議也就落空了。老人幽默地告訴我們說：「幸虧找到這條路，否則恐怕早餓死了！」

當時（一九四五年秋）與老人同修的，大約一百二十多位修士，年紀從二十幾到七十幾歲。同樣的服裝，配著同樣的嚴肅表情，由一位在天主教會中很有地位的萊士院長領導著。萊士院長聽說我們曾到過梵蒂岡，而且，教皇待以私見之禮，贈以簽名之照，因而特別歡迎我們進迎賓大廳與全體修士共餐。

進餐前，先與院長見面，然後由一秘書引導入席。他特別介紹說，兩位今日的座位就是兩個月前于斌總主教和金問泗大使坐過的座位。設於梯形席位上端院長席之左右兩邊。修士依入院先後排列坐於兩側。陸徵祥這位唯一的中國修士被排在左側第七位。一片寂靜的進餐中，我特別注意到他進食的速度，和我與樹清差不多。表示老人的生命不會太短。大約二十分鐘，院長木鎚一擊之下，全體起立，順序外出。大家目不斜視，只有我們兩個記者無拘束地欣賞大廳大壁畫——「最後的晚餐」。

在大衆進入禮拜堂讀經時，老人得院長許可陪我們在花園中散步、漫談。陽光照耀的花叢中，提起了簽訂廿一條的往事：

「當時的情形確很倉卒，先是日本公使回國述職，袁世凱請代向天皇請安。到這位公使再轉來北京後，就向袁說：『天皇很好，問候大總統。另外帶了一點東西來，請看看。』原來就是廿一條約。袁世凱機智地當場沒有接受這條約，說請遞給外交總長。

「外交總長孫寶琦接到以後，驚慌失措，不知所從。那時，我剛從歐洲回國，孫來就商於我，並且要立刻把這難題轉交給我，說已得袁同意，請我繼任外長。我因身受國恩，國家面臨危局，豈敢不竭盡智慮以報。謁袁後即挺身而出。此全屬政治義務，幸而獲得英美法俄各國公使情報的提供和精神的支持，勉強敷衍了一個瀕於亡國的局面。

「記得簽字前夕，我告訴袁世凱，從此我陸徵祥千秋萬世被人唾罵！不過，最重要的第五項各條，我卻沒有承認，如軍器一律限用日本製造，警察中日各半，顧問遍設全國，並要扶助日本佛教傳信。至今想來，還覺安慰。至少還保存了一點國格。

「當時，國人知道我是職業外交家，對日本的國際政治並沒有什麼牽扯；我雖不敏，但比之大家所稱的『親日四大金剛』——曹汝霖、章宗祥、陸宗輿、汪榮寶他們四個來，還多少可以稍受原諒！」

陸氏談了簽訂廿一條簡單的經過以後，不無感慨地說：「三十年來我一直爲此深深負咎，因此，從不願和人提起這件事。即使被問到，我也禮貌地拒絕回答。二位先生不遠萬里而來探候，無以爲報，乃簡述往事。總歸一句話，弱國無外交。」

臨別時，老人告訴我們他對國家的思念之忱。說：「二十多年沒有看到國家的面貌了，而且，這個面貌又是那麼新鮮，那麼健壯，那麼充滿了活力，列爲世界五強之一，我一定得看看。這裡的院長已經允許替我安排一個愉快的旅行。這裡的總管愛德華神父，基於對中國的傾慕，自願擔任我的秘書，跟我回到中國。」

我們除了向他祝福，並問：「有沒有意思到梵蒂岡一行？」答覆是：「是的！希望在回國前完成此願。」

最後，志願秘書送出了老人手著的法文《回憶錄》，共分四部，一、外交生活；二、政治生活；三、宗教生活；四、中國天主教之發展。附有兩張揷頁分印著蔣委員長和蔣夫人的照片，一張背後印的是「一人定國」，一張背後印的是「國之慈母」。我和樹淸看了以後，多少有點失望。互問：「有這個必要嗎？」

歸途中，我們向 Christine 致謝，她爲我們犧牲了大半天時間，簡單地介紹了會晤經過。然後把老人的法文《回憶錄》遞給她請她一看。

我和樹淸交換彼此心理上複雜的反應。接著討論老人什麼時候才能從道德境界進入天地境界？從《回憶錄》的兩張揷頁看，似乎還未完全擺脫「功利境界」，雖然已經苦修十七年多了。「心如明鏡台」，看來還有很大的距離。

十七年的歲月並沒有從其眉宇間完全磨淨當年烙印下的國務總理兼外交總長的陰影。

做一個宗教家談何容易?!

政治這個東西，確實深沉難測。

戰地記者被視爲「欽差大臣」

在歐洲戰地，有一種非常奇怪的經歷。我們幾個只不過是來自戰時中國在歐洲戰地進行新聞報導的記者，但所到之地常常被當地華僑和留學生視爲求助或申訴的對象。甚至把我們視爲「直達天聽」的「欽差大臣」，向我們傾訴對某些中國外交官的不滿。

一九四五年七月初，樹清和我到達柏林的第三天，就有已在德國取得博士學位的蕭雲來約了兩三位中國留德學生找到了我們。他們說，中國是屬於戰勝的同盟國之一，留德華僑和留學生從報紙上看到中國被稱爲「五強之一」，非常振奮。而柏林解放後，卻沒有任何代表派來。他們歷經戰亂，遭受苦難，現在流落異域，不但無工可做，連吃飯都成問題，多數是在半飢餓狀態中，依靠官方少量的配給維生。幸而有的華僑還能在黑市上做點小買賣，換點糧食，互相調濟一下。他們希望我們代向中國政府反映，最好給他們一個回國報效的機會，至少也要通過外交途徑，讓英美盟邦知照佔領軍當局，在生活上給予照顧。

這對樹清和我都是新問題，答應他們回到倫敦和巴黎後把這一情況分別向顧維鈞大使和錢泰大使及駐法武官葉楠反映。

葉楠是國民黨元老之一、曾任中央黨部秘書長多年的葉楚傖的長公子，其夫人袁曉園，致力於中國文字的研究，對政治有興趣。葉多少有些懼內，曾在和我們幾個記者閒話時流露過一句話：「女人對政治有興趣會給男人帶來麻煩。」五十年代後，夫妻雙雙靠攏北京，是他太太的促成，還是他的主動，不清楚。不過，我發現一個現象，原來父親位居國民黨樞要的子女，後來改變立場站在共產黨一邊的頗不乏其人，著名的如陳布雷的兒女，國民黨敗象未露時即左傾並成爲共產黨員。而傅作義將軍女兒傅冬（原名傅冬菊）成爲「北平和平解放」的關鍵人物，更是一個典型。

葉楠在我們幾個戰地記者的要求下，做了件好事，先後分批把留法、留德、留奧及留荷、比的中國留學生交涉了由美國軍用機免費送回中國。這裡面有一些後來頗有成就，如在中央航空公司任至總工程師、後來隨「兩航起義」爲中國大陸航空事業直至航天部作出顯著貢獻的杭效祖和在醫學界頗有成就的過祖源、過晉源弟兄都是典型。

此外，在巴黎中國大使館的舞會上遇見兩位在法國學音樂有成的女士，一位叫周小燕，是湖北商會會長周蒼柏的女公子。一位叫蔣英，是鼎鼎大名的軍事家蔣百里的女公子。我們幾個戰地記者請他們共舞時，引起不少注意。我還鼓勵周小燕回國傳藝。五十年代，他們都已返回中國，周小燕一度是葉公超的朋友，後來嫁給曾經跟電影明星白楊結婚又離婚的導演張駿祥。蔣英嫁給了錢學森。從巴黎舞會所見，周受到男士的歡迎顯然超過蔣，但從婚後的家庭安樂、幸福看，蔣又超過周。人的命運，眞是很難說。

我們幾個駐歐戰地記者在歐洲首先遇到的中國外交使節是駐法大使錢泰，他是一位職業外交官，兢兢業業，按照政府指示辦事，惟缺乏開創性。比如，日本投降後，第二次世界大戰全部結束，巴黎街頭懸旗致慶，最初只掛美、英、法、蘇四國國旗，我們看了很不舒服，也有華僑就此向我們問，於是我們便在錢泰大使的宴會上直接向他提出，中國抗日戰爭，遠在一九三七年展開，實際上是第二次世界大戰的序幕。而在整個二次大戰中，中國受害最大最深。法國是後來借盟國之力勉強爭取到「五強」之一的地位的，不像中國是硬打出來的。而今天戰爭打贏了，他們竟只掛美、英、蘇、法四國國旗，置中國而不顧，連聯合國五個常任理事國都忘了。我們認爲您，作爲駐法大使應當向法國政府提出抗議。

錢泰大使是一位謙虛有禮、木訥寡言的人，他不但接受了我們的建議，而且爲此親自去到法國外交部，會見那位中學教員出身參加「自由法國」運動、成爲戴高樂重要助手的外長皮杜爾，皮杜爾也從善如流，馬上表示通知有關方面照辦。

一九四五年八月廿五日巴黎解放一周年，我們注意到，有些地方已懸掛五國國旗，次序是美、英、法、蘇、中，中國還是敬陪末座，心中不免耿耿。退一步想，中國旗能飄揚在香榭麗舍大道上，也多少可以揚眉吐氣了。

中國駐英大使顧維鈞作爲老外交家，豐采自然不同一般。他的夫人出身印尼黃姓富商家庭，表現出一種高貴的氣派，我們在巴黎出席錢泰大使的宴會上，第一次看到大圓桌上有一個較小的旋轉的圓盤，菜放在圓盤上，客人可以自由取用，據說，就是顧維鈞博士出任駐法大使時他夫人黃蕙蘭發明的。到了倫敦，顧大使歡宴我們，其夫人話不多，但彬彬有禮地提出一兩個問題，讓我們幾個記者盡情發揮戰地見聞。給我印象較深的是當她知道樹淸和我到荷蘭時，巧逢威廉敏娜女王六十大壽慶典，她不問我們對女王的印象，而是問對女王公主裘麗安娜和其夫婿伯納德親王的印象，因爲，當時歐洲對荷蘭王室有一種傳言，即皇家爲了保持生女以繼承王位的傳統，選擇夫婿要找智能較低的人。平心而論，我看伯納德親王的儀表確實差勁，像個白痴，也就老實以告顧夫人，引起小小哄笑。而顧少川博士則不動聲色，眞不愧老外交家。

我們到荷蘭時，沒有去拜望中國駐荷蘭大使董霖。董霖號爲公，抗戰後期他出任中央宣傳部主任秘書時，我就認識他，爲什麼不去看看他呢？原因是，樹清和我不論到阿姆斯特丹和海牙都遇到一些華僑向我們訴苦，二次大戰期間，他們冒險犯難，好不容易靠出入封鎖線經商賺了一點錢，因爲懷念家鄉的親人，總想寄一點錢回去，而戰後荷蘭的銀行不通匯，向董大使提出後，董允諾代他們想辦法撥兌，結果把錢交給了大使，卻得不到任何回音。催問也沒有用。只有請我們代向重慶蔣委員長反映，爲他們主持公道。我們當時聽了華僑的投訴，因衆口一詞，遂對董產生反感，不去看董，連電話都不打給他，也不作調查研究，便根據華僑所說寫了一封信寄重慶蔣委員長侍從室。事後想想，非常莽撞。

不過對於在荷蘭的華僑怎麼能通過封鎖線經商賺錢倒了解了一下。原來是三十年代（一九三五至三七年）曾任蔣介石軍事顧問團團長的德國將軍福根豪森（Von Alexander Falkenhausen）當時被希特勒任命爲駐荷蘭總督兼駐荷德軍總司令，此人對中國懷有感情，對在荷蘭經商的華僑網開一面，下令凡是華僑因經商通過封鎖線而被捕捉的，都寬大釋放，免予追究。這樣無異爲華僑創造了一個發財的機會，因爲在戰爭時期只有往來封鎖線上走私才能發財。這位將軍戰後貧病交迫，蔣夫人聞訊曾通過當時駐德軍事代表團給予幫助。

在瑞士，我們也聽到一個關於中國外交官走私而被有關方面查出，貨物充公，本人因持有外交豁免權而未予追究的頗不光彩的事。這位先生是中國駐意大利代辦，往來於意、瑞邊境時走私出了問題。此人後來在紐約一間天主教會大學裡出任到重要職務，對於設立研究中國、特別是研究孫中山思想的基金作出了貢獻。

在意大利，不論羅馬和米蘭的華僑對中國駐意大利代辦薛光前博士都表示不滿。他們向我們提出一個問題：爲什麼中國已被視爲五強之一了，派出來的外交官還和從前一樣？我們請他們把問題說得淸楚一些，他們說，這是指的官味官腔官架子，對華僑擺官譜，對於保護華僑權益，敷衍了事，而怕同外國人交涉。他們特別強調，意大利是戰敗國，中國是戰勝國，還怕什麼？令人費解。米蘭華僑工商聯合會的外交主任伍尙進，就點薛光前的名說，薛代辦到羅馬上任後，對米蘭的僑胞，旣不慰問，也不給予僑務上的照顧，華僑們很不滿意，希望我們「報告回國」。

在瑞士，也有僑胞向我們發牢騷，對中國駐瑞公使梁龍表示不滿，說這位先生只是每年一度雙十國慶露一下面，而且國慶酒會非常寒傖，備辦的食品質旣不精，量又甚少，簡直有失堂堂大國的國體。他們質疑：中國政府財經再困難，恐怕也不會剋扣駐外使館辦國慶招待會的錢吧？

當然，在國外的外交官也有很出色的。譬如駐教廷公使謝壽康，不僅在教廷受到尊重，各國駐教廷使節也和他保持很好的友誼，美國羅斯福總統駐教廷代表，就成了謝的好友。在羅馬，謝也很活躍，廣結善緣，羅馬的華僑就說，幸虧有謝壽康博士給中國人撐撐面子。

我們幾個同業在歐洲冷眼旁觀，一個共同的感覺就是：職業外交官辦外交有一定的局限性，他們多半是不求有功，但求無過，根本談不上打開局面。謝壽康博士爲什麼做得出色呢？因爲他是學者。學者所見者大，經濟上不會斤斤計較，加上謝本人待人以誠，自然而然就處處受歡迎了。

當然，凡事不可一概而論，像顧維鈞大使，可謂標準的職業外交官，從民國成立就涉足外交界，一直爲國效力，不但抵禦了帝國主義加在中國身上的侮辱，而且，在有的外交場合還爲中國人民贏得了尊重。

巴黎憑弔茶花女

歐洲戰地記者的生活，用多姿多彩形容一點也不過份。

在巴黎著名的 Pere Lachaise 墓園憑弔茶花女墓，就充滿了詩意，反映了「情」這個字是「天下一家」，沒有國界的。

一九四五年十一月一日是法國「清明節」。

當時，樂恕人、毛樹清、丁垂遠和我，從盟軍佔領下的蕭瑟德國，聚集到盟軍統帥艾森豪威爾總部所在地、充滿新生氣息的巴黎。中央社巴黎分社主任、也是在艾總部掛了號的徐兆鏞和中宣部駐巴黎辦事處代表林咸讓，來到作爲記者營的 Scribe 旅館看我們，大家約著一齊出遊。

我當時認識了《法蘭西晚報》的一個女記者，從她口裡知道了Pere Lachaise 是勝地，很多名人像音樂家蕭邦就安息在那裡。入境隨俗，便建議不妨來一個掃墓行。掃什麼人的墓呢？不外英雄與美人。你一言，我一語，最後歸納爲兩個：拿破崙、茶花女。

討論的結果是，應當捨拿破崙而就茶花女，理由：從法國人的觀點看，拿破崙誠然是英雄。但，從「一將功成萬骨枯」的角度考慮，他卻造成了大量生命的死亡和數不清的孤兒寡婦。加之，他的墓我們中的一半已經看過，不過是在巴黎第七區一圓頂大廳內的一口紅色大理石棺。而茶花女墓是在廣闊、美麗的 Pere Lachaise 墓園，有樹有花，地下埋葬著不少名人，地上更有無數盛裝的遊人，大可一看。

最可貴的是茶花女代表一個「情」字。正如元好問的詞裡所說的：「問世間情是何物？直教生死相許。」從人生的意義說，情是人類心靈之美的體現。小仲馬（Alexandre Dumas）筆下的茶花女（*La Dame Aux Camélia*），在一八四八年的小說裏出現，一八五二年的戲劇裏出現，是確有其人的。她在小說和戲劇裡的名字叫 Marguerite Gautier，眞名叫 Marie Du Plessis，她正是小仲馬的情人，十九世紀中葉巴黎的一位名妓。雖然身處社會的最底層，卻有一顆非常善良的心，爲了愛情，不惜自我犧牲，顯現了高貴的品質。因此，時間過去一個世紀，瑪格麗特（Marguerite）這個名字，仍是愛情的一個象徵。

老天也爲茶花女的悲劇嘆息，十一月一日這天，天氣特別陰沉。我們六人分乘兩部汽車前往自從十七世紀以來就存在的著名墓園。得見成千上萬的法國人，男男女女大都身著盛裝，手捧鮮花，多數是菊花，湧向墳場，在許多墓前默默致哀，悼念他們逝去的親人或心目中崇拜的名人。

茶花女的墓，在萬塚墳堆中，並沒有什麼奇特的地方，砌墳的石頭已泛墨色，墳上砌的一塊鑲邊的碑，約一公尺高，一公尺五長，相較其他墳墓，並不突出。不過，當我們六個中國人，其中五個身穿盟軍軍官服裝，恭恭敬敬向茶花女獻花致禮時，卻引來大批法國人圍觀。不少人對我們這一行動，嘖嘖稱奇，低聲議論。

兩位看來三、四十歲、穿戴不俗、風姿綽約的少婦，和一位穿戴比較樸素的少女，以好奇而友善的態度和我們之間有了如下的對話：

「能不能知道先生們從哪裡來？」

「中國。」

「中國！我的天！那麼遠。」

「你們知道中國嗎？」

「當然知道，和日本人打仗得勝的。」其中一位在作答時多少流露得意的表情，顯示其見聞廣博。並反轉來向我們提問：

「你們怎麼會獻花給 Marguerite?」

「因爲她是天下的一大情聖。」樹清用英文回答後，林咸讓又用法文重複一遍。

另一位顯得窈窕的女郎情不自禁地讚嘆說：「中國眞不愧是文化古國，中國人眞多情，眞可愛！」

歸途中，恕人曾占一絕記此事，時隔半世紀，不但我、連他本人也記不得了。當執筆回憶這一段五十一年前的往事時，只能以李白的兩句詩作結：

今古一相接，長歌懷舊遊。

附帶想起一件事，當我們憑弔茶花女墓時，巧遇代表中國出席世界工聯巴黎會議的朱學範團長和團員、曾任中共政治保衛局局長的鄧發，也到這個墓園遊覽。這位延安來客，表情相當嚴肅，當朱學範把他介紹給我認識時，我說：「我們是來給茶花女墓獻花的。」他惶恐的眼神似乎流露出不知茶花女是何許人也。難怪，站在無產階級的立場，對這種資產階級和小資產階級的情調，應該是避之則吉。他能來到茶花女墓前，呼吸一點不同的空氣，對於認識另一個世界多少會增添幾分玫瑰的芳香。

《中央日報》歷盡滄桑

●黨外無黨，囊括長材，進取保守，相濟無猜。進取過激，是曰惡化；甯聞碎玉，果愈全瓦。保守已甚，腐化是懼，或開倒車，或封故步；補偏救弊，賴有讜言。後知後覺，努力宣傳。嚴戒訐攻，多籌建設，忝屬同志，敢告主筆。

中央日報萬歲！

蔡元培敬祝，民國十七年二月

以上是蔡元培先生爲國民黨機關報《中央日報》一九二八年二月一日在上海發刊的題詞。當時正值南京、武漢各有一個國民黨中央，所謂「寧漢分裂」將合未合之際。直到寧漢合作以後，《中央日報》才於一九二九年二月遷到首都南京出版。

從蔡元培先生的題詞，反映出當時創立此報者，既反對過激，也反對保守，就是「允執厥中」的意思。但，事實上既是國民黨的喉舌，報導和言論當然要跟著黨走。「九一八」事變後，國民黨中央在蔣中正領導下，力主忍辱負重，提出：「和平未至絕望時期，決不放棄和平；犧牲未至最後關頭，決不輕言犧牲。」《中央日報》配合國策著論，對抗戰持緩進態度，自然引起愛國群衆不滿，所以遠在一九三一年年底就被群衆衝入報社搗毀過一次。

中央日報社原行總編輯制，社長名義由中央宣傳部部長兼領；直到一九三二年三月一日改行社長制，程滄波先生爲首任社長。一九三七年「七七」抗戰爆發，蔣先生在廬山召開「廬山談話會」，《中央日報》適應黨政需要，在牯嶺首創暑期廬山版，是爲《中央日報》有地方版的開始。「廬山談話會」達成全國統一抗日的共識，《中央日報》才成爲一張堅決主張抗日的報紙，黨性和人民性也才合一。

一九三七年底，政府自南京撤退，移駐四川重慶，並定重慶爲陪都。《中央日報》一度在長沙出版，三八年九月才在重慶復刊。同時成立了邵陽、昆明兩分社，在戰時後方開展西南五省的發行網。一九三九年日本對重慶實行瘋狂的「五三」、「五四」大轟炸，不但陪都處處可見瓦礫，中央日報、大公報、新民報、新蜀報及時事新報五報社都受到毀傷。爲了保持戰時首都不能一日無報，決定組成《重慶各報聯合版》，前後維持了一百天；一百天後各報又分別出版。

程滄波才子文章受重視

從一九三二年五月到一九四〇年十月，中央日報社長由程滄波擔任。程滄波是一位才子，文章寫得好，其傳誦一時之作乃與章士釗的一次筆戰。一九三三年初，共產黨創黨總書記陳獨秀與俄人牛蘭被捕，由南京地方法院審判，章士釗受陳獨秀委任爲辯護律師，章在庭上儼若演講，旁若無人，並將辯護詞油印在其下榻之飯店分發，主旨爲：「反對國民黨及其政府，並非反對國家；圖謀推翻國民黨及其政府，並非圖謀推翻國家。」「國家號爲立憲，選民大抵享受依法變更憲政之權，愚主陳獨秀偶言推翻國民黨，並非危害民國，及佈達未來之政治理想，無背於近世立憲國之通則。自信確有法據，深協人情。」

程滄波針對章的論點，一九三三年四月廿六日在《中央日報》發表了署名文章〈今日中國之國家與政府〉（答陳獨秀與章士釗）。繼後，章在上海《申報》刊文辯難。同年五月七日，程在《中央日報》發表〈再論今日中國之國家與政府——答章士釗〉，章沒有再作回應，程滄波的文名因此二文而大盛，蔣介石「文膽」陳布雷由杭州致函程謂：「爲之喜而不寐」。南昌行營秘書長、政學系巨頭楊永泰也由南昌致電申賀，在一定程度上表達了蔣對程的欣賞。

程主《中央日報》八年半，直至一九四〇年秋因桃色事件下台。自古才子愛佳人，原來，儲安平在程領導下任《中央日報》編輯部主任，其妻女作家端木露茜，不僅人長得漂亮，文章也寫得好，程爲之動心，乃趁儲安平赴英學習機會，窮追而得手。儲得知此事，在其鄉前輩吳敬恆（稚暉）先生面前告了程滄波一狀。吳言於蔣介石，蔣把程喊去罵了一通。中央日報社長勢難繼續當下去，乃呈請辭職。于右任先生愛才，且認爲「風流無罪」，隨把程滄波叫到監察院任秘書長。端木露茜女士也爲這一段感情糾葛，寫了一篇相當轟動的文章：〈蔚藍中的一點黯淡〉刊於重慶《大公報》，風傳一時。

程去職後，《中央日報》先後由何浩若、陳博生、陶百川、胡健中任社長，直到對日抗戰勝利，陳訓悆主理社務一短時期，由蔣親任馬星野出長，實現了自給自足，改變了《中央日報》長期以來都靠國民黨中央撥款支撐的局面，破天荒第一次賺了錢，而且邁向了企業化。適值國土重光，報紙發行及於全國，而且經過八年舉國一致的對外抗戰，國民政府及其領袖蔣主席的聲望有若麗日中天，儘管有中共的軍事對峙，但多數國民黨人都相信，或藉和談，或憑兵力，一定可以達成一匡天下的目標。

馬星野精心辦報創奇蹟

南京《中央日報》在當時那種情況下，作爲首都第一大報，確實也頗有一點顧盼自雄的味道。正如時任《中央日報》記者龔選舞在《龔選舞回憶》一書中寫的：「有史以來的中國記者，聲勢之大，氣燄之高，當無有逾於抗戰勝利、復員還都後的那一階段。」

而與龔選舞同在《中央日報》任記者、後在台灣新聞傳播界受到普遍尊重的徐佳士，在《中央日報》三十年紀念集上，以「不頒文憑的學府」爲題撰文指出：「中央日報的年輕的採訪組，經過半年多些的嚴格訓練，就變成了當時全國新聞重心南京的最強悍的記者團。上海和平津大報駐京記者，把中央日報的採訪組列爲每日必須去『走動走動』的地方。」原因無它，《中央日報》的獨家新聞，不僅權威，且快而準。

事實上，當時的《中央日報》，確已成爲首都新聞中心，連外國通訊社，諸如美聯社、合衆社、路透社、法新社等等，都要參照《中央日報》的有關政經新聞發稿。

這裡面，有主觀的原因，中國記者向有文人論政的傳統，講究特立獨行，「以天下爲己任」、「雖千萬人吾往矣」的傳統；也有客觀的原因，八年抗戰贏得勝利，民氣高張，而國共和談雙方，都在高談民主自由；作爲友好盟邦的美國，又介入中國的內爭，民主與反民主成爲它檢驗中國進步或反動的標尺。南京《中央日報》從社長到編輯、記者，無形中形成一種共識，要爲中國的民主作出貢獻，必須本著「新聞自由」的原則辦報，全力以赴。當然，這裡面也有鬥爭。

南京《中央日報》在一九四六、四七、四八年的情況頗爲微妙，報紙的發行人兼社長馬星野先生是一位新聞學者，出身於美國密蘇里新聞學院（一九八四年密蘇里新聞學院還頒給他傑出校友獎），有辦一張好報的理想。而他的國民黨中央黨校畢業的歷史背景和他的國民黨候補中央委員的地位，卻對他是一種約束。加之，我們這位老師書生秉性，謙謙君子，以愼爲鍵，更決定了他的作風，不敢放手大幹。但他到底是有報業理想且受過當代新聞教育的人，所以看到他的學生們生龍活虎，大展拳脚，也就不願過多地干預，而是採取的放任政策，讓我們一班弟子分任總編輯、副總編輯，總經理、副總經理，盡情發揮。

馬星野師後來在台北回憶這一段往事時，曾說過這樣一段話：

我們有一大群青年人，全是朝氣蓬勃，說做就做，如生龍活虎，魚躍鳶飛，活潑潑的。我出一個主意，他們立刻去做；我熱心，他們比我更熱心；我興趣來時，他們比我興趣更高。因此，轟轟烈烈，把一個南京《中央日報》，幹得十二分有勁。無論銷路、廣告，都蒸蒸日上，不但打破《中央日報》之紀錄，亦打破了所有南京報紙之紀錄。這都是得力於這批青年人之幹勁。（見馬之驌著《新聞界三老兵——曾虛白、成舍我、馬星野奮鬥歷程》）

先日報後中央路線正確

《中央日報》自一九二八年二月創辦以來，一直都是賠本的，賠了十八年的本。到一九四六年馬星野師接長才開始賺錢。內容充實，版面清新，新聞快而準；報紙雜誌化，銷路自是日日上升；有一個時期，刊登廣告甚至排隊，令人難以想像。因此，實行了企業化，成立了董事會，我們幾個政校出身的編經兩部主管人員，都被派為「黨股代表人」。國民黨有所謂「蔣家天下陳家黨」之說，《中央日報》一向被視為CC派掌握的國民黨喉舌，報社董事長就是陳立夫。而我們一群青年人，則秉持新聞自由的原則工作，以辦好報紙為目標，不管CC或DD。

以中央宣傳部副部長之身兼任《中央日報》總主筆的陶希聖，對我們的新聞自由作法看不順眼，他提出「先中央、後日報」的主張，認為報紙既是黨的機關報，當然要以站穩黨的立場為第一要務。而我們這班年輕人卻提出「先日報、後中央」的主張，來個針鋒相對；我們的理由很簡單，報紙如果辦的沒有人看，中央立場即使站得極穩，又有何用？《中央日報》有史以來沒有賺過錢，現在賺了大錢，說明只有先把日報辦好，然後再於不知不覺間反映中央立場、觀點，才是合理的途徑。

馬星野先生本其對新聞事業的信念，當然也欣賞學生們的努力，不過他深知陶希聖的份量，不願得罪陶先生，所以在報紙的言論上完全尊重陶，而新聞上則對學生放手，因此，我們就能大展拳脚。同時，注意在禮貌上尊重「陶公」（這是《中央日報》上上下下對陶希聖一致的稱呼），使他在受尊重的情況下不致干預編務。

陶希聖負責社論。主筆室除陶任總主筆、王新命任副總主筆外，還聘請了元曲大家盧前（冀野）和方豪神父、錢納水、戴杜衡、殷海光、張文伯為主筆。從陣容上看是比較強的，但因領導思想的保守，並未起到領導潮流的作用。最引起爭議的社論，莫如陶公針對學生以「反內戰、反飢餓」為名鬧起的學潮，主張「操刀一割」。他有這種思想意識，對我們這班年輕人在新聞報導上的自由化，自然頗不放心，時有微詞。

與陶截然不同的是看起來年紀比陶還長的王新命先生，他是一位老報人，思想開放，富正義感，常給我們打氣，經常向我們宣傳一個基本觀點：新聞自由靠爭取，不能靠賜予。

南京《中央日報》新聞沒有禁忌，有很多實例，比如，漆敬堯受命到經濟部採訪孔、宋貪汚國家外匯內情，冒險拿到調查報告。徐佳士剛入行跑新聞不久，因文筆不錯，安排他參與了國大新聞的集體採訪，交代他一個原則：如實報導。他聽到國大代表因國軍軍事失利，提出「殺陳誠以謝國人」。他就照寫，我也就發稿照登，後來幾乎影響到《中央日報》遷台出版事宜。

我本人與軍令部長徐永昌將軍的交道，如今回首往事都感到有點荒唐，卻充分反映了當時《中央日報》的自由度之大。

一九四六年五月，徐永昌將軍以軍令部長、密蘇里艦上代表中國受降的身份，經蔣主席派為政府代表，與馬歇爾、周恩來為國共和解事舉行「三人小組」會議，一直拒見記者。我竟在《中央日報》上發消息說：「徐永昌失蹤。」引起馬歇爾為此致電蔣介石委員長，蔣介石又命陳布雷向《中央日報》查詢眞相，聽我說明情況後，布雷先生在電話中連責兩聲：「胡鬧，胡鬧！」結果，不打不相交，反而促成徐每次會後向《中央日報》提供開會情形，使我們掌握到「三人小組」會議的全貌，新聞報導既快且準。我因此事還和徐永昌將軍建立了特殊的友情，此是後話。而在陶希聖先生看來，這種作法完全不合規矩，是非常不可取的「脫序行動」。

此類「脫序行動」發展到極致，即一九四七年七月廿九日南京《中央日報》揭露孔、宋貪污國家外匯三億多美元案，幾乎引起一次政潮。此事的來龍去脈，另章詳述。連言行一向謹慎的馬星野師，事隔四十年在台北接受馬之驌先生訪問時，仍以之作爲爭取新聞自由的典型事例介紹。馬之驌先生在《新聞界三老兵》一書中是這樣寫的：

> 爭取新聞自由與時效，這是馬先生留學美國學來的唯一的新觀念。三十七年夏因刊「中孚揚子公司」新聞，差點惹出大亂子，當局嚴詰查詢新聞來源，馬先生本新聞記者信條，不透露新聞來源的基本原則，幸好，當時任採訪主任的是政校畢業的學生，挺身而出，表示甘受處分，也不能違背新聞道德，說出新聞來源。經過這個學生勇於負責，甘願接受處分之後，當局反而認爲這個學生很好，顯然是政校的教育成功，因此，終於獲得諒解，不加追究了。

直到一九九六年七月七日，台北集會紀念雷震先生百歲冥誕，馬之驌先生爲主其事者之一，與我不期而遇，並致贈其大著，特別在書中有關段落批明：「這個學生就是陸鏗。當時我們『二馬』斟酌的結果，沒有寫出名字，是設想一旦他（指我）想來台灣時，不准入境。」

以做官代辦報必遭淘汰

馬之驌先生和星野師當時有此考慮，不足爲怪。在那白色恐怖的年代裡，不落井下石，大罵「匪諜」以示其本人堅貞者，就算不錯了。具體反映在《中央日報》出版三十周年紀念集，一九四六至四九年南京時期和五十年代台北時期，總編輯是李荆蓀，竟不敢寫出。原因是一九七〇年特務頭子沈之岳製造一大冤案，將荆蓀以「匪諜」罪名下獄，判處無期徒刑。《中央日報》當時撰寫報史時，爲了迴避荆蓀之名，竟在總編輯一項留下空白，不敢正視歷史的畏怯態度，與中共保守派的作法，如出一轍。活脫脫呈現出國共兩黨對列寧主義教條影響下的難兄難弟、可笑亦復可憐的窘態。

一九九〇年冬，當時身任台灣《中央日報》董事長的楚崧秋先生，在好友袁暌九兄陪我去拜會他時，向我提出一個問題，怎麼才能使《中央日報》辦好，我向他提供了「先日報、後中央」的南京經驗。據了解，央報遷台初期還是不錯的。後來只因出身宮廷的個別人，剛愎自用，擺出「忠黨愛國」的姿態，不是辦報，而是作官，違背了新聞自由的原則，反對新聞競爭，且排擠菁英骨幹如戴杜衡、江德成等，以致央報江河日下。

事實上報紙辦好辦壞，是一個主導思想的問題，是以考慮百姓所需爲主導，還是以揣摩上意爲主導。《中央日報》六十九年來的經驗說明了，只有心中有百姓，行動爲百姓，實事求是，公正客觀，這張報紙才能反映百姓的聲音，維護百姓的利益，爲百姓所接受。

宣佈徐永昌失蹤

●人生交契無老少，論交何必先同調。——唐·杜甫

●萬一禪關砉然破，美人如玉劍如虹——清·龔自珍

一九四五年九月二日上午九時，盟國代表在美國密蘇里主力艦上舉行接受日本投降典禮，代表中國的正是時任軍令部長的一級上將徐永昌（號次宸）將軍。

中國人民對日抗戰八年，犧牲軍民無數，而最後代表國家受降的，竟是人們不大知道的徐永昌將軍。而蔣主席指定徐，正說明了在整個抗戰過程中徐將軍鞠躬盡瘁，輔佐統帥完成抗戰大業，起到了不可忽視的作用。雖然他平日很少拋頭露面，但在大本營作戰決策上，卻是既能觀照全局，又能料事如神的一位「智多星」。

對於徐之所以被蔣指定承擔這一最光榮的使命，我是一九四九年在東京與中國駐日代表團團長朱世明將軍夜話，聽到朱將軍的介紹，才得以釋疑的。而朱，正是徐選拔為受降代表團成員之一，

作為徐的主要助手同行。

據朱世明說，蔣委員長這個人在軍事上是很自負的，他對徐次宸（永昌之號）的認識，正是不打不相交的結果。一九三〇年蔣、馮（玉祥）、閻（錫山）中原大戰，可以說是決定中國由誰領導之戰。在這一次大戰中，馮的部隊不是被擊潰，就是被收買；而閻的部隊由徐永昌指揮，終能全師而還。從而使蔣先生認識了徐永昌是一位將才。徐後來出任山西省政府主席、河北省政府主席，在政經建設方面，也表現他不同一般的識見。更了不起的是，他由清末部隊的一名馬伕出身，而兵，而士，而官，矻矻苦學，終於完成陸軍大學學業。朱從接受徐的領導中深感徐為人正直、學識淵博，在軍人中是不可多得的。

我了解朱是一位既有才、又自負的軍人。問起他對中國軍界人士最佩服的是誰，他說：徐次宸。還補充了一句，委員長指定他代表中國受降，其身任軍令部長固然是原因之一，更重要的是在八年抗戰中，徐參與運籌帷幄，建立了只有委員長才清楚的功勳。

我對徐永昌發生興趣，原因是和他打交道，不僅成為我記者採訪生涯的一個轉折點，而且也在一定程度上關係到南京《中央日報》「先日報、後中央」編輯路線的成敗利鈍。

當時的背景是這樣的：

中國對日抗戰勝利後，國共兩黨的內爭突顯出來，神州內戰，一觸即發，而這一內爭又與美蘇爭霸、冷戰出爐不無關係。美國總統杜魯門，為了和平解決中國內爭，派遣馬歇爾將軍（因係五星上將，亦稱馬歇爾元帥）作為總統特使來華，進行調處。原來「三人小組」，政府代表為張群，共方代表為周恩來。到一九四六年四月，政府決定還都南京，張群因身為川人，瞭解川情，必須留川坐鎮，蔣乃派徐以軍令部長身份繼任政府代表。當然，也是爲了適應軍事調處形勢所作的安排。

徐性格內歛，爲人行事可以「諸葛一生唯謹慎」概括，不喜見記者。而且認爲「三人小組」會議事涉重大機密，不宜向外透露。而共方代表周恩來出於統戰運用，對記者則表現友好，且善於在答問中透露共方如何顧大局的信息。我作爲《中央日報》採訪主任，自然希望見到徐永昌，但多次往訪，均被拒絕。到軍令部時，被告以「部長出外開會」，或乾脆：「不在」。到南京傅厚崗徐之寓所，不是說：「不在家」，就是說：「還沒回來」。有時下決心守候，亦不得要領。

連續碰壁後，遂寫好一紙請求徐見一面。如忙，只要求接談十分鐘。並向每次出面說「不在」的中校參謀表明：「明日上午同一時間再來，至少請徐部長約一個時間，如果照往常一樣說『不在』，我就在《中央日報》宣佈徐永昌失蹤。」那位參謀聽我口出狂言，上下打量一番後不禁「哼」了一聲，並用眼色表示不屑一顧，轉身就走，意思即「量你小子也不敢！」

翌日再訪，果然又嚐閉門羹。我於是在一九四六年五月的一天在《中央日報》刊出以「徐永昌失蹤」爲標題的花邊新聞。具體日期已記不準。而中央日報保存之合訂本自南京運台後，一九四九年十月一次火災中付之一炬。

最先看到這條消息的，是馬歇爾的侍從副官伍國慶上尉（Captain Ernest Ng）。事後他告訴我，他當時的責任是每天一大早就將《中央日報》有關國共和談及軍事衝突的消息，口譯英文讀給馬歇爾聽。當讀到「徐永昌失蹤」一則時，馬歇爾馬上掛電話找GEMO（這是英文委員長Generalissimo的簡稱）。GEMO否定了這條消息，但馬帥說，這是 Government Organ（政府機關報）刊載的，GEMO 祇好答應查明再覆。

就在「徐永昌失蹤」新聞刊出的上午十時不到，蔣的「文膽」陳布雷一個電話打到編輯部，我早已有備而應。不過，想到布雷先生向來晚睡晚起，這麼早就麻煩他老人家，不免心中自責。他問：「今天你們登的有關徐部長的消息，是怎麼一回事？」我說：「三人小組進行和談，作爲記者，可以見到中共代表周恩來，有時也可以見到馬歇爾將軍，就是見不到政府代表徐永昌將軍。到軍令部找，說不在；到傅厚崗他家裡拜訪，還是說不在；有時候，沒有辦法，只有去聽周恩來的一面之詞。不得已，我寫了一個短簡給徐部長，說明如他再不見我，就宣佈他失蹤。他果然四訪而拒見，我也就宣佈了。這也是情非得已……。」

「胡鬧，胡鬧！」我的話尚未講完，布雷先生就在電話那邊連連批評我「胡鬧」了。

但事後中央宣傳部部長彭學沛告訴我，布雷先生是老報人，深知新聞工作之艱苦，他向總裁（當時國民黨內如此稱蔣）匯報時，把你在電話中跟他說的，婉轉地向總裁報告了。總裁聽後順口說了一句：自己人也不妨見一見。所以布雷先生一面把這一情況通報了徐部長，一面通知了我。徐部長決定明天在他家中請你喝茶，商量一下怎麼做。徐部長做主人，你是客人，我是陪客。不過，我要向你打個招呼，你老弟千萬不要認爲自己勝利了，要謙虛一點，不能任性而爲啊！

彭學沛的話說得算是客氣，這與他的政治背景有關，他本來屬於汪精衛系統的，汪做了漢奸後，他轉投到宋子文名下。宋出任行政院長，他在宋的推薦下做了宣傳部長。但他以爲《中央日報》是在CC系掌握中，不知道我是一個自由主義者，並非CC卒子，他對我打招呼，既把責任加在我頭上，也有警告的意思。

徐次宸身材魁梧，儒將氣質，到底是經歷過大陣仗的人，一見面就攤牌。他說被派出任「三人小組」政府代表，完全是奉命行事，他是軍人，談判非他所長，過去不願見記者，是怕出言不當，造成不利情勢。《中央日報》是代表黨和政府的報紙，爲了事情簡單化，今後「三人小組」若有重要決定，他可以如實告知《中央日報》，至於消息怎麼發，由《中央日報》斟酌情勢和政策決定，他沒有意見。

我一方面對他的這一決定表示感謝，一方面對於過去對他的冒犯，表示道歉。

彭學沛當時就說，今後就這樣，凡遇「三人小組」會議作出決定，就由陸鏗和徐部長聯繫，徐部長把情況告訴你們，你們好好記下來。至於消息怎麼發，發什麼，不發什麼，由《中央日報》負責，但要注意不出問題。看看次宸先生的意見怎麼樣？

徐永昌當即表示就這樣吧！不過他特別叮囑說，消息怎樣發是個很大的學問。而中共在宣傳上最善於爭取主動，尤其像周恩來這個角色，連馬歇爾都表示佩服，稱其「精敏異常，爲鮮見的人物」。遇到我（徐自稱）這個人，生來個性就不喜與人爭。個性如此，任務如彼，只能照道理行事。希望《中央日報》能助一臂之力。

彭學沛馬上插話，既輕鬆又嚴肅地對我說：「你可不要幫倒忙呵！」不過，這樣一來，倒使我信心大增，認爲既然徐永昌承諾每次「三人小組」會有重要決定他可如實相告，那關於和談新聞，我們做到準確而快捷，將無問題。而蔣介石的行蹤，因爲我已與蔣的專機駕駛長衣復恩上校建立了友誼，常常可以從他的動向得知蔣的動向。比如，有新聞線索透露，蔣將有廬山行，但究竟什麼時候去，誰也不知道。我只消打個電話給衣：「復恩，你明天去不去九江？」回答是：「明天不去，後天去。」我馬上就派出記者先行一步，到蔣介石抵達牯嶺之翌日，頭條新聞：蔣主席昨抵廬山，配合現場特寫通訊就一齊刊出了。

這種情況，只要有兩三次，新聞權威自然建立起來。造成外國通訊社駐南京記者非「拜山」不可，美聯社的米爾克斯（Harald Milks）因而跟我變成好朋友。

從新聞報導逐漸使徐永昌將軍對《中央日報》有了信任感，我們也得到很大便利。由於他幾乎三天兩頭就會見到蔣主席，所以消息非常靈通。馬歇爾對他也開誠相見，比如，遠在一九四六年夏，一般人都認爲國軍處於有利地位時，徐就告訴我，他從馬歇爾處得到的信息，指出國軍常常因不遵守「三人小組」協商達成的條件，給共方以口實，結果造成因小失大。也就是國軍小失信，而遭共軍大報復。尤其國軍高級將領常常誤認不利爲有利，結果招致東北局勢日益向不利於政府而有利於共方形勢發展。東北共軍，不到半年時間，就擴充到四十萬之衆，而且裝備精良，其原因即由於政府整軍政策「爲淵驅魚、爲叢驅雀」也。

再以政治協商會而言，明明有利於蔣主席領導，並不利於共產黨，因爲和平統一建國，國民黨仍是執政黨，共產黨只是參政黨，不管怎樣，國民黨掌握著中央政府，共產黨只掌握幾個地方政府；連共產黨的軍隊，也編入國軍系列，有什麼不好。偏偏陳立夫先生他們一夥就反對，硬把政協協議推翻。殊不知現在的情勢是，搞清一色的時代已經過去了。

徐次宸先生和我交往，相互溝通越來越好。比如他會主動提到美國不滿國府政治無能與貪污。引用馬歇爾批評的「自私、腐化、頑固」。而他覺得最後一點還不夠。他舉中央軍吃空額情況嚴重爲例，有的向地方需索無度，以致上下交惡，兵民交怨。我問他，爲何不直告蔣先生，他說，在正式會議上都提了不止一次。但何敬之（指何應欽）不懂，陳辭修（指陳誠）不改，而蔣先生亦不悟。

言下不無感慨。我請徐從軍人的角度對蔣先生作一評價，他說：「蔣先生作戰英武果斷，惟對治軍差池。是受蒙蔽，還是有顧忌，就很難斷了。」

到我在《中央日報》揭發孔宋貪汚大案後，徐一方面爲我擔心，怕出事，叮囑小心應付；一方面轉述了他的一位好友（後來我得知乃魏道明）的評語，「年事入老境者，無不受少妻支配，祇是程度輕重而已。」我當然理解是指蔣夫人宋美齡而言。並明確表示，蔣庇護孔宋不僅不利於國家，亦不利於孔宋。如能依法薄懲，讓其逍遙異邦，則公私兩利矣。

一九四八年五月，我應閻錫山邀率首都記者團訪問山西，並應傅作義邀訪問平津。離南京前向徐請益，大出我意料之外的是，他竟介紹北京八大胡同韓家台的一名妓女給我，告以此女來自山西，溫柔大方，北地胭脂，不同於南方姑娘，芳名玉蘭，可以一醉。

到北京後，在《華北日報》社長張明煒老大哥嚮導下，果得遇此姝。年約二十五六，身材高眺，談吐不俗，語及上將軍，口稱「徐爺」。原來她另有一名字，覺俗氣，玉蘭之名乃徐將軍所取，蓋徐在南京私邸園中有一奇葩，形色皆似玉蘭而甚大，葉似橡樹，香味甜美，徐偶於傍晚欣賞此花，悠然神往。徐之至友、曾任考試院副院長之賈景德曾爲此花賦一詩，惜事隔半世紀，足足五十年，已無力記憶矣。

每每想到作爲一個記者，與採訪對象、年紀長自己三十二歲如徐永昌這樣的軍政人物打交道，主要是本誠信二字，友誼竟發展到可以分享美色，亦奇緣也。

隨蔣介石東北行

●十年天地干戈老，四海蒼生痛哭深。——明．顧炎武〈海上〉

●幾時拓土成王道，從古窮兵是禍根。——唐．李商隱〈漢南書事〉

是和是戰自己找答案

一九四六年五月二十三日，蔣介石以國民政府主席之身，自南京飛往瀋陽，作抗日戰爭勝利後第一次東北行。是自一九三一年「九一八」事變東北被日本侵佔到光復，十五年來的一件大事。

一九四六年春，我應南京《中央日報》社長馬星野老師之命，自維也納經倫敦、巴黎、紐約回國任《中央日報》採訪主任，恰遇馬歇爾將軍以美國杜魯門總統特使身份來華調處中國內爭，作爲一個記者，必須了解背景，掌握情況。但當時，除了從中央宣傳部例行提供的宣傳大綱得到一點空洞的原則性指示外，要想知悉黨國眞正的和戰意圖，幾乎是不可能的。向中宣部副部長兼中央日報社總主筆陶希聖（我們一班年輕人稱他爲「陶公」）探問，他只是強調共產黨是第三國際的「走狗」，爲了爭奪政權，已經四處作亂。蔣主席爲了使人民在八年戰亂後有一休養生息機會，接受美國調處，前途未卜。再問他政府的基本方針究竟是和是戰？他卻避而不答，只說一些籠統而空泛的道理。可能他也不清楚蔣先生是怎麼想的。在那種情況下，只有靠自己摸索去找答案。也就是《孫子兵法》說的：「校之以計，而索其情。」通過對國共雙方具體情況的調查研究，探索和戰底蘊。

走上國共內戰第一線

最好的方法就是到第一線走一趟。從新聞採訪的實踐中去找答案。

當我知道蔣老先生將有東北行後，便及時和蔣的專機駕駛長、空軍空運大隊長衣復恩聯繫，衣山東人，出身於基督教家庭，爲人剛正重義，且富基督愛心。他爲我安排與天主教南京教區于斌總主教同乘「美齡號」專機飛瀋陽。

行前，去看新聞界元老于右任先生，因爲老人對我一直關愛有加。當時，國府派在東北的保安司令長官是杜聿明將軍。杜和陝西的另外六位黃埔一期同學關麟徵、張耀明、馬勵武等共七人，是于先生在上海寫了一封給黃埔軍校校長蔣介石、黨代表廖仲凱兩位的推薦信，並脫下自己的狐皮袍子換了錢，把他們送到廣州去投考而入學的。當我把準備赴東北實地採訪的打算向于先生陳明後，他老人家勉勵說，這是一個好主意。並把我叫進書房，拿起筆爲我寫了一短柬作爲給杜聿明的介紹信：

光庭弟：陸大聲弟來瀋，希予招拂。

——右任·卅五年五月

美齡號上于斌談形勢

「美齡號」專機設備舒適。主艙內相對而列兩張單人沙發床，由于斌總主教和我各佔一張。我們結識於重慶；一九四五年八月，在羅馬又有同時作中國駐教廷公使（後升格大使）謝壽康博士客人的機緣，因此很親切，我請他躺一躺、休息休息，他說，還是聊聊天吧！

于總主教，號野聲，黑龍江人。基於鄉情，關注東北較深。蔣先生到瀋陽後請他馬上去，是要他以東北人的身份幫助政府宣導民衆。我問他對東北局勢怎麼看，他強調蘇聯看到美國向日本投了原子彈，並得到日本天皇決定向盟國投降的消息後，才投機向日本宣戰，出兵東北，搶奪勝利的成果，把日本在東北的重工業設備全部拆卸運到蘇聯。又把從日本關東軍手上繳獲的武器轉交中共軍隊，而且千方百計阻止國軍接收。所以，在他看來，史達林是中國最大的敵人。而且用「心狠、手辣的大陰謀家」爲史達林畫像。

我又問他對蔣先生此次東北行估價如何？也許他考慮到我是《中央日報》記者，答話有所保留，連說：「蔣先生英明睿智，必可扭轉大局。」以我當時的水準，還不能判斷他此話是眞是假。

民族矛盾與階級矛盾

到達瀋陽後，被安排在當時最好的賓館「中蘇聯誼社」下榻，剛巧同住一層樓的都是以第一集團軍總司令孫渡上將爲首的雲南部隊的師長以上的將領，包括我的堂姐夫許義濬在內，有十七八位。早晨吃早餐時，孫請我和他並坐，席間一位中將參謀長，在分發蔣先生和每位將領單獨合影的照片後，有感而發地說：「委員長期望我們滇軍發揮台兒莊殲敵的精神，我們一定要在東北打一場漂亮的仗。」

事後我和孫渡將軍私下談話，問他的看法，他慢吞吞地說：「那是民族矛盾（指抗日戰爭），這（指在東北進行的內戰）怎麼能比？」孫渡的號與龍雲相同也叫志舟。雲南有兩個志舟，一個要渡海，一個要上天。對雲南人說來，都是傑出人士。孫出身於雲南講武堂，爲唐繼堯妹婿。台兒莊會戰時任五十八軍軍長，痛殲日軍，立了戰功。抗日戰爭勝利前夕，升任上將，勝利後受命統率開赴東北之滇軍。孫早年研究馬克思主義，因此開口即講矛盾，在他看來國共內戰只是階級矛盾，不能與全民抗日的民族矛盾相提並論。

瀋十萬群衆熱烈迎蔣

五月底六月初的瀋陽，因蔣主席夫婦親臨東北慰問軍民，整個社會呈現一片躍動的氣氛。

五月廿九日，瀋陽舉行全市市民歡迎蔣主席大會。超過十萬群衆，身著節日盛裝，扶老攜幼、滿含歡喜地與會，表現出樂呵呵地熱烈情緒。剛從歐洲回國的我，第一次看到這樣盛大的場面，旗影與淚光交織，歡聲與掌聲互動，大受感動。

蔣先生對群衆演講時，提出了「建設東北爲三民主義實驗區」，顯示了對東北的期望，反映出對東北的重視，也是他這次東北行根據觀感所得而下的結論。

我到東北臨時大學參觀訪問，被學生包圍，自己變成了訪問對象。他們關心的重點是東北形勢的發展，問題集中於國共會不會在東北大打內戰。學生會主席坦率地表示，原來很多同學看到戰火在東北燃起，感到前途茫茫。蔣主席一來，覺得有希望了。

杜聿明對局勢不看好

市民迎蔣大會的第二天，東北保安司令長官杜聿明將軍約我懇談，卻得到了另外一種印象。杜因爲于先生的介紹，把我當私人朋友，請我到他的官邸見面。首先問：右老身體可好。接著，就講東北這一場仗不容易打。共產黨是蓄謀已久，國軍則是倉促應戰。他提及中央處理游擊隊和僞軍投誠的問題過於躁切，結果便宜了共產黨，增強了共產黨的兵力。而馬歇爾的調停，主觀上是想幫政府的忙，客觀上卻幫了共產黨的忙；杜聿明用了四個字形容：「越幫越忙」。

杜對當時的東北行轅主任熊式輝將軍也流露了不滿情緒，指出，從收復地方的過程中，暴露出政治不能配合軍事的大缺點。這一點，孫渡和後來我在長春會到的遠征軍名將孫立人都有相同的看法。

孫立人跟我談他的切身感受：「有時候，軍隊接收一個地方，竟找不到一個縣長來安民，結果，政治反而牽制了軍事。」

杜當天頭戴一頂小氈帽，披一件軍大衣，一點不像指揮數十萬大軍的司令長官，談話也很隨便，他告訴我，蔣先生第二天要對這次到瀋陽開會的師長以上將領訓話，我可以去聽。到時他關照他的副官長到保安司令長官部大門口接我進去。我知道這是他爲了回報于先生的叮囑給我的「新聞照顧」。

蔣強調軍人把仗打好

一九四六年五月底的一個早晨，在東北保安司令長官部大禮堂裡總有三四百掛著金星肩章的軍官，對我來說是第一次見到將星雲集的景象。蔣主席身著戎裝，威儀凜然，強調東北是中國的咽喉，世界和平的關鍵。沒有東北就像被人卡住脖子。民國肇建三十五年，之所以迭經變亂，問題就在東北。因此，每一個革命軍人必須以戰略眼光看東北。

接著話題一轉，指出東北戡亂，對每一個革命軍人來說，皆爲生死之地，存亡之道。必須將士用命，誓殲頑敵。至於和平談判，他說，那不是你們應當操心的事。給我印象最深的兩句話是：「軍人的責任就是執干戈以衛社稷。你們只要把仗打好就行了，別的事體你們不要管。」我當時聽到這兩句話，直感到背脊發涼——看來，這一場內戰是非打不可了。蔣先生這樣講，明明是發佈戰爭動員令，沒有半點和談的意思，所謂「和談」原來是對付美國人的。我慶幸通過這一採訪已掌握了觀察評估時局的鑰匙。

蔣先生訓完話步下講台時，一眼發現了我。他馬上沉下臉來問隨侍在旁的杜聿明：「這是什麼人？」將「炯炯目光」對著我，這正是一九三七年郭沫若所寫的〈蔣委員長會見記〉中特別點出的那双眼睛。在那一霎那之間，我發覺自己心跳，但很快想到孟子〈盡心篇〉提示的「說大人則藐之，勿視其巍巍然。」因此，杜聿明的答話我聽得很淸楚：

「報告校長，這是南京《中央日報》採訪主任陸鏗。前幾天才從南京來的。」

我也馬上雙脚並立，兩手垂直，兩眼直視，喊了一聲「校長」（蔣抗戰時期兼中央政治學校校長），對蔣的查詢表示了禮貌的回應，蔣則微微點首。當全場將星目光一齊注視著我時，我才發現自己與整個會場肅穆的氣氛是那麼不調和，全體一律戎裝肅立，怎麼容許一個身穿美軍夾克、掛著一架萊卡照相機，多少帶有滿不在乎神情的青年人站在隊列之側。何況，這是蔣先生對高級將領的一次極具機密性的內部講話啊！

作爲記者總是要盡可能抓住一切機會的。就憑蔣的一問，杜的一答，我不但當天順利過關，還爭取到了第二天隨蔣先生乘「美齡號」專機由瀋陽飛長春，由長春飛北平的機會。我對杜聿明、衣復恩兩位都是這樣說的：「我既然在老先生面前曝了光，等於備了案，你們讓我在『美齡號』上有一席之地，應該不會有什麼問題吧！何況我還是乘『美齡號』來的。」復恩重友情，用手指點著我說：「大聲呵！你可不要太隨便。」

登機之晨，杜聿明請白崇禧吃早餐，順便約我共餐。白當時是國防部長，我問他對東北局勢怎麼看，他說：「最壞事的是蘇聯，他們表面上敷衍我們，實際上幫助共產黨。我們派團到大連、旅順視察，他們都重重阻撓。」

北平上空美齡號遇險

登機飛長春，蔣、白、杜在主艙策劃軍機，我和蔣先生的侍衛長俞濟時在後艙聊天。飛抵長春時，鄭洞國和孫立人來迎，並將蔣、白、杜請到一個休息室聽他們的匯報。我本來想進長春看一看市容，衣復恩告訴我時間來不及，預計只停一小時。不過我仍見縫插針，對孫立人作了三分鐘的訪問，當時說明不見報。知道了政治未能配合軍事的問題。

一小時後繼續作北平行，萬萬想不到「美齡號」飛離長春時，飛機的一個輪子收不起來了，幸而復恩沉得住氣，放慢飛行速度，約遲一小時到達。化險為夷，安全降落。

北平機場冠蓋雲集，由李宗仁以北平行轅主任、傅作義以華北剿匪總司令身份，率領北平市長何思源等文武百官恭迎蔣先生如儀。而我則成了北平市副市長張伯謹和天津市長杜建時兩人的採訪對象，他們極欲得知和戰大計，把我約到官舍晚餐，我只能講感覺，不能洩機密。

到北平的第二天，《華北日報》趙效沂、《大公報》徐盈、《新聞報》曹旭東、《申報》張劍梅、南京《中央日報》王洪鈞和《中央社》北平分社趙曉風以「羅漢請觀音」方式宴我於東興樓。談話主題是讓我以「隨節採訪」所見所聞解答一個問題：「內戰會不會大打起來？」

我根據東北實地見聞，陳述了蘇聯是千方百計支持共軍控制東北，而國府堅決要規復東北，雙方都是劍拔弩張，形勢相當嚴峻。

我雖未明說會大打，但因我的調子是低的，同業們自會感受到前途未可樂觀。

忽略普遍存在幻滅感

也許，由於我是個天生的樂觀主義者，雖然，眼看國民黨的腐敗無能，前途未卜，但認為中華文化有五千年的歷史，國家好不容易取得世界五強之一的地位，在聯合國組織中已得到了肯定，不管情況怎麼糟，總會走出一條路來的，所以講話對前景仍然看好，做夢都沒有想到國民黨會垮得那麼快。

當時，憧憬著出現和平民主的奇蹟。作為一個大時代的記者，應該有一點時代的使命感，因此，在六月三日隨蔣先生回到南京前，還搶在六月二日在南京《中央日報》上發表專文〈東北十五年來一件大事——蔣主席慰問行〉。描繪了東北同胞由日滿統治的麻木，到得悉中國勝利的興奮，到橫遭蘇軍掠奪的驚恐，到捲入國共內戰的痛苦，到蔣氏夫婦慰問燃起的希望。卻未能看到由於時代的動盪不定，神州大地已普遍存在幻滅感。

馬歇爾八上八下廬山

●不識廬山眞面目，只緣身在此山中。——宋·蘇東坡

馬帥是否八上八下廬山

先作一個說明，在我記憶中，一九四六年夏，美國總統杜魯門特使、五星上將馬歇爾元帥爲調處國共內爭，促成國共和談，曾八上八下廬山。但一些報刊文章卻把它說成七上七下。究竟是八還是七？考慮到這是半世紀前的事，雖然對自己的記憶力，特別是往事的記憶很有信心，但到底已年近八十，而此事關係到歷史的準確性，因而花了足足一天時間，到台北的國家圖書館去查看微型膠片，終於查清是八上八下。

一九四六年九月十四日南京《中央日報》第二版刊出題爲「馬帥昨抵牯嶺——定今日謁主席交

換意見」的報導：（本報十三日牯嶺電）美特使馬歇爾將軍，今日八上廬山，下午五時半到達小天池，馬夫人依例前往迎接。……明確地證實了是「八上」，而非「七上」。至於「八下」雖未能從報紙上找到有關報導，但同月十一日有司徒雷登大使在南京於二十日上午十一時驅車赴寧海路訪馬帥的報導，說明馬帥下山的時間不外是九月十四日至十九日這五天之中。

不過，美國國務院一九七六年出版的《馬歇爾使華報告書》，馬帥自稱：「在蔣委員長自七月十四日至九月底居住牯嶺期間，我訪問牯嶺九次。」經察有關資料，馬帥很可能把最後一次飛九江接他夫人返南京之行，也算進去了。

馬帥吻夫人留下「接吻峰」

馬帥一上廬山是在一九四六年七月十八日。傳媒記者一大早有的候於九江二套口機場；有的候於廬山脚下的好漢坡；我和上海《新聞報》陳丙一、《大公報》周榆瑞、《南京人報》王孚慶、《東南日報》趙浩生等則候於小天池，與在小天池等候的馬帥夫人聊天。因爲她前兩天已應蔣夫人邀請先來一步，佈置居所。我們問她對廬山的印象，她連稱：「太美了！眞是好。沒有想到能享受這樣的福地。」當時，南京恆溫已高達華氏九十度。她居然也知道「中國三大火爐」之說，南京名列其一。問我們另外兩大火爐是不是漢口與重慶？我們讚美她了解中國情況。她說正在學習。強調：「沒有嚐過南京的酷熱，就不知道廬山的涼爽是多麼美好。」

我爲馬帥夫人留影後，二女記者要求與她合影，得欣然同意。還問我：「照片什麼時候有？」

答以「明天。」

談話間，但見勵志社總幹事黃仁霖一轎當先，在前領路而來，馬帥和司徒雷登大使的轎子緊跟而至。同來的有美大使館參事史密斯、外交部禮賓司科長王季徵和馬帥的兩位助理伍上尉、宋上尉。

馬帥一見夫人迎候，連呼「下轎！」記者群還來不及一擁而上，馬帥已擁抱著夫人熱烈接吻了，於是大家爭搶鏡頭。馬帥夫婦儷影雙雙映於國軍九十九軍抗戰將士紀念塔下，暮靄中形成一幅美麗的圖畫。

馬帥等重新上轎起行後，周榆瑞忽發奇想，跟我說：「大聲，把小天池更名為『接吻峰』，你看如何？」我答：「好！不愧為才子記者。等一下，我就轉告王靈官（時任江西省主席王陵基，四川人給他取了個諢名。）」

馬帥、司徒大使登廬山的新聞傳得很快。下午一時牯嶺街頭就聚集了很多人，想一瞻馬帥夫婦和司徒風采。所有商店門前的石階都變成了「臨時看台」，不少人扶老攜幼而至。有的商店，不知是否從廬山管理局局長吳仕漢處得到指示，還懸掛了中美兩國國旗。但聽一聲：「來了！……」，人群中爆發出熱烈掌聲。馬帥夫婦和司徒大使面露笑容，頻頻點首、揮手答禮。

司徒登牯嶺，流露憂慮情

司徒雷登博士抵達為他安置的行館時，我因在南京時就和他熟，特別去看候他。老人風趣而瀟灑地說：「今日牯嶺群衆的歡迎，令我感動。」因馬帥夫婦結伴而來，問起他的夫人，老人不勝今昔之感地說：「二十年前我上山的時候，她還活著。」原來司徒夫人已經逝世。從司徒這句話，我知道他曾以燕京大學校長身份參加過蔣先生的廬山談話會。

過了一會兒，山上的中國記者同業一擁而至，希望聽聽司徒雷登博士對國共和談和美國參加調處中國內爭的看法。我代同業提議：「我們今天跟司徒大使談話，希望用中文。」老人很輕鬆地說：「隨便！」司徒強調：「我愛中國。此次擔任這個職務，是以學者的身份來幫助馬歇爾將軍，為中國的和平而努力。我希望我的工作不致失敗。」但他對我所作不發表新聞的談話中流露的因國共兩方都無誠意而擔心和談失敗的憂慮，對大家並沒有講。就在當天下午司徒雷登大使向蔣主席呈遞了國書。

蔣主席在接受司徒大使的國書後，舉杯向司徒祝賀說：「你是我的老朋友，也是全國人民的好朋友。」一道出公誼私交之深厚。但由陶希聖執筆的七月十九日《中央日報》社論題為「局勢的演變——敬告司徒雷登大使」，則無異宣判了國共和談之死刑：「問題演變到今日，已明顯的是呈露了兩個極端，共產黨所執持的極端是叛亂，政府所持的極端是維護國家紀綱與統一。」從而得出結論「我們今日如要解決問題，關鍵已不在怎樣的「談」，而在怎樣的「做」。

美國願望好，國共成見深

對照一下一九四五年十二月十五日，美國杜魯門總統任命馬歇爾將軍以總統特使身份使華時宣示的美國對華政策：「協助中國建立一個統一的民主的和平的國家。一個強大、統一而民主的中國爲聯合國理想之實現及世界和平所必須。」並指出，「美國政府相信至爲重要的是：一爲國共應協商停止軍事行動，一爲召開全國主要政黨代表的國民會議，以求早日解決目前的內爭。」

美國這一善良願望是好的，只是美國過高估計了自己的威望，過低估計了國共兩黨的頑固與執著，認爲美國出馬調停，雙方必給面子，殊不知兩黨各有打算，一個是決心消滅對方，一個是「彼可取而代之」。在這種情況下，那怕馬歇爾是五星元帥，十星元帥也白搭。

不過應當交代清楚，雖然雙方都無和平誠意，用馬歇爾的話來說：「彼此對對方都存在著恐懼心理」，但面子上的事還要做。就蔣先生說，是要藉此爭取美援；就中共來說，則是藉談判使美國承認共產黨是中國的一個合法的政治競爭者，從而打破國民黨作爲美援唯一對象的壟斷。

由於中共當時從全面看是處於弱勢，所以趨向和解，在談判中給馬歇爾的較誠意的印象，這是馬歇爾臨行前，應我之請接受不發表新聞的訪問中誇讚周恩來的原因。而蔣委員長，馬帥稱之謂Gemo，則給他以敷衍了事的印象。

跟著轎子跑，路邊抓新聞

正因爲這種狀況，馬帥本著「誠能感人」之心八上八下廬山，希望挽回危局。當時的情況是，蔣先生在山上，周恩來在山下，馬又不能勉強周上山，只是往返穿梭找突破點。不過此人到底是一位閱歷深、涵養好的將軍，所以盡量不動聲色，且和記者保持距離。

馬帥每次上山，我們都跟著他的轎子跑。他則坐在涼轎中看偵探小說，對於任何問題都不答覆。

最初還問一問，到後來，也沒有同業問了，但大家照樣保持著隨轎而行的興趣。

在山上，由於整個活動範圍小，可以看得出來，蔣夫人常常到馬帥夫婦住處走動。有一次她安排的可遠眺鄱陽湖面的含鄱口之遊，我事先得到消息，便先行一步等候。

七月十九日下午六時，蔣先生身著中山裝、蔣夫人和馬帥夫婦都身著遊山便裝，在小道上出現。除侍衛官外，就是勵志社的攝影師胡崇賢緊緊跟隨。但見蔣先生以右手端著馬帥夫人一聲不吭在前，蔣夫人挽著馬帥有說有笑在後，緩步而行。

突然，聽到蔣先生一聲中英混合語：「Darling，我們在哪裡 picnic?」帶有寧波口音的問話，覺得別有風味。也是我第一次聽蔣先生說英文。印象深刻。

另一印象深刻的是——

在山上，記者路遇要人是家常便飯，不少新聞或小特寫材料，會不期而遇。最有趣的是我們一群記者巧遇蔣夫人於牯嶺小學，大家一下把她圍起來。先談山居生活，沒有什麼特別。問她對和談的看法，她卻說了一句帶有文哲味道的話：「政治一如氣候，陰晴不定。」接著我們問：宋子文和孔祥熙做了那麼大的官爲何還要經商賺錢？蔣夫人對這一問似乎有點生氣，她反問：「經商賺錢有什麼罪過？你們難道沒有看見美國的高官不少出身於商界。」當時，我們的國際知識不夠，未能了解美國的大商人當官以後是要辭去公司職務的。而且氣氛已經弄僵，談話無法繼續，也祇好看著她揮揮手道聲「Bye」而去。

談判告破裂，關鍵在蘇北

我在廬山兩個月，及上山前後接觸到的人，從蔣主席夫婦、馬歇爾夫婦、司徒雷登大使以及他的私人顧問傅涇波先生，和當時代表國府談判的陳誠將軍、徐永昌將軍、邵力子先生、王世杰先生、張厲生先生、雷震先生；和中共代表團周恩來先生、董必武先生；第三方面代表梁漱溟先生、張君勱先生、章伯鈞先生、羅隆基先生、左舜生先生、陳啓天先生等，終於摸清一個問題，國共和談破裂的關鍵是蘇北。

一九四六年六月卅日是蔣先生在馬帥以美國退出調處的壓力下，宣佈的東北停戰到期的日子。後來之所以弄得很僵，問題僵在蘇北。我在撰寫回憶錄時於中研院近史所讀到《王世杰日記》得到證實。

到了七月一日，周恩來爲了爭取繼續停戰，甚至全面停戰，向馬歇爾提出，政治問題請蔣先生同意交由邵力子、王世杰、陳誠三人和他（周）及董必武商談；而整軍問題繼續由馬歇爾和他與徐永昌三人商談。

七月二日晨，蔣先生約周恩來面談，邵、王、陳三人在座，晚間周、邵、王、陳、董五人會談，問題的關鍵集中於蘇北：蔣先生堅主共軍非退出蘇北不可，「臥榻之旁豈容他人酣睡」。但在共方，毛澤東已作出其他方面均可讓步撤出，惟蘇北例外。周恩來只能謹守此底線。馬歇爾爲了調處這一死結，提出由聯合國或美國監督用選舉方法，解決中共在蘇北之區域行政問題，當王世杰將這一意見向蔣先生報告時，被蔣先生大罵了一頓，指爲「喪權辱國，莫此爲甚。」（這一情況是一九四八年五月我從邵力子先生處得悉的）從而決定到牯嶺消夏，既可暫避馬歇爾催促全面停戰，又可在廬山這個遠離京滬囂煩的消夏勝地，比較冷靜地對全盤局勢作一評估。

這就是當年蔣主席突然決定飛廬山的原因。

馬歇爾爲化解僵局，八上八下廬山，但僵局卻無法化解。八月六日蔣先生對共產黨提出了五項條件，在周恩來看來比六月卅日前還倒退。八月八日馬帥向蔣先生攤牌，表明他來華調停的目標是促成一個統一的新生的中國，不是蔣的某些顧問（指陳立夫等頑固派）所想像的使共產黨就範，那是不可能的。而他們（陳立夫等）的某些作法可能導致共產黨控制全中國。結果，馬帥不幸而言中。這是直到一九八五年在華府我重逢司徒大使的私人顧問傅涇波，回顧四十年前往事，傅在嘆息聲中憶往所道出的廬山對話內幕。

同年在美國，宋希濂將軍和我談往事，也不勝慨嘆：蔣先生和國民黨頑固派太短視、也太無信心，爲了小小蘇北的行政權放不開，竟把整個江山丟了。跟傅涇波所談不謀而合。

馬帥幽默感，談判終於成

馬歇爾八上八下廬山調處國共衝突，最後是以失敗告終。不過他卻成功了一件談判。

那已是蔣先生下山回南京後的事。九月廿七日在南京寧海路行館草坪上，他主持了他的侍從副官伍國慶上尉婚禮的茶會。到會的美國客人我認識的有司徒雷登大使、美國太平洋艦隊莫瑞海軍中將和美使館參事白德華，都是閣第光臨。中國客人有「中國空運之王」稱號的衣復恩中校夫婦、蔣主席侍從武官夏功權中尉、軍令部外事處長皮宗敢少將，以及新娘子閻伯筠小姐金陵女大的一群同學。還有一個小客人，即在婚禮進行時端著放置一對結婚戒指銀盤的衣復恩的兒子治凡，特別逗人喜愛。至於記者，只有在下一人。

馬歇爾平時都和記者保持一段距離。沒有想到這次茶會上主動和我打招呼，一向沉默的他與我進行了三分鐘談話：

「什麼時候下山來的？」

「是不是指的廬山？那已經三個星期前的事了。」

「你們在牯嶺的生活可眞忙？」

「將軍居然記得我們這一群時常痳煩你的記者。」

「你們其實挺可愛的。」

「今天該很高興吧？」

「是的，很高興。不過，心裡還有些事。」

「我想聲明，今天來到這兒，不是爲新聞，而是爲友誼。」

「其實，今天我已經使一件談判成功了。」

「呵？」

「看今天這一對。」

記者在思緒上經過一個惶惑，即刻恍然大悟，原來馬帥所指的談判成功，不是指政治而是指愛情。愛情的談判有成功的日子，政治的談判又何嘗不可成功。

因此，記者說：「將軍一定會有另一次成功的。」

（以上對話抄錄自一九四六年九月廿八日南京《中央日報》刊出的〈馬歇爾成功了一件談判——記伍國慶上尉婚禮〉特寫，署名是我的號，本報記者大聲。）

回首前程，我要把馬帥送給我的話，回敬給他：「馬帥其實挺可愛的」。

我的一些朋友讀至此，一定會批評：任你陸大聲怎麼說，馬歇爾所追求的終極是美國的利益。——一點不錯，馬歇爾遠涉重洋來華，主要是爲了美國的利益而工作，但美國當時希望中國和平民主建國，與絕大多數中國人民的願望是符合的。問題在於掌握中國命運的兩個黨，都是依照列寧模式建立的。他們是把自己黨的利益、甚至個人的利益放在第一位，這正是中國的悲劇的根源。

馬帥覆函陸鏗，反映國府夕陽

一九四七年十月上海——舊金山航線開航。中國航空公司邀請新聞界人士組織代表團參加開航禮，並訪問美國。應邀赴美的有我的老師、戰時曾任路透社中國經理、遠東總經理、戰後出任上海《新聞報》總編輯的趙敏恆、《申報》總編輯陳訓悆、天津《民國日報》社長卜青茂、上海英文《大陸報》總編輯張國勛、上海《大公報》經理費彝民和代表南京《中央日報》的我。我一如二月訪日模式，以副總編輯代總編輯身份前往。

這個訪問團裡有一個特殊人物，即曾任上海商會會長的王曉籟先生。會講笑話，且喜講葷笑話。

我們第一站飛到夏威夷的檀香山，參觀日本人一九四一年突襲的珍珠港。美國已在珍珠港建一紀念館，總的印象是只留歷史記憶，並未散播仇恨種子。

第二站到舊金山參觀，除走了一趟金門大橋外，即參觀聯合國成立大會時的會場，當時借的是一個劇院，無任何文物的痕跡。大家回憶往事集中在中國代表團的組成上。代表團十人，政府代表四人：宋子文、顧維鈞、王寵惠、魏道明；各黨派代表及無黨派社會賢達六人：董必武代表中共，李璜代表青年黨，張君勱代表民社黨，胡適博士、金女大校長吳貽芳和《大公報》總經理胡霖代表社會賢達。

當時，在二次大戰中國際新聞界備受尊重的趙敏恆老師道出一段秘辛，中國代表團之所以有如此包容性，主要是美國總統羅斯福致電蔣先生的結果。羅斯福希望中國赴舊金山會議之代表團，能讓中共及其他政黨代表參加，並告知白宮已邀請處於反對黨地位的共和黨人士參加美國代表團。蔣先生接受了羅斯福的建議。王世杰通知中共提名，對方提了周恩來、董必武、秦邦憲。蔣先生認為周太能幹，怕他的鋒芒壓倒政府代表，便選了在清末中過舉人的董必武。

第三站到紐約，主要是訪友與購物。

第四站到華盛頓，由中央社駐華府特派員盧騏新陪同參加了杜魯門的白宮記者會，記者會前，杜魯門的新聞秘書、也是一位老記者出面接待，介紹了白宮記者會的傳統。記者會後，杜魯門接見了代表團全體成員，一一握手，由趙敏恆代表大家簡單致意，杜魯門對代表團的到訪表示了歡迎。

其時，國共和談已經破裂，馬歇爾也已回到美國出任國務卿。中共軍隊且由戰略防禦轉為戰略進攻，國軍連連失利。在這種情況下，蔣先生最重視的問題，也可以說是希望之所寄，就是美援。

但是，杜魯門的對華政策卻定得很清楚：「一個不統一的和被內爭所分裂的中國，事實上不能認爲是美國援助的適當地區。」

到一九四七年中國記者團在白宮和杜魯門會見時，美國對華援助幾乎全面停止。只剩下空軍訓練計劃和一項海軍訓練計劃，總額不得超過一千五百萬美元，期限不得超過一九四七年十二月三十一日。

因此，我利用訪美的機會，在十月廿八日返國前夕寫了一封信給馬歇爾將軍，簡單回溯了一九四六年夏他八上八下廬山期間爲調處國共爭端殫精竭慮，任勞任怨，給中國記者留下的深刻印象。而在伍國慶上尉婚禮上他對中國記者的讚許，更使我難以忘懷。我請他以美國國務卿、又曾參與國共內爭調處的中間人身份，就中國現狀及美國繼續援華的可能性，談一談他的看法。

我的信十月廿八日寄出，他在十一月二十一日寫來了回信，二十六日收到，二十七日在《中央日報》以顯著地位發表。原文如下：

陸先生：一九四七年十月廿八日的來信收到。承告知訪美十日後即將返回中國。你希望我談談對中國現況和美國有效援華可能性的看法。你一定知道，美國政府對中國政府和人民所面臨的困難，一直十分關切，也正在考慮本身所能給予有效協助，以減輕此一困境。

希望你對美國的訪問有所收穫，並祝返國之行愉快。

喬治・馬歇爾（簽名）

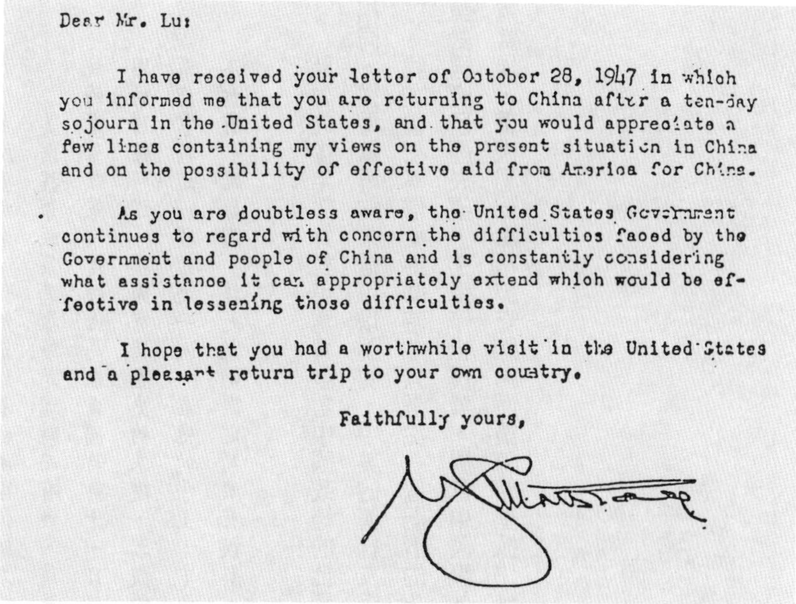

Dear Mr. Lu:

I have received your letter of October 28, 1947 in which you informed me that you are returning to China after a ten-day sojourn in the United States, and that you would appreciate a few lines containing my views on the present situation in China and on the possibility of effective aid from America for China.

As you are doubtless aware, the United States Government continues to regard with concern the difficulties faced by the Government and people of China and is constantly considering what assistance it can appropriately extend which would be effective in lessening those difficulties.

I hope that you had a worthwhile visit in the United States and a pleasant return trip to your own country.

Faithfully yours,

▲馬歇爾致函陸鏗。

當時，蔣先生正爲美援發愁，國民黨更可以說是患了「美援憂鬱症」，陶希聖得知馬歇爾有信覆我，大喜過望，乃及時執筆寫了以「馬歇爾國務卿的信札」爲題的《中央日報》社論，並由中宣部通令全國各地央報一律照刊。

社論一開頭就說：

美國國務卿馬歇爾氏對於本報記者陸鏗旅行美國時以書面提出的詢問，致函作簡明的答覆。現在中美兩國人士正注意美國援華問題，議論紛紜，我們發表馬歇爾國務卿這一珍貴的書信，深感光榮，並確信其有澄清視聽的影響。」

接著指出：「我們特別重視馬卿對於中國的正確認識與誠摯友情，這一正確認識與誠摯友情是以中美兩國傳統友誼爲基礎。我們今日發表馬氏的書信，我們之所重視者，仍然是這基於兩國傳統友誼的認識與情感，由此簡明語句而充分表達。美國援華政策怎樣纔是適時而有效，這是一個值得研究的問題。我們今日注重的是美國傳統的對華政策，是經由馬歇爾國務卿十一日報告和這封信而重新確認了。中美兩國之間有其牢固的聯鎖。這一聯鎖有其歷史的基礎，客觀的條件，與共通的目的。我們深信馬歇爾國務卿是最能掌握這一聯鎖之一人。在他的手上，中美關係只有進步，決不動搖。這並不是說兩國之間不會有一點隔膜。這是說兩國之間縱有誤解，到了最後必能澄清。

社論的後半部針對美國輿論對中國政經的批評作了答辯。歸結於中美兩國追求世界和平的目標相同，從馬歇爾的來信可以說明，中美的傳統友誼必將繼續發展。完全是一些空話。

我在當初寫信給馬帥時，只是從一個記者的角度，探尋一下美國援華的動向。因爲當時美國輿論對國府已經失望，主張停止援華，置身中國事外。沒有想到，馬帥的覆信，竟給一籌莫展的國民黨當局，帶來了一點精神安慰，而讓陶希聖抓住機會，作了一篇爲國民黨自我打氣的文章。

到日本做麥帥的客人

●服民之心，爲得其情。——宋・蘇洵〈申法〉

●得人之道，莫如利之；利之之道，莫如教之以政。——〈管子・五輔〉

一九四七年我被派代表南京《中央日報》，參加「中國赴日記者團」，英文稱爲「Editors Party from China」。應盟軍佔領日本統帥麥克阿瑟之邀請到日本做麥帥的客人，從一九四七年二月二十六日自上海啓程，到三月十五日返國，一共十八天，先看了戰敗的日本，後看了韓國。

在當時日本全國鬧著交通荒、火車每天擠死人的情況下，盟軍總部居然特別爲記者團開了「大使列車」專車視察各地。這列車包括交誼室、餐室、臥室等，設備周到，招待尤其細心，第一次點心上還做了中國國旗，而日本人往往於「大使列車」離站時，一致九十度鞠躬。返回東京時，火車站長特別開放原爲天皇行走的大紅氈道。至於到各地均有美軍憲兵開道，汽笛長鳴更不消說了，在在表示出了這是「麥帥的客人」。

回到南京後，連續發表十八篇報導，於同年五月集結成書出版，書名《麥帥治下的日韓》，是我生平出的第一本書。

我的老師、南京《中央日報》社長馬星野爲這本小書寫了序，說明爲什麼要派我代表報社前往。當時，中央宣傳部是希望馬先生去，如果馬先生無法抽身，按理是由總編輯前往，因爲這個團本身就叫「總編輯團」。總編輯李荆蓀和我親如手足，他爲了給我機會，說動了馬老師，由我以代總編輯身份前往。星野先生序中有如下一段：

在抗戰期間，陸先生代表中國廣播事業和報紙，駐在艾森豪威爾將軍總部，爲歐洲戰區中最活躍記者之一；去年，他應南京中央日報之約，自歐洲經美返國，任中央日報副總編輯兼採訪主任，適值馬歇爾將軍在華，他對於馬帥調處工作之各種報導，凡是中央日報的讀者，都有深刻的印象。所以，當兩個月前麥克阿瑟將軍邀請中國記者赴日視察時，我們便毫不猶豫地請陸先生代表南京中央日報前往。第二次世界大戰中美國三位五星名將，陸先生因此都得機會接觸；而第二次世界大戰三個戰敗國——德國、義國與日本——之情況，陸先生都也有機會做實地的考察與分析。

報界競參加，軒然大波起

不過，馬先生的這一推薦，雖被中宣部長彭學沛接受，卻在新聞界引起一場軒然大波。在南京報界素有「龔大砲」之稱的《救國日報》社長龔德柏，在該報發表了以「責問中宣部長彭學沛」爲題的署名社論，並附有小標題：「何以不派我赴日本參觀」。此外還約同《新民報》陳銘德、《大剛報》毛健吾和《南京人報》張友鶴聯袂到中宣部向彭學沛抗議。

抗議的理由是，麥帥此次邀請中國赴日記者團原希望十個名額中官民各半。而我方的名單則幾乎沒有民營報業代表。雖然《大公報》王芸生列名其中，而在龔的社論中卻指爲言論「反叛國家」；並說該報曾接受政府撥給官價外匯廿二萬美元，「亦可稱事實上之黨報」。

龔最妙的話是：「蓋記者有資格宣稱：政府若僅派一個人赴日參觀，我亦有被派之資格，而派十人前往，亦未派到我，更使人憤慨萬分。」

他理由是：一、三十餘年專門研究日本問題，所著「《征倭論》可與韓信登台譚、諸葛亮隆中對鼎足而三。」二、「報紙地位在南京民間報紙中忝列第一位，有被克里姆林宮隨時注意之光榮。」三、就年齡資格講，「記者癡長五十七歲，現役報人中，只胡政之較我大一歲。這次中宣部所派的，有人比我的女兒年齡還小。而對我這老記者，且爲精力最強、鬥志最旺之記者，則使之落空，眞不知是何用心？」

這最後一點，顯然是針對我的。當時我未滿廿八歲，因此，龔德柏先生與彭學沛部長發生爭吵時曾有：「陸鏗胎毛未退、乳臭未乾」之說。

龔既表現出一種氣勢凌人的態度，彭也不客氣地答覆說：「人選已定，無法變更。」龔、陳、毛、張四位遂提出：「那我們只有致電麥帥，加派可以十足代表民間報紙的人赴日，甚或另行組團前往。」彭學沛最後表態是：「你們要致電麥帥，儘管打電報好了。」弄得不歡而散。

麥帥爲何邀記者團赴日

麥帥管制日本，頗有「一意孤行」的味道，因此各方對他都不滿意。不僅中國、英國、蘇聯不滿，連美國也多責難。最後，跟杜魯門總統鬧翻掉，並不使人意外。但麥克阿瑟自信力極強，他有世界眼光，自以爲雄才大略，對得住同盟國，即使有些誤會，到了解事實眞相時，自會化解。

中國對麥帥的不滿，主要認爲他對日實施的是姑息政策。

有一次，出身《民立報》的老報人邵力子先生和我們幾個記者聊天指出：「麥克阿瑟管制日本的政策，祇有反蘇好戰的人才會滿意。」並解釋說：「麥克阿瑟這樣做，目的只是反蘇，他儘量姑息日本，培植日本的再生，作爲反蘇的基地。」

其他國府要員像孫科、吳鐵城、王世杰，對麥帥政策也難以認同，祇是避免作正面批評。在私人談話中他們卻流露：「日本頗希望第三次世界大戰，好在大戰中翻身。可是，結果一定使日本大失所望。」

中國民間對麥克阿瑟的管制日本政策，不無恐懼心理，怕日本軍國主義在麥帥庇蔭下復活。抗戰勝利以來，中國對日本是很寬大的，但後來卻被日本的現實給沖淡了。日本在美國扶植下，經濟復興很快，甚至對中國構成威脅。比如，日本棉紗運到香港，比中國棉紗價廉得多。中國派遣駐日佔領軍，一切準備就緒，即將啓程赴日時，卻被麥帥擋駕。中國僑民在日本很多，僑務當局想派人慰問，交涉半年，迄未成功。中國派赴韓國的代表團早已組成，由邵毓麟率領，希望通過聯繫，逐步建立正常外交關係。到代表團在上海候機飛韓時，麥帥來電擋駕，以致等了一個多月，仍折返南京。總之，中國人看麥克阿瑟與日本的關係，簡直是個謎。

麥克阿瑟可能也了解這一點，他曾給司徒雷登通信，問起中國方面對他管制日本的反應。司徒對他說：「從報紙上看，和對私人接觸所知，中國人對你管制日本政策的反響，都不甚滿意。我把這事告訴你，也許會使你灰心。因爲你一心一意替盟邦服務，而對日關係最密切的中國卻對你不滿。你既然問起這一點，不得不據實以告。」

以上這一段秘辛是司徒雷登大使的私人顧問傅涇波先生告訴我的。傅還說，美國對麥帥管制日本的姑息、縱容更不滿。但日本對麥帥治日則口服心服。

先邀美派團，後邀中派團

麥克阿瑟相信，不滿於他的人如能到日本看看，便會了解他何以如此做。於是，美國記者團在霍華德（Roy Howard）率領下被麥帥請到日本參觀了。麥帥爲了表示他是盟軍統帥，而非僅爲美軍統帥，請了美國，再請中國，然後考慮英國、法國。這是基於一、中國是對日作戰八年的國家；二、中日之間一衣帶水，關係密切；三、中國人對他的扶日政策不滿；希望以事實使中國人了解他的政策。

中國記者團抵日後，中國駐日代表團團長朱世明將軍向我們作了簡報：一天中午麥帥請他共進午餐，談談有關日本對中國賠償問題。席間決定，在賠償辦法確定之前，先行撤遷中國迫切需要、而運到中國就能使用的日本機器如火車頭、發電機等等到中國。

談到霍華德率領的美國赴日記者團時，麥帥對朱將軍說，他的管制日本政策，應該爲全世界所了解。美國了解之外，應該是中國。因此，他請朱世明將軍轉達中國當局，派出中國新聞界有地位、有影響、能代表中國輿論界的新聞記者到日本實地看一看。把所見所聞在中國發表，當可使中國人了解眞相。條件是：人數最多十位，最好派的記者能講英語或日語。朱問麥帥，希望什麼人來？是各報社長？還是主筆？麥答：希望是有觀察能力，且爲中國人民相信其觀察結果之記者。

於是朱便拍電報告外長王世杰，王覺得很好，報告了蔣介石主席，蔣也覺得很好，指示王和中宣部長彭學沛商量決定人選，因此有了此次日本之行。

人選擠破頭，團名費思量

由於此行動見觀瞻，人數有限制，王、彭當時即預料會擠破頭，故決定秘密進行。原則是要有代表性的人參加，爲體現走憲政大道，還要顧及各方面，既要有黨報，也要有民間報紙，並要照顧到地區。

經過各報激烈的競爭，最後公佈的名單是：團長中央社總編輯陳博生，曾任中央社駐東京特派員、北平《晨報》社長、重慶《中央日報》社長、日本問題專家。團員：王芸生，《大公報》總編輯、《六十年來的中國與日本》作者；陳訓悆，《申報》總編輯；崔萬秋，《中華時報》總編輯、日本問題專家；陸鏗，《中央日報》代總編輯；牛若望神父，《益世報》社長；王雲槐，北平《時事日報》

社長；俞大猷，天津《民國日報》總主筆（唯一女團員）；宋越倫，《東南日報》主筆、日本問題專家；范厚勤，中央攝影場攝影師。

中國赴日記者團於二月十日在南京舉行預備會，名稱一下提出了五個：「中國記者赴日」下有視察團、考察團、訪問團、參觀團、觀光團。經反覆推敲，覺得都不妥，最後確定了「中國赴日記者團」，可謂「煞費苦心」！

我們一行十人是一九四七年二月廿七日離開上海的。當快飛抵東京時，因東京機場火警，改在硫磺島小憩，入夜才到達東京。我在飛機上接到南京傳來的信息，我的第二個兒子可信廿六日降生了。

麥帥宴記者，夫人講話多

廿八日在東京第一株式會社大樓，麥帥總部舉行歡迎式，並聽取佔領日本之簡要報告，當天接受麥帥午宴。

麥帥高大的個頭，身著配有五星肩章的軍便服，既顯威儀，又很親切，他和夫人熱誠舉杯歡迎中國記者團到日本。他對中國全民抗戰八年，表示深切的敬意。希望大家用自己眼睛、耳朵和心多看、多聽、多了解。他強調：「佔領日本的最大目的，就是在短期內能將眞正民主精神灌輸予日本人民。因爲和平與戰爭的問題，不是由軍事力量可以解決的，必須由人類精神上的覺悟來解決它。」

席間，麥帥說話不多，關於中國國家的，只有一句：「希望中日之間能很快建立起互惠的貿易。」

不過，他卻很風趣地提起蔣主席的年齡，他說：「六十歲還應該算青年。」反之，他太太卻非常喜歡講話，從徐永昌將軍參加受降典禮送麥帥的玉鼎說起，一直說到馬尼拉的天氣。當然對中國的讚頌，對中國領袖的敬佩，以至於對中國記者團的關心，都一一表達了她的衷誠。

對於住在日本，她說很過得慣，並且，從日本的壁畫起，樣樣她都好像喜歡。連侍候她和麥帥的日本侍役，她都非常滿意於他們的服務，並且介紹說：「這般人從格魯大使駐日起，就很忠勤地工作了。」

記者團在日所遇到的美方人士，除了麥帥夫婦以外，印象最深刻的就是直接負責佔領軍事的艾格伯克將軍，他以美國第八軍軍長的地位，統率三個軍團。戰前在北平的短期居住，使他認識了吳佩孚，談起吳佩孚的晚節來，他還鼓掌稱讚「大帥」。同時興奮地說起東條自殺的事，他說，當時為了使東條不能成為日本人心目中的英雄，曾竭盡一切的可能救活了這日本第一個劊子手。當東條甦醒過來之後，連向他說：「對不起」時，他曾經幽默地反問道：「請問你是指的那一個時候的對不起？是自殺的這一霎那，還是過去三年的硬仗？」

引導日本人走上民主路

日本天皇裕仁一九四五年八月十日決定接受盟國所提的「無條件投降」，使麥克阿瑟元帥不損一兵一卒安然地坐上了佔領的寶座。

當時的情況是，在日本投降之日，不但海外尚留駐著五百萬大軍，就是本土上也有二百五十萬戰意沸騰的部隊，只要天皇放下武器的命令一點及不到，佔領的局面就不堪設想。結果，居然靠著天皇的一句話，一切都歸於平靜。以致據說當時在菲律賓佇候麥帥佳音的麥帥夫人，從東京傳到麥帥的平安家報後，她腦子裡第一個想到的人就是天皇。

麥帥利用天皇在日本人心中的「威力」將佔領命令一件一件透過天皇傳達下去，居然諸事順遂，樣樣辦到。一年半來，由於麥帥對日本管制的優容，使日本人民和天皇之間，似乎有了共同的默契：天皇叫他們投降，一定有天皇的道理；過相當的時候，天皇也一定會叫他們翻身的。因此，中國記者團在日本訪問期間，大家感受到日本人民對未來似乎都有一種期待的感情流露於日常生活之中，他們和天皇是「心有靈犀一點通」。反映在當裕仁天皇奉麥帥之命訪問農村以減少神性的時候，裕仁自農民所得到的狂熱虔誠的崇拜，反而增加了他的神性。老百姓跪泣而迎，大家以哀兵的心情，恭謁了這位敗帥。

從麥克阿瑟說，佔領日本的任務，最主要的還是指導日本人民走上民主之路。對於天皇，這個民主的大絆脚石，如何對待，倒也煞費苦心。因此，一九四五年九月廿七日和一九四六年五月卅一日，先後兩次把裕仁叫到東京的美國大使館去「垂訓」一番，以減少日本人對天皇長期具有的近於神明的尊崇與迷信。

佔領之初，如何處理天皇，在日本有四種意見：一、宣佈天皇爲戰犯，廢止天皇制度；二、強迫裕仁退位，並廢止君主政體；三、強迫裕仁退位，令他十四歲幼子在攝政下繼位；四、准許裕仁保持皇位，但在新憲法上使他成爲「俘虜」，取消特權。

麥帥促天皇神化到人化

東京帝國大學曾爲這一問題舉行一次測驗，在一一三一名學生中，百分之四十主張維持天皇制度，限制天皇權限。

也許正由這種知識分子的民意表現，新憲法在麥帥指導下制訂後，就體現了這種既維持、又限制的形式。

一九四六年十一月三日，裕仁頒佈的新憲法第一章「天皇」一章中，第一條規定：「天皇乃日本之象徵，爲日本國民統合之象徵，其地位，基於主權所存在之日本國民總意。」第四條規定：「天皇，僅實行憲法所定關於國事之行爲，並無關於國政之權力。」

根據我在日本的接觸與了解，反對天皇的唯有共產黨，其餘各黨派都肯定麥帥保存天皇反映出這位將軍的睿智。因爲，天皇在日本代表著一個社會的而兼爲政治的組織的結。假若這個結被斬斷，整個社會與政治都可能完全崩潰。至少二十世紀是如此。

麥帥所要求於盟國管制下的日本，是安定第一，而天皇正是一種安定劑。所以，任蘇聯如何堅持提出天皇爲戰犯，應交付遠東國際法庭審判，麥帥從管制安定著眼，在中國、英國的支持下，在盟國對日委員會的討論中，終將蘇聯的提議否決。

不過，麥帥一方面保護了天皇，另一方面也同時給天皇以民主教育。一九四六年元旦，天皇在新詔書中承認自己並非「神聖」，熟悉內幕的人都知道，那就是遵麥帥命令而行的。同時，日本宮內省也宣佈天皇的財產三十七億多日圓（實際當不止此），已以百分之九十七上了國民財產稅。各種跡象顯示，麥帥是有成效地進行著天皇從神化到人化的工作。

日對外貿易作翻身跳板

根據我們在日本實地的考察了解，戰敗的日本剛緩過氣來，就千方百計地設法翻身。而麥帥所支持的日本復甦工程，特別是發展對外貿易，恰好成了翻身的跳板。

以一九四五年八月日本投降到一九四七年二月、一年半的日本對外貿易看，輸入總額是三億二千萬美元，美國佔百分之九十五・七，合三億美元。輸出總額是一億九千萬美元，其中美國佔百分之五十四，合一億三百餘萬美元。表現了美日在經濟上的休戚與共。

在美國的鼓勵下，日本的絲織品、毛織品都有飛速的發展，而且是以幾何級數上升。當時，盟軍總部向我們介紹說，日本五年恢復完全的絲業，三年恢復獨佔世界市場的人造絲。

這裡有一個非常生動的事例，說明美國扶植日本眞是不遺餘力，煞費苦心。在盟軍總部的支持下，日本在一九四六年舉行了一個大規模的絲織品展覽會，不但把美國的專家請到東京，連美國的裁縫也被專機請到了東京。這些人，在日本人的「恭聆教誨」下，就美國人的需要，及時作出各種設計，他們不但說明美國小姐太太們喜歡什麼花紋，而且建議用什麼色調。果然，專家裁縫訪日後不到半年，紐約絲織品市場的百分之七十五就爲日本佔領。而且，一切設計費用，完全由日本政府出錢，廠商不必操心，祇管照樣出成品好了。這種官商合作的精神，爲日本的對外貿易憑添一股生氣。反映了官民同心協力爲翻身創奇蹟。

記者團同仁，與日本各方面接觸後發現，日本人通過戰爭的教訓，普遍有個共識，即要在二、三十年內藉軍事復興來翻身幾乎是不可能的事，而藉經濟復興來翻身，則事半功倍，手到擒來。他們唯一感到不便的是軍事佔領迫使他們縮手縮脚，不能充分施展。

恢復自由身，急盼簽和約

我在朝日新聞社三月九日的盛宴中，曾問過該報的編輯局長（即總編輯）信夫韓一郎：「日本人現在還很想念台灣及韓國吧？」

「不。」

「爲什麼？比如當你們沒有糖的時候，難道不會想起台灣？當你們缺乏米的時候，難道不會想起韓國嗎？」

「朋友，我們現在唯一所想的就是草簽對日和約，讓我們在和約簽訂以後好好地有一個自由的對外貿易，從那裡，我們可以得到我們所希望的一切。」

我對這位日本同業發出的問題，不是毫無根據的，因爲就在五天前、三月四日與日本國會各黨領袖會談後，接受日本首相吉田茂晚宴，晚宴食品簡單，最令人難忘的是咖啡沒有糖且不說，吉田茂還特別聲稱：「抱歉，咖啡無糖供應，因爲台灣已還給中國了。」當時我坐在廣島帝大出身的崔萬秋大哥旁邊，他是日本通。我說，你能不能代我用日語問問吉田茂，是不是不服氣？萬秋大哥低聲說：「我們是客人，何必跟主人發生爭執呢？」但是，吉田茂給我留下了惡劣的印象，卻無法釋懷。

日本敗亡後，東京政治舞台，最初是鑼鼓無聲。到了一九四六年底，在麥克阿瑟民主教育鼓勵下，全日本政治結社共有兩千九百五十一個，其中全國性政黨只佔十三。比起義大利來，總算謹慎多了。不過，比較有基礎的政黨如承前政友會餘緒的自由黨，和前民政黨化身的民主黨，都多少有舊的軍國主義傾向，只是披上了民主的外衣。而這些黨，他們所盼望的就是朝日新聞編輯局長所反映的——早日簽訂和約，讓日本恢復自由自主之身。

在他們與我們會談的當時，也許出於策略的考慮，也許由於時機未到，發言者大多對中國表示了懺悔。如像自由黨議員北聆吉說：「日本人到今天，因爲自己進到民主革命的關係，才開始認識中國國民革命的精神。希望今後中日能夠協力，以求有貢獻於世界和平。對於蔣主席『以德報怨』的態度，日本人民將永誌不忘。」

對照一下以後所發生的事實，日本軍國主義者不但否認南京大屠殺，甚至把侵略中國，說成「進入」。說明在盟國佔領期間日本政治人物出於形勢和策略的考慮，盡量發揮「用忍」精神，處處表現聽麥克阿瑟的話，避免跟盟總對抗，以求麥帥放心，爭取在麥帥大力支持下與盟國締結和約。暫且忍辱負重，從經濟著手，恢復國力，藉麥帥的權，賺自己的錢，等到有一天財大了，自然也就氣粗了。

比起德國來，日本太幸運

我是親眼見到德國戰敗後的慘況的，同德國比起來日本太幸運了。同是戰敗國家，德國所有的一切都崩潰了，從希特勒的驕傲到德國女人的嚴肅。而日本呢？似乎任何東西都還留下了一點。

雖然，盟軍總部官員向我們做簡報時指出，東京已被炸毀百分之六十五；大阪甚至毀了百分之七十；但一九四七年三月距離日本投降，不過一年半，所見到的是：工廠已冒出了如戰爭時代的濃煙；大公司新產品的廣告已經鮮艷奪目的點綴在高大的牆上；電車、高架車、地下鐵路，也許顯得舊一些，但比起德國戰敗後，大部分的居民都要「安步當車」，不知好多少倍。再拿電車和自來水說，即使極端偏僻的村莊也從來沒有停過。就連廣島這個吃原子彈的地方，當我們去看時，也是一片太平景象了。

中國赴日記者團三月七日從京都乘盟軍總部特備的「大使號」專車，到達了與戰爭同歸於盡的廣島。

原子彈的威力究竟有多大？是我想探尋的問題。據陪同的美軍軍官介紹，這個廿四萬五千人口的城市，在一顆原子彈下送命的，是八萬三千多人，帶傷的超過十萬。奇怪的是有的離爆炸中心只有十公尺的人，反而沒死；而遠離中心幾乎千碼外，也有送命的。怎麼解釋？信佛的日本人把這歸因於因果。

廣島赤十字醫院院長竹內釗接受我的訪問時，大談輻射。他說，他原患心臟衰弱及胃病，經過原子彈一炸，心臟反而變爲正常，胃口也大開了。

另外一位生還者、居住廣島十四年的天主教德籍神父克里恩奈琪（Wilheln Kleinnorge）當一九四五年八月六日上午八時十五分原子彈投擲時，他還穿著睡衣躺在二層樓上一個小房間的帆布床上讀一本教會雜誌，忽然眼前一陣劇烈的銀光，聽不見任何響聲，他就昏過去了，當甦醒時，發覺自己已被震出房外的花園中。究竟如何震出的，完全莫名其妙。事隔兩週，感覺已受內傷，到東京醫治，檢查出白血球大大減少。在原子彈炸後的餘生者中，有的是燒焦後皮肉復生；有的是腿部燒得縮短；最可怕的是輻射瘡，長期潰爛無法復元；而有的雖經原子彈大劫卻若無其事。像《廣島末日記》的作者佐佐木輝文醫師，跟竹內釹在一個醫院工作，卻毫無感覺。

至於廣島人當時的反應，一般人都很安靜。沒有呼喊，沒有咒罵，只有呻吟。克里恩奈琪神父聽見一位婦女說：「他們有這麼厲害的武器，戰爭實在不能再打下去了！」敍述至此，克里恩奈琪加強了一句：「那時，縈繞在廣島人腦海中的一個共同問題是：廣島是死亡了，戰爭是否同時死亡？」

如今事隔半個多世紀，廣島已經再生了。日本人每年利用紀念廣島受難，製造他們需要製造的輿論，以至復活軍國主義。而長期遭受戰爭苦難的中國人和韓國人，那年那月才能徹底擺脫戰爭的陰影?!看看台灣海峽的風雲，想想朝鮮半島的雷雨，能不憂心？雖然對麥帥管治日本的成效，特別是民主化，不能不佩服，難怪「老兵不死，風儀永存」。但太平洋何日才得眞正的太平？

韓國復國面貌一瞥

●興廢由人事，山川空地形——唐·劉禹錫〈金陵懷古〉

我們看了戰敗的日本面貌後，轉到了韓國。一九四七年三月十一日由東京飛漢城，十五日飛返東京。

韓國獨立中國力爭而來

韓國跟日本一樣是戰敗國嗎？當然不是。那她是戰勝國嗎？似乎也不是。不過，研究一九四三年十一月羅斯福、邱吉爾和蔣介石開羅會議的人都知道，是由於中國方面據理力爭，韓國才獲得了獨立的保證。當時，邱吉爾反對韓國獨立，羅斯福模稜兩可，蔣先生則將韓國獨立與世界和平聯繫起來。不過，由於日本戰敗後美蘇雙方大軍的進駐，有了北韓三十八度線的劃分，造成了韓國一分爲二的悲劇。

這是一個富於悲劇色彩的國家。我們的韓國行雖然來去匆匆，卻發現了那裡的人民，多多少少都表現得氣憤塡膺。

從一九一〇算起到一九四五，足足三十五年在日本帝國主義鐵蹄下生活，用韓國人的話來說：「眞受夠了！」

一位韓國的革命老人跟我說：「你問韓國在日本佔領下曾得到什麼建設之利嗎？日本人除了在漢城蓋了幾棟洋房，如總督府之類，爲侵略者本身居住以外，我們韓國人一無所得。相反的，我們的血都被他們吸乾了。」用韓國新聞協會會長的話說：「日本對韓國實行了全面剝奪。」

日本對韓國行全面剝奪

事實上，日本在韓國的一切建設，都是以韓國作它的附庸。比如漢城最繁盛的商業區還不如南京夫子廟的一條街。商業如此，工業也如此；經濟如此，政治更是如此。

據美軍駐韓的霍奇將軍代表布朗將軍向中國記者團簡報說：「在日本佔領韓國期間，所有行政上的職務，甚至於生產上的技術工作，都完全由日本人擔任，韓國人頂多參加一點不用思想的勞力而已。日本人戰敗撤走後，在韓國要找人把郵電局接收過來都很困難，更不要說接收行政機關了。在韓國有理想、有主張的政治家，固然是鳳毛麟角，就是在行政技術上比較有學識、有經驗的人，也不可多得。所以，一旦國家重新掌握到自己手裡，都有一點茫茫然不知所措。」

而中國記者團從和韓國朋友的接觸中，仍然感到這個民族的希望。一個韓國記者問我的印象，我說：不管怎麼說，爲韓國、爲世界著想，韓國成爲韓國人的韓國，到底是可喜的事。也許像美國人所說的，韓國人今天在政治學上還是個小學生，但有了自由，自然會開闊眼界，積累經驗，逐漸提高，由小學而中學而大學的。

金九擬自殺促美蘇撤軍

關於政治上幼稚和衝動，倒有一個事例：

日本投降後，韓國的政黨一下冒出了五百多個。後經美軍駐韓司令部登記、整理，還是承認了二百三十多個。這使我想起了戰敗後的義大利，一天之內產生了六個新黨，一時傳爲歐洲戰地笑話，實在有點不公道。

在一九四七年，南韓最大的黨派有四個，一是金九領導的獨立黨，一是金性洙領導的民主黨，一是李承晚領導的民族統一本部，再即共產黨化身的南韓勞動黨。而這些黨與黨之間，除南韓勞動黨與北韓共產黨等於一家外，其餘各黨加上二百多小黨的政綱與政策都沒有什麼區別。因爲韓國雖已獲得了獨立的保證，但尚未獨立，所以每一個黨都以獨立爲號召。

由於這種政治上的反常，因而也就會發生莫名其妙的思想上的衝動。從中國戰時首都重慶回到漢城的金九先生，竟然有人向他建議在一九四六年「三一」韓國革命紀念大會上，當衆來一個爲國犧牲的自殺，以激起全民族的憤怒，藉而迫使美蘇雙方駐軍自韓國撤走。

金九先生本人呢？也居然接受這一建議，準備如此做。後來還是有人開導他說，這一種純粹東方的哲學思維太不科學了，美軍也許因此有撤退的可能，但對蘇聯軍隊說來，頂多增加哈哈一笑。不要說死一個金九，就是死十個金九，史達林也是相應不理的。韓國面臨美蘇對峙的國際形勢，只能正視現實，努力自強，等到現實跟理想接近了，韓國的光明也就來到了。

中國記者團到漢城後，特別拜望了中國的老朋友金九先生，他一臉滄桑，略顯老態。我們是在重慶認識的，因此彼此對重逢都感到高興。我們問他，最迫切希望中國幫他們做的是什麼？答覆是希望中國以聯合國安理會常任理事國的地位幫助韓國早日參加聯合國。而這與在美軍扶植下組成的韓國立法議院議長金奎植博士向中國記者團表達的願望一模一樣。金奎植不愧是博士，他除了表示希望中國幫助韓國能早日擺脫被佔領的境地之外，還提到對世界和平有所貢獻。

而今韓國已成亞洲四小龍之一，在經濟上出現欣欣向榮的氣象。韓國人總結他們的成就，韓國之有今天，中華文化的影響是重要因素之一。回溯五十年前的漢城之行，確有不勝滄桑之感。當年韓國的悲劇如今已逐步向喜劇轉化，我爲韓國人民祝福！

破壞了朱世明、李香蘭的戀愛

●近淚無乾土，低空有斷雲。——杜甫〈別房太尉墓〉

●一叫千回首，天高不爲聞。——李商隱〈哭劉司户〉

我爲什麼要把回憶錄加上「懺悔」二字，在前言中已有交代。自己一生所犯的錯誤中，破壞了朱世明將軍和日本歌影雙星李香蘭的戀愛也是一樁。

一九四七年二月至三月參加「中國赴日記者團」，應佔領日本之盟軍統帥麥克阿瑟將軍邀請赴日參觀訪問，中國駐日代表團團長朱世明將軍給我留下了頭腦靈活、識見宏遠、風度翩翩、言談不俗的印象。

回到南京後，除撰寫長篇報導《麥帥治下的日韓》發表於三月至四月的《中央日報》外，還爲《新聞天地》寫了一篇綜合報導。內容分五節：一、日本政局可能於最短期內發生變化；二、日本再建生產事業之展望；三、麥帥管制日本已變爲撫育；四、中國駐日代表團使命重大；五、關於朱世明團長。

一拙劣報導　朱世明撤職

「關於朱世明團長」這一段兩百多字既不像新聞報導、又不像政治評論的玩藝兒，竟直接導致朱世明將軍在蔣老先生看到《新聞天地》的揭露後，用當時蔣老先生的大秘書、後任總統府政務局長陳方先生的話說：勃然震怒，下令解職。

原文如下：

〈關於朱世明團長〉

朱世明之爲人清廉，聰明，有魄力，如果一心一意發揮其根據代表團使命而應有之管制精神，確可有爲。惟最近數個月以來，該團第四組副組長張鳳舉爲了升官的關係，將其介紹與日本女間諜李香蘭（山口淑子）相識。李在滬助敵爲虐，在東北參加奴化工作，罪該萬死，但姿色與技能均勝人一籌，故得漏脫法網回國。目前與朱過從極密，不但有違管制精神，且影響工作效率，同時難保不生其他弊端。比如麥帥方面，因此已看輕代表團。

現在東京的中國人，都盼政府爲了愛護朱世明，爲了愛護國家計，迅速設法由國防部將此漏網之李香蘭引渡回國，加以處分，實爲公私兩益之事。

而這一段東西，嚴格說來是不盡不實的。

一、所謂「日本女間諜」這一頂帽子隨便加在李香蘭的頭上，不僅對她是一種侮辱，也是違背新聞道德的，因爲沒有事實根據。

二、所謂「在滬助敵爲虐，在東北參加奴化工作」則是無限上綱。事實上不過是唱了幾首歌，如《中國之夜》、《夜上海》、《夜來香》等等。說什麼「罪該萬死」，簡直是信口開河。

三、所謂「漏脫法網回國」，更是不通。一般人誤會李香蘭是中國人，而李香蘭卻是不折不扣的日本人。日本人爲日本工作，而且只是唱唱歌，演演劇，何罪之有？戰爭結束後連戰俘都要遣返，她爲什麼不可以回到自己的國家呢？

四、對於李香蘭與朱世明過從甚密所加的評語，完全是「自由心證」。比如說「麥帥方面因此已看輕代表團」，祇是想當然耳。

最後說什麼「現在東京的中國人，都盼政府迅速設法將李香蘭引渡回國，加以處分。」說明主觀判斷李是像金璧輝、日文名川島芳子一樣的中國人。殊不知李並非中國人，而是日本人，她只是在天津認了一位中國乾爹而已。

更拙劣的是說：「現在東京的中國人都盼政府」如何如何。如果給筆者加上一頂「強姦民意」的帽子，也不爲過。

總之，這是一篇非常拙劣的東西，事隔半世紀作此自我批判，至多只能表達對朱世明將軍和李香蘭女士的歉咎之情。並爲新聞同業留下一個反面教材的事例。

我爲什麼來此一手？分析當時的思想衝動，有三點：

首先，個性好管閑事，痛恨小人動作。聽到駐日代表團的人攻擊張鳳舉先生（原爲北師大教授）爲了升官如何用「美人計」博取朱的信任，不加調查了解，便信以爲眞。

其次，自認爲代表南京《中央日報》，而央報當時爲全盛時期，朱世明將軍接待記者團，我雖年輕排位不能在前，但亦應排於中間，不能排後，似乎受重視程度不夠，因而產生一種病態心理反彈。

其三，當時入行不滿七年，缺乏專業記者修養，自以爲是，任性而爲，犯了錯誤，還很得意。

將軍吐心聲　眞情感人深

就在朱世明將軍卸職回到南京後，有一天我乘車採訪，途經外交部，見他佇立於公共汽車站排隊等車，乃命司機停車，請他上車送他到他要去的地方。

問：「General Chu（我自認識之日起即如此稱呼他）！怎麼在這裡等車？」

他既直率又幽默地答曰：「還不是你老弟照顧的。」我除了連聲道歉，還能說什麼呢？

到達頤和路他朋友借住的房子，我坦率地向他說明了當時爲什麼要來此一手。究其實是一種虛榮心作怪，問題的根本是道德修養差。單是按一個專業記者的要求來說，利用手上的筆發洩個人的情緒就是大錯。

沒有想到，他聽了我的自責後，竟向我打開了他的心房：

在一般看來，能夠出任抗戰勝利後首任中國駐日代表團團長，是很大的榮譽。而從他的角度則不然。雖然是一種光榮的職務，但卻使不上力。而且他原是想擔任湖南省政府主席，好好建設一下家鄉，一展抱負。可是競爭的人太多，特別是程頌公（指號頌雲的程潛老將軍）也想做，他當然祇好退讓了。到東京，給麥克阿瑟將軍唱配角，麥帥是那樣的性格，那樣的強勢，而朱將軍的性格也是很強的，一坐下來就吵嘴不是辦法，只好接受麥帥的決定。因此，心情相當抑鬱。

加上，他和他夫人不和，夫人長住紐約，全心奉獻給了耶穌基督，出任世界女青年會總幹事，忙得全世界到處飛，他只是在夫人每次路過東京時到機場和她禮貌性的會晤一番。（我後來在東京曾應約同赴機場迎接朱夫人一次）

在政治、愛情兩不滿意的情況下，李香蘭走進了他的生活，她是那樣的玲瓏剔透，明麗照人，而且像小鳥依人般地投向他的懷抱，英雄愛美人，天下皆然，古今相通，愛到瘋狂時，在一個月明星稀之夜，他們依偎著走出神奈川縣的葉山別墅，曾一度興起雙雙投海了此一生的念頭。

還是李香蘭勸他說，她不足惜，而他卻是國際關注的人物，要多珍重。因此，他們之間決非一般的男女關係，而是眞正的戀愛。

我聽了他的暢開胸臆，有肝膽相照的感動。從而再一次對加諸他們兩人身上的傷害，加深了一層自責。從此，我和他也就變成了無話不談的好朋友。

商震戀下女　東京傳蜚聞

一九四八年東京傳出繼朱世明爲中國駐日代表團團長的商震將軍，因與服侍他的日本女子安田，有了感情關係，安田且懷了孕，商震卻準備將她辭退。日本婦女後援會站在維護人權和婦女權益的立場，發了傳單。要求商震將軍必須負起男子漢大丈夫的責任，與安田女士結婚。而商震在代表團團長解職、他的原配夫人在美國逝世以後，也就和安田在東京辦了結婚手續，並定居東京，雙雙且曾訪問北京。這是後話。

當我從東京朋友處接到這張傳單後，也作了簡單報導，不過汲取了前次的經驗教訓，未加任何評論。偏偏這一報導又被人反映到蔣先生那裡，商震因而解職。

那時已到一九四九年，由誰來接替商震呢？在外長王世杰的推薦和蔣夫人宋美齡女士的關注下，蔣先生又批准朱世明將軍復職了。

就在朱將軍復職的一九四九年春，《天地新聞日報》在廣州創刊，我記得他送了一副絲繡白底黑字對聯：「鐵肩擔道義，辣手著文章」。表示祝賀之意。當我在廣州被捕下獄、請保候訊、逃到香港時，他特別由東京致電其原來的主任秘書許振南先生轉我，電文很簡單：「盼來東京小住。」這也是為什麼我在一九四九年十月飛赴東京的原因之一。

一九四九年十月住進了中國駐日代表團招待所，戰前是日本農林大臣的官邸。十幾個下女侍候三個客人，中國西北綿紗大王、蔣緯國將軍岳父石鳳翔先生；曾任南京市長、廣州市長、銓敍部副部長、傳說曾和蔣夫人訂過婚的劉紀文先生；再就是我。後來我因愛熱鬧，搬進了東京的「外籍記者俱樂部」。就在這個期間，結識了李香蘭，她已從朱將軍口中知道我是朱的朋友，曾請我到她家小坐；我曾請她到記者俱樂部跳過一次舞。順便說一句，朱出任第三任中國駐日代表團團長時，與香蘭已不來往。一九四九年十一月，我曾應約到他的葉山別墅度週末，當時與他過從較密的是一位名叫 Cecelia 的中國女士。我們三人在葉山還進行了一次短程的脚踏車比賽。

重逢李香蘭 青春倍驚心

一九八七年十月我在日本重逢李香蘭。相隔近四十年，按她實際年齡如用「徐娘半老、風韻猶存」形容，並沒有什麼不對；但按她展現的風貌來看，如果世界上眞有長生不老之藥，李香蘭大概就是吃了這種藥的，所以年過花甲，望之四十許人，旣柔媚多姿，又大方熱忱，故人相對，分外親切。我忍不住和她來了一個擁抱，實在太激動了。那時，她已結婚兩次，第一次是一位雕塑家，第二次是日本駐緬甸大使。她本人爲自民黨徵召競選參議員成功，出任參院外交委員會委員長。

八十年代末、九十年代初我每次赴日，都與李香蘭見面，她曾爲我三次設宴，並邀請我的朋友馬崇六老將軍、李嘉伉儷、戴國煇教授和《朝日新聞》元老記者吉田實等參加。最使我印象深刻的，是她對我的親如兄弟的好友胡菊人的關懷。當她知道《百姓》半月刊是我和菊人美美伉儷共同創辦，艱辛備嘗時，她毫不猶豫將《在中國的日子——李香蘭：我的半生》無代價交《百姓》出版，而這本書連售七版，對於《百姓》確是一種奉獻。而且，兩度邀請菊人、美美訪日，去作她的客人，一切費用由她負擔，均爲菊人婉謝。她說，主要是出於對文化事業的尊重，對文化人的尊重，對菊人的尊重。

這反映了李香蘭的思想境界已超越日本的範圍，而關照中國、關照亞洲了。

但令我感傷的是朱世明將軍的晚年，由於中國大環境的變遷，使他受到了不可抗拒的影響。在國民黨已經敗象畢露、而中共統戰深入外交界，不少使館發生效忠動搖、甚至「起義」事件後，駐日代表團自然也不能不受波及。

朱世明將軍是受美國教育的，具國際視野，心胸開闊，《美國對華政策》白皮書的發表，無異宣告了國民黨外交的末日，若不是韓戰出現了契機，形勢怎麼發展，眞是「天曉得」。而朱對於代表團屬下是採取尊重各人選擇的態度，只要自己不投共就行了。但這種君子之風，怎麼能容於當時台灣的特務政治呢？他的受國民黨排擠是必然的。要不是蔣夫人對他了解較多，恐怕連自由都沒有了。

我哭朱世明　冰心懷故人

一九八七年十月廿九日就在和李香蘭重逢第二天，我約了好友樂恕人和原爲朱部屬後爲旅日僑領的陶萃權、陳乃昌兩位先生，四人一起到東京朱的墓前獻花、鞠躬致哀，並默默地告訴他，李香蘭現在很好，政治、文化都表現成熟。請放心！不料一時悲從中來，嚎啕大哭。

回憶一九四九年十一月在東京，名作家冰心女士收到友人帶給她的信息：毛澤東到北京後，曾問起：「冰心女士現在哪裡？」答話是：「在東京。」毛說：「可以請她回來嘛！」

冰心問我：「你看我跟文藻能回去嗎？」我說：「只要老毛關心到，回北京就沒有問題。」冰心說的文藻是指她丈夫著名社會學家吳文藻教授，應朱將軍邀請出任中國駐日代表團第二組（政治）組長。還有一位吳半農教授出任第三組（賠償事務）組長。冰心女士則任代表團子弟小學校長。

當時，毛盼望冰心女士回北京的事，已傳遍代表團，朱世明將軍有一次和我聊天，他也認爲冰心和兩吳回歸比留在東京有意義。結果，他本人因冰心等的回歸，受到蔣介石的懷疑一度被叫到台北面訊，並失去信任，遭到解職。

一九四九年十二月十五日我決定自東京經香港回昆明，冰心特在家中親自做福建菜送行。當時她和我開玩笑說：「你做我的乾兒子好了。我的乾女兒多得很呵！」我說：「那吳教授早已以朋友待我，怎麼辦？」冰心說：「沒關係，各了各的。」

沒有想到，跟冰心女士一別就是二十七年，一九七六年我決定離國赴港前，在北京中央民族學院教授宿舍去拜望了「乾媽」，感謝她對我的關愛。雖然她和文藻先生都經歷了反右的風暴，文藻先生還和他的得意門生費孝通教授同時被劃爲右派，但冰心對歷史曲折的道路則似乎看得非常清楚，輕輕一句：「我們都有幸遇著大時代。」這是何等的豪情！

就在這次見面時，冰心女士對朱世明將軍仍表示懷念，說：「他是一位開明的人。」對於朱將軍最後默默地在無人照顧下逝世，三天後才被發現屍首，說了一句：「太可惜、太遺憾了！」

正如杜甫哭友人詩：

斯人不重見，將老失知音。

揭發孔宋貪污與蔣公直接衝突

●人固有一死，死有重於泰山，或輕於鴻毛。——司馬遷

●臨大節而不可奪也。——〈論語・泰伯〉

一九四七年七月廿九日，中國國民黨中央機關報南京《中央日報》登載了一條消息，標題是「孚中暨揚子等公司破壞進出口條例，財經兩部奉令查明」。揭發孔、宋這兩家公司利用政治特權在一九四六年三月至十一月，八個月內向中央銀行結滙三億三千四百四十六萬九千七百九十二美元，佔國家同期售出外匯的百分之八十八。而當時國府的外匯儲備總數不過五億美元。這一大案的揭露，自然引起軒然大波。

「孚中」的老板宋子文（T. V. Soong）是孫夫人宋慶齡、蔣夫人宋美齡之兄和孔夫人宋靄齡之弟，人稱「國舅」。而孔祥熙（H. H. Kung）是蔣介石委員長的連襟，抗日戰爭時曾任國民政府行政院副院長，由於蔣兼院長是掛名，副院長實際上為內閣閣揆，全國財經大權一把抓，而他最拿

孚中暨揚子等公司
破壞進出口條例
財經兩部奉令查明

【本報訊】孚中、揚子等公司，年來有破壞進出口管制條例之情事發生，經最高當局特令財政部、經濟部會同嚴查，頃已將全部經過調查竣事，並由財、經二部會稿呈報。記者昨自財政方面某高級官員處獲悉該項調查報告，內列明禁止奢侈品入口及限制結匯實施日期，孚中、中央銀行結匯情形，孚中等公司實際運貨進口情形，茲分誌於後：

一、禁止奢侈品進口及限制結匯實施日期：依照政府歷次頒布法令之規定，凡汽車容客七人以下，轎價超出一千二百美金，自三十五年三月一日起，不准結匯，禁止入口。卡車自三十五年四月廿九日起，無線電機、冰箱自三十五年十一月廿五日起均禁止進口，不予結匯。

二、中央銀行結匯情形：（一）售與一般工商業及私人合法所需外匯數額：依照中央銀行管理外匯暫行辦法及進出口貿易暫行辦法，自民國三十五年三月四日至十一月十七日期內，共售出三八一五五二四六一•一三美元，嗣後修正進出口貿易辦法公布，對輸入嚴加限制，至三十六年二月一日爲止，共售出二〇一二〇四〇•八〇美元，由是可見修正進出口貿易辦法頒行後，售匯已經大減。

▲1947年7月29日，南京《中央日報》四版，節錄孔宋貪污案。

手的措施，就是印鈔票。抗戰勝利後，蔣介石面對通貨膨脹的嚴重情況及中外輿論對孔的抨擊，遂把閣揆的位子轉交給宋子文。宋自一九二七年國民政府定都南京後，一直是幫蔣搞財經的。宋爲哈佛大學畢業，自認與美國關係不同一般，常常挾洋自重。孔在中國人心目中爲「土財神」，而宋則爲「洋財神」，孔、宋在中國成了「財閥」的代名詞。共產黨攻擊國民黨有「四大家族」：蔣、宋、孔、陳；孔、宋就居其二。他們兩家在抗戰勝利、還都南京後的短短八個月內，就貪婪地把國家掌握的外匯大量佔爲己有，並違反進出口條例，瘋狂進口外國產品圖利，活活呈現了吸血鬼的面目。

接收變「劫收」，喪失了民心

本來，國家的經濟在抗戰期間已經是百孔千瘡，抗戰勝利後，黨、政、軍、財、文各方面的大員蜂擁到京、滬、平、津，從日本人和汪精衛漢奸政府手中去接收權力和財產，結果，變成了「劫收」，出現所謂「五子登科」的局面。接收大員一夜之間就擁有了金子、房子、車子、女子，加上位子（官位）。原在淪陷區的老百姓，本來盼望國府官員凱旋歸來，「拯斯民於水火」，而政府宣布汪僞發的鈔票只能二百比一兌換法幣，簡直就像冷水澆頭，公衆反應無異搶劫淪陷區百姓。等到接觸那幫如狼似虎的官員後，滿腔熱情更化爲冰塊。國民黨的大好局面，轉瞬變爲旣倒的狂瀾、將傾的大廈。

到了一九四七年夏天，中共的軍隊在內戰戰場上從戰略防禦轉入戰略進攻，國民黨在戰場上的優勢日益喪失，國軍的士氣也日益低落。爲了給前方戰士打氣，國民黨中央組織了龐大的慰勞團到前線勞軍。我隨中央常務委員劉文島爲團長的豫鄂慰勞團到了河南新鄉一帶，在王仲廉部隊與士兵開座談會時，最使我感到震驚、不可想像的事例，莫如國民黨軍隊在內戰前線與共產黨軍隊打仗，戰壕的士兵口渴時想喝一口水而不可得，因爲後勤部門沒有配備士兵攜帶軍用水壺。對照一下豪門的窮奢極侈，如孔、宋家族花費大量的外匯從美國進口包括化粧品在內的各種日用品，形成了強烈的對照。當時比較有頭腦的學者和有理想的從政者都已預見到國共雙方的戰爭，國民黨必敗，問題的關鍵在於國民黨已喪失了民心。

誰應負內戰失敗的責任？在一九四七年夏天各種因素還沒有完全顯露明白以前，社會輿論從社會生活現象觀察，認定蔣介石的親屬和親戚是罪魁禍首。不論堂堂議壇或民間談話多把矛頭對準孔、宋，有的鋒芒直指蔣夫人，提出「女人誤國」之說。《救國日報》的龔德柏先生並舉出唐明皇在馬嵬坡殺楊貴妃以安撫六軍的故事，暗喻蔣介石應殺宋美齡以慰國人。這當然只是一種激憤的表示，事實上這種意見蔣老先生也不可能聽到。

就在一九四七年初夏，國民參政會在南京舉行。這個會產生於抗戰初期的一九三八年，包括各黨各派和社會賢達。比如中共的毛澤東、周恩來、林伯渠、董必武、鄧穎超、王若飛都是參政員。在國民政府一九四八年行憲前，這個會在一定程度上發揮了國會的作用。國府的立法院反而是聊備一格。一九四六年底雖然制定了憲法，但因尚未行憲，一般人注意政治動向，仍把焦點對著參政會。

失敗誰負責？孔宋是禍首

當時參政員對政府的激烈質詢，成爲人們精神上最大的慰藉。給我印象最深刻的，不是共產黨代表和青年黨、民主社會黨人的發言，反而是國民黨代表和親國府人士的質詢，如六十年代移居加拿大有「大砲」之稱的黃宇人，後來出任台大校長的傅斯年和遠在民初就任國會議員的浙江大老褚輔成等，常有極精彩的提問。黃宇人這尊大砲在一九四七年四月二日即在國民黨中央執行委員會六十三次會議中帶頭提出擬請懲治「金鈔風潮」負責大員及徹查「官辦商行」帳目，沒收貪官汚吏之財產以肅官箴而平民憤案，連署包括劉蘅靜、齊世英、王正廷、劉文島、陳肇英等一〇三人。決議爲交常會依法律程序辦理，只是走了一個過場。當時我就產生一個感覺：難道國民黨沒救了？

一九四七年春，傅斯年先生曾發表一篇膾炙人口的鴻文：〈這個樣子的宋子文非走開不可〉，讀來眞過癮，我爲此特別打了一個電話向他致敬。當時，我以南京《中央日報》副總編輯兼採訪主任之身，前往參政會旁聽並採訪。聽到參政員們就揚子公司、孚中公司一案對孔、宋利用政治權力非法套取國家外匯，提出措辭尖銳的質詢，很受感動，認爲是正義之聲。財政部長俞鴻鈞（O. K. Yu）則提出使人聽了從內心深處厭惡的答覆，處處拿蔣介石做擋箭牌。如當參政員問起揚子、孚中公司破壞進出口管制、利用政治特權大量套取外匯的問題時，俞鴻鈞首先只是說政府當愼重處理。後來在被追問時，才說：「最高當局（指蔣介石）已命令財政經濟兩部會同調查」。再問「調查的結果如何」時，他卻毫不客氣地說：「已呈報最高當局。」再問：「參政會能不能代表老百姓要求得知調查結果？」俞鴻鈞竟蠻橫地答道：「這要請示最高當局。」左一個「最高當局」，右一個「最高當局」，把整個會場的氣氛弄得僵極了。有的參政員氣得臉色鐵青，有的參政員則在散會後破口大罵：「他媽的！這些傢伙腦子裡除了最高當局什麼都沒有。」

年輕人義憤，豁出去再說

我離開會場回到報社途中，胸中也感到一股莫名的悲憤之氣，很自然地產生一種衝動：爲什麼不可以在報上揭發這一大貪污案呢？跟著就想到以《中央日報》、黨的中央機關報的地位，能夠重拳出擊嗎？豈不是造反？再一想到記者天職，內心感到一種莫名的困惑。終於年輕人的義憤戰勝了世故的考慮，不管三七二十一，豁出去再說。回到採訪部就給負責專跑財經新聞的記者漆敬堯（後任台灣國立政治大學新聞系教授兼主任）一個任務，叫他全力以赴，千方百計拿到財政經濟兩部關於揚子、孚中兩公司違法套匯的調查報告，並告訴敬堯，我將配合他採取行動。當我下定決心與孔、宋戰鬥時，社長馬星野、總主筆陶希聖完全不知情，只和總編輯李荊蓀打了一個招呼，他也沒有特別當真。

就如戰役展開前分析敵我形勢一樣，我分析了一下整個情況，要拿到孔、宋破壞進出口管制條例、貪汚國家外匯的調查報告，只有兩個採訪渠道——財政部和經濟部。財政部既有孔祥熙安下的釘子，又有俞鴻鈞奴才式的效忠，對此一定是全面封鎖。要想突破，只有從經濟部下手。當時，國民政府在美國的壓力下，有所謂「擴大政府基礎」之舉，經過政黨協商，把農林、經濟兩部劃出來由青年黨人掌握，左舜生出任了農林部長，陳啓天出任了經濟部長。我當時跑國共和談及政府改組新聞與陳啓天很談得來，便在有一天晚上，喊著漆敬堯一起到陳啓天家去拜訪，一方面拜託他今後多給敬堯一些方便，一方面直截了當地跟他談起孔、宋案，我慫恿他放一響砲，爲青年黨參政爭光。我說：「你是青年黨的部長，我是國民黨的記者，兩黨合作後就可立即公佈案情。」當時，陳說了一句：「非同兒戲！」

回到報社，我把準備揭發孔宋的構想，具體告訴了總編輯李荊蓀和另一副總編輯朱沛人，而且說，準備從經濟部下手，有可能最近就拿到調查報告。沛人連聲叫好！荊蓀知道我眞的要幹了，面有難色，主張愼重，他說，黨報揭露這種大案，影響太大，恐怕承受不住。因爲我和荊蓀是同班同學，情同手足，便跟他帶開玩笑帶認眞地說，我如果弄來了，你不登我就跟你打架。

沒有想到，就在看陳啓天後一日，漆敬堯把這份調查報告從經濟部商業司司長鄧翰良那裡拿到了。他向鄧透露了我們前一晚對陳的拜訪。拿了就往報社跑，當他遞給我時，我情不自禁地在他肩頭猛拍一掌，敬堯露出了我從未見過的得意的傻呼呼笑容。

黨報揭大員，京滬同震動

到了上班以後，李、朱、我三人碰頭商議究竟怎麼處理。我要求頭版發表，荊蓀卻反對發表，說此事關係太大，即使發表也要取得社長馬星野老師的同意，我們不能害他。我力辯馬老師從不管新聞怎麼發。他可以往我們幾個學生身上推，如果事先告訴他，他反而要背起責任包袱了。沛人做和事佬，提出折衷建議，叫我和荊蓀各讓一步，發，不發頭版，發在第四版。因此一九四七年七月廿九日這一天，在中國報業史上開創了黨中央機關報揭露黨的中央大員貪污的先例。不僅震動了南京，而且轟動了上海，以及全國其他大城市。當上海《新聞報》和《大公報》全文轉載這一消息後，我的老師、上海《新聞報》總編輯趙敏恆先生還特別打電話向我祝賀，並告知反應強烈。

原來是合衆社駐南京記者張國興，看到七月廿九日《中央日報》後，憑他對中國政治背景的了解，在轉發這一調查報告時，加了一個導言，指明這是在魏德邁將軍奉美國總統杜魯門之命來華作調查旅行期間，CC派所控制的《中央日報》刊出消息向宋子文、孔祥熙控制的兩家公司開炮。這樣就把一項新聞揭露弄成爲一個政治事件。不僅國外的報紙刊載了這一消息，上海的英文報紙也刊出了這一報導。蔣夫人恰巧那幾天在上海，她爲此而生氣打電話給蔣老先生，推辭了返回南京的日期。這是後來出身官邸的中央宣傳部長李惟果告訴我的。她當然很容易接受派系鬥爭的判斷。蔣老先生的震怒，自不待言。

就在此事中外喧騰之時，中共的新華社也以國民黨發生內鬨著筆，將此事報導爲CC系要以打倒孔、宋在蔣介石面前爭寵，並藉而籠絡人心，故在《中央日報》上作了這一揭發。還附帶提到，「年輕記者陸鏗」的名字。這對蔣老先生說，自然是火上加油。不過這也就是一九五一年中共在全國大鎮壓時，我已被關在他們的監獄裡但僥倖未殺的原因之一——他們因爲新華社的報導，對處理我就比較愼重。按中共審訊人員的話來說：「你的身份太神秘，問題太複雜，需要詳加調查，才能定案。」結果殺人的疾風吹過了，倖免一死。

蔣召集會議，勒令查來源

七月三十日蔣主席在黃埔路官邸召開了會議，除中央宣傳部正、副部長李惟果、陶希聖出席外，財政部長兪鴻鈞也被喊去，追究爲何財政方面官員竟將調查報告洩漏給記者？同時指示李惟果、陶希聖向《中央日報》徹查消息來源。

我在發表這一調查報告前，有意識地要給兪鴻鈞一點苦頭吃。鑒於兪鴻鈞張口閉口以「最高當局」作擋箭牌，我在新聞導言後的第二段一開頭故意加上「記者昨自財政方面某高級官員處獲悉該項調查報告」。心想，看你今後還敢不敢再拿大帽子嚇唬人！兪鴻鈞受了蔣介石的訓斥後，隨即回到財政部召開司局長會議，勒令洩漏消息給《中央日報》記者的高級官員趕緊自首，否則查出來後最高當局就要以洩漏國家機密罪論處。把在座的財政部高官個個弄得很緊張，紛紛站起來表態，絕無洩漏消息情事。但《中央日報》消息明明寫著此消息來自財政方面，又作何解釋呢？

就在七月三十日下午，兪鴻鈞痛苦之餘，無可奈何，只好派出他的親信、與文化界有較多聯繫時任其機要秘書的黃苗子（四十年代重慶「二流堂」的名人、八十年代在北京任全國政協委員，已成名書法家）到中央日報社找我，想一探究竟，並告訴了兪鴻鈞遭遇到困境，希望我能告訴他一點線索。我當然是用一套「太極拳」把他應付走了。直到三十八年後在香港重逢苗子，我才向他致歉。因爲在苗子找我之前，李惟果部長已經和我通了電話，他簡單地問：「消息是從那裡得來的？」我也簡單地答：「來源未便奉告。」他在電話裡說：「我是宣傳部長呀！」我說：「我知道，但新聞記者有保守消息來源秘密的義務。」他說了一聲：「再說吧，我現在有事。」就把電話掛斷了。

李惟果部長後來告訴我，當時考慮到他平常跟我接觸較少，我對他也認識不夠，對他可能沒有信心，只是先在電話裡試探一下。他決定分別找馬星野社長、陶希聖總主筆跟我談。馬先生臥病，陶先生因而承擔了叫我交代的任務。

正如前述，由於在辦報立場觀點上，陶公（報館上下都這樣稱呼他）和我們年輕人是有分歧的，雖然平常大家客客氣氣，但實際上卻貌合神離。

在揭露孔、宋的消息見報之日，七月廿九日下午，馬星野社長正在生病，他打電話找我，我把發表這一消息的心路歷程告訴了他，並表示責任由我一力承擔。馬老師只說了一句話：「大聲，你太冒失了。」以後就未再過問此事。

陶希聖查案，成短兵相接

七月三十日，陶希聖先生入夜來到報館，請我到總主筆室談話，當時因有兩位主筆戴杜衡和殷海光在座，不便深談。我提議到社長室，因馬先生不在，主任秘書周天固也下班了，房子是空的，於是陶先生和我在社長室展開了第一回合的「短兵相接」。他說：「發表有關揚子、孚中公司的調查報告，這件事鬧大了，上海各大中文報紛紛轉載，英文報也大作文章，總裁非常震怒。你過去在報上刊登徐部長失蹤，總裁已經原諒了你，可你沒有接受教訓，膽子越來越大，這一次一定得好好把事情談清楚。消息是從那裡來的？是自己採訪的，還是外人送來的？你爲什麼要發表這個消息？而且還要發頭版，你是什麼用意？目的何在？」我見陶來勢洶洶，一改平日和顏悅色的態度，我把心一橫，毫不客氣地告訴他，我是有計劃，也可以說有預謀要發表這一消息的。陶表現出來的驚詫之色，是我過去從未見到的，眼睛睜得很大瞅住我，甚至一度把眼鏡取下來對我端詳一番。他的吃驚反而使我感到好笑。於是把怎樣聽到參政會的辯論，俞鴻鈞怎樣拿「最高當局」作擋箭牌；參政員是如何氣憤；我如何下決心要搞到這個調查報告，加以揭露。我說：「陶公，我已向社長馬老師說了，責任由我一力承擔。但消息來源我不能講。」陶希聖聽了我的陳述後冷冷地說了一句：「我怕你承擔不起啊！好好考慮考慮。」就起身走出社長室，我也回到編輯部。把跟陶公短兵相接的經過告訴了荆蓀。荆蓀叫我作好思想準備，以承受即將來到的壓力！

七月卅一日，《中央日報》在陶希聖的設計下，玩了一個「小數點」遊戲，以三欄加框刊出「孚中揚子等公司結購外匯之實數」爲題的既像更正又像聲明的方塊，內稱「前日（本月二十九日）本報記載孚中、揚子及中國建設銀公司之新聞一則，各報頗有轉載，本報對於此項記載，特聲明如下之兩點：（一）本報記者未見財政、經濟兩部調查報告之原件，故所記各節與原件當有出入之處。（二）本報所記載各該公司結購外匯之數目，有數處漏列小數點，以致各報轉載時，亦將小數點漏列。查實孚中公司結購外匯爲一五三七七八七・二三美元。揚子公司結購外匯爲一八〇六九一〇・六九美元。中國建設銀結構外滙爲八七七・六二美元。」三億一下變成三百萬，眞是高手。

李惟果談話，提及魏德邁

七月卅一日，李惟果先生來到報館找我單獨談話，他說他已瞭解了在彭學沛做部長時代我闖的禍（指在報上以花邊新聞刊出徐永昌失蹤以報復徐拒絕接見我那件事）。然後，以緩和的語氣說道：「年輕人嘛，總不免有些衝闖，只要是正路，就沒有問題。」接著，他說已經從陶希聖先生處聽說了我發表這一調查報告的起因，但沒有考慮到大環境，魏德邁將軍受杜魯門總統之命正在中國調查實況，很可能共產黨及反政府的人藉此加強對政府的攻擊，直接影響美援。總裁要了解消息來源，並沒有處分什麼人的意思，只是希望知道一個全貌。」

我說：「美國人最關心的是中國的民主，黨的機關報揭露政府的弊端也是民主的表現，我不認爲調查報告的揭露會影響美援。至於說出消息來源，按照記者信條是不可以的。我請求最嚴厲的處分。」

李惟果笑著說：「你想到處分，自然不肯說了。其實，說出來不見得有處分，不說出來倒可能處分。」

我重申我願意接受處分。李惟果搖搖頭，拍拍我的肩膀說：「你想想，明天好好談。」

大概就在七月卅一日深夜，向經濟部商業司司長鄧翰良拿到這個調查報告的負責採訪財經新聞的記者漆敬堯，陪同鄧翰良到南京大楊村十二號我家裡來看我，他說這幾天的情勢很緊張，財經兩部都在查，如果我們說出調查報告是他從機要文件保險櫃裡拿出來的，他將被判重刑，而他家上有八十老母，下有妻兒，所以特來求我，話猶未完，撲通跪倒在地。

我在極端驚詫、沒有任何考慮的情況下，也趕緊跪下，並馬上把他一齊拉起，請他坐下。告訴他，做記者有做記者的信條，對消息來源保密是信條之一。現在責任完全由我一力承擔，連漆敬堯都不攀扯，當然更不會攀扯他，我即使殺頭也不會洩漏，請他放一百二十個心，但對他因此而擔驚受怕表示歉意。他連聲稱謝而去。

也就在卅一日上午，爲了防止有關方面來查原稿，我特別從校對室把原稿抽出銷燬，而且寫了一張字條給校對長，萬一受到查詢，不妨出示我的字條。

爲了使漆敬堯避避風，我決定把原派到廬山等蔣主席上山的記者龔選舞調回南京，讓漆敬堯去廬山接替他的工作，並順道返湖南岳陽探親一行，輕鬆一下。

李陶同約談，盤根又究柢

八月一日，對我的約談開始了，地點分別是中央宣傳部部長室、中央日報社長室和中央飯店。部長李惟果，四川才子，美國留學生，哥倫比亞大學博士，對於新聞自由有一定的觀念，因此，約談中多半採取說之以理、動之以情的辦法。副部長陶希聖，曾隨汪精衛到南京，後又與高宗吾攜同日汪密約投效蔣介石，在委員長侍從室任第五組組長。對刑名之學深有研究，故對待我的問題，多操「曉之以利害，喻之以法威」手段，務求很快地使我說出消息來源，可以向蔣交卷。在八月一日至八月四日的時間中，他們有時兩人一起和我談，有時分別和我談，眞可以「舌敝唇焦」形容。我思想上感受到空前未有之壓力，但沒有一點懼怕。

兩位部長盤根究柢，對我的思想作了全面的瞭解，我坦率地告訴他們，第二次世界大戰中戰地記者的生活經歷，堅定了我終身獻身新聞事業的志趣，對新聞自由的執著，成了我人生哲學的重要組成部分。在倫敦BBC廣播學院的一段學習，時間不長，卻使我對海德公園的民主著了迷，進而對「費邊社」的社會改良主義大感興趣。我認爲中國要得救，只有走社會改良主義的道路，而自由的新聞事業就是照亮這條道路的火炬。

李惟果先生對我海闊天空似的陳述，似乎不無興趣，只是偶然提醒我：「恐怕太理想主義吧?!」「這樣想當然可以，是不是符合中國的國情呢?」陶希聖先生對我講的一套根本不感興趣，他勸我：「不要逃避現實，浪費時間，還是趕緊把消息來源講出來吧！」

當時，不知是一股什麼力量支配我橫下一條心，堅持記者信條，拒談消息來源。任你千方百計，我只有一個主意：頭可斷，血可流，消息來源不可說。當對方講得入情入理時，我不免產生共鳴，甚至產生一種自責的想法；當對方語涉威脅時，我則以沉默相對，甚至產生來一次「生命的賭博」的念頭。

當李、陶兩位向蔣老先生匯報說，我強調記者信條不能違背，拒絕講出消息來源時，蔣老先生明確指示：「我是總裁，他是黨員，不管什麼記者信條不信條，按照黨的紀律，總裁命令黨員講出來。」李、陶兩位從黃埔路官邸出來以後，嚴肅地把蔣老先生的指示，一字不漏地傳達給我。我不知從那兒來的一股勇氣，大聲地說：「既然總裁這樣說，那我請求退黨好了。」

陶出言威脅，陸給以反擊

李惟果聽到我的答覆後，最初表情很不自然，似乎感到詫異，但很快地轉爲和顏悅色，以充滿關愛之情的語調勸我說：「老弟，你要冷靜地考慮，不要負氣，不要任性。」而陶希聖則鐵青著臉警告我說：「人，只有一個腦袋，沒有兩個腦袋。」我當時有負李惟果先生的教導，不但沒有冷靜對待，反而頂撞了陶希聖先生，我說：「陶公，我知道人只有一個腦袋，但這個腦袋是可以不要的。」李馬上打斷我的話，以責備的口吻說：「陸鏗，大聲，你不可以這樣對陶公講話，陶公警告你，是爲你好呀！」幸而當時李是正部長、陶是副部長，所以在李的寬容下，陶也沒有發作。不過，當他們向蔣老先生匯報後，老先生極爲震怒，表示要組織特別法庭進行審判。

時任內政部長的張厲生先生參加黃埔路官邸會議後，及時通知了我，說情況很嚴重，可能會被捕受審，而且可能交給憲兵司令部辦，還說，陳布雷先生、李惟果先生和他本人都不主張交給軍統來辦這件事，叫我做一點準備。無異透露消息給我，是有人主張把我交給軍統的。張厲生先生留法勤工儉學出身，在國共和談時是我經常採訪請教的對象。慢慢熟了以後，建立了很好的友誼。他爲人清廉，多少具有燕趙慷慨悲歌之士的情懷，對國事蜩螗，也偶爾流露嘆息。他對我揭露孔、宋，甚爲同情。我當時對被捕審訊倒不怕，怕的是刑訊逼供。於是接受張厲生先生的建議，跑到一向對我關愛備至的新聞界元老、監察院院長于右任先生公館，向于先生報告了全部經過，請求于先生向憲兵司令張鎮打個招呼。

于先生馬上叫他的副官宋子才掛電話找到張司令，我聽于先生在電話裡說：「你是眞夫（張鎮之號）嗎？《中央日報》的陸大聲，可能送到你的司令部來。我告訴你一句話，不准用刑！不准用刑。」張鎮在電話裡連聲「是！」「是！」表示謹遵于先生的吩咐。不過，他說他並沒有得到任何關於我這個案子的指示。

風暴已擴大，美國亦重視

揭露孔、宋引起的一場政治風暴，不但南京的政治圈有了強烈反應，在外交圈也引起了重視。美國駐華大使司徒雷登爲此特別召開了內部會議，美國駐華大使館公使巴特渥斯（Butterworth）就此事向司徒雷登作了一個全面的簡報，並向來華調查中國情況的魏德邁將軍也作了同樣的簡報，司徒雷登還叫他的私人顧問傅涇波（Philip Fu）注意一下黃埔路官邸將採取什麼行動。事隔三十多年後，傅涇波先生在華府他家中跟我談起這件事，告訴了當時美方的動向，還風趣地說了兩個字：「好險！」

當我得知可能被捕受審以後，就和李荊蓀商量，究竟是在家裡被捕好，還是在報社被捕好。商量的結果，認爲在報社被捕較家裡爲好。因爲孩子太小，我的大兒子可望，三歲半；二兒子可信，不滿半歲；荊蓀的大兒子李元尙在襁褓中；荊蓀的母親李老太太，岳母方老太太年紀都大了，怕軍警驟至，會嚇倒老小。驚動鄰居，也是不安。當時我們同住南京太平路大楊村十二號，樓上樓下；同院住的還有中央社編輯部編輯沈宗琳和《申報》駐京辦事處主任周亞夫。

我的妻子楊惜珍，她是一個牙科醫生，對政治和新聞一向都無興趣，平日注重鑽研技術，強調平安是福。而這一次對我拒絕說出消息來源的作法，卻百分之百贊成。當我準備被捕時，她爲我收拾了一個旅行包，除牙膏、牙刷、毛巾、肥皀及換洗衣服外，特別放進一把扇子。南京是中國有名的「三大火爐」之一，她怕我在監牢裡會熱昏掉。

按照約定，李惟果部長八月五日到報館接我去一個地方，當時在思想上是準備進憲兵司令部受審。八月五日一大早我就拎了旅行包，由荊蓀陪同一起乘車到新街口報社。當妻子牽著大兒子、奶媽抱著二兒子和荊蓀夫人佩倩一起並排爲我送行時，我還是笑嘻嘻地並無半點難過，只是汽車開動的一剎那，我向送行的人揮手時，心裡才猛然浮起「風蕭蕭兮易水寒」的蒼涼感。

不是去坐牢，總裁要召見

到報社不久，李部長就乘車來到了新街口中央日報大樓，他一面上樓一面問：「陸副總編輯呢？」我在樓口迎接了他。他說：「我們走吧！」我說：「請等一分鐘，我拿一下旅行包。」他卻說：「不用了。」我一時情急表示：「坐牢不換衣服怎麼行？」他才說：「不是送你去坐牢，是總裁召見。」

車子從新街口到黃埔路途中，李惟果以極為熱情的口吻告訴我，事情看來已有新發展，究竟結果如何，還要看總裁召見後怎麼說。因此他強調：「老弟！你今天的對答很具關鍵性。」

到達黃埔路軍校蔣氏官邸。一進門就有侍衛官唱名：「李部長到！」給人一種威嚴感。接著空軍武官夏功權中尉（後任國府駐美代表、駐烏拉圭大使）、海軍武官鄒堅上尉（後任國府海軍總司令、駐韓大使）雙雙出迎，握手後請入會客室。

當我跨入會客室時，一眼看到蔣老先生正從最裡面起坐室的一把沙發中站起來，身著白夏布大褂，伸手向一個白磁缸子裡取了假牙雙手安上，然後穩步走出。我跟著李部長向他一鞠躬。只見他手輕輕一擺，示意叫我們坐，我也就一屁股坐下，面對面地聽他教訓。李部長隔一張茶几坐在另一張沙發上。

沒有想到蔣老先生第一句話竟是：「什麼人告訴你的？」這個問題我已被問無數次了，完全懂得他意味著什麼。既已豁出去，我就大著膽子說：「報告校長（以政校學生的身份如此稱呼），是不是准我多講幾句？」蔣表現得很不耐煩，皺著眉頭說：「不用多講，講出什麼人告訴你的就行了。」

這時，我不知那裡來的勇氣，不管他願意不願意聽，一口氣講了四十分鐘，而且越講越激動。話題從參加前線慰問團講起，指出河南前線的士兵連水壺都沒有，我說：「校長！他們是要流血的呀！結果，想吃口水都不可能。這個仗怎麼打?!」

豁出性命易，慷慨陳詞難

接著，我介紹了社會輿論對當前時局的看法，認爲經濟已面臨重大危機，通貨膨脹已到了極爲嚴重的地步，政府高官不管老百姓死活，只顧大量歛財，甚至利用特權把國家的外匯佔爲己有。整個國家外匯儲備不過五億多美金，揚子和孚中公司竟弄去三億多。宋子文先生和孔祥熙先生都是國家重臣，公然破壞進出口管制條例，進口大量奢侈品、包括化粧品在內，大大有損政府的威信。

我像放連珠炮似地越說越起勁，強調與共產黨的鬥爭是生死存亡的鬥爭，決不能簡單化，更不能盲目樂觀；陳辭修將軍說：「三個月可以消滅共軍。」如今呢？共軍已從戰略防禦轉入戰略進攻；國軍呢？再從黨的各派系看，究竟有那一個派系、那些人，是眞正在爲國爲民全力奉獻的？像陳立夫先生口頭上講得很動聽，但實際上仍然是把CC與其他派系的鬥爭置於國共鬥爭之上，表現得偏狹自私，眼光如豆，否定了政治協商會議的綱領，那是要全國一致擁戴校長您和平民主建國的。參政會上很多參政員放大炮，多數都是放得很有道理的。可惜校長沒有能夠聽到。就以質詢揚子、孚中兩公司的案子來說，並不是要拆政府的台。如果國家很窮，少數官員很富，是會失民心的。我們的財政部長兪鴻鈞先生在答覆參政員質詢時卻左一個「最高當局」，右一個「最高當局」，妄圖拿「最高當局」堵住別人的口，不僅堵不住，而且引起反感，甚至把反感轉到最高當局身上。結論是，黨和國家都面臨著危機。

這時，我注意到，隨著我的慷慨陳詞，蔣老先生原來皺著的眉頭，漸漸舒展了。不耐煩的表情也漸漸消失了。繼後他的頭竟有時候隨著我的話語，自然地微微點了兩下，於是我斬釘截鐵地作了結語：

「我爲什麼要用黨的中央機關報來揭發黨的要員的醜事呢？我想，只有這樣做，才能表明：國民黨不同流合污，蔣總裁是大公無私。」最後，我緩和地解釋了爲什麼沒有遵照他的指示說出消息來源，我說：「校長一再教導我們做人要講誠信，要堂堂正正，做記者如講出消息來源即不誠不信，所以不敢將消息來源報告校長。」

蔣老先生的反應顯然良好。我接著說：「校長，雖然我的動機是好的，但作法是錯的，影響是很壞的。因此，請求校長給我以最嚴厲的處分。」說到這裡，我畢恭畢敬地站了起來。

李承擔責任，蔣說不處分

就在我站起來的幾乎同時，李惟果部長也站了起來，一板一眼地說：「惟果身負宣傳重任，有虧職守。此次《中央日報》犯大錯誤，責在惟果，說明平日督導無方，對年輕同志啓迪不力。陸鏗年輕，激於愛黨愛國熱忱，有失操切；觀其動機，似可原宥；考慮影響，責有所歸。爲伸黨紀，請求總裁給惟果以最嚴厲之處分。」

蔣老先生看我兩人都站起來請求處分，也站了起來，嚴肅地以寧波官話宣告說：

「我什麼人也不處分，我什麼人也不處分！」還以右手比了手勢。

我看到李部長滿面興奮之色，突然靈機一動，此時不走，更待何時，於是一面口稱：「謝謝校長！」一面兩腿併立，深深一鞠躬。蔣老先生點點頭，李惟果也微微欠身說了一聲：「總裁，我們告辭了！」就引導我走出官邸。兩位武官在門口立正送客。

坐進汽車後，李部長用力向我背上拍了一下，迸出一句：「老弟！眞有你的！」直到這時，他才告訴我一個秘密，在這件事發生後，他因連續幾天勸我講出消息來源，往往深夜才回家。他的夫人知道了這件事，勸他不要逼我太甚。他本人也有一種矛盾心理，一方面在職責上有必要叫我講出消息來源，向蔣老先生覆命；一方面又怕我眞的講出消息來源，問題弄得不好收拾。蔣老先生催問緊迫的那幾天，他回到家裡時，夫妻倆對話，第一句竟是：「講了沒有？」「沒有。」「好！好！」

李部長說：「我夫人已與我約好，到事情解決時，我們要請你吃飯，她要親自做菜慰勞你。」我當然是愉快地接受了邀請。

大概就在八月中，李惟果伉儷設家宴請我們夫婦並請李荆蓀伉儷作陪。佩倩因爲要帶小孩未能前往，由荆蓀陪我和惜珍赴宴。李夫人湯佩芬女士比惟果先生年長一歲，燒得一手好菜，殷勤待客，惟果先生開玩笑稱她爲「李母湯太夫人」，湯夫人學養甚深，評人論事，見解不凡，對我頗多勉勵，其音容笑貌，雖相隔四十年記憶猶新。

揭發孔、宋貪污案究竟怎麼會由一場政治風暴忽然急轉直下，據事後李惟果先生暨夫人設家宴爲我慶賀時的談話，及一九八八年七月我在賓州訪問惟果先生共同作的分析，計有五個因素：

事急轉直下，因素約有五

一、在孔祥熙、宋子文和蔣夫人看，《中央日報》敢於揭露孔、宋，決不是青年記者所能做、所敢做的，背後必有強大的政治背景。由於《中央日報》一直由CC系控制，而美國合衆社又明指此事乃CC系對孔、宋之開炮，因此連蔣老先生都接受了這一看法。但他聽我談話，語及陳立夫時，直指其偏狹自私，眼光如豆，反映了我並非CC系的工具，打破了原來的判斷。用英文來說，就是弄得confuse了。

二、此事在國際上也引起了注意。國民政府對國際輿論特別是美國輿論是很重視的。在《中央日報》揭載此事時，美國前駐蘇和駐法大使蒲立德代表《時代》（*Time*）和《生活》（*Life*）雜誌到了南京，他在與中央宣傳部副部長兼行政院新聞局長董顯光接觸時就問到此案。這是董先生一九四九年十月在東京告訴我的。

三、正當此事在南京引起一場政治風暴時，魏德邁將軍代表杜魯門總統有中國調查之行。魏氏此來希望推動國府走向民主政治，而此事至少可以作爲中國願意推行民主的一個標誌。當魏德邁和美國駐華大使司徒雷登與蔣主席討論中國民主時，蔣氏即以此事說明中國正在向民主政治邁進。雙方談話已載入《美國對華關係白皮書》附錄。此事原來看是負面的影響，結果產生正面的影響。

四、當時在主席官邸開會研究此案消息洩漏的來源時，一致認定，不是財政部，就是經濟部。《中央日報》消息點明爲「財政方面某高級官員」，可能是記者故意轉移視線，俞鴻鈞在財部經過徹查，保證絕非出自財政部。果爾爲經濟部洩漏，部長是青年黨的陳啓天，則牽涉到聯合內閣黨派合作問題，如處理不當，影響將更擴大，不能不愼重。

五、一九四七年二月，中國赴日記者團應麥克阿瑟元帥邀請分赴日、韓考察。三月歸來，蔣主席在黃埔路官邸邀宴。當時，老先生問起日本下一屆內閣將會由誰組閣。記者團的日本通，如中央社總編輯陳博生、《大公報》總編輯王芸生、《申報》總編輯陳訓畬諸位先生一致說是鳩山一郎。而我因在日時曾訪問過日本社會黨領袖片山哲，對社會黨當時的實力及日本民間情緒有所了解，便說：「我有不同的看法。」陳等皆表詫異，蔣老先生鼓勵我說：「好！你講講看。」我於是說：「依我看，不會是鳩山，而是片山。」並列舉了幾點理由，陳博老以一種不屑一顧的神情說：「絕不可能！」其他人也附和。這場小小爭論可能給蔣老先生留下較深印象。事過一月，日本大選揭曉，片山當選。李惟果先生分析，蔣先生雖然約我吃過飯，但名字與人湊不起來。等到召見談話時，才慢慢想起原來這個「搗蛋鬼」，就是半年前預料片山登台的那個青年人。

從風譎雲詭一變而爲天朗氣淸，原因是多方面的，但最具決定性的還是蔣老先生沒有毛老先生的超帝王心態，特別是那種討厭、痛恨知識份子的變態心理，視人命如草芥，所謂「無毒不丈夫」也。這也許是蔣被毛打敗的原因之一吧?!看看《人民日報》鄧拓的下場是多麼的悲慘。他不過是寫了一些雜文。每當回憶到這一段經歷時都不禁引起片片遐思。

新聞自由，輿論監督，談何容易！

奉命通知胡適博士做總統候選人

●時來天地皆同力，運去英雄不自由。——唐・羅隱

●不是花中偏愛菊，此花開盡更無花。——唐・元稹

一九四八年三月廿九日國民大會在南京召開，這是繼一九四六年十一月制憲國大後的行憲國大。

當時國共和談已經破裂。以蔣中正主席爲首的國民政府提出了「戡亂建國」的口號，希望在美國的支持下，打敗共產黨而消除心頭大患。

但在美國方面，則按照美國人的思想方法總是希望國府能推行民主，最好是美國式的民主。

一九四七年底我訪問美國回到南京，在與美國駐華大使司徒雷登的談話中，他竟很坦率地和我說：「美國政府任命我當駐華大使，一方面因爲我愛美國，也愛中國；另一方面也知道我是蔣委員長夫婦的老朋友，想通過我對蔣委員長進行一些民主教育。」（democratic education）

說老實話，我當時是嚇了一跳。當然，我知道司徒博士因爲知道我是《中央日報》副總編輯，也知道我揭發孔、宋的事，在他看來至少具有民主願望，加之，那天說好是「off record talking」，不發表的，所以他講話也就比較隨便，但我對他這句話的反應仍是感到刺激，甚至感到中國人的自尊有點受傷害。中國政府在美國政府眼中究竟是一個什麼地位？國民黨人認爲神聖不可侵犯的蔣總裁，在美國人眼中又是什麼地位？而我卻在爲這個黨效忠。我盡量沉住氣，不動聲色，希望聽聽他的下文是什麼？原來是希望國民黨早日行憲，最好是多學一點美國的民主。

開行憲國大的政治背景

按照司徒雷登博士的看法，國民黨當時在政治、經濟、軍事上都已經是江河日下，要挽救這種局面，只有依靠兩個東西，一是蔣介石親自領導，並團結一些有志之士，來一次比較徹底的革新運動，並改組政府爲各黨派聯合政府，實行民主。再一個就是適當數量的美援。而前者與後者又是因果關係。司徒說：「你剛剛看了杜魯門總統回來（指參加中國記者團赴美在白宮見到杜魯門），你會有一些了解：只有國民黨行了憲、施行了民主，美國輿論才會轉向，美國政府也才能在美國納稅人面前爲蔣委員長說話，讓他們拿出更多的錢援華。難辦的是委員長過於固執，在他的控制下，事情越是惡化，他越是感到必須擔負全部的重擔。司徒向我解釋，他不相信蔣（先生）是如通常意義的所謂自負和耽於權力的人，但問題的可悲，在於他自信比任何人更了解局勢，並更富有經驗。這樣，對其他人的作用，就不可能有恰當的估計，更不要說重視了。

我問司徒先生：「您是否向蔣先生提出過扭轉局勢的建議？」他很明確地答覆：「提出過，不止一次地提出過，而且遠在一九四六年夏天在廬山就提出過了。」我說：當我們為了採訪國共和談新聞跟著馬歇爾將軍八上八下廬山時，就聽說你和他（馬歇爾）和蔣先生常常發生爭執。司徒說：「蔣委員長和馬歇爾將軍個性都是強的，我有時起個調和作用。」司徒博士一面說一面搖頭。我從他臉上的表情看出了這位有深厚中國情結的美國老人的憂慮。

不過，很多美國人都有一個錯誤的觀念，包括司徒老人也未能免，即認為美國的制度是最好的，因此，凡是和美國友好的國家，特別是貧窮落後對美國有依賴的國家，應該向美國學習，全盤照搬美國經驗。

到了一九四八年春，國民黨在軍事上的劣勢已充分暴露，杜魯門對蔣介石施加的壓力也更為露骨。與此同時，美國輿論公開批評蔣介石獨裁是中國的不治之症。宣稱，美國納稅人不願拿自己的錢維持一個腐朽的獨裁統治。

一九四八年三月上旬，杜魯門就美國對華政策發表談話，表示希望中國成立聯合政府，將自由份子容納進去；另一方面，為了安撫國民黨，特別聲明，美國不希望在中國政府中有共產黨人。我看到聲明後，又一次去訪問司徒雷登大使，他告訴我：「蔣委員長已明確地表示，適時召開行憲國民大會，還政於民。我們（指美國）希望中國從此開展新局。」

這就是蔣介石主席一九四八年三月廿九日召開行憲國大的主要政治背景。

何人當總統，蔣捨我其誰

問題來了，行憲的主要節目就是選出總統和副總統。同時，由總統提名立法院行使同意權，通過總統對行政院長的提名，以組織「行憲內閣」。

什麼人當總統呢？從蔣先生說，當然「捨我其誰」。但副總統卻成了問題。孫科以太子之身，打著「中山哲嗣」的招牌，一心想把副總統弄到手。于右任以黨國元老又加上西北重望所歸的身份，受到不少立、監兩院的北方籍委員的擁護，他們提出「南方人當總統，副總統應該是北方人；武人當總統，副總統就應該是文人」的論據，有相當的說服力。程潛憑著軍界前輩的「宿望」，加上湖南軍人的支持，根據「無湘不成軍」的理由，堅持「湖南人打天下有功，副總統應該是湖南人」。李宗仁更別開生面，投美國人之所好，在北京向一班學者、教授大送秋波，提出「民主」「革新」的口號，企圖引致中外輿論的好評，造出聲勢，先做副總統，然後取蔣介石而代之。

面對李宗仁的挑戰，蔣介石幾乎失掉了主意。尤其南京、上海盛傳美國人支持李宗仁，希望他能當選，給中國政府注入「新的血液」。李宗仁的策士如甘介侯，到處奔走，經常出入於司徒雷登和卡波特（美國駐上海總領事）之門，希望用「三寸不爛之舌」爲李宗仁取得華盛頓的支持。

蔣介石得知李宗仁對他的威脅，在李的「呼聲甚高」時，向何應欽、白崇禧表示：「最好軍人不要參加競選」。並表示他本人的初衷，也是不準備參選的。言下之意，只是爲了不規避責任，才不得不出面。

對於這一變相的命令，李宗仁巧妙地來了個「回敬」。放出空氣說：「如果總裁放棄，我也放棄。」換句話說，如果蔣要當總統，我也要敬陪當副總統。而且採取實際行動，帶著未來的副總統夫人郭德潔女士到南京各大旅館去登門拜望各省國大代表，親自出馬拉票。同時由桂系大將李品仙將在安徽省主席任內搜刮的大量民財，一車一車運到南京作競選費用；選票能拉就拉，不能拉就買，用送來回飛機票等各種名稱，大搞賄選。

蔣介石爲了對付李宗仁，全力支持孫科競選副總統，除了指示CC系陳果夫、陳立夫兄弟以黨組織的力量給予支持，並命令「中統」「軍統」兩大特務系統以特務的力量給予幫助外，還不惜出面打電報給閻錫山和傅作義，指定山西、綏遠兩省的票，全部投給孫科。但他沒有料到壓力愈大，反抗力愈大。由於蔣直接干預競選，倒反促成了一切反蔣勢力最終團結到高唱民主的李宗仁周圍。

突然出奇招，請胡適出山

就在總統、副總統提名的前夕，蔣介石突然要出一個非常巧妙的政治出擊，表示要支持胡適出面競選總統。這是一箭雙鵰的作法，一方面考驗一下國民黨人對他的忠誠，藉此打擊一下李宗仁的氣焰；一方面向美國人暗示，他本人並不貪戀權位，願意走向民主。

一九四八年四月一日，就在行憲國民大會召開後三天的晚上，蔣介石文膽之一的陶希聖（時任國民黨中央宣傳部副部長兼南京《中央日報》總主筆），在中央日報社向我探詢有關總統選舉特別是副總統競選的第一手情況。自從一九四六年三月我在《中央日報》任職以來，陶希聖每當寫重要社論之前，都要問問我有關和談進展及各黨派各方面的最新政治行情，作為他掌握的背景材料之一。說到這次競選，我告訴他已至白熱化階段。孫科、于右任、李宗仁、程潛都使了全力在多方面拉票，爭奪激烈。從兩千多張選票的趨向看，李宗仁的勝算要大一些。但因勢均力敵，初選，任何人得票都不可能超出半數。

陶希聖聽後，沉思了一下，慢慢開口說：「大聲，現在的形勢是令人擔憂的。你知道李德鄰（李宗仁的號）如果當選副總統，很可能有一天要演出『逼宮』的戲來。為了副總統人選問題，黨內已有分裂之勢；總裁向來以黨國利益為重，不計個人榮譽，現在，他已決定不出任總統候選人，而由我黨推胡適之（胡適的號）先生為總統候選人。你對這一決策感覺如何？」我當時脫口而出：「太好了！這是國家之福。在國際輿論方面，也將贏得非常好的反響。」

陶向陸交底，與胡適一談

於是陶希聖向我交底。他說已奉到總裁指示，要為胡適參選開始做一些準備工作。比如，要馬上召開一次中央全會；要為推薦胡適作候選人寫一篇對黨內的演講詞，這個陶自己寫；要為胡適寫一篇總統候選人小傳，準備黨中央提名後在國內外報刊發表，為此，要和胡談一談，一方面看看他的反應如何，一方面要把這篇小傳寫好。陳布雷（蔣的主要文膽）先生和他商量了，這一任務交給我完成。我問：介紹的重點放在什麼上面？陶答：突出民主。我說我願意試一試。

陶希聖解釋了一下，為什麼選中我來完成這個任務的原因，他首先恭維了我一番，說我觀察政治局勢比較全面、寫文章比較有氣勢。然後接觸問題的核心：「你是報紙的副總編輯兼採訪主任，又經手大會重要新聞的發佈，由你出面跟適之先生接觸，比較靈活，如說是正式代表我黨，又不是；如說不是正式代表我黨，以你在黨報的地位也可以說是正式的了。你出面有一個好處，可以使適之先生打消談話的顧慮，小傳可以寫得生動些。

陶希聖告訴我，過兩天中央就要爲此召開全會。叮囑說：「在國民黨中央正式提名前，一定要保密。除胡適本人外，對任何人都不要講。」

當我站起來要走出陶先生的總主筆室時，驀然抬頭看到牆上的日曆，赫然印著四月一日的字，腦子裡馬上泛起「愚人節」的故事，心裡有說不出的一種滋味。

我接到這個任務後，思想上覺得很新鮮。一方面基於對胡適的好感，認爲他本身就是民主的象徵，由他出來當總統，確可給人以耳目一新之感。對於政治、經濟、軍事都病入膏肓的國民黨，說不定是一劑有效的靈丹妙藥，可以從此振衰起敝。

從蔣介石來說，我原本就對他存著幾分敬仰。在人人認爲他必當中華民國第一屆民選大總統時，他自己卻能急流勇退，捨總統之至尊而讓位給一個學者，這眞是一個最開明、最智慧、最富政治價值的決定。在世界政治史上，華盛頓爲了建立民主制度不肯連任三次美國總統，至今仍成爲政治光榮的豐碑。自己作爲一個新聞記者，能參與如此重大的幕後政治活動，也是人生難逢的奇遇。

月上柳梢頭，人約黃昏後

第二天，胡適擔任大會執行主席的中午，散會後他剛從主席台後轉出來，我就告訴他：「布雷先生和希聖先生有一件事讓我跟您談談。」他好像預感到不是一般的事，表示說：「好極了！不知什麼事？」我說：「有關總統候選人的問題。」他一聽，馬上把原來半低著的頭昂了起來，對我重新審視一番。我提出：「能不能今天下午給我一個向您請教的機會？」他很爽快，約好當天下午散會後一談。

「月上柳梢頭，人約黃昏後」。宋朝詩人歐陽修寫這兩句詞時，決不可能預料到八百年後會被運用到一筆政治交易上。偏偏那天的會散得較晚，已經是華燈初上了。

我走出國民大會堂大門時，天邊已經拉起了灰褐色的帷幕。汽車一部接一部地開走。胡適博士拉著我的手直奔他的黑色轎車裡。我倆坐進去時，胡適告訴司機：「等一等，我們要說說話。」司機也很機靈，索性離開司機座走出車來。這時，為我開車的《中央日報》司機蔣寶華非常靈活地邀他坐到停在旁邊的車裡去抽煙聊天，各得其所。

這時，話本來應該由我開始，由於那時我離「三十而立」還差一歲多，年輕、調皮搗蛋，加上好奇，所以在考慮如何完成寫小傳的任務之外，還存心要看看胡適博士、這位中國新文化運動的大師對於可能被提名為總統候選人的反應強烈到什麼程度。這時，話本來應該由我開始的，我偏不這樣，硬逼著他來問我：「布雷先生和希聖先生有什麼話請 Mr. Lu（胡適自和我認識以來一直這樣稱呼我）轉告？」我於是用英文回答一句：「Congratulations!」（祝賀你！）然後把手伸出去，他也情不自禁地把手伸給我，一邊握手，我一邊告訴他，蔣先生已決定推他出任中華民國第一屆民選總統。國民黨即將爲此召開臨時六中全面，在會上作出推舉他爲總統候選人的決議，然後提交國民大會通過。陳布雷和陶希聖兩位讓我來把這個消息告訴他，並通過訪問爲他寫一篇人物介紹似的小傳，準備國民黨中央提名後，在國內外發表。

胡適那時的興奮之情，很自然地流露。我感覺到他手上出了汗，近視眼似乎放出了光彩，面部保持微笑；我的心跳也相應加速，第一次在一個汽車裡進行關係重大的採訪——爲行憲後第一位總統立傳。

談家世開始，直至哲學史

我略事鎮定，建議從家世開始。胡適從他出身安徽績溪的一個望族說起，父胡傳字鐵花，受知於晚清大學者、政治家吳大澂，曾助吳修黃河，後在江蘇省做官，他因而於一八九一年十二月出生於上海。鐵華先生曾任職台灣，甲午後，與唐景崧、劉永福組織台灣共和國，反抗日本，後因病卒於廈門。適之先生早歲喪父，幼承母教，博覽群書，自幼好學深思，喜對各種問題存疑，養成追求眞理精神，十八歲時對漢學和宋明理學即有涉獵，以批判的態度治學，頗多創見。一九一〇年在北京參加庚款留美考試，以成績優異獲取。同年負笈康乃爾大學，對中國哲學已有研究。辛亥革命之成功，亦促使他認爲有必要向美國朋友介紹中華新興的國家，應邀在不同場合演講中國問題，東至波士頓，西及俄亥俄州的哥倫布城，甚受歡迎。一九一三年被舉爲世界學生會會長。一九一五年轉入哥倫比亞大學研究院隨實驗主義大師杜威攻讀哲學。由於留學時主持學生會議，參與各種社會活動，鍛鍊出民主素養，進而對民主政治建立了信心。在杜威的啓迪下，不僅對西洋哲學有廣泛的認識，以實驗主義的方法治中國思想史，進而對人類思想有了深刻的歷史性了解。

胡適先生的名著《中國哲學史大綱》（卷上）是中國學術界的瑰寶，是使全世界學者認識中國學術博大精深的鑰匙，也是前無古人的巨著。我又一次調皮地問他：「小傳中需不需要寫「上卷」二字，他說：「那就不必了。」

「五四」運動乃中國的文藝復興運動。而胡適博士關於文學革命的倡議，提倡白話文，主張用老百姓的語言作爲溝通和文學的工具，更是劃時代的創舉。

五四開路人，新文化宗師

記得說到五四時期的新文學革命時，胡適先生顯得特別興奮，他不採自我介紹的方式，而採取啓發誘導的方式，對我說：「這一段，Mr. Lu 當然是清楚的囉！」事實上我是「五四」運動發生後三個月才出生的。關於「五四」的知識僅僅得自書本。但爲了不掃他的興，我毫不猶豫地說：「適之先生是『五四』運動的開路人，中國新文化運動的一代宗師，不但在中國，就是在世界上也早已有了定評。」雖然昏暗中坐在車子裡面，我看不清他的表情，但我卻感到他在微微點首。

說到他的政治活動時，我問是不是突出一下駐美大使那一段？他說：那是「受命於危難之際」。

由於不辭辛勞地到處發表演說，使很多美國人認識了中國。他說：「有一個情況，我告訴你，但不一定寫出來。我的演講特別受美國老太婆的歡迎。一度形成了要求援助中國的老太婆輿論。在美國人民心中種下了中美友誼之樹。」

在結束車中對話前，胡適博士試探地問我：「小傳的重點準備放在什麼地方？」我說：「當然是民主。民主與科學就是您和『五四』時代的一些先進在中國播種的。您出任總統，正是中國走向民主政治的一個標誌。這不僅是中國人民的福音，也是對中國友好的所有國家的盼望。」他聽了以後拍拍我的肩膀說：「對極了！民主政治，中國人民已經盼望近半個世紀了。我們應該爲它的實現而盡力。」

說到行憲後，總統與政府首腦的關係，胡適指出，根據憲法的規定，總統是國家元首，但不負責具體行政事務。行政院長即內閣總理掌握行政權。根據憲法行政院長要有立法院三分之二的多數票同意才能任命或去職，說來相對穩定。胡適博士談到這裡，情不自禁地以未來總統身份表達了他對蔣主席的誠意，著重指出：「如果蔣先生決意不當總統，行政院長當然要請他擔任了。」

胡適談民主，請蔣任閣揆

最後談到對共產黨的態度，我問他，當了總統以後，是否重開和談？想不到他的反共態度比蔣似乎還堅決，用英文說：「Absolutely not」（絕不）。

我和胡適談話的當晚，就將他的小傳寫成。先送到雞鳴寺中央研究院歷史語言研究所傅斯年先生家裡，胡從北京到南京開會就住在那裡，請他看看有什麼不妥之處，他表示滿意。然後帶回報社交給陶希聖先生，陶看後改了兩個小地方，說第二天送請陳布雷先生過目。

這只是準備工作的一個小環節，大軸在後面。

四月三日的夜晚，程潛和李宗仁分別接到蔣主席官邸的電話，說主席有請。程、李兩人未進官邸之前，就曉得不妙，但一直到主席正式表示希望他們不要競選副總統時，才明白不妙到什麼程度。

蔣主席很客氣地告訴他們，爲了使中國民主政治奠立一個較好的基礎，最好總統、副總統都不要軍人而讓文人出任，所以除了請他們兩位放棄競選副總統外，並且宣佈他本人也不參加競選總統。程潛的答覆比較恭謹，表示願意考慮主席的指示。李宗仁因爲本錢下得太大了，所以毫不保留的拒絕。

蔣主席最後以命令式的口吻說：「我是總裁、黨內的事我可以決定。」

李宗仁也用桀驁不馴的態度頂了回去：「如此重大的事，總裁固然可以決定，但也應該聽聽全體同志的意見。」

李宗仁反對的理由，說是爲了對國家和老百姓負責，蔣主席應該出任行憲後第一任總統，連帶地也表明了自己非競選副總統不可的態度。

當天晚上，陳布雷奉命分訪于右任、孫科說明蔣主席的意思所在。

司徒雷登大使私人顧問傅涇波先生，早一日已從蔣夫人的電話中得知了蔣決定提名胡適爲總統候選人的這一決定，司徒及時轉知馬歇爾，並報告了杜魯門，美國方面反應甚好。

蔣夫人電話，美方反應好

第二天，國民黨臨時六中全會便在丁家橋中央黨部的禮堂內舉行了。我以《中央日報》副總編輯的身份，頭天晚上跑到中央黨部秘書長吳鐵城家裡去告訴他，我希望明天去聽聽。吳最初皺著眉頭，表示有點傷腦筋，後來，聽我說保證保密，不發表消息，他無可奈何也是情不可卻地表示：「那麼你來吧！」

四月四日一大早我就鑽進了禮堂，坐在最後一排，與中央監察委員狄膺（君武）緊鄰。狄告訴我一個消息，大會舉行前蔣主席將約集黨裡的元老先行交換意見。果然，我見吳鐵城把吳稚暉、居正、于右任、戴傳賢和鄒魯幾位請到一間小會客室。接著，蔣總裁身著戎裝由蔣夫人陪同到達。

這個小規模的談話會進行不到一小時。當于右任先生步出時，我悄悄問他：「是不是總裁決定不競選總統了？」于答：「吳稚老沒有表示態度。其他的人都講了話。」我問：「您是怎麼講的？」于以風趣的表情說：「我告訴蔣先生，我要代總裁招待全世界的新聞記者，宣佈競選大總統。」接著一陣爽朗的笑。

全會開始之後，蔣主席以國民黨總裁的身份提出中心議題——本黨對本屆國民大會總統、副總統競選，到底提候選人還是不提？

鄒魯首先發言，他主張總統提名，副總統自由競選。雷殷接著發言。他的主張跟鄒魯一樣。王世杰根據民主理論說，總統、副總統都應提名。

甘乃光反駁，認爲如果提名，必將造成一個人賽跑的形勢，結果不跑也是第一。

于右任站起來表示，總統非提蔣總裁不可。當他說完話下台時，一眼看到已經表示要競選總統的居正，連忙說：「這樣，對不起我們的居大哥了！」就因爲這句對不起，居正馬上跑到發言台表示擁護蔣總裁當總統。

方覺慧、劉文島、何浩若等紛紛響應鄒魯的主張，他們的理由是總統由蔣總裁擔任是「天與人歸」。副總統如果提名，一定造成國大代表選舉混亂的重演，提名的當選不了，沒有提名的卻當選了，請問，到那時怎麼辦？

田崑山、潘公展、劉維熾、谷正綱都堅決主張提名，他們的中心的理論是政黨應有政黨的常軌，選舉應循選舉的規律，如不提名，一切全失。

張道藩認爲提名不提名都有理由，不過應該注意技術問題。曹浩森更妙，他主張總統提一名，副總統提四名，到時候理論、事實都可兼顧了。

蔣提五條件，稱廬山定稿

從十點討論到十二點半，在毫無結論的形勢下，蔣總裁以半小時的時間，宣讀了他關於誰做中華民國第一任民選總統的設想，他自己說是今年（一九四八）年初於廬山賞雪時就準備好腹稿的演說。

在這篇演說裡，他以最沉痛的心情分析了國內外有利於共產陣營、不利於民主陣營的形勢。說今日遭遇的敵人，是比當年日本還要兇毒的共產黨。客觀的環境，主觀的需要，都應團結全國的力量，來打開這垂死的難關。如何團結？他指出最好由國民黨推一位黨外人士做總統候選人，以示大公。這個人應該具備下列五個條件：

一、瞭解憲法、認識憲政、確保憲政制度。

二、富有民主思想、民主精神、且爲一愛國的民族主義者。

三、有決心及能力貫徹戡亂建國之大業，並完成三民主義之建設。

四、能保持中國五千年歷史文化的光榮傳統。

五、對當前國際形勢有深切之認識，藉而促進天下一家理想之實現。

蔣的最後一句話是：「國家未能統一，我決不競選總統。」

當蔣講完話後，全場馬上顯得騷動不安。我和狄膺說：「這不明明是指的胡適嗎？」狄一面點頭一面答：「一點不錯。」

忽然間，彭學沛站起來說：「我們要討論。」蔣於是以沉重的語調宣佈：

「下午三點半鐘繼續開會。」

多數仍擁蔣，強調爲蒼生

就在兩個多鐘頭的空隙裡，三百中央委員分成了兩大陣營，各抒己見，各陳利弊。多數主張總統非蔣總裁莫屬；但也有少數頭腦清醒之士，如邵力子、王世杰、雷震、羅家倫、黃少谷、黃宇人等都贊成蔣總裁放棄競選總統。因爲老實說，中國當時的局面，確實要面目一新了。

到了三點半，繼續開會，除了吳稚暉和羅家倫外，全是一片擁護總裁出任總統之聲。彭學沛、李文齋、王寵惠、劉文島、雷殷、鄒魯、焦易堂、谷正綱、黃季陸、張道藩、陳儀、唐式遵、鍾天心等等，每個人都是發揮「斯人不出，如蒼生何」的理論。

吳稚暉輕輕一句話，但很有力量：「這不是了不得的事。」

大鼻子羅家倫不愧書生本色，敢想就敢說。他說：「聽到總裁不願參加總統競選的表示，有如晴天霹靂。這一霹靂，可以打散國際間多少雲霧。不但在國內可以打開一個新局面，就是在國外也可以獲得世人的喝采。這不僅是政治上最高道德的表現，也是政治上最好的戰略。我們放眼一看國家的將來，再體察一下國際環境，決不能拿上海投機市場可能的波動，來影響我們偉大的政策。」

羅家倫到底不愧是「五四」宣言的執筆者，出口成章，異於流俗，洋洋灑灑，有理有據，他意猶未盡，正要繼續說下去時，鄒魯忽出怪招，提議全體起立擁護總裁競選總統。一陣紛亂的椅子聲響，除了吳稚暉、羅家倫、邵力子、黃宇人、雷震和蔣夫人外，通通站起來了。

直到天快黑的時候，仍是茫茫無所適從。這一下把蔣先生弄急了，以一種責罵的口吻指出：「大家都是具有一種苟且的心理，企圖維護既得利益，持盈保泰。只望在小圈圈裡馬馬虎虎地混下去，難怪人家看不起，實在因爲自己不成器。」

但不成器又怎麼樣呢？

難怪看不起，實在不成器

經過五日的中常會小辯論，六日的中全會大辯論，不成器還是不成器。

尤其可笑的是一位三民主義青年團出身的中央委員，在六日的全會中說：「假使總裁不競選總統，很多同志都要自殺。」妙！這比絕食還要進步。

六日深夜，京滬各報都收到了美聯社下面一則電報，作爲蔣主席此項表示的點綴，也是對國民黨不成器的諷刺：

「（美聯社六日紐約電）《紐約時報》與《前鋒論壇報》對於蔣主席萬一堅決不競選總統，而胡適博士可能出任中國之新總統一節，頗有良好之批評。胡氏在華府極爲人所推崇，其在國內亦因學問淵博、熱心愛國及熟知國際大事而爲士林所尊敬。如果當選爲中國之總統，則中國將獲得其最優良之領袖人才。又《紐約前鋒論壇報》稱選舉胡適爲總統，則可能使南京政府獲得人民之支持，此贏得戰爭之所必須者也。」

國民黨平時是四分五裂的，各派系一向是勾心鬥角，爾虞我詐，互相掣肘，無所不用其極，獨獨這次卻用一個腔調發言。孫科的「太子派」，李宗仁的「桂系」，于右任等元老派及他影響下的西北籍中央委員，支持程潛的以湖南籍黃埔軍人爲主體的黃埔系，三青團系以及陳果夫、陳立夫兄弟領導的CC系，一致反對提名胡適。

CC大將張道藩的發言勸進，聲淚俱下，堪稱唱做俱佳。而我從蔣介石的表情看出，聽了似乎很舒服，曾頻頻點頭。按張道藩的說法，蔣如果不當總統，天都會塌下來。他大聲疾呼的話，我至今還能記得很清楚：

「任何事情，我們都要堅決服從總裁的指示，只有這件事情不能服從。因爲這不是總裁個人的問題，而是關係到國家民族生死存亡的大問題。」

我越聽越不是味道，越替胡適博士著急，我認爲在這件事中，不僅胡適博士受了騙，我也受了騙。舉目向會場上一掃，人人都是正襟危坐，表情嚴肅，只有桂系的程思遠坐在一個角落裡很得意地跟我眨眨眼睛。

經過會內會外整整七十二小時的鬥爭，蔣先生於四月六日下午散會前，以「俯順輿情」的姿態，宣佈接受國民黨中央的提名，同意參加總統競選。一幕鬧劇，到此閉幕。

我當時的思想倒確實唯願蔣介石能夠心口如一，不當總統。恐怕失信於胡適博士，固然是一個原因，更重要的是站在維護國民黨政權的立場，希望由胡適出來，實行民主政治，使搖搖欲墜的國民黨江山，在美國人的同情支持下，能夠不垮。我從司徒雷登方面得到消息，美國寄希望於胡適。但在絕大多數國民黨人只曉得爲自己打小算盤的情況下，任何高尚理想，善良願望，都將變成水中月、鏡中花。

鬧劇已閉幕，心照而不宣

四月六日深夜，我帶著沮喪的心情，問陶希聖：「怎麼去向胡適之先生解釋呢？」陶希聖說：

「算了！越解釋越不好，反正這兩天參加中央全會的人當中，也不乏他的好朋友在。他們會把情況告訴他的。你以後見著他，不妨裝著根本沒有這樁事的樣子。」我想，不愧老謀深算，眞是高明！

四月七日早上，我在國民大會堂見到胡適時，他顯然已得到了消息，當我和他打招呼時，他只微微點一下頭，就把步子加快走開了。我最初還顧慮他可能懷疑是我對他惡作劇，尤其是想到與他密談的那個黃昏，剛巧碰上了「愚人節」更爲不安。後來一想，以博士的聰明睿智，他一定會判斷出眞正惡作劇的是一群極端自私，眼光如豆，寧願丟掉江山，也不肯放棄權位的國民黨人。

一九四八年五月底，胡適博士在北大紅樓歡迎我率領的「首都記者團」時，一見面就親切地呼「Mr. Lu !」稱我爲「老朋友」，說明他對我並無誤會，相反地有一種「心照不宣」的默契。六十年代他在紐約和我一位老兄弟毛樹清，還不無懷念地提到我第一個告訴他將被提名爲總統候選人，表現得相當瀟灑，說明他對此事已完全了然於心。但作爲我來說，始終好像欠了他一筆人情債似地，耿耿於懷。尤其是我一九七八年從大陸來到海外後，聽到有關他的一些事，如雷震冤案和他的猝逝，不免感慨繫之。一九九三年春與好友、熱心推動文化事業的紡織工業家陳宏正約同彭明敏教授到台北南港胡適墓園憑弔，對著胡適像深深三鞠躬，表示衷心歉然。

我在坐牢時曾思索此事，蔣先生當時是眞有意，還是假惺惺？結論是他的確希望由胡先生任總統，但智慧不足以堅持判斷，而疑惑卻造成曲從淺見。正如《史記・淮陰侯列傳》之言：「智者決之斷也，疑者事之害也」。

進一步推想，胡適如果眞在一九四八年當上了中國的第一任行憲總統，是不是能挽狂瀾於既倒、扶大廈之將傾呢？同樣不能。即使美援滾滾而來，也無力阻止國民政府的潰敗。原因是整個國民黨腐朽了，胡適博士即使貴爲總統，仍得受制於國民黨。除了書生受欺之嘆，仍然無能爲力。既然如此，不當比當也許對博士的損害還要小些。

胡適的知己好友陳衡哲女士在一九二四年十月號《小說月報》上發表的《洛綺思的問題》這一小說，曾藉哲學教授孔德白朗寫給洛綺思的信表白心跡說：「那一角之中，藏著無數過去的悲歡，無限天堂地獄的色相。」而胡適博士這個只是被當著工具利用而未能當成總統的遭遇，對大師來說，只不過是天堂地獄的一個插曲罷了。

這件事對胡適博士不算什麼，但對我來說，回首前塵，除在感情上欠了很多女人債外，涉及政治的債，主要是兩樁，而且都是姓胡的，一樁是胡適，再一樁就是胡耀邦。在心靈深處打上懺悔的烙印。

影響半生命運的山西行

●禍福無門，唯人所召。——〈左傳・襄公二十三年〉

●事有必至，理有固然。——〈戰國策・齊策〉

在我記者生涯中，早期影響命運較深的事件，除了和蔣介石的正面衝突外，就要數和閻錫山的交往。

本來是一次單純的訪問，後來因爲捲入了政治，所以給自己帶來了很多麻煩。記者爲了採訪新聞與政治人物接觸是必要的，但本身捲入政治就犯了大忌，而這應該說是自找的，咎由自取，不怪別人，也應懺悔。

閻錫山深懂輿論之重要

一九四八年春，國共內戰的戰火燒遍神州，國民黨的敗象，明眼人已經看到。而作爲國民黨領袖的蔣先生卻視而不見，這裡面有思想方法的問題，過高估計了自己的力量，過低估計了對方的力量；也有心態和氣度的問題，只相信自己人，相信嫡系、學生、同鄉…，不能包容所謂「雜牌部隊」，排除異己，缺乏寬厚待人之量。最荒唐的是，蔣先生直接從首都南京指揮作戰到前線軍一級，有時甚至到師一級，完全脫離戰場實際，焉得不打敗仗。至於共產黨的情報員直接打入國防部和胡宗南的心臟，另當別論。而對於利用特權侵佔國家財富、人民血汗的「皇親國戚」如孔、宋，即使案件曝光，也曲予呵護。在這種情況下，江山不丟則是怪事。

當時，中共軍隊已向國民黨區域全線展開戰略進攻，徐向前指揮的部隊，正向山西太原進逼，閻錫山以太原綏靖公署主任、長時期「山西王」的地位，接受美國《時代》雜誌的訪問，表示他要與太原共存亡，並已準備好了氫化鉀，決定一死殉職。

自從一九一二年中華民國成立以來，不少省份就出現了不同形式的軍閥割據。但像閻伯川（閻錫山之號）先生這樣卅七年政治地位始終不墜的，爲民國以來唯一之人。他能與中華民國同壽，正有其不同凡響之處。

閻錫山自滿清王朝末年起，就在山西帶兵。民國成立，他是首任山西督軍。直到一九二七年蔣介石在南京成立了國民政府，閻才接受了來自南京的任命。惟仍在山西割據自雄，且有問鼎中原之意。直到民國十九年（一九三〇）蔣、馮、閻中原大戰，馮玉祥的少數將領被蔣介石用金錢收買，閻、馮兩氏的部隊被蔣氏擊敗，他才到大連小息，後返山西，作長期經營之計。

抗日戰爭發生，中共在西北崛起。閻爲了自保，在擁護中央政府抗日決策前提下，採取聯共路線，同意共產黨人薄一波在山西組織「犧牲救國大同盟」，簡稱「犧盟會」，就是以閻爲領導、以共產黨員爲核心的抗日民族統一戰線組織。用共產黨的辦法對付國民黨，也對付共產黨，可以說是閻的一大發明。

抗戰勝利以後，共產黨擴大「解放區」的行動，閻首當其衝。他們開闢的「晉察冀」、「晉冀魯豫」和「晉綏解放區」的一些地盤，事實上就是從閻的手中挖去的。

到了徐向前率領中共軍隊向閻所管轄的區域進逼，且有一舉拿下太原的意圖，閻除了加強戰備之外，注意到在輿論上尋求支持，這就是閻比一般軍頭高明的地方。他懂得筆桿子的作用，在某些情況下，並不亞於槍桿子。因此，在接受美國《時代》雜誌的訪問，先在國際上製造了輿論以後，決定邀請南京（包括上海）新聞界組織記者團訪問山西，在國內也爲山西掀起一次輿論支援的高潮。至少在精神上使國內外人士都認識到閻錫山領導下的山西有效地高舉反共的旗幟，並堅持到最後時刻。

很多人不了解，閻錫山爲什麼在所有的軍閥被打倒以後，仍能屹立不搖？而在中共與國民黨爭天下時，太原又是唯一的共軍屢攻不下的堡壘，主要是忽略了此人是一個對政治用心極深、富於謀略的人。而從閻懂得運用輿論這一點看來，蔣介石都不如他，只有毛澤東差堪一比。毛澤東有名言：「凡是推翻一個政權，必先製造輿論，必先做意識形態方面的工作。革命的階級是這樣，反革命的階級也是這樣。」同樣的，要鞏固一個政權，也非製造輿論不可。

閻邀請南京上海新聞界組織「首都記者團」訪問山西，於一九四八年三月即開始醞釀，四月，閻命其駐京辦事處處長方聞（彥光）出面聯繫，我略有所聞。當時，我因頭一年揭露孔宋貪汚國家外匯案與國民黨發生裂痕，決心求去，所以並未過問此事。

四月間突然有一天，方聞打電話給我，說有要事相商，希望到我家中一談。他來到大楊村我的住處時，說明閻先生邀請京滬新聞界人士組織「首都記者團」訪問山西事，遇到了障礙，關鍵在於團長人選難產，比較有進步傾向的報紙如《新民報》、《大剛報》聲稱，如果《中央社》的人做團長，他們就不派人前往。而如果由其他報紙的代表做團長，《中央社》也會有意見。經他與新聞界的朋友商量，有人給他出點子，只有請我出來做團長，才能把左、中、右一齊揑攏來。我告訴他，我已決定離開《中央日報》準備到香港去辦報，山西之行只有敬謝不敏了。他左勸右說，務必請我應邀前往，我不爲所動。

過了沒有兩天，方聞未經事先約定直接衝到南京新街口中央日報社我的辦公室來，拿出了閻錫山給我的電報，除了獎飾有加外，最重要的一句爲：「務請命駕來幷一行。」當時《中央日報》總編輯李荊蓀以及和我同任副總編輯的朱沛人，都鼓勵我走一趟。我還是猶豫不決。考慮的是，既然已經決定脫離《中央日報》，又何必再用《中央日報》副總編輯的名義出訪呢？而李、朱卻提出另一種說法：「不妨來個臨去秋波，最後爲《中央日報》做件好事。《中央日報》也是因爲你的關係，才能成爲首都記者團的領隊。」面對他們這個既有敦促意味又能滿足我虛榮心的說法，我被說服了。人人都有喜戴高帽子的心理趨向，陸大聲又何能免俗。

記者團同行者共十五人，包括首都所有的報紙和中央社的代表。我請李蔚榮老弟爲總幹事，負責處理一切事務。五月廿五、六日，我們一行由方聞陪同，先自南京赴上海，然後乘陳納德航空公司（CAT）的包機直飛太原。在太原機場受到了閻錫山的秘書長梁敦厚（號化之）爲首的山西文武官員的熱烈歡迎。

城門口張貼「陸領隊萬歲」

當我們一群車隊浩浩蕩蕩入城時，我發現太原城門口赫然貼著兩幅標語，左面是「歡迎首都記者團！」右面是「陸領隊萬歲！」當時覺得太滑稽了，生平第一次感受到冷汗直冒的滋味，自然聯想到祖母教導我們孫輩時多次提及的「折福」。一個未滿二十九歲的青年人竟玩起「萬歲」來了。這除了「折福」，還能預示生命中的什麼？後來，在監牢裡想到這件事，回顧三十歲前走南闖北的歲月，最後落得坐監，與這一「折福」之旅多少有些因果關係。

當時，我告訴梁化之，歡迎標語這樣寫太不成話了。梁解釋說，主要是下面錯誤地體會了閻主任（當時太原的官員和老百姓都這樣稱呼閻，閻的正式官銜是「太原綏靖主任」）要熱烈地歡迎首都記者團的指示。一定馬上通知換一幅，請我不要在意。

閻錫山歡迎記者團的宴會也是夠隆重的，他的致辭，不但事先印好，而且上有簽名。而我即席答辭，居然得心應「口」，閻帶頭鼓掌，也可以說我一生中遇到的最長的鼓掌。

通過五天的實地參觀訪問和閻本人兩次每次連續五小時的夜談，記者團的同仁對於閻所倡導的

「兵農合一」留下深刻的印象。

中國是以農立國，又是一個沒有民主卻有大量封建遺毒的國家，不但政治不上軌道，經濟也非常落後，雖然孫中山先生早就提出「平均地權，節制資本」，但在中國始終沒有呈現，很多老百姓長期處於食不果腹、衣不蔽體的狀態。

尤其是中國打了十多年的內戰和外仗，賴以決勝負的兵役問題，始終未能妥善解決。徵徵募募，此逃彼捕，你拉我頂，使《抓壯丁》成爲最大的諷刺劇。在重慶，只因蔣緯國偶然在一個破廟中看到被抓的準備送到前線抗日的壯丁，連叫化子都不如，飢病交迫地躺在地上等死。向他父親談了親眼目睹的慘況，引起了老先生的關切，叫緯國領路前往視察，一見之下，勃然大怒，當場傳呼兵役署長程澤潤中將到來，訓斥之後，並下令將這位全國兵役最高負責人槍斃。這裡還有一插曲，程迷信命相之學，請人批了八字，斷言過了當年生日即將大發；不料正在大擺宴席慶壽，時正十二點，忽報委員長急召前往，結果一命嗚呼。當時在重慶傳爲趣聞。反映了兵役乃執政者之大難題。

而這一難題，閻錫山用「兵農合一」的政策予以解決。將土地問題和國防問題合併處理，取得了相當大的成效。記者團的同仁看到了顯示相當威武氣概的閻的正規部隊和民兵，特別是面色紅潤英姿挺發的女兵，都大讚「閻老西確實有一套」！加上夜談中，閻不知疲倦地侃侃而談他將民族革命與社會革命熔於一爐的理論與實踐，不得不說出一個「服」字！

「兵農合一」的政策，是自一九三五年紅軍由陝侵晉時就開始實行，事實證明取得了成效。美國記者曾經發出一個問題，國民黨在中國北方控制的城市，爲什麼太原是最後輸給共產黨的？而且，在全中國大大小小的軍閥通通被迫退出歷史舞台以後，獨有閻錫山一直撐到最後，尙以閣揆之身，將國民政府帶到台灣，成為國民黨在中國大陸的最後一位行政院長，創造了奇蹟。也說明了閻錫山夠資格是一位歷史人物。

用共黨一套，對付共產黨

不過，在訪問山西過程中，我們記者同仁也遇到不愉快的事。反映了閻錫山用共產黨的一套來抵禦共產黨，在某些方面也落入共產黨弄虛作假、掩蓋眞相的窠臼。

那是在參觀太原附近榆次縣所遭遇的。當我們乘車到達榆次時，整個縣城竟看不到一個人。記者團總幹事李蔚榮因為是甘肅人，講話跟山西相差不多，在一間草房裡找到了一位老大爺。經探問才知道原來是縣長怕老百姓說錯了話，下令老百姓通通出城，不要和記者見面，這也是眞夠荒唐的了。

回到太原，我就代表全團向省府秘書長、負責接待我們的梁化之先生提出了抗議說：「既然請我們來訪問，為什麼又用『空室清野』的辦法對待記者團？」梁先生當然是表示歉意，這個問題眞正得到解答，還是在和閻先生對話的時候。

閻非常幽默地說：「我們有些幹部學共產黨還學得太差，沒有畢業；他們的目的，本來是想隱瞞眞相，結果暴露了眞相。他們把你們記者小看了。各位是來自京滬見過大場面的記者，什麼玩藝兒能騙過你們的眼睛呢？我已下命令，不准再故意隱瞞，有什麼可瞞的，醜媳婦總要見公婆面嘛！」

說得大家鬨堂大笑。

記者團和閻先生夜談，除了上面提到的以「兵農合一」的政策爲中心，詳細地探問了「兵農合一」執行的情況外，還討論了山西面對共軍的大包圍，在閻看來，政治、經濟、軍事，什麼是第一位的。閻提出了把握時代內在的因素問題，涉及到社會制度。他的結論是政治、經濟、軍事互爲因果，不能刻板地認定孰先孰後。

夜談中，還討論到馬克思和黑格爾，有記者問他，贊成那一個的主張，閻表示兩個的主張都不贊成。他說，心物不是單獨存在的，而是配合起來反映效用的。但聲明他並不是二元論。

十小時對談，閻觀照世界

首都記者團同仁，通過與閻伯川先生十小時的對談，得到一個共同印象，即他的視野並不限於山西，也不限於中國，而是觀照世界的。這也就是爲什麼他與中華民國同壽的原因；他能一直挺到大陸完全變色、國民黨政權退到台灣，而山西在他的長期治理下，到中共軍隊拿下太原前，竟能出現五百黨政軍等高級幹部集體自殺，實現了與太原共存亡的誓言，而被稱作「五百完人」的原因。

在太原和閻夜談時，有的同業問到：「共產黨是否有留用的日人參加作戰？」

閻的答覆是：「在作戰中時有發現的。」

太原綏靖公署郭參謀長插話補充，共軍在興縣控制了相當數量的日本人，在圍攻臨汾和應縣的共軍中，也有日本、朝鮮和蘇聯人參加共軍的炮兵作戰，這是俘獲的共軍所供稱的。

這使我想到訪問太原前，考慮到徐永昌將軍和閻先生的親密關係，特走訪求教。在談及爲什麼閻能堅守太原創造奇蹟時，徐指出因素之一為抗戰勝利後，閻估計到內戰必將發生，而山西位於共產黨的臥榻之旁，故首當其衝，遂徵得日本原駐太原軍之參謀長山岡等同意，留下三千日軍，這些日軍都是很能打仗的，不過幾年來返日的已不少，連山岡本人也已回去了。據徐的估計，太原頂多再守一年。而事情的發展果不出其所料。

當與閻先生夜談時，我沒向他求證這件事。第一，點出來會使他感到難堪，而新聞價值並不高。第二，這是中國人的不幸。為了打內戰，國共雙方都把日本人留下來幫助中國人殺中國人。第三，整個夜談的氣氛是愉快的，閻當時已年近古稀，陪我們長談五小時，殊屬難能，不應破壞氣氛。

夜談在閻的住處進行，大家海闊天空地想到什麼就問什麼，閻的興致也很高，做到有問必答。比如有一問是：「閻先生對宗教的感想為何？」他是這樣答的：「我認為宗教用的是智者利人的目標，是仁的二等力量。按仁的力量說，無所為而為善，是頭等功用，有所為而為善，是二等功用。」我話已到口邊：「您自我評價是仁者還是智者？」沒有說出來，因為我自己已有答案，他是一位智者。一看錶，夜已深，作為領隊，第二天一大早就要告別山西了，為了創造一個更輕鬆的氣氛，我根據事先瞭解的閻的夫人早已逝世，便跟他開玩笑說：「希望有一天當您再娶新夫人時，我們能吃您的喜酒！」此言一出，陪同談話的官員馬上現出一種非常緊張的表情，記者團裡我的一位老友李景芳（抗戰時在重慶辦《商務日報》，抗戰勝利後在南京辦《建設日報》）用膀子推推我，示意我闖禍了。未料，經過短暫的沉默，閻竟大聲宣佈：「好！到時一定請你們各位來！」接著就爆出一陣熱烈掌聲。原來緊張的官員，也跟著笑了。談話結束時閻站起來送客，拉著我的手說：「我幾年來沒有像今晚這樣高興了！希望能做個朋友！」

也正因爲這一次的太原行，跟閻打下了一點友誼的基礎，一年後果然依靠他的大力幫忙，把我從國民黨的刺刀下救了出來（見第一次入獄——在廣州坐國民黨的牢）。

太原行，還有一個揷曲。當梁化之以山西各界的名義在太原大飯店宴請記者團時，由一位酒量過人的女侍應生敬酒，她以挑戰的姿態向記者團同仁表示，每位記者飲一杯，她飲兩杯，結果我們十五人飲了十五杯，這位小姐連飲三十杯汾酒，面不改色，氣不抽絲，其份量足有兩瓶白蘭地，這是我生平見到的酒量最好的女子。

可惜，事隔四十八年，把這位小姐的芳名忘了。

指控代表閻接收全雲南

爲什麼說太原行影響半生命運呢？

由於太原行認識了閻伯川先生，彼此都留下較好的印象，加上我在廣州坐牢，又蒙他出面緩頰，得以出獄。繼後閻氏在蔣介石、李宗仁兩氏政治鬥爭中，被擁組閣，承邀爲助，因已決定赴日繼續新聞事業，願在海外與閻氏小作呼應，閻亦欣然表示支持。本來單純的新聞事業，滲進了政治因素，不僅在一九四九年十二月因爲與閻的交往，形成重大政治嫌疑，坐牢四年餘，而且在一九五七年六月，被中共劃爲親美反蘇的極右分子，判處有期徒刑十年，剝奪政治權利五年。一九五九年十一月廿三日，雲南省昆明市中級人民法院刑（59）中一字第 1039 號刑事判決書還特別提到：「一九四九年蔣匪垮台前夕，被告（陸鏗）又在閻錫山的支持下，奔赴日本，籌組東南亞經濟通訊社，與徐永昌、董顯光、朱世明等反動政客再度鼓吹『中間路線』，妄想待第三次世界大戰爆發時，依靠美帝國主義勢力，實現其資產階級的政治野心。」

就因爲我一九四九年十二月廿一日專機飛回昆明，被認爲是代表閻錫山去接收雲南的，這罪名已足夠殺頭。後來，頭雖然未被殺掉，但人已成爲中共專政對象，前後冰封將近三十年，直至一九七八年四月三十日到了香港，才算恢復自由。

一九四九年八月，我決定赴東京辦報前，先回家鄉雲南看看。當時的雲南省主席是盧漢。正如前面提到的，我和他是在廬山認識的。我回昆明，他盛宴歡迎，因爲閻伯川先生剛出任閣揆，盧漢對閻的情況完全不知。他知道我曾率首都記者團訪問太原，加上雲南報紙也刊出過我曾被內定爲閣內閣發言人，所以整個宴會的話題就是閻伯川。盧對閻的情況問得很詳細，反映了過去從無來往。

沒有想到，我的朋友、國民黨大特務沈醉在他所寫《大陸生活三十年》一書第十五頁中如下的一段把事實給弄錯了！

當時（指一九四九年冬至一九五〇年春）唯一能夠與之暢所欲言、說心裡話的人，只有同獄的國民黨中央日報副總編輯陸鏗。他與我私交一向很好。解放前夕，他跑到了台灣。蔣介石得知盧漢將要起義的情況時，叫與盧漢私交較深的閻錫山寫信，勸盧漢不要起義，並派陸鏗帶著閻錫山的信，到昆明來作說客。不想陸鏗到達昆明，盧漢不但不見，反而把他關進了監獄。

從我上面提到的盧漢宴我大談閻錫山一段可以說明，閻、盧之間不但談不到「私交較深」，甚至連普通交誼都談不上；就蔣介石而言，對於閻、盧之間並無交往，也不會不清楚，斷無可能叫閻錫山寫信勸盧。不知沈醉的回憶，在這個問題上怎麼會弄得完全與事實不符。

至於我本人從東京起程回昆明，確實準備把家眷自昆明接出以後轉赴台灣一行，事先曾與徐永昌將軍寫信談及在東京創業之事，徐覆信表示閻先生希望我赴台一晤，所以行篋中帶有徐先生給我的一封信，另有一封日本社會黨主席片山哲寫給閻先生的信。還附有一張親筆簽名照，上款寫「閻錫山閣下」，下款寫「片山哲」。而信的內容主要是向閻錫山表示敬意，並希望中日加強合作，特別是片山哲個人希望得到閻的指教。

中共一貫把閻錫山看成頑固的反共代表人物，但他們對於閻與國民黨其他的地方領導人的關係並不熟習，沈醉的這一說法，他們不可能判斷其眞實性，但至少是一參考材料，何況我本人又實際提供了與閻錫山確有聯繫的證據。我從東京飛昆明隨身帶的一皮包文件、信件，下機時除自己毀掉朱世明致王世杰函外，全被中共沒收。因此，在一九五〇年三月共軍陳賡、宋任窮部進駐昆明，成立昆明軍事管制委員會後，派到監獄視察的公安部政治保衛處長閻村就當著其他被監禁的人的面指著我說：你雖有反對蔣介石的傾向，但卻與國民黨有千絲萬縷的聯繫，尤其是跟閻錫山有不同一般的關係，就要看你怎麼交代了。

新聞捲入政治沉痛教訓

一九四九年十二月廿一日至一九五四年一月四日，第一次坐共產黨的牢，其中包括兩年多的單獨監禁，最重大的嫌疑是與閻錫山的交往，過程曲折而複雜，把問題交代清楚，使共產黨理清一個頭緒，並相信我說的都是事實，很不容易。幸而共產黨搞政治運動，包括「鎭反」、「肅反」都是一陣風似的，避過了風頭，也就保住了性命，但所受的折磨，能不能頂得住，也就看各人的造化了。

做記者，尤其是政治記者，要想不問政治、與政治絕緣是不可能的，問題是如何在新聞和政治之間劃出一條界線。新聞是新聞，政治是政治，不要混爲一談。應把二者區隔開來。避免因採訪報導新聞而捲入政治。不要因爲新聞採訪，接觸很多政治人物，結果陷進政治泥坑。

我五十多年從事新聞工作，積累了一些經驗，也有不少教訓，教訓最深重的就是對新聞的興趣太大，連帶地對政治也很感興趣，結果把一些原則擲諸腦後，任性而爲，有時甚至得意忘形，給自己帶來不少麻煩。

具體的例子是閻錫山廣州組閣時，有意讓我做他的發言人，我何嘗不沾沾自喜，覺得身價已相應抬高。還告訴李蔚榮老弟說：「最好是發表而不就。」這說明靈魂深處已經捲入政治，並未徹底清除那些骯髒的東西。以致在許家屯的問題上，拋頭露面代許招待中外記者，向李鵬挑戰，指李鵬爲「弱智兒童」，再度陷入政治泥沼，連我在中文大學新聞傳播系教的學生都感到不解。

他們問我：「老師，你教我們的時候，不是強調記者報導要客觀，尤其要避免捲入政治嗎？」我除了坦率地承認：「這正是我的問題。」還能說什麼呢？

金陵王氣黯然收．蔣介石于右任離京

●多少六朝興廢事，盡入漁樵閒話。——宋·張昇〈離亭燕〉

揭發孔宋貪汚案的舊賬，由於國民黨在戰場上的敗績，又被蔣先生周圍的有心人將它重新翻出，作爲挽救危局的思想警惕。一九四八年初夏，陶希聖明確在《中央日報》社務會議上板起面孔表示一定要「先中央、後日報」。而且說：「這是大局。」

正式登報脫離《中央日報》

一九四八年六月十一日我在南京《中央日報》報頭旁與《中央日報》另一副總編輯朱沛人聯名刊出廣告，脫離《中央日報》，同時向國民黨中央組織部遞了脫離國民黨的報告。中央組織部人事處處長宋宜山，以政校老大哥身份，勸我要愼重。我告訴他，這已是經過愼重考慮了的，義無反顧。

說起我們脫離南京《中央日報》，這裡面也有一段故事，當然，南京《中央日報》的編輯部是由政校同學掌握，李荆蓀任總編輯，他原在福建國民黨的一家報紙工作，後經保送入中央政治學校新聞事業專修班甲組第二期受訓，畢業後留校作新聞系主任馬星野老師的助教。再後隨馬老師到中央宣傳部新聞事業處任職，與政校七期新聞系畢業的凌遇選各掌一科，直到抗日戰爭勝利，馬星野先生經國民黨中央派爲《中央日報》社長，李和凌就隨馬到南京輪流擔任總編輯和總經理。這也是馬老師的新猷，叫「編經輪替」。

原來在杭州《正報》工作的政校六期新聞系畢業的朱沛人出任副總編輯，負責版面。我是在維也納接到馬老師電報的。一九四六年二月自歐經美返國。三月開始任採訪主任，五月隨蔣老先生到東北採訪，六月登牯嶺，遇到了馬歇爾八上八下廬山的盛況。接著採訪國共和談，可謂意氣風發。

一九四六年底制憲國大召開，和談徹底破裂。國大秘書長洪蘭友先生找我擔任新聞組副組長，負責新聞發佈，但主要工作仍在《中央日報》。內戰大打起來以後，馬歇爾宣佈調處任務失敗返美，中國的局勢也就弄得不可收拾。特別是隨著國民黨在內戰戰場上的節節失利，內部的貪污腐化也愈形敗象畢露。其中，以孔宋兩豪門最爲窮兇極惡，因而有一九四七年七月廿九日，由《中央日報》揭露中央大員孔宋的空前貪污國家外匯案件。也就在這個時節，內戰戰場上國共兩軍優劣之勢倒轉了過來，正如毛澤東在其文章中說的，共軍由戰略防禦轉入戰略進攻，國民黨在山東戰場整師整軍的被吃掉。而後方不論軍事、政治都毫無革新跡象，相反地卻陷於病入膏肓的狀態。

致力於《民生報》南京復刊

就在這時，國民黨中央面對自己的敗象不是加以正視、勵精圖治，而是諱疾忌醫、粉飾太平。李、朱和我眼見國民黨沉疴難起，乃決定一同脫離《中央日報》，與成舍我先生合作，使抗戰前在南京發行的《民生報》在南京復刊，作爲民衆的喉舌，起一點振聾發聵的作用。而且商量好一套具體規劃。

我們三個的聯名辭職信遞出以後，馬星野先生固然大吃一驚；陶希聖先生亦覺情況不妙。他以《中央日報》總主筆兼中央宣傳部副部長身份致函我們三人，勸告打消辭意。記得他的信中「有站在一起，吾人方能生存」之句，還打出陳布雷先生的招牌，說布雷先生也希望我們「共體時艱」。而由我執筆以三人名義上陳、陶函中竟不加思索寫出「站在一起，吾人同歸於盡」之句，引起陶的憤怒，陳的嘆息，馬老師也感到尷尬，當面批評我「過份」。

這件事也爲以後荆蓀在台經歷十五年之冤獄埋下伏筆。其實，在我們三人中，李荆蓀對國民黨的感情是最爲深厚的。對反共有一套哲學思想作基礎，因此，國民黨的大特務沈之岳一九六〇年誣他爲「匪諜」而下獄，確是一種政治大諷刺。

形勢發展快過蔣毛估計

可惜，當時大陸形勢的發展比蔣介石、毛澤東估計的都要快。老實說，也比成舍我先生和我們三人估計的都快。遼瀋戰役以後，任何人都看得出國民黨在大陸的徹底失敗，祇是時間問題。到徐蚌會戰，黃伯韜兵團被殲，黃維岳兵團被圍，國軍敗局已定。成舍我先生在南京復刊《民生報》的計劃被迫流產，朱沛人被請到北京《世界日報》任總編輯；我則留在南京任《世界日報》特派員；李荊蓀也就與《中央日報》共命運了。

我爲《世界日報》一直工作到北平圍城。有兩件事在記憶上永遠無法磨滅。一是國民政府發金圓券，那是王雲五先生的精心傑作。我參加記者招待會前就拿到了公告，電話《世界日報》並建議發一號外。舍我先生後來給我一信解釋未發號外的原因，蓋當時北平居民對南京政府已徹底失望，他們考慮的只是如何應付共產黨入城，什麼金圓券、銀圓券都不能引起他們的興趣。

成舍我勤儉辦報感人深

另一件事即成舍我先生勤儉辦報、以身作則的作風，是這位報壇怪傑在新聞界廣受敬重的原因之一。記得他請我擔任《世界日報》駐南京特派員時，我向他提出的唯一條件，即要求有一部代步的車，因爲南京實在太大，沒有車要全面照顧幾乎是不可能的。他慨然答應，及時吩咐司機蔣寶華說：「從明天起，你這部車就歸陸先生使用。」這是一部紫紅色的美國 Hudson 牌新轎車，我用它來採訪新聞，曾引起同業的注目與羨慕，因爲它是當時南京新聞圈子裡最豪華的一部車。殊不料有一天早上蔣寶華爲我開車途經一個公共汽車站時，見到成舍我先生擠在人群中，我立刻叫司機把車停下請成先生上車，問他：「何必自苦乃爾？」他答得很自然：「既然你採訪需要車，當然，歸你用，新聞第一嘛！」

世界上有幾個這樣的報老闆？

關鍵一仗由大草包掛帥

國民黨所謂的「徐州戰役」、共產黨所謂的「淮海戰役」，是決定國民黨在大陸生死存亡的一仗。但蔣總統偏偏選了人們公認的「大草包」劉峙做徐州剿匪總司令部的總司令，實在使人百思不得其解。我問「元老報人」監察院長于右任先生：這關係整個大局最重要的一仗，怎麼會叫劉經扶（劉峙的號）去掛帥？于先生說：「蔣先生認爲他是一個福將！唉！現在還講這個東西！」

福變成禍，對此，中國歷史不乏先例。任何朝代到了末世都會有些怪現象。後來，實際指揮徐州戰役的杜聿明將軍在其回憶文章中罵道，那根本不是打仗，只是坐以待斃，因爲一切調動都得出自蔣總統本人。

提起「坐以待斃」，我的三弟陸錕有親身經歷，他在徐州會戰前一年就加入了蔣緯國將軍領導的裝甲兵。在學兵連受訓期滿後，開赴徐州前線。據他說，在戰壕裡，只是坐了四十天，根本沒有機會與共軍交火。每天的主要任務是去迎接南京空投下來的麵粉及大餅。往往為搶一個大餅而發生嚴重傷亡。最後突圍時，只落得全連瓦解的命運。他為共軍逮捕，關在一個廟裡，冒險翻牆逃出。

記得一九四九年四月，我從廣州到南京採訪，蔣緯國將軍告訴我，他最抱歉的是我把弟弟交給他，結果弄得下落不明。我說，整個形勢如此，不是一個人的問題。就在兩人通電話的當天下午，緯國傳來了好消息，說從徐州前線回來了兩個學兵，其中之一即我三弟陸錕。半小時後，緯國就親自駕車把他送到我處。由於面部浮腫，幾乎無法辨認。後來把他送到上海《新聞天地》社，由總經理黃綿齡兄安排就醫，醫生經過檢查作出結論：人體所需的維他命他全都缺乏。到底年輕，經過療養、休息、補充營養，快恢復了健康。我問他，今後願意幹什麼？讀書？做事？他的答覆是：繼續跟緯國將軍。而今時歷四十八載，當年十八歲的孩子，變成了一個年邁的台灣榮民。

于右任目睹總統府落幕

一九四九年四月廿三日，我跟于右任先生由他的副官宋子才陪同，乘其林肯牌坐車由寧夏路一號官邸直奔大校場飛機場，當時，交通部次長馬崇六在指揮最後一架專機撤離南京，這架飛機稱為「國璽專機」，原來其主要任務是運送「中華民國國璽」。但見總統府印鑄局長許靜芝捧著一個黃綾子包的盒子，畢恭畢敬地向于右任先生和居正先生兩位黨國元老說：「這就是國璽。」居先生「呵！」了一聲。于先生似乎還沒有從剛剛路過總統府所見的一幕帶給他的感傷中醒來，一臉沉痛的表情，頻頻撫摸著他的長髯微吁。

我後悔，當時不該提醒他老人家去注視那最不堪的一幕。我們車過總統府時，我先看見周鍾嶽先生（曾任國府內政部長和考試院副院長的雲南大老）書寫的「總統府」三個大字。接著就看見老百姓正成群地從總統府裡搬傢俱出來，我告訴老人家說：您看！司機大概也爲那驚人的一幕所震動而放慢了車行的速度，從中華民國政府成立第一天，就參加開國典禮的于右老，面對這種驚心動魄的場景，內心受到極大震動。這眞是情何以堪?!難怪，許靜芝向他介紹國璽時，他沒有什麼反應。他的思緒可能又飛到民國元年隨同中山先生就任中華民國總統的一幕了。

而今，國已不國，璽又何用?!

我陪于右老到機場不到十分鐘，但見翁文灝先生也到了。指揮這架「國璽專機」的雲南老鄉馬晉三老大哥還輕鬆地對我說：「這在你的記者生涯中，也是難逢難遇的一幕！」

飛機從南京飛上海時，于、居兩位元老被請在第一排坐。其餘的特別乘客除翁文灝、許靜芝外，早在我記憶中消失，腦子裡只留下幾張模糊的愁眉不展的臉。

蔣介石告別南京的一天

一九八五年夏，我在北京重逢一九四九年四月追隨于右任先生組成「立監委和平促進團」，準備赴北京促成國共最後的和平談判的南京時代的國府立法委員、一九四九年後任民革中央委員、江蘇省委副主任委員、國務院參事的李世軍先生。

他非常懷念于右任先生。我說，于先生的遺憾之一是沒有能促使蔣先生釋放張學良、楊虎城。

一九四九年一月廿一日于先生在南京碰了一個大釘子，非常生氣。他說，當天他在場，事情的經過是這樣：

一月二十一日晨，李世軍得到中央黨部秘書長吳鐵城的電話通知，說上午九時在黃埔路蔣的官邸有一重要會議，要他一定出席。他到達時已過九點。進入院子，看到陳立夫、張道藩、谷正綱正在院中踱步，面色陰沉。李走進客廳，已經坐滿了人，于右任、李宗仁、張群、何應欽、王世杰、吳忠信等都在座，大約四十人左右。引人注目的是原來掛在牆上的油畫都取了下來，背立牆邊，說明蔣要再玩一次「下野」遊戲。

李在吳鐵城旁邊坐下後，低聲問吳：「今天的會是什麼內容？」吳答：「等一會兒就知道了。」大約九點半鐘，蔣披著黑色斗蓬走了進來，與會人員起立，蔣點頭回禮，請大家坐下。然後宣佈，他決定隱退，政務由李宗仁以代總統之身負責處理。蔣說：「今天要離開這裡了。以後的事情，都要拜託德鄰（李宗仁的號）兄維持。希望大家以服從中正之心，來服從德鄰先生，要把局面維持下去。」

蔣說完後，谷正綱首先站起來，流著眼淚說：「總裁，你不能離開！」蔣聽後滿臉不高興打斷谷的話說：「你不要講了。」當時流淚的，還有張道藩、張其昀等。

蔣表示對戰局通盤考慮

谷正綱坐下後，蔣介石站起來，怒容滿面地表示，他只有離開這裡，才能有時間休息，對戰局通盤考慮。他強調：「我們的軍隊是好軍隊，我們的將領是好將領。我們所以打了敗仗，就是由於黨內的一些敗類，暗中與共產黨勾結，鼓吹什麼和談。尤其是立法院和監察院的一些人，毫不考慮中央的困難。」聽到蔣這些話後，黃宇人悄悄跟李世軍說：「聽見了沒有？我們都成了罪人了。」

蔣接著說：「時局雖然不利。但不要緊，會有辦法的。我離開這裡後，會對全局作冷靜地考慮。」說完後，問坐在他旁邊的李宗仁有什麼話要說，但見李抽動了一下嘴角，什麼話也沒有說。

跟著，田崑山站了起來，他指著李宗仁說：「總裁走了。你代總統有什麼旋乾轉坤的辦法？」蔣聽到此話，馬上嚴詞阻止田再講下去，重申：「大家都要服從李代總統。」

這次會時間很短，蔣並沒當著大家宣佈他的下野文告，那是事後交由中央社發表的。當他架著黑色斗蓬步出時，于先生向他提出釋放張、楊的要求，結果，自然是碰了大釘子。蔣此人從來是把戰敗的責任推給別人。這從他離開南京前的最後講話也反映出來。按他的邏輯，張學良自是罪魁禍首，豈能隨便釋放。

廣州封報捕人，大聲幾乎送命

●「記者不坐牢，不是好記者。」——張季鸞

●「面對牢獄之災，才能表現錚錚鐵骨。」——成舍我

一九四八年底國民黨和共產黨在徐州附近的大戰，以共產黨大勝，國民黨慘敗而告終。新聞記者消息總是比較靈通的，我在會戰尚未結束時，便知道形勢將急轉直下，因此，在一九四八年十月就離開南京飛到香港。

到香港不久，遇到蔣介石總統於一九四九年一月一日發表元旦文告，表示不計個人進退，促成國內和平。共產黨挾在戰場上戰勝的威勢，提出了和談八條廿四款，等於是叫國民黨投降，國民黨方面當然無法接受，但當時的情況，蔣介石總統很難繼續執政下去，面對桂系白崇禧將軍的壓力，以及國內外輿論的壓力，只好於同年一月廿一日宣佈暫行隱退，副總統李宗仁同日發表文告，宣佈就任代總統職。其時，國府行政院已遷到廣州，李宗仁就職後命令行政院遷回南京辦公，當時的行

政院長孫科托病不理，李宗仁的第一炮就沒有打響。不過，孫科到三月也幹不下去了，於一九四九年「三八」婦女節之日宣佈行政院總解職。接著，李宗仁提議由何應欽接長行政院，內閣正式遷到廣州，立法院遂移廣州開會，國民黨的中常會也在廣州舉行，廣州出現了自從一九二一年五月孫中山先生在廣州就任非常大總統以來從未有的政治熱。

趕政治熱創辦《天地新聞》

當時，我把廣州的迴光返照誤認爲還有一段時間的迴旋餘地，起碼西南半壁再拖個一年不是沒有可能。鑒於廣州缺乏一份像樣的報紙，便與好友又是雲南同鄉丁中江商量，決定在廣州辦一張獨立的報紙，讀者的報紙，講講老百姓的話，反映一下國民黨的夕陽黃昏也好。作爲一個記者更想抓住機會看一看政治大轉折的壓軸戲。

另外一個原因就是我們雖有心辦報，但所能籌到的錢實在太少，在香港根本開不了張，不得已求其次只有廣州。丁中江把昆明的房子賣了，我把老婆所有的一點積蓄和手飾也全部賣掉，作孤注之一擲。由於抗日戰爭末期十一個朋友一起在重慶創辦了《新聞天地》雜誌，是中國第一本新聞雜誌。在廣州就把「新聞天地」掉個頭叫做《天地新聞》（日報），這多少也是從日本的《朝日新聞》、《每日新聞》、《讀賣新聞》汲取了一點靈感。

特別使我們感到有信心的是在南京、上海時結識的一批年輕朋友如李蔚榮、漆敬堯、梁元熹黃漢驊夫婦、沈宗琳、潘啓元、梁小中等都願意參加工作，陣容不弱。

就在開報的第一天，通過空軍友人的幫助，將《新聞天地》出版的傳單灑向羊城上空，氣勢倒也不凡。爲報紙發行的一個創舉。

由於南京打下的基礎，政治新聞經常拿獨家，不僅同業側目，國民黨當局也非常傷腦筋，黨政軍聯席會報中不時提出爲什麼中央頭天決定的事，第二天《天地新聞》就會刊登出來？而且立場有問題。

原來是創刊之初，報紙就刊出我的聯襟龔選舞寫的一篇〈台灣難官百態〉的報導，而遭到國民黨深深的不滿。這篇描寫國民黨官員從大陸撤退到台灣的狼狽景象的文章中，在文前丁中江加進了《桃花扇》的一段作爲引子：

當年氣焰掀天轉，如今逃奔亦可憐。養文臣帷幄無謀，養武夫疆場不勇，到今日水賸山殘。

國民黨的大官看了勃然震怒，這篇文章成了一次中央黨政軍聯席會議的議題。出席的人一致主張嚴懲，而表態最激烈的是CC系的人，他們認爲陸鏗出身中央政校竟然反黨，無異叛徒。但是討論的結果提到最高原則只是誣蔑，還不能構成罪行。國民黨內比較開明之士，基於對我們一幫年輕人比較愛護，便勸我們要注意，小心不要使頑固派抓到辮子。

《天地新聞》日報自三月二十日創刊以來，因爲堅持獨立、自由，主張民主、和平，在國民黨看來，幾乎無日無辮子可抓。到了四月廿一日，終於拖出了一根大辮子被國民黨抓住。

三月下旬，李宗仁以代總統身份派出以邵力子爲首包括張治中、黃紹竑、章士釗、李蒸共五人爲代表，以李俊龍等爲顧問的「政府和平談判代表團」。邵力子先生以年老體衰爲理由，實際上他深知這一談判是不會成功的，所以力辭團長一職，改推張治中爲團長。而張治中多少存有幻想，欣然就任。四月一日代表團自南京飛北京，四月五日談判剛開始，中共就向李宗仁提出最後通牒，要求投降，以十二日爲限。李宗仁提出了「隔江而治」的對策，但毛澤東說，無論和戰都要過江。

這時，留在南京的部份立監委員公推監察院長于右任先生率領和平促進團赴北平，團員中多北方人士，其中之一即後來在北京任國務院參事、當時身爲國民黨中常委的李世軍，大概就在四月十三日，我接到于先生電話叫我馬上從廣州飛南京。到南京後，于先生告訴我要我準備跟他飛北平，擔任他的新聞發言人。據李世軍先生告訴我，當他們的團組成後，大家商量要找一個人應付新聞界。有人提程滄波，對其才華頗爲讚賞，程曾任監察院秘書長。于先生說另外想到一個人更合適些，因此召我前往隨行。等我趕到南京後，原定十六日啓行的，不料當天早晨接到于先生大女婿屈武的電話，告以當天將與黃紹竑一起攜回張、邵已在北京與中共方面達成協議的八條廿四款回南京。換句話說，那邊談判已經落幕了，這邊還去「促進」什麼呢？因此，于先生爲首的這個團就作罷了。

點出共軍渡江地點惹禍

就在此時，廣州方面最關心的問題，是中共軍隊「橫渡長江」。大家都知道，只要共軍一過江，廣州的局面也就是時間問題了。所以，共軍什麼時候渡江，從什麼地點渡江，成爲大家注意的焦點，這時《天地新聞》日報爲了滿足讀者的需要，就請國防部二廳的一位叫唐龍的繪圖員，他在報館兼差做繪圖工作，就他所能見到的軍用地圖繪製一個長江防線圖，圖上由我根據新聞判斷標明安徽荻港等幾個地點爲共軍可能渡江的橋頭堡，結果，到了一九四九年四月廿一日共軍在長江發動全面攻擊。果然荻港成爲橫渡長江的一個突破點。

這一下，國民黨內一貫視《天地新聞》爲眼中釘的頑固份子，如廣東省黨部主任委員高信之類的角色，就一口咬定，如果陸鏗不是匪諜，爲什麼《天地新聞》公佈共匪渡江的地點，恰恰就是我方被突破防線的地方呢？于右任先生在我被捕後和中江說起這一點，非常氣憤，他說，如果《天地新聞》眞是匪報，它怎麼會事先洩露渡江地點呢？但在成見與偏見之下，當時在廣州執掌大權的國民黨黨政軍聯席會報就作出了封報、捕人的決定。按照內政部的有關規定，下令逮捕發行人和總編輯。

《天地新聞》請了于右任先生做名譽董事長，由丁中江和我當老闆，我們共同邀請了好友董品禎任總編輯，既然逮捕狀上寫明要逮捕的是發行人和總編輯，我是發行人自然由我和董去。中江是社長，逮捕狀上沒有提，就由他留在外面負責封報後的善後事宜並行營救。

封報前夕，我們已經得到消息，當時不知道是一種什麼奇怪的心理，一點也不畏懼。我還寫了一篇告別讀者的社論，重申我們辦報是爲了反映百姓的聲音。我們的報紙雖然被封了，而民主自由和平建設的理想終於有一天會在神州大地實現。

最幼稚的是，明明知道官方要來封報了，竟不在具體事務作一些應變措施。比如收各國通訊社電報的收報機是通過中央社的好友周培敬的關係從中央社電務部借用的。再比如排字房的鉛字，是我和中江的一個朋友李誠毅替杜聿明在東北辦報時留下來、經中江向李借來使用的。既然報紙第二天要封閉了，頭天晚上完全可以集中人力裝箱運走，歸還人家。這些事情完全沒有做，慌慌亂亂地忙著要把最後一張報編好，向讀者告別。直等到第二天上午九時一隊憲兵開到光復中路的報社，將編輯部、經理部、電務室、排字房都貼上了封條，我才感到追悔莫及。追悔有什麼用呢？只能說明自己的衝動、幼稚。

明知要封報竟不作應變

更幼稚的是當憲兵把我和董品禎押上車時，報館的同事全圍攏在報館門口目送我們，我看到女記者黃漢驊在流眼淚，就大聲地說：「辦報紙坐牢是很好的機運。大家不要難過，應該鼓掌歡送。」果然，爆發出一陣熱烈的掌聲。丁中江對我又好氣又好笑，說了一句：「老草（包）！」對照汪精衛「慷慨歌燕市，從容作楚囚」的名句，從容則從容矣，於事何補?!

四月廿六日香港《星島日報》發表了如下的消息：

（本報廣州廿八日特訊）廣州警備司令部今日上午十時半指派特務連中尉排長馮錦晴，稽查梁某，及市警局某局員及警長等十四、五人，全副武裝，並攜帶手令和封條，前往光復中路四十三號查封出版僅四十天之《天地新聞》日報社。並依照手令，將該報發行人陸鏗、總編輯董品禎逮捕返部審訊。惟並未宣佈情由，究竟爲了什麼？至今還不知道。

（又訊）監察院長于右任聞悉《天地新聞》日報被封、陸鏗被捕，即以老記者資格，前往廣州警備司令部探問。

同日，香港《大公報》也發表了《天地新聞》被封、陸鏗被捕的消息。中央社發佈了《天地新聞》日報被廣東省政府主席薛岳下令、廣州警備司令葉肇查封的消息。

就在報紙被封、我和董品禎被捕的當天，我們住在廣州市西關昌華東街的家也被特務機關全面搜查。我妻子楊惜珍、丁中江未婚妻劉蕙如以及和我們住在一起的樂恕人的女朋友李玉蘭都被搜身。樂恕人本人因患肺病住在伍漢慈療養院，倖免受驚。

于右老探監驚動粵當局

我和董品禎被拉到警備司令部看守所後，經所長、一個廣東人「驗明正身」，問清楚了我就是陸鏗，老董就是董品禎無誤，叫一個看守兵把我們送入監房。監房大約有十五英呎寬、四十五英呎長，三面是磚牆、正面是木栅子。木栅子是用有臂膀粗的木條釘起來的，木條與木條的距離大約四英吋，剛剛可以容一個拳頭伸進來。所有待審之囚都關在這裡。抬頭一看，絕大多數都是赤著膊的，大約有一兩百人幾乎是一個擠著一個或坐或站，極少數是靠著牆打盹的。屋小人多，又加上天氣熱，四月下旬的廣州天氣已經是夠受的了。加上屙屎屙尿都在房內，所以臭氣薰蒸。而國民黨的監牢是有龍頭制的，先進去的囚犯欺負後進去的囚犯，不僅剝削有理，而且動輒打罵。初初入獄的人，照例是被指定坐在馬桶旁邊。幸而我入獄時口袋裡帶了一盒虎標萬金油，只有把萬金油不斷從鼻孔部位擦，擦了半天時間，大概用量過多，鼻孔部位都被刺激破皮了，又辣又痛。老董可能因爲他一向是位內向的人，被投入監中就雙目緊閉，一言不發，有如老僧入定，反映了他的修養。我告訴他，像這樣，不要三天我一定會悶死。他勸我不要急躁，說：「急躁是自己跟自己爲難。」而且說朋友一定會設法營救的。並以張季鸞先生的話相勉：「記者不坐牢，不是好記者。」我也想起了成舍我先生的話：「面對牢獄之災，才能表現錚錚鐵骨。」心裡感到好過一點。

關進去的當天，一口飯都沒有吃，一則吃不下去，再就是牢飯看看就怕了，哪還敢下嚥。

到了傍晚，忽然一個肩上掛中尉符號的憲兵排長走進監房喊我和老董出來，並叫我們跟著他走，原來是他奉命把我們帶到他的排長室去住。我們正疑惑間，他說出了內情：自報他是廣州警備司令部特務連中尉排長馮錦晴。告訴說：「監察院于院長要來看你們。」使我一下就解開了爲什麼特別關押之謎。監察院長探監，可能是國民政府開府以來還未有過的事。我跟老董說：「我們大概是生逢末世了，所以才有此殊榮。」品禎警告我：「不要胡說八道！」

于先生沒來，丁中江來了。我告訴中江，叫他無論如何要阻止老人家（我們幾個年輕後生都是這樣稱呼于右老的）千萬不要來。現在已經搬到跟憲兵排長一起住，他可以放心了。

馮排長是個有血性的年輕人，和我們「同居」兩三天後，了解了我們的情況，大大爲我們抱不平。他很熱誠地說，你們批評政府，還不是希望政府好。若說報上繪圖公佈了共軍渡江的地點，共軍恰恰就在那些地方渡江，只能說明你們判斷準確。政府如果重視你們的報導，事先加派軍力在報上指出的地方堵截，共軍也許就過不來了。我聽了楊排長的話，不無感慨，便和品禎說：我原來對國民黨失望透頂了。現在聽聽小馮的議論，看來國民黨中下級軍官中還不無優秀的人才。老董說這是希望之所在。

我們被捕後，才知道是國民黨各派系一致主張抓的。黨政軍聯席會議開會時有人主張從嚴懲辦，而且說非如此不足以安定廣州人心。高信在會上公開宣稱：「陸鏗自認他走過大江大河，這一次非叫他在珠江翻船不可。」執行命令的葉肇，又是廣東軍閥中有名的殺人不眨眼的屠夫，他的綽號就叫「剃刀」。所以了解內情的人，非常爲我們擔心。

閻錫山出面得化險爲夷

最初是于右任先生出面營救，但要考慮究竟找什麼人說話才最有效，是薛岳，還是余漢謀？而且以他的身份爲自己的小朋友的事表現得過於急切，也有所不便。恰在這時救星到了，于先生知道我曾率領「首都記者團」應閻錫山之邀訪問過山西，與閻建立了一點友誼。在于先生競選副總統時，還派我向閻先生聯繫過，爲的是爭取山西國大代表的選票。因而就轉託閻先生營救。于先生瞭解，在李宗仁和蔣介石「政治鬥爭」中，蔣極力拉閻爲同盟軍，閻在四月中旬曾飛奉化晤蔣，兩人基本達成了諒解。尤其到了四月下旬，共軍徐向前部攻佔太原，閻錫山的外甥、太原綏靖公署兼山西省政府秘書長梁敦厚（化之）親自召開黨政軍重要幹部會議，同時親自下令放火把包括自己在內的閻部精英燒死。另外有的精英像閻錫山的妹妹則個別自殺殉難，這就是轟動一時的太原五百完人殉難，使蔣先生對閻先生更增加幾分敬意。所以就在四月下旬自奉化頒密令給陳立夫、吳鐵城、何應欽、顧祝同、余漢謀、薛岳等，要他們一致擁護閻錫山組閣，這也正是爲什麼五月間李宗仁提名居正爲行政院長，結果以一票之差在立法院受挫的眞正背景。而六月三日再諮文立法院請同意閻錫山爲行政院長，獲得幾乎全體一致投票同意。

據于先生在我出獄後告訴我，余漢謀、薛岳等廣東軍政當局聯袂去拜候閻先生，表示擁戴之忱，臨別時問：「閻先生有什麼吩咐，請告訴我們。」閻說：「沒有啥，只是我的一個小朋友被你們抓起來了。」薛岳問起姓名，閻先生說：「就是陸鏗。我了解這個人，不會是共產黨。我願意和于先生一起擔保他。」薛岳等當時表示：「回去查一查再報告閻先生。」後來，他們再把你這個案子提到黨政軍聯席會上，大家爲了賣閻先生的面子，才准許請保候訊。我了解到這次事情既是CC與廣東地方聯合發動的，就找了與CC有關係的你們雲南鄉長李宗黃出面保你出來。你還不趕快走！」

於是我當夜乘和平輪離開廣州奔赴香港。我是五月中旬逃到香港的，到香港不久，就得到李蔚榮老弟的電話，說閻先生要我回廣州一趟。我遲遲不敢行。到了六月初，閻先生原來南京辦事處處長方聞又來電話催，並說現在閻先生已決定是行政院長了，別人不會動你的。我才又回到廣州。

見閻先生以後，他告訴我，他身邊沒有什麼人了。梁化之等留在太原的幹部已經殉難。在廣州，主要是賈景德先生做秘書長，再就是盧學禮任參事，方聞管總務，連找一個新聞秘書做發言人都沒有，想讓我出任行政院新聞處長，做他的發言人。我說：「萬萬不可。我剛從警備部的監獄裡放出來，如果任命我做你的發言人，對您不利，對我也不合適。而且我決定到東京去辦報。如果報紙辦成了，在海外跟您作個呼應豈不比做發言人要好。」閻先生一聽，也有道理，就說：「那我支持你辦報。發言人找誰呢？」我說：「發言人當然自己人最好。比如何敬之先生的發言人鮑靜安是跟他多年的。但您身邊的人多數犧牲了。我建議不妨請蔣先生給您推薦一個人，這樣，他會更放心。」閻說，就這樣辦。不料，關於閻有意讓我做發言人的事，賈景德接受一個記者訪問時，提到有此可能。結果廣州的報紙上在預報閻內閣的名單時，比如朱家驊任副院長、賈景德任秘書長、李漢魂任內政部長、葉公超任外交部長、杭立武任教育部長、關吉玉任財政部長、劉航琛任經濟部長，最後提到「行政院發言人可能由滇籍名記者陸鏗擔任」。就這麼個預測性的報導，一九五一年幾乎成了我送命的書面證據。

眞正有送命危險的是廣州國民黨黨政軍聯席會議，決定對我以「匪諜」罪名嚴懲，而且提高到安定社會和民心的原則上。一九四九年六月我從香港到廣州去看閻先生，方聞很親切地告訴我說：唉呀！好險。那天余漢謀、薛岳、高信聯袂來見閻先生，閻先生提到你的問題，在我送他們三位出門的時候，高信忍不住罵了一句：「丟那媽，又殺不成了！」

事隔四十多年，我和方聞先生在加州奧克蘭重逢，彼此都不勝滄桑之感。

永懷于右老・草書慰國魂

●葬我於高山之上兮，
望我大陸。
大陸不可見兮，
只有痛哭。

●葬我於高山之上兮，
望我故鄉。
故鄉不可見兮，
永不能忘。

●天蒼蒼，
野茫茫；
山之上，
國有殤！

——于右任

●隴樹秦雲懷偉績，鍾山蜀水憶徽音。詩成鼓角驚天地，筆走龍蛇邁古今。——樂恕人悼于右老詩

在台灣台北市中心，敦化南路圓環，矗立著一座銅像，一位身著長袍馬褂的美髯公，傲視天地。如今，四十歲以下的青年人，除非對中國近代史有興趣，可能不知道是哪位先賢的紀念像。而這位美髯公，卻是當今在台灣海峽兩岸同時受到尊敬的少數幾位偉大人物之一的于右任先生。

書家大詩人·兩岸同尊敬

了解兩岸政治氣候的人都知道，如今兩岸對峙，有時甚至怒目相向。能夠爲兩岸人民共同尊敬的人當然是孫中山先生。除了中山先生之外，恐怕就要數于右任先生了。從政治上說，于先生爲國民黨元老，追隨中山先生創建民國。一九一二年國民政府組織之初，就被中山先生任命爲交通部次長、代理部長。一九三〇年被推爲國民政府委員兼監察院院長。直到一九六三年十一月十日逝世。從文化上說，于先生更是在兩岸同樣受到尊敬的大書法家和詩人。

蔣經國先生生前，總統府辦公室中高懸著于先生寫的一副對聯：「計利當計天下利，求名應求萬世名。」而中國大陸陝西西安碑林，至今仍保存著于先生一九三六年捐出他所收藏、價值連城的三百多塊古碑。

一九八六年五月，北京展出了于先生的書品二百六十一幅，四百一十三件。這是從右老的故鄉陝西和四川、甘肅、寧夏、上海等地以及香港、南洋、美洲徵集到的于氏墨跡眞品，包括少年時代至病逝台灣前的王體楷書，北魏體書，尤其是草書，自成一種獨特風格。筆走龍蛇，大氣磅礡，雄健雅緻，兼而有之。有的看來如飛龍在天；有的看來如處子玉立。不論台灣、大陸，不少人家高懸于氏墨寶，給人以滿室生輝之感。

我二十歲起得右老教誨，感謝他老人家視若子侄。抗日戰爭時期在重慶，勝利後在南京右老寫給我的字，不是戰亂中流失，就是毀於無產階級文化大革命。承訂交半世紀以上好友丁中江將右老賜他的手書詩詞草稿分我兩頁珍藏；並在台灣骨董店搜求，得以新台幣數萬元購得一條幅。經在古董市場了解，于先生的字，越來越珍貴。香港蘇富比去歲拍賣，一副對聯賣到六萬港元。

格局旣恢宏·厚重又慈仁

于先生爲人格局恢宏，仁慈厚重。對於求字的人，向來是來者不拒。而且，不問對方的身份、地位，有求必應。在南京，我曾當面問過右老：「老人家每天寫這麼多字，難道不累？」答語是：「寫字是最好的運動，也是快樂的工作。人家求你的字，總是喜歡你的字，就寫吧！」

南京流傳一個于先生寫字的笑話。有一次，于在家中宴客，醉後作書，一位客人已求得一幅，又再要一幅，也許是于先生感到此人貪得無饜，也許是醉後信筆而書，順手寫了「不可隨處小便」六字，弄得求書者大窘。當時，右老的秘書長王陸一先生在旁，風趣而機智地給對方出了一個主意，把這六個字拆下來裝裱，便可安排變成「小處不可隨便」。令人拍案叫絕！

于先生「草聖」美譽的由來，主要是他感到方塊字太難寫，爲了節省寫字人的時間，乃融合百家草書，創立標準草書，世稱「于草」。老人對草書有一妙喩，他說：楷書如行步；行書如乘輪船、坐火車；草書就如乘飛機。

于先生在一九三六年秋編著的《標準草書》印本問世時，自序云：「今者世界之大，人事之繁，國家建設之艱鉅，生存競爭之劇烈，時之足珍，千百倍於往昔，廣草書於天下，利製作而興國運，此其時矣。」這說明了先生對草書寄望之殷。

一九四五年秋，毛澤東到重慶與蔣介石簽訂「雙十協定」，特別去拜候于先生。稱于先生爲「老師」，于說：「不敢！」毛說：「你老人家在上海對我的教導，永不敢忘。尤其是關於書法的指導，一生受益。」原來，國共第一次合作，國民黨在廣州召開第一次全國代表大會，于先生和胡漢民、張靜江等二十四人當選爲第一屆中央執行委員並與胡漢民、葉楚傖、張靜江等被派在上海執行部工作，指導江、浙、皖、贛四省黨務。毛也被派往上海執行部工作，尊于右任爲師。上海執行部成立時，于先生被推爲工農部長，毛在于先生身邊工作，還向于先生學習了草書，這就是他稱于先生爲老師的由來。

于先生認爲，字是人與人之間思想交流的工具，應當精益求精。當他知道我是在學寫米芾、米南宮的米字時，教導的第一句話就是，要不斷地練。他怎麼會想到我從三十歲到六十歲期間，長期坐牢，不僅被剝奪了練字的權利，連看書的權利都被剝奪了。

寫字和寫文章一樣，多少受情緒的影響。我和于先生接觸中發現了一個奧秘，即老人寫字時，如果是漂亮小姐磨墨、牽紙，他的字會寫得特別神采飛揚。好友樂恕人一九四八年底離南京飛廣州前，帶著女友、燕大畢業的高材生李玉蘭去看右老，右老除贈恕人一幅字送行，還給玉蘭寫了：

浣溪沙·哈密西行機中作：

我與天山共白頭，白頭相映亦風流，羨他雪水溉田疇。風雨憂愁成往事，山川憔悴幾經秋，暮雲收盡見芳洲。

天馬行空勢，于草稱絕倫

于草看來眞是瀟灑絕倫，有天馬行空，不可羈勒之勢。

于先生對於自己寫的字一直要求很嚴。比如，爲哥倫比亞大學新聞學院題贈的「世界春秋」四字，就是連寫了三幅，然後在三幅中挑出一幅交我帶到美國的。一九四六年二月，當我在紐約代表于先生把這幅字當面送給阿克曼（Carl W. Ackerman）院長時，他說，這是比什麼都好的禮物，反映了中國元老記者對美國新聞教育的期許。

于先生不僅將書法當作藝術品對待，而且，藉以抒發「爲生民立命」的感情。記得一九四八年春行憲國大在南京舉行時，于先生與孫科、李宗仁、程潛競選副總統，卻不能像他們三人有充足的競選經費，可以送禮、送錢、甚至送金條，簡稱條子。當時，關心于先生者問先生以什麼力量與人競爭?他幽默地答道：「我也有條子。」聞者大驚。因爲人人知道他是窮出了名的。後來才知道他決定每位代表送一幅字,足足用了將近一周的時間,寫了一千多幅「爲萬世開太平」,送給國大代表。一八一年，我在台北聽說，于先生到台灣後仍然喜歡寫這六個字，直到他去世的那年、一九六四年一月,還在台北爲到訪的馬來西亞國會議員團團員每人寫了一幅「爲萬世開太平」。這反映了于先生博大的胸懷。而他在日記中寫下具有遺囑性的「葬我於高山之上兮，望我大陸……」的遺歌，更成爲兩岸一致傳誦的充分反映民族感情的偉大愛國樂章。

愛護衆後輩，激勵教誨深

回轉頭來追憶于右老對我們一班後輩的愛護、激勵與教誨。

那是一九三九年秋，在重慶南溫泉位於仙女洞的政校新聞事業專修班。請到右老以元老記者身份給我們講課。我們事先翻讀了關於老人的新聞史，知道他是清末著名革命報人。一九〇六年、清光緒三十二年，他在上海眼見革命黨的《蘇報》和《警鐘報》被當局封閉，便到日本，一面考察新聞事業，一面向旅日華人籌款。更主要的是謁見了中國革命之父孫中山先生，得到極大的鼓勵，並加入了同盟會。豫、晉、陝、甘四省協會，爲他舉行歡迎會，推他爲會長，並籌集辦報的錢。因而，一九〇七年《神州日報》得以在上海誕生，繼後因遭火災，報社被焚。右老重振旗鼓，先後連創三報：《民呼》、《民吁》、《民立》。稱爲「三民」。

《神州日報》和「三民」四報，人才薈萃，正如于右老極爲欣賞的一位詩人和書法家劉延濤先生的詩句所寫：「文字都成開國史，精神放作自由光。」四報之編輯人和經理人如楊篤生、范鴻仙、王无生、談善吾、汪允中、李孟符、楊千里、戴季陶、陳非卿、吳靄林、朱少屏、景耀月、宋教仁、康心孚、馬君武、邵力子、呂志伊、葉楚傖、章行嚴、陳英士、張季鸞、陸冠春、徐天復、劉文典、朱宗良、吳忠信、孫芷沅等，多爲一時俊彥。從一個角度反映了于先生的號召力。

于先生給我們上課時，談起當年辦報，眉飛色舞。根據他的經驗，指出辦報一定要爲民請命。與學者密切聯繫，爭取學者在言論上的支持。張季鸞先生後來辦《大公報》，就注意到這一點，自稱他是「《民立報》的學徒」。右老勉勵我們：「民之所好好之，民之所惡惡之，昔人以此爲執政者之天職，吾則以此爲新聞記者之不二法門。」「爲維護新聞自由，必須要恪守新聞道德。新聞道德與新聞自由是相輔相成，沒有新聞道德的記者，比貪官汚吏還可惡。」

我之所以立志畢生做記者，與右老的教導是分不開的。他在重慶向我們談如何做記者時，已脫離報人生活三十年了，一旦回憶起記者生活，仍意興盎然。他說：「新聞記者是時代最快活的人。世界如此之大，文物日新又新，人所不能到的地方，記者能到；人所不易見的人物，記者能見；人所急於要知的情事，記者先知。」並以一九四一年十二月八日太平洋戰爭爆發舉例說，那一天，重慶絕大多數人都還在睡覺，而你們已在發「太平洋戰爭爆發」的號外了，那多高興啊！勉勵我們要以新聞事業爲職志，忠誠服務社會，造福百姓。

待我以子侄，賜號名大聲

我們幾個年輕人自一九四〇年起接近右老，老人一直待我們如子侄，除了基於元老記者對後輩的關愛之情外，另有一個歷史淵源，即丁中江的父親、曾任同盟會東京支部長的丁石僧老伯是右老的革命戰友，中江入新聞界就是右老介紹的。在重慶《國民公報》由記者而編輯而主筆，一度代理總編輯。右老爲了表示他的欣慰，不僅對中江勉勵有加，還寫了一副對聯送給石僧老伯：「蒼松含晚翠，玉樹發新枝。」

我的號大聲是右老在一九四三年七月十八日爲我證婚時取了作爲禮物、連同一副對聯送給我的。他說，按中國傳統連名帶姓的稱喚不禮貌，而單名不好喊，特別是「鏗……呵！鏗」，新娘子喊還差不多，我這麼長的鬍子實在喊不下去。所以需要一個號。如劉備號玄德，關羽號雲長。根據古語「實大聲宏」，而做廣播記者大聲疾呼，加上名鏗，鏗鏘有聲，故以大聲爲號相贈。從那以後朋友即以大聲呼我了。

抗戰時期在重慶，我和樂恕人是最早的廣播記者，當時，整個中國的廣播事業只有播音員，廣播時照通訊社的稿子唸，沒有記者採訪新聞，更不要說現場廣播了。我們試做廣播記者，曾得到右老的鼓勵，他說：「路總是要人去走的。」後來，我能出國做戰地記者，還是右老讓邵力子先生寫信給中宣部長梁寒操推薦。等到從歐洲回到南京出任《中央日報》副總編輯兼採訪主任，更是經常出入右老家中。記得美國原珠筆大王來中國推銷圓珠筆，就是先求我把他帶去見右老，請老人家試用圓珠筆，而我當時只從新聞角度考慮，幫了他的忙，在《中央日報》上發表了右老以圓珠筆寫字的新聞及照片，實質上是受美商利用免費爲其做廣告，而不自覺。直至長期坐牢，反省前半生做的錯事，才意識到這也是應該懺悔的一樁。

由於出入右老官邸已成家常便飯。有一天，一班新聞界朋友談起右老的鬍子，睡眠時不知究竟放在被子外面、還是裡面。我爲了好奇，竟荒唐地到寧夏路一號，推門而入，當時右老正準備入睡，問有什麼急事，我乃直告是探美髯之謎，老人大笑，指著裝在袋口有鬆緊的一個綢質袋子的鬍子說：「囉！這不是在被子外面嗎？你們這些年輕人呀！」

另一件事，反映了老人對我們的鼓勵有加。

在廣州辦《天地新聞》日報時，有一天中江和我邀請右老到我們住處小坐，同時約了陳芷町先生和高劍父先生陪右老聊天。高是嶺南派大師，談書論畫之餘，老人建議高、陳兩位何不即席揮毫，芷町先生興致勃勃地畫了一幅竹子，劍父先生便補上蘭花和奇石，右老讚賞之餘，提筆就以我二人的名字嵌入題詞，變成了三合一的傑作：

竹有節，蘭有香，大聲、中江兩克當。

可惜這幅名作，在我被廣州警備司令部逮捕後，整個住處被抄，就不知下落了。

競選副總統帶來不開心

一九四八年春右老決定競選副總統，命我做他的發言人。當時我就動腦筋「製造輿論」，倡言總統是武人，副總統應是文人；總統是南方人，副總統應是北方人；這樣才能平衡，而有利團結。蔣先生最初表示可自由競逐，後決定支持孫科，勸程潛、李宗仁退選，被拒絕。遂發動核心派系包括情治方面一律支持孫科。並致電閻錫山和傅作義將山西和綏遠的票統歸孫科。閻原是允諾支持于先生的，後來讓國大代表山西代表團團長梁化之告訴我轉報右老，情非得已，請予原諒。

于先生非常生氣，但因接觸的北方國代都向他表態支持，仍認爲有望；開票結果第一輪即落選，生氣之餘，約著邵力子先生和夫人傅學文女士和我（包括隨侍的宋子才副官）乘車同遊明孝陵。于先生對蔣先生發動黨、政、軍、特力量支持孫科表示了不滿。邵先生遠在《民立報》時就追隨過于先生，肝膽相照，他從整個大局看，指出國民黨天下已經動搖，于先生沒選到副總統也許是「塞翁失馬」。于先生聽後，抬頭仰望藍天白雲，詠誦了他一九〇四年寫的拜孝陵詩：「虎口餘生亦自矜，天留鐵漢卜將興。短衣散髮三千里，亡命南來哭孝陵。」重又抒發了四十四年前的感慨。

要求釋張楊，蔣推給德鄰

果然，不出邵先生所料，一九四八年五月五日，第一屆國民大會選出的總統蔣中正、副總統李宗仁在南京正式就職，五月九日國府即公佈動員戡亂時期臨時條款。到當年十一月底，國軍就在徐蚌會戰（中共稱為淮海會戰）中大敗。導致蔣先生不得不在一九四九年一月廿一日宣佈引退，由副總統李宗仁代行職權。廿二日華北統領軍事的總司令傅作義就在北平與共方達成北平和平解放的協議。

一月廿一日上午，于先生在蔣先生宣佈引退後，向他建議釋放西安事變主角張學良、楊虎城。結果，蔣向右老說：「你去跟德鄰（李宗仁號）講吧！」于先生為此氣得要命。我當時正在寧夏路一號于的官邸等消息，但見老人一回到家，進入起坐室就「嗨、嗨、嗨……」地從喉嚨裡發出一種低沉的吼聲，鬍子跟著有部分掀動。對我來說也是生平第一次看到「吹鬍子」。但聽他老人家說：「已經到這種地步了，還不……。」最後兩個字完全聽不清楚。是覺醒、還是覺悟。

我定定地看著老人，他招手讓我坐下，直到他把整個身子放進沙發，才告訴我蔣先生引退的決定，以及他碰釘子的情形。

一九九三年秋，在舊金山和張少帥談天，我問他有沒有聽說過于先生向蔣先生要求放他和楊虎城將軍的事？他說：沒有。我回述了這一段故事，他的反應是：「咳！難得于大鬍子有這份心。」

右老哭大聲，大聲獻餘生

一九四九年我和丁中江、董品禎合作在廣州創辦《天地新聞》日報，于先生基於愛護後輩，允任名譽董事長。不料國民黨黨政軍聯席會議爲了廣州安定，對於持獨立立場之報紙，必欲去之而甘心。加之陸鏗有反孔、宋，並與國民黨作對之前科，故作出封報捕人決定。我以發行人身份與總編輯董品禎同時被捕下獄。（詳見前章〈廣州坐國民黨的牢〉）經于先生和閻伯川先生的「關說」，得以取保釋放，輾轉赴香港、昆明、東京，從此與于先生別。

好友丁中江在于先生逝世後撰〈山高樹大于右老〉紀念文。其中有一段是這樣追憶的：

民國四十年春，我由泰國和越南遄返台北探視親友，抵台當天即赴青田街謁右老，老人家一見我面，還來不及握手，就大哭起來，口中喃喃說：「大聲（陸鏗號）大聲，我想念他。」因爲若干年來，我總是和陸鏗一同謁見老人，這次在萬劫之後，只見我一人，而陸鏗卻陷身昆明，老人家見到我，勾起了對陸鏗的想念，遂掩面痛哭。我自昆明逃出，雖受人所不能忍耐之苦，卻從沒有流過一滴眼淚，可是在仁慈的老人家面前，卻像一個受盡折磨的孩子回到親人面前，有說不出的辛酸，因此也大哭一場。後來我返香港，去向老人家辭行時，右老很高興的對

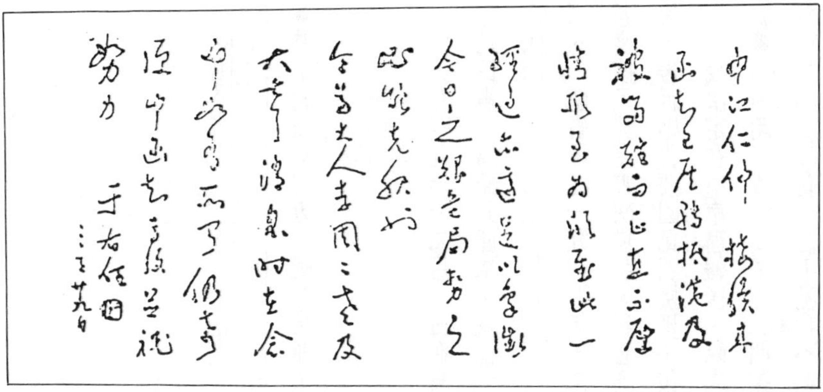

▲于右任覆丁中江函，提及「大聲消息時在念中」。

我說：「我有件寶貝送給你。」一邊說一邊在書桌上找，找了一會找出一份報紙，原來是一份《天地新聞》日報，正是查封那一天的。他老人家把報紙攤開，在上面寫著：「廿四斤行李中留此寶物，以贈中江，念大聲不已。」寫到末一句，又擲筆大哭。

當我一九七八年由大陸抵香港，讀到這一段記述時，深深體認到這不祇是長輩對晚輩關愛之情的流露，更重要的是反映了元老記者，對一個以記者爲終生職志的後生在新聞事業使命感上的深切期許。對右老最好的報答即把餘生獻給從一九〇七年、右老廿九歲起即獻身的偉大的新聞事業，至死不渝！

自投羅網回昆明，不要收條坐大牢

●時來天地皆同力，運去英雄不自由——唐·羅隱〈籌筆驛〉

一九四九年十二月十日在東京新聞街外國記者俱樂部看晚報，得見雲南省政府主席盧漢聲明脫離國民黨、靠攏共產黨，宣佈「起義」易幟的消息。也就是說已把原來雲南掛的國民黨制定的中華民國國旗——「青天白日滿地紅」換下來，改掛共產黨制定的國旗——「五星紅旗」。使雲南從中華民國的一個省，在一九四九年十二月九日一夜之間變爲中華人民共和國的一個省。我馬上聯想到我的老婆孩子都在雲南昆明，我必須把他們接出來。當晚給在昆明開業行牙醫的妻子楊惜珍發了一個電報，告訴她我要回昆明接她和孩子出來。

我決定在東京辦報後，除向麥克阿瑟總部申請到《天地新聞》日報出版的許可證之外，還向麥帥總部申請了我的妻子和三個孩子（可望、可信、南達）的東京長期居留證。當我決定離日返昆時，東京的朋友沒有一個不勸我不要冒險的。因爲那時大家對共產黨都不了解。記得名作家謝冰心和她的先生吳文藻就問過我共產黨對知識分子的政策如何，當時我也說不清。

記得一件比較有趣的事，就是在東京有一次和朱世明將軍、董顯光先生三人作竟夜之談。朱說，聽代表團的人講我會看相。請我當晚就替他和Hollington看看。董先生大樂，鼓掌贊成。我告訴他們是一九四五年在維也納等候到南斯拉夫和匈牙利的採訪簽證，閒居無聊，跟一個奧國人學的，沒有甚麼道理，只是一種經驗的積累和統計。而且中國有句話「相隨心轉」，說明人的心理和精神狀態，影響一個人的相。我說，根據我看，朱將軍的運氣可能會走下坡，因爲他即使歡笑中也帶有憂思。而董先生卻會走上坡，因爲他充滿了喜樂與信心。朱問我你自己呢？我說：「所有看我相的人都說我會坐牢，而且是爲女人坐牢。」他們哈哈大笑。

一九八六年李嘉和胡菊人及我三人在香港聊天，李嘉告訴菊人說：「大聲從東京回昆明被老共關起來以後，在東京的朋友都說：『陸大聲看相看準了他會爲女人坐牢，但他忘了他的老婆也是女人。』結果回去接家眷就被抓了！」

一九四九年十二月十一日，和趙浩生一起到英國海外航空公司（B.O.A.C.）東京辦事處去買飛香港的飛機票，我是經香港返昆明，趙浩生則是想到香港會友。但當時機票很緊，只有一張十五號飛港的，我請浩生讓我先走。票買好後，電話告訴朱世明將軍，他說他有一封重要的信託我帶到台灣面交給王雪艇（世杰）先生。我預定的行程是到昆明停一晚，接了家眷，就返回香港轉飛台灣。當夜朱世明到外籍記者俱樂部看我，他透露了他對整個局勢的悲觀，認爲國府的局面越來越困難，而派系人事的傾軋卻越來越厲害，他深爲憂慮。我說在東京大概不會有什麼問題，不過，國府的圈子越來越小，東京代表團團長這個位子可能很多人都會感興趣。尤其是原來有過留日經歷的軍人。

他告訴我，湯恩伯退出上海轉到香港後，就想來日本，結果麥克阿瑟很妙，他說湯恩伯是常敗將軍，不准來。

牢獄之災似已命中注定

朱世明告辭時已凌晨三時，正因爲睡得太晚了，竟誤了英國海外航空公司五點鐘派來接我赴機場的班車。也是牢獄之災命中注定擺脫不了，偏偏在近六點時我會從夢中驚醒，一看錶不得了，已接近飛機起飛的時間了。打電話問接線生航空公司的班車來接我沒有？她說來過快一小時了，打電話給我，鈴響了好幾分鐘沒有人接，她以爲我提前走了。這時唯一的辦法就是叫趙浩生起來送我，他把他的道奇車開到每小時一百英哩的速度，天還未大亮，在東京街頭疾馳。等趕到機場上飛機的門已快關上了。差一分鐘我十二月十五號就到不了香港，而下班機是廿二日才開。而我是廿一日趕到昆明坐牢的，事情巧不巧？

還有更巧的在後面。抵達香港後，到航空公司購買飛昆明機票，才知香港到昆明的航線已停了好幾天了。我問，現在要去昆明有什麼辦法？答覆只有兩個辦法，一是預繳五十萬港元的保證金；二是要有當地政府首長批准飛機可自由來去的電報。當時的情況是，由於昆明是突變，使很多做生意的商人措手不及，他們都急於回昆一行，包機的錢倒有，不過如能有盧漢同意的電報更爲妥貼，但找不出一個人出面聯繫。

第一個辦法我是沒門。不要說五十萬港元，五萬甚至五千我也拿不出。第二個辦法我倒可以試試。說來我和盧漢這位原來的雲南省政府主席、當時的臨時軍政委員會主任，多少有點交情。

一九四六年，李公樸、聞一多兩位民主教授在昆明先後被刺案發生，盧漢被蔣老先生召到廬山，不知是禍是福。他本是被派赴越南接受日軍投降，駐守那裡的。到牯嶺後知道我任南京中央日報廬山版主任，正在山上，便以同鄉的身份把我找去，和他談談，想摸摸政治行情。我告訴他李聞案蔣已知道不是地方勢力做的，而是陳誠系統的昆明警備總司令霍揆章下面的特務頭子張振國（八十年代台灣歌星張俐敏之父）指揮人幹的。原來傳說是曾任龍雲副官長的楊立德指使，目的不過是想嫁禍。但還不好明白宣佈案情已明，故特派顧祝同以陸軍總司令的身份去昆明徹查一番。這一查，只會對盧漢有利，爲了安定地方民心，至少表面上對盧要重用。我這一分析，後來被事實證實，盧漢印象很深。加上一九四九年閻錫山出任行政院長，他對閻的個性、作風、政治主張完全不知，所以乘我九月回昆之便在他翠湖青蓮街公館設宴歡迎，我爲主客，好友丁中江和昆明各新聞單位負責人作陪。晚宴自始至終都是談閻錫山。記得我和盧漢道別時，他特別拍著我的肩膀說：「老弟，我們是同鄉人，今後要多聯繫，彼此心照！」這一照，就讓我頗有把握地發了一通電報給他，告訴他我已自東京飛抵香港，即將乘機回昆接眷，請他批准。

我給盧漢的電報是十二月十七日自香港發出的，十八日就接到他的覆電，原文至今我還記得清清楚楚：

香港（電報代號）陸大聲先生：來電敬悉。匪廿六軍、第八軍奉蔣匪命，正在宜良呈貢集結，向昆明進攻。我九十三、七十四、八十九三軍匯合地方革命武力，正聚殲中，一二日內即可肅清，屆時再告來機日期。盧永衡。

拜望張群看其禾稈藏珠

我接到這個電報後，就通知幾天來和我聯繫的雲南商人，大家都額手稱慶。決定他們出錢我出名，包一架飛機回昆明。其原因，事起倉卒，很多商人在昆的貨包括礦產、鴉片極待運出。回昆明前我特別看候了在香港當寓公的原總統府政務局長陳芷町先生，由於同時創辦《新聞天地》的邱楠是他的小舅子，我們一班朋友都跟著邱楠叫他姐夫，告訴他我要回昆明接家眷。他說：「張岳公剛剛從昆明出來，沒有幾天，我們去看看他吧！」於是和陳芷町一起到了銅鑼灣。張群先生和他夫人及家裡人正在吃晚飯。一張方桌三面放的椅子，一面是利用一張床。對於張府上這種因陋就簡的情況，我感到驚異，心想，他到底做過行政院長又擔任過方面大員呵！爲什麼情況如此寒傖，可見國民黨也有清官。

我們的談話主題集中在昆明之變上。他說他是十二月九日自成都與第八軍軍長李彌、廿六軍軍長余程萬，和盧漢的小舅子新編九十三軍軍長龍澤匯等一起飛到昆明的。盧漢派裴存藩、楊適生等到飛機場迎接，仍和過去到昆明一樣招待在盧漢的新公館。到了晚上八點多鐘，沈延世（空軍第五軍區副司令）來到張下榻之處，說是接到盧主席通知因張長官來昆，所以今天晚上開會，而張完全不知此事，但並未認爲是多大的問題。他讓沈按著開會通知到盧漢的老公館去等開會。過了約一小時進來一個軍官（後來證實是盧漢的警衛營長龍雲青）向他敬禮報告，說是奉命來保護長官的安全，請不要隨便走動。他才曉得出問題了。他提出要去見盧漢，龍營長說：「盧主席已上五華山，雲南已經起義了。」張通過思考，當夜寫一信給盧漢，提出要乘原機離開。第二天，楊文清、楊適生代表盧漢來看他，通知說，軍機已經不能啓動了，安排了環亞航空公司的一架商用客機送他飛越南轉香港。

陳芷町插了幾句話，他說：「盧漢因爲岳公保了他的命，所以到要緊關頭還能表現一點黃天霸竇爾敦的江湖義氣。」我說：「香港報紙上對岳公脫險議論紛紛，聽說北京早已宣佈岳公是戰犯，故對盧漢此舉非常不滿，認爲他耍兩面派。(後來還有一傳說即中共曾有意以張群換張學良) 另外盛傳岳公眉毛裡有顆紅痣，根據相法，這是大貴之相，叫做「禾稈藏珠」，主逢凶化吉，遇難呈祥。我今天來也是想看看這顆痣的。張岳軍很幽默，一面摸摸他的右眉，一面說：「小小的一顆痣會有這麼大的作用?!」引得滿屋子的人都笑了。

我告訴張岳公我準備回昆明接家眷，以他看，可會發生危險?張群知道我和盧漢也比較熟，加之我是雲南人，此行只是接家眷，第一天到第二天走，他說照他想來，不會有什麼問題。陳芷町聽了張群的判斷後，開了一個頗有風趣的玩笑，他說：「大聲呀!你不要照搬岳公的經驗呵!你的眉毛裡並沒有岳公那樣的痣。」又引起一陣歡笑。

看了張群先生的第二天，我去看香港《大公報》社長費彝民，由於《大公報》已左轉，老費在港被目爲「左派」代表人物。不過因爲我們已是很熟的朋友，幾乎做到無話不談，因此他很誠懇地勸我不要冒險。他說：「老弟，你不要自視藝高人膽大，但現將面對的是共產黨，共產黨與國民黨是根本不同的。你如果冒險前去，一定是凶多吉少。」我的好友、蔣介石專機駕駛長衣復恩當時在港，也勸我不要冒險。

但我過於自信，認爲回去是接家眷，有什麼可怕的。況且，盧漢給了同意飛昆的覆電，更有所恃而無恐。決定聯合同鄉商人集體包機，到處打聽哪些同鄉願意參加。

極爲偶然專機飛往昆明

一九四九年十二月廿一日，預定當天到航空公司去簽約包機回昆。一大早我還躺在床上看報，《星島日報》送到了。頭條消息是「昆明城郊混戰」。根據外電報導，蔣介石派出的中央軍已逼近昆明城，且佔領了飛機場，盧漢的地方部隊拼力抵抗，雙方正在大廝殺。

一個保山的小老鄉做鴉片生意的張維和興沖沖地跑來找我說：「老鄉，老鄉，今天就有一架飛機飛昆明。你要走，可以馬上走。」我問他是那裡的飛機，他說是龍澤匯（盧漢的內弟，新編第九十三軍軍長）等爲了把雲南的鴉片煙運出來而包的。共產黨的軍隊一接管就運不出來了。於是我毫不考慮地喊著跟我住在一起的丁中江的三弟丁燕石（懋先）說：「走，你陪我去趕飛機。」當時，中江尙未逃出昆明，他太太劉蕙如和他弟弟燕石還帶著一個十一歲的小弟弟、後來已是台灣大大有名的替中華民國打官司的丁懋松律師，住在我們共同的一位商人朋友孫子順的公司裡。我拎著一個皮包、燕石爲我抱著一件呢大衣，就這樣直奔飛機場。記得在天星碼頭趕輪渡時，我們趕到時輪渡已離開躉船，我打開一扇小門，猛地跳上輪渡，燕石也跟著跳了上來。到達九龍尖沙咀時，爲了搶乘出租汽車，我們又演出了短跑，就這樣不顧一切地像發瘋一樣地要搶搭這班前路不明的飛機。到了啓德機場，像東京一樣，飛機馬上要發動了。我再晚一班輪渡，可能就會錯開。但見飛機上有兩個商人模樣的人，後來才知道一個叫蔡文翔，一個叫喻君匋，是貴州籍的鴉片煙商。環亞航空公司的英籍經理因爲我連一封介紹信都沒有，不同意我上機。我拿出《星島日報》駐東京特派員的名片和他交涉，而當時星島是香港最權威的中文報紙，一聽我解釋是回昆明接家眷，保證家眷接出後，即行付款給他，又拿出盧漢給我的回電證明，他也就勉強同意了。當時，我還向燕石誇耀說：「你看，陸大哥的本事大不大？」燕石連說：「大、大、大！」這一大，就換來了先後長達廿二年的牢獄之災。

飛機從香港開出，風和日麗，沒有一點顛簸。整個飛機只有八個人，計英國籍經理、美國籍正副駕駛、菲律賓籍機械士和無線電員，再就是兩個鴉片煙商和我這個新聞記者。到了昆明上空時，我聽英國籍經理向駕駛員問："Have you got any connection?" 回說："No!" 飛機只好降低高度在昆明上空轉了一圈，在飛機上已模糊看到五華山頂的五星紅旗了。我再一次聽到「與地面聯絡上了嗎？」「沒有！」的對話。英國籍經理和我並排坐在一起，問我：「陸先生，你看怎麼辦，與機場的電台聯絡不上。」我很自信告訴他：「不怕，降落吧！如果下面是蔣介石派來的部隊，他們的司令，我認識。如果下面是已投降共產黨的原省長的部隊，我這裡有他的電報。」英國籍經理說：「好吧，那我們試試運氣。」就這樣稀里糊塗地降落了。

降落到跑道上以後，才看到有軍人拿著小紅旗指揮飛機滑行，並引導飛機沿著一條兩邊排滿汽油桶的通道行進，直到停機坪爲止。事後我才知道是因爲盧漢易幟後，空軍一部分飛行員在昆明航空站站長蔣紹禹帶頭用計下，幾十人一下開著飛機逃跑了。龍澤匯才下令用汽油桶欄成一條彎彎曲曲的跑道，任何飛機如不順從指揮滑動，再也跑不走了。

機門打開方知大事不好

機門打開，十幾個武裝士兵手提輕機關槍高叫「不許動！」兩個商人一下嚇得癱在座椅上，英國籍經理連問兩句："What's matter?" 機組的美國人和菲律賓人一臉惶惑的樣子，用英語罵了一句粗話。我一看手提機槍對著自己，也慌了，還故示鎮靜問：「你們是那個部隊的？」對方回答「廿六軍的！」我再定睛一看，所有兵士的帽子上的帽徽全沒有了，既然投降了共產黨，怎麼還允許戴青天白日帽徽呢？於是恍然大悟，便故作神氣地高聲說：「請你們報告盧主席，就說『陸鏗來了！』」

大約二十分鐘不到，原來任盧漢隨從參謀的楊肇驤（後來才得知他在「起義」後已被任命爲昆明警備司令部參謀長）開著一輛吉普車到了機場。他一見我就說：「老兄，怎麼選這個時候來？主席給你電報不是說另告來機日期嗎？」我說：「今天有飛機我今天就來了。」在楊肇驤跟負責機場守衛鄒副師長低聲講話時，我想到朱世明託我帶給王世杰的信，免得落到別人手中對不起朋友，便臨時把它連同我在飛機上爲日本《每日新聞》寫的一篇半成品文章一起撕碎，把信放進嘴裡嚼碎。接著鄒副師長就命令我們一行八人下機，叫我們坐進一個中型吉普車中去，特別交代一聲：「陸先生，你坐駕駛室。」我問：「我的皮包呢？」他說：「放心，到山上會還給你的！」沒有料到這個皮包四年多以後才再見，只有一隻手錶，一個美國銀行存摺，一小包洗面用具還在。而它裡面所有的文件、照片，都作爲「罪證」放進了我的檔案。直到這時才知道我們將被押解到五華山盧漢大本營去。但我仍自信十足。

到了五華山上，第一個遇到的竟是我的堂姐夫、原來做過龍雲近衛團團長、後出任十八師師長到東北打過內戰的許義濬，他表現得很緊張：「你、你、你怎麼這個時候會來？」我知道他一貫膽子小，就說：「我是來接惜珍的，你不要管了。」後來我被投入監獄，才知他已於一九四九年十二月九日，被盧漢任命爲昆明警備副司令。原來他在國民黨時期的最後職務是雲南保安司令部人事處長。盧漢利用他熟悉保安團主要幹部的人事背景，在對抗國軍反撲進行所謂「昆明保衛戰」時指揮起來靈便一些，便發表他擔任這一職位。

在我堂姐夫倉惶退避以後出現的是龍澤匯，他的職務是九十三軍軍長。由於他是盧漢的小舅子，所以從頭到尾參與易幟的活動，扮演著除盧漢以外最重要的角色。我搭來的包機在香港起程前，雲南人就說是他包來運鴉片煙土的。盧漢的「起義」投共採取的是政治上靠攏、而經濟上逃避的「兩條腿走路」的方針。「起義」前，昆明就盛傳盧漢已將外匯轉到美國，而把古玩珠寶運到香港。龍澤匯企圖運走鴉片煙，在人們看來也是題中應有之議。這從他後來在「文化大革命」中爲了防備紅衛兵抄家，把大量黃金於黑夜丟進翠湖，而被自己的女兒檢舉，有一貫的脈絡。他見到我時，手裡拿著一份《星島日報》，我一看就是我帶來在飛機上看的，原來他的部隊搜到後馬上獻給了他，他一面舉著報紙，一面向我說：「陸大聲，陸大聲，你的膽子眞夠大，報紙上明明印著昆明城郊混戰，你居然飛來了。」他當時流露的那種得意忘形的神情，無論如何不會想到十七年以後的一個月黑風高夜，會把自己嚴密收藏的黃金偷偷丟進水中，結果被自己的女兒檢舉，成爲昆明文化大革命成果展覽的突出的壞典型，由於刺激過度，得了精神分裂症；最後帶著民革雲南省委員會主任委員和全國政協委員的頭銜死去。

盲目樂觀，一心要見盧漢

話說回來，進入雲南省政府辦公大樓後，我們一行八人被指定坐在會客室裡，第一個正式出面跟我們打招呼的，是原省政府財政廳長林南園。我和他是保山小同鄉，又是政校同學，平日就有來往，因此，一見面就毫不客氣地告訴他：「南園，趕緊拿點東西來吃，我們從早到現在還沒有吃東西哩！」他很快叫人拿來了餅乾、糖果。於是我招待同行者，還誇誇其談地說，今晚你們如果沒有地方睡，我招待你們到我太太牙科診所去睡地毯。她的候診室很大。說明我在實際上已經被捕的情況下還盲目樂觀。正當我們吃餅乾時，原雲南省政府民政廳長安恩溥到了，一見面，他就諷刺我說：「陸先生，你恐怕是聽說廿六軍打進來了才來的吧？」我反唇相譏地說：「呵！你的膽子也不小，現在還留在這裡，我原來想你可能早就嚇得逃離昆明了。」他碰了一個釘子後快快而去。

接著傳喚我們一行到一間會議室。由以臨時軍政委員會委員吳少默爲代表的一小群人問話（實際就是審訊）。先問隨機前來的英國籍經理，第一個問題：這架飛機是誰包來的？他說是一個叫James Yang 的昆明商人，楊是經常向他們包機的。旁邊有人插話：就是匯利公司的楊永昌。等一下打個電話一問就清楚了。再問第二個問題：陸鏗先生怎麼會同來的？英國籍經理陳述了我臨時要求搭機的經過，他強調看到我的名片是《星島日報》駐東京特派員，「星島」是香港最大的中文報，而我說是接太太隨機來去，他就同意了。第三個問題：另外兩個商人是怎麼會同來的？據答是根據

James Yang 的通知。姓蔡和姓喻的商人馬上聲明，他們是到昆明提貨的。第四個問題：飛機沒有與地面取得聯繫，爲什麼敢降落？英國籍經理對我望了一眼，似乎道歉似地說他們持有通航證，又說出了我和他在機上的對話。主問者才以諷刺的口吻向我說：「陸先生當然是得到廿六軍、第八軍反撲昆明成功才來的。至於給盧主席的電報那不過是個手法。」看來，他們對於我此行，已有成見。而我卻把希望寄托在盧漢身上，盧漢既然給我回了電報，說明他還是講交情的。跟其他的人扯，反正扯不清，認爲一切問題，只要見到盧漢，就可迎刃而解。錯誤地估計當晚就會恢復自由。因此在吃餅乾時，我還那麼輕鬆跟同機來的一伙人重複說，如今晚沒處住，可以到我太太的候診室去休息那段話。

問訊的結果，出乎我的意外，機組人員被一個會講英語穿制服的人領去休息；兩個商人被一個警官帶走。剩下我一個人被通知說：「主席馬上就見陸先生。」我心想：「盧漢到底還是夠朋友。」自然地聯想起三個月前在他家裡爲我舉行的盛宴。

那怕天仙也不值得冒險

一個副官來通知了：主席請陸先生到他的辦公室去。我被引導到二樓一間屋子裡，走進一看，這那裡是辦公室，明明是間會客室。迎接我的，不是盧漢，而是一個我從未見過的陌生人。開門見山地說：「盧主席太忙，不能見陸先生，叫我代見。」我一面坐下，一面打量他。五十多歲的年紀，和我差不多高的身材，黑色中山裝，襯著白冷的面孔，露出一副奸笑。眼光緊盯著我，似乎要發掘什麼秘密。我說請教尊姓，他說姓宋。我馬上想到在香港雲南同鄉處聽說的，盧漢領頭的雲南臨時軍政委員會有兩個共產黨員參加，而且都是一九二四年大革命時代入黨的，後來脫黨，四七、四八年看到共產黨成氣候了，又參加了地下工作。其中一個叫吳少默，一個叫宋一痕，都是雲南人。我馬上判斷，現在跟我打交道的就是宋一痕。我說：「其實，見不見盧主席也沒有關係。我這次是回來接家眷，承盧主席覆電同意很感謝他。」宋說：「陸先生，我們知道你是負著重大的政治任務來的，接家眷不過是個幌子。」我說：「我回來確實是為了接家眷，沒有任何任務。」宋說：「我們知道，楊醫生生得很漂亮，據說是成都中大牙科的校花。但是，在炮火連天中，誰都知道是非常危險的，那怕是天仙，也值不得冒生命的危險呀！」我說：「我們記者對危險的看法與一般不同。既然飛機能來，我為什麼不能來。」宋說：「那就請陸先生介紹一下這架飛機的來歷吧！」我說：「我是臨時搭機的，具體由什麼人出面包機不清楚，在飛機中跟同來的英國籍經理聊天，才知道這架飛機就是十天前張岳軍先生坐走的。」宋說：「妙！妙！張岳軍先生坐走，陸鏗先生又把它坐回來了。」我說：「我希望明天能坐這架飛機走。」宋說：「陸先生，既來之則安之。馬上就走，你想得太簡單了。事情是複雜的。」我說：「有什麼複雜。唯一不同的是，我和盧主席沒有張岳軍先生和盧主席的交情。但張岳軍先生是個大人物，共產黨點名的戰犯，我是一個普通的記者。」宋說：「你太客氣了，鼎鼎大名的陸鏗，怎麼是個普通的記者呢？有那一個普通的記者可以在炮火連天聲中乘坐專機翩然下降。陸先生，我看為了使事情簡單化，你乾脆談清楚，你是負有什麼政治使命來的。反正大家都是雲南人，好商量。」我重申我是回來接家眷的。宋冷笑一聲說：「看來今天晚上是扯不清了，你先休息一下，想一想，明天再談也不遲。」於是他按了茶几上的鈴，一個全身警官制服的人走了進來，我定睛一看，正是我的另一個小同鄉、原任昆明市警察總局副總局長李志正。宋起身對他附耳說了兩句，李回過身對我行了一個禮。我馬上站起來，伸出手準備和他握手，他卻不伸手，只說：「老鄉，請把你身上的東西全部掏出來放在桌上。」我問：「為什麼？」宋說：「我代表雲南臨時軍政委員會向你宣佈：你被捕了。」

宣佈被捕，想吃雞蛋炒飯

我原來和宋談話時，心情非常平靜，一點也不緊張，中間一度還用手彈著我繫的一條非常富有彈性的領帶，自己為自己的滿不在乎而感到驕傲。因此，一直是理直氣壯的。到宋一痕宣佈：「你被捕了」以後，才感到心頭一震，好像心要從胸膛裡跳出來似的，接著我發覺當我把身上的所有東西掏出來用手帕包好時，我的手已經冰涼。

幸而李志正是老熟人，他陪我從二樓走下大廳，再走上大廳外等著的軍用吉普車。上車時我發覺後座已有兩個武裝警察持槍以待。李志正讓我先上，坐在駕駛員旁邊，然後他上來坐在我旁邊。一聲：「到總局！」我知道我要被押解到警察總局去了。但我的新聞記者職業衝動，仍驅使我情不自禁地想看看易幟後的昆明，究竟有無變化。可惜眼前是一片漆黑，伴著幾點燈火，有一種死寂之感。到達以後，我說：「志正，一天沒有吃飯，炒一碗雞蛋炒飯吃，怎麼樣？」他說：「可以。先喝杯茶吧！」說著及時遞上一杯茶。坐定後，我問他：「跟我談話的是不是宋一痕？」他大驚：「你怎麼知道？」大概因為熱茶下肚，恢復了鎮定，所以我又由不得自我陶醉了：「你難道忘記了我是新聞記者。」說罷兩人都笑了起來。

雞蛋炒飯配了一碟豆腐乳，吃得特別香。絕不誇張，這碗飯的餘香，一直維持到一九五四年一月四日我第一次釋放回家。

當夜十二時，李以副總局長身份叫來了警察總局看守所金所長，至少帶有幾分歉意地向我說：「老鄉，你該去休息了！」金所長把我領進看守所裡最裡層一個小院、兩間監房中的一間，介紹說：「這是待質所，是看守所裡最好的房子，委屈你了，陸先生！有什麼事可以叫看守員。」說罷把門拉上，只聽到一把鎖「鏘」地一聲鎖了起來。

回頭一看，在地板上鋪了一張席子，席子上一個墊被，再就是一張被子，白色的裡子，已經發黑，尤其是被頭髒得無法形容。我還未躺下就有一股酸臭氣味襲鼻而來，我想，這怎麼睡得下去，於是對著門洞大叫「看守員！」一個年約六十歲的老看守施施然來到我的門前，問：「什麼事？」我說：「被子太髒了，能不能換一條？」他說：「這已經是看守所裡最好的了。你是局長交代過要特別照顧的人。」我說：「沒有乾淨被子，請你給一本書看好吧？」他說：「我們這裡沒有什麼書。好吧，我去替你找一找。」又過了一會兒，他又拖著脚步來了，把書從門洞裡遞進時，口中唸唸有詞：「好不容易找到這一本。」我接過一看，原來是竹紙直排石印的一本發黃的書，翻開第一頁是四個大字「洞冥寶鑑」，講的是十八層地獄的故事。我自己問自己：難道眞的跳進了十八層地獄？

春城看守所生涯

●「萬事互相效力，讓信主的人得益處」——《聖經》．羅馬書

一夜未眠，萬念俱集。首先，想到命運的問題，看來坐牢已是命中注定。我從十八歲起，在昆明看相算命，相師就說此生有牢獄之災，而且有生命危險，叫我小心。但我從不把這放在心上。就以這次自投羅網說，硬是千方百計掙來的。一九四九年十二月十五日，已經在東京誤了飛機，又鬼使神差地從睡夢中醒來，竟而趕上了飛機。同月廿一日，在香港要不是臨時有人通知，通知後要不是拚命趕輪渡，趕計程車，搶搭飛機，搶搭飛機時要不是會說幾句英語得以與環亞航空公司的英國籍經理溝通，就不會坐牢。而現在居然坐牢了。我常常自詡記者生活是「海闊隨魚躍，天空任鳥飛」。這一下好了，看你怎麼躍和飛吧！

妻子埋怨爲什麼還要來？

一九四九年十二月廿二日清晨，第一件事就是設法通知我妻子楊惜珍到省看守所看我，並請她送被子、墊褥來。經過試探，終於說服一個看守員小徐，爲我送一張字條到昆明護國路公生大藥房樓上我妻子的牙醫診所去。直到傍晚，惜珍抱著一包行李來了，她說接到我要回來接她和孩子的電報後，已回一電叫我千萬不要來。她以埋怨的口吻問：「你爲什麼還要來呢？」我說，我認爲來了第二天就可以帶全家走，誰知道一下飛機就被捕了。我叫她馬上到青蓮街找盧漢，要盧放我出去。

當時，中共的部隊尚未到達，昆明除了換了一面旗幟，改了一塊招牌，原來的雲南省政府爲雲南臨時軍政委員會所代替，各方面一仍舊貫。看守所中還可以接見家屬，住在關押要犯的待質所裡的人更受優待。就在我關入十天後的下午，雲南大學教授納忠也關進來了，他是信奉伊斯蘭教的學者，中國派到埃及愛茲哈爾大學的第一個留學生，爲阿拉伯文史權威，在雲南大學教授中近東歷史。而我曾到過埃及，所以兩個人交談不愁話題。他本是一位不參與政治的學者，抗戰後期受蔣經國延攬，擔任重慶中央幹部學校的教授，因而和三民主義青年團有了關係，後且被任爲雲南支團部負責人之一。盧漢「起義」後，大捕國民黨黨團骨幹，並沒有碰他。到國民黨廿六軍、第八軍奉蔣命聯合向昆明反攻時，盧漢爲了減少「裡應外合」的威脅，把原來可捕可不捕的人也捕了起來，納忠教授才變成我的「同窗之友」。他感嘆國民黨的氣數大概是該盡了，所以昆明連三歲兒童都在唱《解放區的天是明朗的天》，整個社會瀰漫著反國民黨的氣氛。盧漢隨時會翻牌，幾乎是衆人皆知的事，而國民黨的特務居然麻木不仁到什麼情報都不能掌握，最後被一網打盡。

說到特務，大特務就來了

「說到特務，特務就到」。在一個深夜，我因睡不著覺正在沉思，忽然聽到待質所的大鐵鎖「鐺」的一聲開了，接著一陣腳步聲，我趕快坐起來順著鐵窗的鐵欄柵向外望去，只見幾個武裝警察押解幾個頭戴黑布頭罩的人抱著行李走了進來。第二天，從看守員處打聽到原來是送來幾個大特務。軍統西南區區長、西南軍政長官公署二處處長徐遠舉，軍統西南區副區長、重慶衛戍總司令部保防處處長周養浩，軍統總部經理處長郭旭，總務處長陳希超。這些大特務不僅人被捕，他們攜帶的大批黃金、美鈔也被搜查出來。他們原都是十二月八日從成都到達昆明，準備十日飛海南島轉台灣的。怎麼會想到一夜之間情勢大變，九日就宣佈「雲南起義」了。盧漢聞徐遠舉到昆，原來在通知李彌、余程萬、沈醉、李楚藩、沈延世、童鶴年、石補天等開會的名單中也曾列了徐的名字。通知送達給徐，徐心有疑惑，決定缺席，但仍插翅難飛。周養浩九日夜宿機場，次晨得悉盧漢投共，想到自己在重慶撤退前奉蔣介石之命曾親自把楊虎臣父子從貴州押解到重慶，交給軍統局本部殺害，光這一樁事，都自忖必死，故躲了起來，不料被徐遠舉供出，後同被列爲戰犯，未被鎮壓。

沈醉原來是軟禁在五華山上的。昆明爭奪戰結束後，他也被移送到警察總局看守所內的待質所與其他四個軍統大特務關押在一起。

沈醉後來告訴我，共產黨明確地告訴他，光是昆明一地，他們就抓了國民黨大大小小的特務五千多人，數量之所以這麼多，當然與盧漢一夜之間「翻牌」有關，很多特務都是退到昆明候機飛海南島轉台灣的。包括「軍統」（軍事委員會調查統計局）、中統（中央黨部調查統計局）和國防部二廳、憲兵特高組及其他不屬於以上四個組織的所謂「雜特」。其中以「軍統」的勢力最大、人數最多。共產黨之所以要把沈醉留下來不殺，後來還提名他做全國政協委員，主要是將他作爲一本「活字典」。沈不僅長期在軍統局本部工作，又曾在軍統各訓練班任教，了解軍統人事。爲了要弄清其他特務的背景，就向沈醉查證，由沈提供較詳盡的材料。所以沈醉照他自己說的「雙手沾滿人民的鮮血」，仍然得以活命。而且成了知名的統戰對象。中國大陸還準備把他女兒美娟寫的《沈醉的故事》拍成電影，後來由於意識形態向左轉被擱置下來。

從一九四九年十二月底起到一九五〇年一月，看守所的人越關越多。最初我和納忠教授兩個人住一間囚室，至少有十五平方公尺面積。到一九五〇年一月底，我被編到一個不到五平方的監房裡，結果關了十個人。大家只能頭脚顚倒睡，也就是五個人的頭旁邊插進另外五個人的脚。有時候實在睡得太難受了，只好靠牆坐著，第二天打瞌睡混日子。後來關進一位中央銀行湖南衡陽分行的經理陶天爵，他向大家提議，不妨自得其樂，想辦法使日子好過一點，輪流講故事，並且帶頭講《基度山恩仇記》，果然把大家帶入另外一個境界。本來，整個看守所生涯，就是一個「關」字。像雞鴨樣地關在籠子裡。這一來，以我說，思想就跟著基度山開小差了。

看守所得悉妻子亦被捕

一九五〇年一月底，在看守所得到消息，我妻子楊惜珍也被捕了。這對我來說，一如晴天霹靂。被捕的原因後來知道，主要是她爲我的事去找到盧漢的太太龍澤淸向她訴苦。並找我原來認識的朋友如昆明市市長、中共接管後因參加「起義」有功改任副市長的曾恕懷等。共產黨地下黨爲了制止她到處呼冤叫屈，同時想從她身上打開我案情的缺口，就把她抓了。

最初是在一個秘密的高樓中審訊，幾個審訊員對她進行疲勞轟炸，輪班逼她交代我的問題，也同時交代她的問題。她是一個單純的牙科醫生，大學出來就做醫生，沒有做過別的事，我的事情她並不淸楚。因爲她是一個技術本位者，用共產黨的話叫「白專道路」，對於政治根本不感興趣。突出的例子是我在南京做記者，在廣州辦報紙，她連看報紙的興趣都沒有。審訊者實在審訊不出名堂，因爲她是牙科醫生，就一個一個的牙齒進行考問。三十二顆牙齒都問完了，最後還是一無所獲。

她後來告訴我，審訊中，小便急了，審訊員竟不准她上廁所，她一氣一急一出汗，小便竟也忍住了。後來，中共大軍入城，鑒於關押的人實在太多，監獄和看守所統統人滿爲患，以昆明監獄爲例，雲南易幟前不過關了一兩百人，而易幟後一下增加到兩千多人。十倍還多。隨著中共軍隊的入城，有些人還需要抓了關起來。在不得已情況下，只好把監獄略加淸理，亦如商店之「淸倉」。將沒有任何政治背景，只是某種牽連而被捕，也就是並無關押價值的人淸放一批，楊惜珍因而出獄。

偶然歸主，出現神蹟奇事

但就這麼一關，把她關成了一個基督徒。直至今日，近半世紀，一直是一位非常非常虔誠的基督徒。而且把我們的家庭帶動成為基督徒家庭。

據惜珍說，事情發生在她抓進看守所半個月後，我知道她關在我對面建築的監房中，便說動了一個年輕的看守員名叫徐文煥的送了一張便條給她，主要是些安慰的話。有一天女看守員劉勁秋突然把她叫到辦公室去，板起臉孔問她：「楊惜珍，你為什麼害我，你為什麼說我為你和你先生陸鏗傳遞紙條？」我太太申辯絕無此事，她沒有向任何人提到劉勁秋，也沒有任何人向她問過劉看守的事。但對方不相信她的話，厲聲叫她：「下去！」

她回到監房後，同房另外兩個被監禁的人，一個是黃埔第一期畢業、官拜八十九軍軍長馬勵武的太太鄢靜芝，一個是龍雲的外侄女方玉桃，看她面帶愁容，問她什麼事，她不敢說。只有悶在心裡左思右想，忽然想起鄢靜芝曾在勸她信耶穌時教她的話，你信了耶穌後，遇到任何困難都可向主求，不過，禱告結束之前要說：「這個禱告是奉主耶穌基督的名求，阿門！」才有效。她於是在入睡前跪下向主禱告，說明自己被看守員劉勁秋誤會，非常害怕，如果誤會繼續下去，她是受劉看守員管的，日子就沒法過。請求主幫助化解。化解了以後，還要讓她知道主在看守員心裡作了工。奇妙的是，第二天這個前一天表現得凶神惡煞的看守員對她不但恢復了過去平易的態度，而且表現得比過去還要親切，稱她：「楊醫生」，甚至問寒問暖。從此，她看到了主的大能，一心歸主。以後還有一些神跡奇事，發生在我們家中。

接管前掌握在押者情況

一九五〇年二月二十日昆明市舉行歡迎陳賡、宋任窮率領解放軍第四兵團的入城儀式，我們關在警察局的看守所裡，都聽到鑼鼓鞭炮聲和扭秧歌的歌聲。據事後進看守所的「同犯」說，三十萬人傾城出動，報上講是自清朝到民國以來從未有的盛況。

就在共軍入城的第二天，二月二十一日，一個腰繫皮帶、身著解放軍裝、面孔白皙、年紀四十左右、操著北方口音的軍官，由看守所長陪同巡視監房。到了我所住的監房門口，第一句問：「那一個是蘇子鵠？」頭髮銀白的蘇子鵠站起來說：「我是！」「呵！你就是蘇子鵠，軍統的元老。」蘇：「不敢！」「好，請坐下。」

「那一個是李家杰？」身軀肥胖的李家杰站起來說：「我是！」「你擔任監視楊虎城將軍的警衛隊長好多年了。」李：「是！是！」「請坐下。」

「那一個是陸鏗？」第三個輪到我了。在蘇子鵠、李家杰先後站起來答問時，我就想，如果喊到我，站不站起來？心想我是個記者，沒有必要像特務樣地畢恭畢敬。於是，坐在原地把頭一揚說：「我是！」對方見我沒有起立，先「呵！」了一聲，接著帶有諷刺意味地說：「到底不愧是鼎鼎大名的記者。你有反蔣的紀錄，但不要忘了，你跟國民黨有千絲萬縷的聯繫，尤其和閻錫山。」我一時竟想不出一句恰當的對話來。覺得自己第一個回合就輸了。這說明共軍未進昆明接管前，就作了大量的調查研究工作，掌握了在押者情況。

這位突如其來的視察者走後不久，我們就從看守們嘴裡打聽到，他是昨天剛隨解放軍進駐昆明的軍管會公安部政治保衛處處長閻村。

很快地，我們得到了通知，三月一日一早把鋪蓋行李收拾好，準備集體轉移到昆明監獄去。

戴鐐長街行，氣宇更軒昂

三月一日傍晚，在太陽快落山時，昆明市警察總局看守所關押的囚犯，各人背負著各人的行李，兩人共銬一副手銬，由武裝士兵押解著向錢局街雲南最大的監獄走去。事先規定了幾條紀律，諸如不准掉隊，不准說話，不准東張西望，如果看到自己的家屬親戚朋友，絕對不准打招呼，違者嚴懲。沿途百姓駐足而觀，指指點點。小孩子發現我們兩人共銬一副手銬，驚異地叫了起來：「咦！看哪！這些人的手鎖在一起。」由於人數多，隊伍拉得很長，雖然路旁有不少市民駐足而觀，但並沒有自慚形穢的感覺，我反而想起了一個年輕人在被國民黨逮捕後寫的：「戴鐐長街行，氣宇更軒昂」的詩句。

這時，大街上已張貼出由陳賡、宋任窮帶頭的軍管會的佈告。我永遠不能忘記昆明軍事管制委員會公安部長劉子毅對我的第一次審訊。

劉不是在看守所提訊我，也不是在監獄提訊我，而是叫人把我帶到他的辦公室去。他中等身材，身著軍服，顯得很有精神，一副精明的眼睛，似乎要看穿對方的肺腑。他原來是靠在一張單人沙發上，我進去以後，他站起來招呼，然後擺手讓我坐在一張雙人沙發上，跟著他也坐了過來。打開他的大重九牌香煙請我抽，我說：「謝謝，我不會！」他馬上放聲大笑說：「哈哈，那兒的話，堂堂大記者，那有不會抽煙的道理？」我重申真的不會，他突地站起身來一隻脚翹在雙人沙發前的一張長茶几對我仔細打量說：「你別見怪，我是想從你的牙齒縫中找一找有沒有香煙的痕跡。」接著說：「雲南的大重九眞不錯，你不會抽，太可惜了。」

他「如數家珍」地說了我的經歷：「你是天子門生，蔣介石的學生，曾跟美國的艾森豪威爾進軍柏林，參加中國新聞界訪日代表團做過麥克阿瑟的客人，又跟馬歇爾八上八下廬山，美國的三個五星上將你都打過交道，好傢伙，所以別人稱你是十五星記者。對吧?!」

我趕緊聲明：「這是關在監房裡沒事聊天、吹牛，別人亂封的。」

劉子毅笑瞇瞇地說：「不是亂封，有道理。臨時軍政委員會轉來了有關你的材料，他們說你是『接收大員』。我就鬧不懂，一個新聞記者怎麼會變成接收大員?直到知道你的全部經歷後,我懂了。

第一次受審，面臨兩條路

現在，擺在你面前的有兩條路，一是把你接受政治任務的情況作一交代。沒有關係，『接收大員』你並沒有接收嘛！怕什麼？說清楚就行了。另一條路是，拒絕交代，咬定沒有政治任務，這是你的一面之詞。共產黨是走群衆路線的，我們相信群衆的檢舉揭發，你公事皮包裡帶的文件、照片，與群衆的檢舉是符合的。你堅持的那一套，回雲南是爲了接家眷，準備把老婆孩子接到東京去。我們總得派人到日本去調查了解呀！老實說，我們現在不但不可能派人到東京去查證，連派人到香港也無可能。因此，希望你很好地跟咱們合作，政府對你一定寬大處理。假若你堅持不合作，那只有無限期地等待下去。注意，無限期！那你就別怪人民政府了。」

他的話，很明顯，一條路是「合作」，承認自己是負有政治任務來的。他們再酌予量刑，給予處理；一條是堅持自己的實際。其結果就是無期，雖然對方加了一個「限」字，避免了法律名詞。但我想起做記者的大原則——尊重事實。如果我順竿爬，承認了別人強加給我的東西，即使得到所謂「寬大處理」，也違背自己的良知。反覆思索，最後還是拒絕撒謊，事實的演變證明，這一拒絕，無異拒絕死亡。我告訴劉子毅：

「你們共產黨一向強調『實事求是』。如果編造一套謊言，應付過關，對我本人說，違背了良知，對你們也是一種欺騙。謝謝你對我交底。

劉子毅微笑著吐出了下面的話：

「看來，你對咱們共產黨還是有一點認識，你就安心學習吧！」

我了解，「安心」意味著什麼。借用白居易的詩句即：「此恨綿綿無絕期。」但與共軍政治保衛人員這一回合的交鋒，而且是更高層次的交鋒（閻村是處長，劉子毅是部長），因事先早有心理準備，所以對成一個平手。

打下十八層地獄

●革命不是請客吃飯，不是做文章，不是繪畫繡花，不能那樣雅緻，那樣從容不迫，文質彬彬，那樣溫、良、恭、儉、讓。革命是暴動，是一個階級推翻一個階級的暴烈行動。——毛澤東

一九四九年十二月廿一日到一九五〇年二月底，關押在雲南省看守所。一九五〇年三月開始了昆明監獄的生活，一九五四年一月四日釋放。一九五八年三月廿九日「二進宮」，直到一九七六年初才告別昆明監獄。

昆明監獄是雲南最大的監獄，也是最有規模的監獄。民國初年在雲南督軍唐繼堯主政時建蓋。唐繼堯是日本士官學校畢業生，昆明監獄就參考日本巢鴨監獄的設計，監獄本體建築爲中間一座鐘樓，鐘樓下面兩排房屋分列東、西兩側，有如兩臂伸展出去，稱爲「中排」。其盡頭各有一間大廳，大廳好像扇子的扇柄，面對以扇形展開的兩組房屋。每組十二列，由六個排道隔開。每一排道有十二間房，相對而立。編號是從一排到六排，每一排從一號到十二號，東西分立，稱爲東監、西監，

完全對稱。其特點是值班人員坐在東監或西監的監視崗位上，可以清楚地監視到本監每一個監房的門。任何一間監房有異動，崗位上的監視者都可及時查覺，做到「一目瞭然」。

十八道門象徵十八層地獄

由於日本人信佛教，相信輪迴之說，有地獄觀念。習俗相傳十八層地獄，監獄的設計，也緊扣住這一種傳說。由監獄大門進入，兩旁爲管理人員的辦公室，輔以花圃，別有洞天。然後過一石橋，名「奈何橋」。過了「奈何橋」就是一道大門。從這道門數起，到達任何一監房，必須經過十八道門，象徵十八層地獄。自然地給被投入監獄的人一種暗示，已經打入十八層地獄了。

初聞這個監獄是民國八年建成的，一九一九，與「五四」同庚，不由產生一種反應：我恰恰出生於一九一九，難道這一監獄就是爲我造的？很多人認爲命相之學，完全是無稽之談，但我從切身的遭遇感覺到，世界上，人和事必然中有偶然，偶然中有必然。歷史因果與現實機遇，對於一個人的命運往往產生非常奇妙的影響。

國民黨爲什麼會被共產黨打敗？我接觸的人多半從國民黨本身找原因，我自被中共逮捕坐牢後，學會了從共產黨方面找原因，就拿管理監獄說，共產黨確有國民黨所不及的地方，充分發揮其善於組織之長。中國歷史上有「以夷制夷」之說，中國民間也有「以毒攻毒」這個詞兒。共產黨的監獄管理，就是利用犯人管犯人，把毛澤東的《矛盾論》在實踐中落實。

以昆明監獄說，那麼大一個單位，兩千多囚犯，政治犯關押於東、西兩監，刑事犯關押於北監，中共只派了一連解放軍，守衛重點放在東西南北四向四個碉堡及大門和巡視圍牆。解放軍一般不進入監舍，只是遇到槍斃人時才會看見他們。另外派了兩個解放軍幹部，一個叫任勤生，爲駐監獄軍代表，一個叫林××任省看守所長。原來管犯人的牢頭禁子，也就是獄卒，一變而由被捕的軍統特務擔任。帶班的稱管理員，一般跑腿的稱服務員。

用囚犯管囚犯以毒攻毒

這班人有的曾在湖南貴州看守過張學良、楊虎城，有的曾在重慶磁器口渣滓洞白公館看守過葉挺、黃顯聲。他們在林所長的指揮下工作，三個管理員分別在東監、西監和中樓崗位負責。管理員下是服務員，服務員多到十幾個，要日夜輪班，平日主要的工作是當審訊員要審訊囚犯時，由服務員來帶領送到監舍外面的審訊室，當被囚者夜間要解大小便時，由服務員開監房的鎖放出來，然後再關進去；當每天兩頓飯開飯時，由服務員負責分發飯菜，每人每餐一糖瓷口缸飯，大約四兩，一點點青菜，另外一口缸開水。遇到每月一次的家屬送物日，由服務員到監獄大門口把物品（限於牙刷、牙膏、草紙、肥皂和生病時監獄醫生批准開的藥）接過來然後送到被囚者手中。除此之外，服務員就三三五五地圍在一起聊天。在中共接管之初，管理幾乎和國民黨時期一樣鬆懈，後來逐漸加緊。被囚者關押的重點用共產黨的話來說叫交代問題。第一步是叫每個人寫「自傳」，從八歲寫起，包括家庭出身、本人成份、出生時間地點、原籍、父母親情況、本人學歷、經歷、宗教信仰、政治、親屬關係、社會關係，然後就是罪惡言行。寫了以後由審訊員提審。審訊員由公安部門派來，有的是連續審訊，有的是一審就擺下，不再聞問，還有的一審也沒有審。最可笑的是有一次監獄實行大清理，把犯人分監集合在大操場點名，點到最後竟有被囚者，名冊上沒有名字，監獄當局反而問他：「你是那個單位抓進來的？」回答是「不知道！」引起一陣哄笑。我心裡想，這種人該放掉了吧?!結果，過了幾個月，照樣在監獄集合兩千多犯人一起「上大課」時見到這位仁兄，大家戲稱之謂「無名氏」。昆明監獄中，管理人員除了任、林兩個共產黨員，就是國民黨中央警官學校畢業派在昆明監獄實習的工作人員，他們在任、林的統率下分管各項事務。這些人是國民黨一手訓練出來的，他們也像某些國民黨的官員，一夜之間就轉變了立場。不過轉變的程度有所不同，有的是應付環境，看風駛舵；有的是甘爲鷹犬，盛氣凌人。作風比較平實的有黎興華、童衍礽；作風惡劣、表現得比共產黨還要共產黨的則爲郭佑棠、李襄化。還有一個姓田的管採購，爲人隨和，有時當著我們這些犯人的面來一點自我嘲弄。雖然他們只是五個人，但反映了在毛澤東對國民黨人員留用的政策下，小人物面臨改朝換代所表現出的衆生相。

留用人員以極左向上爬

黎興華擔任管教組長，雖然界限劃得很清，但比較實事求是，並沒有爲了向新主表功而故意對被管押者作威作福的情況。而李襄化則一副小人得志的樣子，從他對湯堯說的話，就可見其靈魂的醜惡：「你不要認爲你是陸軍副總司令，我現在叫你站住，你就不敢坐下。」郭佑棠擔任生產組長，在組織、指揮勞動生產時，不僅要求超體力的幹活，而且惡形惡狀，動不動施行體罰，名曰：「兩腿半分彎」，命令受罰者在太陽下兩腿彎曲、兩臂上舉半小時或一小時，使受罰者人的尊嚴完全喪失，更不要說汗流浹背了。我本人因絎棉衣質量未能過關，就被他罰過一次。最初，還可以忍受，後來彎的時間長了，全身發抖、淌汗；只好學阿Q，暗暗咒詛國民黨，怎麼會訓練出這樣的混蛋，來做共產黨的鷹犬，不失敗才怪！對比起來，在他們上面的共產黨員，對待犯人至少在形式上沒有他們那麼左。從一九五〇年來看，共產黨對我們這班政治犯的管理還是比較鬆的。除了偶爾「上大課」，由軍代表對全體犯人交代政策，宣傳「坦白從寬，抗拒從嚴，立功贖罪，立大功受獎」外，強調毛澤東說的：「只許規規矩矩，不許亂說亂動」。他們採取的方式，不僅是犯人管犯人，而且是犯人教犯人。由於共產黨強調「改造」，故監獄內牆上刷的大標語是：「改惡從善，重新做人」；「懲罰與管制相結合，強迫勞動與思想教育相結合。」原來犯人彼此互稱「同犯」，監獄當局宣佈可以互稱「同學」，但後來又規定回歸「同犯」。當時，監獄當局正式成立了「學習委員會」，我被指定爲「主任委員」，另外指定了七名學習委員，包括兩名有少將軍銜的國民黨政工幹部，一個來自雲南編練司令部的政工處長劉善述，一個來自中央軍某軍的政工處長賀良汴。前者廣西人，後者湖北人，都能說會道。三個特務，一個屬軍統，在日本人佔領武漢後基於「最危險的地方最安全」的哲學，在日本憲兵隊對面設立了秘密電台與重慶通報的王文蔚。一個屬中統，昆明師範學院的職業學生蕭亦兵。另有一個軍統訓練班出身姓任的女特務，雖然後來脫離了，共產黨仍要算老賬抓起來。還有一個蔣經國戡建大隊秘書彭樹勛。最後一個就是北伐時加入過中共、早年學過「共產主義ＡＢＣ」，後來投降國民黨，曾出任雲南玉溪縣長的宋家晉。

監獄當局在學委會成立會上說，選拔我們幾個搞學習工作，主要是考慮到我們的教育程度。指定我為主委，就是因為我在南京和國民黨鬧翻、在廣州曾被國民黨逮捕，勉強可以算有一點覺悟。不過警告我說：「民主個人主義思想是最危險的思想，必須好好改造。」我沾沾自喜、自我陶醉地認為「是金子，埋在沙堆裡也會發光」。殊不知自己在精神上已做了共產黨的「走狗」(Running Dog)。

精神上做走狗還很得意

擔任學習委員會後，表面上看與當管理員、服務員似乎有所不同，因為前者是進行自我教育，而後者則是管理生活，是赤裸裸的做鷹犬；但從實質上看，二者都是一樣的東西。骨頭都是軟的，都是在共產黨的專政強力下苟且偷生。不過，做「委員」在心理上聊以自我解嘲而已。

學委會在監獄管教組長指導下每周開會一次，擬訂學習計劃。共產黨強調要抓「活思想」，而「活思想」是根據每個學習小組每晚學習暴露出來的思想匯攏起來，加以綜合而成的。五十年代初政治犯最突出的也是最普遍的「活思想」，就是「變天思想」，把唯一的希望寄托於第三次世界大戰。認為第三次世界大戰一發生，美國為首的民主陣營必然戰勝以蘇聯為首的共產主義陣營，這樣一來，所有被關押的政治犯都可以獲得自由了。當時包括我本人在內，絕大多數都生活在幻想中。針對這一思想狀況，討論出了兩個辦法，一是進行《社會發展史》教育，由本來參加過共產黨的宋家晉主講，他自稱大革命時代的一九二四年，在廣州聽過惲代英、蕭楚女這方面的演講。另外由原來國民黨的兩位少將政工處長和我助講，每周三次。我們從「猴子變人」講起，沿著原始共產社會、奴隸社會、封建社會、資本主義社會，最後到社會主義社會，說明「人類走向共產主義社會是個歷史的必然」。最初，多數聽講的人，包括國民黨省黨部委員、省政府廳局長和一些國民黨的將軍，過去從沒有聽過這些說法，還有一點新鮮感；講到後來，轉入資本主義剝削的論述，由於中國長期受封建束縛，根本沒有經過資本主義發展階段，聽來格格不入，特別是搬出馬克思《資本論》的教條，更是越聽越糊塗。對於解除變天思想，大家推我作一次報告，我根據歐洲戰地所見，說明戰爭之殘酷，所有經歷戰爭災害的人，除了少數野心家，都對戰爭深惡痛絕。而且，從世界形勢看，蘇聯已打得很疲了，美、英也沒有打三次大戰的準備。加上原子彈、氫彈的產生，誰都怕毀滅。結論是第三次世界大戰不可能打得起來。當時引用了中國駐柏林軍事代表團團長黃琪翔將軍（在三十年代，曾與汪精衛、顧維鈞、梅蘭芳並稱爲「中國四大美男子」），一九四七年在南京接受我的採訪時所說的一個故事。他奉蔣老先生之命，由西柏林回國述職，蔣老先生在黃埔路官邸接見他，第一句話就問：「第三次世界大戰，打不打得起來？」黃琪翔的答覆竟是：「打不起來。」接著陳述了柏林所見所聞。冷戰幾乎是無日無之，但熱戰，從兩個陣營看，都沒有可能發動。蔣老先生聽後失望之餘，就告訴他：「你休息休息吧！」黃原來認爲是在南京休息幾天就可以返回柏林。後來得到通知，根本不必回任了。

報告後收集反應，只有湯堯比較幽默，他說：「我們的思想問題倒是解決了，恐怕蔣介石在台灣的思想問題還是沒有解決。」

多數政治犯都犯軟骨病

回憶當時參加講社會發展史，自己對把五種社會制度：原始共產主義社會、奴隸社會、封建社會、資本主義社會、共產主義社會按階段截然劃分，在思想上是不能接受的。在學委會討論時，大家把關於資本主義社會分配給我講，而我在理論上也是一竅不通的，連馬克思《資本論》都沒有讀過，只是知道列寧有一個論點：「資本主義的最高階段就是帝國主義」。強調資本主義已走到末路，根據毛澤東所說的資本主義已經是「日落西山、氣息奄奄，人命危淺，朝不慮夕」的話，誇大資本主義社會腐朽的一面，特別強調貧富兩極分化嚴重。記得我當時講了美國汽車大王福特在他的女兒十七歲那年，花費一百萬美元舉行了一個盛大的園遊會，把他女兒介紹給社交界。不要說各種美酒要從歐洲運來，連很多花也是分別從法國、荷蘭、義大利訂來的。我的目的是要臭資本主義，不料很多人聽了我對於資本主義的揭露，反而羨慕起資本主義來，並在小組討論時，以暴露思想的方式說：「原來聽說美國富，但富到什麼程度不清楚，現在聽了福特的故事知道了，福特眞應抓來改造。」

而從我自己來說是否眞的認爲列寧、毛澤東關於資本主義的論斷就正確呢？天曉得！我口裡講資本主義已到了垂死掙扎的階段，而心裡卻認爲資本主義仍有其極爲強大的生命力。仔細觀察監獄裡關的絕大多數政治犯，都是像我這樣的口是心非的「兩面人」。比兩面人更糟的是國民黨的一些黨棍、特務和軍官，他們在共產黨統治下，不但毫無氣節，張口一個「蔣匪」，閉口一個「蔣匪」，有的竟幻想通過大罵國民黨，向共產黨表示效忠而獲得寬大釋放。具體的例子是國民黨黨校一期畢業、身任國民黨昆明鐵路黨部書記長兼雲南省黨部委員的蕭棣華，頭一天被抓進昆明監獄，第二天就上報告要求對台灣廣播向國民黨勸降，不僅是不知人間有羞恥事，也充分說明了其人的無知。像這樣的貨色居然長期作國民黨的骨幹，國民黨焉得不糟？焉得不垮？無獨有偶，出身於中央陸軍軍官學校十二期、身任蔣總統特別警衛組組長的趙秉鈺，作爲總統近身侍衛，至少在對「領袖效忠」上應該比一般黨政官員要稍微堅定一些吧？殊不知，他也和蕭棣華一樣要求對台廣播。如果不是共產黨幹部在對全體囚犯上大課時，表揚了他們的政治立場迅速轉變，我簡直不敢相信會有這樣的超出常識範圍的事。當然，從我自己來說，在「轉變」上和他們比較起來也不過是五十步笑百步。實質上都是在「活命哲學」的思想指導下搞政治投機。總之，大家都好像得了軟骨病。爲什麼會有這種現象出現呢？主要是怕死的活命思想主導。加上傳統的「人在屋簷下，怎能不低頭」；「留得青山在，不怕沒柴燒」；「逆來順受」；「明哲保身」種種「軟骨哲學」、「投機意識」作怪，把中國人民族性中最卑劣的一面完全暴露了。

坐牢廿二年兩根硬骨頭

我在中共監獄裡坐了廿二年。遇著不少國民黨的黨政軍特人員。特別是因爲雲南是所謂「起義」的省份，一夜之間天翻地覆，很多國民黨官員原來是從成都飛昆明轉海南島再轉台灣的，豈料在昆明候機時做了階下囚。因此，中共所捕獲的國民黨文武官員，除四川因是國民黨最後一個據點，其人數爲全國之冠外，其次就數雲南。這從一九七五年底的事例也可得到證明。當時，周恩來在毛澤東的同意下，以國務院總理的身份，下令在全國範圍內釋放文官縣長以上、武官團長以上的所有在押的國民黨官員。按當時統計，四川最多，一千八百多人，其次即雲南一千五百多。在此之前還處理了一批戰犯，雲南方面也提供了好幾十人。到一九六一年，雲南省公安廳又將雲南省範圍內關押的頭面人物四十餘人集中起來成立學習隊（中共內部稱爲要犯隊）加以優待。我回顧從一九四九年十二月起到一九七六年一月止，兩度坐共產黨的牢與國民黨中上級文武官員接觸總有幾百人，中國的傳統說法是「文官不愛財，武官不怕死」。文官是否愛財，監獄裡無法證明，而武官從上將到少將的將軍就有幾十，但沒有見到一個能夠拒不投降慷慨赴死的。而從我的朋友沈醉應我之請爲《百姓》半月刊寫的戰犯改造所見聞錄所記，全部戰犯中敢於表現出不合作的，也只有一個黃維，但黃維最後還是被軟化了。

我在長期的監獄生活中，只見到兩根硬骨頭，一人名李憲隆，被中共宣佈抗拒改造於五一年被槍斃。死得相當悲壯。在昆明監獄兩千多犯人參加的宣判大會上，他雖全身繩綑索綁，但當雲南高等法院院長宣判他死刑立即執行時，他本面向宣判台，突然轉過身來，面向大衆，雖被上綁，仍挺胸瞪眼，傲視全場，然後高呼：「打倒萬惡的共產黨！」「三民主義萬歲！」弄得全場都呆住了。

另一個是一位姓張的年輕人，罪名是「反毛澤東思想」，進監後又被扣上「反改造」帽子，因而罰戴大鐐。但他毫不在乎，拒絕參加生產勞動。獄方組織其他犯人批鬥，他卻嗤之以鼻，頗有「敵軍圍困萬千重，我自巋然不動」的神態。後來雖被打傷，仍昂首闊步而行。不久，這個年輕人不知被送到何處了，犯人中則傳說已被秘密處決。

坐牢誠受難家屬更堪憐

一九五〇年中共建政之初，問題如山，特別是如何穩定經濟，制止黑市，迫在眉睫，尚來不及發動政治運動。監獄裡的犯人雖失去自由，但互相還可以談話，「同病相憐」一番。最慘的是犯人家屬，不僅丈夫、兒子或兄弟被捕，精神和生活同時受到打擊，還要設法爲關在牢裡的親人送飯。

當時，中共初接管監獄，獄中的伙食實在太差，爲了表示寬大，同時藉而減輕壓力，准許家屬送飯。一些國民黨軍政大員的家屬，有的是軍長、師長的太太，有的是廳長、委員的小姐，也不得不屈尊提著飯盒在監獄門口排隊。軍代表任勤生利用他的特殊身份，藉與犯人家屬談話的機會，在某些家屬身上打怪主意。他常常就像一隻狼犬似地在大門口等待著他的獵物。他看上了一位很有姿色的國民黨將軍的太太，便討好地搭訕，問七問八，並故作正經地告訴這位太太說，要好好幫助自己的丈夫爭取人民政府寬大處理，並宣傳毛澤東的政策：「坦白從寬，抗拒從嚴，立功贖罪，立大功受獎。」自我介紹他就是監獄軍代表。有什麼問題，有什麼困難，有什麼要求，都可以找他反映，保證給予解決。這位將軍的太太，聽到此人和顏悅色的談話，又看到監獄裡的工作人員對他畢恭畢敬，誤認此人眞的掌握了自己丈夫的生殺大權，每當任來搭訕時，不但不嚴肅拒絕，反而有點受寵若驚。當時連被選拔爲獄中管理員、服務員的軍統特務們，當他們受命在監獄大門口接管並傳遞犯人家屬送來的食物、藥物和日用必須品時，都已查覺任代表對這位太太的特殊青睞是懷著鬼胎的。不久就傳出這位將軍太太被姦污之事。

我直到一九五三年十月第一次被關將獲釋放，釋放前進行隔離審查，發現任勤生跟我一起被審查，才證實了他確實犯了誘姦「犯屬」的罪行。到與妻子楊惜珍見面，她回顧在我初入獄時送飯的那一段歲月的委屈時才得知梗概。原來，這位將軍太太是在送飯時和我妻子認識的，彼此產生了相互同情的友誼。我妻子原來也是任眼中的獵物之一，她以上帝給她的智慧和作牙科醫生取得的社會經驗，使任在她的嚴肅態度和婉言警告前知難而退。

惜珍不勝感慨地告訴我：「我眞同情那班國民黨高官的太太們，他們當中有的人，除了做太太，什麼也不懂。遇到天翻地覆的變局，除了受人擺佈，毫無應對的辦法。」

政治運動起獄中氣氛變

時間推到一九五〇年底，共產黨開始搞政治運動了。第一個運動是「清匪反霸，減租退押」。共產黨的一貫作法是，全國一盤棋，要動全面動，連監獄也不例外。所謂「社會上颳什麼風，監獄裡就下什麼雨」。

爲了配合全國範圍的第一個政治運動，監獄裡改變了過去幾個月來的管教方式，取消了所有文娛活動，如節日自演節目；平日晚飯後學習前打球或看打球；學委會也變相取消，宣佈不准像過去樣地成天蹲在鐘樓上；犯人對犯人上課結束。決定全獄開展「坦白交代與控訴舊社會」運動。找出三個典型，一個是馬鍈，盧漢的第二把手，官任陸軍中將，經蔣介石任命爲雲南警備副總司令，引起了盧的疑嫉。後警總撤銷，馬改任雲南綏靖公署副主任。盧漢宣佈「起義」的第二天，以馬態度消極，配合工作不力，拍桌大罵，並將他關了三大才放回家。不料共軍入城後，他又遭逮捕，顯然是盧漢同意的。

馬在坦白大會上檢討說：「由於階級本質的關係，對共產黨的政策，人民的革命意志和人民無窮偉大的力量，認識不夠，估計不足，顧慮重重，搖擺惶恐，到了解放大軍逼近雲南，蔣介石將對雲南有所行動的時候才被迫起義。」另一個是原雲南外交公署秘書陳公獻，揭發法帝國主義者對雲南人民的掠奪罪行，以及龍雲向法國購買軍火的內幕。一個是名叫魯殿光的二十多歲女大學生，揭發美帝國主義者利用基督教會進行文化侵略，販賣「精神鴉片」（馬克思曾有「宗教是人民的精神鴉片」之說），毒害中國人民。她控訴來自美國阿克拉哈馬城、一九四六至四九年在昆明傳教的莫瑞斯（Morris）牧師，利用傳教，姦污了不少中國婦女。並舉出實例，說有一位馬縣長的兩位太太，莫瑞斯分別給她們取名馬泰（Mathew）和馬麗亞（Maria），雙雙都被莫瑞斯姦污了。更令人感到吃驚的是，魯殿光本人坦陳她也被莫瑞斯誘姦，並敍述了第一次上床的經過。

按照獄方規定，是要全獄兩千多犯人聽講後分小組學習，還要由大組綜合匯報。也許是人性使然，大家對馬的交代毫無興趣，對法帝國主義經濟掠奪罪行聽過也就算了。有一個犯人發言說，什麼「隆東公司」（法國在越南所設專門與雲南進行軍火交易的公司）弄西公司搞不清，倒是對美國牧師「弄洞」的事有一點想法。這種事，硬性強迫不來的，既然不止一次，一個願打，一個願挨，就不能說是姦污，更不能說是侵略。

不料，小組將這段話反映給獄方以後，引起了管教幹部的大大不滿，指爲放毒，嚴令「消毒」，連續由小組批判一周，鬧了一場小小風波。

強迫勞改，目的創造財富

共產黨初初進城時，幹部是很少的，正如我一開始提到的，最初接管昆明監獄時，只兩個幹部。到後來，從游擊隊即滇桂黔邊區縱隊轉來了一批，從江南來了「南下工作團」，「公安學校」又加速培養了一批，就多起來了。幹部素質一般不高。以文化水準看，職務較高的，低於職務較低的。昆明監獄長給犯人上大課，常唸別字，如將鬼鬼祟祟唸成鬼鬼崇崇。不過，監獄幹部對於執行政策，一般都比較認眞。比如我在參加製「泡花板」（木料鋸末壓製成板）時，右手掌被機器壓斷，及時被送往昆明市立醫院手術治療，倖免殘廢。經過長期實際體驗，認識到毛澤東的一套所謂「強迫勞動改造」政策，實質還是把囚犯看作勞動生產力；讓犯人活下去是爲了創造財富。絕不是像他們標榜的所謂「革命人道主義」。

由於雲南是所謂「和平解放」，政權轉換是一夜之間的事，很多有工業技術的人要出走都沒有走成。經過幾個運動，因爲多多少少有些歷史問題，所以大都進了監獄。恰逢監獄奉命辦工廠，技術力量沒有問題，什麼人才都有。因而經過十多年的努力，不僅辦成了被服廠、鞋工廠、彈棉廠、印刷廠、磚瓦廠、元釘廠、木工廠，還辦了機械廠、農業藥械廠（製造噴霧器、噴粉器等），最後竟製造出了吉普車，簡直不可思議。其中有些產品，還出口到國外。對於參加生產這些產品犯人，不少因爲在技術革新上的貢獻，獲得減刑或獎勵。對照國際上基於人權反對中共勞改產品出口，這當中的認知差距，該有多大。

強力專政提高勞動效率

昆明市的雲南省第二監獄對外名稱爲「金馬綜合加工廠」，與保定市的河北省第二監獄是中國大陸的兩大模範監獄。它之所以稱爲模範，用共產黨的標準來看，第一，爲國家創造的財富大，勞動生產率高，平均生產值不僅高於其他勞改單位，而且遠超越國營廠礦。第二，產品質量過關，不少是出國產品，如二監生產的農業藥械、噴霧器、噴粉器即遠銷國外。第三，沒有出「安全」事故。以二監論，監獄長向犯人做報告就公開說：「二監從一九五〇年到一九七〇年，二十年間沒有一個勞改犯逃跑得逞的。跑了幾個人，全部抓回來。在我們這個無產階級專政的國家，戶口遷移要公安局批准，吃飯要糧票，你跑到那裡去。結果必然是淹死在人民的汪洋大海中。可以告訴你們，跑出去的沒有不捉回來的。只有一個沒回來，原來是拒捕，被當場擊斃。因此，你們最好是死了這條心，好好接受改造吧！」

我一九四九至一九五四、一九五八至一九七六兩度在昆明監獄坐牢，曾被派到鞋工廠製鞋，到被服廠紆棉，到機械廠噴漆，到印刷廠校對，到山坡開荒，最長的一段是到菜園裡挑肥、挑水、種菜。主要是種小白菜，這種菜生長期快，產量高，成爲犯人的主要副食。在中國大陸一切實行配給，城市裡的犯人因爲「替社會創造財富」，得與公民一樣，每月配給二兩五錢油。這一點油，要分五十餐食用。可以想見，小白菜有什麼味道。吃了二十多年小白菜（三年大災時連小白菜都沒得吃），所以，一旦獲釋，自己向家裡提出的第一個要求就是不要再吃小白菜。

勞動不僅是強烈的，而且有定額，有時逼到你非完成不行。我印象最深的一次，是被規定挑糞水到山坡地澆菜，到最後，實在挑不動了，只好咬住牙拚命掙，自己給自己打招呼：「退無死所」。當我剛剛掙上坡，只見旁邊一位年紀看來比我稍大的犯人，連著糞水擔子，連人帶桶一起滾下山去。

校對犯錯誤成政治事件

在監獄裡幹體力勞動固然夠受的，幹腦力勞動也決不輕鬆。

記得第一次安排我校對的書，是恩格斯的《反杜林論》，並派了一個國立藝專畢業的畫家，也是一個留隊人員嚴浚，和我兩人共同工作。

我心想：「殺鷄焉用牛刀。」自己做過大報的副總編輯，校對自然是易如反掌之事。當負責印刷廠的一個姓者的共幹，犯人稱之謂「者隊長」的，問我：「能不能完成任務」時，我毫不猶豫地誇下海口說：「保證百分之百！」

當時，爲了慎重起見，採取一人唸原文，一人對校樣的辦法，輪流作業，眼、腦、口、手齊動，校對了兩遍，認爲萬無一失了，才按規定簽字付印。

那知道，一百多頁的書，印出來後，竟被發現有四十九處錯誤。由於這是毛澤東指定共幹必讀之書，一下造成這麼多錯誤，便被視爲嚴重的「政治事件」。共幹指出，我是所謂「高級知識分子」，又是辦過報的，即使校對有錯，也不應該錯得這麼厲害。因此，一口咬定是存心破壞，叫我在小組內交代，並接受批鬥。

批鬥會開了一個星期，由那位者隊長親自掌握，直到我承認是心懷不滿，思想牴觸，仇視馬恩理論，企圖破壞無產階級專政，顚覆人民民主政權，批鬥才算告一段落。

過了一週，姓者的找我個別談話，我就老實告訴他，所謂「牴觸」「仇視」「破壞」「顚覆」，都是提高原則，上綱上線，爲了小組過關說的話。眞正的關鍵是對於校對工作的艱鉅性，認識不足，太大意了。過去幹報館都是高高在上，不僅沒有參加過校對工作，而且把校對看得既簡單又輕易，殊不知其中有大學問。由於習慣勢力的影響，比如「陸鏗」，明明錯排成「陸鑑」，看起來仍是陸鏗，所以不知不覺就錯了，有鬼使神差之感。加上中國文字千變萬化，常常造成陰錯陽差。

姓者的聽了我這段話後，大不以爲然。他說：「你把校對工作說得這麼神祕，我才不相信呢！哪天，我自己來校一校給你們看。一個字對一個字，有什麼了不起的？你們知識份子的毛病，就是把很簡單的事，說得神乎其神。」那時，正值「文化大革命」的高潮期，共幹之間也常常進行大批判。所有的批判稿，事先都要由印刷廠翻印。有一天，剛好我手上有一份待校的大批判稿。我說，這份稿是否請者隊長校一校。

於是，他把袖子一捋，說：「好吧！讓我來！」他把校稿與原稿都摺起來，併在一起成平行的兩條線，然後一列一列地紅筆比對下去，但見他緊張得頭上直冒汗。校完以後，封面還有三個大字，即「大批判」，我說，這張封面也請校一下，簽個字才好付印。

他用紅筆點著，口頭唸著「大……批……判」，就簽字。洋洋自得地說：「你們把校對說得難得不得了，我就不信邪，今天當面校給你看看。」這時，我已發現他造成的錯誤，但爲了使他親身體驗一下「存心破壞」的味道，所以順便奉送他一頂高帽子：「者隊長以對革命事業負責的精神來校對，給我們很大的啓發。」

等到第二天，成品印出了，裝訂好了，封面上「大批判」三個字，赫然變成了「大判批」，者隊長才慌了手腳。他馬上調自己簽過字的校稿來查對。認爲這裏面說不定有陰謀破壞。等到他看到「大判批」三個頭號字下面，正是他恭恭正正的簽名「者炳華」時，才不由得一面苦笑，一面搖頭說：

「咦！天下眞有這樣的怪事！」

學習最痛苦創三通過關

監獄裡，最痛苦的倒不是生活苦、勞動重，最痛苦的是學習。獄方規定每晚兩小時小組學習，學習內容主要是毛澤東的《論人民民主專政》及監規紀律。強調暴露活思想，並結合檢查自己在監內的一切言行。因爲學習是固定天天必行的，而監內的言行有毛澤東規定的「只許他們規規矩矩，不許他們亂說亂動」大原則，所以極少越軌的人和事。因此，學來學去，就是那麼幾句話，味同嚼蠟，卻非嚼不可。如不發言，就被視爲思想抵觸，得檢查思想，痛苦更大。不過，這樣一來，倒對其他人是個解救，因有了鬥爭對象，不愁無話說了，而被指定檢查的人則變成十個人的痛苦由一個承擔。有的擔得起，有的擔不起，擔不起，甚至發生自殺或把憤怒轉到提意見的人身上，來一個同歸於盡的慘劇。在獄中就發生過一個犯人把對他提意見的小組長用門槓打死的事。

時間一長，經驗教訓一多，有心人終於總結出「三通過關」的應對學習之法，即先臭罵自己一通：「雙手沾滿人民的鮮血」；「社會的渣滓，人民的罪人」；「除了剝削寄生，什麼都不會，該死！」

然後讚美共產黨一通：「共產黨偉大、光榮、正確，是中國人民的大救星」；「沒有共產黨，就沒有新中國」；「毛主席是最偉大的領袖，毛澤東思想是戰無不勝的武器」。最後表態一通：「決定以感恩的心，加強自己的改造，改惡從善，重新做人」；「老實改造，認眞學習，積極勞動，報答人民政府的再造之恩」。

總之，翻來覆去就是這一套。學習給人的折磨，對人格的扭曲，眞是刻骨銘心。事隔近二十年，現在回憶起來，猶有餘悸。

在毛澤東封建法西斯個人獨裁統治下，全中國只有一個人可以自由思想，自由講話。那怕是中國共產黨的第二把手如劉少奇者，到頭來也不免冤死在獨裁制度下。何況被共產黨視爲階級敵人的囚犯呢！

毛澤東在〈論人民民主專政〉一文中這樣寫道：

「你們獨裁。」可愛的先生們，你們講對了，我們正是這樣。

在這種強力專政下，作爲犯人，無可選擇。除了每天超額完成勞動生產任務，只盼望著能吃兩頓飽飯；周末能夠「打牙祭」，吃兩塊肉；每月能看一次電影；也就心滿意足了。

有些更「積極」爭取立功贖罪的犯人，常常像獵犬一樣聞聞周圍的氣氛，聽聽有什麼反動的語言，及時向幹部報告，在獄中稱之謂「打小報告」。有的人專門幹這種事。有一次我無意中聽到兩個幹部邊走邊說：「有些犯人眞傷腦筋，屁大一點的事都要來反映，又不能告訴他說，以後不要反映了。」

我因為為人大而化之，說話隨便，而且有一個基本觀點，反正我的問題，不決定於監獄，甚至不決定於雲南，而決定於整個形勢，所以隨便別人打什麼小報告，對我來說都無所謂。

中國民間有句俗話：「死豬不怕開水燙」。只要發揚「死豬精神」，再大的災難也沒有什麼了不起。直到後來一九七六年雲南方面奉中共中央指示把我的檔案調北京審查，一位勞改局長和一位科長兩人帶著我的兩箱檔案上京，我才知道光是廿二年獄內外對我的檢舉揭發報告，就有一箱。而這些東西對最後處理我的案子，沒有起到任何作用。

但當在獄中時，對我起碼起到威懾作用。這正是無產階級專政的奧妙。

背銬五二天・吃飯如豬狗

共產黨監獄，一般很少搞刑訊逼供。但五十年代建政之初，承襲了蘇聯格伯烏的那一套，用刑是家常便飯。最通常的是把人的大拇指拴上電話線，通上電流，然後攪動電話機以逼供。昆明監獄的老犯人不少嚐過那個味道。

我本人第一次入紅牢是一九四九年十二月廿一日，一九五三年底當局因所有控罪都不成立，準備「教育釋放」。但國民黨警官學校出身的李襄化為了立功心切，在得知我即將釋放時，突然利用監內關押的保山陸家一個年輕人向我要了一雙襪子以備冬天禦寒，便以我嚴重違犯監規罪名，罰我戴背銬。也就是兩手反背銬起來，不但無法睡覺，吃飯也只能像狗一樣，用下巴將碗中的飯粒拱倒在床板上，然後用舌頭舔食。狼狽像眞正一如豬狗，甚至豬狗不如。

這樣的折磨足足五十二天。後來，我才知道是釋放前的最後壓榨，看看能不能壓榨得出一點他們所想像的材料來。還美其名曰「榨甘蔗」。因爲左手腕鎊傷，最初出獄三年不能戴錶。現在事隔四十四年，天陰下雨左腕還會疼痛。

後來跟我在要犯隊一起學習的原昆明中央銀行經理趙康節情況更慘。他以劃爲「右派分子應聲蟲」而挨鬥，戴著脚鐐被其他犯人猛踢，結果鐵鐐嵌入足踝，造成終生殘廢。不要說身受其痛，一旁得見都感到毛骨悚然！

毛把大陸弄成一個大監獄

在中國大陸坐牢要看運氣。一等牢當然是在首都北京。尤其是秦城監獄生活設備，如臥具、如厠所，可以保持一定的清潔度；有自來水用。伙食方面，也保持基本營養。

二等牢即直轄市，如上海、天津及各省省會。像濟南、西安、成都、昆明。牢房的清潔衞生有一定的制度。吃飯除一九五九至六一這三年，全大陸飢荒，大量餓死人，其他時間一般可以吃飽。

三等牢遍及各地區，有如國民黨時期的專區和縣屬的監獄。不僅物質條件差，更嚴重的是幹部政策水平低。有很多監獄，動不動用刑。

以雲南爲例，五十年代初，搞過大量刑訊逼供，最常用的是把犯人的大姆指拴上電話線，通上電流，攪動電話機以逼供。八十年代初，通過勞改工作檢查，查出對犯人的刑罰有三十多種。這是我在留隊生產以後，因爲同幹部的界限不像當犯人時那麼嚴格，加之我一九五八年是因劃爲「右派」「二進宮」，不少幹部了解我的情況，故爾另眼相看，對我說話也就比較隨便，無意中會談出一些內情。

三十多種刑罰中最常見的有扣飯，不准吃飽；罰站，兩腿半分彎；夏天罰烤太陽，冬天罰穿短褲，立在寒風中挨凍；捆綁、吊打；帶鐐運石頭；超過力所能及的揹石頭，關禁閉；利用山洞挖掘小禁閉室，關進去的人根本無法伸腰，一直把人整成殘廢爲止。有的幹部借提訊、談話爲名，誘姦甚至強姦女犯。

昆明附近的光明農場，犯人在大飢荒中餓極了，偷偷跑到水塘撈苦菜葉子吃，水塘有糞有蛆，犯人用水把糞、蛆沖掉，被幹部發現，竟不准沖水，迫使犯人吃帶糞蛆的菜葉。

更殘酷的事例發生在鶴慶造紙廠，這是曾擔任雲南省代主席的李宗黃先生的故鄉。一九五九年，全國大飢荒，有一個犯人實在餓得不得了了，便公開叫肚餓。勞改幹部便弄來一盆糙米飯，追著這個犯人當衆吃下去。最後實在吃不動了，哀求道：報告隊長，我不敢了，下次再不敢叫肚子餓了，不行，非逼這個犯人把這盆糙米飯吃光不可，到了半夜，出了人命，這個犯人腸子爆炸而死。

自五十年代到八十年代，中共大搞寃、假、錯案，相應地大肆擴充監獄和勞改隊及勞教隊。以雲南爲例，一九五八年所謂「大躍進年」，全省人口一千八百萬，監獄竟達九十多個，犯人在二十萬人以上。到了「文化大革命」，犯人和監獄大增，更不必說了。

毛澤東時代，從思想禁錮的角度看整個中國大陸就是一個大監獄，打入十八層地獄的感受，豈僅限於監獄裡的囚犯。

大特務才子沈醉談殺人

●新詩御製競相傳，日向君王誦百遍，堪笑杜鵑空泣血，衰顏何事博人憐。

——沈醉在昆明監獄諷刺思想改造詩

沈醉十八歲就參加軍統，是戴笠一手培養的大特務。五十年代起，經共產黨戰犯管理所改造十餘年特赦，一九八一年被特邀爲「全國政協委員」。

在他出版的《我這三十年》回憶錄中，寫昆明監獄生活一段時，提到「當時唯一能夠與之暢所欲言、說心裡話的人，只有同獄的國民黨《中央日報》副總編輯陸鏗。」

其實，我和沈醉是一九四九年九月才經好友丁中江介紹在昆明認識的。由於我們共同具有喜交朋友的性格，可以說是「臭味相投」，所以很快就談得很深。比如，到了一九四九年九月，國民黨已經敗象畢露，蔣介石眼看大陸不保，決定向台灣撤退時，我們在昆明談起爲什麼國民黨在大陸的江山僅僅三年內戰就被送掉。我認爲主要是蔣介石的格局、心胸、識見都不夠大，到已經以全國領袖自居了，軍隊還分正統和雜牌。在中共處於劣勢，希望參加聯合政府時竟拒絕和解，執著於武力解決，錯估了形勢，違背了民心。而沈醉則強調要不是戴笠在抗日戰爭勝利不久就撞機喪生，使蔣介石失去了耳目，國民黨不會垮得這麼快。

當時，我批評他誇大了戴笠的作用，但中共建政以後，暴露的資訊和材料證明，國共內戰共軍之所以能轉敗為勝，確實得力於共產黨員已普遍打入國民黨心臟。國軍作戰方案中共中央往往比國軍部隊長先看到。負責作戰計劃的國防部第三廳廳長郭汝瑰竟是長期潛伏在國府軍中高層的共產黨員，這不是開玩笑？從這個角度看，沈醉的看法，也可說不無道理。

沈醉是讀過舊書的特務

沈醉號滄海，據他說這個號還是他母親取的，意在勉勵他做人要心胸寬廣，見事要豁達通明。幼承母教，讀書不少，受益甚多。他連詩的平仄都是母親教的。當在昆明監獄面臨生死抉擇時，還做了一首念母詩：

> 終宵坐立聽更殘，今日方知一死難。險訊頻傳心欲裂，危害不信膽能寒。夜焚積稿詩同劫，曉看遺書血未乾。含淚臨窗遙拜母，長憐老幼倍難安。

就在一九五〇年底中共決定在全國展開鎮壓反革命運動的前夕，沈醉以戰犯之身被送往重慶與雲南區提到的其他戰犯四川省主席王陵基、川湘鄂綏靖公署主任宋希濂等集中管訓。臨行前，公安當局叫昆明監獄的被服廠專門給他製作了一個黑布頭套，在眼部留兩個洞以便保持視線行走。偏巧，就在他戴著頭套和腳鐐離開監獄時，我被從監房裡叫出來提訊，碰個正著。他見到我時故意將頭部對著我，把腳上的鐐弄得特別響，而且把兩隻手加大擺動的幅度，我馬上就看出了，這不是沈醉嗎？我也情不自禁地跟他點點頭，只差沒有說再見。押解我從審訊室回監房的警衛問：你爲什麼向他點頭？我急中生智，乾脆把問題說穿：「他吃我家送來的飯好幾個月，他要走了，點點頭也是很自然的。」再問：「你知道他是什麼人？」答：「沈醉。」警衛一聽「呵！」了一聲。接著以溫和地聲調說：「知道了就算了，回到號子裡千萬不要講。」我了解，我把問題說穿，反而變成主動，因爲如果追究我的錯誤，押解的警衛先有錯誤：爲什麼會讓陸鏗碰上？監獄裡也是條條道路通監房的。狹路相逢，咎不在我。

爲沈醉而組織起來吃飯

一九五〇年春末夏初，昆明市軍事管制委員會公安部政治保衛處處長閻村，突然提我問話：「陸鏗，你認不認識沈醉？」「當然認識，而且說來還是朋友。」「那好極了！我和你商量一件事，我們剛接管不久，一切還沒有上軌道，尤其是伙食供應。你們都是家裡送飯，每人每家每天送兩頓。我想把柏天民（陸軍中將，雲南省保安副司令）、唐宇縱（陸軍中將，原第七軍軍長，昆明鐵路局局長）、羅春波（雲南綏靖公署中將政工處長）和你組織起來。四家人輪流送飯，每家每兩天送一頓，每一頓要送夠五個人吃的。沈醉參加你們一起吃，吃白食，他在解放前跟你們四人都認識，你不會不同意吧！」

「組織起來！」這四個字給我印象很深。共產黨最厲害的地方就是「組織起來」，打敗國民黨也是靠「組織起來」。我答覆閻村說：「這個安排很好。問題是柏、唐、羅三位是不是同意？」閻說：「都同意了。」我問：「那天開始？」他答：「明天。你今天就寫好一個條子。告訴你家裡，從明天起，你們四家輪流送飯，次序是陸、柏、唐、羅。每兩天輪一次，分上下午，每次送的要夠五個人吃。沈醉跟你們吃，就不必提了。今天下午送飯來時，就把條子帶出去。」

組織起來的吃飯地點，按閻村指定在沈醉住的中排單間裡，記得我家裡是用一個大竹蔑編的提籃，內置三菜一湯，外帶一樣鹹菜送了進來。沈醉擺好碗筷，致詞，用：「解衣衣我，推食食我」的成語表達對我們四人和四人家屬的感謝。並主動承擔洗碗的責任。他還風趣地給「組織起來」的五人會餐取了一個名字叫「將王餐」。根據是他們四人皆是將官，我做記者，有「無冕之王」稱謂故名，這也反映了沈醉的幽默與才氣。最令人難忘的，他講自己奉命殺人的故事，作爲飯後的甜點(dessert)。

沈醉多次說：「我才是雙手沾滿鮮血的劊子手。在我手下死的人，各種各樣都有。」沈醉一九三二年入軍統，先後擔任過情報、行動、訓練、總務以及獨當一面的站長，官至少將。殺人最多的時候是一九三三、三四年的上海。殺的名人包括史量才、楊杏佛、唐有壬。

當時，蔣介石、汪精衛在南京搞權力鬥爭，汪出任行政院長兼外交部長。唐有壬被任爲外次，汪倚爲心腹，權重一時。唐的女友湖南才女黃碧雲（蘊之），博通古今，兼工詩詞，乃被金屋藏嬌於上海。南京政要每周赴滬度周末，已成慣例，碧雲上海法租界居處遂成汪系人馬聚會中心，飲酒、打牌、唱戲、跳舞，乃至議政，隨心所欲。

一九三四年沈奉軍統殺唐命令。照他在五人共餐時對我們講的：「很簡單，不費吹灰之力即進入黃的住所，將唐一槍斃命。」

無巧不成書。一九四五年我和毛樹清、樂恕人在巴黎任戰地記者時，得識黃碧雲女士，已經是「徐娘半老」了。原來，她是中央社記者黃印文的姑姑。唐有壬死後，汪精衛給了她一筆錢，讓她到海外散散心，一散就散居巴黎十二年。提起唐公子仍默默含情。

沈醉講起殺楊杏佛和史量才，則比講殺唐有壬具體得多。他說，蔣介石之所以要殺楊銓、杏佛先生，不單是他組織中國民權保障同盟，更重要的是他和孫夫人宋慶齡女士的親密關係。而楊當時的正式職務是中央研究院總幹事，一九三三年六月十四日，楊帶著兒子小佛登車駛出住處時，就被沈醉和他的同事，四支手槍同時射擊，楊因愛子心切，用身子袒護小佛，結果自己和司機中彈而亡，小佛僅腿部受傷。宋慶齡爲此公開譴責了卑鄙的政治暗殺。沈醉後來在戴笠的指使下，還設計了一套對宋慶齡製造汽車車禍讓她弄得不死不活的計畫，蔣介石迫於輿論的壓力，最後取消了這個計畫。

至於蔣介石要殺上海《申報》、也是當時中國最權威報紙的老闆史量才，主要是史堅持言論自由，不時批評國府施政之不當，社會上並有其同情共產黨的傳說。

一九三四年十一月十四日，史量才、史詠賡父子以及詠賡的朋友鄧祖詢乘私家汽車沿京杭國道自杭州返上海，特務們就選定海寧縣博愛鎭附近的國道上，橫停一部車，僞裝損壞待修而阻攔；及史車開至，首先對準輪胎開槍，先將坐在車前被誤會爲保鑣的鄧祖詢擊斃。史氏父子棄車奔逃。結果父被射死，子得倖免於難。

血案發生後，舉國震動。蔣介石、汪精衛還懸賞緝兇。但很多人都估計到是出於蔣的授意。直到八十年代初才由沈醉正式證實。只是後來沈寫《軍統內幕》，關於楊、史被暗殺經過，和沈在獄中飯後和我們四人聊天時所述有出入。沈當時以談經歷講故事的方式，娓娓道來，講他如何奉命殺人，事後還得到獎勵，如殺史量才全組就得了一萬元銀元獎金。但到八十年代，距離五人漫談三十多年之後，則寫成他「對這兩件血案是間接參加的人」。祇是在敍述殺兇手時，說是六人，卻只列出五個名字，那個沒有列名的，可能就是沈醉自己了。

原來口說是直接行動，後來書面寫成間接參加，這一矛盾怎麼解釋，這裡不存在畏罪、卸罪的問題，因爲命令出自蔣介石。以我對沈醉的了解，可能是五〇年初一時興起，誇誇其談，口沫橫飛，毫無遮攔；到經過三十多年「改造」，心靈上多少產生自責，文字上打了一點折扣，也是思想鬥爭激蕩的一種反應。

沈醉才情橫溢是特務異數

沈醉是個才子型的人，詩書皆通。加之，大半生做高級特務，見多識廣，性格比較開朗，分析判斷事物，也比較敏銳。比如，中共在監裡大量利用軍統特務擔任管理員和服務員，沈醉就開玩笑說：「這叫以毒攻毒。」而且判斷說，用犯人管犯人，事半功倍。特別是像軍統這些人，以共產黨的話來說，「雙手沾滿人民的鮮血」，自認必死無疑。爲了求活，他們對共產黨交給的任務，一定完成得非常好。因此，他向我們四個打招呼，在送飯籃子交出時，千萬不要夾帶任何紙條在任何自認爲萬無一失的地方，如果被負責傳遞的服務員搜查出來，將會遭到很大麻煩。果然，沈醉對我們的警告發出不久，監獄當局就宣佈一個國民黨官員，在其家中送飯菜盒子的底部用飯粒粘住小紙條，與家人秘密通信被查出，嚴重違犯監視，給予戴鐐處分。

沈醉的判斷力也是値得佩服的。比如在他和孫渡、馬鍈、湯堯、曹天戈、徐遠舉、周養浩等押送重慶前，他就判斷，這幾個人一定會轉移，雖然轉到何處不知，但絕不可能長留昆明。我們一同吃飯的三中將問他們三個的下落呢？他說：「你們會在昆明。」果然，到一九五一年開展大鎭壓運動、簡稱「鎭反」時，三中將第一批在昆明槍決斃命。

沈醉訪港與台特務鬥法

一九八〇年底，沈醉帶著他的小女兒美娟來到了香港。到後第二天，我陪他到裕華國貨公司買了一套國產西裝，稍微打扮一下。我當時的經濟情況還不容許找裁縫替他量身定做，好在他對於物質的東西看得很淡，此來主要是看看已辦了離婚手續而另外與一位軍隊出身的商人唐如山先生結了婚的原配夫人粟燕萍女士。一九五〇年在昆明監獄時我就聽說中共三野的粟裕副司令員，曾以沈醉叔丈人的身份，派了一位姓黃的高級幹部來向沈醉詳細而具體地交代了中共的政策，而沈醉後來的表現，也確實未負叔丈人的期望。難能可貴的是沈滄海見到粟燕萍和唐如山時，不僅彼此互相諒解，而且十分親熱。沈認粟爲妹、唐爲弟，並建議稱他本人爲：「三哥」，圓滿地完成了「第二次握手」

的一幕。

比較緊張的一幕，是國民黨對沈醉的爭取回歸。那時，蔣經國還沒有死，國民黨在香港地下活動還很頻繁，他們見沈醉到港，根據他和軍統極深的淵源，認爲他「身在曹營心在漢」，好不容易到了香港，必然會抓住機會，飛向台灣。於是慫恿沈醉留在台灣的女兒，帶了五萬港幣到港歡迎父親「棄暗歸明」。當把五萬港幣呈上時，說明是在台的孩子集體孝敬父親，聊表心意。沈醉最初拒收，表示他生活簡單，不需要錢，後經女兒苦苦哀求，才勉強收下。不料過了一天，竟提出請父親寫張收條以便返台出示給其他兄妹，露出了破綻，反映國民黨特務之愚蠢低能。最後的結果，自然是沈醉將兒女的孝敬原封交還，輕輕說了一句：怎麼經過幾十年的失敗，還沒有一點進步？

後來，國民黨只好請出香港何東爵士之子曾任中國駐日代表團團長的何世禮將軍與沈聯繫，何乃派一女秘書與沈接洽。何到底棋高一著，表示，一切尊重沈的決定，願意留港可提供住所，如有意赴台，當提供交通工具。同時約好設宴歡迎。正在此時，親共的《新晚報》刊出有關沈醉報導，沈醉表示意向甚明，探親會友完畢即返北京。何衹好取消前約。整個過程，他全部告訴了我。正如沈在回憶錄中表明的與我的關係：「我們無話不談，而且相互保密」。我當時的態度是，不替沈出主意，由沈本人確定方向後，再與他共同分析利弊，以期有助其應付突發事件。留港期間空閒時即應我邀約爲即將於一九八一年六月創刊之《百姓》半月刊撰寫《戰犯管理所見聞》。

國民黨特務對付沈醉的最後一招是摸清沈醉居港生活的規律，於清晨多數港人尙在夢鄉時，利用沈醉晨間散步，採取集體包抄、突然襲擊方式，勸沈赴台與子女團聚。沈乃沙場老將，自然應付裕如。但感覺麻煩日增，於是在一九八一年一月廿九日攜愛女美娟匆匆離港。《新晚報》當晚報導是這樣寫的：

「儘管來到了這個東西方向的十字路口上，他並不徬徨。說要回去，就回去了。說要在春節前回去，果然在春節前回去了。」

提前返京出任政協委員

在溥儀、杜聿明、宋希濂等均以戰犯改造之身出任全國政協委員後一年，中共再度提名沈醉與另外幾名「戰犯」出任同樣職務，名單在形式上請各民主黨派負責人提意見時，不料竟有人提出「沈醉此人雙手沾滿人民鮮血」，表示反對。此次香港行，在中共看來「沈醉經過了具體的考驗」，終於一九八一年十一月二十三日全國政協的一次常會上通過了沈醉為全國政協特邀委員。

同年聖誕，沈醉自北京寄我新年賀卡時，特別告訴了他的這一喜訊。我知道滄海喜詩好詞，遂在覆卡上把唐孟郊〈登科後〉詩易一字覆他：

春風得意馬蹄疾，何（原為一）日看盡長安花？

一九八五年，我應約到北京訪胡耀邦，專門抽時間去看望老友。沈滄海熱烈歡迎之餘，還送我一千元人民幣零花，用他的話是「以報解衣推食之義」。理由之一，他的稿費多得用不完，請老朋友分用一點。

一九八九年，他在北戴河游泳不愼摔傷成骨折。來信說：「《百姓》收不到，也看不到你的《新聞信》了」。附寄〈骨折住院有感〉詩二首：

一

一失足成股骨折，病床滋味少人知。
教訓深深長受益，耄年學步不爲遲。

二

雄關險道慣遨遊，失足偏偏是坦途。
且喜從今知愼步，禍能轉福最難求。

從這兩首詩，使我感到原本生龍活虎的沈滄海竟也有了暮氣。

進入九十年代，知道滄海得了癌症，一直記掛著他，也通過兩封信。一九九六年三月底收到了北京於三月廿日寄出的訃告，知道他於三月十八日逝世了，終年八十二歲。

不管怎樣，沈醉是一位當代歷史的見證者，可以說無愧平生。

雲南易幟經過和國軍攻昆失利

●凡人之情，窮則思變。——宋．司馬光

●月暈而風，礎潤而雨。——宋．蘇洵〈辨奸論〉

在監獄裡廿二年，正如監獄當局負責管教工作的一個中共幹部批評我的：「陸鏗犯的記者職業病是無藥可醫的，當了犯人還要採訪新聞。」一點也不錯，就在廿二年的監獄生活中，我通過與各種各樣的人接觸，終於將雲南天翻地覆、所謂「起義」的故事，冒著帶鐐帶銬的危險弄清楚了。而在從一九四九到一九七八年的二十九年，其中有五年即一九五五到五八、一九七六到一九七八兩度被邀參加了中共統一戰線組織——中國人民政治協商會議雲南省委員會，囚犯一變成爲民主人士，又把我獄中採訪所得作了認眞的查證核對。從這個故事中，讀者不但可以看到一個省的翻覆，也可追尋到一個時代終結的痕跡。

當我兩度入獄，和我關在一起的「同犯」（監獄當局一九五〇年允許被關押的人互相稱呼爲「同學」，五一年大鎭壓開始，就規定互相稱呼爲「同犯」。有人說彼此並非同一案犯，稱「同犯」不通。但那不是咬文嚼字的年代。）高至陸軍上將，低至地方小特務，各種各樣的人都有。其中相當多的人都參加過盧漢的所謂保境安民的活動，這一活動的終結就是在雲南換了旗子。直接向我提供過有關情況的有盧漢宣佈「起義」前先行逮捕的國府空軍第五軍區副司令沈延世，滇黔綏靖公署副主任馬鍈，有代表盧漢與地下黨掛鉤的雲南綏靖公署少將高參嚴中英，有奉蔣介石之命必要時取盧漢而代之曾任第一集團軍總司令、熱河省主席的孫渡，有奉蔣介石之命發動昆明反擊戰的陸軍副總司令湯堯和第八軍軍長曹天戈，有國府中央憲兵十三團團長王栩，有爲盧漢策反李彌和余程萬的原雲南省警務處長李鴻謨和昆明《觀察報》社長李耀庭，有長期任雲南外交特派員公署秘書的陳公憲，有盧漢專門用來跟國民黨中央打交道的智囊雲南省政府秘書長朱麗東，以及被盧漢封爲淸客、寫得一手好字、有「末世王孫」之稱的李鴻章曾孫李廣平。

故事要從國民黨的政權講起。毛澤東說「槍桿子裡面出政權」，國民黨的政權實質上也是靠蔣介石用槍桿子從軍閥手裡奪過來的。但是從一九二七年國民政府奠都南京，到一九四九年國民政府敗退台灣，雖然經過了廿二年的建政，中國並沒有眞正的統一。山西閻錫山始終掌握自己的「王國」。青海、寧夏的馬家也形成伊斯蘭格局割據。四川軍閥劉文輝、劉湘叔侄以及後來的鄧錫侯、潘文華等等擁兵自重，盤據在「天府之國」。而雲南更是龍雲的天下。至於西藏、新疆更不要說了。

共產黨在延安爲了打倒國民黨而製造輿論，由陳伯達寫了一本書《中國四大家族》，揭露了蔣（介石）宋（子文）孔（祥熙）陳（立夫）等對中國人民的剝削。在雲南，同樣有雲南「四大家族」，實際上只能稱爲「四小家族」：龍（雲）盧（漢）安（恩溥）隴（體要）。這是一個以彝族親屬家系爲核心的軍事政治集團。而集團的領袖和靈魂就是龍雲，這是一位讀書不多而視野開闊的將軍。舉一個最小的例，誰都知道宋子文是一個眼高於頂，自以為是，甚至連中國話都不願意說的洋博士，但他偏偏會對龍雲著迷，結為知交，從這也可見龍雲的魅力。

至於龍雲與盧漢，既是親表兄弟，有著血統的關係，又是同時出道闖江湖的。盧漢雖然格局不如龍雲，但他卻是一員戰將，為龍雲打天下的先鋒。蔣介石抗戰勝利後在一九四五年十月三日命令杜聿明以武力解決龍雲，龍雲被迫到南京接受軟禁，但蔣也發覺要使雲南社會安定，仍得藉在雲南有威望的人，盧漢被視為第二個龍雲，曾被蔣任命為越南受降的司令官，也算有了「知遇之恩」。李、聞案發，喧騰國際，盧漢的主席位置，蔣介石本來是指定李宗黃代的，這一下不再需要代了，大踏步地上了五華山。直到一九四八年大局丕變，雲南以地處邊陲、情況特殊，共產黨很快地利用雲南的特殊性建立了地區武裝「滇桂黔邊區縱隊」。領導人名義上是莊田，實力派則是黃埔軍校轉化的中央軍校八期畢業、曾在盧漢手下當過團長的朱家璧。對這一支部隊，盧漢不但不打擊，相反地還予以縱容、甚至供應槍枝彈藥，藉而預下一著棋。最後並假借「消滅邊縱」為名，向蔣介石討價還價，得到將地方保安團改編為兩個軍的經費和武器，成了他「起義」的資本。

龍雲在南京接受軟禁三年，最後利用國民黨在徐蚌會戰中大敗，南京政權搖搖欲墜，特務憲兵對他的監視鬆懈時機派其親信、英文秘書劉宗岳到上海找到龍的老朋友陳納德，包了一架飛機，一九四八年底化裝逃出南京。在廣州小停，於一九四八年十二月九日到了香港。龍雲結束了軟禁的生活，而龍雲與盧漢的關係也發生了變化。

當時的情勢是蔣介石已宣佈下野，李宗仁出任代總統。任何有頭腦的人都看得出，國民黨的天下不長了。盧漢也就在這個時候接到了他的舊部、被共產黨在東北俘虜的滇軍一個團長張秉昌回到昆明傳達的中共中央對盧漢指出的三條出路：一是跟著蔣介石去台灣，最後被拋棄；二是逃出國外當「白華」(「白俄」的變稱)；三是走長春起義的六十軍軍長曾澤生的路。而中共希望盧漢走第三條路。此外，在盧漢心裡有一個大疙瘩，就是一九四八年錦州戰役中他的被俘的叔叔盧濬泉，一直耿耿在念。他希望借他的起義之功，能把親叔從共產黨手中要回來。事實上，共產黨也深知他和他叔叔的親密關係，預先放話，如果盧漢在雲南起義，就寬大釋放盧濬泉。

盧漢經過深思熟慮，按照張秉昌的信息，派了抗戰時期曾在武漢見過周恩來的宋一痕爲私人代表秘密取道香港北上，當面向周恩來表示了起義的誠意。正當宋一痕於四九年八月回到昆明時，龍雲於八月十四日在香港招待記者，由雲南省議會副議長李一平代表他發表談話，宣佈雲南即將在龍雲推動下起義，在香港報紙上引起了轟動。卻使盧漢處於極爲被動的局面。雖然事先龍、盧在「起義」問題上達成了諒解，按龍雲給盧漢私信的說法：「滇事由弟主持，外面接頭由兄負責」。但正如盧漢在龍雲宣佈「雲南起義」後的反應：「內外分工，也不能亂搞呀」！

就在龍雲在港談話的消息傳到廣州後，李宗仁、閻錫山取得了一致的意見，爲防滇變，用桂系的魯道源兵團武力改組雲南省政府。而盧漢得到張群的支持，張群又利用蔣、李之間的矛盾，說動了蔣介石，由蔣向閻致意繼續讓盧漢主滇，不過要加強部署對邊縱部隊的進剿，使雲南最後成爲一個堅實的反共基地。

與此同時，蔣介石決定在重慶召見盧漢，爲了安盧漢之心，特派蔣經國到昆明作爲「人質」，換取盧漢的重慶之行。一時之間，雲南政要爲盧漢是否作重慶行，展開了舌戰。最後是盧漢相信了張群的安全保證，冒險前往，見蔣後聲淚俱下，誓言決無二心，雲南局勢之所以謠言疊起，主要是龍雲急於投共。蔣不知盧漢善哭，竟信其言，不僅讓其來去自由，且批准其將保安團改爲正規軍，並撥給大量彈藥及黃金，盧漢回昆後，上演了一齣假整肅的鬧劇。

正當蔣介石決定將雲南作爲最後一個反共堡壘，國民黨中央軍事機關大批向昆明遷移時，共產黨的劉鄧大軍兼程向大西南挺進，十一月十五日克貴陽，二十二日佔桂林，三十日陷重慶。原來被認爲白崇禧指揮下的華中剿總十幾萬大軍會在廣西跟中共軍隊打一場硬仗，人們萬萬想不到幾乎是不戰而潰，只有黃杰所部逃入越南。最爲蔣介石欣賞的戰將、黃埔一期的宋希濂率領的精銳部隊經過力戰，亦於十一月在重慶南部的南川一帶被殲，宋希濂本人被俘。正所謂兵敗如山倒。早就有意投向中共的盧漢，便選擇了十二月九日張群銜蔣介石之命到達昆明這一時機，以綏靖主任的身份發出通知，說明張長官蒞昆，訂當日下午九時在青蓮街盧公館開會。第一個到的是沈延世（空軍第五路副司令），他匆匆走到張群下榻之所，告訴張群說：從飛機場到市區沿途警戒森嚴，部隊正在調動，與尋常大不相同，恐怕會有意外事件發生。張群卻說「不至於吧」!?後來與李彌、余程萬、石補天、李楚藩、童鶴年、沈延世、沈醉等在會客室裡老等盧漢不到，石補天才溜到外面去看究竟，結果被警衛干預又走回會客室，這時大家才感到有問題了。沈延世方才想起他來赴會之前成都方面有一緊急電報到昆明，囑他分轉李彌、余程萬，他因想到今天反正大家要在一起開會，就未派人即時送交，放在口袋裡準備面交，臨時換衣服又忘了帶來，而今懊悔不及。當場被李、余等罵了一頓。據沈延世後來在監獄裡向我分析，成都密電可能是蔣介石臨時得到昆明不穩消息，通知第八軍、廿六軍加強戒備的。如果他不是作風一貫大而化之，收到後即限時專送，說不定後來的局面不會是這個樣子。

李彌、余程萬如果不是成了甕中之鱉，兩軍配合進攻昆明，盧漢是招架不住的。從這一點，我又得到了一個相信「數」的例證。也就是哲學上的偶然性，往往在歷史進程中起到出人意表的作用。

至於盧漢義釋張群，張群在香港只告訴了我，他寫了一封信給盧漢，但沒有談信的內容。在獄中我聽李廣平說，他曾從交信給盧漢的楊適生口中聽到這封信的內容，主要是說對盧的處境他能理解。他本人無軍權，留下也無用。望念昔日舊交，放他離去，則感激不盡。他保證今後到國外去當寓公，再不過問政治了。從而使我連想到，張群之得以脫險，關鍵還是盧漢和他的交情，對他的投桃報李，並不是因爲他眉毛裡那一顆痣。

說起雲南易幟後的昆明爭奪戰，也是驚心動魄的。蔣介石得悉盧漢叛變後，馬上命令湯堯以陸軍副總司令身份飛到霑益組織指揮所，指揮第八軍和廿六軍加上五個憲兵團合力進攻昆明。十二月十五日，第八軍的先頭部隊與盧漢的警戒部隊，開始了接觸。到十七日第八軍爲右翼、廿六軍爲左翼向昆明夾擊。盧漢考慮到防守兵力支持不住，只好縮短防線禦敵。盧本人日夜守在五華山上的警備司令部，他知道他下面的掌軍的人如龍澤匯只是「繡花枕頭」，根本不能打仗，所以只好親自出馬，夜晚就在沙發上躺一兩個小時，可以說是拚上老命了。

先是十二月十三日當盧漢的部隊開到昆明東郊的大板橋去繳第八軍教導師的械時，雙方就發生了戰鬥。盧漢就叫龍澤匯說服李彌夫人，當時她和被扣的李彌一起被安排住在龍澤匯家中，單獨去到大板橋，勸告第八軍部隊停止軍事行動。事實是她到了大板橋就對部隊長說：「你們加緊打吧！打得越兇，炳仁（李彌的號）出來就越快。你們不打，炳仁就無法出來了。」而她回來以後答覆龍澤匯則說，保安團的砲彈打中了第八軍的總部，死傷無數，激起第八軍官兵的憤怒，表示非打到底不可。他們聲稱，只有見到李彌，才肯放下槍桿。李彌也就順水推舟，表示只要他出去，就不會再打了。

但當李彌和他的夫人私下談話時，問起她第八軍官兵士氣，在他們的寢室裡，李夫人撩起她的旗袍說：「看！這就是他們的答覆。」原來是用鮮血寫的「誓死報仇」！而且所有的簽名也都是以血簽下的，顯示了強烈的戰鬥意志。後來這段故事在第八軍中傳爲佳話。

盧爲了緩和第八軍的進攻，決定放李彌走，但李彌並不答應以勸說第八軍撤軍爲交換條件，只說他的部下攻城的口號是要救他，讓盧漢看著辦。

從整個事件的過程看，李彌自始至終表現爲大丈夫氣概。當盧漢的警衛營長龍雲青衝進會客室大吼「舉起手來，不准動！」時，其他的將領都被弄得目瞪口呆。只有李彌沉著地問：「這是搞什麼名堂？」又當他和余程萬雙雙關在五華山光復四樓一室時，盧漢派隨身參謀、「起義」後升任昆明警備司令部參謀長的楊肇驤去探視，余忙著和楊打招呼，而李則站到窗口唸〈正氣歌〉，給楊肇驤「極爲倨傲」的印象，顯示了軍人本色。

第八軍和廿六軍分兩路進攻昆明，十二月十八日進入最緊張的狀態，十八日晚廿六軍拿下了飛機場，十九日東南兩線發動總攻，二十日午後第八軍佔領了昆明以北高地，盧漢看態勢有點抵不住了，他知道廿六軍進攻昆明的口號之一是營救余軍長，而余本人也表示願意說服廿六軍「起義」，便決定釋放余程萬以緩和攻勢。余於廿日打著白旗乘吉普車進入本軍的砲兵陣地後，還帶去了盧漢送的四卡車銀元。及時制止了向昆明開砲的行動，並指揮部退往呈貢。已經深入昆明東北部的第八軍發覺友軍停止射擊，並已撤退，恐怕孤軍深入遭遇不測，也只好撤退。所以到了廿日深夜一場激戰戛然而止，連盧漢都感覺意外。

到了廿一日炮火聲全部停息，香港《星島日報》頭版頭條大字標題「昆明城郊混戰」，倒楣的我，以拚命三郎的姿態上演了自投羅網送貨上門不要收條的一幕。

楊肇驤以昆明警備司令部參謀長的身份在《雲南文史資料選輯》第四輯（一九六三年五月）首篇發表的「雲南起義記事」一文關於我這一段是這樣寫的：

〈接收大員〉的降臨

十二月二十三日（按：應爲二十一日）上午，香港英國環球航空公司來電給昆明的代理人匯利公司經理楊永昌，謂該公司有飛機一架將於上午十時飛昆。楊永昌接電後，即到五華山找省府總務處長鄒鳳石轉報盧漢。盧漢就把我找去並指示：英國政府還沒有和我國建立外交關係，不能讓英國飛機飛來昆明。並叫我設法阻止。經我了解，去電阻止已來不及，空軍電台又與英機無聯絡信號，不能阻其來昆，遂向盧漢建議仍讓英機降落，看看究竟是什麼一回事。盧漢即命我到飛機場去處理。我先打電話給機場司令張有谷，請他把英國飛機扣留起來，駕駛員與乘客分開監視。我趕到飛機場時，英機業已降落。該機係送走張群的飛機，駕駛員係馬來（西）亞人，與我見過幾面。我找來翻譯人員詢知該機因前曾得盧漢發給准予維持昆港交通的許可證，見有人來包飛機，有錢可賺，所以又飛來了。我和張有谷檢查飛機，除了幾桶汽油之外，另無貨物。機內乘客只有兩人，其中一人爲陸鏗，雲南保山人，曾任蔣介石《中央日報》副總編輯，一九四九年夏曾代表蔣介石政府行政院長閻錫山到昆明會見盧漢，與我也有一面之交。他見我後形色愴惶，立即將懷中所帶信件撕碎，揉成一團，悄悄的丟在座椅下邊，並向我介紹另一乘客說是貴陽造紙的經理，要求搭我的車子進城。我指定專人派車子分別將陸鏗等二人和飛行員三人解往警備司令部，並將陸鏗揉丟的文件找出來，但見上面都是一些密語。陸到警備司令部後見副司令許義濬，即請許説情（陸爲許的內弟）。許不了解情況，未便作主。旋將陸等二人送陸軍監獄管押，飛行員三人則送警察局看管。事後才了解，蔣介石已任命陸鏗爲李彌的雲南省政府的教育廳長，陸鏗是在香港國民黨報紙登出「收復昆明」的消息後，向英國環球航空公司包了飛機，作爲「接收大員」飛來昆明的。殊不知昆明並未收復，「接收大員」成了送貨上門的俘虜。英國飛機一架已被扣下，其駕駛員三人則經教育之後遣送出境。

湯堯在昆監談國軍進攻昆明失利及他率李彌、余程萬赴台北見蔣介石經過，關於國軍一九四九年十二月廿日已攻入昆明，因廿六軍軍長余程萬被盧漢收買臨時退卻，第八軍恐孤軍深入被殲，亦行撤退；傳說余到台灣後已被蔣介石槍斃。我在獄中曾就此問湯堯，他告訴我，余隨他赴台並未被殺，蔣對未攻下昆明，反而以阿Q的哲學表示說：「留一點人情餘地也好。」湯堯本人即以被派到大陸以陸軍副總司令之身指揮軍事，也是國軍日落西山的寫照，內部鬥爭始終未停。這段話事隔四十年，記憶模糊。一九八九年致函養老杭州的原總統府第三局局長、第九兵團司令，也是我昆監「同窗」的曹天戈中將，願聞其詳。他於同年四月自杭州寫來了〈一九五〇年一月國民黨部隊在雲南被殲始末〉一文並附詩一首：

半生戎馬眞耶夢，夢到殘橋人乍醒，
敢教是非人怎說，留待終審付蒼穹。

茲摘有關國府遷台初期內鬥秘辛如下：

一九五〇年一月二日，顧祝同鑒於湯、李、余三人意見不能統一，特派國防部第三廳副廳長周芸繁和空軍第一區副司令易國瑞飛蒙，自邀湯堯、李彌、余程萬三人飛往台灣詳商。一月五日，湯、李、余三人飛抵台北，前往歡迎的國防部第三廳廳長許朗軒對湯堯說：「陳誠當初極力反對顧祝同把國防部搬到台灣，經屢次交涉無效。另一方面，閻錫山已經組成的袖珍內閣，也因這個原因，準備遷往馬尼拉。後來不知道誰的建議，利用孫立人和陳誠間的矛盾，就由國防部電令孫立人負責替國防部找辦公房子。孫立人果然仗著國防部的撐腰，開了一個師到台北市警戒起來，這樣，行政院和國防部才得在孫立人掩護下搬進台灣，陳誠爲了這件事，氣憤成病。他向蔣介石建議，把才逃回來的胡宗南趕回西昌，把顧祝同趕回大陸指揮軍事，顧妻得知這個消息，天天哭泣，擔心顧年老體弱，吃不了這樣辛苦，所以正想物色一位適當人選去代替。可是錢大鈞、韓德勤等都不肯去，其他的人多半資望不符，不便提出，照目前情形看來，我想你倒可以承擔代替一下，既可解除顧祝同的困難，又可減輕胡宗南的負擔，他們自然會感激你，也會全力保荐你的。」湯堯表示願意，但要求多給一些部隊，許朗軒說：「目前不能要求部隊太多，部隊一多，就形成重點，又必然會牽涉到要顧總長親自去指揮的問題。只要你將來有人，給你另成立十個軍都可以。這不過是一時之計，等你在大陸站穩了脚，番號裝備都不成問題。」湯堯也就動了心，對許朗軒說：「好罷！大勢已去，大官都怕死，孤臣孽子就由我來當罷！」（這段話原是根據一九四八年何應欽在上海江灣軍醫院養病，湯堯前去探訪時憤慨地有所指而對湯說的）。

一月五日晚，顧祝同常同湯、李、余三人去見蔣介石，蔣把湯堯誇獎了一番，並說：「這次沒有攻下昆明，留一點人情餘地也好。」蔣又把李彌、余程萬責備了一頓，又問余程萬：「盧漢給你多少錢？」余吞吞吐吐地回答說：「四萬元銀元」，蔣若無其事地說：「我給了盧漢很多錢，爲什麼只給你這一小點呢？」

獄中性飢餓與色膽包天

●吾未見好德如好色者也。——孔子〈論語・子罕〉

●食色，性也。——孟子〈告子上〉

監獄裡的性飢餓，已到了恐怖的程度，不是親歷者，不能體會。白居易有詩：「壯者不可耐，飢火燒其腸。」這是指的缺乏食物。監獄裡的犯人對此感受特別深切。而性飢餓，尤甚於燒腸之痛，恐怕不是一般人所能想像的。

男女界限嚴格難得一見

雲南省二監，因爲是模範監，各方面都要做出模範成績。在男女犯隔離方面，也是做得很認眞的。首先，男女犯分別管理，平日根本見不到面。只有全獄的活動如監獄長或政委上大課，才同時集合在大操場上，這時，男女也才能引頸瞭望對方。但因管教人員一旁監視，稍不小心即被呵斥：「看什麼？」搞不好，吃不完兜著走，當晚還得作重點檢查，接受批判。

其次，所有負責女犯管教工作的隊長、指導員、幹事，都是女幹部。有時也有男性隊長兼領女犯管教工作，但他的助手肯定是女的。他本人為了避嫌，也很少到女犯勞動場所，更不要說女犯住處了。

其次，由於同屬被服廠，為了照應不可避免的生產片料分配、工序銜接、物質交流、技術交流，多半指定年紀較大、案情單純、而且經過考驗的男女犯進行公務接觸，但都有幹部從旁監視，不得逾越各項規定。

在這種嚴格的管理下，男女犯近距離如一兩公尺內相看，那都是非常難得的。什麼叫做「相看兩不厭」，只在獄中一瞬間。

刑滿留隊接觸機會增多

一般來說，彼此都當犯人期間，男女接觸的機會微乎其微，微到幾乎類似中六合彩。但刑滿留隊做所謂「生產員」以後，機會就比較多了。因為你本人已屬半公民性質，不論在法律上、政治上都做了結論。幹部在心理上要負的責任也相應減輕，加上一般每周可以回家或外出一次，見到異性也不會那樣喪魂失魄了。在這種情況下，作為一個男性生產員，一旦出現在女犯中間，你會感到無數的眼光向你射來。如果你再找機會跟對方說上一兩句話，你可以發現，對方所流露的喜悅，簡直無法形容。如果碰巧傳遞一小件東西，比如一個線絃，一把尺子，兩隻手碰觸那怕祇是幾釐米部位，你都會感到對方的手在發抖，甚至有一股熱流傳出。而眼睛裡放射的語言，比李清照的詞還要幽美，還要纏綿，還要引起豐富的聯想。

春節大檢查·性飢餓暴露

到了每逢春節大檢查，所有犯人都要分監、分舍把自己的行李物件鉅細靡遺地全部抱到大操場，攤開來由幹部檢查。我在釋放前兩年的春節，從兩個意識形態比較開放的幹部口中，竟聽到了不可想像的情況。

這次的大檢查先從女犯隊開始，她們來不及作任何事先準備，因爲是突擊，所以竟發現了一些想像不到的陽具，有的還沾著血跡。有橡皮的，有軟木的，更多的是布套塞進棉花的，還有一個鋁皮的，眞是匪夷所思。這些女犯從那裡弄來這些東西？其中一位幹部說得妙，這證明人是萬物之靈，可以由無變有。特別是女人，更是靈上加靈。不過，這裡面又包含了多少恐怖、多少殘酷。

就在這次大檢查的陰霾尚未散盡的時候，突然大廚房的伙食總管犯人李鳳翹被點名檢查了。原來，他利用幹部對他的信任，掌握兩千多人的吃飯事務，在一個負責烹調回教伙食犯人馬培忠的同情下，和有時輪班到大伙房取回教伙食的女犯馬竹英勾搭上了。

月黑風高夜・男女犯偷情

李鳳翹人高馬大，馬竹英靑春年華，乾柴烈火，一點就燃。他們兩個眞是色膽包天，事先約好一個月黑風高之夜，由李鳳翹在深夜一時，趁馬竹英在女犯宿舍輪值守夜之機，翻牆進入，由馬竹英架梯相迎，成其好事。

事發後，負責廚房管教工作的幹事李文達，除了向獄部檢討自己的失職外，特別組織一個檢查小組叫李鳳翹交代問題。俗話道：「好事不出門，壞事傳千里。」雖監獄亦不例外。因此，犯人中很快便流傳了「李馬相會」的故事。甚至說，因爲値夜班都是兩人一組，李鳳翹與馬竹英的幽會第一、二次在另一女犯的憐憫下，放了他們兩馬。好事不過三，在「第三次接觸」時，另外一個女犯就提出要分一杯羹了。只是李鳳翹不中用，那種極爲緊張的偷情，對他來說，一個已應付不了，豈可槍挑兩巾幗？只好哀哀告饒，請求「寬大釋放」。

事情究竟是怎麼暴露的？原來，馬竹英的肚子大了。懷孕三個月後，終被檢舉揭發出來。

老幹部承擔・小生命降生

幸而，負責女犯管教工作的指導員嚴素淸是一位老幹部，具有較高的政策水平，承擔了責任。除了自己向公安廳勞改局寫了檢討報告之外，還提出建議，由獄方另在監獄附近的林家院鄉下爲馬竹英租屋一間，一切費用監獄負責，迎接新生命的到來。嚴素清的論點是：這是一個錯誤的情況下勞改工作出現的錯誤，但新的生命沒有錯。後來聽說生出來是一個男嬰，交由公家的育嬰組織去扶養。這孩子如果健康成長，現在也該大學畢業了。

女幹部偷情獻身留隊

犯人固然有性飢餓的問題，幹部中同樣有。一位湖南籍的女幹事，就不惜獻身給留隊人員伙食團的管理員董家彥。這件事直到「文革」到臨，在留隊人員中開展政治運動才揭發、交代出來。這個夜鶯的丈夫死得也奇特，在所謂三年自然災害中，以木工車間主任之尊，在一個沒有月光的黑夜，跑到監獄蘋果園偷摘蘋果，不慎失足跌落糞水池中淹死。

我常常被朋友問起，國民黨的牢和共產黨的牢哪個牢比較好坐？我的答覆是：從管理制度看，共產黨的牢要好坐一些，因爲它基本上按制度辦事，不像國民黨的牢有黑金之手滲入。但共產黨的牢剝奪人知的權利，實行新聞封鎖，大搞思想控制，更不要說像柏楊在台灣綠島可以著書立說了。而且一般坐的時間太長，人們要活著出來很不容易。特別是遇著一些滿腦子充滿極左思想的幹部，有時候會產生生不如死的念頭。追根溯源，問題出在黨性壓倒人性的列寧主義上。而列寧主義不僅是毛澤東的指導思想，也是鄧小平的指導思想，如今還是中南海當局的指導思想。中國人什麼時候擺脫了列寧主義的幽靈，中國這個民族也才能得救！

大殺人時差一點就被送上刑場

●死生有命，富貴在天。——〈論語·顏淵〉
●死是等閑生也得，擬將何事奈吾何。——唐·元稹〈放言五首〉

以中共的提法所謂「解放」，一九四九年十月一日在北京建立中華人民共和國起，中國大陸就解放了。自一九四九年十月到一九五一年二月，這一年零四個月時間，主要進行了政治佈局、軍事掃蕩和經濟整頓，從三個方面希圖找到穩定政權之路。

到了一九五一年二月，爲了進一步鞏固政權，遵照毛澤東的指示：「必須堅決鎭壓反革命」，在二月廿一日正式公佈了「中華人民共和國懲治反革命條例」，一共廿一條。由於一九〇五年袁世凱當政時日本提出了廿一條，給中國人民的刺激太深，人們看到共產黨提的鎭反廿一條，自然產生一種連鎖反應——怎麼又是廿一條？

對我個人來說，廿一也是一個敏感的數字，一九四九年自東京經香港回昆明，一下飛機就被捕坐牢，正是十二月廿一日。現在，中共不僅制定了廿一條，而且選在廿一日公佈，天下的事就有這麼巧，你越有忌諱，忌諱的東西就越沖著你來。

準備殺人監獄加強管理

監獄裡爲迎接全國大鎮反，採取了逐步收緊的措施，當然有些措施囚犯看不到，看得到的是，首先把原來按「以毒攻毒」原則起用軍統特務擔任監舍的管理員、服務員，一律收監。整個監房全部由解放軍管理，規定囚犯有任何事包括解大小便，要請求開監房的門，都要喊「報告大軍」，由值班的軍士開門、關門。

其次是取消家屬送飯，一律吃牢飯。沈醉和我及三中將戲稱的「將王餐」也同時取消。五人各歸各號，並規定我們，自當日起，即使互相遇見，也不准打招呼。原來准許囚犯晚飯後可以到操場散步、甚至打籃球，也統統取消。

原來，一大早、甚至天剛亮就有囚犯紛紛跑到大操場一端的大廁所解便，不分排道、監房，先到先蹲；鎮反開始後，也規定要一個排道、一個排道地集體解大便，限制每次四十人蹲四十個茅坑，只准五分鐘就要「完成任務」，一聽哨子響，就得揩揩屁股、拉起褲子，讓第二批人去解。

這聽起來，簡直是不可思議的荒唐事。但實踐證明，人適應環境的能力，眞是無窮大，可以創造奇蹟，向一切不可能挑戰。

最初一兩天，還聽到有人向管理的軍士請求寬限一兩分鐘，因爲時間實在不夠用。幾天之後，但見每四十人排隊一批批地走向茅坑，背對背分兩邊蹲下，不要一兩分鐘就聽到霹靂啪啦一陣糞便入坑聲，不能不佩服「人爲萬物之靈」。

強迫學習鎭壓自己條款

「鎭反」運動開展前，規定每晚學習監規紀律兩小時，而鎭反運動展開後，則改爲全天學習。除了上午十時、下午五時兩餐飯之外，就是圍著鎭反條例廿一條談認識、談體會。已經談得無話可說了，還得深入再深入。

中共自認爲革命政黨，把所有反對它的個人和團體一律視爲反革命，根本不承認有政治犯。在他們看來，承認政治犯是資產階級的假民主，而對無產階級說來，「鎭壓反革命是人民民主國家所必須對人民負責完成的根本政治任務」（見一九五一年二月廿二日北京《人民日報》社論）。而且用毛澤東的話來強調：「對於反動派和反動階級的反動行爲決不施仁政。」因此，在鎭反條例中，從第三條起，第四、第五、第六、第七、第八、第九、第十、第十一、第十二，直到第十五條，都是處死刑或無期徒刑；有的祇是提法改變一下，定爲處無期徒刑或死刑。最輕也要處三年或五年徒刑。

不僅條例突出從重，而且在第十七條中規定「犯本條例之罪者，得剝奪其政治權利，並得沒收其財產之全部或一部。」

學習鎭反條例的同時，還要學習中共中央討論書記彭眞有關鎭反的報告。最莫名其妙的是彭眞引用所謂責備共產黨寬大無邊的話：「天不怕，地不怕，就怕共產黨講寬大」。其實這是一句反諷，彭眞却把它作爲鎭反的輿論依據，結果就是殺人越多越好。

在安排所有囚徒學習鎭反條例廿一條後，監獄當局毫不隱瞞地向被囚者表示：現在全國開展鎭反，這也是對你們的一種考驗。你們最好放規矩一點。並抓緊時間，交代自己的反革命罪行，爭取減輕或免予處刑。

最殘忍的，可能也是人類歷史上絕無僅有的，就是被殺者在被殺前要根據官方公佈的條例，一一「對號入座」，說明自己該死，有的還加上一句「非殺不足以平民憤」。毫無反抗意圖，而是引頸就戮。這反映無產階級專政它就能憑恐怖造成這種完全違背人性的局面。

五一年大鎭反，昆明是三月三日開始的，人稱「三·三鎭反」，當時爲了教育群衆，實際上是嚇唬群衆要規規矩矩接受無產階級專政，除零星槍斃人外，每周六或周日舉行一次鎭反遊街示衆。把要殺的人，五花大綁，背後插上一紙糊的標子，上寫反革命分子，由軍警押解，平均兩人押一人，站在敞蓬大卡車上，車隊最前一輛車高懸毛澤東語錄：「必須堅決地肅淸一切反革命分子」。還由軍樂隊引導，沿途吹殺人軍號。

當時，昆明監獄尚在市內錢局街，第二年才遷往西郊，因此，在押的人在監房內都能淸晰地聽到：「噠，噠噠底！……噠噠底噠噠！噠噠，……噠底噠，底噠噠噠，噠噠噠！」的號聲，不約而同地說：「殺人號響了！」

從三月三日起，光是從錢局街監獄拉出去槍斃的人，每周三十六個，幾乎成了規律。而三月三日第一批槍斃的，原來和沈醉及我五人一塊吃飯的國民黨三中將柏天民、唐宇縱、羅春波都無一倖免。通常是槍斃人的早晨才張貼出佈告。群衆圍觀後，如發現自己的親人在佈告上，就要準備到黃土坡刑場收屍。有些家屬和街上的小孩還跟著敞蓬大卡車跑。這些具體情況是我釋放回家以後才得知的。

待決之囚表現從容鎮定

鎮反期間，特別使我感到驚奇的是，待決之囚表現的從容、鎮定，毫無張惶失措的樣子。祇是在監方加強管理，如解便排隊並嚴禁互相交談的規定宣佈後，我發現了一種情況，即大多數人都穿上了各人自己的新衣。

原來，監方對在押者穿衣並無明確規定，什麼衣服准穿，什麼衣服不准穿，從未提及。而發的囚衣，祇是每人每年一套單衣褲，每兩年一件棉衣，如此而已。平日大家都是補釘蓋補釘地穿。鎮反風暴到來時，忽然之間，各人都把初入監時帶進的衣服不約而同地穿出來了。中山裝、西裝、夾克、大衣、毛衣、甚至羅斯福呢的軍裝，都一一出現。這意味著，大家心裡都很清楚，遲早是要被槍決的，還愛惜什麼衣服，反正都要充公的。

「心有靈犀一點通」，本來是李商隱寫男女之情的名句。牢獄生活告訴我，眞能體現這句詩的神髓的，祇有彼此都是待決之囚才反映得特別深刻。

人的眼睛會講話，也是在鎮反高潮時發現的。當頭一天聽到殺人號吹過，第二天在操場排隊等候解便時，但見人們互相用眼睛打招呼、說再見。有的是一睜一閉，流露一種凄涼之情；表示說：來生再見！有的眼露微笑，表示好好保重，不要難過。有的則怒目圓睜，反映胸中充滿憤恨。也有的邪著眼露出鄙視的眼神，表示沒有什麼了不起。曾任中央社總社編輯部主任、昆明《中央日報》社長的錢滄碩先生穿了一件藍布大褂，曾任中央社昆明分社主任及雲南省新聞處長的潘仲魯先生穿了中山裝不約而同地向我打招呼，滄老特別把眼鏡取下來，微微點首，藉示道別，從此未得再見，潘仲魯兄兩眼緊閉，還用手托著下巴。出獄後得知，錢、潘兩位是三月中旬同日受難的。

當時，槍斃人都是凌晨四點多五點，由值崗的衛兵走進監舍的排道對準每個門洞喊「某某號收行李」。大約十五分廿分鐘開門，讓你自己揹著行李出來，在崗位上集合，然後押上卡車到指定地點聽候宣判；宣判後遊街示衆再槍斃。因此，有的人睡不著就豎起耳朵聽，只要聽到喊「某某號收行李」，就知道又「走」了一個。

殺四〇九卻錯喊四〇六

一九五一年四月一日，我在睡夢中突然聽到喊「406」！一翻身爬起來，就向門洞張望，因爲監房是不關燈的，所以模糊看到一個戴軍帽的頭對著我下命令：「406收行李！」

「五雷轟頂」是舊小說裡的字眼。我當即感覺好像轟的一聲炸雷從天而降，似乎一股特大的氣流當頂壓了下來，一下震昏了。接著，產生了一個意識：難道就這樣完了嗎？自己給自己的答案是不行！不能這樣死掉。於是鼓起勇氣，高聲大叫：「報告大軍！」

很快地，一個軍士來到監房，衝著門洞問：「叫什麼？」我說：「我是406，報告大軍，恐怕是弄錯了？」他說：「錯什麼，叫你收行李，你就收行李。」我大聲說：「我還沒有結案呢！」意思就是案都沒有結，怎麼就要上刑場？

我一面收行李，一面想到老婆、孩子，不禁悲從中來。

所有同房的人全都醒了，有的還乾脆坐起來，看我捲舖蓋，但一點聲音都沒有。眞正做到了死寂。

大概過了十分多鐘，聽到排道裡又有脚步聲了，脚步聲中止在我的監房門外，原來叫我收行李的那個軍士，重新發出了命令：「406，舖蓋打開繼續睡覺。409，收行李。」說罷，就離開了。

但見409一骨碌爬了起來，他的憤怒不是對著監獄執勤軍士，而是對著我，用手指著我說：「你，你，你，……。」

我向他表示：「我知道我還沒有結案，我祇是說，恐怕是弄錯了。我絕沒有意攀扯你呀！」

這時，405號開腔了！「409，你也可以報告呀！」過去被稱爲沈胖子的原空軍第五路副司令沈延世爲了打破僵局，提出了他的建議。

於是，409大聲喊：「報告大軍！」崗位上回應很快，原來給他下命令收行李的軍士又來到門洞外，409說：「報告大軍！我也是搞錯了。」對方很乾脆：「沒錯，你不是叫沈煥章嗎？快收拾你的行李。」話還未講完，但見沈煥章一下就癱在床上，淚如泉湧。整個房裡再度出現一片死寂。

還是409打破了沈默。他坐起身來跟我說：「老陸！黃泉路是不好走的。我連襪子都沒有一雙。你的襪子能不能給我一雙？」

我連說：「當然，當然。」一面選一雙長筒襪遞給他。

沈煥章穿好襪子，揹著行李準備走出監房之前，最後的話是：「我只有一樁心事拜託同房的各位，今後不論哪位有機會到台灣，請設法告訴我太太，我是什麼時候走的。」

原來，沈煥章隨國府機關撤退，事先把太太、兒子送到了台灣。他原定十二月十日自昆明飛海南島轉飛台灣，那知倒楣偏偏遇到盧漢十二月九日宣佈「起義」。從此變成了階下囚，並冤枉送了性命。本來，監規規定是不准互談案情的。到了鎭反運動開展後，大家巧妙地藉「聯繫實際」暴露了案情。沈煥章是青海人，研究藏傳佛教，認識了十世班禪・額爾德尼大師，曾護送班禪入藏，任顧問兼無線電總台台長。被捕前最後的職務是軍事委員會委員長西昌行轅第二處處長，就因這個身份被劃爲特務。審訊人員所持的理由是，所有軍事部門的G2都是搞情報的，爲什麼獨有沈煥章例外。因而指他堅持反動立場拒不認罪。事實是當時的西昌行轅主任賀國光認爲，西昌地處藏族地區，爲了表示重視民族團結，第一處按例主管人事、總務，第二處就管民族事務。而把主管情報改爲第三處。誰會想到這一番對藏族的好意，竟使沈煥章蒙不白之冤而送命。

新新聞聯繫上了沈太太

我一九七八年自昆明經北京到了香港，一九八〇年訪問台灣，和老友蔣緯國將軍重逢吃第一餐飯時，就拜託他代尋沈煥章夫人的下落，緯國說，沈太太的姓名都不知道，相隔數十年，要想找到她，只有靠上帝了。不過，他願意盡力而爲。當時，受命臨時監視我的安全局沈處長在座，也表示願意盡力。

一九八二年我因一篇〈建議蔣經國先生不要連任總統〉上了台灣的黑名單。一九九〇年走下黑名單，再度多次來台。一九九二年八月，應邀到《新新聞》和編輯部的編輯記者漫談新聞生涯，談到了406與409的錯號，陳柔縉小姐於該刊二八三期作了報導。萬萬沒有想到，這篇報導被沈煥章太太的朋友看到了，並轉給了在基隆市立醫院養病的沈太太。沈太太在這個醫院當護士數十年，已退休，因癱瘓而住院。她的兒子也不幸得了精神病。她得知四十年無音信的先生的下落後很激動，寫信表示希望和我見見面。我由陳小姐開車到基隆會見了躺在病床上的飽經憂患、一生苦難、年逾古稀的老太太，向她詳細講述了沈先生遇害的經過。她當時表示，對丈夫的冤死雖然很難過，但知道了下落，那怕是壞的下落，也比沒有下落好。無論如何心可以放下了。

翌年，得悉沈太太病逝基隆的消息，我唯一的祈禱就是她能和睽違四十多年的沈先生在天堂見面，像他們這樣善良的人，是應當進天堂的。

奉命譯美國牧師自白書

回頭再談一下，當我被命令收行李上刑場時，憑什麼說：「我的案還沒有結呢？」這是有根據的。

一九五一年二月中共鎮反條例公佈後，頭腦特別敏銳的關押在監獄的人馬上就斷言：「共產黨要殺人了。」有的還說：「要大殺特殺。」

曾任第一集團軍總司令、熱河省主席、陸軍上將孫渡，當時也關在昆明監獄。他告訴我，年輕時曾讀過馬克思、列寧的著作，鎮壓是共產黨奪取政權後第一件要做的事。

犯管理所。

孫渡這話說了不久，他因在戰犯之列，被移送重慶集中，後來與沈醉、馬鍈等轉送東北撫順戰犯管理所。

就在孫、沈、馬等移走不久，雲南省公安廳負責審訊工作的一位科長（後升任處長）胡殿斌找我單獨談了一次話。

他說：「鎮反條例你們已經開始學了。有的犯人反應說共產黨要殺人了。是要殺人。但不會殺你，因爲你的案子還沒有結，你的案子案情太複雜，需要到國外去調查。你來自東京，起碼要到東京去調查。根據我們現在的情況，還不可能派人到日本去。過去，劉部長已經告訴過你，連派人到香港去調查，暫時都有困難，因此希望你坦白交代。你咬定回雲南是接家眷，和我們掌握的材料差距太大。在這種情況下，只有等，我們和你都不能急。也就是說，短期內對你還不能作出結論。現在，給你一個立功贖罪的機會，我們有一個外籍犯人，他叫莫瑞斯，是美國牧師，作惡很多，我們讓他寫了一個坦白書，一時找不到人翻譯，就由你來翻吧！」

我當即表示，我的英文程度差，如果翻譯不準確，會影響案情的處理，是不是另找高手。胡當即說，就是你了，有困難我們給你一本字典。另外派兩個犯人做你的助手，查查字典，抄抄寫寫，三人集體行動。原來是爲了互相監督，我當時只能幽默地想，共產黨也懂「三人行，必有吾師焉」。

所幸派來的原來是彼此已有接觸的「窗友」（鐵窗之友也）。一個是空軍上校徐應鵬，一個是陸軍少校董坤維。坤維是雲大前身東陸大學創校校長董澤、雨蒼先生的長公子、雲南都督唐繼堯的外甥。軍校畢業後，在軍隊工作一段就棄武就文，在昆明一家美術社搞設計，也被天翻地覆的大風暴捲進了監獄。

監獄交下翻譯的莫瑞斯的《自白書》(Morris, My Confession),寫了厚厚一本,可惜他的名字已忘,只記得姓氏,是美國奧克拉荷馬(Oklahoma)人。他先被派到雲南麗江一帶傳教,深入納西族人社會,除傳播基督教義外,在幫助發展納西族文化、特別是對納西語文拼音化作了一些貢獻。在醫療衛生方面,也做了一些工作。

他的問題,據他自己交代,主要是男女問題。在一九五〇年監獄裡開展「愛國主義」教育時,就發動一個名叫魯殿光的女大學生,在犯人大會上揭發了被莫瑞斯誘姦的經過,而且繪聲繪影。莫瑞斯在《自白書》裡也坦陳了這件事,並交代了和一位馬縣長的兩個太太發生了男女關係的經過。馬縣長是國民黨的官,共產黨接管大陸後被捕勞改,兩個太太生活無著,依靠教會,並替教會工作,結果爲莫瑞斯所乘。莫瑞斯作爲一個牧師,起碼是背叛了耶穌基督,違犯了十誡。他大概在鎮反高潮過後,就釋放回美國了。

八十年代初,我有一次由美西飛美東中途在奧克拉荷馬小停,還一度泛起打聽莫瑞斯下落的念頭。

妹夫之死和胞妹被鬥——兼談雲南小台灣和龍雲

●寧以義死，不苟幸生，而視死如歸——宋·歐陽修〈縱囚論〉

槍斃前大叫，趕快來收屍

就當我在看守所時，得到了我妹夫穆鳳藻的死訊，他死得很慘，但很壯烈。據我妹妹敬賢後來告訴我，鳳藻被殺的那一天，五花大綁，在雲南峨山縣城遊街示衆。經過其家門口時，大聲喊道：「四妹，快來收屍呀！」因爲他知道他的妻子、即我的胞妹其時正在昆明陪嫂嫂給我送飯，只好叫他自己的妹妹收屍。這也因爲五十年代初共產黨殺人是只管殺、不管掩埋的。

一個人上法場接受槍斃之前，還這麼鎮靜，是要有一些定力的。記得陳公博在蘇州監獄槍斃前，打個盤脚坐下之後，回頭向行刑者說：「請吧！」何等的從容。雖然他是人民痛恨的漢奸。

我妹夫穆鳳藻，中央陸軍軍官學校畢業。畢業後就參加康澤的軍事委員會別動總隊，抗戰後，別動總隊改編為正規部隊，他才改在正規部隊裡當個副營長，後升為副團長。抗戰末期調到遠征軍入緬甸作戰，因上級指揮錯誤，戰鬥失利，翻過野人山退回到滇西。不久也就退伍了。

一九四九年十二月九日雲南易幟後，一時各地地方武裝蠭起，有的是基於習慣性的反共，聽到盧漢靠攏了共產黨，心有不甘，憑著自己手裡控制著一些槍就幹了起來；有的是完全不知道共產黨是怎麼回事，認為可以像國民黨時代那樣搞一個山頭割據，霸佔一個山寨，關起門來，繼續其「獨立王國」的生涯。更多的是接受國民黨的委任狀，組織起「反共救國軍」來，利用無線電跟台灣或雲南境外的國民黨組織或部隊聯絡。打出的旗子，五花八門，有「反共救國軍」、「反共自救軍」、「人民救國軍」、「人民革命黨」、「人民自衛軍」；一些反共青年也組織了「大同黨」、「自由黨」、「民主黨」、「青年反共黨」、「社會青年黨」、「中國人民黨」等等，當時在雲南幾乎沒有一個縣沒有反共武裝。單是後來被蔣介石派為省政府主席的李彌，在滇南就組織了幾百股總數超過萬人的武裝隊伍。憑著山高、林密、箐深、交通不便，民族雜居和出入國境方便等條件，與共產黨政權展開了鬥爭。我的妹夫因為他有軍事訓練基礎和實地作戰經驗，便被他家鄉峨山縣的反共人士擁戴，接受了「滇南人民反共自衛軍」金紹雲的委派，一度帶著隊伍攻打過易門縣城，以與金紹雲呼應。結果成了時代的祭品。

義助丁中江·被列入另冊

再說我胞妹敬賢，她本來在襄陽省立五中初中畢業，與楊惜珍同班，準備上高中。抗日的烽火突起，加上母親病故，父親便把她嫁給了別動總隊的雲南老鄉穆鳳藻。穆是一個頭腦單純、生性耿直、木訥於言的軍人，和我妹妹幾乎很少說話。那時我已回到雲南，妹妹寫給我的信裡有一句話，令我永遠難忘：「日本人的侵略，迫使我成爲爹卸脫家庭責任的犧牲品！」

隨著日本侵略深入中國腹地，「嫁雞隨雞」，她跟穆鳳藻回到雲南峨山穆家。穆參加遠征軍赴緬甸，她就帶著孩子在當地國民小學教書，小鎮上算是一個「知識分子」，人稱「陸老師」。

雲南宣佈起義時，她恰巧來昆明看剛剛開設牙醫診所的既是老同學、又是嫂嫂的楊惜珍，暫留昆明。盧漢的「昆明保衛戰」結束後，原準備返峨山，未料，原任《平民日報》社長的丁中江，已成爲臨時軍政委員會公安部捉拿的首名要犯。中江決定逃跑，我妹妹陸敬賢就被選擇作爲掩護的伴。當時他們化裝成一對鄉下夫婦，由大觀樓下船，橫渡滇池到呈貢，乘夜啓行，送行的只有丁伯母一人。那知到呈貢時，國軍廿六軍已先一日撤走，中江失去了要找的目標，乃和敬賢折返昆明，躲藏在滇池邊的福海村。直到一九五〇年一月，才由他一個表兄趙仁甲陪同乘車逃向中緬邊境，不料將抵緬境時，汽車不愼翻車落入谷底，全車僅中江一人奇蹟般的得活，最後終於脫險偷越國境。敬賢則被逮捕，並遭刑訊，但堅不吐實。就像她後來表示的，我寧願以死保護丁大哥，因爲他重要，我不重要。所以未有交代出中江下落。她本人則因多次被拳打腳踢，從此罹患心臟病。繼後三十年，直到一九八〇年她因心臟病在昆去世爲止，每逢大陸發動政治運動，她都以掩護丁中江外逃罪名，成爲鬥爭對象。長期成爲大陸列入另冊的「內控對象」，一直控死爲止。

雲南小台灣・孤山扯大旗

回頭再說，與我妹夫發動叛亂直接有關係的金紹雲是五十年代初雲南三大反共組織中的一支。他的叔父就是鼎鼎大名的金漢鼎上將，金是朱德在護國軍時的戰友，其級別比朱還要高。金紹雲憑藉其叔父的聲望，在華寧、江川、澂江一帶獨霸一方，利用小孤山四面環水的地勢，成立了他的獨立王國。

這座小孤山實際上是一個島，它矗立玉溪地區晶瑩秀麗的撫山湖中，氣勢巍峨，風景絕佳。陳賡、宋任窮率二野四兵團進駐雲南後，曾多方設法招撫金紹雲，金不但不理，反而扯起了「滇南人民反共自衛軍」的旗幟，加強了島上的防禦，憑險據守，並稱這個島為「雲南的小台灣」。

到了五〇年九月，陳賡派出了四兵團的精銳警備師向「小台灣」發動了攻擊，金紹雲利用亂石作掩護，全力抵抗，但因共軍來勢太猛，只好放棄灘頭陣地，固守小孤山的主峰。後來共軍除正面進攻外，還派突擊隊攀登上岩羊也難攀登的絕壁，向小孤山南北兩面迂迴，金紹雲見大勢已去，才帶著一批心腹乘坐大木船向撫仙湖的北面撤退。因為船上人太擠，金紹雲為了博得部下的效忠，同舟共濟，竟把自己的妻子和一個未成年的兒子打死，以免超載翻船。金紹雲最終於水中被俘以後，仍以仇視的眼光昂首望著小孤山頂剛剛換上的五星紅旗。

監獄的幹部用這個他們所謂的「反面教材」教育我們這些「犯人」，印證列寧關於階級鬥爭的教導，即被打倒的剝削者必然力圖恢復他們被奪去的「天堂」！

但我在大陸近三十年所見所聞，像金紹雲這樣的「拚命三郎」，以少敵多，搏鬥到死，是很少很少的。一九四九年國民黨部隊在兵敗如山倒的狂潮中，絕大多數都是不戰而潰。在極爲不利的情況下猶作困獸之鬥者，更是稀有動物。

龍雲在昆明批評共產黨

一九五〇年我在監獄中眼看到不少參加對中共武裝鬥爭失敗後被捕的人，不斷被押解進來，個個都是垂頭喪氣，安純三就是其中之一。

安純三原來是盧漢下面的一個師長，當國共內戰形勢變得越來越有利於共產黨時，受命當了昭通專員。昭通是龍雲、盧漢的故鄉，這裡的專員傳統上都有爲龍、盧管家護院的責任。安純三到昭通不久，響應盧漢提的「保境安民」口號，和龍雲的三兒子人稱龍三的龍繩曾聯合策劃了「雲南人民革命軍」，由安純三任總司令兼第二縱隊司令，龍三任第一縱隊司令，縱隊下有支隊，支隊下有大隊，總人數約在一萬左右。

當時龍雲在香港積極策劃雲南起義，看到盧漢舉棋不定，便想自己在雲南組織一些武裝力量，除派舊部萬保邦在滇南組織了「雲南人民革命軍」外,直接命令安純三和他的三兒子在滇東動起來。到盧漢起義後，安純三和龍三照理應跟著起義，接受改編，他們卻另謀「高就」，接受了蔣介石的委任，扯出了滇東南反共救國軍的旗幟。後來中共派兵進剿，安純三投降被俘，龍三則極力抵抗，最後退守龍家大院被火箭炮消滅，全家大大小小除了跟一個滇劇女演員生的孩子小保福得以保命外，全部被打死。

一九五〇年龍雲以中央人民政府委員的身份回到昆明公開批評中共說：「龍繩曾反革命，殺他是應該的，但小孩子沒有罪，一起殺掉，實在說不過去。」

一九五七年龍雲被劃爲右派，表面原因固然是他批評了蘇聯，而深層原因，我一九八五年在北京聽一位民革中央任高職的朋友說，他的桀傲不馴的態度，早就觸怒了毛澤東。他在南京時經常罵蔣介石，跑到北方又經常罵毛澤東。他不懂得毛澤東是不能罵的。

九十年代北京拍攝的《龍雲與蔣介石》，對龍雲作了異乎尋常的肯定，從一個角度反應了鄧小平時代的特色。

被劃爲「親美反蘇極右份子」

●諛言順意而易說，直言逆耳而觸怒。——宋・歐陽修〈爲君難論下〉
●處世戒多言，言多必失。——明・朱柏盧〈治家格言〉

一九四九年十二月廿一日自日本東京經香港飛返昆明，一下飛機就被捕，直到一九五四年一月四日才獲釋放回家。入獄之日，體重八十一公斤，獄中得肺病，最嚴重階段，體重減到五十二公斤，眞是「判若兩人」。釋放前，被安排和幹部生活一段時間，稍得恢復。

離開監獄之日，公安幹部明確告訴我：「你出去，就在家休息休息，不要做任何事。以你的身份，也很難安排工作。根據你的歷史情況，安排低了，對外影響不好；安排高了，我們不放心。好在你愛人是個牙科醫生，生活沒有問題。」

回到家裡以後，主要是養病。妻子楊惜珍除了負擔家庭生活，還要照顧孩子。從我來說，不要說購買書報，連理髮錢都得她供應。她爲了我的自尊，常常塞一些零花錢在我的口袋裡，但我心裡總感到不是味道，因此常常會無名火起。

教緬甸總領事中文叫停

恰巧，緬甸在昆明開設總領事館，總領事吳茂茂鐸在北京緬甸大使館任參贊時，就請了一位教授用英文教中文。到昆明後，找不到適當的人教，我經一位朋友介紹去應聘，雖然我的英文程度很差，但因他學的是當時中國外長陳毅的演講詞，我還可以對付；於是雙方講好，每周教一次，每次兩小時，付酬人民幣十五元。這樣，我每月可以有六十元收入。

哪知教了三個星期，不到一個月，突然一位公安廳的處長跑到我家裡，聲稱要做我的「參謀長」。參謀什麼呢？原來是建議我別給緬甸總領事做中文教師了。理由是，「你講任何一句話，對緬甸總領事來說都是情報。而你這個人一向直言無忌，我們和你打交道四年多，太了解你了。」因此，勸我就在家裡繼續休息，反正有一個工資較高的醫生老婆。

我說：「靠老婆吃飯，在舊社會是恥辱，在新社會是剝削。這種日子不能過。我必須自力更生。」對方聽了我的表態後，就問我是不是可以找工作做？我說：「今天，一切都講『組織』，沒有組織關係是無法找到工作的，這你們比我清楚。」他反問：「你不是有很多朋友嗎？」我說：「提起朋友，解放前的昆明市長，解放後任副市長的曾恕懷，是朋友，但連他的親侄兒想找個工作都找不到。」再問：「北京方面呢？」我說：「北京方面我只認識邵力子和張治中兩位先生。」他說：「那你就給他們寫封信吧！」我當即拒絕說：「我從來沒有寫信求職的習慣。」他撂下一句話：「你再考慮考慮吧！」就告別而去。

周恩來安排我參加統戰

第二天，這位「參謀長」又來了，他表示他們已經研究了。建議我給邵力子先生寫封信。因爲，我在關押期間，邵先生在北京聽說我在昆明坐監死了。還由民革中央派專人到昆明了解情況。他們答覆說，陸鏗並沒有死，還在繼續改造。「邵先生既然這樣關心你，你也應該給邵先生去封信。」

我聽了參謀意見後，仍然表示不願意寫。不料對方說，你就寫是我們要你寫的。我看非寫不可了，於是提筆給邵先生一信，感謝他對我的關愛，並談了別後迄當時的情況。

想不到，邵先生很快就有了回信。他的信中有幾句話，我至今仍記憶清楚：「幾年來均以你況爲念。今得來書，快何如之。周恩來總理經余轉達，亦表關切。盼即寄一簡單自傳來京。」

自傳寄出不久，雲南方面即通知說：奉中央指示，請就近參加統戰，在雲南省政協工作。

於是，我向吳茂茂鐸告別。回憶我和他談話，給我印象最深的一句話是：「沒有宗教信仰的國家是最可怕的，因爲什麼壞事都敢做。」

省政協在我參加工作後，組織了廿幾位國民黨將領，經常寫稿，對外廣播或發表於海外中文報刊，爲統一大業效勞。而我，就被派爲這班人改稿。由於很多人過去都是朋友，所以工作氣氛還算輕鬆。

到一九五六年省政協大會時，我被推代表阮肇昌、周開勛、陳子幹、管長治、李慕鄆、×××

等六位國民黨將領、一位國民黨立委楊適生和我自己八人以「國共第三次合作」爲題發言，進一步爲中共統戰作吹鼓手，朋輩戲稱「八仙過海」。

聽毛澤東鼓吹「雙百」發言

一九五七年三月，被邀請聆聽二月廿七日毛澤東在最高國務會議上的講話錄音，以及三月十二日的講話，我當時的感覺是，毛的話相當誠懇。他強調：「百花齊放、百家爭鳴這個方針不但是使科學和藝術發展的好方法，而且推而廣之，也是我們（指中共）進行一切工作的好方法。這個方法可以使我們少犯錯誤。」毛號召共產黨外的一切志士仁人，幫助共產黨整風，克服主觀主義、官僚主義和宗派主義。他說：「不要怕向我們共產黨人提批評建議，要有『捨得一身剮，敢把皇帝拉下馬』的大無畏精神。」

當時，毛提出這些論點的背景是，中共建政七年，經過土地改革、「鎭反」（鎭壓反革命）、「三反五反」、「思想改造」和「肅反」運動，反革命已基本上肅清了，剩下的主要是他所謂「人民內部矛盾」。爲了集中力量建設強大的國家，就根據「雙百方針」，於五七年四月在全國範圍內展開了整風鳴放。而在國際上赫魯雪夫在蘇共二十次黨代表大會作了批判史達林的秘密報告，對中共也不能不是一種衝擊，在這種情況下，中國出現大鳴大放，也可以說是一種歷史的必然。如果毛澤東當時能因勢利導，就像他後來說的「讓人講話天不會塌下來」，中國大陸通過鳴放形成一種寬鬆和諧的氣氛，說不定所謂「具有中國特色的社會主義」很可能在三十年前就得以萌芽。無奈毛澤東在精神狀態上是一個「紙老虎」，一戳就破。特別對「黨天下」的批評，他錯誤地認爲是民主黨派要造反了。他對知識分子提出來的意見，不加分辨地一律視爲對中共的挑戰，認爲人家要跟他奪江山，於是翻臉。把神州大地出現的一點民主生機，用最惡劣的手段扼殺掉，公開宣稱這是「陽謀」，把幾十萬知識分子打成右派，列入專政對象，而且，一專就是廿多年，甚至更長的時間。據許良英、劉賓雁、方勵之他們三位建議舉行反右運動卅年紀念的報告透露，到一九八六年還有右派生活在福建的深山裡。

提「化敵爲友」響應大鳴放

一九五七年四月底五月初，大鳴大放在全國展開，老作家、我的同宗大姐陸晶清從上海寫信到昆明給我，劈頭第一句話即：「春風是否吹到了春城？」原因是當時在大陸，政治氣氛確有春風蕩漾的味道。特別是知識分子頗有一點受寵若驚、喜不自勝的感覺，於是在互相通信時，大都互相鼓勵鳴放。我考慮到一封簡單的信，說不淸春城的春色，便寫了一篇文章，題爲〈春到春城〉。介紹了後來被稱爲「右派言論」的一些講話，比如雲南省副省長龔自知指出「一方面大豐收，一方面餓死人。這一現象我不能理解。」一位「起義將領」說：「共產黨不是『立信』，而是『立怕』。」一位高級知識分子說：「毛主席不是不能唱紅娘，而是要唱『三堂會審』。」（毛在最高國務會議上曾幽默地說，周恩來可以唱紅娘，他就不行）。一位醫生更寫了一首很妙的詩，題爲：〈再讀《阿Q正傳》〉：「自從入城以來，大小紗帽亂戴，有的稱侯稱王，有的制台撫台。老爺坐堂理事，幹部站立兩邊，下跪知識分子，舊的技術人員。哪些出身不好，哪些常發牢騷，哪些歷史複雜，哪些常反領導，哪些純技術觀點，總之，不是好人，與我在屁股上打、打、打，有的挨打八百，有的打了三千，有的兩臂紅腫，有的皮開肉綻，這是上級幫助，首先承認錯誤，從此覺悟提高，然後叩謝恩典。左思右想，浮想聯翩，輾轉反側，終夜不眠。《阿Q正傳》，再讀一遍。」

陸晶清大姐看到我寄給她的文章，回信告訴我，如果發言，最好不要談個人遭遇（指我曾冤冤枉枉地關押了四年多），要從大處著眼。

這是我後來發言，爲什麼揀大題目的原因之一。

中共雲南省政協黨組，動員在雲南的民主人士大鳴大放，我是對象之一，由政協秘書長楊青田找我談話，鼓勵鳴放。第一次我以不懂中共的政策婉拒。第二次，說怕提不出什麼好意見，而他指出我曾到過三十四個國家，見多識廣，發言質量一定高。第三次我就乾脆告訴他，我有顧慮，萬一講得不對頭，算起賬來如何得了。楊向我重申了「毛主席的政策」：

知無不言，言無不盡；言者無罪，聞者足戒；有則改之，無則加勉。

告訴我有話儘管說，說錯了也無所謂。

於是，我被說服了，決定在千人大會上向共產黨提出三點建議：

一、考慮改變對美國的態度，化敵爲友。理由是：天下事未可料，不但中美兩國人民會友好相處，中國政府和美國政府也會有一天友好相處的。中國是一個泱泱大國，在國際關係上應該避免小家子氣。美國政府仇視我國是他的事，共產黨應當拿出解放全人類的氣度，化乖戾為祥和。從遠處看，中國永遠不會亡，美國也會永遠存在世界上。

二、建議向資本主義國家學習，各大學改學英文以代俄文。理由是：一九四九年以來，在國際關係上和學習先進經驗上都顯得相當偏狹。不少共產黨員的思想中，凡是蘇聯的都是好的，凡是美國的都是壞的。不但政治上如此，科學上也如此。結果為世界所公認不可少的工具知識——英文，都以應用範圍顯然狹窄得多的俄文代替。像這樣要在十二年內趕上世界先進水平，恐怕是不容易的。過去由於政治上強調一邊倒，在很多事情上造成盲目地學習蘇聯，使建設事業在某些方面受了損失。自從「百家爭鳴」的方針提出以來，雖然也偶爾提到向資本主義國家的人民學習，但總顯得有些羞羞答答的。為了使國家現代化，大學裡應改學英文，擴大視野。

三、建議准許辦民間報，唱唱對台戲也不妨。理由：現在只有官報，沒有民報，民主空氣就很難說。讀者讀報，無所選擇，形成「強迫與志願相結合」，為了發揚「雙百方針」，允許一些老記者辦民間報與黨報唱唱「對台戲」也不妨。關鍵在於：報紙究竟是辦成教科書、佈告牌，還是辦成人人所樂於享用的精神食糧。

(以上建議均見一九五七年七月昆明出版的《右派分子的反動言論輯要》一書。有趣的是，全國右派分子言論涉及外交的竟出於兩個雲南土包子，一為我提對美化敵為友；一為龍雲就抗美援朝批評蘇聯不盡國際義務，反而為軍火供應向中國逼債。)

不聽老人言吃虧在眼前

當我把此三點建議爲主要內容的發言稿寫好後，拿去請好友丁中江的老母丁李毓英女史過目。中江兄弟幼承母訓，得益良多。我自一九四一年與中江結交後，即蒙丁伯母教誨有加。一九五四年出獄後，每周至少向老人請益三次，老人洞察世事之深刻，爲許多政治人物所不及。她看了我的發言稿後，及時向我提出警告：

「多言賈禍，歷史殷鑑不遠。社會已有『放長線釣大魚』之議，何必冒險？」我乃稟告老人，我親耳聆聽毛在最高國務會議上講話錄音，語極誠懇，如自食其言，何以取信於民？」丁伯母笑曰：「大聲歷經牢獄之災，仍天眞如此，此蓋數也。總之，愼之！愼之！」

中國有句老話：「不聽老人言，吃虧在眼前。」

由於雲南地處邊陲，信息不靈，北京《人民日報》已經發表了〈這是爲什麼？〉的社論，我仍放言高論，結果，在一九五七年六月十日趕上了「鳴放末班車」。我發言後，當即聽到一片叫好聲。有的說：「言人之所未言，發人之所未發。」有的說：「到底是見過大場面的大記者，發言具有國際水平。」我聽了這些溢美之辭，頗爲得意，陶醉於所謂「夫人不言，言必有中」的可笑情境中。

不料，就當我的言論以大字標題在《雲南日報》登載出來後不到一個星期，就被雲南政協黨組宣佈爲親美反蘇的極右分子。政協政治學校拉起了大橫標：「把反黨反人民反社會主義的極右分子陸鏗揪出來！」接著就是大會套中會，中會套小會，小會再轉大會，一個緊跟一個地鬥爭開來，命我徹底交代猖狂向黨進攻的動機、企圖、目的。

最初，我不服，我說：「這些話不是我自己要講，而是你們請我來講的。天下哪有這種道理，請人講話，講了又來算賬？」

政協負責人說：「不錯，是我們請你講的，你爲什麼不講好話，偏偏要講這些壞話？」「這就是對你們最好的話！」——我抗辯。

「是站在你反動立場這樣看的！」——他答覆。

我氣極了，眞想臭罵他幾句；再一想，罵有什麼用？在強大的無產階級專政的鐵拳下，除了你不想活，只能忍氣吞聲。正是：「天作孽，猶可爲；自作孽，不可活。」

爲一個人舉辦一個展覽

爲我一個人的言論（不過是十幾分鐘的講話）舉辦一個展覽會，在我一生中也是個很別致的經歷。

「右派分子陸鏗反黨反人民反社會主義言行展覽」，在我被揪出批鬥一個月後，在雲南省商會大廳裡舉行，兩千多尺面積的大廳，四周牆上貼滿了揭發批判我的漫畫和文字。當局的要求是不但要把我鬥倒，而且要把我批臭。

在這個原則下，揭發批判都是極盡歪曲醜化之能事。展覽分三部分，第一部分是介紹陸鏗其人，把抗戰時期在重慶中國國際廣播電台記者的工作，說成是積極反共，消極抗日，甚至是與日本帝國主義暗通款曲。把第二次世界大戰末期在歐洲任中國駐歐戰地記者說成是爲美帝張目。把國共和談時採訪報導和談新聞，說成是爲國民黨發動內戰製造輿論。把在南京《中央日報》揭露孔宋大貪污案，說成是「狗咬狗」。把我獨立辦報，被國民黨查封，本人在廣州下獄，後轉東京繼續奮鬥，說成是妄圖第三次世界大戰後於美帝支持下在中國粉墨登場。甚至把我被迫加入統戰行列、參加和平解放台灣的文字工作，說成是與台灣方面勾結，鑽入人民隊伍，破壞解放台灣、統一祖國的大業。如果按照展覽指出的我的罪行，不要說終生勞改了，殺頭都夠資格。

展覽的第二、第三部分更滑稽，分別用我的兩段講話作靶子，然後大作文章。如「陸鏗要我們與美帝化敵爲友」，然後，就以「美帝是中國人民的死敵」爲題，從「望廈條約」講起，列舉美國一系列侵華罪行，最後得出結論：陸鏗的主張是要使中國變成爲美帝殖民地。在「陸鏗攻擊蘇聯、反對學俄文」的欄目下，列舉蘇聯建國以來一系列偉大成就和幫助中國的不朽功勛，把世界上一切重要發明都說成是俄國人發明的。最荒唐的莫過於說無線電也是俄國人發明的。而義大利的馬可尼發明無線電，早已成爲中國中小學生的常識。

展覽展出一周後，負責當局要我也去看看，用他們的話是「接受教育」。我看了以後，不但不覺得好氣，反而覺得好笑。監督參觀的人問我笑什麼？我顧左右而言他地指出：

「你看，這張像，畫得很像我，胖嘟嘟的！挺有意思。」

事後，負責人問：「陸鏗看了展覽，反應如何？」監督者就據實以報。引起負責人大怒，把經手籌備展覽的一個名叫趙邦屏的幹部喊去訓了一頓：「你們怎麼搞的？不但沒有按照領導意圖醜化右派分子，反而美化右派分子，連右派分子本人看了都說有意思。趕緊改畫！」

又過了兩天，我被通知，第二次參觀，我問：「不剛剛參觀過嗎？怎麼又要參觀？」監督者才講出了內情。這次參觀，我別的都不注意，只注意我的畫像，一看，原來臉全都變了，胖改爲瘦不說，並且一律塗上綠色，中間帶黑，給人以陰森的印象。負責人喊著我的名問：「陸鏗，你再次參觀了展覽，思想上有什麼反應？」我說：「所有陸鏗的像都不像陸鏗，參觀者可能會懷疑展覽材料的眞實性呢！」他聽了我的答話，顯出一臉尷尬的表情。

我被點名批鬥之初，是有些懊悔的，思想上找出各種可以逃避這一災難的可能性來自我譴責。比如，如不參加統戰，如不接到陸晶清大姐的信，如聽從丁伯母的話……等等，後來經過思想鬥爭，得出結論，像我這樣的人不當右派誰當？即使一言不發，也會被劃爲右派。原因是平日的言論，就夠右的；加上大陸報紙全由官辦，反右一起，所有報社的投稿都送到北京集中審查，凡有右派言論趨向的，一律發交投稿者的所在單位，予以追究。後來得知，我寫的〈春到山城〉一文，雖未發表，亦已由上海《文匯報》轉來昆明。

思想通了，批鬥就批鬥吧！反正時也運也命也，在劫難逃。

千人大批鬥一滴淚就捕

接著，政協系統揪出的右派越來越多，自己的孤立感也漸漸沒有了。記得，十幾個右派分子集中編成一個學習小組時，我還開玩笑說：「德不孤，必有鄰。」最能說明這一運動無情的事例，莫過於有一位朋友名叫湯汝光，他以民族資本家的身份參加民主建國會，成爲統戰對象。因爲表現積極，反右後納入領導小組。正當宣佈開大會批鬥我的前夕，傳出了湯汝光跳進昆明大觀樓附近的河裡自殺了。原來，他聽到自己也可能被劃爲右派，痛不欲生，一死了之。

我因爲堅不承認是意圖顛覆中共政權，被批鬥的九個月中，常常遭到疲勞戰術的圍剿。又加之我被領導小組認爲「態度頑固」，爲了肅清我的「惡劣影響」，中共雲南省委統戰部和雲南政協，特別爲我召開了一次大規模的一千三百多人參加的批鬥大會。事前，組織了將近十人的長篇發言，從多個角度批判我這個人和我的反動言論。領導的要求是：「揭發得淋漓盡致，批判得體無完膚」。我被通知，準時到會，不得遲誤。

當時，右派分子還准許回家，我告訴妻子，我可能出事，讓她做好心理準備。事實上，由於我曾有廣州、昆明兩次坐牢的經驗，她也見慣不驚了。大會開始後，右派分子被指定單獨坐在一個靠門的角落，我被命令做筆記，以便針對檢舉揭發批判的問題，作進一步的檢查、交代。大會由雲南省委統戰部的一個處長主持，會場貼滿標語，到會的人態度都非常嚴肅，當宣佈批鬥大會開始時，口號聲就震天動地的喊了起來，我記得第一句就是「把右派分子陸鏗鬥倒鬥臭！」另外一句也是很夠刺激的：「敵人不投降，就叫他滅亡！」我心想，今天是非被迫承認意圖顛覆紅色江山不可了。

那知當一位在東北海城「起義」的將領任孝宗發言時，他大罵我「無恥」，直接搞人身攻擊，既不擺事實，也不講道理，當時，我氣得幾乎流眼淚，決心不顧一切給予反擊。

揭發批判告一段落，大會主席問我：「右派分子陸鏗，你聽了大家的發言後，有什麼話講？」在一般的情況下，被批判者都表示願意接受教育，深刻反省。我大概是正當三十八歲的盛年，一挺身就走到麥克風前，我說：「你們組織這個大會，照你們的說法是幫助我，教育我，既然如此，必須考慮幫助的效果，教育的效果，因此，發言就應該有很好的準備，我聽說已經是準備了半個月，結果，拿出來的東西，像任孝宗的發言，把恬不知恥，唸成了刮不知恥，眞是刮不知恥。」

沒有想到，這一段話，激起了會場氣氛的爆炸，馬上積極分子帶頭狂呼口號：「不許右派分子翻案！」「不許右派分子囂張！」「不許右派分子向黨猖狂進攻！」「陸鏗不投降，就叫他滅亡！」一個在東北海城「起義」的國民黨軍隊的團長名叫李鴻泰的大高個，從會場後高舉拳頭朝我衝將過來，我幾乎沒有考慮就跑出了會場，我的脚踏車事前已放在門口，跨上了就飛奔。還聽到李鴻泰在我身後破口大罵……。

此會開了不久，一九五八年三月廿九日晚，我的住所前突然出現警察巡邏。到深夜十一時，兩輛轎車開到門前，幾個彪形大漢擁著雲南省公安廳審訊處的副處長高建章進來，高是我第一次在昆明監獄坐牢時打過交道的審訊員，時隔四年，他升官了。他的第一句話是：「陸鏗，這是逮捕證，你簽字吧！」我一面簽，他一面說：「想不到你會『二進宮』呵！」

我簽好字，就被帶上了背銬（雙手反到背後銬住）。坐在沙發上等公安人員對我全家進行搜查後送監。這時，小便突然急了。我告訴站在身旁的一個持槍公安人員說：「我要小便。」他說：「你就去吧！」我問他：「戴著背銬怎麼解手？」他反問我：「誰叫你犯罪？」

一旁聽我和公安人員對話的大兒子可望，當時已有十三歲，他插話說：「爸爸，走吧！我幫你解褲子。」

我自從被劃右派批鬥到逮捕，將近三百天，從來沒有眞正傷心過，只有當孩子爲我解褲子的一霎那，我心酸了，一大滴眼淚掉在孩子的手上。

「文革」我藏「保險箱」

●狹巷短兵相接處，殺人如草不聞聲。——明・沈明臣

●十年天地干戈老，四海蒼生痛哭深。——明・顧炎武

毛澤東親自發動的無產階級文化大革命，在中國大陸掀起了「全面內戰」，死傷無數；對文化古蹟破壞之嚴重，尤屬空前。即使迄今仍不敢公開批判毛澤東殘民以逞暴行的中國共產黨，也不得不承認這是「一場浩劫」。

而在這一場「浩劫」中，被中共指爲「反革命能量極大」、刑期坐滿仍須留監嚴控的我，竟然因爲被關在監獄裡，得免於難。不論我的家人和朋友，事後都告訴我說，你幸虧關在監獄裡，如果，文革時在外面，非被造反派鬥死、打死不可。像我這樣的人，在革命造反派的眼中，是必須消滅的階級敵人，十年文革雖飽經風雨，但居然得以「苟全性命於亂世」，可謂奇蹟。

因爲右派言論而唱「二進宮」

我是一九五八年三月廿九日因被劃爲「親美反蘇的極右份子」，批鬥九個月後，結合歷史，判刑十年，剝奪政治權利五年，而被再度投入勞改的。當時對二度入獄，有一個名詞叫唱「二進宮」。關押在有「全國兩大模範監獄」之一稱號、位於昆明市西郊的雲南省第二監獄。二監之所以被選爲「模範」，一是關押多爲重要反革命犯和長刑犯，而因管理嚴密，沒有發生犯人越獄逃跑得逞事件，其次即勞動生產創造的財富較多。

坐監，身體上的折磨，祇要有一定的體力還能承受，最吃不消的是精神上的折磨，單是固定每天晚間八時至十時的所謂「學習」，輪流發言，講些假話、空話、歌功頌德的話，而且成年累月地講，其痛苦用「煎熬」兩字形容，也難以表達於萬一。

好不容易，十年，三千六百五十天，硬是一天一天地熬過了，到了一九六八年三月廿八日，監獄當局傳令「叫陸鏗到獄部」。其他人都恭喜我刑滿釋放、可以回家了。那知進入獄部後，監獄長從公文夾中拿出一張紙來對我宣佈說：「按照法院判決的刑期，你今天刑滿。但上級有個指示，你好好聽著：查陸鏗反革命能量極大，不適於在社會上生活，仍須繼續控制在監獄裡，加強改造。獄部考慮到你在改造過程中，表現還好，准你跟其他刑滿釋放留隊生產的留隊人員一樣，搬出犯人宿舍，同留隊人員住在一起。現在是文化大革命期間，暫時不安排勞動任務，主要是學習，繼續交代過去沒有交代清楚的問題。除非批准，不許外出。

「文革」到來整個大陸發瘋

文革到來，整個大陸好像發瘋一般。以雲南來說，和廣西一樣，被稱為重災區，造反的敵對派別，是眞刀眞槍地鬥，死了不少人。在雲南，經過多次較量，最後剩下兩派，一派叫「八二三」，指一九六六年八月廿三日成立的「戰鬥隊」，另一派叫「炮兵團」，指響應毛澤東「炮打司令部」大字報而成立的「造反組織」。兩派都聲稱「堅決維護毛主席無產階級繼續革命路線」，而且分別以昆明軍區和雲南軍區為靠山，但卻誓不兩立，甚至不惜採取一切手段消滅對方。

當時，昆明市劃分所謂「八管區」和「砲管區」，行人隨時當街受檢查，儼然戒嚴狀態。入夜時，如發現對方有進逼本管區行動，家家戶戶都受命敲面盆示警，有時一夕數警，使善良的老百姓生活於惶惶不安的恐怖氣氛中。

由於兩派對立，不少夫婦、父子、兄弟、姊妹，因屬於不同的派別，也怒目相向，分道揚鑣，嚴重的還發生殺人命案。昆明還一度盛傳兩派武鬥的結果，一派的一個小頭頭被另一派捉住，竟演出當場剜心下酒的慘劇。我身為記者，因無法查證，對此存疑。廣西發生大量「人吃人」的野獸行徑，後來在香港得見文革期間的具體報導，只能慨嘆，具有五千年文化的中國人，怎麼會墮落到這種程度?!

監獄竟成爲安全「防空洞」

人們無論如何不能想像，在文革高潮時期的中國大陸，最安全和保險的地方竟然是監獄。當時，監獄被稱作「防空洞」、「保險箱」。甚至很多人想進監獄而不可得。

拿我舉例，以我的歷史狀況，既當過南京《中央日報》副總編輯兼採訪主任，又隨蔣老先生飛東北，上廬山，在國共和談時，還隨馬歇爾八上八下廬山。再加上反右運動中正式被劃爲「親美反蘇」極右份子，這種人在文革高潮期，必然是主要鬥爭對象。這是我的家人和朋友的一致看法。很多歷史情況比我遠爲簡單的都死於非命。不是被鬥死，就是自殺身亡。文學家、雲南大學校長李廣田經學生批鬥後，選擇了跳昆明北門外陳圓圓梳裝台前的蓮花池斃命，就是千百例中的一個。

而我因已關在監獄裡，被人遺忘。這樣在神州一片血腥的恐怖中，牢房反而變成「洞天福地」，這恐怕是古今中外都找不到的先例。只有集中國封建帝王專制和希特勒法西斯獨裁和史達林紅色暴君統治於一身的毛澤東才會創造這樣的「奇蹟」。歷史事實說明，在迫害知識份子這一點上，毛澤東所造的罪孽，遠比希特勒、史達林要殘酷得多。

百姓和幹部同時被殺害

在所謂「無產階級專政下繼續革命」的狂飆下，通過專政手段和互相殘殺的「全面內戰」，文革十年受到嚴重迫害、包括殺害的中國人民，據研究「文革」史的朋友估計，在兩千萬以上。根據「四人幫」打倒後，北京最高人民檢查院特別檢察廳起訴書的材料統計，「文革」十年單是被誣陷迫害的中共黨政軍領導幹部包括劉少奇、彭德懷、賀龍等，有四百二十五人。中共黨內受迫害的總人數爲七十二萬七千四百二十人，被迫害致死的有三萬四千二百七十四人。而雲南「趙建民特務案」這一案被迫害致死的，即達一萬四千多人。試想，即使按官方統計，黨員幹部都死了那麼多，無辜百姓，該死多少？而這些冤死的孤魂野鬼，都是沒有統計也無法統計的。

對已被關在監獄的人，紅衛兵曾一度有意衝擊監獄，因周恩來的事先加意防範，作出「不准衝擊監獄」的規定。加之，打落水狗總沒有比打「走資本主義道路的當權派」來得過癮，所以倖免於難。

就我所在的昆明監獄說，只因被劃爲「走資派」、「反革命修正主義分子」、「階級投降分子」的監獄長梁曰文已經自殺，獄內矛盾「焦點」消失，兩派眼睛向上看，而省造反派和紅衛兵忙於省一級的搶槍奪權，也就把監獄給放過了。

不過，當社會上武鬥激烈展開時，監獄當局也作了紅衛兵衝擊監獄的準備，有的留隊人員怕得吃不下飯，睡不著覺，我則照吃照睡。並以玩笑口吻說：要發揚「死豬精神」，蓋死豬不怕開水燙也。

對於繼續專政對象的留隊人員，監獄裡當權的造反派並不輕易放過，在社會上接搞「劃線站隊」運動時，也要在留隊人員中展開「清隊學習」。

一開始是審查「文革」期中反改造言行。諸如誣衊言論，牢騷二話，反改造活動，投機倒把，男女關係等無所不包。而我的「發揚死豬精神」，也成爲重點之一。繼之是逐個檢查自八歲開始到當時的全部歷史。究竟運動目的何在，誰也不得而知，不過是爲鬥爭而鬥爭，爲整人而整人罷了。

專政對象也要效忠毛林

學習首先開展所謂「三忠於」活動，即「忠於毛主席、林副主席和黨中央」。所有宿舍牆上、門上都用噴漆漆上「忠」字和用葵花裝飾起來的毛澤東頭像，表示對毛的忠誠和熱愛。原來計劃每人床頭都噴「忠」字，後來有人說「這些專政對象根本沒有資格。」才作罷。

當時，留隊人員住的是大宿舍，睡的是雙層床，在擁擠不堪的宿舍裡，還要騰出一面牆壁，噴上毛澤東頭像、葵花和林彪印在毛語錄上的手書「大海航行靠舵手」題詞。作爲禮堂的飯堂牆上，也同樣噴上這些東西。總之，形成處處有毛像，遍地有葵花，象徵永遠不落的紅太陽。

每天早晨六點半起床，先分組在宿舍做「早請示」，其程序是：一、齊唱〈天大地大〉，歌詞是：「天大地大不如黨的恩情大，河深海深不如毛主席的恩情深……。」二、背誓詞：內容是「向毛主席和林副主席保證，絕對忠誠地聽從毛主席、林副主席的教導，把無產階級文化大革命進行到底。」三、讀頌詞：「敬祝毛主席萬壽無疆，萬壽無疆；林副主席永遠健康，永遠健康。」四、重點份子向毛主席、林副主席提保證，保證在當天交代自己所有的問題。

在宿舍做完儀式後，重點份子掛上牌子，每人一塊大木牌，掛在脖子上，上寫其罪名，如「現行反革命犯」、「盜竊犯」等等，集合到飯堂。到飯堂後，以上「早請示」儀式再做一遍。重點份子要在毛主席、林副主席像前下跪、提保證，群衆還要根據其表現提意見。有時齊排排地跪著六、七個人，顯得非常「壯觀」。晚飯時，儀式再重複一遍，不過，早請示改爲「晚報告」，重點份子的保證改爲「明天交代清楚」。而進行儀式的次序是先飯堂、後宿舍。

對於以上有如神經病的作法，沒有任何人敢提出半個字的異議。

毛澤東以知識份子爲敵

在「清隊學習」中，雲南省第二監獄六十多名留隊人員，挨得最慘的依然是知識份子。這與毛澤東歷次發動的政治運動矛頭多指向知識份子是一脈相承的。

這裡，我想到千家駒先生的一個觀察，千老是著名的老一輩的經濟學家，對馬克思的《資本論》和亞當斯密的《原富》都有深刻的研究。從政治思想和政治主張說，一貫是中國共產黨的同路人，所以他能被選爲中國民主同盟中央副主席和受聘爲訓練高級統戰人士的社會主義學院副院長，直到一九八九年「六四」事件後才離國赴美小住，一九九四年回到深圳。居美時，我們經常在一起聊天，千老談一九四九年初他和幾位高級民主人士，應中共之邀由香港到河北省平山縣西柏坡村會見毛澤東的一段，使我留下深刻印象。當時毛對千老等北上，表示歡迎之意後，就分別問客人原來主要經歷，千老答是在大學裡教書的。毛澤東馬上酸溜溜地說：「啊！你是大學教授呵！我原來在北大圖書館當個助理員，一個月吭巴郎八塊大洋。」說罷哈哈大笑，不自覺地流露出對高級知識份子的敵意和今日你們已入我彀中的得意神情。毛澤東精研帝王學，流氓出身的漢高祖「慢而侮人」是有歷史可考的。聯繫到毛澤東公開說：「知識份子實際上是最無知的。」千老發現毛的思想深處有一種痛恨、至少是厭惡知識份子的情結，特別是入主北京後，這一情結反映得尤爲突出。而毛發動「無產階級文化大革命」，更是把這一情結推到頂峰。毛曾公開表示，秦始皇坑了四百六十個儒生，沒有什麼了不起。而共產黨、實際就是毛本人坑的反革命知識份子不知比秦始皇要多多少。而敵視知識份子，恰恰是毛把自己造成比秦始皇還要秦始皇、受到百姓唾罵、最終在中國大陸將會出現批毛運動的社會基礎。

既然，知識份子在文革中普遍成爲鬥爭對象，監獄裡對於整知識份子當然也不會放鬆。

二監原來在生產組下有一技術股。其中絕大多數是解除勞教的工程技術人員，文革中被監獄一個負責整留隊人員的諶姓幹部稱爲「反革命黑窩」。來自昆明機床廠的工程師蕭焯，被視爲反革命首要份子，經過近半年的鬥爭，結果都是些莫須有的罪名。眞正搞出來的具體問題，不過是精通無線電技術的黃永祥傳佈了莫斯科電台和台北電台的廣播消息。

但運動中的鬥爭卻是非常激烈的，肉刑在所難免，更加殘酷的是日夜輪番鬥爭，當時有一位昆明機床廠的總會計師錢能充，曾因牢騷二話在重點審查中，連續跪了廿四小時，更換了各種各樣的姿勢，其情況之慘，到今日還不忍回憶，他當時雙目緊閉，雙眉緊蹙，面部呈痛苦不堪狀，低聲「唉喲！……」不止。最後幾乎是整個人癱在地上。結果還要被鬥爭者猛踢。而鬥爭者同樣是留隊人員，活畫出「本是同根生，相煎何太急」的慘景。

被鬥拒下跪寧死不受辱

輪到我被鬥了。我因爲參加留隊學習時，文化大革命，已經進行快兩年了，高潮基本上過去，也就是說，有幸避開了顚峰狀態。更重要的是，主持鬥我掌握會場的三個人，其中兩個都是受過高等教育的河北人王慰蒼和安徽人於耀，他們對我有些同情，而我本人因看到錢能充一跪廿四小時，弄得不可收拾，事先自己跟自己打招呼，「士可殺不可辱」，在任何情況下，決不能跪。而且檢查一下自己留隊以來的言行，除了在聽到傳聞「紅衛兵」可能衝擊監獄，說過「發揚死豬精神」的自我諷刺的話以外，沒有什麼反革命言論。估計其他人也揭發不出來什麼東西，因此坦然相對。

沒有想到，對我的鬥爭會一開始就叫我站出來。我於是走向牆角，面對二、三十人。其中，一個姓史的、一貫以打手姿態出現的國民黨小特務就大叫「跪下！」馬上有些人隨聲附和，我站立不爲所動，這時，姓史的更狂叫「跪下！」附和者也跟著叫各種各樣的口號。我仍然置若罔聞，挺直身子以對。就這樣堅持約兩三分鐘，姓史的高聲大罵：「右派份子陸鏗，你不要自以爲是高級知識份子，你不過是個『臭老九』。」（按文革中，對知識份子一概稱爲「臭老九」，那麼前八種人，除地（主）、富（農）、反（革命份子）、壞（份子）、右（派份子）之外，就是資（走資本主義道路的當權派）、修（反革命修正主義份子）和資產階級反動學術權威了。）

當時，還是擔任鬥爭會召集人的王慰蒼開腔：「我們要他徹底交代誣衊文革的言論。告訴你陸鏗，對抗是沒有出路的。你只有好好交代。」我心裡明白他是爲我打破僵局。

我於是交代了我所說的：「發揚死豬精神」的思想過程，指出「主要是怕紅衛兵小將來衝擊監獄，他們的衝擊目標不會是監方幹部，而是我們這些階級敵人。現在列為「重點組」的，更是敵人中的敵人，罪大惡極如我，必然首當其衝。因此，當指導員要我暴露眞實思想時，我就坦誠說出了。指導員問我，你既然這樣想，打算怎麼辦？我說，既然已是專政對象，而且身在監獄之中，只能本著俗話說的「死豬不怕開水燙」，發揚死豬精神了。我這話剛說完，鬥爭我的人中間竟忍不住發出了笑聲。這時，有的極左份子就提高嗓門嚴正批判我「放毒」。說：「陸鏗這個傢伙，心懷叵測，他是故意散播破壞言論，造成我們的恐慌心理，也是對革命小將的攻擊、誣衊。革命小將是堅決維護毛主席無產階級繼續革命路線的，他們怎麼會衝擊無產階級專政的監獄呢？」結論是：「不能容許右派份子陸鏗繼續放毒。」「一定要把右派份子陸鏗鬥倒鬥臭！」

鬥爭會得繼續進行下去，於是，我交代了自己改造和繼續改造中的錯誤和存在問題：

一、反動新聞記者的職業病根深蒂固。喜歡打探消息，比如關於「衝擊監獄」，關於「幹部自殺」，都鑽頭覓縫地想法知道。

二、自我估價偏高，不像一個接受改造的人。比如，尼克森訪華後，勞改幹部問我的看法，竟大言不慚地分析《上海公報》的難產，指出哪些方面是美方讓步，哪些方面是中方讓步。

三、狂妄自大，隨便代人請命。如對女犯指導員嚴素淸說：「四中隊女犯改造得很好，指導員可以多給她們減一點刑。」聽到七中隊的留隊人員希望發給工作服，就向隊長者炳華說：「隊長，生活上的問題不要扣得太緊了，能照顧就照顧一點。」當受到批評時，還強辯說：「我也不是為我自己。」

四、資產階級思想意識嚴重，看問題不脫資產階級立場觀點，比如說「八個樣板戲反映的文化生活，與八億人口的大國不相稱。」對「批林批孔」運動的重要意義，認識不足，曾說搞不懂「克己復禮」錯在什麼地方。

五、崇洋思想沒有得到改造，當犯人的時候就喜歡吹國外的經歷，留隊以後，仍有流露，思想深處存在「外國的月亮比中國的圓」的流毒。看到昆明修地下防空洞，有一段兩年尚未修好，竟說，在美國造一條長度相同的船，恐怕都不需要這麼長的時間。這不僅是反動思想，而且是洋奴思想的反映。

六、勞動生產方面，不僅體力勞動沒有過關，連腦力勞動也沒有搞好。在印刷車間校對恩格斯的《反杜林論》，一本書錯了四十幾處，返工上千小時，造成嚴重浪費。提高原則就是破壞。

七、腐朽沒落意識會不自覺地浮現。如當被編入「重點組」後，認爲是被其他留隊人員打小報告整的，散佈清末流傳下來的〈剃頭歌〉：

> 自古頭堪剃，而今盡剃頭；
> 有頭皆可剃，無剃不成頭；
> 剃自由他剃，頭還是我頭；
> 請看剃頭者，人亦剃其頭。

意在提醒批鬥者，不要過份。因爲，到頭來，批人者人恆批之，鬥人者人恆鬥之，實質是對政治運動的諷刺，甚至破壞。

八、對前途問題有不切實際的幻想。比如，在小組上散佈一種荒謬論點：過去海外關係多，對自己是大麻煩；今後海外關係多，對自己是好條件。而且，公然說，總有一天，小汽車會開到監獄大門口，請陸鏗先生上車。

我的檢查講到這裡結束時，竟在批鬥會中引起哄堂大笑。跟著來的就是一陣激烈的批判：做白日夢；痴心妄想；拒絕改造；心存變天；意在恐嚇；破壞運動。而最惡毒地是針對我所說的「死豬精神」，誣衊為「死豬復活」。但這一說法，卻使本來是非常嚴肅的一場鬥爭，在輕鬆的氣氛中結束。倒是非意料所能及。

「死豬精神」面對恐怖專政

我的事例，證明了一個問題，在留隊人員中進行的「清隊學習」，不過是為了鬥爭而鬥爭，為了整人而整人的鬧劇。而實際上則是對已經經過勞改折磨的人的神經，再一次的折磨；並是對承受折磨的力道的考驗。

運動中揭發出來的問題，都是一些莫須有的罪名。所謂等待處理的重點份子，結果都是不了了之。只有個別神經特別脆弱、而在勞改中沒有經過衝擊的「幸運者」，面對這種突然的風暴，才會嚇得魂不附體，這正是軍統小特務侯德生為何自殺的原因。

侯德生原來是軍統外圍小特務，中共建政前參加了地下黨工作，因而解放後得以成為留用人員。

到一九五五年肅反時被算舊賬而判刑勞改，在二監服刑一段時間就留隊就業，很快轉為工人。

在當時，留隊人員轉為工人是十分不容易的，工人被毛澤東定為領導階級，與階下囚是共產等級社會的兩個極端，這中間原來是有不可逾越的鴻溝的。侯德生以一個軍統特務身份竟能轉為工人，更加令人驚羨不已。

工人和留隊人員生活在兩個不同的世界裡，吃飯、睡覺、上廁所都是在不同的地方。至於政治地位，那就更加截然不同了，一個是專政者，一個是被專政者。

一九七二年春天，「清隊學習」已接近尾聲，留隊人員中，該批該鬥的都已批鬥過了，被審查過的人，包括我在內，集中在一個重點小組內，等待處理，大家總算鬆了一口氣，不管經過多少折磨和恐怖，運動總算過去了。

一天下午，侯德生突然被送到留隊人員的學習小組來，管教幹部簡單地介紹了一下他的情況，宣佈自即日起侯在留隊人員中交代問題。語氣十分和緩，沒有引起任何震動。侯所交代的問題也平平淡淡。

侯當時是機械車間保管員，宣佈重點審查後，就交代了原來的工作，並照例被派一留隊人員監視。

大約三四天後，中午十一時左右，突然有人交頭接耳傳告說：「侯德生自殺了，死得好慘！屍體已及時送走。」

據目擊現場的人描述：侯死在作為他的宿舍的樓梯底間僅可容身的房子裡。他將兩個炸藥雷管接在燈頭插座上，兩手合握導線兩端，雷管咬在口中，在死亡前一瞬間，他用雙手將兩根導線搭攏，只聽到轟然一聲，雷管爆炸，整個臉的下部化爲橫飛的血肉，撒佈於小小的斗室內，屍體倒在血泊中，而導線依然緊緊握在手中。……

侯死得十分輕率，但死的方法卻慘不忍睹。非出於極大的恐怖或憤慨，斷難有此一著。但也有人開玩笑說，他主要是缺乏我所說的「死豬精神」，尚未燙到，就先了斷了。

這從另一個角度說明，在無產階級專政體制下，屢遭坎坷，備受折磨，生死置之度外，並不一定是壞事。正如唐·元稹詩句：

死是等閑生也得，擬將何事奈吾何。

中國終有一天全民批毛

毛澤東臨死前總結他的一生指出，他做了兩件大事，一是推翻了「三座大山」，建立了中華人民共和國；另一就是親自發動和領導了「無產階級文化大革命」。

怎麼解釋文革是一場浩劫呢？

據大陸學者朋友解釋，毛澤東發動文化大革命，動念於一九六四年，鑒於中共政權機構出現的嚴重官僚主義，決定實行整風，搞「四清」（清政治、清思想、清組織、清經濟）運動。後來與劉少奇的矛盾日益尖銳，牽涉到路線之爭，認定按組織程序必然遭遇阻礙，乃決定發動群衆搞大民主，實行大鳴、大放、大字報、大辯論。但沒有料到，運動一起，很快失去控制，幾乎弄得不可收拾，最後憑藉群衆對他的迷信，方得以收兵。這一場運動，固然打倒並整死了他的對立面劉少奇，但因大量內部文件示衆，也把中共的陰暗面徹底暴露，讓人們看到了無產階級專政的暴虐與骯髒，從而大大提高了人民群衆的主體意識，迫使當局不能不走一條與過去不同的路。毛在精疲力竭的狀態下走完了生命的歷程。鄧小平應運而起，制訂了「以經濟建設、發展社會生產力爲綱」取代「以階級鬥爭爲綱」的政治路線。

但是，鄧小平爲了共產黨的存亡絕續，提出「毛澤東思想這面旗幟不能丟。」「否定毛主席無異否定共產黨。」因此，不僅繼續維護毛澤東這一幽靈，還提出了包括堅持馬克思列寧主義毛澤東思想爲內容的四項原則。

八十年代在紐約，我先後和訪美的三位大陸文化界名人周而復、朱子奇、趙復三對話，我說終有一天，中國會出現全民批毛。除朱子奇持異議、和我有所辯論外，周、趙兩位均未表態。用英文來說即 No Comments。當然，結論靠歷史來做，我堅定地相信歷史是公正的。

法國大革命的結論是法國大革命後一百多年才作出的。而對於中國「無產階級文化大革命」，相信在不太長的時間內就會作出。

巴金先生希望建立的「文化大革命紀念館」在二十世紀不能建立，也許到廿一世紀會在神州大地出現。

我寫文章喜歡引用杜甫的兩句詩：「無邊落木蕭蕭下，不盡長江滾滾來」，請朋友們允許我在《回憶與懺悔錄》裡再引用一次。

空軍英雄的受難

●天有不測風雲，人有旦夕禍福。——元·《合同文字》

●一年三百六十日，風刀霜劍嚴相逼。——曹雪芹

一九五〇年的春天，監獄裡忽然來了中國空軍的四條漢子。其中三個都釘了脚錮，沈延世，是杭州筧橋航空官校第一期畢業的，被捕前任空軍第五路副司令，他戴的鐐最粗，總有十多公斤重；張俊位和徐應鵬分別是航空官校二期和四期畢業，分任空軍第五路司令部補給處中校處長和作戰處上校處長。徐應鵬在抗日戰爭中「八一四」與日本空軍空戰中立功，後來在一次空戰中全身被燒傷，跳傘得救，是一位空軍英雄。他和張俊位戴的鐐比沈延世要細一些。另一個是空軍機械學校出身的王秉立，被捕前任空軍昆明航空總庫庫長。

由於他們身穿的空軍軍官制服比較講究，氣宇也比較軒昂，再加上三副鐵鐐在脚上，走起路來鐺鐺鏘鏘，給我的印象特別深。按監獄規定是不准談各自的案情的，而我因爲與空軍有段特殊的淵

源：妻子楊惜珍曾在空軍醫院任牙科醫生，我和空軍總司令周至柔也認識，特別是與蔣老先生的專機駕駛長兼空運大隊長衣復恩是好友，對空軍有一種特殊感情。加上新聞記者職業本能的反應，很快就和他們有了溝通，了解到他們的情況。

原來，沈延世是在雲南省政府主席盧漢決定投向共產黨的一九四九年十二月九日的當晚就與其他六名國民黨要員李彌、余程萬、李楚藩、沈醉、童鶴年、石補天，一齊在盧漢客廳中被捕的。共產黨接管雲南政權後，把他送到共產黨處理國民黨被俘官兵的一個組織「解放大隊」去審查。徐應鵬也和他同在一處，他們知道今後的日子不會好過，而且家眷都已去到台灣，因此非常盼望能與家人團聚。當時尚未被捕仍在昆明機場爲盧漢工作的張俊位、王秉立去探望他們時，四人便商量逃走。後來由張俊位聯繫上一個神秘客，而這個神秘客是一個軍校出身的鴉片煙商，也要逃出昆明，他得悉住在江川的保安團長王耀雲決定率部叛變，脫離中共的控制，便與王約好帶著這四位空軍一起衝到邊境，然後由這四位空軍出面與在台灣的國民黨空軍總部取得無線電聯繫，要求台灣作空中支援，然後把這支隊伍拉到越南去，向已抵越南的國民黨黃杰部靠攏，聽候蔣委員長的調遣。

這個計劃按當時大陸混亂的情況是可行的。沈延世等四人於一九五〇年五月廿八日按雙方約好的時間，坐馬車由昆明市到了市郊的大板橋與神秘客會合，那知神秘客抽鴉片煙誤了事，竟晚到兩小時，不要說兩小時了，兩分鐘對於要逃跑的人都是夠受的，總算盼星星盼月亮把這神秘客大煙鬼盼到了。四人搭上的旅行車經晉寧向江川方向奔去。那知車行不到兩小時，車子就出了故障，怎麼辦？除了走路沒有選擇。對於幾位空軍來說，因爲曾受軍事訓練，問題不大。但對一個大煙鬼來說，問題可大了。他由兩個人架住向前奔，等到趕到與叛變的保安團約定的江川縣城，部隊早已等得不耐煩先一日開拔了。因為王耀雲這一團是按計劃在一夜之間把共產黨派出的軍代表統統殺掉起事的，必須爭分奪秒地向邊境挺進。為等候這四位空軍推遲了半日出發，空等了幾個小時，仍不見人影，只好拖著隊伍狂奔。失掉與叛亂部隊的聯繫後，四空軍和神秘客決定追趕，不料追到玉溪時，神秘客的鴉片煙癮又發了，他們一夥人住進一個馬店裡去歇脚，不料被人密報，當他們前進到峨山時，投宿的馬店被共產黨部隊包圍，空軍英雄變成了狗熊被捕了。原來，中共佔領大陸初期，打著「解放」的旗號比較得人心，加之，老百姓對國民黨政權的失望一心歸向共產黨，因此，到處是義務情報員。從此，在監獄和勞改隊裡渡過了二十六年的歲月。廿六年！

一九五〇年夏我們所在的昆明監獄第一次遇著殺人。

原來的國民黨昆明市衛生局局長到一九四八年出任雲南省參議會副議長的楊青田，在中共建政後出任省人民法院院長，他是中國人所說的「大革命時代」的共產黨員，後來在「白色恐怖」大殺共產黨時脫離了共產黨，在「雲南王」龍雲的寬容政策下，得以保全性命，終於做了國民黨的官。但當國民黨敗象畢露時，他又在雲南地方形成的反蔣政治氣氛下，成為進步勢力的代表人物之一，尤其是在省參議會以維護普通老百姓的利益相標榜，處處設法抵制蔣介石的徵兵徵糧政策，而繼龍雲出任雲南省政府主席的盧漢，為了保持雲南的所謂「邊陲的特殊性」也樂得對親共勢力做順水人情，因此楊青田等的活動一直持續到盧漢在昆明易幟。

中共接管雲南後，楊就被任為省人民法院院長。到了中共決定對全省的騷亂和金融市場的黑市予以嚴重打擊後，楊就被派為「高級劊子手」的角色，由他召集全體在押犯人講話，明確宣佈「為鞏固革命秩序」，「依法判處朱文高和吳雲廔死刑立即執行」。

朱文高是昆明老福源金店的老闆，他因有一個弟弟朱志高在龍雲下面做警衛營長而比一般金商有名。中共入城初期，金融極爲混亂，他便進行黃金和銀元投機成爲黑市的要角。吳雲賡一般人只知道他是一個活躍的鴉片煙商，與國民黨軍政界都有來往。

犯人的心態本來是變態的，加上昆明市沒有擺脫農業社會的痕跡，人與人之間的關係千絲萬縷地交錯著，好像竹籬笆一樣，因此，當吳雲賡被殺後，犯人中很快流傳著他的年輕的姓張的太太長得如何漂亮，交際舞跳得如何好的傳說，把議論重心放到女人上，結論是中國的老一套觀念：自古紅顏多薄命。

可是，四個空軍的心態，卻與其他人不同，沈延世因爲身體比較胖，大家喊他沈胖子，生性樂觀，笑口常開，平日表現得滿不在乎的樣子，有時候走路時還故意把他戴的脚鐐有節奏地弄出「音樂聲」來。吳雲賡槍斃以後，他突然變得沉默了，顯得心事重重的樣子，我暗地向他打聽，他才說出被槍斃的吳雲賡就是幫助他們外逃未能成功的神秘客。而今吳雲賡既已槍斃了，他耽心下一批要殺的就會輪到他們四個空軍了。如果按中共的政策「首惡必辦，脅從不問，立功贖罪，立大功受奬」，他（沈延世）是最初提出外逃的，可以算是首惡，因此死期恐已不遠。

我基於一種同情，也是記者的職業病作怪，便主動向沈延世作了一次「新聞分析」。

我列舉四條理由說明四空軍不會殺：第一，根據法院院長楊青田向我們宣佈的朱吳的罪狀及中共的殺人佈告，所以要殺朱、吳，主要是「鞏固革命秩序，打擊金融投機」；而你們的逃跑目的在回台灣與家人團聚，即使說還想投奔國民黨，也是未遂犯，他們沒有理由殺你們。第二，吳雲賡的罪狀中，只提到他煽動王耀雲部叛亂，並未涉及幫助你們逃跑。第三，中共剛剛建政而各地叛亂蠭起，金融市場混亂，爲了殺雞儆猴，必要拿人開刀做典型，你們已關在監獄成了甕中之鱉，把你們殺了，起不到任何典型教育作用，因爲原來的空軍除了少數的機械士，在昆明地區已經逃光了。第四，如果要殺你們，一定事先把你們分別隔離起來，不會跟大伙放在一起。朱、吳被殺前都被停止跟大家一起生活學習，而你們現在卻和大家一樣。所以不會太嚴重。

沈胖子對我的「新聞分析」表示滿意，果然，在一九五一年的大鎮壓之後他們就被宣佈判刑了，沈判十二年有期徒刑，張俊位判七年，徐應鵬六年，王秉立兩年。在決定把他們送勞改隊強迫勞動以前，解除了沈、張、徐三人的脚鐐。沈幽默地跟我說他生平第一次體會到中國成語「如釋重負」之妙。他初脫脚鐐竟有身輕如燕、飄飄如仙之感，走起路來脚打飄，大概《水滸傳》中神行太保戴宗就是這樣練出來的。

戴著脚鐐穿褲子是一大學問，這是刑事犯人積多年經驗總結出來的，中共接管後才傳授給政治犯。辦法是：

先套上一隻褲脚，其餘部分塞進鐐與腿間隙內全部穿過，拉出後再全部塞進另一鐐與腿間隙內，拉出後再套脚，然後拉上，全部褲子就穿上了。

三個空軍軍官足足戴了兩年鐐，直到五一年大鎭壓過後判刑，才取下鐐轉到勞改隊。從此和我音訊斷絕。

一九五四年我獲釋回家，到處打聽沈、徐的下落，五五年探知徐應鵬在昆明市郊的班莊村石場敲（攪拌水泥用的）石子，我和妻子特別買好一些日用品去看他。

他和別的犯人一起，風雨無阻地坐在露天的石場上，把石塊用鐵鎚敲成直徑一公分左右大的石子，名曰「公分石」。按規定定額每天敲好的公分石要有半公尺見方的一堆，也就是每個人每兩天要敲出長寬高各一公尺的一堆石子來。勞動強度之大，簡直不可想像。手裂腿破都很少完成定額。差不多天微亮就出工，要太陽落山後才收工，尤其在颳風下雨時，淋著雨敲石子簡直苦不堪言。我們夫婦去看徐應鵬時，按勞改隊規定，非直系親屬不能談話，經一再要求，准許我們到他勞動的工地去看一眼，但不准打招呼。我們看到徐應鵬穿著一件補了又補的美軍呢質襯衫，一條藍布的勞改犯人的單褲，腿部纏著一些舊白布條，雙腿分開，兩腿中間放著一塊有面盆大的石塊，他正埋著頭把有如人的拳頭般的石頭敲成碎石子。就這樣日復一日、年復一年地把歲月敲碎，把生命敲碎。我們走過他面前僅僅兩公尺遠，他竟沒有抬起頭來望我們一眼。說明他是把全副精力貫注在碎石上。我們卻注意到他蒼白的臉和極度疲勞的表情，以及一副勉強撐住的骨頭架子，不忍卒睹。一位抗日戰爭中的空軍英雄竟落到如此的慘境！上帝，你在哪裡？

他在班莊石場因勞動強度太大，營養又奇差，實在拖不下去，患了重病，體溫總在40°C左右，陷入昏迷狀態。幸有一個勞改醫生基於同情治好了他的病。後來我與應鵬重逢，問他怎麼過來的？他說這與中國人的生命哲學有關，碰巧昆明西山有一副傳誦人口的對聯：

高山仰止已無路，曲徑通幽別有天。

這副對聯給了他啓發與鼓勵，雖然抬頭看已無路可走，但只要發揮韌力活下去，總會發現別有天地的。

以回台灣。

一九七五年十二月廿五日，正是聖誕節的日子，上帝顯示了他的大能，毛澤東接受周恩來的建議，宣佈凡是大陸在押的文官縣長以上、武官團長以上的國民黨人員，全部釋放，願意回台灣的可以回台灣。

徐應鵬和我同時在這一天參加了中共雲南省高級人民法院、省公安廳、省檢察院召開的「釋放轉業大會」。會後叫每一個被釋放的人塡寫志願書，塡明恢復公民權後願意做什麼。有的塡做小學教師，有的塡做中學教員，有的塡做圖書館員，有的塡做公園管理員，有的塡做工人，有的塡回到農村務農，也有塡家人團聚的。

徐應鵬來跟我商量，他是非常希望與在台灣的妻兒團聚，又怕共產黨說話不算話，萬一塡了到台灣與家人團聚，不獲批准，今後政治運動來了，安上一個通過長期改造仍然懷有二心、企圖歸向國民黨與人民爲敵到底的罪名，豈不慘了？！因此，他經過認眞考慮決定要愼重對待這件事，準備選擇一條比較平穩的路，即回到江蘇句容老家跟侄兒去務農，將來有機會再圖與妻兒團聚。

我告訴應鵬，這個決定萬萬要不得。根據大躍進以來中國農村的情況，年輕力壯的人都不見得有一口飽飯吃，你已經是六十多歲的人了，指望掙工分是無法養活自己的。如果指望你的侄兒，他還有自己的妻子兒女，自顧不暇，將來，你會弄到走投無路，說不定會因自己做出的這個錯誤決定而自殺的。至於申請回台灣與家人團聚，雖然冒險，但這個險値得冒。因爲這是中共公開申明的政策，他們不好意思自食其言，而且這是一個對台灣統戰的手法，中共並非有愛於國民黨在大陸上的這批文武官員，但他們要做樣子給現在台灣的國民黨官員看，所以信守諾言即按政策規定辦事的可能性還是有的。就你本人說，旣然有了這個機會而放棄，將終生懊悔。退一萬步說，即使因要求家人團聚今後被批鬥也是値得的，因爲至少無愧於心。總之，這是個千載難逢的機會，機不可失，時不再來。

應鵬經我一番分析，他終於把回句容務農的決定取消，回轉頭來考慮我的建議了。就在他考慮申請回台的夜晚，輾轉反側不能入睡，半夜裡見我起床到後門外去小便（我們睡在一間大房子裡）他也跟了出來。我問他考慮好了沒有？他搖搖頭，這時，明月如鏡，大地一片銀白色，映著我們兩個黑影，我非常嚴肅地跟他說：「應鵬，我送你一句話——過了此山無鳥叫。你好好躺在床上想想吧！」

第二天淸晨，大夥都起床，在洗臉漱口的時候，應鵬告訴我：「大聲，我想通了！今天就塡表申請回台灣。」

不久，他的申請得到批准，在雲南全省一千多釋放的人中引起轟動。而他本人幾乎是在申請批准的同日，接獲他的女兒徐南屛從美國德克薩斯州阿靈頓市寫來的信，告知他的妻子張樂民已到了美國，希望他也能到美國團聚。他將這一情況報告了中共有關部門，也很快得到同意。先赴北京再轉香港。臨行前他特到我家辭行，表示對我們的友誼終生不忘。

也就在徐應鵬與家人團聚的喜劇上演的同時，發生了沈延世抱恨終天的悲劇。沈比徐年長資深，生活閱歷比較豐富，考慮問題比較複雜，更加上他在小龍潭煤礦勞改時遇到了一次「詐監」，在一個深夜，所有監房的犯人，同時驚叫起來，似乎要一起衝出監房的樣子。有如舊時軍營裡的「詐營」（台灣叫鬧營），也就是睡在一個軍營的士兵半夜三更同時驚起，衝出營房，到操場怪叫，遇有富有帶兵經驗的軍官，高聲叫一聲「立正！向右看齊。」就可促使大家肅靜下來，恢復理智，然後依照命令回營睡覺。

小龍潭煤礦勞改犯的「詐監」，弄得管理人員非常狼狽，他們驚惶失措之餘，以「階級鬥爭爲綱」對待這一事件，由於沈延世身爲國軍空軍第五軍區副司令，爲全煤礦幾千勞改犯中官階最高者。加之他平常爲人比較隨和，犯人之間相處，表現比較輕鬆，有時還講一兩句笑話，於是，共產黨幹部以階級分析方法，便認定「詐監」事件爲沈策動，且曾將他解往雲南開遠縣人民法院，提起公訴，判處死刑。後經上級法院調查了解，確係一種莫名其妙的群體自發的下意識反應，才不了了之。

但是，這一下，不僅是沈胖子被折磨得變成了沈瘦子，而且嚇破了膽。因此，在勞改後期，處處小心謹愼。

當沈延世聽到煤礦政委向在押的國民黨高中級人員宣佈一律釋放轉業，願意去台灣的可以去台灣時，他第一個反應是：此中莫非有詐？根據以往勞改二十六年的經驗，不敢相信共產黨會容許像他這樣的人有自由選擇。甚至認爲很可能是再一次的一如五七年「反右」、「引蛇出洞」的陽謀。因此，他來個將計就計，在小龍潭煤礦舉行的釋放大會上，慷慨激昂地感謝共產黨和人民政府寬大處理，讓他恢復公民權，回到了人民的隊伍。他表示，受了共產黨這麼多年的教育，已認識社會主義是中國的光明前途。他願留在大陸，貢獻自己的餘生。云云。

沈延世的這一表態，得到共產黨幹部的大會表揚，於是抓住他作爲典型，向大家宣佈這是在毛主席思想的光輝照耀下，和黨的勞改政策的教育感召下，眞正改造好了的表現。

就在沈延世得到表揚後的一個星期，他獲知徐應鵬申請到台灣與家人團聚已得批准的消息，在極爲震動之餘，搥胸頓足，大罵自己該死！在無可奈何的情況下，他只好破釜沉舟地孤注一擲，向共產黨幹部坦陳過去表態願意留在大陸，是假的，是不相信政策的表現。實際上他的心是在台灣，連作夢也夢見台灣。他所以隱瞞眞意，編造假話，主要是錯誤地吸取了過去的教訓，特別是「詐監」那次嚇破了膽。請求人民政府體諒他全家在台灣已盼望團聚二十多年，准援徐應鵬例，批准他去台灣與家人團聚。

結果，不但沒有批准，而且，在大會上被批判了一通。共產黨的幹部指出，像沈延世這樣的假改造，不老實，是反動本質的表現。證明他是國民黨的孤臣孽子。證明毛主席的教導的正確，也就是思想改造是一個長期的過程。沈延世必須留在國內繼續改造。根據政策，遣送他回浙江紹興原籍，希望他能好好向貧下中農學習。

老沈抵達杭州後，寫信到昆明給我，說這是他一生遭到的最大的打擊，比五一年在昆監被宣判為有期徒刑十一年的打擊還要大。他之所以會「搬起石頭砸自己的脚」，除了歷次政治運動已經使他變成「驚弓之鳥」外，再就是缺乏一個可以說知心話互相商量的朋友。而徐應鵬因有我就近商量，得以如願以償。

根據他的情況，少年時期就離開了紹興農村，而且，自從離開就沒有回去過，如今這麼大的年紀，要他回農村去自食其力，無異死路一條。他考慮到他的問題是雲南方面處理的，現在唯一的盼望就是雲南能夠通知浙江，請浙江方面從統戰角度考慮，准他留在杭州，像曹天戈（最後一任國軍第八軍軍長，曾關押於昆明監獄）一樣，在浙江省政協作一點力所能及的工作。他知道我已回到雲南政協，請我就近代他反映一下他的困難。

就在這封信發出不久，曹天戈以「同窗之友」的情分給我來了信，告知沈延世以心臟病突發而死。我了解他是急死的。他的死，使我對命運有了更深一層的感嘆。命運之捉弄人，有時實在太殘酷了。

張俊位和徐應鵬一樣，塡的志願是回台灣和家人團聚，中共批准經香港轉台灣。但在他之前申請回台的十個戰犯，都遭到碰壁，台灣當局拒絕入境，導致一位叫張鐵石的在香港富都酒店自殺。原來，張的兒子在華航工作多年，爲其父申請入境，有關方面已經同意，張乃對中共方面不告而別，由九龍的蘭芬酒店轉到與台灣關係深厚的徐亨開的富都酒店，準備入台。那知台灣方面因無人敢在批文上簽字，造成誰也不願負責。而香港方面的居留期已到，張鐵石又不能回頭跟其他仍和中共方面保持聯繫的釋放戰犯一起到香港移民局去辦延長居留簽證；在走投無路的情況下，只有自殺。自殺後，香港輿論大譁，台灣方面由於感受壓力，才派張的兒子到香港認屍，且舉行記者會；形成與大陸方面爭奪一具屍體，落得「活人不要、要死人」的批評。

張俊位本人，幸虧他的女婿也是蔣家孝字輩的，在總統府工作，通過走後門算是得准回到了台灣。但因勞改期中身心受到摧殘，而到港後申請入台，遲遲不獲批准，心急如焚，坐臥不寧，他跟我說，比坐牢還難受。實在不能理解，一生爲黨國拚命，只是偶然的事件，盧漢叛了國民黨，自己落到共產黨手裡，長期坐牢，好不容易從監獄裡出來，要求回台灣與家人團聚，台灣當局居然不准。怎麼能使人不生氣？他毫不含糊地說，他的病主要是氣出來的。後來，依靠女婿和女兒的努力，得進台灣，臨行在香港和我握別時，他非常傷心地表示：「看來，我也活不了幾天了！」我祝福他和家人團聚後逐步恢復健康。事實上，回台不久就辭別人世了。

徐應鵬在經港赴美時，向台灣申請過境台北探望一下兒孫，台灣當局不但不批准，相反地還延緩了應鵬大兒子一家人赴美的時間一年多。應鵬夫人張樂民幽默地說，大概是要給我們一點懲罰。應鵬本人脾氣極好，從不動怒，爲此也忍不住罵一聲：「毫無人性！」

政治這玩意兒，究竟有多少人性，本來就很難說。

更悲慘的是，所有要求從大陸回台灣的人，到達金門以後，全被國民黨方面集中在外島施行秘密的管訓，勒令「交代問題」。共產黨是規定任何一個政治犯，他們稱爲「反革命犯」，都要從八歲起作詳盡的書面交代。而被釋放返台的國民黨官員則被國民黨當局勒令交代被囚禁的全過程，而且要經過無數次的名爲談話、實爲審訊的拷問。其實，兩邊都是從蘇聯「老大哥」那裡學來的。國民黨、共產黨都是依照列寧的建黨原則建立起來的。所以，我稱他們爲「難兄難弟」。這一套專政的把戲，說「一丘之貉」也好，說「難兄難弟」也好，總之，中國人同時經歷了「白色恐怖」和「紅色恐怖」的考驗，也許正是上帝對我們這個民族的懲罰！

紅色政權下的戀愛悲劇

●悲莫悲兮生別離，樂莫樂兮新相知。——楚·屈原〈九歌·少司命〉

●笑漸不聞聲漸消，多情卻被無情惱。——宋·蘇軾〈蝶戀花〉

●死別已吞聲，生別常惻惻。——唐·杜甫〈夢李白二首〉

李廣平，李鴻章曾孫，工書畫，愛京劇，學問淵博，修養極好，翩翩佳公子，惜生不逢時，在「以階級鬥爭爲綱」的毛澤東時代，被視爲專政對象。關鸝鸝，京劇演員，文武兼資，功力深厚，光彩照人。她的表演藝術，不僅風靡大江南北，而且遠及國外，佳評如潮，被選爲中國戲劇家協會副主席。關、李相逢，一個愛才，一個愛藝，一個未婚，一個未娶，因有情而相愛，而生死相許。不幸遭遇反右運動狂飆，被迫分手，造成一大悲劇。而我因與兩人的友誼，特別與廣平肝膽相照，在悲劇形成過程中起了很壞的作用，成爲終生大恨之一。但願他們兩人天堂相逢，生不能爲夫妻，死則成伴侶。使我得贖罪咎於萬一。

末世王孫癖，書畫和劇藝

李廣平，名家環，號小宋，安徽合肥人，一九一六年生。爲李鴻章曾孫，雲貴總督李經羲之侄孫。祖父經述，生父國熊，行三；繼父國杰，乃李鴻章長孫。廣平有一書畫章，鐫「三十九郎」，意爲他這一輩大排行屬三十九。如滿清政府不倒，將由國杰襲侯爵。國杰初無子嗣，由廣平承繼。因此，與滿清或李府有歷史淵源者，見廣平仍以「侯爺」相稱。曾鐫兩章相贈，一曰「淮南公子」，一曰「末世王孫」。

廣平面目白淨清秀，中等偏矮身材，溫文爾雅，風度翩翩，對人謙遜有禮，一看即世家子弟，一口道地京腔。幼承庭訓，受專館師傅嚴格教育，對於中國古典文學、佛學、哲學均有很深造詣。在燕京大學講《長恨歌》，每周三次，連續半年。文史功力之深，可以想見。

廣平擅詩詞、書法，亦作畫。他的字學本王、趙，尤善趙孟頫。寫來圓潤而秀雅。一九五七年應邀參加波蘭首都華沙舉行之中國書法大展。展品頗受歡迎。而他本人在昆明被劃爲右派。北京《中國青年報》在頭版刊出諷刺漫畫，廣平身著清朝官服，頭戴紅頂花翎，題曰：「末世王孫妄想變天」。負責國際文化交流單位基於政治考慮，請示周恩來如何處理，周指示繼續展出。蓋中共有一原則「內外有別」也。

廣平多才，自幼接觸古字畫，頗有心得。一九三五年，十九歲，就受聘於北京故宮博物院義務擔任書畫鑑定。他曾跟我談過一個故事：三十年代中期，在上海一位破產的朋友，住亭子間，僅剩一床，床架上用一幅舊字畫橫舖作帳子，雨水漏浸已有漬印。李往訪閑聊，抬頭一看，「啊！這是唐伯虎的仕女嘛！」這位破產的朋友因此一語得救，將畫重新裝裱變賣，沒有幾年，竟擠進上海大企業家之林，常說，「全靠李先生一眼發現唐伯虎。」

畢生下功夫，最深乃京戲

惟廣平自稱，他一生下功夫最深的，不是書畫，也不是詩詞，而是京劇。在北京，與四大名旦：梅蘭芳、程艷秋、尙小雲、荀慧生皆有來往，廣結藝緣。

六十年代初，尙小雲到昆明演出，每場都贈送廣平最佳座票數張。演出之餘，同遊春城近郊名勝，有不少詩詞唱和。臨別寫對聯一副贈尙：「青山猶故我，白髮又逢君。」尙畫了一幅西山龍門回贈。廣平弟子楊修品曾見此畫，驚其不凡。廣平乃告修品曰：「戲劇大師，學養極深，詩詞書畫皆精。若沒有書卷氣，只是一般的跟斗蟲而已。」修品曾爲文載於一九九〇年十一月一日《雲南政協報》，提及其師之言，並舉一故事，說明其師廣平乃一位伯樂：

他早年在北京時，有一天和著名京劇藝術大師四大名旦之一尚小雲先生逛天橋，忽然聽到茶館裡的清唱，嗓音很好。進去問了情況，知是一個家境貧寒的青年人，在這裡謀生罷了。李先生感到這是一個很可造就的人才，應該介紹名師學藝。聽其戲路與梅蘭芳先生相近，就寫了一封介紹信引荐，又贈送了一筆路費，叫他到上海去。這個青年到了上海多時，始終沒有遇到梅蘭芳先生，路費也快完了，無可奈何，在一個戲班下海，掛出牌子「梅蘭芳正傳弟子×××」。恰巧梅蘭芳先生路過見到這戲牌，感到驚奇，就進去看戲。這青年人在台上認出梅蘭芳先生，嚇呆了，聲不能出，眼睛發直，像個木偶。場內一下子喧嘩嘶吼起來，梅蘭芳即上台解釋：「後生演戲見我來，所以怯場，責任由我負，我願意代演。」戲迷們當然高興極了。事後，梅先生問其冒名的根由，他就拿出李廣平先生的介紹信。梅蘭芳見了書信，就說「淮南李公子所荐，沒有錯的。從今天起，你就是我的正式弟子。」在梅蘭芳先生精心指導下，那青年終於名聞遐邇。他就是著名的京劇表演藝術家——張君秋。

那年我看了張君秋主演的影片《望江亭》，和李廣平先生談起他精湛的藝術，李先生才和我講了這段從未向人講過的往事。我建議先生寫信給張君秋敍敍舊，先生說：「當初只是為了不埋沒人才，故而推荐，不圖日後，現在何必寫信呢？」又說道：「人才難得，但也要碰上好老師。馬連良是大舌頭，言菊朋是左嗓子，周信芳是沙脖子，他們如果不是名師指點，因才施教，不要說成為藝術家，做個普通演員，人們都還認為不夠格呢。」

鸝鸝具天賦，苦學得獻藝

關鸝鸝與李廣平由認識而親近而相戀而生死相許，也是起於一個是京劇表演藝術家，一個是京劇畢生愛好者。

關鸝鸝一九二九年八月廿五日生在湖北漢口一個滿族人的家庭，小名大毛。父親關永齋是滿清正黃旗後裔。當時爲漢口新市場大舞台京劇鼓師。鸝鸝自幼受到京劇陶冶，但因家境清貧，無力請名師學藝，只能約幾個小姐妹（包括後來成名的武漢市京劇團的趙豔秋、北京京劇院的趙燕俠）到大舞台練功。她腰裡用繩子一紮，在台上翻「前蹺」，一翻幾十個，比別的翻得快，翻得好。

她當時雖未從師，但因生活接觸的影響，加之聰明好學，成了無師自通。爲了想學戲，見了人，不管多大歲數，就要求教她吊吊嗓子、耍耍刀棍，一些有功夫的人，見孩子可愛又可憐，也就教她一兩手。逐漸地她父親發覺了女兒這方面的天賦，當她十四歲主動要求拜師學藝時，便讓她拜在漢口大舞台當家花旦雪豔香門下。不久，雪辭班而去，又拜在繼起挑班的王韻武、戴綺霞夫婦門下。取名關鸝鸝。按拜師隨師姓的行規，故稱戴鸝鸝。形同賣身契的「約」立下後，奶奶要她記下三句話：「女孩兒家，一定要嘴緊、手緊、褲腰帶緊，切記！切記！切記！」

經過四年的勤學苦練，鑽研琢磨和登台獻藝，不僅唱得珠圓玉潤，也打得驚險百出。到了一九四六年，由李少春在武漢的演出得到啓發，決心向唱做雙絕、文武全才的京戲藝術奮進。同年在上海，更從四大名旦梅蘭芳、程艷秋、尙小雲、荀慧生的演出中，吸取靈感，受到教益，提升了自己的藝術境界。

一九四八年滿師，恢復了姓關，在長沙唱了一個短時期的戲，因時局動盪不安，帶著奶奶、妹妹和師傅及幾位同行到了春城昆明，在西南大戲院演出。與于素秋唱對台戲。于素秋的班底包括裘世戎、梁次珊等，陣容強大，演出的雲南大戲院也遠較西南大戲院爲高級。尤其著名鬚生馬連良在雲南大戲院唱起了開鑼戲，關鸝鸝遇到了最強勁的挑戰。

但她毫無懼色，每場上雙齣戲，不是一文一武，就是一生一旦。第一晚《金錢豹》、《鳳還巢》，第二晚《紅娘》，第三晚《鐵公雞》。一個女角能演金錢豹，反串張嘉祥，引起了轟動，連馬連良都因好奇前往觀賞，作出了「關鷫鸘前途不可限量」的評論。後來，馬連良在演全本《烏龍院》時，搭配的閻惜姣竟請關鷫鸘飾演，海報貼出後，春城戲迷為之轟動。

馬連良在北京時就認識李廣平，昆明演出送了最好座位的票請李指教。李第一次欣賞關的才藝，就留下了較好的印象。

藝人受尊重，形勢已更易

一九四九年十二月九日，雲南省政府主席宣佈「起義」，把五華山上的青天白日滿地紅旗換成了五星紅旗。政治形勢發生了天翻地覆的變化，關鷫鸘的演藝生涯也跟著發生了變化。雲南大戲院由老闆所有制改為集體所有制，到一九五一年經政府接管改行工資制，關月工資定為七百元，不僅全雲南第一，在全中國大概也只有梅蘭芳等少數人才是這麼高，遠超過毛澤東、周恩來。關鷫鸘有感於她的社會地位的變化，尤其是雲南從一般群眾到當時主持雲南軍政的解放軍第四兵團司令員陳賡、政委宋任窮對她的看重，主動要求減工資三次。她本人也逐漸愛上了四季如春的昆明。

更富傳奇性的是在春城昆明，她找到了生命史上第一個春天，與李廣平、這位「末世王孫」由相識而相慕、相悅、相愛。用她的話來說：「我差一點嫁給了他。」

廣平與大聲同窗抒胸臆

廣平在雲南易幟後，爲了安全，住到盧漢省政府秘書長兼民政廳長朱麗東的家裡。沒有想到，在軍管會逮捕朱麗東的時候也把他一併帶走。最安全的地方，一變而爲最不安全，當他在昆明監獄和我重逢時（我們結識於一九四九年八月盧漢宴會席上）彼此都不無感慨，但能成爲「同窗之友」也屬奇緣。那時，共軍尚未入城，管理鬆懈，我們兩人便天南地北，想到那裡，說到那裡。據告未婚妻陸湄，是我同宗，可惜跟他從日本人佔領下的北平結伴奔赴重慶時病死在路上。到昆明後，雖有不少人介紹大家閨秀相識，但趣味卻不相投。

廣平除抗戰時期曾與日本華北派遣軍軍官發生一次面對面的問答幾乎出事，再就是與重慶國際問題研究所王芃生先生爲研討日本問題有所接觸，此外，從未捲入實際政治；任盧漢秘書，亦不過爲一「淸客」。中共爲了建立「革命秩序」，大舉抓人，也順便抓了他。後來，準備開展鎭反運動，監獄人滿爲患，便讓他取保釋放。國學大師劉文典，爲其安徽同鄉，知其人、愛其才，把他保了出來。

獄中，規定囚犯勞動，我和廣平被派挑糞。我的經歷促使我勉力可以應付，而廣平自出娘胎，首次遭此苦役，爲減少肩頭疼痛，不得已將一枕頭墊在肩上，搖晃而行，一時在囚犯中蔚爲奇觀，甚到引致看守人員捂嘴而笑，風傳全獄。

廣平出獄後，經一位精通金石鐫刻商人張屛之介紹，租屋獨居於昆明黃河巷二號。因生病，又經張介紹找陳斌醫生醫治，而陳的診所就是租的關鷫鸘位於長春路獨門獨院樓下的廂房。陳斌夫婦知道廣平身世，欣賞他溫文儒雅，待以朋友之禮，並介紹關鷫鸘相識。站在廣平面前的已不是和馬連良合演《烏龍院》的閻惜姣了，而是不施脂粉、一身布衣、舉止大方、說話坦率，平淡中流露靈氣，親和中透出魅力的大姑娘。

一九五四年一月，我從昆明監獄放出來，廣平告訴我的第一件事，就是他發現了一位京劇奇才。並道出了對這位大姑娘的第一印象。強調關鷫鸘為人素質的不可多得，說，「你一定要認識她。」後來，我和關鷫鸘直接接觸，感受到她的眞誠而無半點虛僞，豪俠而不失女性柔媚；眞是難逢難遇的奇女子。我們同稱她小關。

關、李之間，一個是以京劇爲生命的專家，一個是對京劇研究有素、所見者廣的行家；一個待字閨中，一個單身貴族；兩人不見面則已，一見面就有說不完的話，那是很自然的事了。

雙雙入愛河，結緣靠京劇

一日，小關忽發奇想，要看看廣平的生活環境，事先未通知，突然跑到昆明黃河巷二號李的住處，恰遇我在座，她進門一看，露出吃驚的眼色，大叫：「啊！好雅致呵！」面對牆上的畫，桌上的花，和堆滿的書，她承認第一次領會了什麼叫「書香」。

第二次是小關遇到一句唱詞，很難入調，去向廣平請教。她說，從科班學唱，一直用腔自如，從來沒有遇到這樣的唱詞，簡直沒法唱。廣平一看，馬上指出是寫詞的謬誤，七個平聲字連在一起，怎麼能唱呢？於是更改了幾個字，使之平仄相調，小關當就試作一腔，果然音已繞樑，喜得跳將起來，只差沒有擁抱廣平。

為了表示感謝指點，小關在主演《紅娘》時，特別送了兩張票給廣平，廣平邀我同時觀賞，我敬謝不敏，因為對京劇沒有興趣。而當晚小關不但專門設置一茶几在座前，且以筆硯香茗待之。廣平即席填了一首〈釵頭鳳〉：

蕭孃曲，雙環續，氍毹氍毹翻新作；舞袖窄，羅裳薄，千般孃娜，十分顏色，各各各。

張生恨，紅娘怨，成全了卻鴛鴦愿；情脈脈，清歌和，櫻桃引破，珠璣流唾，箇箇箇。

——右調　釵頭鳳　關鸝鸝邀賞紅娘作　　廣平並書

後來，關唱全本《玉堂春》，是學梅派唱的。特請李到她家細聽細評。李聽後，寫了近萬字的評解。一腔一字均為之指正，關不僅佩服其內行之卓見，更敬仰其對事之認真，這是使她進入愛戀的原始動力。

繼後，兩人墜入愛河，小關頻頻寫信，廣平連連作詞，其中有一首和友人〈春雪詞〉（八聲甘州），他的愛徒楊修品三十年後祇記得兩句：一是「一笑飛眸」，一是「醉擁肅霜裘」。可惜失傳。

防戶籍警探，見小關義氣

一九五五年秋季的一天，關鸝鸝在長春路住宅樓下客廳拿著一隻棍棒耍，嘴裡唸唸有詞，做著打綵球的姿勢，邊舞邊唱，指著李廣平說：「還有個你呢！」我剛跨進客廳門，聽到了這一句，忍不住撫掌大笑，便對小關說：「你的綵球何必拋呢，乾脆遞給廣平不就結了。」小關接腔道：「聲音小一點，我們這裡的戶籍警察很討厭，常常會闖進來。」

原來，陳斌醫生的老太爺，在盧漢易幟前任雲南省郵政局長，一九四九年後被戴上一頂帽子，名曰：「群衆管制」。分管他家的戶籍警，三天兩頭上門問長問短，連陳醫生的客人或病人都不放鬆，也要查個究竟。當時，這種情況在昆明很普遍，我家因我的關係，也是如此。有一次我見到戶籍警察居然隨便走進家來翻我桌上的書信，忍不住勃然大怒，當面批評這個至今還記得名字叫楊開文的警察，問他怎麼可以這樣做，叫他出去。弄得我家裡的人非常緊張，說我「闖了大禍！」不得了！我表示，了不起再去坐牢。

但陳老太爺卻不是這種態度，對戶籍警上門奉之唯恐不恭。每隔半個月都要寫一份匯報上交。陳斌醫生因醫病而結識的朋友，見到戶籍警上門也知趣地走避，免得囉嗦。陳斌鑒於這種情況，曾向關鸝鸝，表示爲了對她不造成影響，有意搬家，小關反而以搬到那裡都是一樣，勸陳一動不如一靜，顯示了對朋友的義氣。

戀愛竟代講，年輕演喜劇

小關有時約廣平和我到她家聊天，有一次關主動問起廣平的歲數，我代廣平答覆是一九一六年出生的。反問關「你呢?」她說:「一九二九年八月出生。」還加了一句「你是不是想作媒?」我的回答是「責無旁貸。」三人哈哈大笑。

一九五六年雲南政協大會，休息時，小關要我陪她到名中醫吳佩衡大夫處看病。吳老醫生也是政協委員，為人幽默有趣。診脈後一面處方，一面開玩笑，你這個病的方子很容易開，陸大聲三個字就行了。

第二天，關約李到昆明的一個風景區大觀樓見面，不巧李又生病，他忽發奇想，讓我代他應約，我毫不考慮，就騎上脚踏車去和關相會了。關先到了庾家花園，見我乘興而來，問了一聲:侯爺呢?我據實以告。她幽默地說:「你們眞不愧是哥兒們，談戀愛也可以請代表。」

我告訴她一點不假，抗戰時期我在重慶做廣播記者，愛人楊惜珍在成都中大醫學院學牙科，放寒假，我忙得無法抽身，和我一同做廣播記者的樂恕人，家在成都附近的雙流，要回家探母，我就託他順便抽時間去陪陪惜珍，他居然陪她在華西壩青春島上賞月兩次。返重慶後，我還專門請他吃西餐，謝其代談戀愛。一九四三年我結婚時，恕人除作一長朗誦詩在婚禮上朗誦外，事後還作一抒懷絕句:「當年曾是小姑樣，如今紅妝伴陸郎，我不多情心已碎，忍堪人世盡滄桑。」一時在朋友中傳為佳話。

小關聽後，就說，你們朋友有這麼好的友情，眞難得！我說：今天無月可賞，我們就賞賞花吧！我向她介紹了庾晉侯先生建造庾家花園是從蘇州名園和日本箱根汲取了靈感，以及庾家的故事。問她約廣平來是不是想講講心裡的話？她當時講了她奶奶對廣平的印象不錯，還稱廣平為「侯爺」，因爲他們原是滿洲正黃旗人，對清朝當然是有感情的，對李鴻章家的人也就有幾分敬意。只是認爲廣平的身體不好，有些擔心。她奶奶認爲她的年紀已到了應該結婚的時候。雖然不少人追求，其中包括昆明軍區一位搞文化工作的上校，她奶奶總是認爲不合適。而她太愛奶奶，希望找一個對象，奶奶滿意，其次才是自己滿意。

我聽了她這番話非常吃驚：小關竟如此孝道！我告訴她，照顧奶奶的心態是應該的，但不要忘記是自己選丈夫。她問我，廣平對她是不是很喜歡，願意考慮婚姻大事？我說，是的，他祇是感到自己的身體不太好，而妳的健康又是如此的好，因而有點焦慮，怕對不起妳。

這時，她向我講了她的生理狀況：「從十四歲起入行，來了月經怎麼處理，連起碼的衛生常識都沒有，再加上，練功要求非常嚴格，動不動挨打。而身上分文沒有，月經來了，甚至沒錢買紙，也不敢向師傅要，有時甚至把牆上糊的髒紙撕下來做襯墊，這就犯了痛經病，痛起來，甚至會昏迷，好慘！」

我問她爲什麼不找醫生，她說，西醫說是痼疾難治，只能給點止痛藥。昨天找吳老醫生，他卻開了一個玩笑。

鸕鷀爲廣平，深識愁滋味

除了生理狀況，她也談了政治狀況，她感謝共產黨對她的培養與愛護；說舊社會被人看不起的戲子，新社會成了人民代表、政協委員，眞是翻了身。她熱愛新中國，擁護共產黨是發自內心的，所以，加入了共產黨。而作爲黨員，結婚選對象要組織批准，她擔心廣平是李鴻章的曾孫這一點，會成爲阻礙。

我當時跟她說，共產黨不是有兩句話，叫做「有成份論，不是唯成份論，重在政治表現」嗎？像廣平，他怎麼能選擇他的家庭出身呢？

小關當時只是嘆了一口氣。

時間進展到一九五六年，廣平和我都被安排進了省政協政治學校，這是一個對中上級民主人士進行思想改造的場所，小關對廣平鮮明地成爲統戰對象很高興。有一次我們三個加上張屏之四人一起談到他們兩人的婚姻大事，我說，和下面談沒有用，反正小關已經通天了，把握機會跟周恩來談，說不定就能解決。如果論起家庭成份來，周恩來還不是官僚家庭出身；毛澤東也是富農、接近地主的家庭；康生更是大地主家庭。共產黨喜歡把人分爲好成份、或壞成份，把馬克思、恩格斯當作老祖宗，偏偏馬、恩如果按照毛澤東的階級分析方法，成份都是壞的：資產階級、小資產階級。「這眞是歷史的弔詭。」我強調了一句。

小關調皮地問：「什麼弔詭？怎麼說起吊死鬼來了，唉呀！兆頭不好。呸，呸，呸！」弄得大家都笑了。

就在一九五六年五月，根據文化部副部長夏衍的建議：「關鸘鸘是個全面的人才，應該讓她出國演出。」小關被通知作出國準備，先到上海會出國帶團的團長、上海文化局長徐平羽。陳斌醫生爲她餞行，廣平和好友張屛之應約作陪，這餐飯吃得很長，李、關談得很久，兩情依依不捨。關抽得個空向張屛之請教，她和廣平的事要不要和徐平羽一談？張答：如徐平羽問到她的終身大事，不妨提出廣平的狀況作個試探，聽聽他的口氣，再作決定。後來關到上海有信給陳斌夫婦，提到見徐時，就是「照張先生說法說明」，徐未置可否。而我始終認爲只有周恩來才能解決這個問題，也才敢於表態。據關說，自一九五三年周在昆明看過她的戲，對她一直表示關懷，還主動介紹婦科權威醫生北京協和的林巧稚大夫給她看病。有一年她到北京演出累病了，周還向帶團的團長問，你們可不可以休息一個星期再演？答覆當時是可以。

就在關出國之前，她到黃河巷與廣平作竟夜之談。兩人和衣而臥，廣平告訴我，他認爲男女之間既然要結婚，天地交泰就應留在結婚之夜。我問他這是周禮那一條？他以微笑作答。可謂「標準的書呆子」。

謝幕六六次，訪歐顯奇技

關與童芷苓同時出國，分別在東歐的保加利亞、羅馬尼亞、匈牙利、捷克、東德和西德演出，小關受到的歡迎遠在童芷苓之上。尤其是她的武功已到出神入化的境界，而利用背上的靠旗回擊敵方之利箭，使洋人體會到什麼叫「嘆爲觀止」。眞正的藝術是不分國界的，人們一看就懂。《德意志報》對小關的評價是：「她是中國的歌唱家、舞蹈家，武術家？不，她是超乎一切之上的偉大的藝術家。」在西德，有一場演出創造了謝幕六十六次的最高紀錄。

就在出國這段時間，小關給廣平的情書不斷寄來。廣平只拿過一封給我看，其中有一句話使我大吃一驚：「我生平第一次爲你做賊。」原來她在中國民航的國際航機上見到一本《中國畫報》，裡面是一幅宋人山水，畫得相當精緻，她就悄悄把它撕將下來寄給廣平。關回國後，很少到陳醫生家就直接到黃河巷與廣平相會了。這是他們熱戀時期。

老毛施陽謀，陸李同中計

好景不長。輪到該我懺悔了。

一九五七年三月，我和廣平同時聽了毛澤東在最高國務會議上號召人們幫助共產黨整風的發言。我心裡有些衝動，廣平對政治一向興趣不大，淡然處之。

到鳴放開始，共產黨鼓動大家發言，我開始也表示：不懂黨的政策，不知從何說起；後來我經不住引誘，加上好名的衝動，一如在〈被劃爲親美反蘇極右份子〉一章所述，陷入了老毛精心佈置的右派的泥坑。

最混蛋的是自己入甕還不夠，硬是拉著李廣平陪葬，至今思之，猶愧對故人。

當政協發動大家「大鳴大放」時，廣平毫無興趣。到我聽了毛澤東：「知無不言，言無不盡；

言者無罪，聞者足戒，有則改之，無則加冕」的十二字眞言後，不但自己相信，而且向廣平宣傳、說服。他表示提不出什麼意見，我說，我代你想了幾點很精彩的意見。（精彩個屁！）廣平是位君子，向來不願意過於拂人之意，加之和我肝膽相照，又見我「大鳴大放」後博得一片叫好聲（殊不知僅爲一週效應），便接受我的建議，講了下面的話（見《右派分子反動言論輯要》）：

「現在，雖然提出跟民主黨派『長期共存，互相監督』，結果，民主黨派不過得一點殘羹冷炙而已。龔仲鈞當副省長都不過是聾子的耳朵，其他甚麼代表、委員、廳長、局長那更不問可知了。」

就憑這幾句話被正式宣佈劃爲右派分子，報紙上還提高原則著文抨擊，說是連「末世王孫」都想乘機復辟，作爲牛鬼蛇神齊出籠的一個例證。

小關痛責李，辜負苦心意

當我們兩個雙雙都劃爲右派時，正是關鸝鸝在莫斯科世界青年聯歡節上因《打焦贊》一劇得金質獎章，譽滿中外之時。小關的父親關永齋寫了一封信寄到莫斯科，除了囑咐她注意身體、安心演出外，告知她在雲南，龔自知、楊克成、陸鏗、李廣平等被劃爲右派分子。據小關寫給李廣平的訣別書透露，她父親還在我和廣平的名字下劃了紅槓。她痛切責備廣平辜負了她的一片苦心，太不聽話了。

廣平接到這封信後，沉重地連續地向我說了兩次「完了！」並說，小關行前已從她的上級處得悉，共產黨將在國內發動一場大運動，千叮萬囑他小心，不要亂講話。

我問廣平，「當我勸你發言時，你為什麼不把這一情況告知我呢？」廣平說：「鸕鶿愼重告訴我這是黨內的秘密，絕對不能洩漏。我答應了她不告訴任何人。既然是任何人，自然包括你陸大聲在內，爲重諾，所以連你也未告知。現在，事情已經明朗化了，鸕鶿和我鴛盟已解，所以才告訴你。對不起！」我除了說一句：「你這個書呆子！」還能說什麼?!

不過，聽了廣平這一段話後，更加重了我的自責。好不容易「千里姻緣一線牽」，關、李可以說是最理想的一對，結果，竟因我的自以爲是，一錯再錯，而導致廣平劃爲右派，終於拆散了鴛鴦。當然，從大環境來說，既是無產階級專政，又遇到了反右，似乎在劫難逃。我個人因爲平日的表現，右派早就定性了，不管發言與否都會被揪出來，就憑寄到上海《文匯報》那篇〈春到春城〉的文章就夠資格了。而廣平如果不是我慫恿他發言，他頂多只是改造中的資產階級知識份子。共產黨即使基於階級對立觀點，不批准他們結婚，但不能阻止他們戀愛。

越想這個問題，我的罪孽越重。事隔四十年，如今懺悔，猶感痛心！

我雖然及時向雲南政協和統戰部說明李廣平的發言稿是我代擬的，責任應該由我負。但主持反右運動的共產黨幹部卻說，發言還是出諸李廣平之口。根據「內因是變化的根據，外因是變化的條件」這一辯證唯物主義的觀點，劃李廣平爲右派並不錯。

廣平因爲對佛學有研究，他反轉來勸我不要過於自責，他說：「這是業，是數，躲也躲不脫。」

斯人獨憔悴，鮮花插牛屎

廣平的處境隨著反右的深入更加惡劣。他的出身、家世，已注定了成爲無產階級專政對象，再加上一頂右派帽子，眞是情何以堪。至於經濟的困難更憑添斯人憔悴。

難得的是，關鸕鶿竟然敢冒反右的大風暴，在一九五七年八月廿五日她自己廿八歲生日那一天叫她的徒弟高蘭萍上李的門送去人民幣二百元。廣平當時雖然窮得連吃飯的錢都困難，但書生脾氣不改，自然不肯收下。寫了一首小詩代簡答之：

青鳥何需慰寂寥，西山風雨一樓簫，賸得十幅紅箋在，雲自悠悠花自嬌。

意即有小關的情書十封在手已很安慰了。請關釋念。

陰錯陽差，到了一九六〇年二月廿五日，關鸕鶿和比她大十多歲、曾經結過婚又離婚、且在文革中被揭發對自己女兒有亂倫行爲的雲南京劇團唱鬚生的演員徐敏初結婚。正如和關鸕鶿親如姊妹的上海女記者聯誼會主席盧璐說的，這叫「鮮花插在牛糞上」。盧璐應我之約爲《百姓》寫的哭關鸕鶿文是這樣說的：

徐敏初闖進你的生活，成爲你的丈夫，你和李廣平的戀愛，不幸因反右運動而終止。徐敏初和你同事，同台演戲，日久生情。雖然你父親包括我這班知友都反對，但你在杭州演出時發現懷孕，立即返昆舉行婚禮。次年生下小霜，文革中得子小松，家庭可稱得上完美，可是經不起社會運動的衝擊，幸福蕩然無存。徐敏初在文革期間被鬥而死，對你打擊很大。接著老父親又患肺癌逝世。長春路的家，雖有燦爛陽光，但放在你臥室一隅的五隻骨灰箱——奶奶、父、母、徐敏初和妹夫李少樓，令來訪客人膽戰心驚。有誰能解脱你的痛苦，唯有老「杜」（按：杜冷丁是一種麻醉藥）。妳也常說：「我嫁給老『杜』了。」這是一幅多麼悽慘的圖畫！

小關未瞑目，廣平含恨死

一九九二年三月六日凌晨，昆明舉行的第三屆中國藝術節在歡樂的氣氛中閉幕。關鸝鸝這位被稱爲中國京劇藝術的奇才卻因勞累過度，就像緊繃的弦突然斷裂而猝逝。說認識小關的人爲她流的眼淚多過昆明翠湖的水也不爲過。起碼我本人就嚎啕大哭，不能自已。

回頭再說李廣平，文革期間的生活主要是靠在北京一家書店服務的胞妹接濟。由我兒子介紹幾個同學跟他學詩學畫學書法，廣平體諒學生都窮，只准每人每月奉上人民幣二元，其艱困可以想見。一九六七年雲大女生、原來政協政治學校同學羅桂元之女，因跟隨廣平學習而愛上了老師，廣平在極端孤寂中接受了這位小姐的激情。因表兄中國佛教協會會長趙樸初先生曾致函約其赴京主編一佛教月刊，廣平乃攜此女北返，阻於戶口問題無法遷移，乃廢然返昆。未料羅桂元之子誤會廣平引誘其姊，赴廣平住處，三言不合竟出手掌摑廣平。廣平平生未曾受辱，乃留字云：「我淸白一生，無愧天地，不願受辱，死而無憾！」於是將一百片裝的一瓶安眠藥吃光，躺在床上。第二天樓下住的友人趙錡的表姐，多年來一直照料廣平茶水，到送茶水給他時，才發現他已斷氣。

廣平的一位親戚後輩李量才和包括我的兩個兒子可望、可信在內的幾個學生出面辦理後事。由於文革武鬥死人太多，昆明市棺材店的棺材已經賣光，不得已只好按伊斯蘭教的儀式在昆明市郊山麓挖了一個坑，由我妻子楊惜珍拿出三十元人民幣買了一匹白布把廣平的屍首裹起來埋葬。據可望後來告訴我，坑挖好後，可信還躺到坑裡試了一試，說怕李伯伯的腿伸不直。就這樣，一代才子結束了充滿無限遺憾的一生。

事後，廣平和我共同的朋友、三十年代就在上海追隨魯迅參加左翼作家同盟的馬子華寫了兩首悼詩：

末代王孫疾逝波　舊話重提奈若何
才藝徒自悲宋玉　紅粉知己負黛諾
瑤池不嘗長生果　人間只說糜爛柯
招魂各自滇淮楚　繁弦促管是輓歌
淒淒芳草憶王孫　鸕鷀袞敝坐酒痕
山盟海誓姬有義　千叮萬囑君負恩
隨便開口必招禍　迂魯坐懷不銷魂
書畫詩文後繼少　唯聽烏鴉噪長門。

回歸自由，三撞鄧小平

●亦余心之所善兮，雖九死其猶未悔。——屈原·《離騷》

經過長期監禁以後，我是怎麼會從中國大陸出來的？

某些死硬的國民黨極右份子，以他們長期處於宮廷的偏狹觀點看，像陸大聲這樣的人，在大陸不被殺掉，也會關死爲止；因此，不可能放出來。現在放出來了，唯一可以解釋的，就是做了「匪諜」。因此，公然在國民黨中常會上指名道姓地說「匪諜陸鏗」。

這裡，不是答覆小人，而是告訴君子，我是怎樣選擇重歸自由的。

沒有級別套爲副部長級

一九七五年底，中共爲了對台灣國民黨全面統戰，周恩來寫報告給毛澤東批准，將所有在押的文官縣長以上、武官團長以上的國民黨人員全部釋放，給予公民權。還附帶一條：願意到台灣的，可以到台灣。

在處理文武兩種官吏時，遇到了我的問題，公安幹部問我：「你是什麼級別？」答：「沒有級別。」「爲什麼沒有？」「國民黨報工作人員，是按自由職業對待，都沒有級別。」「有級別就講級別，這是好事。」「好事也不能亂講呵！」「看來，你思想還有顧慮，那我們只有按我們的級別比照來套你的級別。」

「套」的結果，被通知說：「北京《人民日報》副總編輯是副部長級，你是南京《中央日報》副總編輯，比照《人民日報》副總編輯的級別，以副部長級落實政策。」這樣，我一下變成了「副部長」。

按規定每人都要塡志願書，塡明釋放後想幹什麼？我塡的是：「經港赴美，探親訪友。」幹部說：「不行。毛主席只說願意去台灣的可以去台灣。毛主席沒有說，願意去香港的可以去香港，更沒有說，願意去美國的可以去美國。因此，你只能去台灣，不能去香港或美國。」然後以商量的口吻跟我說：「你的志願能不能改一改？」我說：「志願怎麼能改？志願表示我的衷心願望，批不批准在你們。」

經過了兩次談話，公安幹部終於攤開了：「你是國民黨新聞界現在在大陸專政機關中級別最高的人。你的問題，雲南省不能決定，要報中央。」這使我聯想到資深前輩錢滄碩先生，如果不是一九五一年被槍斃，現在也可以一吐悶氣了！

鄧小平決定・由北京審查

「報中央」，剛剛遇到鄧小平恢復主持中共中央工作，雲南方面奉命將我的全部檔案送北京審查。派出了勞改局長和一個科長前往應命。

我到北京後得悉，當時由周恩來辦公室主任童小鵬主持，召集了統戰部、公安部、國防部、外交部和中共中央調查部五個部的副部長來共同決定我的命運。

首先，審查：「解放前有什麼罪？」因爲當時連抗日戰爭期間在重慶對敵廣播，都算是執行了「蔣介石假抗日、眞反共路線」的罪，至於以後在《中央日報》的種種表現，當然更是罪上加罪了。我的判決書甚至把參加發起創辦《新聞天地》和《天地新聞》都算做罪。昆明刑 59 中一字第 1039 號刑事判決書中的一段是這樣寫的：

「一九四四年至一九四九年，被告曾兩次與蔣匪文化特務丁××和卜××等人主辦反動報刊《新聞天地》和《天地新聞》，用所謂「政治內幕新聞」爲幌子，以陰險的手段欺騙和迷惑人民視聽，爲蔣匪挽救危局。」

我當時心想，蔣先生若看到這張判決書，也會氣得吐血。因爲按國民黨的觀點，恰恰是「掀起危局」或「製造危局」，怎麼會說成「挽救危局」呢？

按中共的標準，陸鏗解放前罪惡一大堆。第一次捉住就應該判重刑。爲什麼沒有判刑？答覆是：他是從東京飛返的，而不是在大陸捉住的。根據號召投降的政策，既往不究。那解放後有什麼罪呢？

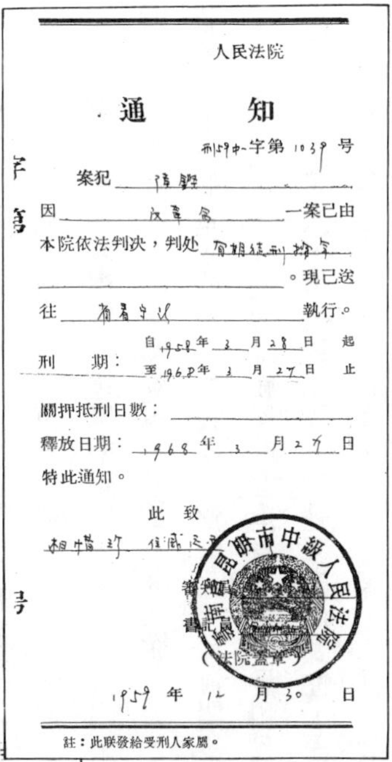

人民法院

通　　知

刑59中一字第1039号

案犯＿＿＿＿

因＿＿＿＿一案已由

本院依法判決，判处＿＿＿＿

＿＿＿＿。現已送

往＿＿＿＿執行。

刑　期：自1958年3月28日起
至1968年3月27日止

關押抵刑日數：＿＿＿＿

釋放日期：1968年3月27日

特此通知。

此　致

雲南省昆明市中級人民法院

（法院蓋章）

1959年12月30日

註：此联發給受刑人家屬。

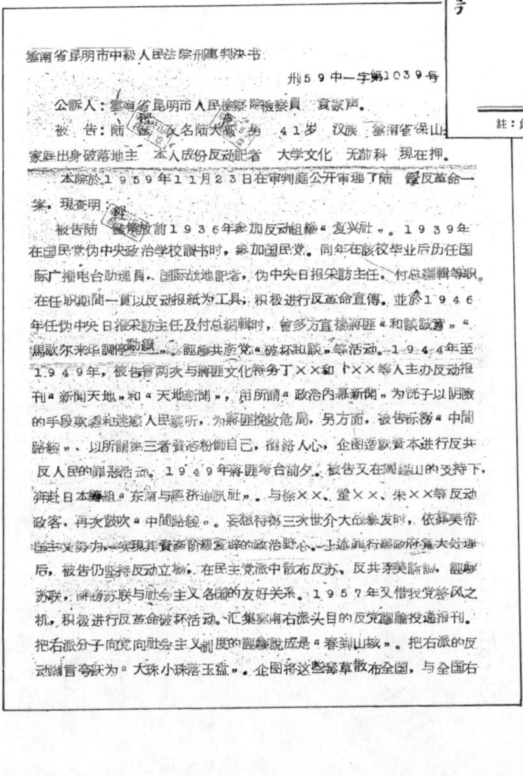

雲南省昆明市中級人民法院刑事判決书

刑59中一字第1039号

公訴人：雲南省昆明市人民檢察院檢察員　袁家声。

被　告：陆　鏗　又名陆大聲　男　41岁　汉族　雲南省保山

家庭出身破落地主　本人成份反动記者　大学文化　无前科　現在押。

本院於1959年11月23日在审判庭公开审理了陆　鏗反革命一案，現查明：

被告陆　鏗解放前1936年参加反动組織"复兴社"。1939年在国民党伪中央政治学校讀书时，参加国民党。同年在該校毕业后历任国际广播电台助理員、国际战地記者，伪中央日报采訪主任、付总編輯等职。在任职期間一貫以反动报紙为工具，积极进行反革命宣傳。並於1946年任伪中央日报采訪主任及付总編輯时，曾多方宣揚蔣匪"和談誠意"、"馬歇尔来华調停"，誣蔑共產党"破坏和談"等活动。1944年至1949年，被告曾两次与蔣匪文化特务丁××和卜××等人主办反动报刊"新聞天地"和"天地總潮"，用所謂"政治內幕新聞"为幌子以阴險的手段欺騙和迷惑人民視听，为蔣匪挽救危局，另方面，被告标榜"中間路綫"、以所謂第三者資态粉飾自已，籠絡人心，企图造就資本进行反共反人民的罪恶活动。1949年蔣匪垮台前夕，被告又在閻錫山的支持下，奔赴日本籌組"东南与經济通訊社"，与徐××、董××、朱××等反动政客，再次鼓吹"中間路綫"。妄想待第三次世介大战爆发时，依靠美帝国主义势力，实現其資產阶級复辟的政治野心。上述罪行經政府寬大处理后，被告仍坚持反动立场，在民主党派中散布反苏、反共亲美論調，誣蔑苏联，挑撥苏联与社会主义各国的友好关系。1957年又借我党整风之机，积极进行反革命破坏活动。汇集雲南右派头目的反党謬論投递报刊。把右派分子向党向社会主义制度的誣蔑說成是"春到山城"。把右派的反动謬言夸訣为"大珠小珠落玉盘"。企图将这些毒草散布全国，与全国右

◀陸鏗的判決書。

根據檔案，解放後主要是以右派之身，向黨猖狂進攻。進攻的內容計有：第一，建議中共考慮改變對美國的態度，化敵爲友；第二，各大學改學英文，學俄文是不可能向現代化進軍的。當時統戰部副部長熊向輝據此表示，這兩條現在已是我們的政策了。另一位代表則說，問題是說早了十幾年。童小鵬以召集人的地位作出小結：看來我們是差了他一筆賬。既然他請求出國，就讓他出國吧！這是我到北京後聽到的對我的結論。後來胡耀邦接受我訪問時也重複了這句話。

差了一筆賬，就讓我出國

最後是鄧小平批准了我的出國。不巧，他批了以後不久，四人幫掀起了「批鄧・反擊右傾反案風」，鄧小平第三次下台，我的出國當然也就擱了下來。

直到一九七七年，老鄧復出，清理積案，陸鏗出國案再度提上議事日程。一九七八年三月，我正參加雲南政協視察團到達騰衝視察，突然，昆明來電要求將我以最快速度送往保山，再由保山改乘飛機返回昆明。共產黨做事向來是下級服從上級，文革之前，基本做到「一桿子插到底」，因此，騰衝派了一個軍隊的駕駛班長及一駕駛兵，輪流開一部軍用吉普，用最快的速度把我送走。

臨行前，一起到邊疆視察的雲南省政協委員和我議論開來：爲什麼會有此舉？綜合判斷有三，一是國外來了人，指名要見我；二是考慮代表性，提升爲全國政協委員，喊去北京開會；三是也許出了什麼意外之事，牽涉到我。總括起來，二喜一憂。我性格一貫樂觀，便抱著「人生天地間，忽如遠行客」的態度，到哪裡都行，所以，在飛機上睡著了。

下得機來，迎接我的是雲南省委統戰部派來的紅旗牌轎車，一望就知道好事近。想起勞改時，跟「同犯」聊天，像我這種人，問題不決於監獄，說不定有一天，突然一部轎車開來說，「陸先生，請上車。」說得大家哈哈大笑。曾經在蔣介石游戈於吳淞口外的艦艇上擔任過電台長的梅文華批評我說：「陸鏗這個人一天到晚都在作夢。」而今，居然好夢成眞了！

北京有來文，小平同志批

雲南統戰部長熱情地接待了我。我說：「剛到騰衝，視察工作尙未展開，就十萬火急地把我追了回來，不知有什麼特別的事？」他讓我猜，我便把在騰衝臨行時大家一塊兒作的三個猜測告訴了他，他也笑了起來，反問我：你去年底問題解決後，不是要求出國嗎？我說，不錯。他說，現在中央批下來了，還是小平同志批的，同意你出國。我問家眷呢？答曰：緩一步吧！不過歡迎你夫人陪同你到北京作客，爲你送行。等你出去安定以後，再接家眷不遲。

「你夫人」這三個字我近三十年沒有聽到了，一九五四至五八年，我名義上恢復了公民權，實際上仍爲控制對象。偶爾和妻子一起在公衆場合出現，別人介紹我都是說：「這位是楊醫生的先生！」我只能在肚子裡暗自發洩大男人主義：「老子姓陸！」

匆匆趕回昆明第三天，我和楊惜珍就到了北京，下榻北京飯店。在童小鵬的宴會上，遇到了公安部第一副部長、後來出任國家安全部部長的凌雲和統戰部副部長、也就是抗戰時打入胡宗南心臟的熊向輝，以及統戰部的劉小萍等高幹。

看大寨大慶，待我以上賓

童小鵬說，既然到了北京，不妨各處走走。他問我想不想回老窩南京看看，我說不必了。你們不是在提倡「農業學大寨」、「工業學大慶」嗎？這兩個地方我倒想看看。他表示，沒有問題，馬上安排。於是統戰部派出一位姓胡的科長，陪我夫婦到大寨，安排住在李先念去大寨時住的房子裡，以示禮遇。到大慶，由統戰部的一位處長耿文卿陪同前往，先到哈爾濱，住在國際旅行社，因爲天氣冷，特爲我們各準備了一件軍大衣禦寒。哈爾濱到大慶還安排了火車專列，由大慶黨委宣傳部長迎於車站。再乘小汽車到一個新建的大樓，安排我們於一大套房下榻，還特別介紹說：「這個樓是第二次『工業學大慶』時建蓋的。今天招待陸先生和夫人的這間房，就是華主席住過的。」我除了表示謝意外，還能說什麼呢？

大寨所得的印象，即利用山坡發展梯田，擴大了耕種面積，並注意開發水利。當地農民的生活確有很大的改善。每戶都有了新的住屋。農民的衣著和家中的用具，也反映出正走向小康。不過，勞動強度相當大。大寨的帶頭人陳永貴外出作報告，我們會見了有「大寨穆桂英」之稱的郭鳳蓮，給人以能幹的印象，談起大寨的成就如數家珍。後來到海外全面了解大陸情況，才知「大寨」和「大慶」是毛澤東爲大躍進樹立的兩個樣板，當時是由全國加以支援才名震神州的。

大慶，我們主要是看了好幾眼石油鑽井，其所要求的深度，深到我現在一點印象都沒有了，但可以看出，採油工人的工作情緒一般都不錯。大慶的「標兵」、全國勞動模範「鐵人」王進喜出外開會，接待的人送了一些宣傳「鐵人」事蹟的宣傳品一類的東西給我，翻翻大陸報紙都可以看到。

最難當犯人，最好作客人

回到北京後已接近四月底，童小鵬等設宴餞行。席上，有一位老幹部問我：「陸先生此行總的感想如何？」我半開玩笑、半認眞地說：「如果說世界上最難過的是當共產黨的犯人，那最好過的就是做共產黨的客人了。」說得大家不禁笑了起來。

凌雲可能聽出我話中有話，便接過話頭說：「我講一下我的故事，文化大革命以前，我被指定負責建蓋秦城監獄。建好以後，文革來了，第一個關進秦城的就是我。我們是跟著毛主席幹革命一輩子的呵！」

「我理解你這話的意思。」我接著說，「就是要我正確對待自己的遭遇。像你南征北戰，經過長期考驗，還要蹲秦城。我長期反共，今天禮送出境，還有什麼想不開的？我剛才說那兩句話，是實際感受，並不帶情緒。」

童小鵬不愧爲統戰高手，他把話岔開說：「我原來問願不願意到南京看看，還有一個意思，就是可以去梅園，說不定在那裡還可以找到你出席周總理記者會的相片呢！」

俗話說：「不打不相交。」到一九八二年我應廖承志之邀到北京晤廖時，再度和凌雲會見，他已擔任國家安全部部長，我提出想看看以所謂「美國間諜」嫌疑遭判刑十年而在監外執行的新聞界好友羅孚，他及時作了安排，而且答覆了我問的江青在秦城的生活情況，以示友好。

北京要保證，左右都挺身

話說回來，當我在昆明提出經港赴美的要求時，雲南方面表示，北京指示要我首先在香港找到生活保證人，書面保證我在香港生活沒問題。他們的說詞是：你是有一定代表性的人，如果在香港食住發生問題，流落街頭，對政府影響不好。我說，這沒問題，我可以找到朋友擔保。他們毫不客氣地說，你不要那麼有把握。差不多三十年沒有來往了，朋友還會認你？還願意保證你的生活？請好好考慮。還是留在國內吧！

我說，不，我還是希望到香港。同時，我對我的朋友有信心，他們會同意作保的。於是我來一個左右開弓，左面給香港《大公報》發行人、老友費彝民發一電、右面給香港《新聞天地》卜少夫、黃綿齡兩位老弟兄發一電，結果雙雙來函表示了願意保證我在港的食宿。左右兩邊的朋友都挺身而出，我當然感到莫大的安慰。

爲了赴港順利，北京特別安排新華社香港分社的黃文放陪我和楊惜珍由北京飛廣州。黃當時的名義是「新華社香港分社採訪主任」，後升任對台事務部部長，兼分社副秘書長。到了廣州又加上中國新聞社廣州分社主任符國杜，「三人行必有我師焉」，於是我在四月廿日與惜珍在廣州握別，當日中午就到了香港。被安排住進九龍一間大酒店。給我的待遇，比戰犯還好。食住都由中國旅行社安排。住了一個星期後，我初步了解了香港新聞傳播界的情況，決定走「自力更生」之路，如讓共產黨養活自己，就失去了重歸自由的意義。經多方打聽，知道港九住旅舍青年會最便宜。

告別中旅社，決自力更生

一九七八年五月八日找到九龍青年會，接待我的是一位英國人懷特（Mr. White）。我問他最便宜的住宿多少錢一天，他說，港幣四十元，房間沒有冷氣，洗澡在集體浴室。他問我是做什麼的？我說記者。再問那裡做記者？我說：二次世界大戰在歐洲做戰地記者。他一聽，興趣來了，說他那時也在歐洲戰場，在英軍中當一名軍士。我故意問他：你知不知道戰地記者的級別是什麼？他說，不知道。我說：上尉（Captain）。他馬上舉手敬禮。我說：「把手放下，趕緊打折扣。」

於是我得以當時最低價、每日房租四十元港幣打八折三十二元入住尖沙嘴青年會。同時，在《新聞天地》社借了三千元，由我二弟陸鏘寫了一封信給少夫、綿齡兩兄，請以他十多年為「新天」寫稿的稿費抵充這筆借款。

諸事辦好，分別通知了黃文放兄和中旅社的廖、朱兩位經理，向他們告別。並感謝他們一周來的招待。他們當然是尊重我的決定。老友費彝民兄也贊成我這樣做，雖然生活苦一點，但精神是自由的。

行筆至此，我要提出，中共之所以放我出來，與海外輿論的關注是分不開的。根據我和中共打交道的經驗，共產黨對於輿論的重視遠在國民黨之上。特別是海外輿論和國際輿論，一九五三年我在監獄裡的待遇，突然得到改善。當時，莫名其妙。第一次出獄後才知道，原來是香港《大公報》登了一塊〈陸鏗其人〉的文章；《新聞天地》又發表了我給卜少夫、丁中江的信。

到港後，受到費彝民熱烈歡迎。而他當時在港已成大人物，各國駐港總領事到港，都要向他「拜山」。新華社香港分社自社長起一律稱之為「費公」。我因跟他是老友，有時稱「老大哥」，有時直呼「老費」，旁邊的人為之側目，不知我是何方神聖。到了解情況後，當然也就見怪不怪了。應該承認，這是我能很快進入香港上層社會的原因之一。

發表大夢文·引起大震驚

這當中發生了一件大事，就是我發表了被稱為「三十年來反共最惡毒的一篇文章」事件。

一九七九年胡菊人主編蜚聲海內外的《明報月刊》，為迎接中共建政三十年，組織「中共建政三十年專輯」。當時，經濟、文化、教育的文章都找到了。有關政治的文章原來請港大的一位姓李的教授執筆，收到後胡覺得份量不夠，便找到了我，請我以親身經歷寫一篇有骨、有血、有肉的文章。我當時抵港不到一年半，思想上還有不同程度的顧慮，特別是全家仍在大陸，得罪不起共產黨。而這種文章，要寫得像個樣子，非打破顧慮不可。因此，婉謝了菊人的邀約。為此，菊人讓明月編輯孫淡寧來找我深談，他們人格擔保，決不外洩此文作者是誰。

在這種情況下，我一口氣寫了一萬多字〈三十年大夢將醒乎〉一文，全面評價了中共政情，為了思念李荊蓀，加上我母親姓陳，就用了陳棘蓀的筆名，沒有想到造成大轟動。連台灣方面都認為是一顆反共炸彈，了解中國大陸最有說服力之作，總政戰部及時內部印發給軍官閱讀。關於這一點，我後來從王昇將軍處得到了證實。

此文發表後，香港報刊揣測陳棘蓀是何許人也。得到的綜合印象是：看樣子是一位新聞工作者；在大陸生活過相當長一段時間，了解實況；而且，是個老手。總之，猜測得很熱鬧，連美國國務院都通過《讀者文摘》總編輯林太乙向胡菊人探詢，菊人問我可不可以告知對方，我因從費彝民處聽到中共已指此文爲三十年來最反共之文，可能會遭到麻煩，把名字告訴林太乙，萬一出事也可以尋找國際支援，便同意了。說明當時的情況是很緊張的。老費推心置腹告訴我說：老弟，這回漏子捅大了，我也沒辦法幫你了，因爲被指爲三十年來反共最惡毒的文章。你雖然用了個筆名，我一看就是你的手筆，別人也會猜到。我看，你作好思想準備吧！

我問會不會裝進麻袋丟入大海，他說，那不會。再問，會不會弄到澳門押回大陸？他就顧左右而言它了。我當時覺得這不過是反映了一個專業記者的良知，既然已經造成事件，懊悔、自責都沒有用，只有看事件怎麼演變吧。

夢文傳北京，鄧小平有評

天下事就有這麼巧。這篇文章竟爲鄧小平看到。新聞圈內傳是與《明報》有特約關係的一個姓方的青年人帶到北京拿給他的小學同學鄧林看，鄧林看後覺得很有趣、因爲反映了大陸老百姓盼鄧復出的心結，便請她爸爸看，鄧小平看後給了十個字的評語：「態度是好的，觀點是錯的。」

共產黨最重態度，因爲那是立場問題。觀點則難免有歧異，通過批評和自我批評就可解決。

正在我緊密注視此事演變，並作了心理準備時，忽然新華社香港分社社長王康約我見面。而他見我面的第一句話：「你那篇文章我看了三遍。」我說：「我知道了，被認爲是三十年來最反共的文章。」他問：「你聽那個說的？」我答：「費彝民兄已嚴厲批評了我，指我犯了嚴重錯誤。但文章已經登出來了，有什麼辦法?!」「不，不，不！」王康一連說了三個「不」字。「那是費公個人的看法，你們是老朋友，他可能要求你嚴一些。不過我倒看出你文章中貫徹了一個總的精神，可以用五個字概括。」我有一點沉不住氣了，忙問：「那五個字？」王康一個字一個字地吐出來：「恨鐵不成鋼！」

老實說，我對這五字評語，感到意外。步出新華社時，產生了聯想，這五個字，會不會是那十個字的衍生物？不管怎樣，我對鄧小平留下了較好的印象。

兒子入醫大，驚動鄧小平

除了我的出國是鄧小平批准以外，還有我大兒子可望讀研究所，也是靠他「照政策辦」的四字批文。

可望在昆明，高中畢業全班第一，老師都認爲升大學決無問題。那知因爲爸爸是反革命，結果名落孫山。但這孩子從小讀書成癖，不能進大學，就一面攻古文，一面自學攻英文。剛巧燕大畢業的劉德偉老師願意教，便在白天跟他媽媽上班學牙科之餘，晚上跟劉老師猛學英文。

一九七九年，中國大陸在鄧小平「不拘一格選人才」的政策下，准許具有同等學歷的青年報考大學和研究院。可望報考原爲華西大學後改四川醫學院（現恢復華西醫科大學名稱）的研究生，結果得錄取。英文成績全校第二。他是唯一沒有上過大學的，引起院方重視，又經複試，教授均甚滿意。但當其他考取的同學都得入校通知，唯他未得時，他向主考的老教授探聽原因，老教授原是教過他母親的，就告知，可能是你父親的原因。並說教授們是要錄取的。可望即時將情況寫信到香港告訴了我，我在情急之下，毫不考慮就寫了下面一個電文：

北京國務院鄧副總理小平：

學生陸可望以同等學歷報考川醫牙周病學研究生，以成績特優錄取。現忽生反復，未得通知入學。相信閣下必能根據政策，扭轉四害遺毒造成之偏差。

謹電奉聞，內外俱感。

陸鏗謹上於香港

我帶著這一電稿到大公報社長室找老費商量，並把電文唸給他聽，他聽後勸我不要發，因爲太冒失了。我說，我拿這個電稿給你看，並不是徵求你的同意，而是讓你知道有這件事。我非發不可，這裡面把賬算到四人幫頭上，老鄧不會見怪的。

老費不勝感慨地說：「大聲啊！你這個老脾氣就是改不掉！」我說：「老大哥，我的脾氣如果改掉了，我今天也不可能跟你坐在這裡了。」他一面搖頭一面忍不住笑。

沒想到，這一電報發生了奇效。可望很快被通知入學。入學後老教授告訴他，「你的事鄧大人過問了。他在你爸爸的電報上批了四個字：照政策辦。教育部劉部長非常重視，派人來問校方，爲什麼不准你入學。校方說，因爲你父親是反革命。教育部的人說，反革命那是過去的事，現在人已在香港了，還反什麼革命。而且小平同志的政策不是規定得很清楚嗎？主要看個人表現，人是不能自己選擇出身的。

正因爲可望的入學是鄧小平直接干預的，入學後引起了教授們的重視。有兩個教授因好奇不約而同地問他：可望，你爸爸是個大人物吧？他擔任什麼職務？怎麼鄧大人會關心你的入學，教育部和校方還受了批評。可望據實答覆：我爸爸是個親美反蘇的右派分子。

記平生最不愉快的「合作」

●世情惡衰歇，萬事隨轉燭。——杜甫〈佳人〉

●文章憎命達，魑魅喜人過。——杜甫〈天末懷李白〉

時間是在一九七九年，自稱出身律師、在台灣曾經營《台灣日報》的傅朝樞，挾重金從台灣到了香港，他決心繼續其在台灣鑽營拉攏、怪招疊出的手法，來香港「大展鴻圖」。先說服台灣有關方面准予自台結匯出五百五十萬美元，在香港創辦以《中報》爲名之民營報紙，並向其在台當道之友人表示要以中間面貌爲國府反共復國效力。

傅朝樞未到香港前，就聽說《明報》是一份以知識份子爲對象的比較權威的報紙，到了香港後，通過實際生活體驗，更感到《明報》的權威。

向權威挑戰，正是傅朝樞的願望。他便以《明報》爲假想敵，開始了一系列的戰略部署。

首先，他到處打聽，《明報》內部除老闆查良鏞外，誰的社會聲望最高？經過多方了解，知道胡菊人最受人敬重。胡以一個廣東農村來的年輕人，十四歲開始從校役做起，自我奮鬥，自學成才，當到《明報月刊》總編輯。《明報月刊》在他的主持下，十三年多來（從六十年代後期到七十年代末），已成爲海外知識份子的言論重鎭，特別針對毛澤東發動的文革，加以筆伐，伸張民族正氣，宏揚中華文化，幾乎有口皆碑，於是傅朝樞決定以胡菊人爲目標，作爲進軍香港報壇的第一個獵物。

傅朝樞如何獵取胡菊人

傅朝樞從香港的拜客活動中，探悉徐復觀先生是胡菊人最敬重的長者之一，而他的江西同鄉台灣立法委員涂公遂與徐先生份屬老友，於是，他備辦了禮物向涂公遂請安，表示他準備在香港辦《中報》，希望得到鄉前輩的支持。同時說明，他心目中合作的對象即胡菊人，據傅胡菊人只聽徐復觀先生的話，所以特來請求涂介紹徐，進而懇求徐介紹他與胡相識。

對於傅朝樞的這一請求，涂公遂欣然應允，馬上和徐先生通了電話，介紹傅前往美孚新村徐寓拜會。

徐先生事後談到他對傅朝樞的第一印象時說：「雖然我感到此人一股俗氣，但聽其言甚爲誠懇，乃介紹菊人與他認識，萬想不到此人乃屬大奸一類的角色，使菊人上了一個大當。」

傅通過徐先生的介紹與胡菊人聯繫上以後，在香港最貴的一家海鮮館「新同樂」酒家宴請胡菊人，兩個人一餐竟吃了一千八百元港幣，其時合三百多美金，豪奢之狀可以想見。

傅朝樞向胡菊人舉杯祝酒的第一句話是：

「菊人兄，我想助您做當代的張季鸞！」

在老傅花言巧語，強調「合作」又執禮甚恭下，胡菊人作爲對世情的險惡認識不足的君子，很快就和傅朝樞簽了約。

約內最重要一點即：《中報》的編輯方針由總編輯訂。胡菊人全權處理編政。

說起胡菊人與傅朝樞簽約辦《中報》，必須交代一下胡在《明報》與查良鏞的關係。爲什麼相處十三年多，相安無事，會一朝離去呢？

按胡菊人當時的想法，他已年逾不惑，因晚婚，兩個孩子還很小，在四十幾歲的年紀還可以迎接新的挑戰，再下去，即使心有餘力也不足了。而傅朝樞提供的機會是那樣的富有誘惑力。傅承諾《中報》日報、晚報、月刊、周刊一起交給胡主持，連人事行政權都由胡掌握。

再說《明報》查良鏞方面，當胡菊人向他辭職時，他不是責怪胡，而是作了自我批評。他承認對胡照顧不夠，特別在胡的生活方面，缺乏關心。胡爲了買個居所向報社借錢，按月從薪水項下扣還，查雖然同意了，但卻沒有進一步考慮到胡可能遭遇的生活困難。特別在工資方面，胡一九七九年十一月的月薪是港幣四千七百元，傅卻提供月薪萬元，而胡的工作獲得較高報酬是完全合理的。因此，查最後提供了比傅還高的薪酬希望胡留下。但胡告訴他已與傅簽了約。這時，查良鏞表現出其大俠風範，事已至此，除了向胡臨別贈言，而且在最好的酒店舉行了盛大的歡送會，並以金錶相贈，用誌友誼永固，堅如金石。

就在菊人和老傅簽約的第二天，他給我打來了電話，告訴我他決定和老傅創辦《中報》，希望我能幫他的忙。並說：「你是新聞界前輩，我不能讓你在我下面做事，故請你出任《中報》總主筆，我任總編輯。我們和老傅合作把這張報辦好。」

我問他，你知不知道傅朝樞這個人？其人在台灣聲名狼籍，謹防上他的當呵！但菊人回答我說，他已和老傅簽了約，合約中明白規定，編輯方針由總編輯訂。

在這種情況下，爲了朋友我只有拔刀相助。

我和傅朝樞第一次見面時，他聽胡菊人稱我「陸大哥」，他也和菊人一樣稱我爲「陸大哥」，並強調「合作」。而且說，他的任務就是「出錢」。

就在一九七九年底，和我情同手足的丁中江從台灣到了香港，傅朝樞要請丁吃飯，丁抽不出時間，改爲吃下午茶。

傅一見丁就「大哥」長、「大哥」短，備極恭敬，而且他向我們倆人表示他「寧願做眞小人而不做僞君子。」

丁毫不客氣地回應傅的自我評價，跟我說：「大聲，你看他，就是個小人樣子。」而傅朝樞不但不以爲辱，反而對著我和丁「嘿，嘿，嘿」地笑，這在我的人生經驗中是第一次。

傅朝樞公開宣揚一種「人生哲學」：只要有錢，天下沒有辦不到的事。

創刊之前先聲奪人

由於《中報》八十年代初在港標榜「不左不右，允執厥中」，是個新事物；而且香港社會風聞傅朝樞挾重金到港，大展拳脚，他又從《明報》挖走了鼎鼎大名的胡菊人，胡菊人又找了我這個被國民黨和共產黨都視爲異端的記者做搭檔，因此這個報尙未出版就引起了各界的重視，突出的表現甚至香港英文《南華早報》，在《中報》創刊前，竟兩次刊出對胡菊人和我的訪問記。

《中報》創刊酒會堪稱盛況空前，來賓近千人，而且左右兩方面的人士三十幾年來第一次共同在一個酒會上出現。

創刊第一天銷路六萬份，一份也不少。這在香港來說，也是空前的紀錄。

可惜，好景不常。出報之始，就遇到了政策上的衝突。老傅弄來了大量的祝賀傅董事長朝樞創辦《中報》的誌慶廣告，有的來自香港，如林氏兄弟；有的來自台灣，如彰化銀行董事長。今天是「一紙風行」，明天是「輿論權威」，後天是「南天木鐸」，這些無聊的東西，老傅都要求胡菊人以第一版全版刊出。胡菊人指出這是「毒藥」，別的報頭版都以重要新聞呈現在讀者眼前，而我們的報頭版天天是空白，那不是自殺？傅朝樞強調這關係人情，非登不可。特別是台灣來的廣告，對中共更是一種釣餌，即使犧牲一點銷路，也是合算的。那知八天下來，銷路直線下降，到第十天報份一下少掉兩萬多份。讀者是最公正的，你要欺弄他，他就不顧你而去。胡菊人爲了避免一開始就和老傅鬧得不愉快，忍氣吞聲，及至一個月下來，報份只剩三萬不到，老傅對胡菊人也就一改禮賢下士之態，雙方僵局開始出現了。

開報不到兩個月，老傅就玩弄手腕逼胡菊人將編輯部大權交出，派由他的小兒子傅獻堂坐鎭。同時在編輯方針上由原來的要聞掛帥，改爲港聞掛帥。

港聞掛帥，談何容易？以當時香港銷路最大的《東方日報》來說，港聞掛帥，日銷三十多萬份。但它用了七十多個記者，而且都是拿高薪。《中報》十一個記者，雖有少數傑出的，多數質素平平，竟想與人抗衡，實在是不自量力，敗下陣來，自屬必然。

港聞掛帥不成，傅朝樞鑑於香港《信報》財經新聞一枝獨秀，便想分一杯羹，忽然有一天召集會議，宣佈翌日改行經濟新聞掛帥，如果不同意這一方針，就請離開。而他對經濟新聞掛帥的作法是，規定每天報紙頭條新聞一定要屬財經範疇。結果，有一天實在找不到稍微像樣的東西，只好拿大陸的山貨金針、木耳每斤各漲價八分為頭條，形同玩笑。

在經濟新聞掛帥實施期間，老傅從美、加兩地各聘一副總編來主持，並劃出三個版面，五個記者歸此二人指揮，形成了報紙內有租界的荒唐事，也許可以叫做「一報兩制」吧！當然注定非失敗不可，結果兩位副總編經老傅試用兩月餘即被炒魷魚而去。

經濟新聞掛帥失敗後，老傅的小兒子，忽發奇想要黃色掛帥，並振振有辭地說，香港所有銷量大的報紙，都有黃色版面，要救《中報》，唯有黃色。於是在他主持下，開闢了一個類似後來美國《中報》「半上流社會」的那種以男女性事為主題的版面，名曰「快活門」。某日竟擬刊出男女性交畫片，我當時看到認為太不成話，一氣把畫片撕掉，投入廢紙筒，並電話傅朝樞，決定辭去總主筆職務，與該報告別。並轉達中大幾位教授朋友朱立等的話：怎麼會開闢「快活門」這種低級下流的東西？這樣一來，誰還敢把《中報》帶回家？只有退報。因為每家都有孩子，決不能容許這種髒東西污染幼小的心靈。

傅朝樞在我的抗議下，同意取銷「快活門」。但他說，副刊版面不像新聞，有個周轉過程，希望容許他兒子稍假時日，以兩個星期為期換版。在黃色掛帥前，《中報》還有一萬多份銷路，「快活門」一開，馬上跌進七、八千，因此，《中報》的同事說：「快活門」不快活。

一年之內五易編輯方針

俗話說，「病急亂投醫」。傅朝樞父子經營《中報》，就是「病急亂投醫」的寫照。由於一年內五易編輯方針，每改一次「掛帥」，就趕走一批讀者，到《中報》一九八〇年底，兜了一個大圈子改回到「要聞掛帥」時，銷路已被折騰得只剩不到五千份了。

傅朝樞的大兒子雅堂，曾在日本讀書，對新聞雖外行，但他也以變換編輯方針爲不智，可惜他在傅氏父子三人中，論爲人最平正，論發言權則最低。

香港中文大學新聞傳播系的同學，針對《中報》這種報業空前未有的特殊事例，即開報時六萬份，十個月竟慘跌至不足六千份，進行了專題研究，試找出其癥結，得出一個結論，即自有報紙以來，從來沒有一個報紙更改編輯方針像《中報》這樣頻繁的，平均每兩個月換一次，不垮勢無天理。

不過話說回來，《中報》之所以失敗，不能全怪傅朝樞，我和胡菊人也有一定的責任，菊人辦雜誌雖然成功，但從無辦報的經驗，他在處理行政事務方面特別差，這裡有兩個例子可以說明：《中報》創刊時，聲勢浩大，各方面投稿甚爲踴躍，編輯部約稿也是有求必應。到結算稿費的賬單出來後，送會計室，不料，傅朝樞以社長之身批說稿費標準太高，要編輯部削減。會計部就把稿費單退給胡菊人。菊人因忙得焦頭爛額，將單子放進抽屜就給忘了。直到作者紛紛提意見，有的人還在他報放話說，《中報》財大氣粗，爲何出版兩月，稿費都發不出來，一時成爲笑話。又如編譯組的一個編譯，水平實在太低，無法工作，菊人就另找一個，因事忙忘了將新來的名字告知人事部，到發薪時，傅朝樞堅決不發此人工資，菊人在無可奈何中，只好由自己的工資中撥付。

我雖做過報紙，且當記者有年，但到底已被中共雪藏近三十年，與世隔絕，加上觀念陳舊，對海外社會變化可以說是「無知」，全憑過往的一點新聞學知識，必然捉襟見肘。在彭佳木事件上，就栽了一個大跟斗。當時，中國大陸派到新疆勘探之科學家彭佳木失蹤，受到舉世傳媒關注，《中報》編輯部忽接一來自紐約函，告以彭在紐約出現，並有函致北京周培源。乃致電周培源查證，適其外出。爲搶新聞決定刊出，結果擺大烏龍，事後方知是中了台灣特務之計。

至於編輯部裡的編輯和記者，大多數都是由老報人劉念眞兄在應徵的人員中甄選；採訪部對於一個新的報紙來說，是衝鋒陷陣的尖兵，偏偏《中報》的採訪部是最弱的一個環節，採訪記者主力來自《工商日報》，這是一張在四十年代末期在香港與《星島》、《華僑》鼎足而三的報紙，但到七十年代末期江河日下，苟延到八十年代關門。由於記者素質不齊，所以《中報》出師不利。最具體的例子，開報的第一天，我就給採訪主任兩項採訪任務，直到半年後採訪主任離職，有一項任務——調查大陸來港移民的各種情況，包括合法與非法，就業和犯罪，成功事例和社會困擾——始終未能完成。說起來這似乎是個笑話，但它卻是事實。

香港《中報》八〇年二月創刊，到四月胡菊人因傅朝樞種種掣肘，心力交疲，而把報紙總編輯位置交出，就注定了一蹶不振。

胡本人退居《中報月刊》，集中精力把月刊編好。他編《明報月刊》曾創造過月銷三萬七千五百份的成績，編輯《中報月刊》同樣得到讀者的好評，一開始，就銷一萬五千份，後來逐月增加。及至胡不再負責，銷路即直線下跌，最後跌到月銷不足三千份，此是後話。

魏京生自傳造成散夥

胡菊人退出編輯部後，傅朝樞請我以總主筆之身兼管一些編輯部事務，菊人也希望我留下，在精神上對他也是一個支持。沒有想到《魏京生自傳》導致了與傅決裂。一九八〇年秋季，已經被中共判刑的民運人士魏京生，輾轉把他寫的《魏京生自傳》托一位英國學人帶到香港，由這位先生當面交給胡菊人，說明這是魏京生的心血結晶，交給別人不放心，相信胡菊人必能作很好的處理。

菊人讀了《魏京生自傳》極為感動，決定在《中報月刊》發表，同時廣泛徵求各方面的反應，讓盡可能多的人認識魏京生和中國的民主運動。那知有一天突然接到一個電話，告知說，有人自北京帶出《魏京生自傳》問他要不要買？這眞是非常蹊蹺的事，《魏京生自傳》明明在自己手上，怎麼又會有別人來兜售？菊人和我商量後回答對方看看東西眞假再決定。一看之下，竟是眞的，原來菊人手上的是原件，兜售的是影印件。只好據實告知對方，我們已得到原件，謝謝他的好意。

在這種情況下，勢非及時處理不可，不能等到下月初月刊上市。我們經過商量決定先在《中報》上發表，然後月刊轉載。但因菊人已不進日報編輯部，此事只好由我來辦。因老傅早已從菊人談話中得知月刊將發表《魏京生自傳》，我便在電話中告訴他，現因情況有變，改在日報刊出。他答覆說請我全權處理。

刊出《魏京生自傳》時，菊人加了一個按語，大意是此文乃魏京生委託朋友攜出指定交給《中報月刊》主編的。任何人摘載、轉載、翻譯，均須徵得《中報月刊》主編的同意，藉以維護魏京生的權益。

那知，刊出翌日，傅朝樞大發雷霆。他指出胡菊人的「編者按」寫得不對。我問他：「不對在什麼地方？」他說：「按語中怎麼可以說須徵得《中報月刊》主編同意呢？應該是徵得《中報》主持人也就是《中報》機構董事長我傅朝樞的同意。」我向他解釋，因為此件是一位英國學人當面拜託菊人負責處理的，菊人爲了表示負責才加上這一按語，並沒有別的意思。而老傅強調這種作法，忽視了他的存在；起碼是菊人根本沒有把他放在眼裡，提出要叫菊人自請處分。

我問他：「你說什麼？」

他重複說：「胡菊人應就此按語，自請處分。」

我說：「你是在開玩笑！」

他說：「我決非開玩笑，是認眞的。」

胡菊人當然不理老傅這一套。老傅見胡沒有任何表示，又放出空氣說：「如果胡菊人不自請處分，我就在布告板上貼出給他記大過一次的處分。」

我當時基於顧全大局的心理，一方面告訴老傅不要逼人過甚，一方面告訴菊人給傅寫封私人信解釋一下，實際上我是和稀泥。

菊人接受了建議，給老傅寫了封簡短的信，說明了他爲什麼要寫那個按語。照理說，老傅應該適可而止了，但他一不做二不休，告訴我說，他要在報頭旁邊刊出重要啓事，掃菊人的面子。我勸傅說：「報紙是你的，編輯部是你兒子主持，你要登什麼啓事都可以。我們既然合作快十個月了，我要提醒你，菊人手上雖然沒有報紙，但他有一批好朋友。你假若在報紙上侮辱他，他的朋友會群起反擊的。因此，我誠懇地勸你還是不要登什麼啓事的好。」

一個挿曲──稱呼三變

老傅一意孤行。就在他把啓事稿交到編輯部的同時，找我談話，他說：「大聲兄，希望你在菊人和我的衝突中，採取中立的立場。」我一口回絕：「辦不到！在正義的問題上是沒有中立的。」老傅大叫：「那怕是我爹，他要站在胡菊人一邊，我也不答應。」我叫得比他更大聲：「我就是要站在胡菊人一邊。」

這裡有一個小小的挿曲，我們知道，中國舊社會人與人之間的關係變化會影響到稱呼的變化。比如人們喜歡作例子的陳誠對嚴重（立三）的稱呼，初期稱「立師」，到任嚴部下時稱「立公」，到嚴任陳部下時就改稱「立兄」了。傅朝樞對我的稱呼也是「三段論」。初識時他聽菊人稱我「陸大哥」，他也以「陸大哥」相稱；到我出任《中報》總主筆後，就改稱「大聲兄」；到最後他與胡菊人鬧翻，我拒絕「中立」時，則稱「陸先生」了。

想到老傅的各種花樣，不禁莞爾。

意存侮辱胡菊人的廣告到八〇年十一月，終於在《中報》報頭旁刊出來了。主要的內容是說《中報》的權源歸傅氏家族、中報董事長傅朝樞父子所有，因此，報紙對外只能由傅氏家族代表。而《中報月刊》主編，只不過是《中報》機構的一個受薪人員。

果然，傅朝樞的啓事激起了文化新聞界的公憤，在很短的時間裡，香港文化新聞界的朋友就在各報刊上發表了廿三篇抨擊老傅的文章，弄得他灰頭土臉。

但他不但不自省，反而把怨懟更集中地放在胡菊人身上，極盡打擊之能事。

他宣布了打卡制度，特別聲明，即使是總編輯每天上班也要打卡。胡菊人當然相應不理。他又登報爲《中報月刊》招請副總編輯，他找到一個年輕人，每月工資四千港幣，而工作呢？就是叫這個年輕人每天坐在胡菊人對面看胡菊人工作，其他什麼也不做。這個年輕人感到這事太荒唐，加上他一向敬重胡菊人，就沒有接受，並把這事告訴了胡菊人。

爲什麼要這樣搞呢？原來在傅朝樞與胡菊人簽訂的合約中，有一條，即在兩人合作期間，甲方（傅）如辭退乙方（胡），要由甲方賠償乙方若干損失。相反地如乙方（胡）向甲方（傅）請辭，乙方也要賠償甲方若干損失。因此，傅千方百計壓逼胡菊人，只希望胡菊人那一天拍桌子說：

「老子不幹了！」

這樣，正合孤意，不但解約，且需賠款。傅朝樞一再逼胡菊人離去的如意算盤，原來如此。從這也可以看到傅朝樞的花樣翻新，但比這更荒唐的是對待由北美洲請來的兩個副總編輯。

傅朝樞爲了搞經濟新聞掛帥，分別從加拿大和美國中文報業請來了曹紹沛和董××，名義是副總編輯，工資從優，並提供住房和上下班汽車。

他們初上班的時候，表現出意氣風發的神情，可是好景不長，一個月後因爲事實證明經濟新聞掛帥不是老傅想的那麼簡單，報紙銷路不升反降。有一天曹紹沛向我訴苦說，老傅見到他們連招呼都不打了，怎麼辦？我說，這有什麼辦法，只有看他出什麼招，冷靜應付好了。

又過了一個星期，曹董二人很高興地跟我說：「傅董事長對我們的態度有了明顯的轉變，不但打招呼，而且已經和我們簽約了。這是我們從美國來的時候就提出來的。」

那知再過了一個星期，他們兩個哭喪著臉跑到我的辦公室來說：「我們已被通知解聘了，並限期一個星期搬出現在的住處。」我問：「你們不是已與老傅簽約了嗎？」曹紹沛說：「原來這是一個圈套，合約上寫的是乙方在任職《中報》期間，由甲方供應住房、汽車等等，而明天任滿三月，今天通知任職中止，當然一切也就吹了。（香港勞工法有三月試用規定）過去有人警告我們說老傅這個人心狠手辣，我們還不相信，眞是被他整得哭都哭不出來。」

話回到胡菊人這一邊，在老傅步步進逼的情況下，精神上的痛苦是可以想見的，好在他有一大批朋友支持，還頂得住，不過他病了。我建議他乾脆住進醫院去，同時請律師給老傅寫信，對其一系列的壓逼手段提出抗議，指出是一種違約行爲。感謝何俊仁律師給了無條件的幫助。

一方面菊人住進了聖保羅醫院，一方面報紙上批評老傅的文章不斷出現，老傅在黔驢技窮的情況下，只好通過律師與菊人和解，依約付出一定的賠償，後來這筆錢就成了《百姓》創刊費用的一部分。

後來，老傅大言不慚地說：跟我鬥，胡菊人怎麼是價錢，主要是陸鏗把共產黨監獄裡學到的那一套鬥爭術全用出來了，我才同意和解。

平心靜氣地說，我做了幾十年的記者，也可以說是閱人多矣。但像老傅這樣的角色，確是第一次遇見。難怪國民黨、共產黨都要心甘情願地向他獻金，成爲海峽兩岸關係中的一個特殊的「傅朝樞現象」。

中共爲了對台統戰，飢不擇食，聽傅朝樞胡吹一通，竟信以爲眞。不僅供給近兩千萬美元外匯，一九八一年還由鄧小平接見，新華社報導時稱傅爲「台港名流」，香港新聞文化界爲之譁然。繆雨在《東方日報》指出，張三李四，阿狗阿貓，炒家撈家，九流政客，超級龜公，皆說成名流，鄧副主席都樂於會見，握手言歡，合影留念。徐復觀先生更引王安石〈讀孟嘗君傳〉一文評中共統戰：「雞鳴狗盜之出其門，此士之所以不至也。」據悉，北京後來亦承認大量外匯供傅朝樞揮霍，實爲「敗筆」。而傅能把海峽兩岸兩個政權都騙倒，正是動亂時代的一個邪門的表徵。

艱辛備嚐說《百姓》

●自古聖賢皆貧賤，何況我輩孤且直。——南北朝·鮑照〈擬行路難〉

●世界無窮願無盡，海天寥廓立多時。——梁啓超〈自勵〉

《百姓》半月刊是胡菊人、劉美美伉儷和我三人在香港發起創辦的一個綜合性新聞雜誌。一九八一年春，胡菊人和我與《中報》的傅朝樞不歡而散。傅朝樞賠償給菊人廿萬港幣。菊人要分一半給我，我當然不能接受。記得還是在查良鏞兄家裡聊天，他建議我們不妨辦一個雜誌。菊人六十年代主編《明報月刊》取得了可喜的成績。後來主編《中報》月刊也不錯。以當時香港的傳媒市場看，雖然雜誌充斥於市，但從百姓的生活出發，多層面的綜合性的雜誌，尙付闕如，我們不妨從這個縫隙中走出一條路來。

由於當時月刊太多，半月刊少見，於是決定出版半月刊。剛巧，一九九七年收回香港的問題剛冒頭，於是便以九七爲主題，打響了第一炮。

第一炮是打響了。但要長期保持爆發力卻很難。而且根據金庸經驗，出版半年後，會出現一個下滑期，必須提高質量，贏得讀者的愛好，才能保持上升的氣勢。這時，梁漱溟先生給了我們極大的支持。

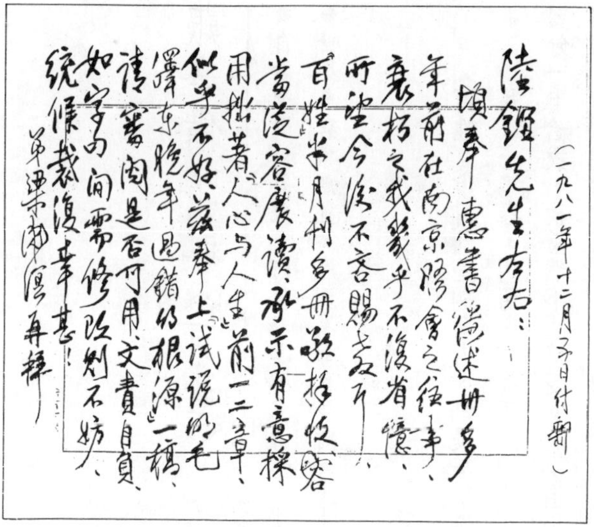
陸鏗先生左右：
頃奉惠書備述卅多年前在南京晤會之往事、襄括之我幾乎不復省憶、所望今後不吝賜教為幸。百姓半月刊多冊敬拜收，客當從容展讀。承示有意採用拙著人心與人生前一二章，似乎不好。茲奉上試說明毛澤東晚年過錯的根源一稿，請審閱是否可用，文責自負。如字句間需修改則不妨。統候裁復幸甚！
弟梁漱溟再拜
（一九八一年十二月二十日付郵）

▲梁漱溟先生墨蹟。

梁漱溟批毛，《百姓》受重視

我和梁先生認識於重慶，比較熟是在南京，當時他以第三方面的領袖折衝於國共間。我從費彝民處得悉他的《人心與人生》書稿已寄到香港，準備出版。便寫信給他，請求同意選一、二章交《百姓》發表。萬萬沒有想到，梁先生在一九八一年十二月自北京寄來了〈試論毛澤東晚年過錯的根源〉一文，使我們喜出望外，乃於一九八二年新年號刊出。這是中共在中國大陸建政以來，由大陸寄到海外發表的第一篇評毛宏文，而執筆者又是望重海內外的大學問家梁先生。他在一九五三年春最高國務會議上，與毛澤東針鋒相對，表現出中國知識分子的錚錚鐵骨。而在這篇評毛宏文中，指出毛澤東「荒唐錯亂，顛倒瘋狂，達於可笑可哀」的地步。其錯誤的總根源「就是他既在思想言論上過份強調階級鬥爭，更且以其不可抗的權威而勵行之，以致造成不少災難和罪惡，令人痛心，長太息！」

梁先生以當代諤諤一士，處於無產階級專政的壓力下，不僅能面責中共之過，且找出暴君錯誤之總根源，反映出中國知識分子最可貴的精神。引起海內外之重視，是很自然的事。一時造成了「洛陽紙貴」。很多知識界的朋友坦率地告訴我們，是梁先生的文章才使他們重視《百姓》，並成爲《百姓》的長期訂戶。

但應當指出，《百姓》同仁關於一九九七問題的全面報導和結合大陸政情的深入分析，以及林祖的澳門綜合報導是爲《百姓》的特色。美聯社有一次引用《百姓》關於中共中央文件的報導時稱《百姓》爲「香港領導雜誌」(Leading Magazine of Hong Kong)。

更應當指出的是《百姓》之所以能撐持十三年，劉美美頂了半邊天，經理業務，煞費苦心，不怨不尤，而且做得很出色。

訪胡記發表，胡耀邦下台

一九八五年六月一日〈胡耀邦訪問記〉的發表，是《百姓》在國際傳媒上受重視的另一焦點。當時，左、中、右、獨的學者、專家紛紛發表評論，形成了一股熱流。中共中央總書記胡耀邦一九八七年被極左派逼迫下台，第三大大罪狀就是接受《百姓》訪問。

余英時教授爲《百姓》創刊五周年發表了〈敬業的精神〉一文。稱讚：「《百姓》是在海外知識界有代表性的刊物，這幾年來一直爲中國大陸上九億五、六千萬和香港五百萬的小百姓說話。」余教授在這篇文章提出了一個重要的觀點，根據他多年來對中國歷史的理解，政治只是文化和經濟的附生物，不能眞正靠它來解決任何基本問題。他強調：「中國政治的品質只有在文化和經濟都普遍提高了以後才有可能獲得眞正的改造，而提高文化的品質則是知識分子所負的特殊使命。」

在慶祝五周年號上，《百姓》還刊出了梁漱溟、趙樸初、臺靜農、饒宗頤海峽兩岸三地幾位大師的題詞。而梁先生題的「黎民於變時雍」，這一來自《書經·堯典》的話，反映了老百姓對於變革的欣悅的情懷。

「六四」民運起，《百姓》傳號角

一九八九年天安門事件，把《百姓》推向高峰。《百姓》採訪主任張結鳳小姐，六四在天安門廣場上中彈受傷，卻爲《百姓》換來了染血的如實的激動人心的報導，配合名家評論，使《百姓》銷路突破三萬份，有關六四事件的一期不得不再版，而且再版也迅即一售而空。

至此，差不多連續兩年，《百姓》成了海外民運之聲的一隻號角。不僅每期都報導民運動態，民運人士也在上面發表文章。

但世間任何事都有高潮、有低潮。隨著整個形勢的變化發展，民運也逐步走入低潮，特別是由於利益衝突，私心作怪，民運內部出現了內鬥與分裂，社會大衆對民運也越來越失望。《百姓》原來有兩條主線，一是「九七」，一是民運。六四天安門事件以後，民運有江河日下之勢，九七回歸也因六四在港激發了一百五十萬人大遊行，一度形成高潮，經過近兩年不死不活的局面，人們的熱情與日俱減。

十年經風雨，文章動日星

回顧《百姓》十年歲月，正如香港四位作家黃維樑、朱立、岑逸飛、陳誾爲祝賀《百姓》創刊十周年，送的對聯所寫的「十年椽筆經風雨，百姓文章動日星」，概括了《百姓》陪伴香港人走過三千六百五十日的風雨旅程。

十年，《百姓》做到了爲港人之憂而憂，爲港人之樂而樂。無論是好消息、壞消息，都及時爲讀者報導和分析。百姓同仁常常是不眠不休。如果翻看從一九八一到一九九一、十年來的《百姓》當可以找到香港九七的轉折紀錄，聞到北京六・四的殺人血腥。並忠實地反映了香港人十年來喜怒哀樂的心路歷程。

六四以後，大陸政治形成悶局，人們對政治普遍失望。特別是香港人，眼看大陸一局死棋，無處著力，倒不如回過頭來將對政治的關心轉回到經濟的賺錢爲本。以政論爲主的雜誌逐步爲媚俗的刊物替代。整個市場的走勢，導致傳媒也趨於商品經營。所謂「文人論政」在年輕的香港人看來已經落伍了。

《百姓》從開辦之日起就先天不足，嚴格地說是「白手成家」，能夠撐持十年以上，眞是艱辛備嚐。

經營眞艱苦，筆墨難形容

《百姓》之友徐東濱在《百姓》十周年時發表專文慶祝，他說：「十年寒窗的辛苦實在是難以筆墨形容的。三個人十年苦幹，才保持了這個水平極高的、充分代表老百姓心聲的、提供大量重要而可靠資訊的刊物。」

事實上爲《百姓》奉獻的決不止菊人、美美和我三個人。諸如歷任的執行編輯吳旳、何良懋、陳慶源、許桂林、吳萱人，和最後一位主編劉致新及採訪主任黃國華、張結鳳等等都是香港傳媒的一時之選。

說到辛苦，確實辛苦，參加《百姓》工作的朋友們，都是抱著一分理想來的。《百姓》提供的工資，只是大傳媒機構的一半，但每個人都是熱情洋溢的爲之奮鬥。作爲老闆，說出來可能使人難以相信，我和菊人兩個主要負責人，每月從《百姓》得到的收入，只是採訪主任和執行編輯的三分之二。因爲考慮到再少，他們就無法工作了。而我們自己，誰叫你有什麼使命感？使命感是要付出代價的。正如另一位《百姓》之友程逸兄說的：「在逆境下經營《百姓》，在種種精神物質困難下堅持出版《百姓》，在望風駛艑、乘風轉舾之政治轉機時代，仍然堅守中國知識分子之自尊自重崗位，不向惡勢力低頭，這代表中國讀書人之道德性格及愛國家愛民族反獨裁之風骨。」

菊人是君子，有爲有不爲

在這裡我要特別推重菊人，一位典型的具有豐沛民族情懷、踏實獻身精神，有爲有守，行於大道的君子。

我比菊人年長十五歲，他以大哥待我，而我衝動起來，卻像一個小弟弟。當我們結合之初，香港傳播界多不看好，菊人生性耿介，大聲口無遮攔，一個內向，一個外向，合作好則三月，多則半年，非崩不可。結果，我們竟然合作十三年，有始有終，友誼與日俱固。

爲什麼會出現此種奇蹟呢？徐東濱兄從旁觀察得出一個結論：你們兩個在大節上是一致的，雖然個性完全不同，孟子所謂：「富貴不能淫，貧賤不能移，威武不能屈」。這種大丈夫的節操爲二人所共有。

但是，我應當承認，菊人的剛正節操遠非我所能及。這裡有一個具體而生動的事例。一九八二年香港總督易人，誰將膺命，消息報導不一。《百姓》根據專欄作家毛孟靜小姐提供的準確資料，預估尤德將會雀屏中選，及至倫敦宣佈，果然是尤德。香港無線電視乃請菊人上電訊加以評述。我當時認爲這是宣傳《百姓》的大好時機，乃叮囑菊人一定要帶一本印有尤德像片的當期《百姓》去亮亮相，以廣招徠。菊人當時未置可否，到他出鏡講述時，竟隻字不提《百姓》，我當時很生氣，認爲他錯失良機，而這是花幾十萬廣告費去做都做不到的，此人未免太迂了。

當晚深夜捫心，進行反思，才發覺菊人的品格，遠爲我所不及。在他看來，電視台請他去講尤德，如藉機推銷《百姓》，風格就太低了，既有違專業倫理，也是對聽衆的侵擾或冒犯，故避而不提《百姓》，做到了蘇東坡所說的：「躬履艱難而節乃見」。我以有這位臨大節而無私的朋友爲榮。

憶及《百姓》創刊不久，菊人赴台探望徐復觀先生疾病，期間有國民黨人士盛宴招待，並表示願在經濟上給予支持，但菊人並沒有接受。等《百姓》嶄露頭角時，大陸有關方面爲表示好感，在港盛宴我們二人，當時準備了一包重禮擬在宴會結束時相贈，我及時勸阻。與主人告辭時，菊人說了一句：陸大哥粗中有細，避免了主客兩尷尬的局面，實在太好了。

堅守獨立的立場，力避左右袒，秉持杜甫「獨恥事干謁」的精神，這正反映出《百姓》的性格。

菊人動手術，《百姓》易主人

直到一九九二年，菊人因過於勞累，左右兩個盤骨都發生病變，不僅不能坐，連走路都有困難，結果右盤骨動了大手術，左盤骨尙待處理。在這種情況下，《百姓》即使硬撐下去，也得另請主編。菊人建議出售給對文化事業有感情的朋友。

這時我想到了徐展堂。一九八六年十一月，新華社香港分社社長許家屯組織了一個「港澳知名人士南京中山陵參謁團」，徐和我都是團員。回程時，徐跟我說：「陸大哥，我看你這個人很痛快，我們交個朋友好不好？」我說：「好！」他說：「你回到香港，我請你住亞洲酒店。」我當即婉謝。因爲亞洲酒店是他和新華社合作經營的，他做董事長，照樣要付錢。而且新華社不一定歡迎我。

徐表示對菊人很看重，願意幫我們的忙。我說，不必幫個人的忙，幫雜誌的忙，登點廣告。從而《百姓》就出現了中華漆廠的廣告。

到菊人和我商定出售《百姓》後，我商請徐展堂以三百萬港元價購《百姓》，這本半月刊連同價值百多萬的九百多呎小寫字樓一起出讓給他。他唯一的條件即我不能離開，繼續擔任社長。就這樣決定，由律師準備文件成交。

到簽約前夕，徐展堂打電話告訴我，不簽了。我問，為什麼？他說，台灣駐港代表黎昌意昨晚共進晚餐得知他準備買《百姓》，問他此舉是否為了「消音」（消反共之音）。這是多麼冤枉的事。我勸他不要為一句玩笑話就改變主意，而且已經通知菊人夫婦明天簽約。這說明有人（不是黎昌意）惡意散佈謠言攻擊徐展堂，說他目的在於向北京邀功。事實是徐當時相當勉強，主要出於對我的友誼與對菊人的欣賞才幫我們脫困。

梁儒盛加入，《百姓》送了命

《百姓》易主以後，我邀請了菊人的學生劉致新、一位非常優秀的年輕人出任主編，並介紹和徐見面交談，徐重申不干預編輯事務，讓致新放手做，菊人備諮詢。

不久，曾任香港《快報》副總編輯的梁儒盛找致新談，他願拿出一千萬港元，再請徐展堂拿出一千萬元，兩千萬將《百姓》改為新聞周刊，大幹一場。徐展堂沒有深思熟慮就同意了。菊人也覺得是一條出路。不過都說要問問我的意見，我卻認為是個冒險。發港的傳真指出兩點，在中共嚴密地控制新聞的情況下，新聞從那裡來？我們不能編造。再就是辦周刊是大資本、大製作，搞不好血本無歸。

徐展堂是否看到這一傳眞件我很懷疑，因爲他忙得成了「空中飛人」。等我回到香港，《百姓》已租了新廈，從原來的十個人，一下擴充到五六十人。排場倒是擴大了，內容卻令人大失所望。至於資金，梁儒盛原來誇口出一千萬，但僅墊款一百多萬，造成關門後徐展堂還拿出近千萬港幣結賬。

辦雜誌第一炮最重要，而《百姓新聞周刊》第一炮就沒打響。擔綱的新聞是講旅遊。還有即攻擊另外一本周刊。像這樣的內容，如何吸引讀者？最荒唐是負責經銷的，原報數周刊第一期銷了二萬七千本，到後來結賬，卻說當初報錯了，只是二千七百本，令人啼笑皆非。結果，把原來的讀者趕走，又爭取不到新讀者，《百姓新聞周刊》出版不到七個月，不得不吃回頭草，恢復半月刊，但元氣喪盡，無力回天，於一九九四年六月一日壽終正寢。

致函徐展堂，互勉爲百姓

《百姓》結束後，我在一九九四年七月十八日給徐展堂一函。摘要如下：

從《信報》上讀到一段預委會的消息，內中提到你。我看了很高興。反映出你不僅有不同流俗的見解，而且毫無顧忌地提了出來。爲了香港的平穩過渡，爲了「一國兩制」，有些話是需要有人說的。

《百姓》的事使你受累，我接受傳媒訪問，多次強調了這一點。你損失了一筆錢，但沒有損失道義形象。從長遠看，未始不是一件好事。而且從交朋友說，因爲支持《百姓》，你起碼交了三個朋友：胡菊人、劉致新、陸大聲。我們三個都是從內心深處差了你一筆賬。

當今之世，人與人之間要想建立「肝膽相照」的友誼是太難了。我和你卻建立了這種友誼。曾記否？當你加股《百姓》並成爲最大股東之後，張浚生曾跟你開玩笑說：「小心陸鏗會把你賣了。」你答覆他說：「他不會賣我。」事實證明，你的自信沒有錯。

再譬如，當《一周刊》報導你發生家變時，照理說是你最不愉快的時候，作爲朋友也很難啓齒跟你討論這個問題；而陸大聲不是一般朋友，我有責任成爲你一個訴說對象。經我們兩個敞開一談，不禁哈哈大笑，笑聲延續數分鐘之久，直達你的秘書吳小姐耳鼓。她一定奇怪，徐先生不是遇到很不愉快的事嗎？爲什麼會和陸先生笑得起來，而且兩人一直笑著送我上電梯，這就是眞誠友誼的體現。「人之相知，貴相知心。」

你多次勸我，不要老割不斷政治是非，年紀這麼大了，應該享享清福了。爲此，你還間接跟蓉芝提到：「勸勸陸大哥擺脫對政治的興趣。」實際上，我是對新聞有興趣，只是因爲新聞老跟政治糾結在一起，所以「剪不斷」。

唐．元稹有句：「一夜思量十年事，幾人強健幾人無。」但願我們都能看得遠一些，看得開一些。《百姓》雖然成了歷史，我們還要爲百姓珍重！

胡耀邦接受訪問，陸大聲一言喪邦

●望門投止思張儉，忍死須臾待杜根，我自橫刀向天笑，去留肝膽兩崑崙。——瀏陽譚嗣同《獄中提壁》

●眞誠的人死了，虛僞的人卻活了下去；熱忱的人死了，冷漠將他埋葬。空談，托夫（TOEFL），麻將、橋牌、新權威……改革和它的死亡。這世界是個新的迷宮，我問你，耀邦，中國是否還有希望？——北京大學校園哀詩（一九八九·四·十五，胡耀邦逝世日）

一九八五年五月十日，中共中央總書記胡耀邦在北京中南海接受我的訪問，交談兩小時，結果引起軒然大波。

中共中央（87）八號文件

一九八七年三月十六日中共中央第八號紅頭文件，對中共中央總書記胡耀邦的下台，作出了說明，其中一條罪狀是「破壞集體領導原則，不和政治局其他同志商量，就接受包藏禍心的陸鏗的訪問，洩露了國家機密。並聽任陸鏗肆意攻擊我黨政治局委員（胡喬木）、書記處書記（鄧力群）」。

本來這個文件分發到省、軍一級，後來，各個地方黨員幹部，對胡的不明不白去職，表示關切與不解，才漸漸在黨員和幹部中傳開。至於大陸老百姓，一貫是依靠「出口轉內銷」，絕大多數人直到四月底五月初聽到外國廣播，才解答了「爲什麼」的疑問，但仍然不能得窺全豹。

由於八號文件外電和報刊紛紛揭載，以三個附件公佈胡耀邦的「三大罪狀」，第三大罪狀，直接和我有關，北京的朋友知道胡的罪名和文件輪廓後，以越洋電話告訴我說：「闖禍了。」美聯社四月卅日北京電：「文件指出，胡耀邦接受華裔記者陸鏗訪問時，不跟其他高級領導人磋商，洩露了國家機密。消息人士沒有說明這些機密是什麼。」英文《亞洲周刊》（*Asiaweek*），在八七年四月十二日作了較詳細的報導。一開頭就說：胡耀邦的錯誤之一，是他在一九八五年接受駐紐約的報人陸鏗的訪問。八號文件說，胡向「包藏禍心的」陸鏗透露了「國家機密」。

該文件第一部分敘述了一九八四年中國作家協會第四屆大會如何背離了正統馬克思主義，大談「創作自由」，並保證「黨盡量不干涉文藝創作」。該文件還批了夏衍和吳祖光，說「從一九八五年以來，理論界和文藝界的許多同志走上了與黨背道而馳的道路」。極左派最終目標可能是中央書記處書記王兆國和政治局委員胡啓立，消息人士說，胡耀邦接受陸鏗訪問時，王兆國也在座。（陸鏗按：王兆國並未在座。）胡想撤掉鄧力群中央書記處研究室主任的職位，以王兆國取代。

香港的《明報》和《快報》也分別於一九八七年四月廿五日和五月八、九兩日，以「胡耀邦會見陸鏗失言」爲題作了報導和評論。《明報》說，中共以胡向海外報人透露國家機密成爲他下台的重要原因之一。

《快報》報導，這是鄧小平爲平官憤而發的一個文件，密件由三個附件組成，第三個附件集中抨擊胡耀邦接見陸鏗時失言，按性質細分爲「五大罪狀」。第一部份先對陸鏗進行惡毒的人身攻擊，然後再指責胡對陸說：「過去在國內你是吃了不少苦的。」「歷史上我們該你一筆賬嘛！」爲階級投降主義，喪失了一個共產黨員的立場。胡耀邦的話被鄧力群、胡喬木等人抓住了痛脚，成爲罪狀之一。其實，胡耀邦向陸道歉，表現得富有人情味，反襯出鄧力群一伙太過冷血。

第二部份說陸鏗給胡耀邦戴高帽子，設圈套，而胡竟上了圈套。這是指陸鏗說在訪胡之前作了小小的調查研究，分別訪問了梁漱溟和繆雲台，聽了他們對胡耀邦的評價，梁是四個字：「通達明白」，繆是五個字：「虎虎有生氣」。陸接著說：「確實，你給海內外人士的印象，是一個很有生氣的印象：開明開放，非常豁達，有什麼說什麼，口無遮攔。當然，也有人認爲不夠穩重。」

《快報》指出，陸鏗不光是說好話，也指出有人說胡耀邦不夠穩重，還說了許多胡耀邦不愛聽的話，像人權問題，要求釋放魏京生、黃賢、羅孚等人。

如果說，胡耀邦上了圈套，《快報》認爲似不公道。胡祇是表現豁達大度，如陸鏗臨別說：「我不是來討賬的，我是要通過我一個獨立記者的直接觀察，認識胡耀邦先生是怎樣的人。」胡答曰：

「哎！個人算得了什麼，你應該把重點放在認識國家的面貌上。」答辭是很得體的，無瑕可擊。

但中共的傳統，一向是「以鬥爭爲綱」，「殘酷鬥爭，無情打擊」；「一波未平，一波又起」。胡耀邦再大公無私，也難以擺脫悲劇的命運。

從我來說，決未料到這篇訪問記會被中共的極左勢力作爲向胡耀邦進攻的利器，甚至成爲導致他被迫下台的一個重要誘因；因此，即使得知闖禍，當時並未產生自責情緒，只覺得是中共的鬥爭哲學造成的惡果，不過，作爲當事人之一，自然產生弄清眞相的願望。應該承認到弄清眞相以後，我是深深自責的。

弄清眞相得自知情人

但在中共這個處處保密的專政制度下，要想弄清眞相，談何容易。「老天不負苦心人」，終於機會來了。

一九九五年我分別從兩位知悉內情的中共高幹談話和文章中弄清胡耀邦被迫下台的眞相。

一九九五年三月，在紐約由哥倫比亞大學東亞研究所黎安友（Andrew J. Anthan）教授舉辦對外不公開的中國大陸農業發展研討會，由海峽兩岸人士參加，北京來客唱主角。萬里先生原有意不遠萬里赴會，結果有所不便，來了好幾位在大陸上有影響的人士，如吳象、吳明瑜、孫長江等等。其中有一位得悉我將參加，就說這不正是爲胡耀邦帶來一大罪狀的陸鏗嗎？怎麼可以跟這個「危險人物」同堂共話呢？我們還要回到北京去的呀！於是表示他和他夫人都不參加紐約之會，而要打道北返。這一下，主辦會議的朋友爲難了，祇好來就商於我。我表示完全理解，彼此處境不同，心態自然兩樣，何況我曾被中共中央文件三次點名（一九八七年爲胡耀邦下台發的八號和十九號文件；一九九一年爲許家屯開除出黨發的文件），於是提筆致有關人士一簡函，表明「本人此來，動耳不動嘴，更不動筆，請放心。」結果，及時化解了緊張氣氛，想不到這位原擬走避之士，和我交談後一見如故。他坦誠地對我說了下面一段話：

耀邦的被迫下台，你的訪問記被用作殺傷力最強的炮彈。其他罪名，都可有不同的解釋，比如，不聽鄧小平的話、放鬆了反資產階級自由化的鬥爭、在反自由化鬥爭中「軟弱無力」等等，這都可以有彈性的認知；只有你老兄白紙黑字是沒有辦法答辯的，使耀邦處於極大的困境。你又在你的訪問記中狠揭了鄧力群和胡喬木的瘡疤，他們在整耀邦時，報復也就特別不擇手段。

我當時聽了，除了對胡耀邦先生產生一種虧欠之情，還能說什麼呢？

到了同年八月，曾任中共中央黨校校務委員兼理論研究室主任吳江所著《十年的路——和胡耀邦相處的日子》在香港出版，把胡耀邦之所以被迫下台的情況說得更具體了。

吳江說：「在廣大幹部和知識份子的眼中，胡耀邦是一個富有革命熱情和正義感的人，一個具有赤子之心的人，一個當政以後依然具有犧牲精神的人，一個爲人直率、敢於直言、即使在惡劣環境中也能保持獨立思考精神的人，一個公道正派待人寬厚、與人爲善、好學深思、拚命工作的人，但同時又是一個天眞的人，一個好像沒有多少政治機心的人，因此信任他的人都爲他登上這個崗位而擔心。同時，他本身又確有一些弱點爲人所議論，或容易爲人所乘。例如，他喜歡即興講話，講話又坦率隨便，有人對此，時有微詞。因說話隨便而爲自己招來大麻煩的，莫過於一九八五年五月胡耀邦接見香港記者陸鏗的那次談話，這次談話在胡下台時，甚至成爲他的一大『罪狀』。」（見吳江著《十年的路——和胡耀邦相處的日子》頁一三〇）。

吳江在其書中提出：「胡耀邦爲什麼下台？一般歸咎於當時發生的學潮，認爲胡耀邦『反自由化不力』。官方公報更指責胡耀邦破壞集體領導原則，如若根據當時渴望取代胡耀邦地位的某人（按：指趙紫陽）在政治局『生活會』上所做的幾乎整整一天的批判發言（這個批判特別利用了一九八五年五月胡耀邦接見香港記者陸鏗的某些談話內容），則胡耀邦的錯誤更是數不勝數，可謂蒼天難容。」

應該坦率指出，當讀到「數不勝數」、「蒼天難容」之句，我才深深感到給胡帶去的麻煩之大，而興起「我雖不殺伯仁，伯仁由我而死」的感慨與自責。作爲一個獨立的記者，在整理記錄時怎麼會想到還要在筆下保護中共中央總書記呢?!何況那是一次錄音訪問，他怎麼說，我怎麼記。結果，唉！

說起錄音，當我到達北京後向負責接待的中國新聞社社長王士谷和副社長王瑾希提出時，他們表示不可能。原因是並無先例，從來沒有人帶錄音機進中南海訪問。而且，即使在美國，記者也不能帶錄音機進白宮總統橢圓形辦公室。我說，因爲訪談的內容很重要，如果沒有錄音，記錄錯誤，究竟是總書記負責，還是我陸鏗負責呢？老實說，我負不起這個責任。他們把我的要求轉報胡耀邦，胡先生卻說：「他要錄就讓他錄吧！」說明此公眞是一位毫無機心、待人寬厚的君子。

胡率眞口無遮攔實例

再以表現其率眞的一面看，有一段關於王震的話，是極爲生動的例子：

陸：王震老先生三月間到美國走了一趟，他是你的瀏陽老鄉吧？

胡：是的，不過他是北鄉的，我是南鄉的。

陸：呵！那是南北呼應。

胡：也可能是南轅北轍。哈哈……

（以上對話見〈胡耀邦訪問記〉頁一六—一七）

萬萬沒有料到，王震竟憑這段話，對胡耀邦大興問罪之師，要胡耀邦交代那些地方「南轅北轍」。而且，倒胡過程中，王扮演了主力角色。

我當時整理錄音時，只感覺這是胡的風趣與幽默，並沒有認爲是個問題。

胡辭職書寫給鄧小平

我從北京朋友處得悉，胡在檢討中交代了與三個異議分子劉賓雁、方勵之和我的接觸。說他原來對我並不清楚，訪問記發表後才知「陸鏗是個壞人」。但他沒有想到，鄧力群爲了想取他而代之，竟違反中共慣例，不通知本人，將胡的檢討書以中共中央十九號文件發出。

不過，對我來說，趙紫陽將訪胡記作重砲使用，卻出乎意外，正如吳江先生說的：「趙紫陽未深思『唇亡齒寒，胡倒趙孤』的道理。（按：鄧小平接見外賓時曾說過：「天塌下來有胡、趙頂住」的話。）在當時那種形勢下，他（指趙）竟忘掉了『螳螂捕蟬，黃雀在後』的寓言和具有的歷史教訓。因此，事實是：「趙紫陽要求『解決胡耀邦的問題』，恰恰爲別人（按指李鵬）『接著解決趙紫陽的問題』創造了條件。」

果然，一九八九年趙紫陽被李鵬等解決。據說一九九五年，他讀到吳江此論，頗爲不快云云。

至於胡耀邦的辭職書爲什麼寫給鄧小平，而不是寫給中共中央委員會，或中共中央政治局，這當然與中共的獨裁制度有關。在毛澤東統治時期是毛說了算，而在鄧統治時期鄧說了算，唯一與毛不同的，是鄧在重大決策時，還得聽聽陳雲、李先念等的意見。

胡全力推行幹部年輕化、知識化、專業化，而且希望老人能做出榜樣，主動退休。北京盛傳這樣一個故事，當鄧向胡表示，他打算退休時，胡馬上回應說：「我舉雙手贊成！」鄧又說：「目前黨內有些同志反對，說不要輕率從事。」胡則說：「我們可以向他們做做工作。」其人天眞如此。而到鄧小平以同樣的話告訴趙紫陽時，趙的回應卻是：「您退休了，我們怎麼辦？」與胡耀邦的態度截然不同。

一九九四年曾任中共中央黨校理論研究室副主任的阮銘和他夫人在舊金山我們家作客，我向他了解了王震接長中央黨校後公開宣稱要打掉胡耀邦「智囊團」的一幕鬧劇。順便問起北京知識份子圈中傳說胡耀邦下台的關鍵在於他舉雙手贊成鄧小平退休，究竟眞相爲何？

阮銘說：八六年的學生民主運動和所謂縱容了資產階級自由化，那只是逼胡下台的藉口，致命傷確是胡贊成鄧退休。十二屆六中全會前鄧向胡說過：「我全下，你半下。」意思是鄧辭去軍委主席，不再擔任任何職務，由胡接任軍委主席，退居二線。胡當即表示舉雙手贊成。胡把這一談話告訴了趙紫陽和幾個省委第一書記，趙本人就不想退居二線，而且勢將導致一大批人包括姚依林、宋平等都要退下，這一來，胡就變成了衆矢之的。

阮銘轉述當北京中共中央進入倒胡高潮時，王震一九八六年十二月卅一日在中共中央黨校的一次講演中說的話，給我的印象極爲深刻，使我對於中共領導層常常會有一些令人不可思議的表現，得到了答案。

王震說：「你們知道我是誰嗎？我就是關帝廟裡關雲長身邊那個拿大刀的周倉。你不是有三百萬大學生嗎？我有三百萬解放軍，我要砍他媽的一批腦袋，什麼方勵之、巴金都是民族敗類，社會渣滓。誰要贊成鄧小平退，誰就是三種人（文革結束後，對文革期間造反起家的人、幫派思想嚴重的人和打砸搶份子的合稱）。」

我的朋友蘇紹智、劉賓雁、阮銘對胡耀邦的下台有個共同的看法，認爲胡耀邦是中共黨內主張民主、自由，追求進步理想的知識份子代表，但敵不住列寧、史達林主義分子和槍桿子的聯盟，所以成爲悲劇人物。

怎樣訪問到胡耀邦的

按照英國作家喬治・奧威爾在其名著《一九八四》的預測，一九八四這一年將是獨裁橫行、民主受制的一年。而我偏偏不信邪，選中這一年，在紐約創刊《新獨立評論》，自八月起在紐約《華語快報》上每周刊出一次以學習胡適先生等一九三二年五月在北京創刊《獨立評論》的精神：「不倚傍任何黨派，不迷信任何成見，用負責任的言論，來發表各人思考的結果。」

到了同年十一月十一日，約了翟文伯、唐德剛、田弘茂、朱永德、楊力宇、鄭心元和我一共七人發起，由香港《百姓》和紐約《華語快報》主辦，邀請反映左、中、右、獨不同政治立場觀點的學者、專家齊集一堂，舉行「中國前途討論會」。

出席會議的包括了美國學界親台「四大金剛」丘宏達、高英茂、熊玠、翟文伯（還有陳慶、侯繼明也是站在國府立場的）；代表左派的有中國社會科學院美國研究所所長李慎之、台灣研究所所長闞念琦；代表中間力量的有當時正在哥大進修的台灣黨外領袖之一康寧祥；代表台獨的有台灣民主運動海外同盟主席郭雨新和蕭欣義教授；加上自由派學者田弘茂、朱永德、楊力宇、唐德剛，可以說是最難得的一次聚會。

基於美國社會生活習慣，這一類座談會聽衆一般不過數十人，上百人已經了不起，而我們的會舉行時，遇著大雷雨，參加者竟超出四百人，臨時要求羅斯福旅館將原訂可容二百人的會議廳換成可容四百人的大廳，仍座無虛席。聽衆中包括宋希濂將軍、沈策將軍、紐約台灣同鄉會會長楊黃美幸及美國國務院中國專家柯比德等，特別引人注目。

傳播媒介，對此次會議也很重視，除紐約中文傳播機構外，海峽兩岸官方通訊社和各大報均派人前來採訪。北京中國新聞社副社長王瑾希女士和記者郭招金（現任香港中國通訊社社長）不遠千里專程赴會。

自進入八十年代以來，海外不少有心人就希望組織一包括不同立場觀點人士共同探討中國統一問題的會，均未能如願，此次會議得以順利舉行，各方無不譽爲創舉。

就在會議結束當晚晚宴後，王瑾希女士代表中國新聞社向我發出了訪問大陸的邀請。我表示，我是一個記者，要去北京就得進行訪問。她說好，你可以提希望訪問誰。我說，當然不出鄧、胡、趙呵！她讓我自己考慮決定，並通知他們。

就在這之前不久，我從在聯合國中文部任職的友人夏沛然處聽到一個消息，在紐約的幾位關懷中國大陸的朋友，應邀到北京參加一個座談會，會後表示希望和中國領導人見見面，北京方面很快作出安排。他們覺得應把平日想提的建議歸納起來到時反映，以表示海外華人的愛國之情。結果歸納出了兩條意見，一是大家考慮到國際輿論對中國人權狀況的關注，建議寬大處理在押的魏京生，以回應國際輿論，改善中國的國際形象。一是建議中國多派人到外面看看，加強文化、經濟交流，以有利於四個現代化。

不料，當鄧小平和鄧穎超出面會見大家時，由夏沛然代表與會者把以上的建議提出，那知關於魏京生的話尚未表達完，鄧小平就板著臉孔毫不客氣地說：「我們請你們到這裡來，不是討論這些問題的。」碰了一個大釘子。還是鄧穎超憑政治經驗，說了幾句慰勞大家辛苦的話，化解了僵局。

因此，我在就鄧、胡、趙三人考慮以那一位爲採訪對象時，首先排除了老鄧。想到以老鄧的強勢作風，遇到我的窮追不捨，到時候，他很可能把我轟將出來，或者把我丟下揚長而去。而就胡、趙作一比較，胡坦率而趙有城府，加上胡排名第一，連老鄧排名都按體制在他之後，所以最後決定提出訪問胡耀邦的要求，沒有想到，胡很快就同意了。

這裡面，當時出長新華社香港分社的許家屯也幫了忙。我和他談了中新社邀我北訪的消息，他估計鄧小平接受訪問的可能性很低，而胡卻有可能，並答應向中共中央書記處反映我的情況。許後來在他的香港回憶錄裡透露出了對我的評價：眞誠、正直。政治上「批毛不批鄧」，支持鄧小平的改革開放政策。我想這也就是他當年向中南海反映的基調。對我順利訪問胡耀邦，當然起了推動作用。

北京方面在一九七七年春由曾任周恩來辦公室主任童小鵬爲召集人的五個部負責人，對我要求出國所作的審查結論，直到胡耀邦當面跟我說：「你吃了苦頭了！」和「歷史上我們欠你一筆賬。」我才知道結論原來如此。但這一結論，在以鄧力群爲代表的中共極左派卻視爲「階級投降主義」。

認識胡是什麼樣的人

我之所以有興趣進行這一訪問，是因自二十歲做記者以來，一向對研究人物有癮，而胡耀邦當時在大陸排名第一，平反冤、假、錯案，口碑載道，很希望通過直接觀察，認識一下胡耀邦究竟是個什麼樣的人。

訪問大陸，很重要的一點是大陸有新聞，從海峽兩岸三地看，新聞最多的是大陸，問題在於如何發掘。

其次，就中國的命運看，雖然台灣聲稱：「中國的希望在台灣」，但她同時聲稱：「中國的前途在大陸」。祇要大陸實現了自由、民主、均富，台灣、香港還怕什麼？因此，能夠有和中共高層人士對話的機會，就應該把握住，反映海外華人的意見，使中共有所警惕和改正。

神州百姓的幸福，爲舉世華人所關注，中共作爲統治階層，自然應對大陸百姓的自由幸福負責。而大陸百姓向來缺少進言的渠道和機會，知識份子本於良知，應該爲他們說話。而胡耀邦又是一位比較能聽得進不同意見的人。

所以我願抓住這個機會，一盡記者的社會責任。而訪問的結果證明，胡耀邦確實是一位心向百姓、值得尊敬的人。

胡原定五月九日接受訪談，因當天他要宴請一位紐西蘭貴賓，怕宴客時間影響了我和他談話的時間，建議改在十日，以便有充分機會交談，反映了他的周到，能爲對方著想。

十日的訪問在中南海進行，由家人陪同前往。胡耀邦穿了一套普通的灰色西裝，給人以短小精悍、和藹可親的印象。他立於廳前，表示歡迎，一一握手，集體合影後，楊惜珍和二兒子可信、長孫女贇美三代人被安排參觀中南海，再次反映胡耀邦的周到。事後，小贇美說：「眞是大開眼界！」

胡打破慣例表示歉意

訪問是在中南海內一個非常漂亮的大廳進行，大廳正面一幅巨大的工筆花卉和錦雞雙飛圖，色彩鮮艷脫俗。正中兩把紅絨面子的單人沙發，胡和我各坐一把，中間一張紫檀木茶几，上面擺了一盆鮮花、四個茶杯。我和胡及坐於胡身後作紀錄的秘書先生各飲一杯，另一杯空著，這原來是接見外賓時給翻譯準備的。胡和我的兩個茶杯中間，有一個煙灰缸，胡的香煙一支接一支抽。在兩個小時對談中，我喝了三杯茶，胡也喝了兩杯。作紀錄的秘書先生，年齡在四、五十歲之間，埋頭振筆疾書，他的那杯茶自始至終未動。

訪問開始，胡的第一句話就是「你在國內時吃了不少苦頭吧！」他誠摯的歉意表示，被「左王」鄧力群等歪曲爲「階級投降主義」。在極左分子看來，對一個反革命分子講這種話，簡直是對無產專政的褻瀆。

到底洩露什麼國家機密

至於鄧力群等在中共中央一九八七年八號文件中，指胡耀邦向我洩露了「國家機密」。我仔細地又重複閱讀了一遍〈胡耀邦訪問記〉，約分六個部分：台灣問題；人事安排；軍隊問題；鄧力群與胡喬木；新聞政策；人權問題。我從這六部分客觀地冷靜地搜尋「國家機密」何在，發現胡在談台灣問題時，承認中共如對台用武，還沒有力量。他說：「國際上誰都知道我們沒有力量。」甚至透露：「連封鎖力量現在也還不夠。」這可能被當作機密。

其次即他說：「再七八年，上十年，我們經濟上強大了，國防的現代化也就有辦法了，台灣的廣大人民要求回來，就是你那個少數人不願意回來，那對你就要帶一點強制性了。」

這一段話，可以視爲中共武力犯台的規劃，不僅台灣反應強烈，蔣經國一九八五年視察金門時，特別提到胡耀邦對記者發表談話，毫不隱瞞要對台動武，號召軍民提高警惕，加強戰備。連外國通訊社也將它解讀爲中共準備對台動武。首經法新社根據《百姓》半月刊發表的〈胡耀邦訪問記〉引述，再經英美大通訊社轉發，一夜之間傳遍世界，受到國際重視。

美國國務院以最快速度，於《百姓》上市的六月一日先將〈訪問記〉中有關台灣部分及時譯出，接著又於六月三日由聯邦廣播資訊服務處（FBIS）全文譯出，並刊載於國務院發行的《每日報導》（*Daily Report*）。美國國務院並通過外交途徑爲此向北京當局表示關切。他們質疑：鄧小平在一九八四年十月一日中共建國三十五周年北京閱兵時，還表示說要和平解決台灣問題，爲什麼隔半年，胡耀邦就表示要動武呢？

一九八六年六月十一日李潔明在華府代表美國國務院舉行了一次新聞簡報會說：「胡耀邦的話是被一個非常具有進攻性的記者逼出來的。」

直到廿一日，也即〈訪問記〉發表三週以後，美聯社還自華府發出消息說，關於北京可能在台灣海峽動武的問題，中國、台灣和美國之間進行了急速的交換意見。

事實上，胡耀邦先生談到台灣問題時給我的總印象，仍是希望中國和平統一，而外國記者從新聞刺激性角度出發，把「那對你就要帶點強制性了」解讀爲「動武」，因而引起軒然大波。

除了公開傳媒報導，還導致秘密外交。第三世界會議基金會主席翟文伯教授受台灣方面之託於一九八五年九月作了大陸之行，向北京方面轉達了台灣對胡耀邦談話的憂慮。北京領導人表示那只是胡個人意見，且是在非正式場合說的，請台灣放心，和平統一政策不會改變。直到一九八七年胡下台後，翟教授才將這一段秘辛告訴我。

中共之所以把胡耀邦接受我訪問，列爲一大罪狀，明眼人一看就知，仍不脫「欲加之罪，何患無辭」的窠臼。

輿論讚揚胡耀邦開明

事實上，胡耀邦不但不是「階級投降主義」，相反地他向中外輿論，爲中國共產黨爭取了不少好評：「原來共產黨的領導人並不都是死頑固，也有開明派。」台灣「四大公子」之一的沈君山讀了〈訪胡記〉後，就說：「胡耀邦有點可愛。」

綺色佳的楊龍章教授針對胡耀邦向陸鏗表示的歉意和慰問著文評論說：「這份見面禮有象徵性的意義。如果我們不能說，這是總書記代表中國共產黨，對所有苦海餘生的男女百姓表示歉意和慰問，至少，這一姿態表白了胡耀邦個人的心腸。他自己受過不少委曲折磨，能本不忍人之心，體會到別人受過的滋味。從他的口氣裡，我們似乎感覺到，經受三十多年疾風暴雨摧殘的人道主義，已在血腥消散後的中國大地，重新生出苞蕾。」

龍章作夢也不會想到，胡耀邦所表示的歉意一年半以後，竟成爲他下台罪狀的組成部分。而胡的含恨逝世以及青年學生對他的弔念，更演變成八九年「六四」震動世界的血腥事件。是上帝折磨可憐的中國人，還是中國人自己折磨自己?!

爲歷次運動中受誣陷的人平反

不管怎樣，胡耀邦用事實（帶頭爲全中國大陸的右派平反，並將數以百萬計的戴了三十年、並多數被壓彎了腰的地主及富農帽子，統通摘掉。）證明了他是一個眞正爲人民服務的人，一個大公無私的人，一個在歷史上不會被忘記的正直之士。我相信將來人們爲中共寫歷史時，胡耀邦一定會得到很高的評價。

我對胡耀邦下台感懺悔

胡耀邦先生逝世的消息，我是一九八九年隨星雲大師率領的中國大陸弘法探親團四月十五日到了上海在一個廟裡參觀時得知的。當時，萬念俱集，悲從中來，面對一座大佛，竟至潸然淚下。作爲一個基督徒，跑到和尙廟裡，已經令人奇怪了，怎麼還會淌眼淚。原來，眞感情是不能分教派的，基督也好，佛祖也好，都勸人行善，而胡耀邦在我心目中，就是一個大善士，大菩薩。試想，上百萬人的專政對象帽子，都是他摘掉的，天下還有比這更大的慈悲嗎?!

在返回香港的航機中，我反思了一下給胡耀邦帶去的麻煩。我雖然坐了那麼長久中共的監獄，付出了血、汗、淚的代價，但「新聞第一」的習慣，仍牢牢紮根思想裡，而在處理新聞性的稿件時，只問事實，很少考慮影響；而且作爲一個記者在進行訪問時，抒發自己的意見，把自己捲進去，比如，訪胡時由談台灣政壇的「見光死」，而諷刺鄧力群的「見光活」；再如揭胡喬木爲自保而檢舉鄧小平的卑鄙行爲；結果，他們爲了報復，狠狠整了胡耀邦。而我應該承擔「始作俑者」的道義責任。

更使我感到不安的，即胡耀邦見到《百姓》的大樣後曾提出七點，請予修訂，而被我拒絕。事情的經過是這樣的，當時耿飆的小姐耿燕出任新華社香港分社許家屯社長的助理，我的〈胡耀邦訪問記〉決定在六月一日出版，她在五月廿九日問我能不能「先睹為快」？我說：「可以」。她於是到《百姓》雜誌社拿走了一張大樣。我沒有想到她回到新華社就報告了許家屯，許家屯認爲關係重大，馬上派專人送到北京請胡耀邦過目。

胡閱後改動了七個地方，其中三處都是「哈哈……」。這本是胡平日說話的習慣，但紙上過多的「哈哈……」似乎不夠嚴肅。問題比較大的是實質的修改，一處是說和王震南轅北轍的話，胡主張這句刪去。一處是我談到胡喬木說：「他在文化大革命的表現也不很好，特別是批鄧運動中表現得很不好啊！」胡聽我這麼一說，情不自禁地說：「哈哈……你們的了解很細緻的嘛，哈哈……說了些言不由衷的話。」

像上面這類話，談的時候是順嘴就出來的，但寫成文字，就嚴重了。所以胡也要求刪掉。還有牽涉到軍隊和鄧小平的一句話：「照顧到軍內歷來的論資排輩習慣就讓他（指鄧小平）兼任（指軍委主席）了。」這是犯忌的，胡希望刪去。最後一點是涉及陳雲的，胡原話是「這位老同志」，他要求改為「老革命家」，反映對老一輩稱呼的小心翼翼。

但當楊奇和牛釗以新華社香港分社秘書長和副秘書長的身分轉達胡耀邦的意見時，我所刊載〈訪問記〉的《百姓》九四期已經付印，修改已經來不及了。而且，七處要改的地方，三處「哈哈」，屬於虛詞口語，無關宏旨。一處稱陳雲爲老同志，要改爲老革命家，祇不過表示尊敬。至於其餘三點，因爲都是對事實的反映，相信不會成爲問題。

當時我嘴裡沒說，心裡是有衡量的，也就是眞正的問題出在討論台灣的部分，這是會引起國際重視的。既然胡對這一部分未作隻字改動，對於他們黨內的關係的表述，看來不會嚴重到那裡去。

爲了使楊奇、牛釗兩位有個交代，我寫了一張簡函給胡耀邦，除表示因時間倉卒，雜誌已經付印，無法改動外，特別提出在整理紀錄時已注意到不損其形象，如「老爺子」之稱即略去，請賜亮鑒，並予原宥。

這是指胡耀邦和我談到鄧小平時，一不留心曾習慣地稱之謂「老爺子」，但及時感到不妥：這樣稱鄧，自己豈不成了「兒皇帝」？於是趕緊向我解釋：「啊！這是鄧家的孩子們對小平同志的稱呼。」我感覺得出，胡解釋時多多少少有一點尷尬。所以，我在因無法滿足他們要求給予改動的情況下，祇好給他一點安慰。至少有損形象的稱呼，未在訪問記中出現，讓他放心。

事後反省，這樣做，不是對一個像胡耀邦這樣沒有心機的人應取的態度。嚴格說是一種欺人自欺的行爲，應該受到譴責，至少是良心的譴責。

在胡耀邦下台的第三年，聽說他健康不好，我特在舊金山買了一盒西洋參寄到北京給他，並附函表示歉忱。後來，一位和胡德平經常來往的女士告訴我說，耀邦對於自己上綱上線（指無限提高原則）寫檢討有點懊悔，特別是對劉賓雁、方勵之或你的批評，感覺大可不必。（中共中央一九八七年十九號文件，未經胡耀邦過目公佈了胡的檢討報告。提到陸鏗時說，過去不知道陸鏗，看了〈訪胡記〉，才知道陸鏗是個壞人。）

這一信息不能不使我感動，胡耀邦先生在遭遇橫逆的情況下，還在爲別人考慮，眞是一位可敬的君子。

北京作家也是老友的冒舒諲和香港中文大學哲學教授劉述先，得知胡耀邦下台的罪狀之一是接受我的訪問時，先後有了相同的反應：「陸大聲『一言喪邦』！」雖然，舒諲是感到遺憾，述先是發自幽默，而我心底泛起的感情竟然是在自責中還產生一種自我原諒的成分，〈訪胡記〉起碼讓中外輿論認識到按列寧主義的模式建立的只講黨性不講人性的共產黨中，還有一位秉持眞誠的言行，尊重人、尊重人的尊嚴，尊重人與人的平等關係的胡耀邦。

歷史必然會給這位一心爲人民的政治家以高度的評價。

老記者、名作家蕭乾評〈訪胡記〉

兄的〈訪胡記〉弟又重讀了一遍，仍覺是採訪學的一部 classic。訪問有幾種寫法，在大陸，一般是按照被訪問者的路子，他想說什麼，就問什麼。這種訪問記好寫。凡是他不好說的，一律避開，專挑他想說的。如訪問勞模，即問他的突出事跡。訪問外交部發言人，更是只問他要聲明的。我稱這種訪問記爲「順勢訪問記」。這種訪問記容易寫，然而它總躲開要害、關鍵，因而看了往往不過癮。〈訪胡記〉我認爲是「逆勢訪問記」極爲成功的一種。採訪者充滿了機智。明明問的都是對方想躲開的問題，然而並不莽撞。問者彬彬有禮，講求技巧。一些尖銳問題正是隨著禮貌之後，冷箭般射出來，把被訪問者逼得無處可躲。

當然，這裡還有被訪問者的素質問題。如果他是個老奸巨滑的政客，還是能躲躲閃閃打一通「太極拳」，使對方什麼也摸不著的。如逼問得過於凌厲，他甚至可以來個拂袖而去。遇到脾氣暴躁、自衛感特強的人，他甚至可以把桌子一推翻，請你走人。

然而胡耀邦不是這樣的人。他不但講求禮貌，胸襟又分外坦率。不肯說違心的話，更不會使出野蠻手段。

其結果，就是老兄這篇異常成功的訪問記。

我認爲學採訪的年輕記者，應當把你這本〈訪胡記〉作爲範本；新聞學院應當把它作爲教材。成功的採訪，不是聽任被訪者重複那些已知的東西。他應憑訪問的技巧、本事，發掘出那未知的。

這些，也不知兄以爲然否？

●陸按：第二次世界大戰期間，中國派到歐洲擔任戰地記者的共八人。蕭乾是第一位先行者，陸爲後到者。（詳見〈歐洲戰地記者行〉一章）蕭陸訂交於一九三九年春滇緬公路樞紐站、陸的故鄉雲南保山。對於陸選擇終生做記者，起了啓蒙作用。歐洲戰場上相遇加深了友誼。一九四九年陸先後被國共兩黨下獄，即中斷聯繫。一九五七年蕭在北京、陸在昆明分別劃爲「右派」，一九七九年香港重逢，熱烈擁抱，喜不自勝，蕭笑稱：「同派之雅」。一九八五年陸應邀北訪，蕭時任中央文史研究館副館長（後升任館長），曾介紹王海容女士晤談，言明不發表。一九八九年四月六日，蕭二讀〈胡耀邦訪問記〉後，致陸一函，述其觀感，鼓勵有加。一九九六年八月，陸以在台北南港寫《陸鏗回憶與懺悔錄》相告，蕭回信第一句話是：「兄終於動筆寫Memoir了，至喜。」蕭長陸八歲，但本於中國文化謙遜之道，通信一直稱弟，陸則稱蕭爲乾兄。蕭在一九九六年八月廿三日覆陸函中，最後一句話爲「希望與胡耀邦之會見全文收入。」

惜因篇幅已多，未能遵命，只有另行設法出版，有負老友關愛之情。謹將蕭八九年四月信中有關〈訪胡記〉評論發表。信之前段及最後段落因與主題無關，從略。

會見鄧穎超，回想周恩來

●若知四海皆兄弟，何處相逢非故人。——宋·陳剛中〈陽關詞〉

●一夜思量十年事，幾人強健幾人無。——唐·元稹〈西歸絕句〉

一九八五年五月應邀北訪。自紐約經香港飛抵北京後，我想到抗日戰爭時期在重慶，抗戰勝利後在南京，因採訪新聞而認識被我們一班年輕記者稱呼爲鄧大姐的鄧穎超，一別已近四十年了。既然來到北京，應當看望一下。同時，對周恩來先生的逝世，就便表示悼念之忱。

當時，負責接待我的是中國新聞社。王士谷社長得知我的想法後，告訴說，按慣例，在北京安排訪問黨和國家領導人，一次只能一人。我既已確定訪問胡耀邦總書記，就不方便再安排訪問全國政協主席鄧大姐了。

我告訴王士谷先生，見胡先生是爲了訪問；而見鄧大姐不是訪問，而是禮貌性的拜候。請轉達一下我的意思，就說陸鏗來了，問她願不願意一見。而且，我提出一個建議，如果能同時會見現在北京、當年（一九四五至四七年）在重慶、南京一起採訪國共和談新聞的記者朋友更好。（因抵京後即應這班朋友邀嚐譚家菜話舊）。

中通社把我的想法通過一位跟鄧大姐一直保持來往的新聞工作者陸慧年女士轉告了鄧大姐的秘書趙偉女士，鄧大姐聽到後，表示很高興，連說：「要見，要見！」就這樣，有了一九八五年五月八日人民大會堂台灣廳之會。

當時，同時參加會見的有原南京《中央日報》記者祝修麐、朱恆齡和我；原《大公報》記者孔昭愷、徐盈、高汾；原《新民報》記者錢辛波、金光群；原《南京人報》記者王孚慶；原《申報》記者俞振基；原上海《聯合晚報》記者陸慧年；原《東南日報》記者趙浩生正巧自美到北京，代表一家美國公司接洽商務，也趕上這個機會。一共十二人。這是繼鄧小平一九八五年接見當年在華採訪的一批外國記者之後，中共領導人又一次與新聞界人士的交談活動，也是三十五年來第一次與被認爲是「老朋友」的中國記者會見。

一九八五年五月十二日，當時任職北京《經濟日報》的高汾女士以〈老報人難忘的時刻——記鄧穎超大姐會見老新聞工作者〉爲題在該報第一版發表了報導文章。這裡摘錄三段：

鄧穎超的開場白是這樣的：「四十年前我們在國民黨政府首都南京見面，現在是在人民共和國的首都聚會，我心裡很高興。尤其是陸鏗遠道而來，我表示歡迎。」

陸回應說：「回想當年在南京國共和談期間，您和周恩來總理、當時的中共談判代表，對所有的記者都是那麼親切，有問必答。我曾看到過在談判進行時，周先生曾經聲淚俱下，邵力子先生、梁漱溟先生、章伯鈞先生等曾經急得跺脚，這一切使我永遠難忘。今天看到您，彷彿又回到那些日子、二十五六歲的青春年華。」

鄧穎超說：「你對過去的事都記在心裡，我聽了感到親切。爲了民族的獨立和國家的富強，在困難中我們曾共同工作過。」接著，她環視了一下大家，看到從前的英俊小生如今已是皤然白髮；從前的小姑娘如今已是臉上堆著縐紋的老太太了。她感慨地說：「現在大家都老了，但我們的思想和精神不會老。」

接著，鄧穎超講了一段批評中國大陸新聞報導的話，高汾基於所處環境的考慮省略了，這反映中共領導人中具有遠見者是反對「黨八股」的。周恩來、鄧小平都曾作過類似的批評。

鄧穎超首先引用周恩來三十年前參加萬隆會議時寫給她的一封信中的話：「文仗如武仗，不能無危險，也不能打無準備的仗。」她批評中共的新聞傳播總使人感到不那麼對勁。報導是報導，思想和眼睛卻沒有面對著群衆，面對著讀者，到底應該重點放在哪裡，應該怎麼寫，老擺不脫八股。本來在聚會中談得很活躍的，就不敢寫爲親切而活躍的會談，總是說什麼「進行了親切而友好的會談」，就不敢加「活躍」兩個字。我插話說，今天中新社的兩位王社長在座，就會加上「活躍」兩個字了。引起了一陣輕微的笑聲。我發現我的老朋友們都相當自律。若是當年在重慶、在南京，早已是鬨堂大笑了。

鄧承認對台灣不甚了了

事隔十二年，會鄧的印象最深刻的是她坦率地表示對台灣的情況「不甚了了。」

根據一九八五年五月九日我自北京發給香港《百姓》雜誌的專電（見《百姓》半月刊）：

在會見過程中，鄧穎超對台灣情況表示非常關切。她向記者實行反採訪。她承認對台灣內部情況不甚了了，雖然基本情況是知道的。陸鏗告訴她，台灣居民大部份生活富裕，由於中產階層起來了，要求參政，政治比較活躍，言論也比較自由，因此在台灣贊成與大陸統一的人不多；相反地，提到統一就很緊張。這主要由於中共過去三十多年來的表現，特別是文革，喪失了人心，故在台灣的人對中共是排拒的，或者說普遍患了「恐共症」。而台灣當局絕不願變為地方政府，寧為雞口，毋為牛後。

鄧穎超聽了記者這段話後，承認統一有困難，她說：「他們的生活比我們好，但這些年來，我們的生活也在發展，因為方針政策對頭。我們提出「一國兩制」，保證三不變，他們可以放心。我們充分照顧他們的利益，九條（指葉劍英以人大委員長身份提出的葉九條）也考慮到台灣人民的利益。他們心有餘悸，也難怪。但台灣的安定局面是暫時的，他們的經濟寄托在對外加工上。他們還沒有了解我們整個的方針政策。為什麼不能坐下來談呢？同英國都能談妥，何況彼此是同胞。」

「我們跟台灣講三通，他們講三閉，給我們吃閉門羹，談不攏。他們說我們是搞統戰陰謀，我們把一切主張都公諸於世，那有這樣搞陰謀的呢？」

鄧穎超強調：「這個工作雖然艱鉅，但為了海峽兩岸人民的利益，我們還要堅持不懈地做。當然，解決台灣問題比解決香港問題複雜。現在台灣是小蔣先生一言為主，一旦他死去，台灣會出現什麼局面，不出現大亂，也會出現中亂和小亂，出了亂子，主要是台灣同胞受損失。而今天解決台灣問題的最大障礙是美國。」

陸鏗向鄧穎超介紹了海外學人如丘宏達教授等關於中國統一問題的見解，指出美國、德國的統一均是經過一段「邦聯」的時間，各邦相處融洽，認爲進一步合作大家才能進一步發展，所以進爲「聯邦」。中共現在對「多體制」國家及「邦聯」均不考慮，「聯邦」也反對，因此看不出有任何和平統一的可能。

鄧穎超表示對統一有信心，並表示可以耐心等待。

我發現，鄧穎超雖然在統一問題上反映出迫切的願望，但她卻表現得頗有風度，隻字沒有涉及對台動武的問題。祇是從她所說台灣在蔣經國死後可能出亂子這句話，證實了大陸學者在美國發表的論文所稱，台灣如果內亂，中共要出兵平亂之說，並非空穴來風，而是從中共中央當時對台灣局勢的分析而來。

鄧穎超透露還文革欠賬

在八日的會見中，趙浩生根據鄧穎超所說，「解決台灣問題的最大障礙是美國」一點，建議中共擴大中美貿易幅度，以經濟問題解決政治問題。

他還建議國內抓好落實知識分子的政策，藉以對海外華僑和華裔中的十萬左右的科技人員回國服務產生好的影響。同時，他向鄧穎超訴了一點委屈，說海外人士罵他是「歌德派」。

鄧的回應是，你們的意見重要，中央正大力落實知識分子政策，但下面也有各行其是的。最近我要政協各工作組加強這方面的研究，提供資訊，推動這一工作的開展。凡事開頭難麼！至今，「文革」的欠賬算是還得差不多了，但住房問題還沒有完全解決。要處理的問題是一大摞一大摞，我們不僅要搞和平建設，對世界上說，還得反霸，事情多得叫人喘不過氣來。

我針對過去一起採訪國共和談的記者同業，在北京竟然二三十年沒有機會和周、鄧交談，接著鄧穎超的話，向她提出一個建議：

在座的一些同業，過去在南京半夜三更都可以打電話把周恩來先生吵醒，查證有關和談新聞，您也從沒有抗議過。而到北京後有的隔了三十六年才見到您，您在台上，大家在台下，遙遙相望。我建議一九八九年在北京舉行一九四五到四七這幾年所有參加過和談新聞的老記者來一次大聚會。

鄧穎超禮貌地表示說：「你的想法很好。你的批評我要承擔一定的責任。現在有些人覺得黨與以前的作風不同了，其實，也有客觀原因，以前活動天地，就是曾家岩、梅園新村，現在局面大了，事情多了，各人都忙得不可開交。對大家作的貢獻，我們是不會忘記的。但自然規律使我心有餘而力不足。去年政協開會，拚搏了一陣，參加了小組討論會，幾十個小組分布市區和郊外，夠我跑的了。還是感到自己工作沒有做足。讓我當全國政協主席，感到擔子太重。和黨外人士交朋友，要花一定的時間。」接著，她熱情地說：「許多人體諒我，怕我年紀大，身體不好，不好意思提出見我。其實我還是很想見見大家的，儘管提好了，當然見不見是我的事，這次陸鏗回來，他一提我不就見了嗎?!」說得大家都笑了。

周恩來遺囑鄧說有假造

大家關切地問：「鄧大姐有沒有寫回憶錄的計劃？」她答說：「現實的事整天忙不完，沒時間去回憶。活人的事都忙不完，只好把死人的事擱一擱。」並提到：「有一次，一位日本朋友跟我敍家常，問我家裡有什麼人，我說我沒兒沒女。他說：你不覺得寂寞嗎？我說，我現在沒有時間去感到寂寞。說眞格的，這決不是外交辭令。」

一個多鐘點過去了，我發覺主人有點疲累，提議告辭。鄧穎超由於年邁，和鄧小平一樣，一九八五年起已爲中共中央定爲「保護對象」，盡可能減少其勞累，包括見客，也盡可能減少。她向我們這一班老記者透露，她已兩度請求退休，均未獲准，理由是時機未到。不過，八日之會，因是見老朋友，興緻特別高。她風趣地跟我說：你後天要會見耀邦，談天下事，談政治，而和我的會見是談友誼，不過友誼中也有政治，引起鬨堂大笑。

周恩來逝世後，海內外盛傳，由於江青等在文革後期提出「批林批孔批周公」，把矛頭對準周恩來；毛澤東在談論《水滸》這部小說時，也說它的重點是批「投降派」，隱喻周恩來。周在爲他的膀胱癌絕症最後一次開刀前，曾立下要求八大軍區司令員支持鄧小平的遺囑。這些話傳得活龍活現，我在向鄧穎超告辭時，請求對遺囑的事加以證實。

鄧穎超說：「恩來並沒有留下遺囑，聽說有人編造了一個遺囑，那是假的。」從而澄清了這一段公案。

不過，周恩來在進入手術室前，曾經情不自禁地大叫：「我是忠於黨，忠於人民的！我不是投降派！」則為童小鵬（曾任周恩來辦公廳主任）主持的中共中央文獻研究室主編、一九八九年出版的《周恩來年譜》所證實。

抗戰大時代統戰大開展

我和周恩來、鄧穎超伉儷認識，遠在一九四一年的重慶。那是一個統一戰線大開展的時代。國共兩黨合作抗日，中國新聞學會包括不同黨籍和無黨籍的記者都興致勃勃的參加。陪都記者自貢訪問團，我和《新華日報》記者魯明（五十年代任北京駐越南大使館代辦、駐蒙古大使）分配住在同一個房間，彼此都是二十剛出頭的年輕人，胸無城府。雖然政治立場觀點，未盡相同，但彼此都認同大家生活在新聞大家庭裡，感情融洽。

當時，國民參政會是團結各黨派和社會賢達的參政議政組織，發揮著戰時國會的作用。代表中共的參政員有八人：毛澤東、周恩來、林伯渠、董必武、吳玉章、鄧穎超、秦邦憲、王若飛。毛澤東從未出席過；周、鄧雙雙每會必到，對我們記者和顏悅色，熱情招呼。從那時起我們就稱鄧穎超鄧大姐，稱周恩來周先生。不過，在實際接觸中，他們還是要看記者報導的立場觀點，區別對待。比如像《大公報》的彭子岡、《新民報》的浦熙修、人稱浦二姐，她們進入中共代表團，常常是穿堂入室，而其他記者要訪問周恩來，卻需要事先約定。

由於中共是非常注重而且懂得利用輿論攻勢的；有時且以獨家新聞回饋態度傾向中共的記者，

給予特殊照顧。突出的事例是，一九五八年中共決定炮打金門，就將這件事提供給老牌記者曹聚仁在《南洋商報》發表，轟動一時。

國共和談周鄧敞開大門

一九四六年國共和談於南京展開，周恩來在梅園新村的門是大開著的，對於自己方面的記者或親中共的記者，固然在新聞上給予一定的方便，對於代表國民黨新聞機構如《中央日報》、中央社的記者也表現出「一視同仁」的歡迎。那時候，老記者范長江和後來在北京出任中央廣播事業管理局局長的梅益任中共代表團發言人，也都是以朋友的態度接待來自各方面的中外記者。

我生平第一次看秧歌舞，就是在周恩來和鄧穎超一九四六年於梅園新村舉辦一次與記者同樂的晚會，當時主要的節目是《兄妹開荒》；而〈南泥灣〉的歌曲也是第一次聽到。周、鄧還對每一位出席晚會的記者贈送一條山東解放區生產的蔴織布褲料，質地相當不錯。反映了中共的軍隊是把打仗和生產結合起來的。

梅園新村的記者會當時也是首都南京的一個新聞重點。中外記者踴躍出席。使我永遠難忘的一次是一九四六年五月陸定一以中共中央宣傳部部長的身份，出席梅園新村中共代表團的記者會。陸定一強調中原軍區李先念部受到國軍的攻擊，國軍甚至企圖消滅李部，並直指是蔣介石的命令，指控政府方面違背停戰協議。

我當時問陸定一，指為蔣先生的命令有何證據？他說是截獲了電報。我再問電報的可靠性如何？

結果兩人爭執起來，一點也不客氣。當晚，美聯社駐南京特派員米爾克斯（Horald Milks）就以「兩個姓陸的吵架」（Two Lu's Quarrel）爲題報導了這件事。

當我與陸定一吵完架，記者招待會結束，大家紛紛離開梅園新村時，我還沒有走出大門，周恩來突然出現了，滿面笑容地對著我問了一句：「怎麼樣？今天收穫不小吧？」我沒有料到他會來這一手，只能點頭說：「不小，不小！」及至坐上車回報館的路上才引起了反思：爲什麼面對陸定一，我表現得理直氣壯，侃侃而談，面對周恩來，就會有吃癟的感覺呢？

直到隔年馬歇爾將軍以調處中國內戰失敗決定回美之前，我對他進行了一次不作紀錄的訪問才得到答案。

馬歇爾讚周恩來了不起

我問馬帥：「中國的政治人物，你所接觸的，給你印象最深的是那一位？」

他說：「周恩來。」接著他簡單談了他對周的印象：「周儀表不凡，風度翩翩，不慌不忙，談起話來態度誠懇，娓娓動聽，有時雖然感覺他是在詭辯，但也覺得機智可愛。他容易得到人的好感，而且給人以他是顧大局、願意妥協的和平使者的印象。」

我再問：您所接觸的國民黨人中有沒有可以同周恩來匹敵的？他說：「抱歉！沒有。」

我後來和曾任外交部長多年的王世杰（雪艇）說起周恩來，王回顧了一九四五年政治協商會議的誕生，告訴我說，當時蔣先生指定他、邵力子先生和陳誠將軍三人和周恩來先商量起草出一個綱要來。王於是根據周提的「黨派會議」的設想，草擬出「政治諮詢會議」的輪廓，由周先發往延安，徵詢中共的意見。周繼後在四人會議中表示，雪艇先生草擬的文件，延安尚未能接受，但可以考慮。他本人奉召須返延安一商。雪艇先生當時就感覺周這個人太不簡單，因為王草擬的文件，十九都是周提議或已表同意者，周竟說成是「雪艇先生所擬」，顯然是預留了推諉或推翻的後路。王判斷也可能是因中共權力集中於毛澤東一人，周根本無權提任何新意或接受他人的提議，故來一個「移花接木」。

雪艇先生這一段話，對我以後認識周以及中共高層的權力鬥爭，有一定的啓發作用。

順便一提，王雪艇先生之所以和我建立了友誼，起於首都記者因他態度過於謹慎，紋風不露，怕見記者，集體予以杯葛，一致拒刊外交部所發官式新聞，是我出面調解，由王向大家表示了歉意，並提出改進新聞供應的辦法，從而平息了一場風波。詳細經過曾由《新聞天地》報導。一九四七年王在宴請張君勱先生時，特別約我共餐，三人就國共紛爭充分交換了看法。王後來在台灣受蔣先生斥責，名義上是因陳納德的 CAT 事處理不當，實質上王成為陳誠尊重的智囊，加上胡適之、蔣夢麟、梅貽琦、傅斯年所謂台北「商山四皓」都在陳的周圍，引起蔣的猜忌，遷怒於王，因而受屈。此乃題外之言，謹供參考。

搞統戰高手記憶力驚人

回頭再說周，認識周的人都感到周的記憶力是驚人的好。我一九五四年在昆明出獄，五五年寫信給邵力子先生請代謀一學習機會，邵將我函轉周，周馬上就批交統戰部，指定爲統戰對象，由雲南省委中共中央統戰部就近安排，於是又一度而爲民主人士。

一九五六年周爲中緬邊界問題到昆明，有一次在雲南省政協與各界人士見面，在人群中發現了我，馬上走近握手相向說：「你還是和南京時候差不多。我是從邵力子先生那裡知道你是雲南人。」其記憶力之驚人，在我身上也得到印證。

總之，在現代中國政治人物中，周是出類拔萃的一位，可以說是中國第一統戰高手。但人們對於他的評價，尤其是配合毛澤東搞文化大革命這一點時有責難，指爲「過於愚忠」；甚至責以「助紂爲虐」。不過，也有人爲周恩來辯護。在老毛那種封建法西斯個人專斷下，他爲了大局也爲了自保，除了跟隨老毛，沒有選擇。直到臨死前還聲嘶力竭地辯解自己「不是投降派」，其內心之痛苦可知。一九九四年曾經多年擔任北京《人民日報》總編輯、社長的胡績偉兄訪美，在舍下小住，他因爲是中共的新聞工作者中唯一長期可以列席中央政治局會議的，和周的接觸不同一般，對周的了解也不同一般，在他看來，周恩來是當代中國最具有仁者之心、智者之慧、勇者之概的大政治家。書此，以爲後世評周者參考。

千古奇冤李荆蓀

●憂心悄悄，慍於群小。——《詩經》
●天地有窮，此冤無窮。——柳宗元
●即今千種恨，惟共水東流。——杜甫

我一生好交朋友，並且交到了幾位知心朋友。曹雪芹在《紅樓夢》中有句：「萬兩黃金容易得，知心一個也難求。」而我何幸，知心竟不止一個，李荆蓀就是知心之一。

和荆蓀相識於重慶南溫泉政校新聞事業專修班。他屬甲組，半年進修；我屬乙組，一年卒業。我比他早進校半年，而同時結業。他留校任助教，我開始做記者，那是一九四〇年的事。

荆蓀美丰儀，玉樹臨風，爲人瀟灑而心地善良，上交不諂，下交不驕，故我敬之若兄；他看我生性直率，坦誠對人，也頗爲欣賞，而待之若弟。

《新聞天地》在重慶創辦，荆蓀是主要的觸媒劑。那是一九四四年夏秋之間，丁中江已在重慶出版一個畫報，進一步約邱楠、樂恕人、毛樹清、周培敬和我辦一個雜誌。而卜少夫、羅保吾、劉竹舟、劉問渠還有鄭郁郎也準備辦一個雜誌。荊蓀和兩邊都熟，他和我商量，把兩邊的力量合起來，我完全贊成。其時我擔任《新聞戰線》月刊主編，乃將此事請教趙敏恆老師，恆師那時任路透社中國經理，他建議出版一份以報導內幕新聞為主的雜誌，並主動表示願當我們的顧問。於是經過荊蓀的溝通，大家坐下來開會。最初準備採勞動組合方式，人人當老闆，個個當夥計，除每人繳法幣五千元作為創辦費外，約定主動寫稿只計稿費入賬，但不付酬。正式組成時，鄭郁郎和周培敬因故沒有參加。黃綿齡從緬甸隨軍回到重慶，因羅保吾、劉問渠之推薦，參加進來，共十一弟兄。創刊詞由邱楠執筆，第一稿寫好後，荊蓀看後提了意見，經改寫方定稿。後來我們當中很多人出國，加上抗日戰爭勝利後大家都分散到不同地區工作，編輯和經理的任務就由少夫和綿齡長期擔任，直到大陸變色，雜誌由上海遷香港，這當中我們之間也曾一度產生歧見。荊蓀原為觸媒劑，後來變成黏合劑了。

一九四五年八月日本投降，荊蓀奉派為南京接收專員，並負責籌備南京《中央日報》復刊事。復刊後先任總經理，後任總編輯。一九四六年我奉馬星野師電召自歐經美返國，任南京《中央日報》採訪主任，同年夏升任副總編輯兼採訪主任，與另一副總編輯朱沛人，協助荊蓀執行了一條「先日報、後中央」的編輯路線，其目的純粹是為了把報紙辦好。荊蓀、沛人和我三人有一共識即「報紙以新聞為第一」，處理新聞尺度宜寬，但一定要求實，不故意刊登也不故意迴避不利於政府之消息。

就政治思想說，沛人和我都傾向自由化，荊蓀對國民黨則是耿耿忠心。荊蓀把自己的一切成就，都跟國民黨聯繫起來，認為是國民黨給的，十年間由地方小報的校對員而首都第一流大報的總編輯，得志之餘，自然地以國士自許，而時時以顧亭林的「國家興亡，匹夫有責」，「以天下爲己任」，自勉自勵，發憤要做一個爲國家光明前途而奮鬥的新聞戰士。

在具體行動上，他在南京接收汪僞《中央日報》、《中報》及日本總領事館，主持《中央日報》復刊初期的業務，成績斐然，奠定了《中央日報》空前蓬勃發展的基礎。

一九四七年秋南京學潮興起，學生揚言搗毀《中央日報》，荆蓀號召工人嚴陣以待，並站在最前端護報。一九四八年冬，《中央日報》遷往台灣，由他全盤掌握指揮，有條不紊，博得報社上下一致推崇。

總之，李荆蓀之效忠國民黨，有事實爲證。至於他不反對報紙揭露貪瀆現象，祇是一種「恨鐵不成鋼」的心理。

到一九七〇年十一月十七日荆蓀在台因「匪諜」冤案被捕後，官方竟將一九四七年七月二十九日南京《中央日報》揭露孔祥熙的揚子公司和宋子文的孚中公司貪汚國家外匯三億多美金案，算作荆蓀的罪狀之一。

台灣警備總司令部，一九七一年二月十八日對荆蓀提起公訴，在起訴書中關於犯罪事實部分，指控荆蓀「任職南京《中央日報》期間，指使該報記者陸鏗揭發『揚子公司』業務機密，致京滬轟動，以策應匪黨攻擊『官僚資本』之陰謀。」

荆蓀答辯明確表示：「事件是由陸鏗自己採訪得來，並非出於我的主使，更無任何陰謀，我今頗悔當日政治警覺不足。」「當時還有一種天眞想法，由於《中央日報》發表了這條新聞，還希望大家對國民黨刮目相看，認國民黨有朝氣，誠能如此，就是爲國民黨收攬人心了。」

接著，他敍述了他對我的看法：「陸鏗是非常活躍的記者。他在《中央日報》期間，採訪新聞都出於自動自發，可沒有一條是根據我的指派。他有發掘新聞的癖好，用不著我督促，如果一連幾天得不到獨家新聞，他會生病。」

而在我的記憶中，荆蓀最初對發這條新聞還是有所猶豫的，他主要考慮會不會有負面影響，而我除了說出正面的道理，還半開玩笑半認眞地跟他說，如果你不發這條新聞，我們就打架。最後是沛人提出折衷方案，不在頭版刊出，而在四版刊出，他勉強同意，說明他一直是站在國民黨立場考慮問題的。

荆蓀被控爲「匪諜」的另外「犯罪事實」就是他在一九四六年五月在回給當年福州《南方日報》同事兪棘的一封信中，表示「對不流血革命還不死心，報紙是方式之一。」荆蓀後來在自辯中說明，原來在福建同事時，兪是編輯，他是事務員，職務上有淸俗高下之分，而事隔不到十年，兪來信有「吾兄絕塵而馳」之句。正如荆蓀說的「人，誰不愛諛詞呢？這頂高帽子一送，我喜歡他了。於是我與他魚雁往還。」爲了表示自己是有理想的愛國之士，因而抒發了對「不流血革命」的嚮往。

但荆蓀怎麼會想到兪棘一直把這封信保留下來，最後端出，作爲自己案發後立功脫罪的工具呢？兪誣控李荆蓀於民國廿七年間在福州參加匪黨組織。甚至在最後「公開審判」時，當庭作證李荆蓀確已參加共產黨，荆蓀在氣極的情況下，當場拍著自己的胸口說：「兪先生，良心！」

在那種佈妥的圈套中，良心還起什麼作用?!

而李荆蓀之所以十七日被捕，十九日就自白承認自己是共產黨，主要是受不了「疲勞審訊」，且被命令於冬季躺在大冰塊上。用他刑滿釋放後向我們好朋友當中的一個透露：當時整個的骨頭都酥掉了，叫我承認什麼，我就承認什麼，那種罪不是人受得了的。

荆蓀逝後五年，我問他夫人佩倩，他當時被刑訊逼供的情況是不是跟你談過？佩倩說，他只講了疲勞審訊的恐怖，別的未提，可能怕我受不了。荆蓀就是這麼善良，這樣一副菩薩心腸。

荆蓀的善良，不僅是對妻子、對朋友，甚至對向他逼供的人也不例外。他在一九七一年七月十二日，也就是被捕後一年又八個月，經過所謂「公開審判」以後等待判決時寫的答辯狀，附給辯護律師施蓮潔女士的信中特別提到：「狀中有許多『辦案人員』，我希望一個都沒有，因爲，不論他們對我誤解到什麼程度（特別是我的根本、我的盧山眞面目，一個眞眞實實的李荆蓀），但對他們沒有絲毫敵意，因爲他們是執行公務，辦政治案件本來不易。我希望不要傷害他們，祇要能辯明我自己爲無罪，盡可能避免在辯狀中提到他們。」

看！李荆蓀就是這樣的人，自己已快被老虎呑食了，還要保護老虎。

從他的答辯中，可以看出：一、精神上受到極大威脅。他一被抓進警總，辦案人員就告訴他，「請你來，不簡單；你要離開這裡，也不簡單。」又說：「事情總得有個解決。」「法律是保護政權的。」「你那時還年輕，還祇十八歲。」在這種情況下，經過卅多個小時的連續疲勞審訊，他爲了有個解決，爲了不再受罪，爲了早點回家，只有承認自己爲共產黨。於是作了僞供。根據「十八歲」的提示，就推算出民國廿三年加入共產黨。後按辦案人員意見改爲民國廿四年。二、幾天之後，發現錯了，曾數度翻供，但是，辦案人員置若罔聞，相反地是定下大綱來，叫他寫「自白書」。而且通過辦案人員的威嚇和警告，他再度產生一個錯覺，只有「忠誠」、「合作」，循著承認是共產黨這條路摸索著走下去，才能走出監房。因而逼得繼續編造下去，而且，挖空心思、絞盡腦汁，力求編造得合情合理，結果是愈陷愈深。

最荒唐的是，荆蓀依照辦案人員的提綱，要交代出他在重慶和南京的「上級」，而荆蓀在重慶時生活圈子很小，見過面而確知其爲共產黨的祇有《新華日報》的潘梓年和石西民。此外，明知爲左傾份子的，他祇知道一個浦熙修，那是在中宣部記者會上認識的，在被迫交代「上級」時，因爲根本不存在，祇好寫出浦熙修的名字。

但是，浦熙修本人並非共產黨，她是民主同盟的盟員，人稱浦二姐，與彭德懷夫人浦安修爲姊妹。任《新民報》採訪主任時，非常活躍。五十年代改任上海《文匯報》北京辦事處主任，成爲民盟中央副主席羅隆基的女友。一九五七年毛澤東發動反右運動，親筆撰寫〈《文匯報》的資產階級方向應當批判〉一文，點了浦熙修的名。

至於浦熙修與李荆蓀，不但談不到上下級的關係，正如荆蓀在自辯中說的：「我認識她，她不一定認識我。」而在台灣警備總司令部對荆蓀的判決書中，竟把一個並非共產黨的浦熙修認定爲荆蓀的共產黨上級。唯恐不能取信於公衆，還特別把調查局、國防部情報局（60）安字第 409399 號、（60）肆達字第 4886 號函及前內政部調查局三十九年六月所編之《共匪重要人物調查資料》影印本附卷佐證。除了說明國民黨特務之低能，把明明不是共產黨的人，硬說成是共產黨，不能說明任何問題。試想，毛澤東在點名批判浦熙修時，難道對浦熙修的身份（民盟「能幹的女將」）還沒有國民黨特務清楚？

我在一九八〇年在台北會見國防部總政戰部主任王昇上將時，曾提出李荆蓀冤案的問題，王表示，決不是冤案，因爲證據確鑿。反問我指爲冤案，有何根據？我答：「且不說別的，至少涉及我本人的部分，我是清楚的。在南京揭發孔宋貪污國家外匯三億多美元，明明是我主動的，到要誣指判蓀是匪諜時，卻把這筆賬算在他身上。另外，浦熙修不是共產黨員，在大陸是衆所周知的。」

王昇將軍當時以客人之禮待我，說下次有機會可以讓我去看檔案。到我一九八一年再到台北，舊話重提，王將軍說：「這樣做，對你不利。」我說：「我不在乎。」他說：「對我們政府也不利。」面對這種情況，我能說什麼呢？

但是，由於我在重慶和南京做記者時，建立了豐厚的人脈，與台灣一別三十多年，惟交情仍在。比如與張岳軍先生見面時，兩人都情不自禁熱烈擁抱；與黃少谷先生憶往時雙方都忍不住要落淚；與周至柔將軍晤談時，更不勝滄桑之感。至於同輩的就更多了。因此很快地摸清了判蓀冤案形成經過。

一九七〇年正值台灣醞釀內閣改組，周至柔將軍以曾任台灣省政府主席、參謀總長、當時負責國家安全會議之身，可能受命組閣。蔣經國先生時任行政院副院長兼國防部長，再跨半步，就是閣揆。經國周圍的人自希望經國能脫穎而出，組閣一展抱負；而一班特務，更盼藉此擴大情治權勢，乃將周至柔視爲「攔路虎」，必欲打擊而甘心。特別像沈之岳這樣的特務頭子，更別有用心地爲經國掃清道路。（國民黨直至九十年代中期才從曾在北京出任國防部長之張愛萍輓沈之岳：「文武全才，治國有方；一事二主，兩俱無傷。」聯中發現沈原來是一個潛伏在國府心臟、製造冤案以博取信任的陰謀家。）而在周至柔身邊的兩位「智囊」，丁中江不但有國民黨革命元老的家世，丁石僧老伯曾任同盟會東京支部部長，而且他本人一直是反共的，可以說「無懈可擊」。（後來沈之岳還是藉所謂關說案把他打擊了一下。）李荆蓀雖然曾任南京和台北《中央日報》總編輯，但因三十年代與兪棘在福建曾有一段歷史淵源，而俞棘已由情治單位掌控，從俞棘下手，必可羅織李荊蓀入網，果然，就在俞棘誣攀李荊蓀以後，李荊蓀在俞棘的證供當頭而長達三十多小時的疲勞審訊已造成精神崩潰的情況下，終於在一張紙上寫下自白書，承認加入過共產黨。就在這時，周至柔、黃少谷等向蔣經國求情，說明荊蓀之無辜，但回答是，他本人已經承認了。

就這樣，李荊蓀的冤案鑄成；周至柔的組閣當然也隨風而逝了。「冰凍三尺，非一日之寒。」荊蓀開罪當道，起於他在台北《大華晚報》上的《星期雜感》。由於《大華晚報》是他帶頭創辦，並出任董事長，為了在報紙上略盡言責，故自一九五七年八月至一九七〇年十一月十七日荊蓀失去自由為止，每周發表雜感一篇，主要是講老實話。正如法學教授曾任大法官的林紀東所評價的：「立意清新，含義深遠。」但在那白色恐怖的日子裡，老實話常常是政府的禁忌，對當權者有如「芒刺在背」，必欲除之為快。

比如，他反對修改出版法，在《星期雜感》裡指出：「此次修改出版法，有一危險傾向，即不以法治，而以人治。」「此次之修正案不但在保障與限制之觀點為向後轉，即就法治與人治之觀點而言，也是開倒車的。」警告說：「撤銷登記是斬決，加重罰鍰是抽血，抽血過於頻繁，亦能以失血過多致死。」

台灣警備總司令部對荊蓀的起訴書有如下一段：「(民國)四十六至五十九年間，在《大華晚報》撰寫《星期雜感》專欄，經常抨擊政府措施不當，行政效率太低，制度欠善，以新聞自由為藉口，挑撥政府與民衆之關係，以及鼓勵民營報業反對政府修正『出版法』，打擊政府威信，以達共產匪黨新聞統戰及分化離間陰謀。」(按：李荊蓀著《星期雜感》已列入時報書系出版。)

原來是一樁「文字獄」！繼後，因爲他們已拿到俞棘的僞證和騙到荆蓀的僞自白書，足夠致荆蓀死命。在判決時樂得放《星期雜感》一馬，因而「判決書」中指出：「難遽認其爲有利於叛徒之宣傳」，藉免遭到製造「文字獄」的批判。

除了《星期雜感》在報紙上觸怒當局之外，在生活小事上，無意得罪了蔣經國，也是荆蓀致禍之由。有一次，經國以行政院副院長身份，宴請各報總編輯，荆蓀因事忙，及至想起邀宴之事，乃匆匆趕去赴宴，服裝比較隨便，又未帶請帖，結果被警衛阻於門外，雖經解釋，仍無法進入，祇好折返。事後同業轉告，當時經國曾留位以待，及至終席未見荆蓀，面有不豫之色。對荆蓀來說，可謂稀裡糊塗地得罪了當朝太子。

又有一次荆蓀隨周至柔將軍在總統府國家建設委員會上班，入廁小便，與經國不期而遇，當時愣住，還未來得及打招呼，經國已離去。事後荆蓀產生一個感覺：又得罪太子了！

從一般的理解，蔣經國不可能如此小氣。但，研究蔣經國多年，寫成《蔣經國傳》的江南對蔣經國性格的描寫，可以說刻劃入微：「激動起來，涕淚滂沱；冷酷之時，大動殺機。」

世界上的事，有很大的偶然性。人們在必然與偶然的交錯中，往往被命運所捉弄。

而李荆蓀就是被捉弄得最淒慘的一個。

國民黨當局由於李荆蓀案受到國際輿論重視，爲了表示尊重人權，於一九七二年三月七日在台北舉行所謂「公開審判」。事先並對李荆蓀發出警告，如果他合作，只處兩三年徒刑；如不合作，後果自負。

審判時，荆蓀看到自己的妻子和新聞同業，感到自己的責任，應當說明眞相，當場推翻了編造的供詞，陳述冤情，並憤怒地拍著胸脯譴責了俞棘。軍法審判方面，惱羞成怒，加重判處，以懲罰其不合作之態度，宣判無期徒刑。直到蔣老先生逝世才改判有期徒刑十五年，讓其在綠島度過那漫漫長夜。而俞棘因誣陷李荆蓀有功，只判處三年有期徒刑。

一九八一年，《新聞天地》的卜少夫以立法委員的身份寫了一封信，經成舍我、程滄波、胡健中、胡秋原新聞界四立委聯署，請總統府秘書長馬紀壯轉呈蔣經國，准荆蓀「保外就醫」，結果馬紀壯不敢轉呈，覆信婉拒。

一九八三年三月少夫又爲荆蓀寫信給國防部長宋長志，請求「提前開釋」。答覆是「（李某）健康狀況良好，生活平靜。」而且「可於一九八五年十一月六日開釋。」也就是一定要關足十五年。不過，到同月卅一日，將荆蓀自綠島移運到台北縣土城鄉的「台灣省仁愛教育實驗所」（多麼美妙的名字！）「實施補強感訓」。就這樣又被「補強」了兩年又七個半月，直到一九八五年十一月十七日晨八時出獄。

由於身心受到極大摧殘，出獄後兩年多，一九八八年二月十二日，荆蓀以心肌梗塞猝逝，含冤而死。

在此，只能以另一位姓李的、李煜的一句詞來略表哀悼之忱：「自是人生長恨水長東。」

我和荆蓀，自一九四八年應成舍我先生之約，原擬與朱沛人兄三人一起幫助成先生在南京復刊《民生報》，並積極籌備。不料國民黨在徐蚌會戰（中共稱爲淮海戰役）中兵敗如山倒，《民生報》復刊之議亦作罷。我轉赴香港，荆蓀則籌劃南京《中央日報》遷台灣。一九四九年我決定在東京辦報，過台時與荆蓀匆匆一面，詢其意向，荆蓀表示，決與中華民國共存亡，且已作最壞打算，如果共產黨打來，進佔台灣，他就效學陸秀夫蹈海。其顯示之丈夫氣概與忠肝義膽，使我從內心深處敬佩。

不料，一九四九年底我即自投羅網，自東京飛昆明下獄，與荆蓀音訊斷絕。及七六年底獲釋，七八年赴港，則驚聞荆蓀已遭冤案橫逆，囚於火燒島上。似乎我們兄弟非有一個坐牢不可！

一九七九年十月應當時《明報月刊》主編胡菊人之邀在「中共建政三十年專輯」發表長文〈三十年大夢將醒乎？〉即用陳棘蓀爲筆名，荆、棘一對，蓋紀念荆蓀兄弟情也。加之吾母姓陳，故名。憶及五〇年初，董顯光先生任命我爲中國廣播公司副總經理，任命書交朱撫松兄轉交，卻遍尋我不著，其時，我已囚於中共獄中。事隔三十年，我重履台灣，不少舊交皆曰：當年若不到大陸坐牢，而出任中廣副總，早已飛黃騰達矣。「人貴有自知之明」，我答友人曰：以荆蓀爲人之純正，對國民黨之忠心，尚遭大冤獄；以我之桀驁，發言之無度，加之四十年代即被視爲叛逆，舊案在卷，白色恐怖肆虐時，不槍斃才怪。人之生死禍福，豈能判定。最感遺憾者，荆蓀八八年獲釋回家後，我竟因在台灣黑名單上不得入台，宮廷出身之曹聖芬在國民黨中常會中公開指陸鏗爲「匪諜」，可謂國民黨極右份子無知之最好寫照。

回顧荆蓀之冤案，因長期折磨而導致心臟病猝發逝世，確有五內皆裂之痛。這不祇是一個正直而善良的新聞工作者的悲劇，也是我們這個有五千年文化民族的恥辱。中國人對中國人的手段爲什麼如此殘忍？白色恐怖，赤色恐怖，還有什麼色恐怖？究竟要恐怖到那年那月，才能使恐怖在神州大地和寶島徹底絕滅？！

談起海外民運我傷心

●他們遭遇這些事都要作爲鑑戒，並且寫在經上，正是警告我們這末世的人。

——《聖經》・哥林多前書

一九八九年的天安門事件，接著是「六四」屠殺，不僅狠狠地嵌進了現代中國的歷史，也震動了世界。

湊巧，蘇聯的戈巴契夫訪問中國，與鄧小平舉行高峰會，爲世界傳媒所關注，包括CNN在內的國際傳媒，派了不少人到北京，原來是要訪問中蘇兩巨頭會晤新聞的，趕上了天安門學生愛國運動的高潮，調轉鏡頭一齊對準天安門，就把「六四」事件活脫脫地呈現在世人面前了。

全世界焦點聚集天安門

誰也沒有料到，天安門突然變成了國際矚目的焦點，自由主義者、民族主義者、國際主義者、和平主義者、社會主義者、共產主義者、無政府主義者，都衆口同聲地說，不管什麼理由，對手無寸鐵的學生開槍，總是不對的。這其中包括了人民解放軍張愛萍、蕭克、葉飛等七上將。

連當年批准開槍的鄧小平在他去會見馬克思、列寧、毛澤東之前，也由他的么女兒（四川話唸毛毛、鄧榕向全世界表示：「這是一個悲劇。」或問，此次事件中，最大的輸家是誰？毫無疑問是——鄧小平。

一九八九年四月，應王元化先生之邀，在上海參加一個大型座談會談時局，我當時「放言高論」說是鄧小平如果在這時（即一九八九年春）死去，不管對中國、對他自己都是件好事。因爲政治改革停滯不前，主要是鄧本人下不了決心。他原來是改革的動力，繼後變成了改革的阻力。我在發言結束時引用了：

> 周公恐懼流言日，王莽謙恭下士時，設使當年身便死，是非眞僞有誰知。

這一段話，既對鄧大人是大不敬，也使在座的不少人爲之吃驚，幸而王元化先生的聲望還頂得住，而參加座談的像徐仲玉、唐振楚諸位教授水平也是很高的，所以並未引起波瀾。當時在場參加座談討論的上海《思想家》雜誌主編陳奎德老弟事後在普林斯頓告訴我說：

陸大哥，你在上海那次發言，眞把人嚇一跳。但「六四」事件以後，印證了你說的話。如果鄧小平在「六四」前死掉，整個中國的局面就可以避免一場大悲劇的發生。對鄧本人的令名也可以保持無損。

我告訴奎德，這是中國人民的劫數，在劫難逃。

擺下回憶錄，看黃雀行動

天安門事件發生時，我正在美國洛杉磯西來寺寫回憶錄，「六四」一聲槍響，整個形勢大變，如再埋頭寫回憶錄，未免不識時務。只有擺下，面對現實。跟著「六四」來的，結果自然是全世界華人對北京的聲討。

緊接著，香港的「黃雀行動」，也就由部分知識分子、商人和社會人士共同組成。以北京通緝的二十一名學運領袖爲主要對象的營救工作展開了。在香港與北京間建立了一條地下通道，而第一批循著這條地下通道出走到香港的就是嚴家其、高皋一對。

「黃雀行動」的組織者之一是在香港影劇界非常活躍的岑建勳，他和一些因「六四」而激發正義感的工商界人士，在香港一百五十萬人大遊行以後，針對大陸通緝民運領袖採取針鋒相對的營救行動，聯絡香港、澳門、珠海、深圳的黑社會，由工商界人士出錢、黑社會出力，就這樣，把人一個個營救出來。

人們知道，「黑道中人慣於冒險犯難」，而且經驗豐富，他們長於利用漁船和小艇偷渡，知道如何與中共巡邏艇和港英政府的水警輪周旋。由於他們幹的是提著腦袋的事情，收取酬勞，未可厚非。首先租用船舶就所費不貲。而且，有時道上的兄弟在救援過程中「出了事兒」，若當場被捕或受傷掛彩，還要花一筆錢安置家屬。在營救特別重要人物時還需要同時派出多艘船隻以轉移視線，收聲東擊西之效。

至於營救費用的募集也是多渠道的，很多人只知出錢，不知錢的去向。我本人就有過一次實際經驗。當蘇曉康和遠志明兩位《河殤》作者出來，我的一個學生是女記者，希望我幫忙籌點錢，於是向一位商界朋友請助，他馬上開出一張兩萬美金支票，由我交給這位女記者，沒有幾天，蘇、遠就脫險了，在民陣成立的巴黎大會上與我相會。

珠海特區一間貿易公司總經理懷德基於良知和義憤，還在黃雀行動之先，最早營救出吾爾開希和劉燕。《世界日報》名記者曾慧燕在《百姓》撰文，詳細記述了全過程，比驚險的電影故事還驚險。遺憾的是，懷德積極救人，自己卻付出慘重代價，公司全軍覆沒，並連累四個下屬，包括他的外甥被中共判刑，身繫囹圄。他和另外兩人被迫流亡海外，連生活都成問題。

慧燕在文中點出：他付出巨大代價救出來的人，有段時間令他「恨鐵不成鋼」。一看就知，這話是說得很含蓄的。而另外一位女記者薛曉光則在《聯合報》和《世界日報》上卻毫不客氣地列舉事例，批評了吾爾開希在海外令人失望的表現。

聽吾爾開希談當上領袖

吾爾開希怎麼會當上學運領袖的，在巴黎，我曾坦率地問過他，他說，很簡單，天安門學運初起時，他在北京師範大學校園貼了一張通告，訂在某一天在學校某一個教室召開全校各系代表會議，到時候，代表們來了，他宣佈響應學生愛國運動以及準備採取的行動，建議大家選出師大學生自治會主席，結果自然非他莫屬了。

然後，採用同樣的方式，通知北京各高院校派代表在某日某地集會，說明首都高等院校聯合行動的必要性，並選出北京高等院校自治聯合會簡稱北京聯主席，因爲他是發起者，當然也就順利當選了。

吾爾開希在天安門站出來，說明了在一個浪潮形成的過程中，誰能觸機先，挺身冒險，領導潮流，誰就會在一定的時間，得到一定的擁護。但要眞正能掌握形勢，引導運動健康發展，光靠大膽是不夠的，還得依靠領導者的素質、識見、智慧與大公無私之心。

事過境遷，曾經參與民運的人回過頭來，看看「六四」事件之所以弄得結局如此令人失望，除了鄧小平的獨斷專行，迷信武力，誤信匯報，決策錯誤和李鵬的私心自用，智商低下，能力太差，舉據失當之外，在學生和學者這一邊也明顯的有一定的責任：

第一，缺乏眞知灼見，不懂「文武之道，一張一弛」，應當見好就收，而一味衝動、蠻幹，坐失良機。

第二，發動絕食，造成極大被動，迫使當局採取流血措施。

第三，嚴家其、包遵信等發出五一七宣言，把矛頭對準鄧小平，不但在戰略上是錯誤，在戰術上也失策，造成了鄧小平強大反擊。

以上三點，集中反映了共產文化對新一代的影響。

全美中國學生學者大會

我支持海外民運的第一個行動，就是一九八九年七月廿八至三十日赴芝加哥參加了全美中國學生學者第一屆代表大會。到會的學校代表近二百個，每校兩名正式代表，人數特多學校還可有幾名列席代表，總數達六百人，眞是盛況空前。不能不佩服作爲主人的芝加哥大學、伊利諾大學及西北大學的籌備工作做得井井有條。負責會務組的王晾博士竟因日夜操勞，致使一隻耳朶完全失聰；醫生給他最重要的藥方是休息，而他仍然開車到機場接戈揚、嚴家其、萬潤南、蘇紹智、吾爾開希、李祿和我等等。

王晾以行動說明了民主就是一種服務，一種奉獻。

「中國人一盤散沙」，差不多成了宿命論；「中國人不團結」，「中國人窩裡鬥」，也幾乎被認定爲中國民族的劣根性。芝加哥大會則從與以上論斷相反的方向，做出了一個團結、和諧、民主的範例。整個會議的過程就是學習民主、實踐民主、落實民主、團結前進的過程。當然這需要付出極大的努力與自我犧牲，參加組織委員會的委員、來自俄亥俄的杜剛跟我說：「想不到搞民主這麼累。

我們很多人幾乎沒有時間吃飯、睡覺。我看大會閉幕以後，恐怕要開追悼會了。」

我和來自不同地區的代表聊天，他們都不約而同地表示，芝加哥大會使他們深刻地體驗了一次生動而富教育意義的民主生活。我問年輕人學到最精彩的課程是什麼？回答是「Compromise」（妥協）。

大會經過熱烈的討論，通過了組織憲章，把這個新生的組織定名爲「全美中國學生自治聯合會」，簡稱「全美學聯」。它是留美中國學生學者團體的協調性組織，它規定「全美學聯代表留美中國學生學者的意願，維護留美學生學者的利益，促進中國自由、民主、人權和法治的進步。」

聯合會主席競選產生使大會達到了一個高潮。

共和國星群，展中國前景

洛杉磯加大的丁健與威斯康辛的陳興宇聯手，史丹佛的劉永川與耶魯的韓聯潮搭檔出來競選聯合會的主席與副主席。大會在各校代表強烈的要求下，除安排他們四人演講、回答提問外，還加了一個兩對候選人辯論的節目。這一下把會場的氣氛提高了許多。

四人首先介紹了各自的簡歷。其中，劉、丁、韓都曾是中共黨員，於「六四」後退黨。四人經歷不同，但都是歷次學運積極分子。他們在回答問題和辯論中語言嚴謹，才思敏捷，博得全場陣陣叫好聲。他們逐一闡述了各自對主席、副主席工作的設想、打算；對憲章的理解；對與其他組織關係的看法等。而且，回答了自認的缺點是什麼。

我從選舉和被選舉人的熱烈、負責、認眞的情緒中，看到了民主中國的未來。我想這些人將來學成回到中國大陸去，該發揮多大的作用，促進多大的變革。正如洛杉磯的一位學者湯本側寫此次大會所用的標題：共和國的星群。

芝加哥大會不祇是反映了十幾萬中國留美學生、學者的民主風度，也反映了中國人民有決心剷除獨裁制度，要在這一代留學生手上改變延續幾千年的「成則爲王、敗則爲寇」的中國傳統政治格局，建立嶄新的完整的民主機制。

午夜兩點多鐘當我回到住宿地時確實感到累了。洗臉時發現兩隻手掌怎麼腫了？原來是鼓掌次數太多，而且太用力所致，當時因爲太投入，沒有感覺；讓熱水泡一泡罷！這是多麼美妙的經驗。

民陣慶誕生，巴黎成重心

「六四」使全世界有良知的中國人在學運、民運和國運上有了共識。

無巧不成書。一九八九，既是中國「五四」運動七十周年、又是法國大革命兩百周年。法國有第五共和，中國爲什麼不可以有第三共和？人們這樣問。

爲了第三共和這個目標，中國民主鬥士會師巴黎，決定在一九八九年九月廿二日，在巴黎第一大學、舉世聞名的黎希留（Richelieu）階梯教室舉行。

這裡面主要是「六四」以後從天安門廣場出來的學生領袖如吾爾開希、李祿、辛若、老木、老鬼等，和學者嚴家其、蘇紹智、陳一諮等以及北京新興的企業家、四通公司總裁萬潤南。再就是因

「六四」的刺激投身民運的大陸留學生及部分社會人士。

沒有想到，當我和崔蓉芝抵達巴黎時，被唐德剛和我稱為「康大總統」的康寧祥也出現在會場上，海外遇故人，歡欣可想見。

中共在歐洲的機關報《歐洲時報》，九月廿三日發表了以「嚴家其們分裂中國的企圖決不會得逞」為題的社論，反應了對「民陣」在巴黎成立是相當緊張的。

這裡值得一提的是法國政府的態度。「六四」以後，最初表現矜持，但很快就轉變為西方政府中態度最強硬的一個。打開大門，給予流亡海外的中國民運鬥士以庇護。

據旅法著名中國作家劉志俠報導，法國政府甚至因「六四」刺激而對香港人表示關心，不排除一九九七年後收留香港的可能性。

從歐洲各國來說，也是第一次有那麼多國家的政黨對中國人在海外成立的民主組織給予廣泛的支持。除法國執政黨社會黨派代表出席外，歐洲議會代表，英國工黨、荷蘭工黨、西德基民黨、西德社會黨、西德綠黨、西班牙社會黨、法國共和黨、綠黨、共和聯盟、民主社會中間黨和波蘭團結工會聯盟都派代表出席，一下子使「民陣」提升到具有國際水平，至少在國際傳播輿論上可以與中共抗衡，在心理上直接威脅中共的層次。而波蘭團結工會代表團參加「民陣」成立大會，更具有重大意義，難怪會場上獲得最長時間的熱烈掌聲和歡呼聲。

家其任主席，衆口同一聲

「民陣」正式會議是在巴黎郊外一間四星級旅館舉行，全部費用約二十萬美元，主要是各地的捐款，而支出大宗是各地代表的旅費。像我們這些支持者，還是自費前往。說明民主是很花錢的事。

誰出任「民陣」首屆主席，嚴家其在當時可以說衆望所歸。但他自我衡量，有興趣研究政治科學，對政治並無大的興趣。他之參加「民陣」，從某一角度看，是被形勢「逼上梁山」的。更重要的是他太太高皋堅決反對。

到了選主席前夕，萬潤南表示，如家其不幹，他也不幹了。這時不少朋友來找我，請我去說服家其，一來，我年紀較大，二來，我不是民運成員而只是支持者，比較客觀。我心目中也認爲就現有的人才看，家其比較恰當，於是我看先找高皋溝通，提出顧全大局的問題，因爲如果家其拒絕，民陣第一步就可能跨不出去。高皋最後鬆口說：「那我不管了，由家其決定。」家其得悉高皋的態度軟化，便答應和吾爾開希搭班，作爲正副主席候選人。二十四日在一場頗爲輕鬆的選戰中，以九十六票對四十票擊敗許思可和楊建利搭班的這對對手，順利當選。隨即開理事會，提名任命萬潤南爲秘書長。

民陣開展工作以後，才發現困難很多。尤其財政困難日漸突出，而很多人期待的中國局勢的巨大變化，並沒有發生。由於鄧小平堅持繼續經濟改革，中國大陸的經濟情況日漸好轉，加之民運本身沒有做出什麼成績，個別領導人的品質問題還被輿論點名批評。這樣，原來熱騰騰的一股氣，很快就消散了。歷史眞是無情。

與民陣並肩作戰的中國民主團結聯盟，簡稱「民聯」，因爲內部糾紛和財務危機，甚至傳出有可能解散的消息，造成了海外民運勃興不到兩年就走入谷底。

這時，「民陣」第二屆大會於一九九〇年九月在舊金山舉行，改選萬潤南與許思可分任正副主席，也只是一個拖局。

這中間，還穿插了海外民運喉舌《新聞自由導報》的風風雨雨。

比較爭氣而且實際上做了一些事的還要數一九九〇年二月在美國成立的美國香港華人聯會，簡稱「美港聯」，標誌乃美國的香港華人民運力量的團結。其目標定爲長期爭取中國及香港的民主和人權。也許因爲香港人向來對政治興趣不大，所以在「美港聯」內部沒有發生爭權奪位的問題，反正人人都是服務與奉獻，所以還保持了一定的生命力。

陷入共黨文化迷魂陣中

一九九三年一月廿八日到卅一日的華盛頓會議，本來是民運重新整合再出發的會，按原來多數人的期望，「民陣」和「民聯」合併，爲推動中國民主做一些紮紮實實的工作。因此，最初爲各方所看好，包括我在內也興沖沖地趕去。

兩個組織各選代表七十五名，預計一百五十名代表赴會。此外邀請了四十名貴賓，包括王若望、方勵之、劉賓雁、陳一諮、郭羅基、劉青、柴玲、陸鏗等。

一月九日我在舊金山「世界公共論壇」會議上遇到方勵之，問他參不參加華盛頓會，他說，到時候去「站角助威」，並解釋這是北京天橋耍把戲的用語，意思是「幫場子」。順便提一下，方勵之從美國大使館走出，在鄧小平同意下，由美國軍用機運離北京，先到英國再轉美國。海外民運人士曾有意請他出面領導，爲他辭謝，表示只想當一個異議人士。

方勵之三十日姍姍來遲，在大會發言中指出，近百年來，「民主」一詞被政治集團使用最多，但對中國是亟需要民主和是否可以民主兩個問題，似乎尚未回答清楚，既然海外民運以民主爲訴求，至少應該論證民主爲今日中國所必須，在中國可以實現。

本來，這個會的有關方面事先經過交換意見，同意支持王若望出任合併後的「中國民主聯合陣線」的主席。但因朱嘉明的策劃，要徐邦泰出來任主席，就打亂了原來協商達成的默契。

開會方始，朱跑來坐在我身邊，他說：「關於究竟選不選王老師，我很困惑，想向你請教。」還說：自從你批評邦泰沒有大開大闔的氣度以後，他這次決定要大開大闔了。朱嘉明不愧吳用似的「智多星」，他用我的話來爲自己策劃的翻案文章作根據。我這個人一向直來直去，從大局看，兩個組織合併，需要一位新人領導，而這位先生又要有一定份量，王若望剛從上海出來，自爲較恰當人選。而且在舊金山，各方面交換意見時，都認爲恰當。現在，只由於朱嘉明的個人考量，居然要改弦更張，必然會鬧出問題。所以我嚴肅地告訴邦泰：「你們把若望抬上去了，現在又要把他拉下來，果如此，你會變成千古罪人。」

「千古罪人」之說，當然有些誇大，但我已充分估計到，如果把原來商量好的方案摒棄，一定會造成，本來是大團結，到頭來將變成大分裂。

事情果然如此。華盛頓會議，民陣、民聯的合併不僅未能實現，原來的兩個組織，竟變成了三個組織，一個在舊金山，一個在洛杉磯，還有一個在巴黎，較之會議前是更進一步的分裂。

怎麼解釋這種現象呢？唯一的答案就是海外民運已經迷失方向，主持者不是奉獻自己爲民運服務，而是要民運爲自己服務，深深陷入共產文化的迷魂陣中。

當然，這裡面有很深的歷史根源、思想根源、社會根源。由於共黨文化在中國大陸支配了四十多年，整個大陸出現了結構性的變化。在毛澤東思想籠罩下的一代人，其思想基礎是現實主義與功利主義相結合，特別是一些既得利益者，往往以「毫不利己，專門利人」的口號來掩蓋「人不爲己，天誅地滅」的實際。

海外民運離開了本土，變成了無本之木，無源之水。在初期還可以熱鬧一陣，到低潮時，由於資源就是那麼一點點，爾虞我詐，勾心鬥角，爭做領導，搶奪資源，甚麼花招都使了出來，把中國民族性中最醜惡的一面暴露無遺。再加上幾個野心家詭計多端，不擇手段，人們除了嘆息，還是嘆息。

這裡，有一個最淺顯的道理，從事民運本來是一種奉獻，結果，有的人卻是靠民運吃飯，甚至藉民運歛財，這不是開玩笑嗎？

不過對海外民運失望，並不等於對國家民族的前途失望。我們這個民族，經過歷史的鍾煉，她是會浴火重生的！而且一定會走上民主大道的。

和星雲大師結緣

●給人信心・給人歡喜・給人希望・給人方便——星雲

佛光山文化是台灣的奇蹟之一，星雲這位大和尚是佛光山的開山宗長。他的願望是「佛光普照三千界，法水長流五大洲」。截至一九九六年四月，我入住南港寫《回憶與懺悔錄》止，佛光山所屬的道場，除位於台灣高雄的佛光山寺本山之外，在台、澎已有道場四十八所；分佈在亞、美、歐、非和大洋洲的道場已有六十二所，並在繼續擴充中。佛光山所屬事業單位，包括文化、教育、出版、慈善和社會福利等也數達三十。

在佛光山文化的普照下，成立的國際佛光會已遍及全世界，佛光會會員也在一百五十萬人以上。

重慶識太虛，洛城拜星雲

抗日戰爭期間，四十年代初我有幸在重慶北碚認識了太虛大師，知道他提倡人生佛教。後來，得悉印順長老倡導人間佛教。佛教展現了新天地。但眞正把這一理想在中華的土地上付諸實踐的是星雲大師，即「以出世的精神，做入世的事業」。宗旨是「以教育培養人才，以文化弘揚佛法，以慈濟福利社會，以朝聖淨化人心」。揭櫫「尊重與包容」，提倡：「以空為樂，以無為有，以衆為我，以退為進；給人信心，給人歡喜，給人希望，給人方便」。

佛光山道場自一九六七年創建，三十年來，使現代化的佛教文化不僅在台灣崛起，而且推向世界，特別是推向以基督教立國的西方，這是一件對中華文化和世界文化都具有深遠影響的事。吾友唐德剛教授稱星雲為中國佛教的馬丁路德，我認為星雲較路德有過之而無不及。因路德只是改革，星雲則係開創。

我本人是個基督徒，雖然是個不好的基督徒，但仍然是基督徒，在某些基督徒的眼裡，佛教是異教，甚至是撒旦、魔鬼，由於反對拜偶像，連廟宇都拒絕進入。但星雲的「尊重與包容」卻感動了我，我毫不忌避成為「佛光之友」。

我從小跟祖母生活長大，祖母是虔誠的佛教徒，經常唸頌般若波羅密多心經和金剛經。因此「觀自在菩薩」很早就進入了我的心靈。六十歲時在香港浸信會受洗成為基督徒，但佛教和基督教在我思想中卻能和平共處。

一九八七年秋，應邀自紐約到洛杉磯參加一有關海峽兩岸關係的演講會。二弟陸鏘告訴我，台灣高僧星雲和尚，正在找我，他是通過一個在德國留學時結識的建築工業家陳抗生得知的。希望請我到西來寺吃一次素齋，見面談談。

談政治和尚，見面無忌避

我因記者職業的關係，聽過星雲的名字，知道他在台灣具有較高聲望，且是中國國民黨中央評議委員，被某些人視爲「政治和尚」。

我這個人做人的風格就是坦率，和星雲第一次見面就提出「政治和尚」的問題，星雲不但不以爲忤，反而簡述佛教大乘與小乘的區別。耐心地解釋了人間佛教與過去閉關清修佛教之不同，具有改善社會、淨化人心的使命。對於政治，他說：「你固然不必去找它，它卻常常會找你。」因此也應有所了解，雖然不必實際參與政治活動。至於他被聘爲國民黨中央評議委員，在我體會，當國民黨對台灣施行威權統治，整個社會瀰漫白色恐怖之時，星雲接受國民黨的一個「頭銜」，未始不是一種自保，因爲他初到台灣時曾有被情治機關懷疑來路不明、逮捕審查的經歷。何況他力行的人間佛教，又要做入世的事業。

至於他怎麼會注意到我，據他說，主要是看了幾篇我寫的文章，比如發表在司馬文武主編的《八十年代》上的〈建議蔣經國先生不要連任總統〉，這在八十年代初是不容易聽到的聲音。特別是看了〈胡耀邦訪問記〉，知道我是一個具獨立立場的記者，對台海兩岸都持善意批評的態度，所以希望和我談談。他表示他是中國人，關心中國事。

星雲大師和我一見如故，第一次見面，他知道我擔任發行人的《華語快報》已在紐約停刊，今後的工作是寫作，便歡迎我住到西來寺，表示他可以提供比較好的寫作環境。

辦世佛大會，通函趙樸老

象徵世界佛教人士大團結、關係到台海兩岸宗教加深接觸交流的世界佛教徒第十六屆大會和世界佛教青年友誼會第七屆大會，一九八八年十一月廿日至廿四日在美國洛杉磯哈仙達崗西來寺正式舉行。同月廿六日，被美國《生活雜誌》(*Life*) 稱爲「西半球第一大寺的西來寺」舉行落成典禮。我應星雲之邀趕到參加，並開始在西來寺作客。而在大會開會期間，因爲爭取中國大陸的佛教代表團赴會，以加強兩岸交流，化解兩岸對立，星雲大師作爲大會籌備委員會主席，必須與中共方面打交道，這個任務他就交給了我。當時，我作爲星雲的私人代表，負責交涉迎接中國佛教協會代表團出席大會的事。

這裡面，有一個歷史淵源，即我遠在一九五六年就認識中國佛教協會會長趙樸初居士。樸初先生的表弟、李鴻章的曾孫李廣平，不但和我在昆明監獄有「同窗」之雅，且結爲至交。我一九八五年五月應邀赴北京訪問胡耀邦，八八年陪崔蓉芝到黃山探查江南墓地，事後到北京，曾兩度拜候趙樸老，並以廣平所寫的〈長恨歌〉送樸老作爲紀念。樸老除寫一幅字回贈給我，並以印有淡綠色文字的石竹箋上「富貴」兩字作成對聯，交我轉贈星雲，上聯爲：「富有恆沙界」，下聯爲：「貴爲天

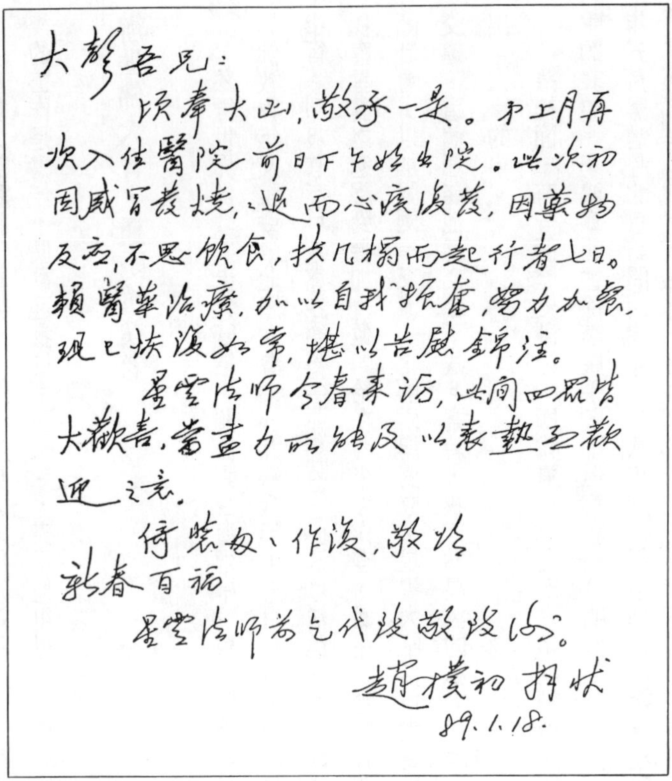
大聲吾兄：
頃奉大函，敬承一是。弟上月再次入住醫院，前日下午始出院。此次初因感冒發燒，繼而心疾復發，因藥物反應，不思飲食，扶几榻而起行者七日。賴醫藥治療，加以自我振奮，努力加餐，現已恢復如常，堪以告慰錦注。
星雲法師今春來訪，此間四眾皆大歡喜，當盡力所能及以表熱烈歡迎之意。
侍餐安、作復，敬頌
新春百福
星雲法師前乞代致敬候為。
趙樸初 拜狀
89.1.18.

◀趙樸初對星雲大師大陸弘法探親表示歡迎。

人師」。對星雲大師極爲推崇，爲星雲一九八九年的大陸弘法探親行，打下了友誼基礎。當時星雲曾和我談到大陸弘法探親之事，我乃致函趙樸老探詢有無可能，樸老一九八九年一月十八日覆我一函，對星雲大師大陸弘法探親，作了如下的回應：

星雲法師今春來訪，此間四衆皆大歡喜。當盡力所能及，以表熱烈歡迎之意。

至於「世佛聯」大會的舉行，星雲大師以籌委會主任委員的身份，把主旨定爲「發揚佛慧，爲和平而團結」，當然也有促成兩岸佛教界團結弘法的意願。他知道第十四屆世佛會在斯里蘭卡舉行，去自台灣的中國佛教代表團代表田劉世綸女士被選入大會主席團，中國大陸的佛教代表團爲了抗議「兩個中國」，宣佈退席。十五屆世佛會在尼泊爾舉行，中國大陸捐出四十萬美元給大會籌委會，不但加入了主席團，而且驅逐了台灣代表。

星雲一直煞費苦心地想創造兩岸兩個佛教代表團共聚一堂的局面，而且預料到此中問題一定很多，他知道我是個急性子，一再告訴我要耐心；我答以，我懂得這是具有歷史意義的大事，一蹴而及是不可能的。

好事必多磨，頻生新問題

大會舉行期間，關於中國大陸佛教代表團與會，前後發生了五起問題：

第一，北京提出「由於中國佛教協會和台北的中國佛教會同時參加，勢將出現『兩個中國』的局面。」因此建議「沿用海峽兩岸體育界參加奧林匹克方式，即大陸以中國佛教代表團名義，台灣以中國台北佛教代表團名義出席會議。」

星雲的答覆是：「台灣的中國佛教會」和「中華佛教居士會」並未冠以中華民國的號（英文譯名有 ROC 字樣爲五十年歷史形成），與中國佛教協會代表團同時與會，並不能構成「兩個中國」。由於同具中國名號，正說明是「一個中國」。只是在「一個中國」之下，有不同的佛教組織而已。

第二，北京提出「傳聞此次『世佛會』，流亡印度的達賴喇嘛亦將派人參加。此事如屬實情，則中國佛教代表團殊難遷就。」

星雲的答覆是：「北京聽到的達賴喇嘛將派員赴會，決非事實，因籌委會並未對其發出邀請，亦未聞他將派人前來。」

第三，以明暘法師爲團長的中國佛教代表團成行前夕，北京方面通過駐洛杉磯總領事館再次向星雲查證台灣的佛教組織有無中華民國字樣，當答以英文譯名有 ROC 字樣。爲此，總領館通知，中國佛教代表團只參加訂於廿六日舉行的西來寺落成典禮和落成典禮後的三壇大戒及水陸法會；「世佛聯」大會恕不參加。而大陸六位法師因加拿大過境簽證辦理不及，成行亦有問題。

不料《世界日報》刊出台北駐美代表丁懋時要來洛杉磯主持西來寺落成典禮，並發表演說的消息。北京駐洛杉磯總領事馬毓眞馬上在電話上對我說，他們看到了這一消息，請轉告星雲大師：「這樣做豈不是讓我們連落成典禮都不能參加嗎？」

星雲請我答覆馬毓眞，這一報導是錯的，西來寺落成典禮是由他本人主持。我問，如果對方問起丁懋時呢？星雲大師說，我原來是發過邀請，只是希望他說幾句祝賀的話。正當星雲爲中共的「敏感」而傷腦筋時，丁懋時因爲一個偶然的原因不來了。阿彌陀佛！

事有湊巧，中國佛教代表團加拿大過境簽證得到通知可以辦理。趙樸老決定讓明暘法師等按原計劃成行。十一月十五日我飛溫哥華，代表星雲大師歡迎他們的到來。十七日陪明暘等飛抵洛杉磯。星雲在機場迎接。

第四，中國佛教代表團從北京翩然而至，觸動了星雲的靈感，當夜想出了一個點子，即用中國北京和中國台北解決世佛會兩個中國代表團的難題。中文沿用中國佛教協會和中國佛教會的名稱。而英文讓我和他門下的博士、碩士徒弟，斟酌譯出：

The Buddhist Association of Beijing, China. 和 The Buddhist Association of Taipei, China. 進一步在英文譯名上體現一個中國。

星雲基於和趙樸初同具濟世情懷的慈悲和對中國統一前景的遠見，經越洋電話商量達成了共識。而北京駐洛杉磯總領事馬毓眞和台北駐洛杉磯辦事處長陳錫蕃也都表現了通情達理的態度。不過因爲北京在「一個中國」和「兩個中國」問題上特別敏感與小心，馬毓眞還向中國駐華盛頓大使朱啓禎作了報告。馬毓眞後來在電話中強調，COMMA，一定不能少。爲此，我還向國際法學專家丘宏達教授往返請教。

星雲模式終於使在世佛會爭執多年不得解決的問題，得到了解決。海峽兩岸兩個佛教團體第一次坐到一個會場裡來了！全體會衆爲星雲模式的誕生，熱烈鼓掌連續三分鐘。不少代表大叫「Wonderful!」

發言責達賴，大陸做笨事

但正如中國一句古話：好事多磨。因而出現了第五個問題。中國佛教協會代表團提出了要在大會中發表譴責達賴喇嘛叛國的演講。

星雲大師當然不同意。理由是這純粹是個佛教的會，沒有理由涉及政治問題。

接著，中國駐洛杉磯總領事館負責文化工作的一位姓張的領事，打電話給我，轉告了馬毓眞總領事的意見，說中國代表團這麼遠跑來參加大會，連表個態的機會都沒有，恐怕也說不過去吧！

我把馬毓眞的意見轉告星雲以後，經過商量，同意安排大陸代表團幾分鐘發言，但請他們避免譴責的詞句，因爲這樣做，在國際上會引起不良反應。對中國並不見得是好事。

張領事當即送來一篇發言稿，內容非常簡單，肯定了大會爲和平而團結的精神。只是說，達賴喇嘛在國際上的活動，是一種個人行爲，並不能代表西藏。

在明暘法師拿著這個稿子照唸一通後，會場上沒有任何回應。只是不少代表流露出訝異的神情，一位印度代表連連搖頭，表示不能理解。整個會場的沉默，說明中共又做了一件笨事。明暘法師事後告訴我，弄不清楚是那個部門的主意，這樣做毫無意義，只會有損中國的形象。但他身爲代表團團長，因爲命令來自北京，明知影響不好，也只好照唸。

星雲大陸行，北京禮遇高

「世佛聯」大會後，星雲大師決定作北京之行。由我先到北京與趙樸老商量全部日程。

一九八九年初，大陸全國政協主席是李先念，趙樸老是副主席。而對台統戰爲全國政協的任務之一，他們知道星雲在台的影響力，表示熱烈歡迎，由李先念出面會見星雲。我了解大陸什麼事都講規格，而且規格越高越好。於是我向趙樸老提出，希望安排由當時身任國家主席的楊尙昆一見星雲，作一次對外不發表的私人會談。趙樸老也欣然表示願意盡力促成。

當我離京返美前夕，趙樸老約我一晤。他告訴我，一切安排妥當，包括楊尙昆會見星雲都已講好。只是有一件事，關係到我的，他深覺遺憾。我說，「人貴有自知之明」，我知道因爲〈胡耀邦訪問記〉，我被中共中央兩次點名，屬於不受歡迎的人。這次還能進北京，已是意外。星雲大師大陸弘法探親行，在樸老支持下，能有如此理想的安排，於願已足。至於我個人如果當局不同意我隨星雲前來，也無所謂。

趙樸老說，你陪大師來沒有問題。只是在接待規格上，如星雲大師被安排與各地負責人在小範圍見面時，只能由他的兩三位大弟子陪見，你就不便參加。我答：這絕不是問題。不過請您向宗教事務局說明，星雲此來，特別邀請兩位名教授、佛學家傅偉勳、史學家唐德剛同行，最好讓這兩位教授也和他的大弟子得到同樣禮遇。

就這樣，我完成了爲星雲大陸弘法探親打前站的任務。

弘法又探親，萬里結勝因

三月廿七日，星雲大師率領的國際佛教促進會中國大陸弘法探親團主團七十二人，副團近兩百人，浩浩蕩蕩到了北京，在中國大陸從北到南受到國賓式的接待。被大陸新聞界、文藝界、學術界、宗教界及政治圈視爲台灣海峽兩岸四十年來最盛大的交流。星雲成爲兩岸阻隔四十年後，在北京人民大會堂第一位發表演說的台灣來客。他在大陸受到的歡迎及所產生的深遠影響，隨便怎麼估計也不爲過。趙樸初居士以「萬里香花結勝因」來讚美星雲大師的大陸行。而他和星雲見面握手時說的：「千載一時，一時千載」，更具有歷史意義。

我作爲弘法探親團發言人，除和各地的記者同業接觸外，事先沒有想到的還是在四川文殊院、成都的一座大廟，臨時擔任星雲大師演講的四川話翻譯，不用擴音器面對數千聽衆傳達了法音，「大聲」總算用上了。當時人們擠在五個院子內，一部分直站至街頭，聽星雲講到感人處，自發地齊聲高呼「南無阿彌陀佛！」一位成都的記者告訴我，他幾十年從沒有看到過這種場面。可他不知道，我還不是和他一樣，也是好多年沒有看到這種場面了。

俗話說：「好景不長。」到弘法探親團到達上海時，就聽說胡耀邦逝世了。在上海的一座大廟中上香時，我特別爲胡耀邦先生上了一炷香，並爲他默禱，聊表我對他的歉忱。那知道，當我們轉往南京時，天安門事件在南京已有了連鎖反應。我打電話到南京大學給郭羅基，他說，南京的學生決定支援北京的學生。但無論如何沒有想到，在全中國人民面前是那麼一場震動世界的腥風血雨。

歷史是倒退了，還是前進了？

天安門事件發生初期，我從北京回到西來寺，接待了包括戈揚大姐在內的大陸作家代表團。他們一行，還有吳祖光、王若水、邵燕祥、梁存誠等好幾位朋友是早在三月就來到美國的。西來寺小住後，我陪他們到聖地牙哥參觀，下榻西方寺。當時同行的朋友沒有一個人預料到事件會演變得那麼糟，所以祖光、若水等都聯袂北返。只有戈大姐因機票回程日期的問題，暫時留下。不料北京的情況越來越嚴重，她的女兒以越洋電話建議她不忙歸去，因而就有了西來寺百日小住的因緣。

後來，因爲我的關係，好幾位民運人士如嚴家其、萬潤南、吾爾開希等都在西來寺小住。等到許家屯也成爲西來寺的客人，北京的意見就更大了。幸而趙樸老通過實際接觸，對星雲大師有深切的了解，所以化解了不少誤會。

大師爲大聲，破例壽七十

一九八九年七月廿二日星雲大師決定爲我七十歲作壽。

謹摘錄洛杉磯《世界日報》和《國際日報》一九八九年七月廿三日的報導如下：

以敢講敢評的「陸大聲」聞名的新聞界老大哥陸鏗，廿二日在西來寺度過了一個風雲際會的七十大壽，與會的親朋好友，盡是來自世界各地的知名政界和新聞、藝文界人士，這場盛宴被喻爲是「中美五湖四海墨客騷人大會。」

北京來的千家駒，香港來的范止安、曾慧燕，日本來的《朝日新聞》元老記者吉田實，紐約來的唐德剛、鄭心元，華盛頓來的張天心，舊金山來的崔萬秋夫婦、何鳳山、孫芸、錢寧、陳汐、謝善元，台灣來的曾輝光，聖地牙哥來的黎東方，以及方從大陸返美的盧燕等洛城名人和陸鏗最後一位紅粉知己崔蓉芝，二百多位來賓出席。

美國國會衆議員 Marthew G. Martiney，也以「美國之友」表揚狀相贈，祝「陸大哥」生日快樂。

一向大膽說話，鏗鏘有聲的陸鏗，在齋宴之前的「話說陸鏗」漫談會上，足足聽「訓」了三個多小時，親朋好友們恨不得將他們所知所識的陸鏗奇聞奇事，統統傾囊吐訴，使得原本排爲晚間六時的素齋宴，延至七時半才進餐。最別緻的是由星雲大師和陸鏗用「洛城四大」（左大臧、陳大安、卜大中和稱爲齊老大的齊振一）合送的一把寶劍切開七層大蛋糕。

爲陸鏗打破佛光山不過壽的慣例，星雲大師以主人身份表示，陸鏗在西來寺「掛單」寫作這三年，他們相處已成好友，雖然，陸過去的大膽新聞言論，成爲海峽兩岸皆不受歡迎人物，但西來寺卻十分歡迎這位自由民主鬥士。人生七十才開始，星雲願好友陸大聲，從今天開始新生活，更健康，更熱心助人！

被陸鏗形容是「最遠來」的稀客，中國知名經濟學家千家駒，專程前來祝壽，他以一首即興詩誇讚陸鏗的助人爲樂精神。

與陸鏗相交五十年的崔萬秋，八十五歲高齡仍搭機從舊金山趕到，他特別告知「陸大聲」這個號，是于右任所贈，因爲陸鏗經常語驚四座，尤其揭發黑幕，更是不顧一切。一九八五年所寫的「胡耀邦訪問記」，引致國內外大轟動，間接導致胡耀邦下台，而美國國務院的「每日報導」也英譯刊出，「他不僅音大、膽大、肚量亦大，陸大聲之名實在名符其實！」

王亦令亮出陸鏗擁有「三五牌名記者」的底牌，因其曾接觸過美國三位五星元帥——艾森豪、馬歇爾、麥克阿瑟，中國新聞史上留有盛名。

陸鏗坐過國民黨和共產黨兩邊牢房達廿二年之久，有人海峽兩岸分別去唱歌，也有人兩邊吃酒席，倒唯獨這位老兄，是兩邊趕著坐牢。暫居西來寺的北京《新觀察雜誌》主編戈揚，陳述她所知的陸大聲，「兩年前，在胡耀邦下台前的檢查文件裡，戈揚看到「陸鏗是個壞人」，直到今年星雲大師組團赴大陸訪問，她有緣與「壞人」結識，才發現其性情中人的可愛處。已退休的空軍軍官王秉立，五十年前與陸鏗一齊關過昆明監獄，他說：「陸鏗的囚號是四〇六，我是六〇四，多年的監獄患難，我相當佩服他的獨特見解。」王秉立回憶，陸鏗第二次坐牢，是要求開放報禁，結果卻以「惡毒向黨的進攻」鋃鐺入獄。特別贈予一句：「但願人長久，繼續發大聲」。餘興節目上，張俐敏表演「綠島小夜曲」，並與壽星合唱「長城謠」。國劇接唱，有王藍、陳燕貞、王潛潔、張天美、楊富森各唱一段拿手好戲，張天心拉南胡，馬梅椰彈琵琶。陶慕廉、李惠英夫婦的跳加官，更將祝壽晚會引向高潮。

回顧我和星雲大師的結識，可以說是異數，從佛教的觀點看，則是緣份。而當代高僧竟然在西半球第一大寺為一個基督徒朋友祝壽。這充分表現了星雲大師的寬廣胸懷。

星雲格局大，天下一家人

我在西來寺寄居五載，每次要離去，星雲都不同意，最後，還是趁他返佛光山本山，才與西來寺住持情商而別，回到舊金山居住。

十年交往中，我給星雲大師找了不少麻煩。從接待民運人士、到接待千老夫婦、到接待許家屯，不僅使他操心、傷神，而且遭致中國大陸當局對他的不滿，最後使他從中共最高規格接待的高僧大德一變而爲不受歡迎的人。

難怪有星雲門下的個別徒弟背著星雲大師對陸大聲嘖有煩言。其中一位當面和我半開玩笑半認眞地說：「出家人是吃十方，你是吃十一方了。」

而星雲卻是另一種觀點。他說：「人與人的結交是要有緣份。一般來說，知友多半是三十歲以前訂交的，我們兩個訂交，是六、七十歲的事，這非常難得。」

又有一次，他不勝感慨地對我說：「你是一個既有個性，又自視較高的人。我們彼此能夠開誠相見，互相尊重，我能欣賞你的直、諒、多聞，你對我也能做到無話不談，這是很不容易的事，只有『般若』可以解釋。」

我除了感動，沒有回應。實則每與共話，均會自然想起「萬傾波濤黃叔度」，深愧讀書太少，不能以「一船書畫米襄陽」對。

我通過十年的交往，認識到星雲大師是佛教在中國和世界發展的關鍵人物，儘管不少人批評他「政治和尚」，但在中國這個充滿了政治的國度，完全與政治絕緣是不現實的，何況他倡導的是「人間佛教」。

但應該看到，如果沒有台灣的奇蹟，也就沒有星雲的奇蹟。這也就是爲什麼中國大陸不能出星雲的道理，雖然星雲生於大陸。同樣地因爲星雲初步實現了「佛光普照三千界，法水長流五大洲」的目標，反過來又充實了台灣文化經濟社會的發展，彰顯了台灣的光明面。

一九九六年大陸文化史家余秋雨訪台，形成了一股余秋雨旋風。到處有人請秋雨演講，而他卻有意拜山、拜謁佛光山。我和星雲大師有佛緣，和秋雨有文字緣，乃陪他上山。歸程中他說到對星雲大師總的印象可以一字概括即：大。形象大，格局大，氣魄大，心胸大，理想大，秉持慈悲，心懷天下。所以，能把東方佛教在西方發揚，這是創造歷史的不朽功業。

義助許家屯再上黑名單

●君子交有義，不必常相從。——三國魏・郭遐叔〈贈嵇康五首〉

●肝膽一古劍，波濤兩浮萍。——唐・韓愈〈答張徹〉

一九九〇年五月一日，當年已有五十二年中國共產黨黨員黨齡、曾爲中共中央委員、中共江蘇省委第一書記、人稱「許第二」、繼後又出任新華社香港分社社長、代表中共駐港、擔任中共港澳工作委員會書記、有「地下港督」之稱的許家屯，突然到了美國。他對外宣稱旅遊休息，實際上是躲避保守派，特別是李鵬對他的迫害。國際傳媒稱許爲自林彪一九七一年「九一三」叛逃後，中共出走國外的最高級官員，引起了國際轟動，而我卻因友誼的關係捲入了這一事件，尤其是在代許舉行的中外記者招待會上，點了李鵬的名，引用一位名作家對他的評價，指爲「弱智兒童」，因而正式上了中共黑名單。

我和許家屯結識和往來

許家屯是一九九三年夏天到達香港。他由廣州乘火車到羅湖，經過羅湖橋到達九龍車站，穿了一件夏威夷襯衫，褲子不但無縫，褲口也是大而無當，戴一副墨鏡，給香港人的第一印象很差，報上公開反映說「像個特務」。他在答覆記者關於他的任務一問時，又說爲中國統一而來，更使人感到怪怪的。

他出現於公共場合，穿西裝而不打領帶，且喜把手插在褲子口袋中，從形象看是不及格的。由於我和香港《大公報》社長費彝民是老友，許到港不久，我和費談到許的形象問題，建議費以朋友的身份帶給許一個信息，叫他改變一下穿著，注意一下形象。費表示他不便講，我倒可以講。我說，我根本不認識許。費說據他了解許準備各方面接觸一下，他可以向許推薦先約我談談，我說好。

就這樣，我和許第一次在新華社香港分社的會客室見面了。我和他泛談了香港的傳媒特色，強調新聞自由，他認眞地聽，偶爾提個問題。我建議新華社要改變作風，從原來的關門狀態改爲打開大門。許表示他也準備如此。我說，來到香港應當注意一下穿著，改變一下形象；如果代表國家出場，穿西裝一定要打領帶，或者乾脆穿中山裝。墨鏡不要再戴，因爲已有人反映說像個特務。我請他對我的直言不要見怪。他說：「怎麼會見怪呢？第一次見面能像陸先生這樣坦率，只有感激。此後，希望多聯繫。」我說：「我是記者，下次見面就要進行訪問了。這叫先禮後兵。」許大笑。

後來，好幾次接觸，我提出進行訪問的問題，他都說最好先交換一些看法，讓他多了解了解香港，再接受訪問，如何？而且說，向他提出要求訪問的傳播媒介，中外都有，接受一家，不接受另一家，也不好。

我表示諒解。有一次，香港吹颱風，掛八號風球，全市停頓，他派車接我去作打風漫談，談到他的名字來由，他說自己原名許元文，自幼喜愛文學，但因家貧無力上學，只好自學攻讀文學作品，有一次讀到艾蕪小說《咆哮的許家屯》，即以之爲名。原來許家屯是中國東北的一個小火車站的站名。從這個名字，可以反映許從年輕時起就有一點革命浪漫主義的情調。風球卸下後，他送我出門，道別前的最後一句話是：「今天的聊天不供發表。」我的回應是：「下次見面就非發表不可了，請預先作好準備。」

順便提一句，他每次送我走時，都要叫他的車服務，我推卸均不果。後來，彼此熟了，便坦誠相告：「你讓你的司機送我，我給他的小費是喊taxi的一倍，否則拿不出手。你還是爲我省點錢，你也省點事吧！」彼此大笑而別。

一九八五年一月十二日，我的一位教授女朋友要看許家屯，我和她一起從美國飛香港，許先生在新華社內熱情接待餐敍，並介紹副社長喬宗淮和我們相識。當宗淮和我握手時，許特別指我說：「他和你雙親都認識。」我告訴宗淮，一九四〇到四一年，在重慶是統一戰線最好的階段，國共兩邊的記者都參加中國新聞學會，因此，我和你母親（龔澎）曾有一舞之緣。

就在這一次訪問前，許讓喬宗淮陪我帶去的女教授逛街。他接受了我一小時的正式訪問，在二月一日《百姓》半月刊第八十九期以〈香港、香港人、香港前進〉爲題發表。

這篇訪問記，一開始就坦陳：

「在香港問題提上議事日程的時候，『香港前景研究社』是公開和中共唱反調的，『前景社』的朋友（勞思光、徐東濱、李怡、胡菊人、孫述憲、董千里、鄭宇碩、談錫永和陸鏗）並非有愛於殖民主義，更非不願香港早日歸於中國的版圖，而是對中共沒有信心。鑒於中共以往三十多年的紀錄實在太差，香港一旦由中共管治，必然會弄糟掉。」我根據自己對中共的了解指出這是「專政性格」決定的。許家屯對這種對立的意見，認爲是正常的現象，不僅沒有視爲「異端」，還表示願意虛心聽取。因此有了宴請「前景社」朋友的餐會。在那次餐會上大家毫不客氣擺出自己的觀點，總的來說，即按中共的黨性，不干預香港的事務是不可能的，一干預就糟，糟了更要干預，於是更糟，結果形成惡性循環。因此，「前景社」對香港的前景是悲觀的。

許家屯當時處於「戰略防禦」的地位。他反覆解釋了中共的政策，對於逆耳之言絕不以爲忤，相反地還說「頗有參考價值」。後來，他在私人談話中兩次告訴我：「中央領導，鄧小平、胡耀邦、趙紫陽都曾告訴我（指許），香港的事，讓香港人管，我們最好少管。只有在英國人耍花樣的時候才管一管。他表示，即使九七後，中共也是用政策體現領導，而不是用人來管」。

許家屯在香港六年半，基本上是按「不干預」、「少干預」、「多交朋友」、「多聽意見」的方針做事的，因此，他成了香港人的「知音」。這從香港人對他的「去後之思」可以證明。

在八五年一月十二日的訪問中，有一個有趣的插曲，即陳香梅的妹妹、香港大富豪夜總會的老闆娘陳香桃，吹噓她在廖承志那裡看到「廖公主持擬訂的一份有關香港前途的計劃書」。而且說她「見到了一張派到香港來的人的名單。廖公還介紹了一批包括許家屯在內的重要幹部給她認識」。

許對看到計劃書等等之說的反應是「根本不可能」。至於介紹許家屯認識，只不過是廖承志宴請陳香梅時，陳香桃隨往與許有過同席之雅而已。許說：「我正在想，為什麼沒有記者來找我求證。」我說：「我今天就是找你求證了。」對於見到陳香桃說派到香港來的人的名單，許的答覆是：「請當作笑話！」

我在訪問記裡提出一個問題：

「陳香桃為什麼要這樣亂吹一氣？唯一的解釋只是小妮子春風得意，也就忘其所以了。」

訪問記刊出後，在香港反應強烈：許家屯為什麼只接受《百姓》的訪問？

哈公在《明報》哈公怪論專欄連罵了三天。而且以「小妮子春風得意」做文章，究竟是為小妮子撐腰，還是藉陸鏗對小妮子的批評，來個「一石二鳥」，因為是曲筆，本為怪論，所以未予深研。

有一點可以肯定的是，通過這一次長篇訪問，許和我之間彼此有了更多的了解，為他六年後赴美，先行和我接觸，打下了思想基礎。

傅朝樞拿了中共大量外匯

一九九三年一月出版的《許家屯香港回憶錄》，除前言和後記，一共十六章。第十一章題為〈敏感的城市〉，又分四節，敘述了他對香港傳媒的看法以及北京高層對香港輿論的重視。其中提到他和《中報》老闆傅朝樞的接觸，他說：

「我與傅朝樞，主要是北京對傅的《中報》有相當多的資助，通過香港新華分社轉給他。」

傅朝樞拿中共的錢，新聞界很多人都知道，究竟拿了多少，則是一個謎。錢復一九八四還是八五年在華盛頓向親台灣的傳媒人士透露，根據他得到的信息是六百萬美元。大概是一九八五年，在香港有一次我和新華社的傅冬（原名傅冬菊，傅作義將軍女公子，遠在一九四五年就在北平參加了共產黨，爲中共做了很多事，成爲中共北平地下黨領導人崔月犁和傅作義之間的傳信人。一九四九年後先在《人民日報》工作，後來轉到新華社。傅冬的先生周毅之也在新華社香港分社任職，於楊奇指導下參加了《香港概論》的主編工作。）吃早點聊天，談到傅朝樞拿中共的錢，高達六百萬美元。

傅冬說：「絕不可能。」理由是「我們(指中共)的外匯相當緊，怎麼可能給傅朝樞那麼多錢?!」我說：「老傅利用你們的領導人根本不懂台灣，胡吹一氣，把楊尙昆等給唬住了。」傅冬說：「任他吹得再厲害，也不值那麼多錢嘛！」

沒有想到，過了兩個星期，傅冬約我吃早點，她主動告訴我：「上次你說傅朝樞拿錢的事，我了解了一下，不是六百萬，而是一千萬。楊尙昆批的。因爲對台經費不封頂。」

老實說，我對中共這一手是感到吃驚的。我了解，大陸老百姓的生活是那麼苦，中共爲了對台統戰，竟這樣浪費民脂民膏，實在不可思議。

許家屯抵美後，記不得是一九九一還是九二年秋，有一天和千老（家駒）、蕭政之兄、卜大中老弟及我聊天，他說中共給傅朝樞的錢，前前後後近兩千萬美元。我當時的反應是：「恐怕沒有這麼多嘛！」許馬上反駁說：「有些是我經手的。」然後補了一句：「傅朝樞這個人貪得無厭！」

在這裡，需要說明一點，許先生初到加州時，對於他在香港經歷的人和事，是很少提的，有時別的朋友提到，他也很少搭腔。其原因據我的觀察是，他離開香港前給鄧小平寫了一封信，表示了到美旅遊休息的態度，即不洩漏黨和國家的機密，不尋求美國的政治庇護，不接觸民運人士，不公開發表談話。他是這樣寫，也是這樣做的。

因此，正如他在《回憶錄》前言部分說的：「不少朋友，一再鼓勵我把在香港任新華分社社長和中共港澳工作委員會書記六年七個多月的經歷寫出來。」這裡說的「不少朋友」，就有陸鏗一個。我曾告訴他：「不發表也可以，作爲歷史資料存起來。」後來，又爲什麼改變初衷了呢？

這與中共作出決定開除他的黨籍有很大的關係。不過，在他看，不是整個的中共中央委員會要開除他的黨籍，而是如他說的「暫時由江澤民、李鵬掌權的中國共產黨開除了我的黨籍，一時間回不了大陸。」不過，《許家屯香港回憶錄》在涉及中共黨和國家機密方面，仍有很大的保留，不僅我們從旁觀察是如此，他本人也承認這一點。

驚險的出走，一小時之差

對於他離開深圳直奔香港出走美國這一段，倒是非常驚險，差一點就出不來了。

關於出走的情節他從未系統地說過，只是話題偶爾觸及、零碎地說一點，我是以記者的冷眼旁觀，把近十次談天的一鱗半爪湊起來，才得到如下的全貌，可能還不夠周全。

許先生先是看到梁湘被整，才興兔死狐悲之嘆。梁湘在一九八九年只是在海南省給中共中央寫了一封信——希望和平處理天安門事件。信稿並不是他擬的，他見省委書記許士杰簽了名，他也簽了個名，如此而已。結果江澤民、李鵬叫許、梁到北京開會，一下飛機，許被接待入京西賓館，梁就被捕軟禁了。

許心想，他在一九八九年「六四」前後所做的事，絕非梁湘所能比，梁單表個態就喪失自由，而他卻參與了中共中央高層處理天安門事件兩種方式的鬥爭。加之，他想到「六四」後他為一件事到北京見李鵬，朱琳對他所說的聽起來就反感的話，感到「秋後算賬」勢不可免。

許離港到深圳，原來只想就「一國兩制」做一些研究工作，為國貢獻心力，當時主持中共中央組織部的宋平原已同意，後來又說不行，反映了江、李另有打算。及至得悉香港新華社已將有關他的「材料」寫成報告送往北京；看來鬥爭勢在必行。到了正式通知把他平日乘坐往來於港、深之間的汽車收走，他知道動手的日子就要來了。

他先送走了老伴——也是一九三八年就加入共產黨的所謂「三八式」老幹部——回南京定居。接著和在香港的朋友聯繫好，四月三十日晨間開車到上水相迎，以免紅勘下車受到注意，不聲不響地到達香港，翌晨直飛美國。事先約好由我在舊金山接機，然後陪他同機飛洛杉磯。他的兒媳婦也是送走婆婆才到香港美國總領事館拿到祖孫三代三人的簽證的。許過羅湖時，海關關員還對他像平日一樣打招呼，他們絕想不到他這是未經中共中央批准的出走。

深圳這邊，市委四月三十日上午就收到北京通知許家屯即赴北京開會的通知，還要市委派員陪同。市委決定由副書記秦文俊親自給送去，以示鄭重。剛巧，中共傳統紀念五·一勞動節，深圳市按例四月三十日舉行紀念大會，秦文俊於開完會再去看許面交通知，那知他到達貝嶺居許的居處時，許已人去樓空了。據許講，時間只相差一小時，好險！

香港這邊，許家屯連夜給鄧小平寫了封信。許在深圳時，因事給李嘉誠打了一通電話，未能聯繫上；李後來電話找許，直找到新華社，造成了驚動，幸而他們並未在翌日採取行動。他們沒有料到許會當機立斷，走上去國之路。

行筆至此，我想到他曾兩次在聊天時告訴我：「作夢回到了大陸」。說來也夠淒涼的！

事實上，從到美國的那一天起，他就打算要回大陸的。而主動通知北京駐洛杉磯總領事馬毓眞見面，也說明了他對大陸、對中共是身離心不離的。

與馬毓眞、朱啓禎的見面

就在許家屯到洛杉磯西來寺住下沒有幾天，他向星雲大師和我提出要和北京駐洛杉磯總領事馬毓眞見個面，當面通知馬他到美國旅遊休息。星雲極爲贊成，並說可以安排西來寺對面一座非常清靜的居所、星雲大師偶爾用以會客之處見面。與馬毓眞聯絡的事，就由我去辦。

一九八八年星雲大師在西來寺舉辦第十六屆世界佛教徒友誼大會和第七屆世界佛教青年友誼會時，我曾受星雲委託與馬毓眞打交道，由馬派張領事代表中方，由我代表星雲協商中國代表團赴會事宜，因此與馬認識，且在西來寺共餐。

當馬毓眞在電話中得知許到了西來寺，願意與他見面一談時，他約我到蒙特利公園市一家超級市場的大停車場相遇。

當時，馬由司機駕車，我由海倫（崔蓉芝）駕車，幾乎是同時到達。兩部車停在一起，馬邀我到他車中談話，他的司機開車門走出，說明馬事先已作交代。我於是鑽進他的車中，當時的反應是，這不正是偵探小說裡描寫的情景嗎？感到有點滑稽。

他爲什麼不在電話裡談，事後我想到是避開美國方面的電話監聽。

我告訴馬，許到了，住在西來寺後面一個招待賓客的房子裡，願意和他見個面談談。他表示聽到許到了洛杉磯，也希望和許見面，很高興有這一機會。於是我告訴他見面的地點，時間由他（馬毓眞）定。馬說，讓他安排一下，會通知我。

大概就是停車場相約的第二天下午，馬和許見了面；大約隔了一個星期，又和北京駐華盛頓大使朱啓禎雙雙與許在西來寺對面的一位佛教徒的宅邸見了面。事前都禮貌上拜會了星雲大師，彼此打了招呼，星雲告退，他們會談，許與馬、朱足足談了兩個多鐘頭。

事後許主動告訴星雲大師和我說談得很好，最初還有一點不自然，後來彼此開誠以對，朱、馬均稱以「許老」。他們傳達了楊尙昆希望許能乘楊訪墨西哥回程時一道返北京的建議，許表示剛來，希望住一段時間再說。

交談的詳細內容，許沒有向我講，我也沒有問。說到這一點，可以說彼此自然有一點默契，即我從來不問他的事，他主動講，我注意聽，但凡寫文章或作報導涉及他時，一定先徵求他的同意，有時且在發稿前請他過目，主要是爲了防止無意間對他造成傷害。

說到這裡，不能不寫上卜大中老弟一筆。他是一位才子記者，代表台灣《中國時報》駐洛杉磯，許到洛杉磯不久，我就介紹他們認識。大中主動爲許先生提供各種幫助，小到開車購物，提供書刊閱讀，大到辦理延長簽證，引導各地旅遊，無不盡心盡力。最難得的是，他和許先生結識五年，沒有利用接觸方便，發過一條消息，寫過一篇有關許的文章，純粹是友誼，令我自愧不如。

我看許家屯這個人

和許家屯先生認識，轉眼快十四年了。他到美「旅遊休息」也已五年多了。可以這樣說，近六年來除他的家人之外，和他接觸最頻密的就是我。他知道我是一個一生以新聞事業為職志的記者，一個自由主義者，或者像艾契遜說的「民主個人主義者」。我知道他是一個開明的共產主義者，或者像他被江澤民、李鵬開除出中國共產黨後，他自稱的「黨外的社會主義者」。他雖身在資本主義社會的美國，心仍處於社會主義轉型的中國。

他是中國共產黨人中首先在黨的機關刊物上提出「重新認識資本主義」的人，也是正式寫出中國人的圈子裡具有劃時代意義的宏文〈試論和平演進〉的人。

他對於世界前途的發展仍充滿著樂觀，他認為人類經過無數的折騰，終會找到一條理想之路，把資本主義和社會主義的優點熔於一爐。對於受列寧主義、史達林主義毒害甚深的中國大陸的和平演進，他是具有信心的。因此，雖有家歸不得，但他相信總有一天他會平安地回家。

他由於曾任封疆大吏，在江蘇任第一書記時曾管理過六千萬人的事，加上年輕時接觸文學，心靈上受過托爾斯泰人道主義的洗禮，故在港所表現的格局與一般共產黨高幹不同，與極左分子更是相異。不過，這不等於他處理香港問題全是開明的。相反，在起草基本法時，對某些有關未來香港特區政制的方案，他承認他的觀點比當時受到批評的雙查（查良鏞、查濟民）方案還要保守。對於英國人離開殖民地要的一套花樣，他的警惕性是很高的，在香港鬧過有名的「本子風波」，批評英國不按協議辦事。但對香港人他不論對左、中、右都表現了同胞愛，而且堅信香港人是會把香港治理好的；他所擔心的倒是北京某些執行港澳政策的人過左，不能認眞吃透（這是共產黨的用語）鄧小平「一國兩制」的精神。

許對「一國兩制」在香港實行有信心，曾多次向我提到鄧小平對在香港貫徹「一國兩制」是有誠意的。只是北京中南海領導的變化會影響到香港的變化。有些共產黨員習慣於搞左的一套，「寧左勿右」是一種痼疾，很難醫治。因此，他在其《香港回憶錄》中預言，如北京的領導層「是逆歷史潮流而動的盲動者」，「小倒退、中倒退、大倒退」都有可能。但許說：「倒退不僅港人不容，全中國人民不容！故而總體來說，我對香港前途還是樂觀的。」

而香港人對許家屯雖不至「有口皆碑」的程度，但留下了比較好的印象則是不爭的事實。香港記者自發地約集起來爲他舉行送別餐會，共唱惜別歌，在香港固然已成爲人們樂道的感人故事。而我自己親自遇見的一個鏡頭，也能說明許家屯確爲香港人留下了「去後之思」。

就在許赴美的半年後，我到了香港，老正興是我每次必光顧的一家餐館，以江浙菜著名。當吃完飯付了錢走出來時，突然發現五位服務人員包括一位「部長」（即領班，香港稱「部長」）站成一排說：「陸先生，我們想請你帶個話給許社長，我們大家問他好！」

當時，我受到了感動。我想這就叫「是非自有公論」、「公道自在人心」。用共產黨的話來說就是「人民的眼睛是雪亮的！」

許家屯談陸鏗

許家屯在香港結交了很多朋友，不乏有錢有勢的。他決定出走時，只通知了一位老友和我。爲什麼會找上我呢？這與他對我的認識有關。一九九三年出版的《許家屯香港回憶錄》三一二、三一三頁中有以下兩段說明了他的想法：

陸鏗坐過國民黨的牢，還更長時間（二十多年）坐過共產黨的牢。他在任國民黨《中央日報》副總編輯時，不畏權勢，勇於揭發孔祥熙（蔣介石連襟）、宋子文（蔣介石的大舅子）貪汚國家外匯三億美金案，轟動一時。他也是在港主張：「批毛不批鄧」，支持鄧小平改革開放政策者之一。他六十五歲生日時，我曾託人送他十萬港幣賀禮，他接受我的「情」收下了，立即又請原人原款退回，傳話是：「感謝你的好意，但不能收你的錢。」

除卻政治立場上的差異，我欣賞他的眞誠、正直。我在北京和公安部長劉復之、安全部長凌雲談到陸鏗的爲人時，凌雲有感慨地說：「當時對這些人的工作做得不夠。假如做得好一點，經濟上多給些幫助，可能對共產黨的態度會好一點。」我講：「像陸鏗這樣的人，恐怕未必！」

緯國夫人被毒死・章亞若遭同一命運

●自古佳人多薄命，閉門春盡楊花落——宋・蘇東坡〈薄命佳人〉

蔣緯國將軍平時把我介紹給他的朋友，包括他的部屬時，都喜歡講這句話：「我們是半世紀的老朋友。」

我們認識於抗日戰爭時期的一九四三年，當時我在重慶做廣播記者。他在胡宗南將軍統率的部隊任上尉連長，從潼關回到重慶看蔣老先生，在嘉陵賓館的一次晚會上相識。緯國生來性格開放，熱情好友，加上國外留學四年多，對於外國的一套禮節非常熟習，給人以翩翩佳公子的印象。

靜宜如緯國，對人很熱忱

一九四七年春，我從南京到徐州採訪，當時國共兩方軍隊在山東展開了爭奪戰。緯國時任戰車一團副團長，已與石靜宜女士結了婚。靜宜圓圓的臉，大大的眼睛，還帶著一股稚氣，對人跟緯國一樣的熱誠，說話直來直往，穿著也不特別講究，看不出是出身棉紗大王之家的小姐。

緯國介紹靜宜時，說明他倆是一九四四年在西安認識的，兩人一見鍾情。小石的開朗大方，給了他極好的印象，作爲一個富家小姐，卻具有平民姑娘的思想作風，這正是他喜愛的對象。相戀不久，就稟告父親蔣老先生，於一九四四年在陝西王曲結了婚。

抗戰勝利後，緯國被調到徐庭瑤將軍主持的裝甲兵司令部戰車第一團服務。由於他在德、美兩國學軍事，造就了較高的專業水平，受到同儕敬重。他們夫婦倆陪我參觀不同型號的戰車時，緯國如數家珍。我讓他倆雙雙爬上車頂，以便拍照。當時緯國還開玩笑說，事先未經報告批准，擅自爬上戰車，是要受處分的，姑念南京記者從工作出發，免予追究，下不爲例。這張照片成了《新聞天地》第廿一期的封面。

靜宜曾在西北農學院學習，並在音樂專科學校學鋼琴及聲樂，喜歡跳舞。有一次緯國和她雙雙到南京，還約了我在國際聯歡社跳舞聯歡一番。萬萬沒有想到，從那以後，再沒有機會看到她了。

一九四九年十月，我在東京做中國駐日代表團團長朱世明將軍的客人，被招待在代表團的賓館裡，那原是日本農林大臣的官舍，設備相當講究。當時客人只有三個：蔣夫人年輕時的朋友、盛傳和她一度訂過婚的劉紀文；蔣老先生的親家、緯國的丈人、西北棉紗大王石鳳翔；再就是我。石老先生聽我談起認識小石，特別表現親切，說希望和我在台灣一聚。

青春煥發時，不明不白死

誰能想到，小石竟在青春煥發的時刻，不明不白地死去。

一九五二年春，緯國奉派隨徐培根上將應美國國防部邀請訪美。訪美結束返台路過東京時，得到靜宜病危、囑其速返的電報。等他向駐日大使借了錢買了機票，搭民航機回到台北，靜宜已在三月二十二日逝世了。

一九八六年在紐約，通過一位上海朋友徐大椿女士的介紹，我認識了紐約大學醫學中心生化系主任陳亨教授。他是視覺分子與調控分子生物學的專家，談起話來給人以天才橫溢的印象。他告訴我，他原名陳明，幼年出身於緯國主辦的裝甲兵子弟學校，能夠赴美留學，也是得緯國之賜，因此把緯國看作恩人。但他心裡一直耿耿於懷的，即緯國夫人石靜宜女士的冤死。他是目擊者之一，卻未能站在正義的立場將這件事公諸於世。下面就是他對我敍述的情況：

陳亨目睹石靜宜被害

「一九五二年，我剛剛十五歲，在台中宜寧中學讀書。我們這所中學，本來就是裝甲兵子弟中學，校長石靜宜。宜寧的校名，宜取自靜宜；寧取自南京。我們一百多名學生大都是由緯國將軍在大陸撤退時用船把我們運到台灣的，我們對他存著深厚的感情，他也視我們如自己的子弟。我們的學校在台中，常常跑到台北來看他，來玩，包括看最新上片的電影。而有的同學就住到緯國將軍中華路寓所，他反正是來者不拒、有求必應的。他夫人、我們的校長跟他一樣好客，特別對我們這些宜寧的學生，非常親切。

「一九五二年三月廿二日夜晚，我和邱明山和另外一個同學玩夠了，又跑到緯國將軍家去，但見燈火通明，通過窗戶一看，四個彪形大漢架著石靜宜，正在強迫她吃一包藥，她表現出掙扎，但無可奈何。當時把我們嚇壞了，掉頭就跑。

「回到台中宜寧中學後，很快聽到石靜宜校長病逝的消息，而我心裡清楚，她是被害死的，因爲我親眼目睹了那恐怖的情景，看到了石靜宜掙扎的表情。

「後來，各方面透露出來的情況漸漸具體了，知道是蔣經國幹的。蔣經國當時是台灣的No.1情報頭子。他抓住一個美國援助軍用布匹（羅斯福呢）被掉包的貪污案子，據說已引起美軍顧問團團長蔡斯的關注，並指石靜宜涉嫌關說，爲了維護所謂『蔣氏門庭的尊嚴』，而且得悉蔣老總統確實震怒了，故假傳聖旨，對石靜宜『賜死』。宮廷鬥爭實在是不擇手段，極盡殘忍之能事。」

陳亨教授目擊四個彪形大漢對石靜宜的粗暴，與《千山獨行》一書中引用的緯國岳母告訴女婿女兒死前最後一刻情景：「但她要起身時，有四個醫護人員，都是男的，進來按住她的手脚，不讓她起來，她掙扎，就在這個時候，她就攤了，不再掙扎了……」非常符合。何等的巧合！又是四個男的。

不管賜死或害死都是死

當我的《回憶與懺悔錄》快殺青時，特別就石靜宜的不幸死亡與緯國交談，講了陳亨在十年前告訴我的情況。緯國告訴我，他得悉靜宜病危趕回台北時，靜宜已經死了。他岳母滿含悲哀地告訴他簡單的經過，最重要的一句話：「靜宜不是自殺的。」

我插話說，不是自殺，那就是他殺囉！按照《千山獨行》的說法：「蔣緯國一家人都認為石靜宜死得冤。」而按照陳亨教授當年目擊的實況，明顯是被迫害而死。不管「賜死」也好，「害死」也好，反正人是死了。

在《回憶與懺悔錄》定稿前，為了愼重，我專程由台北飛舊金山轉紐約去看望陳亨教授，因十年未有聯繫，加之聽說他中了風，所以只好通過新聞界幾位年輕朋友幫忙尋訪，終於找到了這位退休的教授。沒想到，他健談如昔，重義如故。聽說我是專為了解石靜宜之死而來求證的，他特別約了當年和他同在宜寧中學的同班同學吳紹亮博士，遠自康州紐海芬前來和我見面。吳紹亮的哥哥吳啓平當時就是緯國的隨行參謀，與緯國形影不離。只是緯國赴美，他未跟去；對於石靜宜之死，自然了解內幕。不過，吳紹亮與陳亨性格不同，陳外向而吳內向，陳豪爽而吳謹愼，惟他也坦陳遠在三十五年前就聽到石靜宜是「賜死」的，至於到底是蔣老先生之「賜」，還是蔣經國之「賜」，或蔣經國打著老先生的令牌所「賜」，這就不清楚了。

當時這個案子，緯國完全不知道，他被蒙在鼓裡，到自己最親愛的伴侶被乃兄設計謀害、含恨而死，他仍然被蒙在鼓裡。善良的緯國，看來只有在天堂和靜宜重逢時才得眞相大白。

章亞若暴卒實變相「賜死」

從中國歷史看，宮庭鬥爭一直是殘酷的，而手段更是無所不用其極。再以章孝嚴、章孝慈的母親章亞若之死來說，也同樣是在一種「賜死」心態下的謀殺。

一九五〇年，軍統元老、人稱「阿公」、曾任軍統香港站站長、負責策劃陳濟棠屬下空軍投奔蔣介石爲蔣立了大功的邢森洲先生，在昆明監獄跟我談天，他因爲出任兩廣監察使時經于右老介紹和我認識，彼此了解，故談話無所顧忌。

有一天，談起章亞若，他說是軍統接獲密報，章亞若在桂林住院生子時，對外有所招搖，故意透露她和蔣經國的關係，因此，戴笠經過請示，奉命將她去掉，乃予以毒害致死。我問邢森洲，請示什麼人呢？

阿公責備我說，你是做記者的，怎麼問出這樣的問題。除了蔣委員長，誰敢接受戴笠的請示。

關於這件事，八十年代末在洛杉磯和老記者、也曾在台灣任《中央日報》採訪主任的王康兄聊天，他就說，當一九四二年章亞若生雙胞胎時，恰遇他太太也在桂林住同一醫院，因而認識並來往。出院後，他太太去看望章亞若，見到房間裡懸掛著一張放大的蔣經國和毛夫人像。當時章對外自稱蔣營長太太，先生在前方：而王康太太是認得蔣經國的，便指著相片問：「這兩位？」章亞若答：「我先生和我婆婆」王康太太不僅一目了然，而且心中有數了。

試想，如果遇到特務，將是什麼情況？

一九九〇年，章孝嚴與崔蓉芝在舊金山凱悅酒店談江南案和解事，我陪蓉芝前往，自始至終未發一言。臨別時，孝嚴禮貌地表示，今天未聞陸先生的高見。我說：「對你們兄弟，我倒有一個建議——不要搞什麼『認祖歸宗』。因爲據軍統元老邢森洲先生告訴我，你們兩位的母親就是蔣老先生下令毒害而死的。」

這也是一種變相的「賜死」！

楊惜珍醫生和我們的五個兒女

●人的不虔不義蒙蔽了眞理，上帝就從天上啓示他的義憤。
●患難培養忍耐，忍耐產生毅力，毅力帶來盼望。——《聖經》・羅馬書

楊惜珍是一位有成就的牙科醫生。出身於一個法官家庭。她的父親楊步青先生二、三十年代在南京出任國家大法官，使她自幼受到中國倫理教育的影響，加上現代科學教育，導致她的一生成為良醫、賢妻、慈母、孝女、虔誠的基督徒和對社會無私奉獻的義工。

渝蓉一線牽，陸楊結連理

一九三九年，我在重慶南溫泉政校讀書，突然接到一封寄自成都中央大學醫學院一個女孩子的來信，主旨是打聽我妹妹陸敬賢的下落，自稱是敬賢同學，小時候曾到過我們在古城襄陽的家，還

記得那玩遊戲的假山石，並見過我。只是那時我讀高中，她們讀初中。

我回信稱以惜珍妹，簡告敬賢在抗戰初起即被父親作主嫁給一個軍人，輾轉落脚在重慶壁山，生活談不上幸福。她第二次來信就提出了挑戰：「第一次寫信就稱人家爲妹，你覺得合適嗎？」我的反應是這個女孩兒不簡單。乾脆請她作個自我介紹，只差叫她寄張照片。不料她把醫學院剛剛進行的身體檢查結果寄來，如身高、體重等等，我感到既有幽默感，又有趣味。

一九四〇年夏，我從學校畢業，即將參加工作，她利用暑假自成都到重慶看我，由於有一定的歷史淵源，彼此了解家庭及教育背景，又通過信，所以思想溝通的速度，超乎一般常態，更重要的是她呈現了外在和內心的雙美，我肯定了應當把她作爲一個選擇對象，於是開展了三年的戀愛。彼此來往信件有數百封之多，可惜這些本來保存得很好的信件，全在毛澤東滅智的文化大革命下給毀了。

但美麗的記憶是毀不掉的。第一是我在一九四一年的成都之行。布後街中大醫學院平靜的一池春水被我的歌聲吹縐。惜珍的女同學們熱烈地歡迎了我這重慶來客，而男同學則爲之側目。我的性格和我的記者職業，使我在惜珍的女友中留下了較好的印象，其中有四、五位如鄒兆菊、吳玉潤、周敬行、柳樹嘉、詹威儀，差不多在以後的數十年，一直保持著友誼，直到我對惜珍的背叛爲止。

第二是惜珍一九四二年的重慶行，因成渝鐵路那時只是少數人的設想，往來靠老爺汽車，她和中大、華大一批同學，中途抛錨在一個小縣城，幸而一座天主教堂的外籍神父收容了他們兩天，爲已在華西壩開 Tip Top 咖啡館的活躍的華大學生呂明德創造了追求楊惜珍的條件，她生平第一次躺在天主堂草坪吊床上被推著幌盪，她後來告訴我那是非常奇妙的感覺。

也許有人會奇怪，我爲什麼事隔五十五年還會記得那個男孩子的名字，原因很簡單，他是我的第一個情敵。惜珍到重慶後向我全盤托出這一青春插曲，坦率表示，生平第一次嘗試到一個女孩子竟然會同時喜歡兩個男的。並問我，回到成都後，如果呂明德去找她，怎麼應對？我教她一著：「對不起，我已經愛上了一個新聞記者。」結果，她如法泡製，對方也知難而退。因而有了一九四三年重慶嘉陵賓館相當盛大的婚禮，賓客數百，花籃成群，其中竟有行政院長孔祥熙和青幫領袖杜月笙送的。這與不少人見到報上刊出的于右任先生證婚，孫伏園、馬星野兩先生爲介紹人的陸鏗、楊惜珍結婚啓事有關。但也多少反映了廣播記者逐漸爲社會接受。與我同爲最早兩個廣播記者之一的樂恕人，當場朗誦了祝福長詩。而我的號——大聲，正是于先生在頒賜一副親筆對聯外，送的最重的賀禮。

未婚即得子，離比聚時多

回首前程，我在婚姻問題上犯的第一個錯誤，就是等不及結婚，就在一九四三年春到四川永川惜珍家中去探望她時要求對方作肌膚之親。天下事就那麼巧，一次輕狂就珠胎暗結，使她在畢業之前三個月坐立不安，而且使雙方都失去了新婚之夜顛峰狀態的喜悅感。事後自責：既已注定鴛鴦牒，何必逢歡突逞狂?!

這一教訓在心理上產生了極微妙的負面因素，是我對惜珍的第一個虧欠，也是首先要懺悔的。

從惜珍來說，由於自幼受了「三從四德」的封建文化傳統影響，對於父權和夫權有一種自然的服膺，這在一定程度上寵壞了我。當然，根本的是我本人思想中的大男人主義毒素太深，一切任性而爲，很少考慮妻子兒女。

我和惜珍自從一九四三年七月十八日在重慶結婚，一九八三年在香港接受一百多位新聞界友好爲我們舉行結婚四十年慶，到一九八七年在美國分居，前後四十四年，其中二十二年也就是一半時間我都在坐牢。不坐牢的時間，由於我是個「新聞迷」，生活的主軸是新聞，總是圍著新聞轉。即使不坐牢，也是滿天飛。不是歐洲隨軍，就是日、美訪問，再就是國內到處採訪。因此，夫妻聚少離多，是正常現象；夫妻兒女相聚一堂，反變成特殊現象。

惜珍天性仁厚，大處著眼，對我沒有半點責備，總是曲予優容。只有一次提出了抗議，那是一九四七年七月的事，在南京，惜珍任大學醫院牙科醫生兼任助教，每天早晨七時起床盥洗，進早餐，八時上班，直到下午六時下班回家，照顧老人和孩子。我在《中央日報》任副總編輯兼採訪主任，每天工作多在十六小時以上，連星期天也忙得很，平常都是凌晨三四點回家，這時，她睡得正香，我避免吵醒她，倒頭就睡。到她起床上班，正是我酣然入夢時，故雙方只能互相欣賞睡姿。有一天早晨，她上班之前，破例將我推醒，說：「我們已經一個禮拜沒有講話了。」我說：「有什麼事，你講嘛！」突然見她把床一拍，提高聲調說：「夫妻嘛！難道一定要有事才能講話，沒有事就不能講話？」我趕緊解釋說：「不是這個意思，因爲實在太忙，對不起！」她才說：「今天是你生日，晚上能不能回家吃餐飯？」我當時除自責外，才發覺已一個星期沒有回家吃晚飯了。

父子同出遊，一生未曾有

對妻子是如此，對孩子呢？說來連自己都不敢相信，直到寫《回憶與懺悔錄》時才反思了一下，在我一生中竟然沒有一次帶著老婆孩子假日出遊或逛過一次公園。像我這樣混蛋的爸爸，恐怕天下少有。這與我生來不喜歡欣賞風景有關，我的家人和朋友都知道，陸大聲有興趣的只是各種各樣的人和新聞。如此一來，整個家和孩子的教養責任，全加在妻子身上。

楊惜珍大學畢業就做牙科醫生，先在空軍總部診療所，後進空軍醫院，繼入大學醫院，再自行開業應診，她不但負擔全家生活費用，而且還要給我送牢飯。至於我本人除在南京《中央日報》兼國立政治大學教授兩年多時間，經濟收入較好，對家庭有點貢獻，其餘絕大部分時間，只是收入僅夠自己做記者的支出。對惜珍的唯一貢獻是在一九四六年自歐洲轉美回國時，將口袋裡剩下的一千多美元在紐約爲她買了一套牙科器材，供她開設牙科診所之用。除此之外對她完全是虧欠。

昆明名牙醫，受文革衝擊

由於惜珍學習認眞，技術過關，又勤於鑽研，不僅在昆明成爲有名的牙科醫生，而且是雲南口腔醫學界唯一在《中華口腔科雜誌》上發表學術論文的醫生。她還在當局准許「以師帶徒」的規定下，培訓了不少年輕的牙科人才；這也包括了我的兩個孩子可望和可信。老大跟媽媽學醫牙，老二跟媽媽學鑲牙，不料剛剛可以獨立操作，文化大革命的浪潮衝擊到惜珍服務的醫院，她本人被劃爲「資產階級學術權威」，戴上白袖套，每天掃廁所，只有一般醫生不能醫治的牙病，才命她在造反派監督下進行醫治。而兩個孩子，也在醫院喊出「資產階級接班人滾出去」的口號下被趕了出來。

與此同時，原來她自置的昆明威遠街一五八號房屋，也被昆明市政府以所謂「房改」（房屋使用改造條款）加以沒收，分配給工人居住，我們的家則被趕到附近只有一間房的臨街小屋中。在極端困難的情況下，惜珍頂住了橫逆，一直熬到文革後期，經過不折不撓的抗爭，更重要的她是受人敬重的醫生，終於把自己的房屋要了回來。雖然被弄得殘破不堪，但到底又有了自己的家。

老母劃地主，冒險迎奉養

最大的奇蹟是她在大陸土改運動中，冒險犯難回到湖北廣濟老家鄉下，把被劃爲「地主」、躲藏在一個親戚櫃子裡兩個月之久的老母親不遠數千里接到了昆明奉養；又在「文化大革命」中把老母送到貴州服務於一個小火車站的侄兒處避禍。這在中共那種嚴密的戶籍制度和轟轟烈烈的群眾運動威勢下，簡直是不可思議的事，而她卻是憑著對基督耶穌的信仰，認爲有了主的恩典，就會有「神蹟奇事」。

從一九四九到一九七八年，三十個年頭的「解放」歲月，楊惜珍面臨的不單是一個接一個政治運動的腥風血雨，還要照顧長期坐牢的「反革命」丈夫和年邁的老母，並撫育五個孩子成長，結果是一門四牙醫。

不僅如此，她對老同學、我的妹妹和我的繼母也盡可能給予幫助和照顧；關懷及於我的朋友，如送寒衣給李廣平，並負責廣平自殺後的埋葬費就是一例。

面對大危難，巍巍女丈夫

對我來說，一生中，惜珍爲我分擔的苦難，雖不驚天地，亦可泣鬼神。而她表現的沉著冷靜，不能不令我佩服。在南京，我面臨蔣先生的震怒可能失去自由時，她爲我準備了牙刷、牙膏、換洗衣褲的同時，還準備了一把扇子，以應付中國三大火爐之一的煎熬。在廣州，當警備司令部抄家時，她雖被迫搜身，仍處之泰然，相反地安慰同住的丁中江未婚妻和樂恕人的女友不要怕。在昆明，當面臨鎭壓反革命高潮時，她總是擠在人群中看張貼出的佈告，先看判處死刑的有沒有單名，如果都是三個字的名字心才落了下來，而心理上卻準備收屍。當一九五八年三・二九之夜我第二次被中共逮捕，全家被抄，公安幹部讓她在搜查證上簽字，她冷靜地簽下「楊惜珍」後望著我堅定地說：「放心地去吧！五個孩子我會撫育他們成長學好，不會學壞的。」

我對惜珍雖然充分了解她對我的愛心，但因大男人主義思想作怪，加上一九五四年一月出獄後被公安當局通知不准找事做，處於靠老婆吃飯的地位，心理發生了變態。惜珍體會我的心情，怕直接拿錢給我有傷我的自尊，常常悄悄放些人民幣在我西裝口袋裡。因此，我常常當著朋友的面自我調侃：現在連理髮、洗澡都要用老婆的錢，實在窩囊。有一天爲一件生活小事，我突然大發雷霆，甚至拒不下樓吃飯，直逼得她跪在我面前請我息怒。事後想想，自己成天罵毛澤東是暴君；我這種態度與暴君有什麼兩樣？甚至比暴君還不如，暴君是憑權力對百姓施暴，而我是憑妻子對自己的愛心對妻子施暴。我事後爲此自慚，她反而爲我找理由歸咎於大環境。

惜珍對我的個性非常了解，特別是對我在喜歡新聞之外，就是喜歡女人，了解更深。而且有一定的寬容，比如我在歐洲任戰地記者回國後，帶回了三十幾張歐洲各國結識的女孩子照片，有的在照片背後寫了不少肉麻的話，像義大利小姐還印下紅唇的印跡。她並不以爲意，還爲我貼好一個相簿，後來被毀於文革，我開玩笑說，老婆的關倒過了，紅衛兵的關過不了。

一九八六年的一個秋天，她是眞的生氣了，一個偶然的情況下聽到了我和一位女士的越州情話，這位女士剛在我們家做過客，她因考慮對方是學界朋友，故以禮相待，邀請與她同房而臥，兩人交談甚歡。而且這位女士誠懇警告過我：「你絕不能背叛楊惜珍，否則全世界的人都會向你扔石頭。」結果，她沒想到這位女士也會和我「更有銷魂人不見」，因而大怒，約著我一齊從六層樓上跳下去，我說：「現在還不能。」她問：「爲什麼？」我答：「因爲回憶錄還沒有寫。」

墜入黃昏戀，寫信陳背叛

一九八八年我和崔蓉芝墜入愛河，正是面臨著「全世界的人都會向我扔石頭」的處境。一九八八年八月三十日我寫了一封陳情信給她，坦陳了一切，結論是我欠她的情義，不要說這一輩子，下一輩子也還不完。只有請她以基督耶穌的寬容饒恕我這個浪子。我引用主耶穌基督的話說：「愛能遮掩一切過錯。」指出這裡所謂的遮掩，不是掩蓋的意思而是原宥（Forgive）的意思。

我跟她說：「四十五年來，我們雖然一直相敬相愛，但我帶給你的困擾也一直不斷，我想大概是遺傳因子的關係，我祖父在青年時代就有「保山唐伯虎」之稱。後來，他有了六個太太。我父親是個花心大少，你可能也聽說過。幸而依靠你的品德，言傳身教，使我們三個兒子沒有把陸家的惡根繼續傳下去。」

「四十五年來，你是以基督的愛心在看顧我，百般忍耐，而我卻像一個頑皮的孩子，常常惹禍；用基督的眼光看，也就是『罪性』。我曾向你坦率地說：『恐怕一輩子都改不掉了。』而你始終信心十足。」

「爲什麼到晚年還會 Fall in love？這與一些痛苦的經歷有關。總覺得自己受了太多太多的罪和苦，因此，需要撫慰，需要體貼，需要溫柔，更需要恢復青春；前三者，從你身上都可以得到，而最後一點，直到我遇見崔蓉芝以後，才有實在的感覺。你可能發現最近半年多以來，我情緒比較高漲，精神狀態比較年輕，我想與崔蓉芝的傾心相愛分不開。而她的體貼與溫柔，因爲沒有生活小事的磨擦（這作爲夫婦生活在一起是不可避免的），因而更顯得單純。在我身上發生的直接效應是，我雖年近古稀，但精神狀態和身體狀態正如好多人見了我以後的反應：最多不過六十歲。你常對我說：『你的身體眞好。』但我卻不敢向你道破這一秘密。」

「我現在唯一感到抱愧的是對你。罄南山之竹作筆，傾滄海之水作墨，也寫不盡你對我的情義。」

「八月，我給一個要好朋友（按：指蕭乾）寫信，談到我的心境，除了指出一般男士對婚外情只敢偷偷摸摸，不敢勇敢坦陳之外，還跟他說了下面兩段話：『惜珍爲我作過重大的犧牲，我欠她的情債是永遠還不完的。好在她現已一心歸向耶穌基督，老早產生一種觀念，即人世間的一切都是沒有意義的，只有歸向主，才是最高的境界。我的背叛更可促成她精神的昇華。而且我有一個自私的想法，她既然愛我，看到我在晚年能重享青春之福，放我一馬，也是一種基督愛心的體現。』九月，蕭乾兄覆信以老友之情婉轉批評：『兄眞乃雄辯家，對此事能振振有詞，眞是佩服。』我讀後感到汗顏。」

惜珍函友好，冷靜談終結

惜珍收到我的背叛的信後，氣憤是可想而知的。她在同年九月廿二日給我們的幾對好友寫了一封長信，並將我的信及紐約一張小報關於陸、崔之戀的報導，影印附寄。她表明態度說：「我的態度是：愛情的結果成了夫妻，夫妻的結合基於愛情，愛情是夫妻的原動力，沒有了愛情，也就不是夫妻了。過去屢次傷心事，他都立即放下屠刀，跟我說拋錨一下不都是回來了嗎？一點都沒有影響我們的感情。正如一九六八年刑滿時信中所說：年輕時糊塗，中年時身不由己，老年時要補償一切的損失。（大意如此）因此我憧憬著晚年美好和睦的家庭生活。現在他已明明白白、清清楚楚宣告了原動力沒有了，美麗的圖畫被他親手撕毀了，希望破滅了，我復何待?!」

「我受了這麼多的教育，服務社會人群幾十年，我有我自己的社會價值，自己的社會地位，自己的尊嚴，獨立的人格，獨立的經濟。（結婚以來，除了香港那短短幾年外，直到如今，家庭生活一直是我在籌劃和負擔著）難道時光倒流，我還會回到祖母的年代中去？」

「任何事情都有個了結。有好的了結，也有不好的了結，但總是一個終結。終結了，也就了了。

不再為它困擾，不再被它折磨。他走他的陽關道，我過我的獨木橋。各人去追尋自己認為有意義的人生。」

我們共同的朋友凌遇選老大哥和文思榮大姐伉儷，董品禎、封家瑾伉儷，胡菊人、劉美美伉儷，謝君健、徐秀麗伉儷在回惜珍信的同時，還寫信給我；包括俞國基夫人陳冷好友，都勸我三思，不要弄得天怒人怨。卜少夫、黃綿齡兩位《新聞天地》的老弟兄也專門回信給她，但沒有給我信，他們了解我的個性，就像張文達、孔文梅對我的了解一樣，即使全世界的人扔石頭，也只有認命了。

我的連襟龔選舞傳來惜珍唯一的盼望：「不要背叛主耶穌」。因為那時我寄居佛教勝地西來寺。

兒女對家變，老五最痛心

至於我和惜珍的五個孩子、三男：可望、可信、可人；二女：南達、南軍對爸爸背叛媽媽的反應，正如惜珍給朋友們的信中說的：「因為各人性格不同，表現也就不同。」老五（可人，紐約市立大學畢業，在藍十字保險公司工作。）幾乎痛不欲生，曾多日失眠、不食、工作無心，他寫了一封絕交（對我）的信，其中有這樣一段：「……從我學走路時起，媽媽背著我，牽著咪托（南軍），還有大妹（南達）、小偉（可信）和阿哥（可望），每個月爬山路到林家院探監看你，手提肩掛的送吃的、用的、穿的和零花錢給你。到警察派出所打證明，小偉被幹部罵得不敢吭聲，直淌眼淚，嘴癟嘴癟地哭著回來，居民開會，我和幾個差不多大的小孩坐在毛像下，街道辦事處的老奶奶把我從娃娃堆裡拉出來說，你這個反革命兒子，還想坐在毛主席像下面？對門麻子欺侮我，阿哥、小偉、大妹他們在學校裡也被欺侮，因爲劃爲『黑五類』，從小我們心靈就受了創傷，一家老老小小箍在一起，在共產黨的煉獄裡倖存了下來，總希望你出來後，我們能得到父親的愛，圓滿的家庭幸福。……在我孩童時代看到別人有爸爸及圓滿的家就很羨慕。我的家呢？是一個遭受各種政治壓力、歧視及迫害的悲慘家庭，家裡任何事情都由被生活和社會壓得抬不起頭、肩負全家八口人重擔的母親承擔。今天，安定、豐富、自由、舒坦的生活剛剛開始，你就作出了辜負、傷害媽媽和我們的背叛。」

老四（南軍），雖是一個女孩子，但生性豪放不羈，處事機智而大膽，這大概與她的不平凡的生命開始於監獄有關。一九五三年底，雲南公安當局準備釋放我，考慮到內外影響，決定讓我先脫離犯人圈子，跟幹部生活在一起一個時期，使身體恢復得好些。同時准許惜珍在星期日探訪。多次探訪都是利用星期日不提訊，讓我們在審訊室內談心。一關四年，得能團聚，歡欣之情可以想見。有一次又逢星期日，幹部全去看電影，我和惜珍一直說到月上東山，天地交泰的激情，戰勝了專政與恐怖。不料惜珍竟因而懷孕了。我就向負責審訊的公安廳第八處處長胡殿斌坦陳了一切，說必須讓我儘快回家。否則不但對我們夫妻造成困擾，對你們執行政策的人也會帶來麻煩。胡是一位比較通情達理的人，馬上簽報，翻過年，到一九五四年一月四日就放我回了家。南軍四歲時，我又因右派被捕。她全是在媽媽關愛下成長的。奇怪的是個性卻非常像我。中共大鍊鋼鐵，她當時不滿十五歲，在一個工廠做工，也被迫參加。有一天突然不告而別，回到了家。還約了一個男青工一起行動。她媽媽責備她：「妳一個人跑回來，已經違犯了紀律，爲什麼還要帶一個人走。」她的答覆是：「我不叫他一起走，誰替我揹行李。」

文革期間她無學可上，成天讀小說，文革後考入暨南大學新聞系，畢業後鑒於父親做記者苦難一生，遂棄文從商，趕改革開放大潮。惟生性重友輕財，她媽媽批評她「與錢有仇」。一九八八年，在上海遇見了崔蓉芝，表示欣賞蓉芝的風度，但強調她愛媽媽，向蓉芝提出：「將來不管發生什麼事，希望把我和我爸爸分開。」

三女兒南達屬於中國大陸所說的「老三屆」畢業生。文革初起時，昆明舉辦階級鬥爭展覽會，劉少奇到昆明，她所在的中學全體出動歡迎。她卻被指定與另外三個「黑五類」留校大掃除。

文革期中，爲了培養革命氣氛，大搞「唯成份論」。在昆明拓東運動場，先由「紅五類」作報告，強調劃分階級界限，命令「黑五類」自報身份。南達首先站起來報：「我爸爸陸鏗是大右派。」跟著她的四位同學張小頭、郭松寧等三人報。一個父親是地主，一個父親是資本家，一個父親是反動軍人。於是「紅五類」喊：「老子英雄兒好漢」；「黑五類」喊：「老子反動兒混蛋。」然後同聲喊：「龍生龍，鳳生鳳，老鼠生來會打洞。」

從初中到高中，所謂「停課鬧革命」，一直鬧到毛澤東發表「知識青年到農村去，接受貧下中農再教育」，南達才和一批同學下放到雲南保山芒市和少數民族一起種田，苦累不說，即使發瘧疾，第二天照樣出工。插秧遇到螞蝗，脚腿都生瘡，打針時，傣族赤脚醫生不消毒，結果屁股上爛了個大洞，天天往內塞紗布，後來整個臀部腫起來，才住進醫院。她爲了證明出身不好不等於勞動不好，拚命地幹活，到年底所掙工分名列前茅，但算算錢，她忍不住大哭起來。公社的幹部問她爲什麼哭，她說：「我苦了一年，掙得的才抵我媽一個月的工資。」

不過，老三經過農村的鍛鍊，變成了一個非常能幹的人。特別是到了美國以後，有了自由發展的天地，在經營事業中，展現了她爲一般人所不及的才幹，而且聚集了一定的財富；對媽媽和老五、老四一樣，非常孝敬。我也鼓勵他們，應當站在媽媽一邊，反對爸爸。

老二（可信）從小不喜歡讀書，加上爸爸是反革命，在學校裡備受歧視，很怕上學，經常逃課，初中畢業時八科不及格，只有體育一科及格。想不到他和哥哥一起跟媽媽學牙科時，他的鑲牙效果竟超過他母親。「文革」後在北京醫學院實習，很多高級醫生和教授都找他鑲牙。當在昆明被趕出醫院後，兩兄弟靠推板車幫補家用，累得腰常常直不起來，到現在事過廿多年，脊椎猶帶殘疾。不過他經過十年摸索，堅忍奮發，終於找到一個回饋故里雲南的途徑，先後在麗江和大理兩個風景區，以中外合資的方式，建好了兩條登山觀光索道，為麗江雪山和蒼山洱海憑添了姿采。

他對家變情況，最初不大了解，後來略知梗概，對母親的健康特別關心，經常和弟弟聯繫，強調：「好好照顧媽媽，只要媽媽是好好的，別的都不重要。」

長子深責父，寄望回憶錄

最後說到大兒子可望，從小就是一個「書迷」，而且越讀越深奧，到七歲時已能熟背很多古文，那時正逢中共發動鎮壓反革命運動，我關在監獄裡，為待決之囚，惜珍在神經特別緊張時，唯一能對話的孩子就是可望。他以七歲之年，竟能和媽媽討論吉凶禍福。不論在小學、中學都名列前茅。高中畢業因為父親是反革命，不能入大學，後得躍入研究院，其過程已在〈三撞鄧小平〉一章中提及。三年研究苦讀，得碩士學位，到昆明醫學院任教。並從事科學研究；在牙科材料發明上，獲得突破，連續兩次得發明獎及國家科委頒發的「發明證書」，成為自學成才的典範之一。並被選為全國青聯委員。這時北京和雲南都有記者要求訪問，他因一貫埋頭讀書，不喜拋頭露面，均加婉拒。一九八三年八月中國全國青聯第六屆委員會第一次會議在北京舉行，他被選為雲南二十一名代表之一。其中十七名選自少數民族，漢族代表僅四名，因此他成了重點。與胡錦濤、劉延東、劉心武、張克非、賈平凹、吳英輔、陶斯亮、劉再復、劉曉慶、嚴家其、林麗芳等，共議一堂。他事後告訴我，從這些傑出人才的發言中，他看到了中國的希望。

一九八三年我和惜珍帶著小孫子（可望子）大衛移民，成年子女不得隨行。後來，美國一大學邀請可望講學，美國移民當局則以有移民傾向拒發簽證。直到一九八六年他才到達美國，因美國不承認中國的醫生執照，不得已投考德萊瓦（Delaware）的一家化學公司，竟獲錄取試用。試用三個月期間，他為這家公司創造了一項專利，轉為正式化學師。他從未學過化學，是入公司後日夜自學苦讀才掌握了理論。經過繼續鑽研，到九十年代初再度搞了一件發明，為這家公司創造了數百萬美元的財富，因而升為高級化學師。並提供頭等機票兩張和五星級飯店訂房，讓他攜眷到夏威夷渡假。

當我背叛他媽媽後，他來一信，第一句話：「爸爸，因我仍然愛你故寫此信。我理解也同情你的心情。但『飄風不終日，驟雨不終朝』，這種狂飆式的愛情，在你這個年齡是不可能持久的。請你引鏡自照，七十衰翁，眼皮泡腫，油肚下垂，又有性格，崔女士絕不可能愛你超過半年。『愁髮含霜白，衰顏寄酒紅』。你想以一時的狂迷喚回青春，只是徒然。古人早有詩曰『酒伴衰顏只暫紅』。如崔眞如你形容的那八個字：善良、溫柔、靈秀、通達，則你被踢出她家只會更早一點；若她老實忠厚一點，則你可能呆得略長幾天。」

「你知道《百姓》因你的緣故，讀者大降嗎？你應發一聲明，說自己無德無行，不配當《百姓》社長，自請辭去。免得愛護你的朋友如胡菊人先生難堪。『好死不如賴活』，你若被逐，請不要自殺。可閉門靜思，把回憶錄眞實地寫出來，才對得起仍然關愛你的人。」

「最後一章標題不准用『婚變』，既俗氣又傷害媽媽和我們。因爲這是你單方面的事。蘇東坡嘲老翁娶少婦詩云：『一樹梨花壓海棠。』梨花指老翁之白髮，海棠指少女之頰紅，你可用『梨花海棠夢』作標題。幸早動筆，我與弟妹等當引頸以待。」

奇特的是，我讀了這封兒子痛責老子的信，不但沒有生氣，反產生莫名其妙的喜悅，這種心理狀態，恐怕只能請心理學大師楊國樞教授賜予分析。

八個女性的故事

●笑漸不聞聲漸消，多情卻被無情惱——宋．蘇東坡〈蝶戀花〉

抗日先行李德馨

過了七十近八十歲，年逾古稀，回首前程，覺得自己做了不少錯事，需要懺悔。比較突出的是男女情結。九十年代初，接受一位青年同業訪問，他讓我對一生作一自我評價，我毫無猶豫地說了八個字：新聞第一，女人第二。

從九歲起開始感覺喜歡異性，到近七十九歲，七十年來，和女性確有剪不斷、理還亂的關係。而且，自小就產生一種喜女心態，跟女孩子在一起，精神特別好，心裡也覺得舒暢。小時當然不懂這是什麼緣故，慢慢成長了，尤其是在接觸馬克思主義以後，懂得了這叫階級烙印。

我們家是個大家庭，最盛時，祖父有六個太太，加上丫嬛、小姐當然是夠熱鬧的。後來，家衰敗了，人也四散了，大伯父因愛妾自殺離家出走，大伯母也由我父親照料，大伯母有四個女兒，我自己有兩個妹妹，到我懂事的時候，弟弟還小，因此在家庭生活中同輩接觸的都是女孩兒。

進高小的那年，我十歲未滿，老師編座位，偏巧將我編在兩個女孩兒的中間。一叫李德馨，是一個城市居民的女兒；另一叫宋美幻，是襄陽有名的基督教堂宋牧師的女兒。他們對我都很好，我對他們，也像對自己的姊妹一樣。漸漸地，我感覺不大對了，對李德馨產生了不同於姊妹的感情，究竟是什麼，自己也弄不清楚，只是覺得喜歡，甚至多看幾眼心裡就感到舒服。於是主動和她接近。我的算術很糟，這注定了一生不願和數字打交道，見了錢就嫌煩，窮了一輩子的根。李德馨總是主動幫我做算術題。國文課，老師叫試寫作文，我第一次就寫了兩篇，一篇自己交，一篇供她抄。

地理課要畫圖，我就幫她畫，畫得比自己要交的作業還要完整，獲得最高分。她當時講了一句：「你這麼會畫地圖，將來長大了可以做個旅行家哦！」第二次世界大戰末期我在歐洲做戰地記者，東飛西飛，走南闖北，想起她這句話，覺得是一好兆頭。

回憶我正式向她表示愛意的是小學畢業那年，我特意跑到她家，把天主教堂一位義大利神父給我的聖母瑪麗亞像，拴了一根黃絲帶轉送給她，還親自替她掛在頸子上。唯一的遺憾就是沒有親她一下。

升上中學，男女分部，接觸少了，加之，由於日本帝國主義的侵略日逼，青年人自然地進入「風聲、雨聲、讀書聲，聲聲入耳；家事、國事、天下事，事事關心」的狀態，把注意力集中於國事、國運，講戀愛的心情不知飛到哪裡去了。

到我進入高中，李德馨進入師範，只見過兩面。她畢業前後加入了中共外圍組織朝鮮義勇隊和民族解放先鋒隊，就沒有再和我聯絡了。彼此各奔前程，但因共同都以抗戰的一代自詡，所想的都是如何報國。不是吹牛，約翰・甘乃迪說的：「不要問國家能爲你做什麼，而要問你能爲國家做什麼。」這句名言，中國很多青年三十年代就實踐了。李德馨就是其中佼佼者。

事隔三十年的一九六八年，關在昆明監獄的我，突然由一看守大兵打開了門，說了一聲「外調」就被帶到一個審訊室裡去了。一進門，三個穿幹部服裝的一字排開坐在上面，指定我坐在問案桌前的一個小橈子上，只聽他們當中的一個以警告的聲音說：陸鏗，你要老實一點。我們問你一個人，你要好好回答，不得有絲毫隱瞞。李德馨，你認識不認識？一聽是河南口音，心想大概是河南來的了。

這對我來說，眞是天上掉下來的問題。謝謝來人把我引到三十年前的歲月，他們問的，不就是我開始懂點事的時候，喜歡的第一個女生嗎？於是答：「認識。」不過加了一個但書，如果是位女的。

對方說：談談你所知道的她的所有的情況吧！

我於是講了小學同班同學互相幫助做功課的情形；我對她產生了幼稚的愛的情形；但初中就分開了，同學不同班，因男女分部教學，很少見面，加之當年日本侵略日亟，青年人中自然產生抗日救國或者說救亡思想。李德馨參加了「朝鮮義勇隊」和「民族解放先鋒隊」，到抗日前線去了。就是這麼多。

「外調」的人叫我再想一想，還有什麼補充的。爲了滿足他們，我連李德馨和宋美幻及一些女同學化起裝來跳「葡萄仙子」，唱〈可憐的秋香〉都講了，惹得他們一齊笑起來。

我趁機表示：能不能問一聲：李德馨這些年擔任什麼工作？他們互相咬了一下耳朵，其中似乎是帶頭的說：你還關心她呵！她是被打倒了的走資本主義道路的當權派。

當我被帶回監房時，腦子裡第一個反應是，共產黨統治眞厲害，在其嚴密的統治下，任何人都無所逃於天地之間。而且把每一個人的祖宗三代、四方八面的社會關係，都不惜工本的調查清楚。像李德馨和我，不過是小學同班同學，他們竟不遠數千里派上三個人從河南跑到雲南來搞外調材料。這究竟有什麼價値？像這樣全國範圍的興師動衆該糟蹋多少老百姓的血汗呵?!

一九八五年我訪問胡耀邦後曾到襄樊市一行，希望找到我母親淺厝在眞武廟中的棺木，並看看李德馨的父母。不幸，連眞武廟都無蹤影了，母親的屍骨不知被拋在何方。李德馨的家也找不到了。幸而看到了我的表哥陳韜石和小表妹趙惠農（原名學筠）以及當年的同班同學王之錚，他們都是人民教師了。談起李德馨，王之錚說：「解放後，她是河南省會鄭州市市長。襄陽同學中官做得最大的一位。」

八十年代中，紐約華僑總商會理事長應行久宴請中國大陸來的客人，在座的記得有彭沖和河南省省長何竹康。我向他打聽李德馨的下落，他說，文革後調到焦作煤礦去了。

但願我混沌初開喜歡的第一個女孩子（現在如健在已經是八十老嫗了）仍然健康地在黃河之畔中原勝地頤養天年！

和李喬芳的師生戀

一九三九年春，在故鄉雲南保山將祖母安葬後，我請人為我在她墳前照了一張像寄給父親。在給父親的信中說：「祖母落葉歸根的心願已了。我決定投奔抗戰司令塔、被國民政府定為陪都的重慶。唯一的願望是投身於抗戰大洪流中受到鍛鍊。」

我在保山縣中的四個學生，四女一男：李喬芳、楊淑賢、張芝新和范邦杰聽說我要走了，他們要求跟我同行離開保山，到外面去求學，見見世面。我當時沒有深思熟慮就同意了，覺得集體結伴而行，很有意思，作夢也沒有想到以後遇到了好大的麻煩，造成了生平第一次遭到軟禁。

我和四個學生走後，保山很快傳出我拐帶女學生私奔的消息。先是把姓范的男學生完全抹煞不提，後來對另外兩個女學生姓楊和姓張的也不提了。范姓男生在昆報考防空學校獲取，先行赴重慶。楊、張兩女生到了昆明感覺不能適應，還是家鄉好，又回到了保山。而決定繼續跟我前進的只有李喬芳一人，於是傳說集中到她的身上，說我在學校時就向她鼓吹共產黨的一套東西，約她投奔延安。其根據是我在保山組織的「抗日救亡宣傳團」用的是「救亡」而不是「救國」。

這裡面除了李喬芳的伯父李堯是保山大土豪，名震一方，樹大招風外，很多人把我祖父當年攜祖母出走的事，和我的出走聯繫了起來，說成是半世紀前「保山唐伯虎」誘美私奔一劇的重演。

李喬芳當時不足十六歲，初三畢業班的學生。進初中時即修短髮著工人裝，不照女子打扮，一副男孩子模樣。平日喜讀艾思奇《大衆哲學》一類的書，思想上受鄒韜奮的影響較深，對共產黨有一定程度的嚮往。我在教學時，因爲表現了比較強烈的民族主義感情，被她誤會爲左傾進步青年，她對我有一定的好感，我對她只覺得是個與衆不同的學生，沒有料到，我們走後泛起的謠言，倒促使我們的感情進了一步。抵達昆明後，我和他們幾個學生借住在昆明如意巷保山會館裡。李喬芳收到從保山家裡和她的同學寫來的信，繪聲繪影，說我和她私奔如何如何，她把信拿給我看，說：「陸老師你看看這些信是怎麼說的，我倒不在乎，不過拖累了你，心裡過意不去。」我覺得小小年紀有這樣的氣度，很了不起，反而產生了幾分佩服之情。但面對茫茫前路，不得不很鄭重地向她表示，我本人是決定繼續往重慶走，到重慶後有什麼出路，一點把握沒有。她如果決定到重慶讀高中，當然也可以試一試，但思想上一定要做好艱難困苦的準備。李喬芳表示願意和我一起到重慶。就在我們商談的這天晚上，李喬芳的堂哥李光宗，一個雲南部隊的軍官全副武裝找上門來，一進門就打了我一記耳光，他警告：「姓陸的！如果你再約著喬芳一起走，被我們抓住，將打斷你的狗腿。」喬芳當場與她堂哥發生了激烈的爭辯，強調是她自願要跟我到重慶讀書，不是我約她的。而且說，他們越這樣逼迫，她越要跟我在一起。她堂哥狠狠看了她兩眼，用鼻子哼了一聲，氣憤離去。

衝突發生的第二天早上，我和李喬芳搭乘了昆明到貴陽的汽車班車，離開了昆明。爲了防止發生意外，我們的位子是分開的，她在前排，我在倒數第二排。開車之前，她發現了她的一個在國民黨部隊任中校參謀的姓丁的表哥也搭乘同一輛車，於是緊急地和我相約彼此當做不認識，等到出了雲南境再說。

一上車，她表哥就發現了她，板起面孔問她到那裡去？她答到重慶讀書。表哥再問：「有沒有同行的？」她答：「沒有。」丁向全車的旅客掃視了一下，他當然不認識我。於是說：「你就跟我走吧！」並跟同車的商量好，對調了座位，兩個坐在一排。不久，我注意聽他們的對話，雖不夠清楚，卻聽到她表哥連說了幾聲「姓陸的」，看來，他有所風聞，但未負有攔阻的任務。

東行至貴州盤縣，已經出了雲南地界，在一次中午停車午餐的時候，李喬芳突然當著她表哥丁參謀的面喊我：「陸老師！我給你介紹我表哥。」而且用一種多少帶有挑戰的口吻向丁說：「這就是你問起的陸老師！」丁當時的表情極為驚詫而尷尬，開始時定定地望著我，從他的臉色變化，可以看出似乎想發作，考慮的結果轉為苦澀的笑，費了很大的力氣才從牙縫中迸出幾個字：「呵！你就是陸老師！」

經過這一突破，從盤縣到貴陽，再從貴陽進四川，在李喬芳的提議下，我們變成「三人行」了。白天吃飯、夜晚住旅社都在一起，表面相安無事，肚皮裡各有打算。

在貴陽，我曾試圖和她作肌膚之親，結果被她技巧地拒絕，只互吻了一下。

直到有一天車子到了距重慶不遠的綦江，車站上出現了十幾個武裝士兵，大約是一班人，槍上膛，刀出鞘，如臨大敵的樣子，我預感到會出問題。聽到丁參謀告訴喬芳說：「本地駐軍的營長是你侯表哥，他要來請我們吃一餐飯。」我低聲告訴喬芳說：「可能會有意外。」李說：「放心，我不會離開你。」

在吃飯的時候，侯營長詳細地問了喬芳到重慶後的打算，特別問：「四叔（即喬芳之父）是否同意你遠離家鄉？」又問了我的情況，我如實回答。等到午飯過後，回到車站，站長準備照拂乘客上車，這時候，侯營長發出了命令：「把姓陸的行李拿下來！」李喬芳問：「為什麼？」侯說：「要把他留在這裡住幾天。」李的反應很快，馬上向爬到車頂解行李的車站工作人員指著一個皮箱說：

「請把我的那個箱子也解下來。」侯營長問：「你不是要趕到重慶唸書嗎？」李非常鎮定地說：「我要跟陸老師一起走。」侯也許見到李表現的堅決的態度，不願公開發作，說：「好吧！一起拿下來。」接著與丁附耳商量了幾句，丁乘車走了。我們被侯營長帶到他的營部，他叫來他的副官板起面孔說：「你把這位陸老師領到你的房間裡去照拂他食住，不要隨便走動。」副官立正答：「是！」侯隨即就向喬芳說：「去看看你表嫂吧！」一面說，一面領著他的這位表妹、我的學生進了內層。

過了不到一刻鐘，侯營長在營長室找我去談話，他明確地說，他和丁參謀認爲我行跡可疑，是否有拐逃他們的表妹李喬芳的情況，需要調查了解；現在他們決定打電報到保山蒲縹去問喬芳的父親，聽聽老人家的意見。在蒲縹回電前，我只有暫時在他的營部休息休息。我的生活由他的副官照料，非經他批准，不得隨便走動，也不得對外通訊。我要求看點書，他眉頭一皺，順手從書架上取出一本《三民主義》遞給我說：「好好讀一讀《三民主義》吧！」就這樣，我生平第一次失去了自由，無可奈何地死啃《三民主義》度日。

我被禁閉是一九三九年陰曆四月初五的事，直到當年的陰曆端午節清晨，我被通知準備參加被綦江士紳稱爲「本地最高軍事長官」侯營長的端午宴會，並觀看城郊江上的龍舟競賽。侯營長葫蘆裡賣的什麼藥，完全不知。是福是禍？一片茫然。我提出在赴宴前要先見李喬芳一面。

喬芳從後堂來到我被禁閉的副官室，告訴了我過去一個月的故事，原來丁參謀是一個比較有知識的軍官，他雖然片段地聽說姓陸的老師拐逃了縣中的女生，其中有一個是他的表妹，但當聽了喬芳的陳述以及見了我本人後，他覺得事實也許不像傳說的那樣惡劣。因此，決定到綦江後跟另一位老表侯營長商量再作道理。他們經過交換意見，決定把我扣留下來，然後致電並寫信到蒲縹給喬芳的父親徵求意見。結果，喬芳父親回覆說：「首先要問喬芳對陸老師的態度如何？然後再問陸老師對喬芳的態度如何，如果兩廂情願，我們做父母的也沒有意見。」喬芳希望我在午宴前向他表兄、表嫂表個態。

喬芳的話剛剛說完，侯營長面帶笑容地請我後堂去坐。後堂客廳之大，反映了四川有錢人的氣派，傢俱全是楠木雕花的。喬芳指著侯營長太太介紹說：「這是表嫂！」我欠身點頭爲禮，她滿面春風地說：「請坐。」我一坐下就說：我到重慶的目的是參加抗戰。對於婚姻的事，確未考慮。對於引起家鄉的流言，感到歉然。但一路來對喬芳所表現的情義和勇氣，我很佩服。我應很坦誠地表示我欣賞她、喜歡她。侯營長的夫人開腔：「陸老師，直話直說吧，喬芳這次跟你從家鄉出來，鬧得滿城風雨，不管怎麼解釋都沒有用了。我們四叔、喬芳的父親考慮，事已至此，只能促成你們的姻緣，喬芳已沒有可能再許配給別人了。她已明白地跟我們說過，她是很喜歡陸老師的；既然你也說喜歡她，那今天的端午宴會就作爲你們的訂婚喜宴吧！」

我問侯營長什麼時候放我們走？他說：「你要走，今天下午就有車開赴重慶。」於是，經過宴會的祝酒，我和李喬芳跟隨侯氏夫婦草草觀看龍舟競渡以後，便以未婚夫妻的身份踏上了赴重慶的旅程。我生平第一次嚐到了什麼叫做失去自由的痛苦和恢復自由的喜悅。

到重慶後，喬芳考入了重慶南岸的南京青年會中學讀高中一年級，並住宿於該校；我則住進了重慶珊瑚壩飛機場附近的一家雞毛店中。領略「未晚先投宿，雞鳴早看天」的風味。每天最主要的工作就是看報紙的招考廣告，想先謀到個職業再說，就如我在前面〈當兵走上新聞路〉一章所述，陰錯陽差地考進了中央政校，而且大大得力於綦江軟禁苦讀《三民主義》，這一門得了最高分。

不過，李喬芳對於我進政校非常不滿。在她眼中，我是個進步青年教師，怎麼會投到國民黨極右派的黑窩裡去了。她板起面孔告訴我，國民黨代表的是地主、資本家的利益，她忘了她本人出身於地主資本家家庭。又說，共產黨代表的是人民大衆的利益，她作夢也不會想到毛澤東視人民如糞土。她強調一個是腐朽的力量，一個是新生的力量，質問我爲什麼就腐朽而棄新生？我問她這一套論點，是從那裡聽來的？到重慶後是不是與共產黨有了接觸？她說，沒有，不過，對我的選擇很失望。人各有志，讓我當我的「天子門生」，她決定回雲南去了。

我告訴她，如果想去延安，可以到化龍橋紅岩嘴中共辦事處聯繫或者寫信到新華日報社聯繫，都是渠道。她問我：「你爲什麼不聯繫？」我說：「好不容易有學新聞的機會，我又盼望做記者，現在能去南溫泉學新聞，對我來說是求之不得的。我已決定了走新聞路。」

李喬芳表現得很乾脆：「你走你的陽關道，我過我的獨木橋，希望你保重，我們就再見了。」當握別時，她忽然從口袋裡掏出一些鈔票，說：「這是家裡剛寄到的，陸老師，你拿一點去用吧！」

我告訴她，政校不但管吃、管住，還管穿，按季節發給制服，另外每月還有二元零花錢。加上，今後學習生活安定了，我繼續給《仰光日報》寫通訊，也有收入，請她不必爲我的經濟情況擔心。倒是對自己多多珍重！我建議她好好讀讀書，爭取考大學。不管革命也好，報國也好，多讀些書，多有些學問、本事，當可享到充實之樂。

令我佩服的是，在她跟我告別說再見時，既沒有兒女情長之態，也沒有英雄氣短之怨。最後一句話是：

陸老師，我會走一條上進的路，請放心！請保重！

一九四九年九月，我從香港回到昆明，在離昆赴日前夕，從一個保山老鄉處聽到了李喬芳的消息。她一九三九年從重慶回到雲南後，考上了當時自武漢遷到大理的華中大學。在華中大學森林系畢業後，留校教書。後來一直在大學裡教授森林學。但她在我的腦子裡留下的是一根衝天的大樹、一個永遠的時代女性的印象。

短髮、大眼、厚嘴唇，不施脂粉，長年穿一件衣連褲有兩根背帶的工人裝，在她思想裡，全世界最偉大的就是工人。她以後是否參加共產黨我不知道，我所知道的她是馬克思主義的崇拜者。

政校校花張淑寶

國立政治大學的前身、三十年代末、四十年代初的中央政治學校，大學部設在重慶小溫泉，專修部和一個學院設在南溫泉。專修部除我所在的新聞事業專修班外，還有會計專修科和地政專修科。會計科不少女同學，其中最出類拔萃的就是蘇州姑娘張淑寶。

淑寶出身於首都名校南京女中，氣質很好，說得一口標準國語。英文有一定基礎，中文字也寫得不錯。生來一雙帶有魅力的眼睛，五官勻稱，身材適中，最具吸引力的是面貌給人以甜的感覺。更難得的是舉止開朗大方，從不扭捏作態。當時跟我和樂恕人很合得來，就讀於新聞系第九期的毛樹清，對張淑寶有一句評語：「不需要任何訓練，就可以帶到國際外交場合去爲中國人爭光。」因而鼓勵我說：「大聲，好好追吧！」

樹清不僅爲我打氣，還自願做我的「義務情報員」。比如在外交系第九期就讀的張乃維，後在台灣外交部任職，官至駐美大使館公使，當時對張淑寶展開了攻勢，被不少同學看好；樹清就及時提供「第一手情報」給我。

小溫泉到南溫泉之間有一條水道名叫花溪，既可覽峭壁之勝，又可賞瀑布之美，一如唐朝大詩人王維的詩所描繪的：「閑花滿岩谷，瀑水映杉松，啼鳥忽臨澗，歸雲時抱峰。」在這青山招手、綠水逗人的情景中，我約張淑寶作了我生平第一次長達一公里的與女性漫步。

我這個人生來對風景不感興趣。在這裡順便舉一個例，一九四五年我和樹清同任中國駐歐洲戰地記者，入冬到瑞士休假，欣賞為世界旅遊者所讚美的天下奇景。我看後，第一個反應竟是：「這沒有什麼嘛！」把樹清氣得大罵：「陸大聲呀！你簡直不可救藥！虧你說得出口．『沒有什麼』，我問你，究竟要怎樣才算有什麼？」

對於世人公認最美的「世界公園」我都不感興趣，「花溪漫步」，當然也不可能產生「山水皆有情」的情致。因此，和張淑寶的對話，可以想見，也是乾巴巴的。主要是了解她的情況，一如新聞採訪，甚至像審訊，當時對於被採訪者說來，可以說無趣之至。

就在我好不容易爭取到的「花溪漫步」不久，張乃維與張淑寶的「花溪漫步」跟著出現了。我估計未來的外交家一定比未來的記者要會製造氣氛一些，承認自己第一個回合就輸了。

在樂恕人和毛樹清賣力打邊鼓的策劃下，我出面邀約張淑寶和我們一起在花溪盪舟，作乘小船之遊。這一次氣氛比起漫步要活潑得多了。恕人吟了詩；樹清講了國際笑話；我和淑寶都唱了歌。我把一九三七年參加光未然（張光年）領導的「抗日救亡宣傳團」學到的歌，一齊獻出來。從淑寶的反應看，她留下了較好的印象。也許是盪舟唱歌受了風寒，入夜大咳起來，第二天告訴了淑寶；

她不知從哪裡弄到了止咳丸，不聲不響遞給了我。

對我的追求攻勢一直有興趣的一位同班的詩人胡肇封，不僅鼓勵我加油，而且，因爲張乃維的加入競逐，竟把它提高到新聞與外交的爭戰。當時，張淑寶已成爲未經選舉卻被公認的「校花」。學新聞的當然希望此花爲新聞人所有，胡得悉淑寶因咳嗽而送藥時，即時成詩一首，美化其事。今事隔五十四年，只記得最後一句爲：「玉人偷送止咳丸。」

抗戰時期的重慶，每年都舉行六大學中英文講演比賽。一九四〇年的六大學講演比賽，淑寶代表政校奪取了冠軍。講演稿是由我和恕人共同操刀幫助她寫成的。

「形勢比人強」，這是很多人都承認的一句名言。中國處於全民抗日之期，空軍英雄受到舉國人民的敬愛，是極爲自然而合情合理的事。就在政校同學關注淑寶動向、議論花落誰家之際，南溫泉仙女洞忽然飛將軍從天而降。一個名叫楊湧濤的空軍飛行員，身穿極爲神氣的空軍皮夾克來會晤張淑寶了。當淑寶和他雙雙從學校走出到南溫泉街市前，老天突然下起小雨來，但見楊湧濤敞開夾克，把淑寶一裹而去。胡肇封看見了站在校門口發呆的我，不勝同情，乃成詩一首，這首詩因記載著我的慘敗，刺激較深，所以事隔半個世紀，記憶猶新：

> 寄懂盈盈一水間，花溪漫步似雲煙，佇立校門爲底事，飛將白羽裹嬋娟。

原來，美人跟英雄跑了。

離開學校以後，和淑寶仍保持同學的情誼，未斷來往。並認識了淑寶的媽媽和姐姐淑華、姐夫王乃棟一家人。漸漸地恕人和我同她還發展成兄妹之誼。一九四三年七月我和楊惜珍結婚，她也參加了婚禮。

世事難料，她同年十二月結婚的對象，不是楊湧濤，而變成了于演存。演存是楊的空軍戰友也是好朋友，在楊和淑寶的戀愛過程中，他偶爾扮演「電燈炮」的角色。姻緣姻緣，無緣不成姻。最後于、張聯姻，組織了和諧的家庭。

一九四九年四月廿三日我隨于右老離開南京到了上海，專門去看望淑寶，彼此談了自己的婚姻、生活與工作。她對我十年奮鬥表示了極大的肯定，而對她自己則不大滿意。我指出，以她的聰明智慧，將來在事業上必然會取得較大的成就。彼此都產生了此去不知何日再相逢的離愁別緒。

一九八一年，事隔三十二年，我到華府去看望好友程淑德，得悉淑寶早已於一九六八年考進世界銀行，並且做得很出色，感到極大的欣慰。我們三人在世界銀行餐廳話舊，正如杜甫所說：「交情老更親」。對於淑寶已經成爲虔誠的基督教徒，深深感謝上帝的揀選。

最有趣的故事是，淑寶因講得一口標準國語，六十年代初，先經日本廣播公司延攬做播音員，後經《美國之音》(VOA) 西貢電台聘請爲主播，她除了綜合各大通訊社的新聞，還親自採訪，及時報導了戰火中越南的動態，受到國際傳播界的重視，甚至被評價超過BBC的同類節目。

越戰結束，淑寶到了美國，要求回《美國之音》總部工作，不料以非美國公民又無綠卡而被拒，於是轉而投效世界銀行。沒有想到「風水輪流轉」，廿二年後她的聰明的女兒于玢 (Betty Yu) 竟做到《美國之音》總部中文部主任，不僅爲媽媽、也爲中國人爭了一口氣。

一九八九年七月廿二日星雲大師在洛杉磯西來寺爲我做七十壽。淑寶和她先生雙雙參加祝賀。

我當場宣佈：今天在座的，既有我生平追求的第一個女朋友（指張淑寶），也有最後一個女朋友（指崔蓉芝）。但見淑寶微微一笑，還是半世紀前那樣大大方方。

帶山野氣的雲南姑娘

一九四八年五月我率領「首都記者團」訪問山西，到太原後沒有三天，閻錫山先生交給我一份電報，是傅作義將軍從北京發來請他的老上司轉給我的，內容是盼望首都記者團訪問山西後，能轉道平、津一行。閻先生交電報時，順口說了一句：「不妨去看看。傅宜生（傅作義的號）支撐那個局面也不容易。」

全團的朋友聽到應邀訪平、津，大家都很高興。於是在五月下旬結束山西行後，就由太原飛北平。北平市長何思源和天津市長杜建時雙雙到機場歡迎。傅作義將軍在北京飯店舉行了盛大的歡迎會，首都記者團訪平津成了當時平津的大新聞。當記者團訪問北平後，轉道天津，又從天津轉回北平時，平津鐵路局局長石志仁不僅為我們掛了專列，他還親自陪同返平。

當專列開動之前，石局長來跟我說，有一位女士有急事要自天津趕回北平，要求搭乘我們的專列，問我有沒有意見。我說：石局長未免太客氣了，車是你安排的，你是主人，我們只是客人，一切當然由你作主。

鳴笛前，上來一位中等身材、盛裝的女士，坐在同一車廂裡的最後一排。我當時忙著跟全團的朋友交換下一步訪問的日程，沒有怎麼注意這位同行客。

過了一下，李蔚榮、漆敬堯兩位老弟雙雙告訴我說，跟我們同行的那位小姐是你的雲南同鄉。當我們知道她是雲南人時，告訴她說我們的團長就是雲南人。你猜，她怎麼說，她說：「哼！你們不要騙我了。雲南人，莫說當團長，能夠在這種團裡當個團員就不錯了。」因此，蔚榮和敬堯建議我不妨去和她聊幾句，給她一點滿足感。

我被他們這麼一說，在火車快抵達北平前，特別去到後座和這位雲南小姐打個招呼，給我的第一印象就是有一定的山野氣，這大概是我們雲南人的共同點。人長得相當漂亮，說話卻不加修飾，有什麼說什麼。從她的自我介紹，我知道她出身於雲南世家，屬上層社會。她姐夫的長輩在抗日戰爭前，投資北平一家錢莊，抗日戰爭發生，就認爲這一筆錢白送了。誰也沒有想到，抗戰勝利後，竟得到北平方面的通知，說有一大筆錢等待他們去認領。原來這錢莊經過八年經營，資本已有很大積累，叫他們派人到北平接受應得的財產，包括位於東四的一座王府。她現在就住在這座王府裡。聽來有如「天方夜譚」。

到我們同時走出車站時，看到來接她的轎車，果然比傅作義派來接我們的轎車要新得多。她力邀我和她同車而行，先到她住處坐坐，認認門，然後再回北京飯店，強調雲南同鄉在萬里之外相逢，太不容易。我考慮到身爲領隊，脫隊而去不大好，故婉謝而別。

沒有料到，這位小姐實在太熱情，我回到北京飯店不到半個鐘頭，她竟翩然而至，穿了比火車上還要漂亮的衣服，開口就問：歡迎不歡迎？當我張開兩臂表示歡迎時，她竟然像一團火球撲向我身，不滿廿九歲的我，當然任其燃燒。

事後回想這種似乎瘋狂的狀態，只有在歐洲做戰地記者時才有。當時，我和毛樹清到了戰後普遍陷於飢餓的歐洲，道德淪喪，人慾橫流，面對青春的誘惑，差不多每到一個國家，都要留下一個征服的紀錄才滿足地離去。

北平回到南京後，這位雲南小姐的電話就追蹤而至。從此，不論是到上海，到廣州，到香港，最後到昆明，一片動亂的歲月，這根在平津專列上架起的線卻始終未斷。

一九四九年九月在昆明，這位小姐爲了歡迎我到春城，把她的衆姊妹全都聚集起來。最特別的是她的曾經留法的姊姊，更具有連在歐洲都少見的進攻性，這位渾身充滿巴黎情調的小姐，家宴時帶頭大杯飲酒，酒後發表談話，說什麼陸大聲具有「四大美點」：體格美，風度美，言談美，舉止美。唯有一點不夠美，就是膽子不夠大，不敢迎接她的挑戰；令衆姊妹一齊爲她的大膽而傻眼。

事實上，我當時是被她們稱呼的「嫂嫂」所吸引，這是一位面帶微笑、素質高雅的小姐。說話不多，而從眸子流光中，呈現一種含蓄的美。她先生留學巴黎，第二次世界大戰後滯留法國未歸，且已另結法國新歡。她見到我這個曾以巴黎爲活動中心的記者，難免產生「深閨夢裡人」的聯想。

過了兩天，這位美女在她娘家的豪宅請我赴宴。陪客除原來已見過面的姊妹群外，還增加了她的幾位親妹妹，從八妹到十一妹，當我身臨曾是雲南省長私邸的大院，面對亭台樓閣園林之勝，不得不對自己原來錯估家鄉封建落後的觀念，暗暗作了自我批評。試想，一個嫁出去的姑娘，當丈夫遠在國外，而能在娘家大擺筵席，請一位陌生的男性客人，這眞是夠進步的了。更難能可貴的是，主人沒有表現半點羞澀，而是落落大方。

當我情不自禁地問：「怎麼弄這麼大的party？」對方非常瀟灑地答說：「因爲I like you！」我的反應不是受寵若驚，而是雲南了不起！

事隔不過三月，一九四九年十二月十日，我在東京得到盧漢投共、雲南易幟的消息。首先投進我腦海的不是巨變，而是兩個月前在昆明的遭遇，雲南人面臨一個「天翻地覆」的時代，還是那麼沉得住氣。整個社會沒有半點驚慌。

後來，知道蔣老先生在台灣提出「莊敬自強，處變不驚」的號召，我即時的反應是：眞正處變不驚的，應當首推雲南人，特別是雲南的女性，像高黎貢山樣的直逼藍天，俯視怒江，產生像「五朶金花」和「黛諾」那樣膾炙人口的故事。

富士山的積雪化了

「天涯何處無芳草」。從一九四七年二月參加中國記者赴日團首次赴日，五月在南京出版《麥帥治下的日韓》一書，迄今足足半個世紀，前後十遊日本。回溯以往半個世紀與日本的交道，除了結識很多男士如元老記者吉田實等外，也接觸了不少日本女士，正如旅居日本半世紀的老友鄭煒顯兄說的：「陸大聲是多情卻被無情惱」。

我初到東京，看到戰後的日本女性，對於她們應對男士的態度，一方面欣賞她們的謙和有禮，另一方面對她們所表示的過度恭敬，感到有點不能適應。

一九四九年十月廣州歷劫後，應中國駐日代表團團長朱世明將軍邀赴東京小住，自是「別有一番滋味在心頭」。和石鳳翔、劉紀文兩位先生被接待在代表團迎賓館中，侍候的下女成群，身爲貴賓，自不能放肆。

繼後遷往東京新聞街「外國記者俱樂部」，世界各國記者住在一起。那是一個既有嚴肅的工作，又可放浪形骸的地方。那時的日本，仍是在麥帥旗下的美軍佔領中，眼見日本國民飽受亡國之痛，處處發揮「用忍」功力，並無同情之感。主要是抗日戰爭時期，飽受日本侵略之苦，因此，對日本女性，只有性而無情，更不要說愛了。

有時，在卿卿我我之餘，竟然會想起南京大屠殺來，因而產生一種復仇的衝動，這是多麼煞風景的事！事後想想，完全是一種可鄙的心理狀態，怎麼可以把善良的日本姑娘和搞殺人競賽爲樂的「皇軍」相提並論、混爲一談呢？雖然他們同是日本人，但卻有善惡之分；中國人還不是有善有惡嗎？

直到我要求崔萬秋老大哥介紹女朋友，情況才有了變化。萬秋大哥是「日本通」，我們一起訪日不久，他就出任中國駐日代表團顧問。爲人風流倜儻，曾和毛姬江青有一段情緣。崔大嫂張君惠，我遠在一九四〇年重慶巴縣中學就認識她，爲人明智開朗，通達世情，深切了解我們這些「臭男人」的毛病，見怪不怪。

崔大哥在一九四九年十一月間爲我介紹了一位風度高雅、且有見解的小姐。他叮囑我說：「大聲，我給你介紹的這位小姐，不同流俗。她父親曾任日本文部大臣。這位小姐是獨生女，稱得上父親的掌上明珠。她受了完整的教育，在教會大學畢業。你決不可像對待一般日本女子那樣地對待她。」

這位小姐長得不算美麗，但很像我生平喜歡的第一個女孩李德馨，給我以溫婉的印象。特別是她穿起黑色的晚禮服到外國記者俱樂部參加舞會時，呈現了高貴的儀態。

本來，我和這位日本小姐是不談政治的，但有一次在友誼溫馨的情況下，她主動問起我對日本人的印象，我答：「不好。」見她流露出非常驚訝的神色，我趕緊補了一句：「except women」她馬上正色地問：「是不是因爲日本女人在性慾上使你得到了滿足？」我當時只好坦陳：日本侵略軍一九三七年在南京大屠殺，殺了近三十萬中國人。以後又在中國的淪陷區實行「三光」政策（搶光、殺光、燒光），給中國人的傷害太重了，印象太深了，任何一個有良心的中國人都不會忘記。

這位小姐說：「我是第一次聽到這個情況。歷史的錯誤不能糾纏，日本人應當爲侵略中國向中國人道歉，承擔罪責。中國人、尤其像你做記者的，應當把侵略者和普通日本老百姓分開。」接著她給我一個輕吻。我感到釋然。

事後回想：是不是爲她文部大臣小姐的身份所惑，在一種勢利的心理下投降？再思，並非這種情況。借一句宋人的詞：「門第敢言非道蘊，才情端喜是芳姿」。

一九四九年十一月的一天，在東京聽到這位小姐母親的壽辰將屆，準備了一個生日蛋糕，並與朱將軍說好借一部車首懸有「青天白日滿地紅」旗幟的轎車（這也是一種值得懺悔的可鄙心態），到新宿她家去拜壽。她最初的反應很高興，後經考慮，婉言謝絕。不過，她當時說了一句到今天事隔近半世紀我還記得的意義深長的話：

「富士山的積雪化了！」

同年十二月十五日，因雲南於十二月九日易幟，爲了接家眷到日本，我匆匆飛返昆明，對所有在日本的朋友來說是一去杳無音信。經中國大陸雪藏近三十年後，一九八〇年重臨睽違一個世代的東京，打聽這位小姐，已經不知所終。每每看到富士山的積雪，都有一點悵然若失之感。唯一能做的就是衷心爲她祝福！

天天天藍卓以玉

〈天天天藍〉是八十年代風靡台灣的一首歌，這首歌是執教於加州聖地牙哥州立大學（SDSU）已廿餘年的卓以玉寫的。她除教授中文、繪畫之外，還寫歌、寫詩，並設計製造現代手飾和傢俱，稱得上多才多藝，當然最被看重的是她畫的畫。她在藝文方面的成就，追根溯源來自書香世弟，祖父卓君庸，燕京、北大教授，是以「章草」聞名的書法家。

我因年輕時結交了摩爾根派的遺傳學家談家楨教授，一直認定遺傳因子對人影響很大；但我更信後天的努力和師承。卓以玉之所以能成爲第一位華裔女性美國國家文藝委員會委員，與建築大師貝聿銘並列榮譽榜上，並在聖地牙哥加大獲傑出教授獎，從上千教授中脫穎而出，除本人力爭上游，我認爲許芥昱生前對她的幫助，怎麼估計也不過份。卓以玉在舊金山的「居霧樓」，實際是芥昱對她傳道授業、心靈交流之所。而〈天天天藍〉就是她爲許芥昱寫的。

許芥昱教授一九八二年一月四日，因加州豪雨成災山泥傾洩而罹難。

白先勇追思許的文章，開頭第一句是：「我認識許芥昱完全是卓以玉的關係。」剛好相反，我認識卓以玉完全是許芥昱的關係。一九七八年我在大陸冰封近卅載後得赴香港，八一年重訪美國。芥昱因菊人的關係邀我到舊金山州立大學演講，一見如故。他寫過《周恩來傳》，便給我出了一個題目：從中國改革看毛、周、鄧。就在這次演講中，芥昱介紹我認識了卓以玉。她給我的第一印象是溫婉大方，親切熱情。

芥昱逝世後，以玉給我和菊人的第一任務，是設法把許的遺著《新詩的開路人聞一多》設法在香港出版，承波文書局之助，這本書終於一九八三年初問世。她來信說：「《聞一多》這本書，如果沒有您和菊人幫忙，大概永遠沒機會問世。」接著她提出另一要求：「很高興您還喜歡這書，不知您有空能爲這書寫一短介否？看了您的介紹，也許人家會對這書感興趣。」我當然遵命辦理。當她的畫册出版時，叫我和夏志清、唐德剛爲她各寫一篇序，我對印象派作品一竅不通，在被迫交卷時只好不寫畫而寫人：〈卓越在何處〉。

我這人一生最重友誼。對於有些人「人在人情在，人不在兩丟開。」很反感。而對於卓以玉在許芥昱死後，全力以赴整理他的遺著，不惜碰壁、到處託人要把遺著出版，這種精神，突顯了做人的道義。《史記》有言，「一死一生，乃知交情。一貧一富，乃知交態。一貴一賤，交情乃見。」就在她爲許芥昱的遺著和紀念册操心的時候，恰巧遇著我爲好友李荆蓀的千古奇冤，寫文章譴責台灣的特務頭子沈之岳等製造冤案。她不但讚美我的大聲疾呼，而且利用到台灣開畫展的機會去拜候荆蓀夫人，致以慰問之禮。

我和以玉交友的過程中，發現她有幾個特點。首先，她很中國化，教書也是以中西文化交流爲己任。遇有盛會，她多半穿滾邊的中國旗袍出席；當她得到聖地牙哥加大最高學術獎時，自稱一生有九個恩師，還敬邀在世的恩師祖炳民、林雲等上台接受她的叩頭禮，這可以說是中國化過了頭。

其次，毅力很強。她在大學四年級時結婚生子，爲了養育子女，暫停學業，一停十年，到孩子上學，又重拾書本，一口氣完成學士、碩士、博士學位直到大學任教，這在一般人是很難做到的。平日也是，要做的事就全力以赴，譬如爲了她的英文詩集《千年松》的中譯，曾邀我利用周末，住到她家去，挑燈夜戰。

其三，女人味濃，白先勇稱她是「我最欣賞的女人。」我從和她接觸中，發現她雖身軀碩大，但心細如髮。不論是處理日常生活或進行大筆作畫，都賦予音樂的節奏，給人以行雲流水之感。當應邀到她家作客時，她從座位的舒適到枕頭的高低，都注意到，深感女主人的無微不至。

其四，「給人歡喜」是星雲大師的名言之一。而以玉的生活表現即給人歡喜，比如當她接到我寄的一張照片時，及時回信說：「你白毛衣裡紅襯衫很美，是芥昱喜歡的顏色。」針對我信中流露的「忙」的壓力，她引用她祖母的話說：「忙是好景。到度日如年時，就糟了！我為你的忙而高興。」她知道我喜歡唱歌，便主動教我唱〈天天天藍〉和〈相思已是不曾閒〉。

一九八四年四月她陪我採訪洛杉磯奧運，與每個中國運動員接觸時，都做到了給人歡喜。像女排隊長張蓉芳和主力隊員郎平都反映說，跟卓教授談話是一種享受。

其五，她隨林雲信奉密宗黑教，信到迷的程度。比如家裡的桌椅和床位的擺設都有一定的方向。室內陳設鏡子、門前裝設風鈴等等，這從風水的角度看，未可厚非。但平日上街，皮包裡都放著一些米粒，遇到花圃或草叢，總喜歡撒上一把，對我來說，就不可思議了。當然這不影響彼此的溝通，而她基於友誼，對我的直言從不以為忤，我坦率地告訴她對於印象派的畫作不敢恭維，因為看不懂。她就建議我到她畫室挑選一張看得懂的。有一次她指著題為〈偶然〉的一幅，畫面上呈現兩片雲，似是夕陽西下的寫照，我終於有了美的印象。她解釋說反映的是徐志摩的詩：「你我相逢在黑暗的海上，你有你的、我有我的方向。」並補充說：「偶爾的相聚，或許會迸發光芒，但情緣盡了，就各奔東西了。」這是何等的瀟灑！

「珍重！」是她跟我說的最多的一個辭。

如友如母如師的巾幗知音

一九四三年七月十八日是我和楊惜珍醫生在重慶嘉陵賓館舉行結婚典禮的日子。就在結婚大典舉行的前一天，報紙上刊出陸鏗、楊惜珍結婚廣告，證婚人請了于右任先生，介紹人是孫伏園和馬星野兩位名士。

誰也不會想到，第二天就要做新郎的我，卻約了年齡和新娘一樣大，教育程度和新娘一樣高，從外形看美麗雖不及新娘、惟氣質高雅則毫無遜色的一位小姐，在嘉陵江畔牛角沱碼頭斜坡上相擁著說了足足一夜，正如屈原〈九歌〉所說的「悲莫悲兮生別離」的話。

這聽起來極其荒唐，但卻是千眞萬確的事。在回憶這段錐心泣血的故事之前，需要向讀者道歉，就是這位女士雖然已經魂歸離恨天，但他丈夫也是我所尊敬的朋友。誠然，他晚於其夫人四十二年才認識我。我基於敬愛死者，決不願給她所愛的生者帶去任何不快。

我應該坦陳，我和這位女士的戀愛，由於她的聖潔、冷靜和大智慧，自始至終只屬於精神層面，在身體接觸上最多限於擁吻。而作爲丈夫，將心比心，如果妻子在愛自己之外還曾愛過另一男士，那怕限於屬靈範疇，且是曇花一現，但從東方人的老舊觀點看，即使豁達大度，仍然難免耿耿，因此恕我不提姓名。

我和這位女士是在政校參加李抱忱先生領導、指揮的合唱團認識的。當時，重慶各大學在演講比賽之外，還有歌詠比賽，每年舉行，她的歌唱得雖非特別好，但在我聽來，也是夠婉轉動人的。

更重要的，她的爲人是將中國傳統文化的優良部分和基督教文化結合於一身，端莊嫻靜，誠厚篤實，和藹溫婉，而富識見，使人有如沐春風之感。我的第一印象是「這個女孩子可愛」。但因當時已選擇了追求對象，也祇止於可愛而已。

畢業後，我被分配在重慶上淸寺廣播大廈工作，她的工作地點爲近在咫尺的兩路口，遇著廣播大廈演出好的節目，偶爾請她來看。由於我是個工作狂，加之，正和楊惜珍談戀愛，連寫情書的時間都很緊，實在很難抽出時間和她約會。

此外，還有很重要的一點，馬克思說：「經濟是基礎。」而我那時做助理編輯、廣播記者，每月工資八十元法幣，僅僅夠吃伙食、買郵票。連約朋友吃一餐飯的錢都沒有。實踐證明，講戀愛也是要有經濟基礎的，你不能不佩服馬克思的名言讜論。

四十年代初，我們一大堆青年相聚時，她是大家的「核心」，而共同的最高消費，祇是四川橘柑和重慶磁器口花生米，香、脆、小，味道好，反正抗戰期間，精神勝於物質，所以其樂融融。在談天說地中，她展現的識見，令人佩服。比如，議論起政校的教育，她一語道破，這只是一個準備培養政治行政人員的學校，而不是培養政治家。她還帶開玩笑地拿我舉例，「陸鏗爲什麼有點開創和反叛精神呢？因爲他在政校只蹲了一年，如果是四年，就不行了。」引起一陣哄笑。嘉陵江畔夜話時，我請她對我作一個評估，她說，你這個人是越艱苦越能發揮才幹，你的生命是在挫折中發展，缺點是用情不專，這也是性格使然、無可奈何的事。幸而你還懷抱著對社會的使命感，所以事業比婚姻美滿。

我問她怎麼看出來的？她說，從她母親生病住院，我去陪她照護母親，竟能坐在醫院的窗台上睡了大半夜，第二天一早醒來，精神百倍，就看得出來。再從和楊惜珍結婚，也看得出來，只因婚前有孕，你就要無愧於男子漢、大丈夫的本色，敢做敢當，毅然結婚。她特別聲明，絕不是鼓勵我先亂後棄，不負責任，而是應我出的題目，說出她的看法。

在我結婚的當天，忙得頭昏腦脹。直到晚間婚宴結束，和新娘子雙雙站在嘉陵賓館大門口送客，對來賓一一握手致謝。那知突然眼前一亮，一襲金黃色旗袍顯露在我的面前，而且手也被握得有點痛，原來是輪著這位敬愛的小姐道別了，一切盡在不言中。

原來，我們在一起的時候，討論過彼此喜歡的顏色，她是金黃，我是大紅。

自那以後，彼此都是：「從此別卻江南路，化作啼鵑帶血歸」。一別就是一個世代（generation），三十多近四十年不見。

我回顧坐牢的歲月，除了身受折磨，心受創傷之外，也有一個好處，尤其是單獨監禁之時，因爲被規定不准做任何事，也不可能做任何事，只有回憶與懺悔。最奇妙的是連少覆一封信都記得起來。像對這位女友的虧負，自然是懺悔的重點之一了。

總的感覺是我虧負了她對我的情義。

當時，就下定一個決心，只要有一天能活著出獄，不論天涯海角，都要找到這位小姐，當面向她懺悔，明確地跟她說，我在監牢中雖然多次處於生不如死的境地，最終終於拒絕死亡、絕不考慮自殺的動力之一，即要向她當面說：「對不起，我虧負了你對我的情義！」

「有志者事竟成。」一九八一年冬，我終於在美國首府華盛頓的一個高級住宅區裡找到了她。

通過電話聯繫，我兒子的朋友彭志學、一個傑出的年輕人開車把我送到她家的門口，她竟心領神會地身著家居便裝出現，不飾脂粉，一切都很自然，看著我快步走上台階，然後，她很自然地讓我立在她的右側，用她的右手輕輕拍著我的腰部，兩人並肩而立，望著台階下面正在揮手祝福和告別的年輕志願司機說：「謝謝你送他來。」（Thank you for taking him here）

可以毫不誇張地說，我在監牢中設想了將近十種跟她重逢的鏡頭，包括擁抱、握手、吻手、吻額、吻頰、吻頸、吻髮、甚至親嘴，雙手把她整個人抱起來，就是沒有想到她這一著，如此自然，如此親切，如此大方，如此高貴。既像歡迎老友重逢，又像母親迎接孩子歸來。而且是那樣地神妙，並非事先設計，正如宋人晏殊〈浣溪沙〉所詠的「滿目山河空念遠，落花風雨更傷春，不如憐取眼前人」。實在是眞、善、美的集中表現。

一別三十多年，她竟成了中國文人畫家。難怪，藝術家的思想境界，是要比一般人高大得多的。我從她客廳的陳設中，發現了她的畫作。淡雅中帶給人一種寧靜，而這正是我缺乏的。她看我對著她的畫發呆。風趣地問：

你是來看我的？還是來看畫的？

我們彼此介紹了情況，特別是家庭情況。

她指給我看了她和她先生及孩子的相片，我已經是久仰她先生的大名了，從她口中更進一步了解，她先生不但是值得敬重的學者，也是值得敬重的丈夫，先生對她非常好。不僅相敬如賓，而且相愛極深。至於他們的孩子，只是兩句話就可以概括：接受了完整的教育，融入了主流社會，而且，成了我最好的朋友（She is my best friend）。

我把我隨身帶的家人照片給她看，她的反應是：從照片看，惜珍還是和以前一樣，沒有改變很多。你們倆都挺好。五個孩子個個有成，日後，你一定是很快慰而感到驕傲的，在這樣一個豐滿的家庭裡，辛苦最大最多的是楊惜珍She has a golden heart toward you！

自此次拜訪後，我們就保持聯繫，遇著到華府，總要抽時間看看她。有一次她還開車送我去採訪中國駐美大使柴澤民。她估計談話不會超過一小時，決定就在汽車裡等我，沒有想到柴潭民興致很高，訪問進行了一個半小時。我爲她等而著急，她反而爲我的訪問有了超預期的收穫而高興。她就是這樣一位善於爲對方著想的人。

有一次，我從紐約到華盛頓看她，並感謝她不時從《華盛頓郵報》上剪寄對我有教益的文章幫助我認識世界。她對《百姓》半月刊很有興趣。稱讚「《百姓》辦得很活潑又現代化。」承認她對香港了解很少，還是閱讀《百姓》才對一九九七年新界租約一事有個概念。爲了回答她爲什麼香港回歸中國明明是好事，香港人卻認爲是「大限」？成了兩人對談的主題。她是一個愛國主義者，發出一連串尖銳的問題，談話延長到夜晚十點以後，意猶未盡，但時間已晚。我徵詢她的意見，是否把問題討論告一段落，我就在他們客房裡休息？她嚴肅地說：「不行，我送你回旅館。」原因是她先生因公去了中國大陸。

從這件事，說明了她對中國的傳統道德和基督教文明的自重，是身體力行的。

在我們海外重逢四年時間裡，她在通信中一直對我表示了有如老師對學生的期許和母親對兒子的叮嚀。當然主調還是友誼的關切和溫馨。

這裡，舉兩個例：

我無論走到那兒，遇到什麼人，當這個人向我訴說他過去的坎坷，或是痛斥十年浩劫受的苦楚、絕望……，我一面傾神的聽下去收受他忿怒的表情，到最後，每次我都對自己說「沒有陸鏗受的苦多」。（一九八一年十二月七日）

我要是你，知道每星期一有三小時舟車的往返，二小時講課（指在中大教《採訪學》），我一定要有一個豐富的早餐，雞蛋、牛奶、麵包或其他穀物食品，沖在牛奶中，精神可維持到下午一點鐘

上課時間過於長，就讓學生做一件事，你自己坐在那兒休息休息，不講話，也不想。（一九八一年十二月卅一日）

請看，她不僅教我養生，還教我教書，這是母親和教師的情懷，人間難逢難遇。

我本是個基督徒，但對天國之說，信仰卻不堅定，通過回憶、懺悔，倒眞的盼望天國出現，因爲在那裡，我可以見到我的祖母、母親和很多思念、虧欠和敬佩的長者和朋友，如于右老、徐永昌、趙敏恆、馬星野、董顯光、李荆蓀、李廣平、關鸝鸝、朱世明、胡鷗鷗、胡適、胡耀邦等等。當然少不了這位我從心底敬愛的巾幗知音。阿門！

箱底翻出的香港書簡

因爲寫《回憶與懺悔錄》，把自己所存的文件、手稿、書信、照片統統從箱底翻出來，一一檢視，看看有什麼用得著的。結果，翻到了一九八二年春在香港宴請柳和清、王丹鳳伉儷的照片和給當時香港電台第五台台長鄧慧嫻女士一封信的底稿。

這封信雖然只是蜻蜓點水似的留下了我感情生活的一星半點痕跡，但也反映了我的生活態度，可以作爲投身香港頭尾近二十年的紀念。也從一個角度反映出對「東方之珠」這個充滿了中國歷史情結、對中國現代化有不朽貢獻的國際自由港的愛。

事情回溯到一九八二年春，我尊敬的老友、摩爾根派遺傳學在中國的傳人、曾在杭州對毛澤東面授現代遺傳學的談家楨教授，從上海給我寫了一封信，交由著名電影明星王丹鳳女士帶來香港當面交給我，主要是希望我對丹鳳給予友誼的照拂。

義不容辭，我決定舉行一次比較有份量的宴會歡迎丹鳳和她先生柳河清。我問她：「希望和什麼方面的人見面？」她的答語是：「最好是各方面的。」我於是約了羅孚和卜少夫、香港左右兩邊新聞圈的代表人物；詩人戴天；作家、雜誌主編胡菊人；曾拍過電影又能寫作的唐乙鳳；香港電台第五台台長鄧慧嫻；美國駐港領事；日本駐港領事和法國駐港新聞專員；連同我這個主人一共是三女九男，基本上做到了各方各面。

就在這次宴會上，卜少夫和羅孚愉快地碰了杯，而且相談甚歡，打破了左右兩邊將近三十年避免在港公開接觸的冷凍局面。引起了中共方面的極大興趣，北京《參考資料》和《參考消息》俗稱「大參考」和「小參考」，都報導了這一消息，說是左右兩邊人士在陸鏗歡迎王丹鳳的宴會上碰杯、歡談。我本人爲此稀里糊塗地被台灣加上「爲中共統戰效勞」的帽子。王丹鳳卻因而被北京選拔爲全國政協統一促進委員會委員，使她有更好地一展長才的機會。

當時對我來說，舉行這一宴會，除了因爲重視老友的囑託，還有一個心理因素，即想藉此和鄧慧嫻女士接觸，讓她對我增多一點認識。

我因應邀到香港電台做節目，在九龍廣播道認識了鄧慧嫻，她的英文名叫Agnes。我見她的第一面就爲她的溫婉風度所吸引，在大方和藹中有一種含蓄之美。但又不失香港女性特具的開朗。我們有過兩次單獨約會，氣氛卻只得一個「禮」字。這與當時的客觀條件不無關係，我既要把心力聚集於新聞上，又在中大和樹仁教新聞採訪學和新聞事業史。即使有心談情說愛，也沒有多少時間。而Agnes由於敬業，她的絕大部分時間，都奉獻給負責的電台。再加上她個人的情況我了解太少，又不方便向邵盧善等友好打聽，香港電台朋友們多以前輩待我，自然地讓我不得不產生一種自重的矜持。

結果就造成這樣一種形勢——攻勢未發就「鳴金收兵」。寫下並寄出了下面這封信：

Dear Agnes:

好久都想給你寫封信，實在太忙。我這人最大的缺點，也可以說是最大的優點，即工作第一。感情上的東西那怕到了如醉如痴的程度，一遇到工作，又放在一邊了。從這個角度說，一生都在受苦，自己對自己太殘酷了。

我從見你第一眼，就留下了很好的印象，這也許就是緣份。喜來登咖啡座和青年會休息室的兩次會晤，至今我還記得那種氣氛。特別是第二次的約會，你盛裝而來，我感到的愉快是出乎意外的。最大的遺憾，是我說得太多，你說得太少，如果早知道你去美國旅遊以後我們就彼此不再見面，我會一句話不說，專聽你的。

人與人的聚合與分離，想來確實奇妙。而在感情上留下了缺憾，往往比滿足還值得回味。

我曾坦率地告訴你，我很喜歡你。你回答說：「若我沒有一點喜歡你，我也不會給你電話了。」我的經歷讓我懂得女孩子講話總是比較含蓄的，特別是有教養如你。因此「有一點」對我已是很大的鼓勵。所以，那一個電話，感情暴露的坦率，通話時間的長，對我來說是來香港後的第一次。也許是最後一次了。你當時說，好像回到了孩子的時代。「返老還童」本來是人生難得之事。當然，這裡得說清楚，「老」字只屬於我，「童」則二人共享。

我現在的處境已經是「狂風落盡深紅色，綠葉成蔭已滿枝」。如果談情說愛，未免不合時宜。但四十年來，從我跨入社會起，我一直在追尋打破性別界限的友誼。它沒有目的，沒有終極，心靈相通，肝膽相照。也許太理想化了一點，可是人類難道非庸俗不可？

你說過：「淡水長流」，本來古人就有「君子之交淡如水」之說。而我們現在的情況是，非但沒有「流」，連「滴」也沒有了。我這個人的做人原則是：任何時候、任何情況下，都不能勉強對方。勉強對方就是侮辱自己，作爲一個堂堂正正的漢子，誰願意受侮辱呢？

好了。此情可待成追憶。缺憾事實上比完美更值得珍貴。望你保重！

Your Friend
Thomas
14,Feb. 1982.

和崔蓉芝的黃昏之戀

●誰道人生無再少，門前流水尚能西，休將白髮唱黃雞。——宋・蘇東坡〈浣溪沙〉

●不信青春喚不回，不容青史盡成灰。——于右任

一九八四年十月十五日，《蔣經國傳》作者江南在舊金山被刺喪命。當時疑雲滿天，台灣的國民黨政府成爲輿論注目的焦點，張京育以行政院新聞局長之身在美國CBS「六十分鐘」節目中，回答有關江南案時，咬緊牙關，堅不承認國府涉案。

接受訪問直指政治謀殺

《中國時報》美洲版採訪主任胡鴻仁（現任副社長兼執行副總編輯）對我進行訪問，以一個老記者的角度談談此案。我開門見山、斬釘截鐵地說：江南被害不是仇殺，不是財殺，也不是情殺，

而是政治謀殺。同時和我應邀接受訪問的阮大方，看法和我大致相同。翌日報紙頭版刊出兩人談話，引起轟動，自在意料之中。後據當時擔任「中時」美洲版總編輯的周天瑞透露，「中時」美洲版決定關門，與此有關。

崔蓉芝作爲江南遺孀對此的反應，自然與台灣當局迥然不同，在她看來，終於有人站出來說公道話了。因此，在江南逝世兩周年、一九八六年十月她於紐約舉辦座談會時，就邀請我出席演講。

崔給我印象最深的一點，即遭遇如此大事，她不像一般女人哭哭啼啼，神情飄忽，垂頭喪氣，而是振作精神，冷靜應付，處變有序。對朋友則一直表現出熱誠有禮，加上一股靈秀之氣，使人如沐春風。她生就一副眉眼盈盈、天與多情的面貌，使我在座談會後紐約街頭撫著她的手臂過街時，自然有一種甜蜜的感覺。

奇異郵戳竟是「墜入愛河」

誰知，當她返回舊金山後在十月卅一日寄到紐約《華語快報》給我的信，信封上赫然蓋著美國郵政局有「Fall in Love」(墜入愛河) 郵戳的信。內容是：

陸先生：謝謝您對我的支持，更謝謝你來參加座談會。有您在的場合，您總能讓人心定，更讓人心服。如果我在紐約，一定常向您求教。如有機會路過金山，請別客氣，讓我陪您一遊。再謝謝您！敬祝

撰安！

晚 崔蓉芝10／30／86

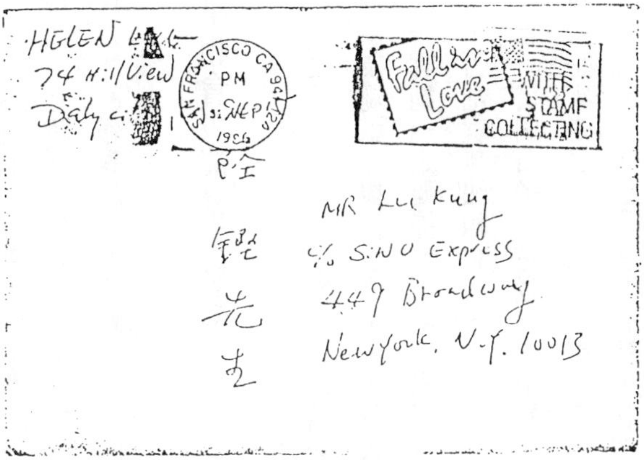

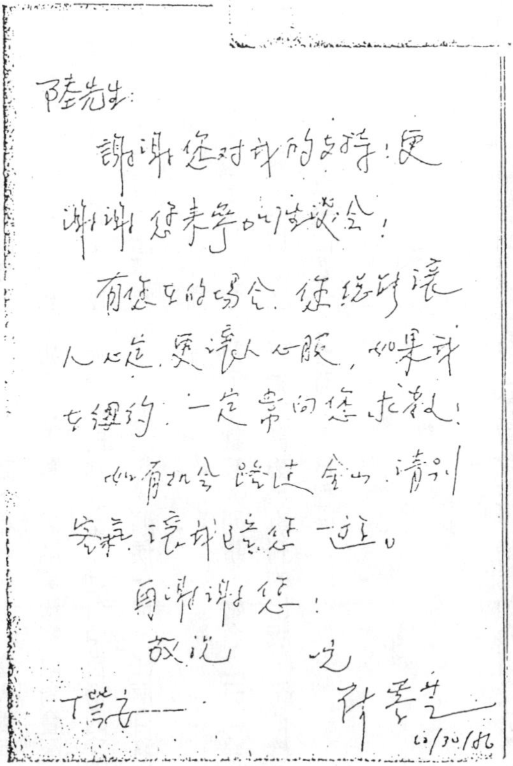
陸先生：

謝謝您對我的支持！更謝謝您來參加座談會！

有您在的場合，總能讓人心定，更讓人心服，如果我在紐約，一定常向您求教！

如有机会路过金山，請到寒舍，讓我陪您一遊。

再謝謝您！

敬祝

安

崔蓉芝

9/30/86

▲崔蓉芝寫給陸鏗的信，信封上的Fall in Love莫非天意。

男人都是會自作多情的。小崔的來信中「讓我陪你一遊」這一句話，和信封上「墜入愛河」的章，使我自然把二者聯繫起來，想入非非……莫非是天意？如不是天意，怎麼美國郵政局會配合得這麼好呢？偏偏選在小崔這封信於舊金山發出時蓋上這麼一個奇妙的章。看來，她信中自稱的「晚」，快要變成「早」了。從而興起「若到江南趕上春，千萬和春住」的遐想。順便一提，江南自洛杉磯《加州論壇報》周年慶與我得見，寫信給我時，一直自稱「晚」。

由於我這個人向來是「新聞第一」。所謂「天意」，想一想很快就被人間事、姑名之曰「地情」所替代。當時既忙於紐約《華語快報》的言論和每周一次《新獨立評論》專刊的出版，又忙於香港《百姓》的報導和《陸鏗新聞信》的撰寫，所以金山遊一直沒有排入日程。

香港相會表演橫刀奪愛

一九八七年十月，崔蓉芝準備去香港，打電話到紐約找我，希望我在香港為她介紹幾位新聞文化界朋友認識。楊惜珍告訴她，我人在香港及香港電話。小崔和我電話聯繫上告知我到港日期。我及時告訴她一定要提前到港，原因是我回美機票早已訂妥，因是便宜機票，不能改動，只有她改而就我，否則就無法相會了。

廿一這個日子，在我一生中常常形成關鍵，覺得不可思議。比如，一九四九年十二月從東京趕回昆明坐牢是廿一；五三年監獄宣佈準備放我是廿一；參加中共統戰隊伍成為民主人士也是廿一。一九八七年十月在香港和崔蓉芝相會又是廿一。

這是一個非常劇戲化的場面。

江南被害後，不少平日對她傾慕的男士，即向她展開了追求攻勢，而她因臨劇變，把整個的心放在辦好江南遺留下的事上，根本沒有閒情考慮別的問題。

隨著時間的流逝，哀思不覺韶光換，轉眼到了八七年。這時，在舊金山的一位男士向她表示傾慕之情，她也覺得應該重作選擇，於是相約作香港行，易地而談，也免得舊金山熟人多受到干擾。這是一位左派人士，抵港翌日就約崔蓉芝去拜會中國新聞社香港分社主任符國柱及該社總編輯等。交談之下，不知怎麼會提到陸鏗，符就說「剛剛和陸大哥在一起吃中飯。」小崔隨口應了一句：「呵！我來了還沒有給他打電話。」想不到符竟如此熱心，走進辦公室把電話拉到會客室放在小崔面前，我得到崔的電話，告訴她馬上去接她。

衝進會客室，但見一屋子人，總有七八個。我告訴小崔：「走，有四五位新聞界的朋友約吃晚飯，我帶你去認識認識。」這時，符國柱開腔了，這怎麼行？她是主客絕不能走。」我說：「你們還有這麼多人嘛，她改天再跟大家聚。」話未說完，就像一陣風似地拉著崔蓉芝就走了。連房子裡坐著的人的面孔都沒有看清。

當晚與秦家驄、簡而清、李韡玲和她先生共餐。巧的是我在港的臨時住處就在餐館的樓上，飯後約蓉芝上樓小坐，這一坐，彼此開誠相見，正是「人生無物比多情」，她才說出當天下午我把她抓走時，在座的人中，其中之一就是在舊金山和她相約香港會的那位先生。結語是：「你太霸道了，不但全屋子的人都無可奈何，我也在你的不容商量的狀態下跟著你走。」我提醒她一年前美國郵戳「Fall in Love」的印記不正是天意的表徵嗎？

從此，兩人展開了驚天動地的愛情長跑。我回到紐約後，常常利用清晨吃早點的時間在一家小咖啡店跟她通話，由於聲音低而次數多，以致被咖啡店主和顧客懷疑是特務在通情報。只是此「情」非彼「情」，這一美麗的誤會，到我跟小崔的戀情曝光後，老五的媳婦愛玲才講了出來，說他們家早已聽到了。

黃山定情效李後主故事

一九八八年爲了勘察江南墓地，我應蓉芝之約，陪她作故鄉安徽黃山行。黃山上，我這頭老羊，牽著她那頭小羊，健步如飛。我們的生肖都是羊，我大她廿四歲，但她自慚不如我的矯健。抵達黃山的第一夜，就合作演出了拿破崙宮女提著鞋子進入英雄帳的故事，一如南唐李後主與妻妹小周后幽會後所塡的詞〈子夜〉：

花明月暗籠輕霧，今宵好向郎邊去；剗袜步香階，手提金鏤鞋。畫堂南畔見，一晌偎人顫；奴爲出來難，教君恣意憐。

其羅曼蒂克的程度，自信超過襄王、神女，使我體會到什麼是眞正有女人味的女人。從而使我得出「可以向全世界宣佈陸崔定情」。當時安徽僑務辦公室兩位幹部一男一女陪同照料，所以我們雖然在感情上已經結合，但在社會禮儀上還不能不有所顧忌。

黃山定情後，小崔誠懇的表示：「我對你沒有任何要求。只希望你活得快樂。」我除了欣賞她的態度，還能說什麼呢？我自喻爲「超性情中人」，而中國人向來想愛而不敢愛，決心打破這些束縛好好爲自己而活。由一九八八年寫給小崔的信中可以找到我的心路歷程：

……不知道從那裡產生的力量，我竟會產生一種爲愛而死的決心，這在我一生中是沒有過的，你知道我是一個生命力特強的人，列寧曾經說過，世界上最殘酷也最令人不能忍受的，是單獨監禁，而在我以往二十二年的監禁歲月中，曾被單獨監禁四年，不能看書、不能看報、不能寫作、不能講話，甚至不能唱歌，在那只能令人想到死的日子，我從未想到過死，我想的是怎麼活著出來，證明民主自由是人的尊嚴，追求「它」，爲「它」獻身，是人的最高價值，爲什麼經歷患難，備嘗艱辛，現在反而會想到死？唯一的解釋就是，你給我的愛，已經使我得到人生最大的滿足，可以死而無憾，過去四十多年來，我曾爲自由民主付出很高的代價，今後是要爲愛情付出代價的時候。

我們決定把實情分別告訴自己的親人，小崔的兒子劉家禾聽了媽媽的決定後表示說：「我看這些年追求你的人，以 uncle Lu 最好。」兒子從旁觀察，給了媽媽很大的鼓勵。我給大兒子可望一信，表明不是以父親的身份而是以朋友的身份談談自己的心路歷程。他在給我的回信中，雖然有責備、有批評，說了很重的話，但字裡行間仍流露出理解。只是對崔蓉芝缺乏認識，斷定「崔女士絕不可能愛你超過半年。」其他子女，有的說三個月，有的甚至判斷「只要兩星期，崔蓉芝就會分手。」

當陸崔黃昏之戀曝光後，在港台輿論界引起不少議論，我的一位朋友以齊語筆名發表評論指出：「此情在港公開化，是在八月（一九八八年）陸崔來港期間。陸到新加坡，崔則隨行，崔赴黃山，陸亦隨行。而在港期間形影相隨，明眼人已看出端倪。崔之『好』，從《江南傳》亦可看出，爲文者無不稱讚其爲人。甚至其死對頭，對她亦大爲稱頌。以此爲人，不被人所愛亦難。只是未料是陸大哥，又難免引起小小震撼。換上別的也許會平靜些。」女記者曾慧燕在其專欄中談崔蓉芝，更是讚不絕口，說蓉芝「溫婉嫻淑，美麗賢惠，識大體，明事理，善良柔順，堅強能幹，集太多美德於一身。江南遇害後，各方評論對江南毀譽參半，對蓉芝則一致稱讚，聽不到有關她的半句壞話。」而對崔蓉芝到美國監獄中探視殺她丈夫的兇手董桂森，並建議法官對董從寬量刑，說董也是被人操縱，體現了小崔的超人情味。黃誼民老弟以「江南遺孀與陸鏗的喜訊」爲題發表一專文，最後一段是：「區區實在佩服陸鏗的精力，他可以穿梭大陸、香港、美國，又寫那麼多文章，竟然還可以有時間談戀愛，實在令我們這些後輩望塵莫及。」

善良·溫柔·靈秀·通達可愛

自兩人結合以來，在生活上，崔既是我的伴侶，又是我的生活秘書，我的活動日程，都由她代記，而且她是最能幹的汽車司機，在記路的本領上，令我佩服之極。只要去過一次，再複雜的路，她都記得清清楚楚。她燒菜的本領，早在華府就已風傳，又快又好。平日吃飯，她總是一人包辦，我主動要求洗碗，她都不准，說你有時間多看看書。我寫文章時，有的字記不起來，她以政大中國文學系畢業之身隨時提供服務。我每次旅行，從訂機票，到收拾行李，全由她一手包辦，而且效率特高，祇在帶那幾條領帶上問我一聲。我脾氣急，有時甚至罵人，她卻以柔克剛，問「要不要泡杯咖啡？」她和我們共同的好友曾慧慈、洪美珍都傾訴過，她是新舊女性的混合體，本意是丈夫為生命中心，做個現代化的賢妻良母，以智慧和知識結伴共同創造未來。江南死後遇到陸鏗，成天圍著新聞轉，但她盡力做到她能做的。

善良、溫柔、靈秀、通達是我對崔蓉芝的綜合評價。最初，我的很多朋友對我與崔的結合是表示反對的，有的好朋友還寫信對我臭罵。但當她們與崔認識後，都一致表示：好！確實好。像綿齡夫人管國華還警告我說：你可不能欺負她呵！

在傳媒追蹤中，我闖了一個禍。

當崔蓉芝和國府的官司獲得和解後，不知從哪裡吹出一股風，說我是居中斡旋最力的人士。因為與事實不符，我當然作了否認。我對江南案，除了接受訪問談了看法，是盡可能避免捲入、插手的。但崔蓉芝因跟我「墜入愛河」，可能心境有所變化而願意接受調解，這只能說是一種推斷。潘啓元的太太、《世界日報》駐美特派員俞淵若在台北找到我進行訪問，談我的愛情觀，談我如何看崔蓉芝，以及我為什麼不和楊惜珍離婚都談了。我想訪問告一段落，準備起身離去，這時俞淵若說，陸大哥，我有一個私人性質的問題，想了解一下你和小崔的性生活。能不能告訴我一點？我想到淵若曾是潘啓元的太太，而啓元是我開始做廣播記者時的小兄弟，有歷史淵源，而且認為她是個女性，從東方人的傳統說，女性對生活私事是會避諱的，能發問已是稀有的了，當不致發表。卻沒有想到在一九九〇年十月廿七日，赫然得見台灣《聯合報》和美國《世界日報》刊出的題為「只有崔蓉芝讓我恢復青春」的俞淵若「專訪陸鏗」。其中有這麼一段：

陸鏗說，坐過牢的人，對性生活不會有強烈要求，可是與崔蓉芝墜入愛河後，很奇怪的是對性的慾望特別強烈，而且可以說已完全恢復青春，與年輕人同樣的強壯。對任何事情幹勁充沛，每天工作十餘小時不感到疲乏，他相信這是受愛情滋潤所發揮的作用。

坦率答問引起責伐之聲

這在九十年代初的台灣社會自然引起軒然大波，台灣的一些醫學界人士還專爲此舉行座談。俞淵若把剪報寄到香港給我，我一看糟了，問俞：「爲什麼要這樣做？」她說：「這樣可以吸引更多人看。」我除了自省，夫復何言。柏楊於一九九〇年十月偕香華抵港，在我歡迎他的晚餐小聚時，站在朋友的立場，義正詞嚴地把我痛罵了一頓。胡菊人當時爲我緩頰說：「大概來自少數民族地區的人，對一些問題的態度與一般不同，認爲什麼事都可以直說。」潘啓元老弟十一月初給我一信，告知台灣作家楊子在「聯副」專欄中發表〈陸鏗·崔蓉芝·陸太太〉一文，他並說：在中國社會倫理道德規範下，大多數人對這種叛逆性的戀愛是不能接受的。新聞文化界的「老正經」多是只做不說，或淺嚐即止。

後來讀到了楊子這篇謙稱「干卿底事」的文章，寫得有理有據有情，且有正義感，令我拜服。

好友警告千萬不要濫情

不過，以我切身的體驗，投入戀愛可分三個階段，首先是愛，再就是情，然後是義，恩義之義。而且常常會發杈，同時喜歡幾個女人。因此，對婚姻制度產生懷疑。這一荒謬論點在九十年代中期舊金山友人歡宴柏楊的一次聚會上，曾經簡述，並博得郭佩譽小姐的回應。事隔多年，查良鏞兄約在香港餐敍，我就「立情」三階段請教他，他的回應是，大概都差不多，因爲不可能永遠處於狂熱階段，但恩義總是在的。後來，在台北與余秋雨兄談到這一問題，我說，爲什麼會發生這樣的情況？他的答覆更妙：因爲優秀，如果不是優秀，誰又會來跟你談情說愛呢？不過，我的幾位好友包括林山木、駱友梅伉儷在內都非常嚴肅地警告過我，在愛情生活上應力求避免再出問題了。既然公開宣布（按：指一九八九年七月在西來寺壽宴上）崔蓉芝是最後一個對象，就要做到讓她是最後一個對象。否則就是濫情了。我對朋友的回答是：我對崔蓉芝的愛，並沒有動搖，我已經虧欠了楊惜珍，不能再虧負崔蓉芝。事實上，一九八九年情人節，我倆在舊金山交換戒指已經私訂終身，借朋友的話說就是「輿論結婚」。我有一個想法，如果惜珍在我之前蒙主寵召，我就和蓉芝結婚，當然，我希望她活得盡可能長些，否則在我臨死時也會學希特勒自殺前和依娃結婚一樣。

年齡已近八十歲的我，還能接受朋友這樣誠摯的規勸，深夜捫心，一方面說明我這個人性格中的荒唐，另一方面也說明我在交朋友上的成功。

因爲有很多朋友可以對我說「不」！

古人云：「夕陽無限好，只是近黃昏。」在我看來，正因近黃昏，所以無限好！

附錄

友直談大聲

新加坡大書法家潘受先生詩評陸大聲

大聲先生枉過海外廬，先一日邂逅索書，輒綴七律一首呈教，即乞粲正：

敢與公卿論是非　放翁難免世相違
觀棋已覺柯將爛　埋獄何圖劍再揮
百姓憂愉安忍忽　一身通塞所關微
輕舟兩岸啼聲裡　不是猿啼是姊歸

（姊歸，子規鳥之別名，其鳴聲曰：不如歸，不如歸。）

虛之弟潘受未是草。一九八八·六·廿一夜·於新加坡吃榴槤後

曹天戈將軍號宣麾，以儒將入蔣公幕。一九五〇年初在國軍兵敗如山倒時於雲南元江被俘，押解昆明監獄，因而與大聲有同窗之雅，一九九四年在浙江省政協偶讀潘受先生詩作，乃自杭州函大聲曰：來件中得讀新加坡潘受先生題贈足下七律一首，妙語聯珠，落地有聲，的是才人手筆，不勝激賞。賦來八句，直把陸大聲此生神貌行藏刻劃無遺，非知己何能言，非高手誰能寫，置之回憶中，大可作爲一篇絕妙的序跋以醒來者。

——麾又白

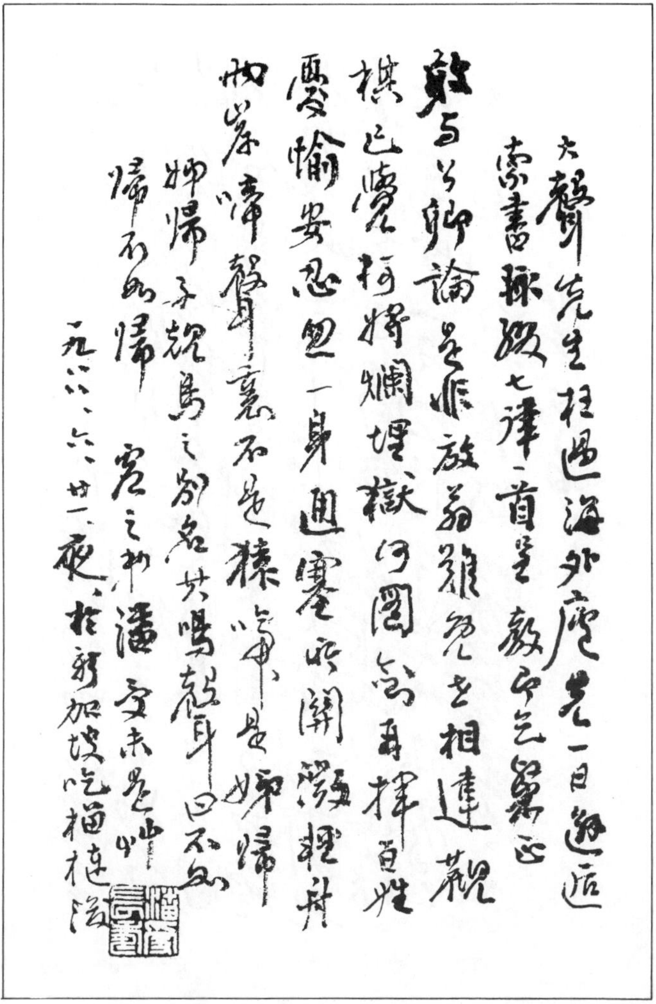

大聲先生枉過海外廬，是一日適逢
索書，拯綴七律一首，呈教，即乞賜正
敢與公卿論是非，放翁雖免老相違。觀
棋已覺柯將爛，埋獄何圖氣再揮。百姓
憂愉安忍置，一身通塞所關微。輕舟
似岸歸聲裏，不是棲[illegible]是如歸。
如歸，子規鳥之別名，其鳴聲曰不如
歸不如歸　寫之初　潘受未是草
一九八八、六、廿一、夜，於新加坡吃榴槤後

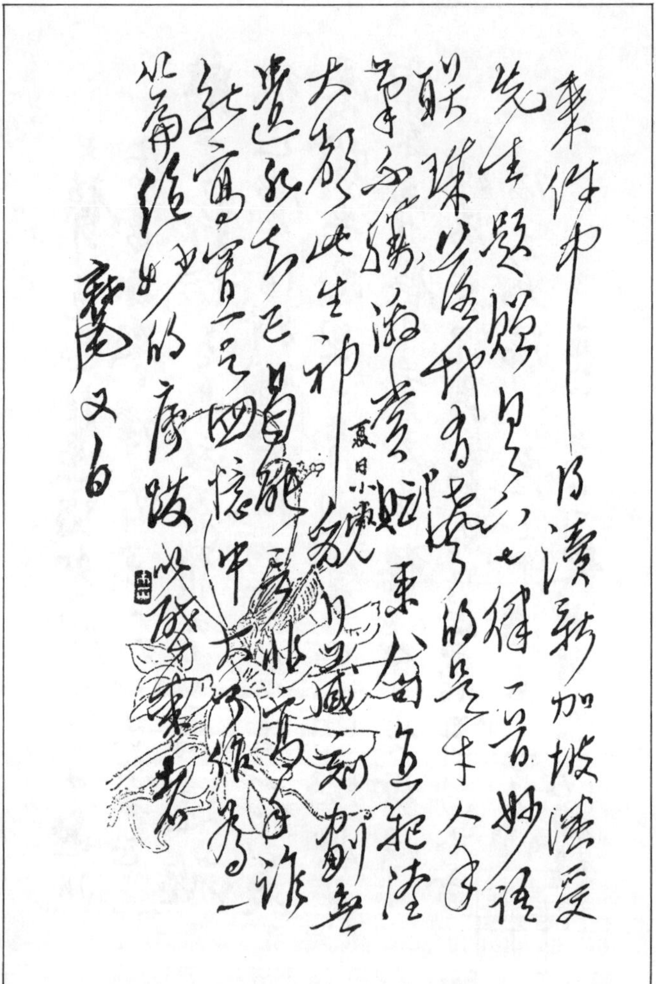
來件中——乃讀新加坡潘受
夏日小憩

永葆樂觀的陸大聲

千家駒

陸鏗、大聲先生是名記者，但我認識他，是在解放後的八十年代。一次我去北京開全國政協大會時，他同崔蓉芝也到了北京，我們在北京飯店第一次見面。近十年來，來往較多，特別是我在一九八九年「六四」後去了美國，在洛杉磯住了三年多。大聲是星雲大師的好朋友，我和星雲的關係是大聲介紹的。在此以前，我給香港《信報》每周撰評論一篇，《信報》特闢一專欄〈千家駒論經濟〉，也是大聲撮合的。

大聲兄出名是由於他是記者，而倒楣也倒在記者身上。他在中國大陸坐了許多年監牢。據我所知，在盧漢昆明起義以後，盧漢把雲南所有國民黨軍政大員都扣留了，包括蔣介石派往雲南做盧漢工作的張群在內。但後來盧漢把張群放了。當時中華人民共和國剛剛成立，我在北京，周恩來曾對我們談起此事。周對盧漢釋放張群甚爲不滿。他說，盧漢未與我們商量，便把張群放了。如果不放的話，我們可以當作籌碼與張學良相交換。

中共對盧漢釋放張群不滿的事，被盧漢知道後，剛好這時陸鏗從香港回到昆明。盧漢就把陸鏗扣押起來，變成張群的替罪羊了。大聲關了多少年，我不清楚，以後如何釋放後出國的，我也不清楚。

大聲是一個記者，他的職業道德非常強，吃虧也就吃在這上面。在國民黨統治時代，他便因揭發孔、宋的貪污而觸怒當局，被蔣介石召見要他講出新聞來源。經于右任等元老營救而倖免於難。後在廣州又因強調新聞自由，觸怒當道而被捕「坐牢」。其中經過已詳記於回憶錄，不贅。

到了解放以後，他因訪問胡耀邦而蜚聲中外。他訪問胡耀邦的記錄曾經美國國務院譯成英文而受到普遍重視。胡耀邦卻因此備受共產黨內的批評，故而胡耀邦有「陸鏗是個壞人」之說。從此，中共再也不給陸鏗簽證進入大陸。其實我細讀大聲對胡耀邦的訪問記，並沒有甚麼不妥之處。不過因爲陸鏗的問題提的比較尖銳，而胡耀邦的教條主義又不那麼嚴重，因而在「左」的教條主義眼中，很多出格，受到指責。胡的「陸鏗是個壞人」的說法，有其不得已的苦衷，這恰好證明了陸是個了不起的好記者。

陸爲人胸襟坦蕩，與朋友相處肝膽相照，坦率眞誠，什麼暗箭傷人之類，在他看來是不可想像的事。他好幾次大難不死，一方面是他吉人天相，另方面與他的樂觀主義有很大關係。他自稱是「不可救藥的樂觀主義者」。他歷盡滄桑，屢經打擊，但始終那麼樂觀。他已快八十歲的老人了，而他精神體格還像一個青年人一樣。現在他的回憶錄快要出版了，我相信一定可以暢銷海內外，爲專業記者樹立一個典範。

一九九七年四月二日於深圳，時年八十八

大漢不獃是個寶

——記老友大聲陸鏗

唐德剛

陸鏗最近給我掛了無數次電話，包括許多次所費不貲的越洋長途電話。他自己直撥之不足，還動員了女友男友一齊來，弄得我這個茅廬寒舍簡直是「州司臨門，急於星火」。所爲何來呢？原來他那十分精彩的《陸鏗回憶與懺悔錄》，已至殺靑階段。他「自說自話」之不足，還要拉伕拉出一些讀者和老相識來「人說他話」一番。陸鏗是個草莽英雄，「無冕之王」。痛快之至。你捧他是「陸大哥」也好；你罵他是「四大不要臉」，「色狼、色鬼」，「死囚犯」，「土豪劣紳」……只要有新聞價値，照單全收，童言無忌。——「陸大哥」好歹未蓋棺而論已定，蚍蜉撼大樹，不管搖筆桿子怎樣說，一概笑而納之，照印無訛，只要你肯寫！打滾翻身，你怎樣也推不掉，非寫不可。他並且認定這個題目，就這麼寫，因爲我這個「徽駱駝」，曾經說過這麼一句「安徽土話」：「大漢不呆是個寶。」陸兄就是位體重二百磅，身高近六呎的「大漢」，生龍活虎，從未「呆」過。

在動筆寫此拙文時，我對那位上了他底大當，並大罵「陸鏗是個壞人」，終於賫志以終，學生為之暴動的胡耀邦，眞有無限同情。——胡耀邦是個紅小鬼出身的長征老幹部，最後做到全黨一人的總書記。他個人的經歷、經驗、訓練、知識和生活習慣，都是在共產黨中發展出來的。他的天下就是共產黨；共產黨就是他的天下。因此在他底生活經驗裡，一個「新聞記者」只是黨中一個小幹部。他可以頤指氣使的小幹部。大的新聞官像許家屯，像周南，卻不是「跑新聞的」。胡耀邦所知道的新聞記者，都只是共產黨集權統治下的新聞記者。他不知道在非共產極權世界中的新聞記者卻是「無冕之王」。他這個「總書記」對應付這種「王爺」沒經驗。在他心目中，陸鏗只是個對他頗為感恩的槍斃未死的死囚犯。他想不到陸鏗也是個「王」，並且是個「大王」，「王中之王」。——「總書記」對掌握「大王爺」沒經驗，在交談中，他就「上當」了。等到發現「陸鏗是個壞人」，那就為時晚矣。

「陸鏗是個壞人」

「陸鏗是個壞人」是胡總書記丟掉紗帽的諸多原因之一。這在中共中央所秘發的紅頭文件中是有案可稽的。因此這個「壞人」——不，這個《伊索寓言》中所記載的，被裝在瓶子中的大魔鬼，在坐了中共廿二年的黑牢之後，一旦被放出瓶子，立刻又興風作浪起來，連中南海的深宮大內也被弄得天翻地覆。有冕之王竟被個無冕魔王，弄得皇冠落地，龍馭上賓，終於引起學生造反，坦克上街，幾乎弄得鄧上皇也喬扮農婦（父），落荒而走，千年國史也為之翻出另外一章來。

早知如此，那些自命對反革命派，從不「心慈手軟」的中共黨內的肅反特務，何不乾脆「將錯就錯」，把他槍斃了事。——據陸鏗說，他在死囚牢中，一次獄卒弄錯號碼，把他於半夜裡提出槍斃。在上法場之前，始發現死囚號碼上 409 錯爲 406，一字之差，才又免了。

在中國近現代史上，那些殺人有癮的國共兩黨特務們，一向都自誇「寧願錯殺一百，不願錯放一個」。這次陸鏗這「一個」死囚反革命，顯然還是被「錯放」了，所以才弄得這麼大的紕漏來。他們那時如將錯就錯，把號碼改一下，把他送上法場。人死病斷根，豈不一了百了哉?!

美女不如豬肝

「病關索長街遇石秀」，我在紐約街頭遇到嘻嘻哈哈的陸鏗，那已是他在「出瓶」以後若干年的事了。但是抗戰中期，我在重慶沙坪壩上，作蓬頭垢面的小青年時，已久仰其名。——原因是戰時流亡學生，靠政府發放的三兩碗「八寶飯」度日，生活實在太苦了。那時父母既不能接濟，親友更投靠無門。平時無差可兼，也無工可打。瘦成三根筋不算，長期營養不良，竟弄得百病纏身。最難熬的則是夜盲。太陽一下山，則一脚高一脚低，走路都成問題。校醫老爺講大話，說你缺少維他命C，應該多吃豬肝。那時在沙磁文化區中的豬肝，隨處可見。但是能挈而食之，那就是天大問題了。有時偶爾發了財，或朋友發了財，請你吃碗豬肝麵，那才有神效呢：當晚足下馬路便淸晰可見；桌上目光可及的視力圈立刻擴大數寸乃至數尺。他換了一個人。嗚呼！豬肝麵之爲用大矣哉。因此那時對我們沙坪壩小青年來說，那就是美女不如豬肝了。——食色性也。食畢竟比色更重要。

爲著追求豬肝麵，我們那批壩上青年，尤其是學文科的，既無工可打，那只有挖空心思去向重慶各報刊投稿，想賺點稿費以吃豬肝麵也。上帝保佑，一稿得售，就可吃豬肝麵一小碗；二稿得售，則可請好友共享之——那時我們壩上小青年，除少數高幹富商子弟之外，都是共產主義者，有通財之義。

我們那時的投稿經驗，大致是一篇風花雪月的小散文，或者可換豬肝麵一碗。重慶當時是寒士如雲的。那些「大文化人」如田漢、巴金、張恨水等人正在叫嘯，要什麼「斗米千字」。這時我們小青年看來那是要求太奢了。我們如有「升米千字」，已是祖宗積德了。——在那十投九被退的激烈競爭之下，重慶《中央日報》的副刊卻是個網開一面的肥缺。它早期的副刊編輯是盧前，號冀野，一位酸溜溜的詩詞作家。爲著時髦，他有時也要談點「新文學」，談點什麼「橫的移植」和「新詩」，但他骨子裡還是那種「褲襠巷口路三叉，引得盧前到我家」的，世說新語的那一套。因此各大學中，只會屠格涅夫體的那批小魯迅們，就被一股腦擯斥了。——盧前那時在沙坪壩兼課，教詩詞和文學寫作一類的課。那是中國文學系的課，因此盧前的中央副刊便成爲他們中文系諸公諸婆吃豬肝麵的施主了。

我記得壩上有一次發生一樁嚇壞人的情殺慘案——一位男同學在衆目睽睽之下，一槍便把他的前女友打死了。然後掉轉槍頭，對著自己的太陽穴，他也就與女友同歸於盡了。這一情殺案因而引出壩上一陣悼亡詩風。中文系一位「小林黛玉」（只記得她的諢名，已忘她的學名），在追悼大會上哭之曰，「霹靂一聲雙命已，此時愛恨怎能分？」曾引起陪都騷壇震動。盧前這位「副刊編輯」，所看中的便是這類瀟湘之作。林姑娘那時是不少豬肝麵作「副食」的。

我還記得另位男同學，在空襲中過江游泳，摔傷了足踝，不幸竟引起「破傷風」而死。也有同窗詩人輓之曰：「此間接因空襲亡身，其心甘否？若偶然爲游泳傷足，有死理乎？」——有這樣的「漢學底子」，盧前盧後的編輯們所掌握的豬肝麵也便有得吃了。

我們歷史系傾向於屠格涅夫體的「進步作家」們，都瞧不起盧前。我們叫他「盧後先生」。但是看在豬肝麵份上，我們也會寫一些「世說舊語」，要「盧後」請客。——但那也萬般辛苦的。盧後的「園地」畢竟有限，一個中文系已超載。能分給歷史系的豬肝麵，就所餘無幾了，哀哉。——中央日報的稿費比同時的其他報刊，要高出一倍以上。

跟女人跑了，不回來了

就在這種長期挨餓，並在日本鬼子日夜狂轟濫炸之下弄得衣不蔽體，鞋襪皆無的癟三情況中，我們每天看報，總是經常看到「陸鏗」二字，躍然紙上。我不認識陸鏗，但是我們都知道他是「中央」系列的大頭頭，在報刊上經常寫專欄、專訪、長篇通訊的大報人。至於在這些專欄裡，他究竟寫了些什麼，今日已完全忘記。但是那時我們那批餓鬼小青年總是以豬肝麵作價值標準的——他那一篇專欄或通訊能換多少碗豬肝麵？我們的結論是，陸鏗的豬肝麵是永遠吃不完的。豬肝麵者，一切事業之基礎也。有吃不完的豬肝麵，則這位陸鏗就無事不可爲了。——食色性也。食之餘就是色了。果然（陸鏗後來告訴我），他這條色鬼，那時正在泡妞，泡得天昏地暗！——我們那批小青年，就很少泡妞。天一黑看妞都面目不清，從何泡起呢？

陸鏗那時，少年得志，又性喜拈花惹草，因此所到之處，無不蜂蝶亂飛。最後化萬念爲一念，就和我們中央大學醫學院的院花楊大姐結婚了。據情治單位報導，陸鏗在婚禮前夕，還偷偷的和另一女郎在嘉陵江畔，卿卿我我，難捨難分呢！——佛教徒說：「善有善報，惡有惡報。」可是我們的湯瑪斯・陸（Thomas K. Lu），卻是個基督徒，不在此限。他偏偏惡有善報。他這位夫人，我們的楊學長，卻是百萬人中難得找到一個的美麗聰明的賢妻良母，牙科醫師。到陸鏗最後，還是「惡有惡報」，被抓入共產大牢，那些反革命家屬，時時都要去看死囚榜上是否有自己親人的名字。同時那種狂風惡浪的鎮反運動，縱是任何鐵娘子、母夜叉也受不了衝擊，都要和反革命丈夫劃清界限的。可是我們這位脆弱的美女陸嫂嫂、楊學長，卻帶了五個幼年的孩子，看了廿二年的死囚榜，而矢志不移——陸鏗榜上無名，則送衣送飯；榜上有名，則守節撫孤，堅持到底。翻翻我國古代的烈女傳，有幾個是這樣的？再看看今日歐美的基督家庭，豈不更是神話？廿二年的活寡，算是「守」過來了。如今定居美國，五子登科，老伴二人，白頭偕老，可以安享晚年了。誰知台灣派來了刺客，一聲槍響，陸鏗又被打得無影無蹤了。

我問陸的連襟和老戰友龔選舞兄，「陸鏗哪兒去了？」

龔說：「跟個女人跑了。」

「不回來了嗎？」我再問。

選舞說：「他跟女人跑過多少次了。可是這次眞的跑了，不回來了。」

一個愛其「跑」，一個愛其「騙」

一次我在校友會上回楊惜珍說：「陸鏗聽說大陸也回不去了。」惜珍兩眼向我一瞪說：「唐德剛，以後不許提陸鏗！再提陸鏗，我就同你絕交！」

惜珍要和我絕交，但她和陸鏗卻始終不忍劃清界線。陸鏗在死囚牢中，她對他始志不二；如今陸鏗「跑」了，她對他仍是矢志如一。——這就是男女愛情之間，「痴」的可敬可愛之處了。陸鏗做了「反革命」，要被槍斃。她所愛的正是他的「反革命」。如今陸鏗又跟另一個女人「跑」了。她所愛的也正是他會「跑」。夫復何言呢?!

莎翁說：「脆弱呀，你的名字就叫女人。」

脆弱的楊惜珍對「跑」掉的陸鏗恩愛未了。誰知還有個脆弱的崔蓉芝。分明是被陸鏗這個大色鬼騙了。她卻也對他一見鍾情，死心塌地，獨愛其「騙」。又從何說起呢？

海倫（崔蓉芝）和亨利（劉宜良，江南），本是一對情性相投的恩愛夫妻嘛。誰知晴空霹靂，特務刺客的一槍便把這位脆弱而善良的美女，從天堂一下打入地獄呢？就在這四顧無門，歇斯底里的生死邊緣，忽然在地獄屋角的微光之中，發現一位，雙手伸開，無限同情的老爸爸。這個披頭散髮，淚流滿面，孤苦無依的小女鬼，一下便撲了過去，和他擁抱在一起。這一擁抱，對一個小女鬼來說，在情感上就分開了。……冥冥中有個聲音在說，小鬼使不得也。他是個大騙子呢。小鬼哭訴說，顧不得了。愛就愛這個「騙」嘛。不然，莎翁為什麼說，脆弱呀，你的名字就叫女人呢？

陸鏗不是賈寶玉。他看來像一個站在佛祖大廟前的門神。但是這門神，在它的粗獷之外，也另有其溫暖率眞的一面，這是許多美女、才女、有性靈的女人受不了的一面。這也是他所到之處，蜂蝶亂飛，能「騙女人」的最大的本錢。尤其是那些在情感上四顧無門，眞空時代，最需要感情的女人。這樣這個具有高度父愛與情愛的大門神就能乘「虛」而入了。——現代心理學家說，一個打離婚官司的女人，最容易愛上她的律師，正是這個道理。——但是人民的眼睛是雪亮的。對一個有智慧有性靈的女人，一個愛情騙子，專靠一些潘、驢、小、閑的表面功夫，是不能持久的。他在性靈深處，要另有所托。盜要有道；騙子要能不騙啊。此話怎說呢？

「敬業精神，天下第一」

曾子曰：「吾日三省吾身：爲人謀而不忠乎？與朋友交而不信乎？傳不習乎？」——陸鏗與他的朋友之間，處得最絕的恐怕要算傅朝樞了。傅是陸鏗坐牢之後，最早的僱主。但是當傅君在紐約辦其《中報》時，竟通令全報不許印出「陸鏗」二字。足見二人絕交之絕也（據傅說，我是他貴報中唯一享有豁免權的作家，拙作中可提陸鏗之名。眞是謝謝董事長）。但是傅君也告我說：「若論敬業精神，陸鏗和胡菊人二人，實是天下第一。」——這句話，實在是英雄識英雄之言。陸鏗與傅朝樞二人都是今日海外華人社區中，最標準的草莽英雄。盜亦有道，各有其英雄本色。

陸鏗的「敬業精神，天下第一」。此話出於他第一號冤家對頭之口，實在是相當公正的。他能敬其所業，就能忠於所謀。一個人如爲朋友謀而能忠於所謀，與朋友交才能有信。而陸鏗又大漢不獃，精力充沛。爲人謀必殫精竭慮，不眠不休，正如一個爲人打離婚官司的律師，爲「她謀之忠」，是盡其所有的。這也是「傳必習乎」之一面。——曾子三省，他皆有之，這也就是「讀聖賢書，所爲何事」之一事了。

他這麼一來，便弄得他的「女僱主」，在情感上，在生活上，在……上，簡直不可一日無此君，就牢牢纏住這個大騙子不放了。他分明是個大騙子，儂獨愛其「騙」。縱被棄不能羞，就再也不能讓他跑掉了。……夫復何言？

陸鏗原是一文不名的光蛋，食量大如牛，又善自塗拭，有時也高冠厚履，風度翩翩，儼然高幹大官也。這種人終日困於「破瓦寒窰」之內是會悶出病來，奄奄一息的。他在寒窰之內，反正是個多餘的大飯桶、大酒囊、大衣架……留著也無用，倒不如讓他「跑掉」的好。這也就是楊惜珍對他「跑掉」之後，既不劃清界線，也不窮追喊打，只是掃地出門的道理。——雖然我唐某向她提到陸鏗，她就要和我「絕交」。

陸鏗本是個大色鬼——但是朋友不要忘了，不論是江湖好漢或革命元勳，也沒有一個不是大色鬼的。孫國父說他第一嗜好是革命；第二嗜好是女人。老蔣、老毛尤有過之。陸鏗和他們比，雖是個草莽，但是看到美女，便和他們一樣的喪魂失魄則一也。(曹長春訪陸鏗長文標題即「新聞第一，女人第二」。) 何況他這個大光蛋，花子拾金，有此艷遇，王三姐拋下的彩球，一下揀到了；繡枕金猊，被翻紅浪，怎能不「跑」。——陸鏗對他的夫人心疚無已，慚愧彌深，結草啣環，感恩不盡；但是大漢不獃，「跑」還是要「跑」。

一個要當老闆，一個不做夥計

或問陸某既然能忠於所謀，信於朋友，為何與老傅弄得那樣水深火熱呢？我唐某不敏，和他們兩造都是極熟的好友。我對他二人癥結所在的評語，他二皆鞠躬如也，完全接納。

傅、陸二人都是草莽英雄。司馬遷《游俠列傳》裡的游俠。老傅告我，他所擁有的黃金美鈔，「再投胎五次也用不完」！他先在台中辦《台灣日報》興隆一時，終被經國強迫收購。他挾鉅資先去香港，後到紐約，又辦起《中報》來，儼然是台灣《聯合報系》的勁敵，海峽兩岸都不敢小視。其所以然者是傅老板此君雖獨裁專制，但是知人善任。重金禮聘之下，所網羅的（包括陸鏗、胡菊人）都是一時豪傑。他們如能和衷合作，對「兩岸三地」眞是無堅不摧。但是他們就是不能「合作」，更不能「和衷」。其所以然者，便是一個要當老板，一個不願當夥計。

傅朝樞這個財閥、報閥，不管是為名為利，為政治為經濟，為……，他辦報是有其個人目的的。這些目的之外，「做老闆」本身也是個目的。他知人善任，量材器使，重金禮聘，但不論你是何方豪傑，你得做他的「夥計」。老板的話是金光閃閃，一句頂一萬句的。——傅老板就是毛主席。

陸鏗和胡菊人呢？乃至後來的林博文、邱立本、俞國基……也都是一代賢豪！——筆者以一個搞歷史的局外人，從旁觀察《中報》那時的班底，眞是一批不世出的媒體精英，中華民族的優秀兒女。在他們的企盼中是，錢由老傅出，報由我們辦。不痴不聾，不作阿翁。除出錢之外，報老板最好別管他事。

「那怎麼可以？」傅老板對我兩眼一愣說：「陸鏗專打高空。要我買爆竹，讓他來放？……」

「我們是自由報人。」陸鏗也向我雙眉一豎，「傅老板只是個有鈔票的市井浪人，我們能聽他的話?!」

「你看，」我告訴他兩位誓不再見面的老伙伴，「你二人，一個要當老板，一個不願做夥計，就無法協調了。」

「你批評的最恰當，最恰當。」是他二人在不同的地方對我所作的相同的回答。——兩個人，一個是腰纏千萬的財閥，有錢便有一切。大丈夫當如此也。老子要怎辦就怎辦。另一個則是一文不名的窮措大。人窮志不窮。合則留，不合則去。幾片臭銅之外，你算老幾；寡人能做你的 Yesman?——一個槽拴不了兩頭叫驢。但在一個讀破《游俠列傳》的歷史家看來兩頭驢都是英雄好漢，各有千秋！

當然爲著職業尊嚴和個人原則向老闆摔飯碗的，也不只陸、胡二人。當「六四」爆發之時，坦克上了街，傅老板對鄧大人有知遇之感，通知編輯部要保護坦克，但部內的「自由報人」們，不能容忍。造反有理，乃決定集體摔飯碗，向老闆來個「總辭」。董事長畢竟是江湖好漢，不強人所難。同仁好解好散，資遣從優。老板自坐編輯枱。

記得傅朝樞曾向我談辦報經緯，說：「能採訪的人，不一定能編。能編的人，不一定能當老闆。」確是經驗之談。殊不知反之亦然。如今老闆自己來編來訪，那就天下大亂了。——老傅畢竟是江湖好漢，拿得起，放得下。蝮蛇螫手，壯士斷腕。率性關門大吉。一家生龍活虎，才士如雲的《中報》，從此就變成歷史名辭了。在下原是《中報》的忠實讀者也。一旦下班無《中報》可讀，眞若有所失，悲傷不已。這眞是由衷之心啊。

老傅其後返台定居，也不時訪紐，每來必電約我輩老友到華爾道夫大旅館，去吃兩頓十分豪華而並不太好吃的飯。忙的人是閒不得的。聽說傅老返台之後，閒出病來。最近身體不太好。望雲翹首，實不勝其懷念也。

發不了財，也餓不死

陸鏗基本上是與老傅同一類型的草莽英雄，只是一貧一富，一個模式的兩面而已。古人說，生死由命，富貴在天。他二人的貧富均足驕人，但似乎也是命運使然。老傅告我，他在六十年代被經國趕出台灣之前，他原在台中置有大片房地產。他既然滿懷怨恚逃往香港，他本想把台中的地產變賣到香港另起爐灶，重打天下。可是經國嫌他在香港反蔣，乃把他的台中房地產扣押，不許出售。老傅恨蔣恨得牙癢癢的卻無可奈何。誰知經國此舉卻幫了老傅的大忙。經國在一九八八年逝世之後，傅君的老友李總統上台了。老傅財產一經老友「解凍」，不得了，價值連城！所以他向我誇口說投胎五次也用不完。但是經國如果不死，並要實行中山的《民生主義》，「漲價歸公」，那老傅也就完蛋了——睹此，你能不相信命運？老傅就是有發財的命。據說大陸上的四人幫之一的姚文元，坐牢坐了二十年也坐出個財主來。因爲他父親姚蓬子原來在上海也有一筆房地產。文元坐牢期間，他一不能出賣，二不能捐獻。如今刑滿出獄，共產黨已不共產了。上海經濟起飛，文元承繼了亡父的遺產，也就變成了上海的老傅了。——我們二十年前在電視裡看到姚君受審時的窩囊像，想不到他二十年後會變成個資本主義的財主吧！

陸鏗也想發財，但他沒這個「命」。

一次我問龔選舞兄說，「人不風流只爲貧。」爲什麼陸鏗卻反其道而行，搞「人要風流只爲貧」呢？他這失業流浪漢，不怕餓死？

選舞笑笑說：「他幼年時就算過命。算命的說他一輩子沒有錢，也一輩子不少錢用。他餓不死！」

康大總統的「二十年老朋友」

陸鏗最近在台北南港和我聊天時，曾不無感慨的訴昔說，德剛呀，你們多好，有美國退休金可拿，衣、食、住沒問題。我在美國未正式做過事，沒退休金可拿。現在快八十歲的人了，還要爲稻粱謀，好不慘啊！

我瞅著他氣宇軒昂，精神充沛，衣著時新……不像個「慘」的樣子嘛。又想到龔選舞的話，一輩子沒錢，一輩子也不缺錢用。永遠餓不死。竅門何在呢？啊，有了。陸鏗多的是「朋友」，有「通財之義」的好朋友。古人說在家靠父母，出外靠朋友，吾於陸鏗見之也。

記得當年康寧祥先生在哥大進修時，我們不時相見，廝混得很熟。康君那時是個「黨外」。我對康君雍容儒雅的風度頗爲傾折。心想中國如能進步到實行多黨制，康君倒不失爲一個正派的總統候選人，因戲呼老康爲「康大總統」。——一次我發現剛到紐約的陸鏗也和老康很熟，同樣稱之謂「康大總統」。我問老康：「你在台灣就認識陸鏗了嗎？」「不，不，」老康說：「我們前不久才在訪問美國時認識的。」我說：「你們看來像是二十年的老朋友呢。」老康笑笑說：「我們第一次見面時，就像二十年的老朋友一樣的了。」

吾聞康君之言，不免大悟。因為我第一次和陸鏗見面時，也像是二十年的老朋友嘛。——原來陸鏗此人，沒有什麼「生朋友」。他的朋友遍天下，而所有的朋友都是「二十年的老朋友」。甚至未見過面的朋友，也是二十年的老朋友。

多的是孟嘗君

陸鏗是個口無遮攔的大砲。他在大陸被「放生」到香港，一出來便頗有知名度。我的好友，台灣的紡織工業家，那位有名的「文化界大護法」，陳宏正先生，聞其名亦想一見其人。因此在一次乘訪港之便曾寫信給陸先期相約。陸鏗回信說他初來香港，衣不蔽體。聽說台灣衣料甚好，宏正此次來訪，盼能帶兩套衣料來，做兩套新西裝穿穿。宏正得信大樂，不但衣料遵囑帶去無訛，凡和穿西裝有關事物，領帶、袖扣也一併帶去。——此事如對一些「生朋友」、「新朋友」來說，似乎就顯得不太正常了。但在「二十年的老朋友」之間，不但是正常的，而且是更親切了——他們原是二十年的老朋友」嘛。

記得舊社會中的春聯，曾有聯曰：「居家有道唯從儉，處世無奇但率真」。這就是「處世無奇但率真」了。「率真」是一種「天賦」，不是人人都有之的。有此天賦而行之，則「二十年的老朋友」遍天下。無此天賦而謬行之，變成打「抽豐」（秋風），敲「竹槓」，則不堪聞問矣。——君子小人別，原在一念之間嘛。陸鏗今日（據他自己說）正在南港中央研究院學術活動中心「閉關寫自傳」。陸某是個「所在成市」的大公關。別說南港裡那座熙熙攘攘的「活動中心」之內他閉不了關；他在共產黨的死囚牢內也閉關不了。——他對一些走向法場的死囚有時還脫襪相贈，因爲在陰地府之內是不能赤脚的。

閉不了關，那末自傳就慢慢磨下去了，磨下去那個達官貴人的招待所中的二爺們，對一些「食無魚，出無車」的文化光蛋是不會有好臉色的呢。一筆可觀的「招待費」，還要靠「護法」的朋友們，不斷的解囊相助。好歹陸鏗二十年的朋友遍天下，而老朋友之間又多的是孟嘗君。孟嘗君們對「彈鋏而歌」的好友是要魚有魚，要車有車的。他們總會製造點藉口，設計點演講、上電視，提供點乾薪，務必讓一位有志氣，要面子，又誓不食嗟來之食的老朋友，不致淪爲餓莩！

一次，我稱讚范止安兄有義氣，不時接濟窮朋友當然也包括陸鏗。止安說：「陸鏗有此需要，又不貪，人也很正派。」這可說是知己之言。知交遍天下，又有此需要，又不貪，人也正派，這就是他一輩子沒有錢，一輩子不少錢用，也絕對餓不死的主要原因所在了。這就是陸鏗的命；這也就是陸鏗其人。

最後就要再提提他的「大漢不厭是個寶」了。

西村成雄和張學良

我們中國文明的特點之一，便是我們語言文字裡蘊藏著千萬句成語（包括今日大陸上的順口溜）。而這些成語往往都是經過長期錘鍊的辭簡意賅的眞理。我們安徽的「大漢不獃是個寶」，便是其中之一。

一個人如生的個頭太大，其五臟六腑和全身經絡，由於超載，運轉行動，往往都有欠靈活，以致現出「獃」像。一個大漢如運轉靈活，行動便捷，腦筋靈敏，毫無獃像，那就眞是個「寶」了。陸鏗便是這樣的一個「寶」。——他身高六呎，體重二百磅，拳大腰粗，方頭大耳。在上節我曾說他像佛寺裡的門神。但這門神毫無「獃」像。陸鏗不走路，一有事就「跑」，或大跑或小跑，跑是他的專業。嗓門又大，在任何交際聚會中，只要有陸在，就聽他一個人講了。一次我也住在同一座旅舍的另一層，打電話找他有點小事乞助，他說：「我馬上就來。」我電話筒剛放下不久，便聽到門外有沉重的跑步聲，一開門果然是大門神，含笑而來。

這次在台北，我忽又收到陸鏗緊急電話，說老朋友俞國基兄娶媳婦。「國基不知你在台北，但你一定要參加婚禮啊。」我說：「那我得買點禮物啊。」陸說：「我辦我辦，我以後和你算好了。」一時未到半天，他又來電說：「你不用出錢，一切都辦好了。」——原來他把這消息也告訴星雲大師了。星雲說：「應該送點禮吧。」陸說：「應該吧。」星雲說：「那末你和唐教授都不用送了，包括在我的一起吧。」結果星雲大師送了新婚夫婦一筆可觀的禮，並在其中撥出一小部，說是陸鏗和我分送的，弄得我好不尷尬。但是陸鏗已經「辦好了」。我又從何扭轉乾坤呢？酒席中陸又替我介紹認識了呂秀蓮「縣長」。——呂縣長搞台獨，陸鏗顯然全力反對的。但私人之間，英雄識英雄，仍不失其爲「二十年老朋友」也。

去年春季，我的日本朋友西村成雄教授正在寫一本日文的《張學良傳》。他從三藩市回日本，希望便道經檀香山訪少帥一下，那怕「只見一分鐘」。住在三藩市的朋友，認識少帥的多的是。但屈指一算，朋友之中眞能幫助西村去一訪張漢公的，恐怕只有一個並不熟識少帥的陸鏗了。我就把陸鏗的電話告訴了西村。果然這個「爲人謀必忠，與朋友交必信」的陸大漢，終於把西村弄到夏威夷，讓那位不願見客的老隱士張學良在郊外乘輪椅散步時與一個來自日本的訪客西村成雄，「偶遇於途」。少帥對這位不速之客印象甚好，竟然把西村帶回寓所，談了個把鐘頭，並且照了許多像。——這就是別號大聲的陸鏗，也是我所知道的陸大聲。

轉型期的中國是五光十色的。眞歷史比假小說更有趣十倍。寫歷史的人不能只看中帝王將相科學名家，什麼孫、袁、蔣、毛、鄧；什麼顧維鈞、胡適之、李宗仁。光看中他們，這多采多姿的時代就失去它的眞相了。我們也要寫寫和我們同級同等的草根小民和草莽英雄，他們才眞正是這個時代中「沉默多數」（Silent Majority）的代表，這個時代中眞正的主人。因撰〈記老友大聲陸鏗〉供衆二十年老友一笑。也讓後之讀者知道知道我們這個滑稽的時代。

一九九七年三月十八日於美國新澤西州的花園小洋房

老虎記者

胡菊人

人生際遇無常，又受時間空間的隔阻，人與人之間能夠相遇，而又結爲知交，是靠一種緣份的。我與陸鏗陸大哥本來天隔一方，他在昆明的監獄裡，我在自由的香港，彼此年歲相差了一大截，資歷、背景、個性都完全不同，自他出獄並來了香港之後，彼此成爲肝膽相照、憂患與共的朋友，情如兄弟，共同創辦事業，試問事先怎麼想得到，不能不歸之於緣份，這個緣份，在我這個小老弟來說，感到是平生難得的機遇和幸運。

我們第一次見面，是他剛來香港的日子，卜少夫老大哥爲他接風，我忝陪末席。在此之前，我已略爲聽聞他的事跡，特別是揭露孔宋貪污案，本已對他十分欽佩。此刻親見其人，親耳聽到他的講述，在滿座的唏嘘、讚嘆、和慶賀他逃出生天的話語聲中，我五內觸動，熱淚盈眶，當時我的感觸，雖然隔了快二十年，到現在仍然清楚記得，印象很深。

我們的第一次合作，是爲《明報月刊》向他約稿。那是一九七九年，要出版《中共建政三十年》特輯。是孫淡寧大姐出面邀稿的，她在大陸時就知道陸大哥。陸本來猶豫，後經認眞考慮，才執筆撰寫。不過事後這篇題爲〈三十年大夢將醒乎?〉的煌煌巨文,我讀原稿時就像得到了寶貝一樣。發表後讀者則更是交口稱譽,認爲是評論中共數十年以來極少數最精彩的文章之一,有事實、有理據、有感情,痛快淋漓,眞是第一流的文筆。《明報月刊》這一期自是洛陽紙貴,《讀者文摘》林太乙要予轉載,台灣方面有人向我接洽購買萬部,大概是「內部發行」,那時候《明報月刊》還是被定爲「匪情刊物」。

接著,我們就開始了共事十多年的日子。先是與傅朝樞先生合作創辦《中報》和《中報月刊》,我才開始眞正認識他做事的衝勁和幹勁,他作爲總主筆,又剛來香港,對香港社會並未熟悉,但他馬上就進入情況,知道什麼新聞重要,在他總主筆的社論寫得非常精彩之外,還約了很多的好稿,並且利用任何機會去取得大陸的獨家消息,佈置新聞線索,譬如劉少奇在家鄉獲得平反,就是他事先聯絡蔡省三先生乘到大陸旅遊之機而獲得的,轟動全球。對於香港新聞,他認爲重要的,甚至自己去採訪。這本來不是他的職責,但因爲採訪部最初沒有做好,他祇好自己出馬。

然而令我感念最深的,是傅先生對我作「不合理」的對待的時候,要求他保持中立,他大聲地回答說:「在道義問題上是沒有中立的!」其實他可以置身事外,然而他堅決地站在我這一邊,對我的幫助很大,也給我以極大的安慰。我們知道,他當時要養家,《中報》是他來港後的第一份工作,沒有了這份收入,生活就會馬上陷入困境。但他全然不顧,一心以朋友道義爲重。這種「鐵肩擔道義」的精神,俗世間又有幾人能之?

我們先後離開《中報》,吳甿、張文達、林也牧、黃錦江諸兄亦陸續離開,一起創辦《百姓半月刊》。余紀忠先生對我特別同情,予以鼓勵,並義助一筆創辦費。他本來是不要我還的,但在《百姓》

逐漸有了盈餘，五六年之後，我分三批匯寄歸還時，余先生把最後一批退回，說是已經還淸了。這是對我於困境當中的仗義之助，我是銘心感激的。

在《百姓》十多年當中，我和陸大哥合作無間，他後來到了美國，身兼《華語快報》的重責，對於《百姓》的工作亦毫無半點鬆懈，寫稿、約稿、採訪、開座談會，如在香港一樣。遇到有什麼大困難，他就會馬上從紐約趕回來。在這十來年中，他每自美國回港，我就增加了信心，整個辦公室也立刻添了生氣。這是因爲他充滿了工作的勁力，點子又多。在他秉性而言，似乎天下無難事，任何困難都有辦法解決似的，他自命爲「不可救藥的樂觀主義者」，並非虛言。用大陸的通俗話來說就是「富有戰鬥精神」，愈是艱難的事情，就愈會激發他冒險犯難的勇氣。在他這部回憶錄中，應有很多事實可以證明。

在這裡，我祇舉出一個在他看來十分平常的事例。有次香港打十號風球，他早上起來就要上班。但走到街上，狂風暴雨、無電車、巴士、的士任何交通工具，按常情常理，應退回家中等待風小的時候再出發。但他面對風雨的橫暴，決不退縮，就要和大自然鬥一鬥，從北角到灣仔步行到辦公室。這可以反映出他平生所遇到的橫逆，如爲了新聞甘冒坐牢甚至殺頭之險，而仍然硬衝過去的英勇個性。

根據我多年的觀察，無論從面相、身材、健力、動作、衣色、聲音、衝勁等各方面綜合來看，我除了形容他像一頭猛虎之外，實在想不到其他更合適的描述。特別是他在街上走路的時候，他向來是直來直去的，頭部絕少左顧右盼，也不向後望，一往無前，這不正是老虎的特徵嗎？以他採訪新聞勇往直前的精神，正足以證明他性格中的虎性。

不過，採訪新聞並不是單靠橫衝直撞的「虎性」就能奏效，這當中還需要很多的說詞、技巧、機靈、待人接物的態度、博取別人的信任、審時度勢的考量，千變萬化，花樣百出，這於他是優爲之的。我聽過他說以前在大陸一些採訪的故事，如何運用機變，不禁拍案叫絕，不知他在回憶錄中會不會寫出來。就在《百姓》時期，也有不少。單以採訪班禪夫人來看，如何了解她的際遇，如何探到她的住址，如何賺到守衛森嚴的警衛的開門放進，如何讓班禪夫人接受訪問，實在要有隨機應變的本領。又如訪問胡耀邦、許家屯，也經過很多的曲折。

我想說明的是，不少友人說他粗枝大葉，其實他是粗中有細，剛中帶柔。我覺得也可以用他的字跡來說明他這種個性。很多人說他的字跡難認，寫得龍飛鳳舞，在似與不似之間，有大而化之的味道，然而其實若一筆一劃細細看來，卻是淸淸楚楚，毫不苟且、筆劃又極爲深刻用力的，但表面看來卻令人飛舞凌亂、「神龍見首不見尾」之嘆。我覺得從他的字體，最可以顯出他粗中有細、剛中帶柔的一面。但本質上還是耿直。

又有人批評他「口疏」，藏不得秘密，也許在小事上是這樣的吧。但是他如果要守秘，卻是守得極緊的。當年他揭露了孔宋大貪汚案，供給他消息資料的那個人，晚上跑到他家，跪在他的面前，請他不要說出來。他說：「我即使殺頭也不會洩漏，你放心好了。」結果在逼供之下，確是承擔了殺頭的危險，也沒有說出來。而且一直守秘了幾十年。我想就憑這一點，加上他爲新聞而坐牢、受苦受難，和他採訪的精彩業績，矢志一生爲新聞事業服務，視新聞爲第一生命，綜合來看，實可以稱爲「新聞記者的典範」。

他極重友情，是一個可以爲朋友赴湯蹈火、救難扶危的人物。如對於李荊蓀之冤案，他憤憤不平，上面我提到〈三十年大夢將醒乎？〉這篇文章，就用了「陳棘蓀」這個筆名，以表示對李的懷念。後來李荊蓀在台灣出獄，不久逝世。陸大哥在紐約，一定要去台北在他靈前鞠三個躬。但在當時他列入台灣黑名單，連時任國安會秘書長、他的老友蔣緯國將軍都告訴他，他若來台，不能擔保沒事。但他堅執要去，以表他哀痛的心情。是我判斷當時形勢，及當時申請入境的種種跡象，寫了很長的一封信力陳利害，傳眞給美東的楊力宇教授轉給他，他才萬不得已的打消赴台之意。對於他這決心冒著再次坐牢之險仍要送李荊蓀最後一程的衝動，我深深體會到他對朋友是如何情義深重。

當然，任何人都是有缺點的，陸大哥自亦不能免。他這本自傳定名爲《陸鏗回憶與懺悔錄》，爲什麼要懺悔，我亦知道，這裡就不再說了，且看他書出來以後自己怎樣說吧。

在知道他的回憶錄寫得七七八八之時，我在四月底在《明報》上寫了〈一部值得寫的自傳〉的小文，點出了這部自傳的歷史價值所在，附錄於下：

一部值得寫的自傳

胡菊人

人世間的傳記多得不得了，但並不是每一部傳記都是值得寫的。有巨賈請倪匡爲他寫傳記，倪匡回答說：「你又不是在學術文化上有貢獻，在文學藝術上有建樹，對國家民族有功勞，爲什麼要爲你寫傳記？」說得眞好。

但有一個人是絕對值得寫傳記的，那就是陸鏗。自他於七〇年代末從大陸到香港後，我就聽到不知有多少朋友敦促他，把他的經歷和遭遇寫出來，這當中也包括我。而他自己，亦有強烈的寫自傳的意願。但是十多年來，雖斷斷續續寫了一些，卻不知何年何日才能完成。

去年，他下定決心，借住台灣南港中央研究院學術活動中心，專心寫他的傳記，現在已完成了七七八八，祇差最後兩章，已商定由台灣時報出版公司出版，不久即可面世。我衷心爲之欣慶，期待著先睹爲快。

天可憐見，朋友們敦促他寫出來的經歷和遭遇，竟是苦難的紀錄，他坐過國共兩黨的牢，先後二十多年，受盡苦楚，經過險被處決的鬼門關，結果還是活著出來了。此種勇氣和堅毅，非常人所能爲。苦難固然引人同情和嘆息，忍受苦難的煎熬亦令人佩服，然而苦難的由來卻是因爲內戰中共軍渡江時發了準確的新聞，在反右時説了應該説的眞話，而在更早的時候，則是冒大險、犯天顏揭發孔宋貪污案，可以説苦難的背後是爲了正義。爲了正義而受苦，正是他的自傳值得寫的原因。

那是一個勇敢的中國記者的經歷，反映了做一個忠誠正直的記者是如何的艱難，同時，也反映了大半個世紀的中國，是怎樣的一副面貌，表現了歷史的一部分，又怎可以不寫出來呢？

陸大聲——闖蕩江湖的好漢

冒舒諲

對老友陸大聲，我要說的話很多，一提筆卻又覺茫然無從落墨。這是因爲可以說的太多，有「一部二十四史不知從何說起」之感。大聲值得稱道的事很多，是一位江湖異人；而他可議之處也不少，正如月有陰晴圓缺，天象如此，人事豈獨免？由於大聲的胸懷曠達、坦然不諱，不避閑言碎語，大丈夫做事一人敢當，人家也就不必嘮叨了。人之不同，各如其面。說穿了，人家的私事，我們無權干預。西方人說得好：「那干卿底事？」(That's not your business) 何況爲人立場不同、價值觀念有別，你以爲對的，我未必苟同，尤其是涉及私生活的事，各人觀察問題的角度不一，很難求得定論，也不必統一觀點。

大聲的工作做得出色當行，是當世不可多得的名記者。他爲人豪爽熱情，急人所急，又能爲人所不爲，相交遍天下，知己半海內。他的大半生業績，無論識與不識、是友是敵，衆口皆碑。這已經是不爭的公論。

不過，他也有爲一些人訾議的地方，就是他晚年和海倫（崔蓉芝）的黃昏戀。思想保守的人，對此頗不直大聲所爲，認爲他有背傳統道德，「糟糠之妻不下堂」，更有指他是「現代陳世美」的，雖然他並未招爲洋駙馬。他的結髮夫人楊惜珍，曾爲他蒙冤受難，數十載含辛茹苦，撫養兒女成人，是位值得同情的偉大母親和賢惠妻子。有人便因而非議大聲的拋棄原配、另結新歡。我無權勉強人家改變那樣的觀點，但情感本來是難從理智的方位來評斷臧否的。感情是順乎自然而發生的，無法計較是非。十九世紀哲人狄德羅說過：「人們無窮無盡地痛斥情感。人們把人的一切痛苦都歸罪於情感，而忘了情感也是人的一切快樂的源泉。」大聲和海倫的結合，使大聲獲得了新的生命力，在新聞工作崗位上呈現滿園春色，綻開無比艷麗的花朵，等於延續了他的生命，從而對社會作出更多的貢獻，這又有什麼不好呢？更何況他的妻子楊惜珍已原諒了他，我們似乎無必要曉舌。

我和大聲、惜珍，都是摯友，至今儘管他倆的關係發生變化，我依然不改初衷。惜珍是一位爲社會盡責、口碑甚好的牙科醫生，虔誠的基督教徒，她能以博大寬仁的高姿態處理這件大事，是她的理性戰勝情感，進入了精神昇華的境地。她認爲，大聲吃了半輩子苦，到晚年讓他心情愉快，也是應該的。這是何等仁厚的偉大情操，確非常人所及。惜珍不從個人恩怨來決定愛憎，這是她的明智處。她爲大聲作出極大的犧牲，但她能以社會效益爲重，而不追究大聲的責任，正是她令人肅然起敬的崇高形象所致。惜珍能爲大聲開脫，外人又何必死死糾纏？我同情惜珍，也不否定大聲。

男女之私，情感的事是很難予以判斷曲直的。大聲的孩子對父親的轉變，極其不滿，責備乃父：「一個進天堂，一個入地獄。」大聲對之，不以爲怪，反自我諷嘲：「對，媽媽進天堂，爸爸入地獄。」氣量也夠寬宏的。這正是大聲之謂大聲，與他在工作上表現的一股闖勁息息相關，斯闖蕩江湖的英雄本色也。

試觀歷史上的偉大人物。巴爾札克的情慾大於理智，他和衆多的女性發生關係，一生中收到一萬二千餘封女人的信。一位偉大的作家在情慾與理智的鬥爭中表現如此，說明他將純情理想化而贏得偉大的成就。但丁九歲時初次見到貝亞德，便留下永恆的愛戀。以後，貝亞德的名字，成爲但丁創作的動力。在《神曲》中，貝亞德是但丁進入天堂的領路人，是推動但丁走向世界文學巔峰的精神女神。但丁的青年時代，也放浪過、風流過，到處尋找女人，列舉在他的作品〈六十〉一詩中便不下六十人。但是，正常的人類社會歷史，決不會把此事放入但丁的檔案內，決不會愚蠢而殘酷地苛求這位偉大的詩人。歌德認爲沒有愛情就沒有生命。他認爲人應當有「第二次的青春期」，他自己就有多次的青春期，七八次熱烈的愛情歷史，每一次戀愛都使他重返青春。歌德和十九歲的貝蒂娜相愛的事，發生在他七十四歲的時候，他要從這位少女身上找回逝去的青春歲月。歌德在八十二歲時完成了《浮士德》，而在翌年逝世前他還爲他心愛過的女人寫下最後一首情詩。如果沒有多次愛情的激發，就沒有歌德。如果雨果生活中失去了他的情人，人類世界的文學寶庫中也許要減少許多美妙的篇章。畢卡索就在數不清的女人身上獲得靈感。一個循規蹈矩的模範公民，也許可當個好學者，但很難成爲一個大作家或繪畫大師。

大聲在某些方面與但丁、歌德、雨果、巴爾札克、畢卡索相似，這正是他在事業上取得高度成就的動力。

我不主張一個人用情過濫，愛心不專，但從大聲這樣的人說來，是合乎他的性格的，也是不足爲病的。

●舒諲，原名冒舒諲，明代四大公子之一冒辟疆之後，當代詩文家冒廣生先生公子。家學淵源，畢業於上海聖約翰大學，英文造詣亦高，學貫中西，博通古今。所寫《董小宛》一劇，在重慶上演時，陪都爲之轟動。

大聲結識舒諲於抗日戰爭時期之重慶，未料，兩人戀愛及結婚對象均爲中央大學醫學院牙科之女生，故有特殊連襟關係。舒諲因思想進步，早歲即爲共產黨同路人；而大聲則思想反動，和共產黨長期處於敵我矛盾狀態。惟在嚮往民主自由上獲致共同語言，保持友誼不輟。舒諲身居都門，且有侍廣生先生應毛潤之邀赴中南海作客，談詩話詞之機緣，而堅持說眞話，則始終如一也。即使在《人民日報》發表之散文，亦不改其風格。

大聲在感情上背離原配後，爲不少老友所不諒，而舒諲、玉潤伉儷則表示同情，往來如故。得悉有《回憶與懺悔錄》之作，抱病撰此文相勉。謹以數語爲介。

陸鏗·陸大聲

卜少夫

畫鬼容易畫人難。

人都不知鬼是如何形象，可以任意塗抹；人是日常見到的，不能隨便勾勒，一定要刻劃出他的神態來，所以畫人比畫鬼難。

陸鏗，陸大聲即將出版他的回憶錄，要我寫一篇介紹他，談他。我們相交已半個世紀，知道他的太多太多，反而不知如何下筆。既然他有命，限時繳卷，也不得不信手拈來了。

他現在沒有任何頭銜，就是「名記者」三個字，或者稱爲資深報人。全身都是記者細胞，橫衝直撞，五十多年，可以說無往不利。他在製造新聞，也在捕捉新聞，他的經歷，也是可圈可點。有人說，沒有坐過牢的記者，不算記者，當屬偏狹之見。他坐過牢，但他很少標榜只有他是記者，別人沒有坐牢的條件，所以不是記者等等。

也正是由於他有這段苦難的日子，在生活自由的時候，他創造了第二春。友好們批評他背棄患難夫妻，我的內人苛責他：「你有第二春，楊惜珍（他的妻子）的第二春在哪裡？」我認爲他是在爭取補償，補償他在牢獄中白白消失的好時光的損失，值得原諒嗎，莫衷一是。

他的採訪生活多姿多采，出獄後更有聲有色，遊蕩於海峽兩岸之間，撰寫了極富新聞性的精彩報導，胡耀邦、星雲大師，一時的新聞熱門人物，不知是他增加他們的知名度，或是他們增加他的知名度，其實彼此都已知名。

盧騷的回憶錄，那樣的坦白直率，較少的，大部份不免自我膨脹，自我誇張，同時也省略若干不可見人的事件，陸鏗的回憶錄全文，我未讀到，如有上述情事，也不意外。不過，一個新聞記者一生記事，柏楊說，不過眼前一些浮沉的泡沫。但在歷史長河中，這些浮沉的泡沫必不可少，它也是歷史的一部分。

陸大聲的著作，與所有的新聞從業員的著作相等，不是什麼經典之作，但是反映了時代，是那個時代不可缺少的見證。

肝膽相照·道義相許

丁中江

我和大聲訂交於民國卅一年冬，當時我是重慶《國民公報》的記者，大聲則代表重慶《僑聲報》，我們一起參加四川自貢市政府邀請的自流井鹽業訪問團，彼此一見如故，很快的成爲好朋友。不僅因爲我們都對新聞工作具有濃厚的興趣，志同道合，而且我們又同爲雲南人，更難得的是我們同年同月同日出生，人之相交，能有這麼多巧合，實在很不容易。歲月如梭，我們訂交時間爲少年，轉眼已經過了五十五個年頭，少年書生今已年屆八十，白頭相對，歷經世變，回首前塵，不勝感慨繫之。

他終身以「記者」爲職志，眞是一以貫之。自我和他締交以來，他沒有一天改變記者的立場，任何時間，任何困難，任何打擊，他都是記者本色。近年來常在電視上看到他白髮蒼蒼躋身在記者群中，採訪重大新聞，從不自慚年邁，老而彌堅，樂也陶陶。

早在抗戰期間的重慶，他開始記者生涯，就廢寢忘食，以獵求最大新聞爲人生大快事，我曾笑他說，你未來的最大悲哀就是這個世界上已經沒有大新聞，感到活著沒有生趣，最後祗有自己創造一個驚世駭俗的大新聞而死，結束一生的採訪生涯。

他的這本《回憶與懺悔錄》寫出了他所經歷的、震撼的一生。做爲一個新聞記者，他的經歷的確可以說是驚天動地，空前絕後。在第二次世界大戰期間他走遍了歐洲戰場，又在亞洲親見投降後的日本。在歐洲和亞洲，美國三位五星元帥，艾森豪威爾、馬歇爾、麥克阿瑟，他都打過交道並與馬帥有書信往還。在戰後的南京，他是國民黨機關報《中央日報》的採訪主任，爲揭發孔宋貪汚國家外匯而抗顏面對國民黨總裁蔣中正；又在辦廣州《天地新聞日報》時遭廣州警備司令部逮捕拘押。在大陸變色後的雲南，兩度遭中共拘押坐監廿二年。一個人前半生坐了國共兩黨的牢獄，時間又那麼長，卻能依然故我，繼續特立獨行，繼續終身的記者生涯，已是奇蹟了。更獨特的是他離開大陸後，在香港辦《百姓》雜誌，到北京訪問中共總書記長談兩小時，他的〈胡耀邦訪問記〉竟成爲胡耀邦被迫下台的三大罪狀之一，這眞是讓人難以置信。兩年前香港新華社社長許家屯秘密出走美國，是他在舊金山機場接機，並與佛光山開山宗長星雲大師聯絡好，安排許家屯到洛杉磯的西來寺暫住，這又是一樁驚天動地的大新聞。中共認爲這齣戲是他參與製作、導演和一同演出的，因而他成爲中共不受歡迎的記者，再也未能取得中國大陸的入境簽證。

可是，在那些年代，他也不被台灣當局歡迎，被拒於台灣門外。很荒謬的是他不受歡迎的理由竟然說他替中共做統戰，這樣的大帽子在國民黨中常會上公開討論，國家安全局也肯定他爲中共統戰。由於他八十年代初來台是我出面邀請，辦理一切手續，而且國民黨和情治單位也都知道我和他的關係，所以每一次討論陸鏗的專案，總是把我的名字列上，並且註明我是他的至友。有人告訴我，最重要的一次會議中，國家安全局長汪敬煦曾說明我和他的關係，特別指出，陸大聲在先父逝世昆明時，挺身出來料理一切治喪事宜，並辦紀念會，和我的兩位舅父一起，照顧我的母親，所以我們是生死之交，我熱心邀請他到台灣來，純爲私人情誼。汪局長這番話確是事實。

先父在一九五六年於昆明逝世，大聲剛好第一次出獄，爲先父之喪，代我盡人子之道。雖然雲南變色已十二年，我們之間闊別也十二年，時間空間都有了大轉變，然而我們之間情誼不變，先母多次來函都鄭重提及父親喪事全由大聲總持內外，並且恭請母親遷住陸家，大聲每天早出前及晚歸後，必陪伴母親，備述外間一切，噓寒問暖，母親和舅舅都說大聲代中江盡孝道，有古人風。然而不久反右運動，他被劃爲親美反蘇極右份子，又鋃鐺入獄，一坐十八年。他前後兩次入獄，合共坐了中共牢獄廿二年。第二次出獄後不久他竟獲准到香港，這也是一大奇蹟。

民國六十七年、一九七八年四月卅日他到了香港。廿九年前的一次冒險旅行，投入變色的昆明而竟斷送了人生最好的三十年青春，他卻鬥志不懈，竟然重新投入自由世界，繼續爲新聞自由而奮鬥。不過他的一些表現，比如撰文〈建議蔣經國先生不要連任總統〉，發表〈胡耀邦訪問記〉，都是出人意表、爲他人所不可能做到之事，故而引起很多人、甚至許多他的好友的懷疑。我雖然沒有懷疑他爲中共做統戰工作，卻在生活上和觀念上與他有很大的落差，畢竟他和外間生活有將近一個世代的疏離，而這些年的時光，正是每個人一生中最重要的一段生涯，他無法了解我們在海外如何艱苦的奮鬥，正如我們無法了解他長期的牢獄生活一樣，因此我們之間曾產生很多誤解。不過我們畢竟是肝膽相照，道義相許的知交，所以一些誤會通過接觸逐漸冰釋。

他一生多采多姿，爲人所不能爲，所不敢爲，因此，他最初向我提出要寫《回憶錄》的計劃，我是雙手贊成。一個畢生從事新聞記者工作近六十年的人，在垂老時把他動人而精采的採訪生活寫出來，本身就是六十年現代史的見證。有血有淚，許多內幕世人尚不詳知。而其中表達的懺悔之情，更具陸大聲的特色。所以這本《回憶與懺悔錄》的問世，將是一部不朽之作。

祝我的老友長壽，待他一百歲時寫這部《回憶錄》的續集。屆時，除回憶外再無懺悔。而那時的中國，將會接近我們這一代人所追求的理想的中國。

一九九七年六月，香港回歸前於台北

體健・膽高・腦強・聲大

徐佳士

在我的朋友中，沒有人比龔選舞兄更了解我們的共同導師陸大聲先生。讀了選舞的陸大哥素描後，我就覺得再也無法添加任何有意義的筆墨了。

這兒我能做的，是設法用比較抽象的概括方法，作一番綜合。今天我要像大約半個世紀前，還是一個實習記者向他的採訪主任交稿一般，小心翼翼列出下面這幾點研究結果：

體健：幾乎沒有人特別把身強體壯列爲陸大哥的成功因素，只有當卜少夫先生和陸鏗先生「二老」近年來相遇時，偶爾會競相揖言「我比你先走」，而使人發現這兩位標準記者具有這個共同的「標準」——體健如牛。

在這兒，體健是一個簡化了的詞兒。這個「體」包括心理和身軀兩部份。陸大哥的心理狀態的健康和壯實，跟他的體能相等，像這麼一位有如此健康胸襟的人，那能沒有正常的腦波、血壓、神經系統、皺紋稀少的皮膚和結實的肌肉？

膽高：這兒膽高一詞意味著勇敢和識見（所謂膽識）。「膽子大一點」是在南京《中央日報》我們做記者的人，時常被這位採訪主任叮囑的一句話。他把我們大膽採訪得來及大膽寫出的新聞，非常大膽地承擔一切可能的危險後果，送到編輯台上堅持刊登出來；他當面向權威隆高的黨總裁雄辯滔滔，說明自己冒犯孔宋的作爲就是遵從「校長」的教育宗旨，都是膽識的表現。

腦強：在陸大哥頭蓋骨的下面有一具特高效能的資訊機器——電腦。它的高強能吸收（in-put）和處理（processing）的能力，讓他的讀者能夠享有那麼多富美的out-put。這部「電腦」中儲藏量之豐，和調取的便捷，正是這本回憶錄能夠產生的主要原因。陸大哥告訴我，回憶錄中的這許多人名、地名、時日和其他細節，都是從記憶中掏出來的。他沒有筆記，坐牢和奔波使他無法爲自己的生活來做筆錄，做了也無法保存。

聲大：于右老爲陸大哥取「大聲」爲號，是來詮釋「鏗」，一般人覺得這也足以描繪其說話的分貝高度，但是「聲大」一語更可用來形容這位記者對社會的影響力。有人要剝奪他的自由，甚至生命，另有人要破例接受他的採訪，這顯然都是因爲他的聲音足夠強大，所以要想加以壓抑，或者要借用其權威向廣大的社會發言。

一個身心健壯、有非凡膽識、超人智力、令小人畏懼、影響力無遠弗界的新聞記者就是陸鏗。

一九九七年四月十六日於台北新店山居

粗中有細，有膽有識

——我的同事、連襟、朋友

龔選舞

和陸大聲先生交往已經超過了半個世紀，在這翻天動地的五十多年間，我們先是同事、繼爲連襟，最後變成了好似兄弟的朋友。說是同事，顯然有點兒高攀，事實上，當他以權高、聲宏、量大而又威重的副總編輯兼採訪主任地位，把我這個新出校門，到處碰壁的土包子任爲「臨時試用實習助理記者」，對我這個尙未支薪而只領津貼的額外人員而言，所謂同事，只不過是他陸老總手下的一名小小夥計罷了。說是親戚，我們固然同爲司法前輩楊大法官步靑名下兩位乘龍快婿，只不過他是早進門的三姐夫，而我則是名列第四的么妹婿。事實上，我之能夠順利完婚，他在一旁也著實幫了大忙。至於朋友，我們也是著著實實也吵吵鬧鬧地做了五十年；只不過他永遠像位大哥，而我則一直忝附驥尾。

有了這般眞、也如此親的綿密老關係，陸大哥一直認爲我是最爲瞭解他的親友；而我自忖，對這位最富傳奇性的大哥，我也該是認識得最清楚、也最深入。

無視禁地無懼當道

一般人看來，高大、挺拔、豪放、大膽而氣勢甚盛的陸大哥，是位粗線條的新聞界英雄人物。一輩子只知道不顧老命地衝鋒陷陣，挖掘要聞，好像他這個人一路只憑猛衝急闖，便已平地崛起，在新聞界成就大名。

當然，搞新聞，一定要膽子特大而衝刺有力，表面上，求名心切、不顧一切的陸大哥也確是如此。年輕時，我們親眼得見他爲了爭取新聞，不惜夜以繼日地東衝西闖，既無視於警衛森嚴的禁地，更無懼於手操生死大權的當道，以是，我們便送給他「陸大膽」的名號。

可是，僅憑大膽直衝，大不了能在新聞界裡成爲一位頗有作爲的「拚命三郎」，卻不能直上九霄、悠遊禁區的探來震動大地的頭條大新聞。

說得更清楚一點，陸大哥除去坐牢的廿二年，而能以二、三十歲青年和六、七十歲老翁，先後在南京、香港、美國和在中國分別以極短時期，採來最大新聞，一次又一次地造成了平地崛起、鬧翻了天的大風暴，大膽固屬有助，但眞正成此大功的，卻還靠他暗地裡的精心設計和妥善準備。

換言之，是他的有膽有識、粗中有細，才使他在新聞界成了大功，久享大名。

下面，便是他有勇有謀的幾個例證。

重點突破樹立權威

抗戰勝利，《中央日報》迅即於民國卅四年（一九四五）九月十日在南京搶先復刊。不久，《新民報》、《掃蕩報》（後改爲《和平日報》）、《南京人報》、《益世報》、《南京晚報》、《大剛報》、《朝報》相繼出報。而國內各大報如上海的《申報》、《新聞報》、《大公報》、北平《華北日報》、天津《民國日報》、廣州《大光報》……以及美聯、合衆、國際、路透、法新、甚至塔斯社等國際著名通訊社，也紛紛在南京設立頗具規模的分支機構。一時，華洋記者雲集，金陵頓成東方新聞重鎭。

起初，華洋同業，各有門路，各顯神通，一時難以分出高低。《中央日報》在新聞學者、職業報人馬星野先生主持下，雖以新聞翔實、編排大方、資料配合及時、副刊多彩多姿而迅速在本地領先，但仍遭滬上各大報輕視，特別是西方各大通訊社人員，更不把這家「官報」放在眼裡。

復員第二年（一九四六）初，原駐艾森豪盟軍總部的年輕記者大聲陸鏗道經英、美返國，即以廿七歲青年出任中央日報社採訪主任。他看出要建立央報在新聞上領導地位，必先從培養大記者、爭取大新聞入手。於是，在社長馬星野及總編輯李荆蓀的全力支持下，他首先整頓採訪組，招請一批新自大學畢業而有志從事新聞青年，分別負責各類新聞採訪工作，好好地守住一般陣地，（後來在新聞界赫赫有名的祝修麐、徐佳士、漆敬堯、張士傑諸兄，固屬當年陸氏手下新鋭，而李蔚榮、潘啓元兩兄也曾在社外多方協助，至於在下，其時也追隨上陣，充當馬前小卒。）然後騰出他自己，全力專門突擊重大新聞，並務求快速、專有！

首先，他體察出當時全國一致注目的是國共之間談談打打變化莫測的和談新聞，而其主軸則爲國共雙方各派一人與美國調停使者合成的軍事三人協調小組。其時，小組三方面負責人發佈新聞的方式完全不同：美國代表盡量給予洋記者們方便；被馬歇爾特使尊爲談判第一好手的中共代表周恩來則獨佔「國內市場」，憑其三寸不爛之舌，不斷地對各方巧妙的提供其有利於共方的新聞與背景資料。至於國府代表徐永昌將軍，則一味遵行其在軍令部長十年任內養成的守口如瓶作風，不僅不發一言，而且不見人影。

正當中國記者們一個個垂頭喪氣時，陸大聲卻想出一條妙計（有人說是「毒」計），並隨即施展。首先，他在央報上刊出「徐永昌將軍失蹤」消息，引起各方注意與疑慮，接著，當美方人員也驚異地向國府探詢，而最高當道也下條子查問究竟時，他才侃侃據實上告——確實是找不到徐將軍，也就不知道國府方面對於軍事調處的意向與看法。最後，當蔣主席也認爲在這類影響重大新聞上不能盡讓共方佔先甚至獨佔時，也就示意要徐將軍開口。

俗話說「不打不成相識」，經此一番折騰，徐將軍先是奉命經常與大聲兄保持聯繫，並相機告以新聞發展與國府立場。久之，徐將軍發現廣與各方接觸的陸大聲多有見地，頗有助於徐對全盤局勢的瞭解時，他倆很快的就變成了忘年之交。記得有次大聲兄要我隨他往訪徐氏時，見他倆不拘形跡、交談一如老友的情狀，我還以爲他們相交多年哩！多年後，大聲兄陷身大陸，而我與徐氏相逢台北時，徐先生在殷殷詢問大聲遭際之餘，竟不覺感傷流淚。

（另一位在台深深繫念大聲的是黨國元老于右任先生，于先生與大聲特別投緣，四十年代初，大聲即出入于門，而于老亦對其待若子侄。大聲之號即于老取的。復員到了南京，大聲常能自于府獲取高層獨家新聞，有時，爲證實中樞要會是否舉行，常以電話向于府秘書、副官查詢，對方無不據實答覆。國府遷台，在下每與于氏晤談，多避免語及大聲。因偶一提及，總令于老在感念之餘，淚流不已也。）

自大聲與徐氏間建成新聞管道之後，在當日視爲頂尖熱門新聞採訪上，很快便樹立最高權威，漸漸地，國內各報及國際各通訊社一見央報常有此類獨家消息，乃紛紛與他交友，向他「請益」，向他求證，而他也就取得了要聞首席記者地位。

接下去，報社更在他已經建立的領導基礎上，採取了一連串增益並鞏固他的權威地位的種種舉措。

訪日訪美抱負得展

馬星野先生是當年以「學者從報」的典型，他自美國密蘇里大學新聞學院學成歸國後，先在他的母校國立政治大學創建了新聞系，繼轉任中央宣傳部新聞事業處處長，及勝利復員，在擔任了短時期的中宣部駐京特派員後，更興沖沖地出掌國民黨黨報龍頭的南京《中央日報》。

我說他興沖沖地接下央報，一點也不誇張。在此之前，從讀新聞、教新聞，到管新聞，一路上只不過是紙上談兵，難以一展抱負。勝利給他帶來機會，讓他得以執掌一家首都大報，印證所學，那有不興奮之理。

那時，他自己還不過是位三十六歲涉世不深的青壯年，所能、所願延攬的也多是一批二十來歲的年輕學生，以是，當日擔任央報要職的全都是三十上下的青年。他們中，如總編輯李荊蓀、總經理凌遇選、副總編輯朱沛人、副總經理黎世芬、主任秘書周天固、資料室主任耿修業（後升副總編輯）以及先任採訪主任繼升副總編輯的陸鏗，全都是當年馬老師的得意門生。早年同窗、而今共事，自然而然地結成了一組生氣勃勃、合作無間的工作團隊。舉一個例，李、凌兩位爲求編、經兩部密切聯繫配合，便曾經交換職務，搞得全報上下一時竟分不清他們誰是總編、誰是總理！而在新聞的大政方針上，甚至黨政關係的應對上，馬對李、陸更是言聽計從。

住在樓上樓下的李、陸兩位，眞是交稱莫逆。記得陸大聲剛升副總編輯不久，報社突然宣佈李總因病告假、陸副總越次代理。可是，晚間李總依然照常上班，倒是陸代總突然不見。第二天看報，才知陸大聲參加了中國總編輯訪問團，應日、韓、佔領軍麥克阿瑟元帥之邀，與新聞界日本問題權威陳博生、王芸生、崔萬秋等前往日、韓訪問去也。

未久，舊事重演，當中國航空公司上海—舊金山航線開航，邀請全國各大新聞單位總編輯組團前往美國訪問時，健旺如常的李總再告病假，而英氣勃發的陸代總又與其他資深報人陳訓悆、趙敏恆、費彝民輩，同機訪美去了。

事後，誰都明白報社之所以連續採取這種「假病虛代」舉措，主要的是加速促成陸大聲兄在京滬平津記者群中的權威領袖地位，而大聲兄亦不負馬老師和李大哥的苦心培植，先在東京、漢城歸來後撰寫了一時膾炙人口的《麥帥治下的日韓》專書，而在美京短暫停留，隨團晉見杜魯門總統之際，更分函美國政要、提出問題，進行開創性的書面訪問。等他回到南京，被訪諸公也紛紛函覆，就中，不久前始自中國調處國共紛爭的美國國務卿馬歇爾還懇切修書答問，給予央報一次最大的專有、最大的勝利。

硬闖上層兼交下層

陸大聲在採訪上的有膽有識、粗中有細，在南京時代，還有著下述的幾個例證：

——記得一九四七年一月八日，前述馬歇爾元帥奉召返美、出任國務卿要職，這是一條特大新聞，大聲兄這天一早就趕到報社，先撥了好幾通電話，獲致了有關線索，接著匆匆回家，換了身當年在艾森豪總部擔任隨軍記者時的美軍制服，然後乘坐聯勤總部借撥央報的那輛軍用吉普，並令隨車借來的駕駛兵載他直駛馬帥公館。

一到公館大門，馬帥正準備動身，門前幾名警衛正想查問陸的身份，他已昂然直入，向馬帥侍從副官表示是專門來送行的。就是如此這般，他終獲追隨馬帥之車直馳機場，單獨親睹了蔣主席和夫人話別馬特使的場面，還留下歷史鏡頭。

硬闖，證明他大膽、機智而有氣派，但是如果沒有那輛吉普、那名駕駛兵，和那套美軍軍官制服，經他細心安排，供作他的道具，不要說是登堂入室，同赴機場，恐怕連一點邊兒都挨不上。

——闖入上層，足見大聲兄的「高」招，但在同時，他卻也能屈而就下，技巧地鑽入低層。說得更清楚一點，他不僅慣於結交權貴，對那些權貴手下的副官、司機之流，也交了不少朋友。記得在那些年頭，一遇中樞有什麼大小聚會，大官們總是高踞廳堂，飲宴談論，歷久不輟，而等在外面的副官、司機爲了消磨時日，只好躲在門房或是牆角，打打撲克，推推牌九。大聲兄爲了獵取新聞線索,有時也就放下身段,和這幫「最接近高層」的哥兒們在一起吃喝玩樂一番,組成他的新聞網。每逢春節,陸大聲都會自掏腰包分發禮金給這些網衆。

其時,華北五省,分屬孫連仲的保定、傅作義的張垣、和閻錫山的太原等三個綏靖公署,而在上面又擺上一個李宗仁主持的北平行轅,彼此相互牽制,各自爲戰,也個個挨打。及一九四七年十一月十三日,石家莊因李(宗仁)孫(連仲)意見相左而致失陷,國府乃決心統合華北戰場,讓能征慣戰的傅將軍以華北「剿匪」總司令地位總綰全局,統一指揮。

這是軍事上一件大事,大聲兄憑經驗看得出傅氏在受命之前必將晉京密商,乃在與上述哥兒們交往之際,請他們代爲注意。果然,幾天之後有人向他提供線索,指出「你要找的那個人已經到了南京,晚間在某處和我家老闆一道開會……」

大聲兄屆時前往,意外發現中樞派給傅將軍開車的,正好也是他的一位朋友,乃藉機鑽進車去與那位司機朋友閒聊,不料即在此時,傅將軍會畢出門,一上車,發現大聲兄早在裡面,只有搖頭嘆道:「你們幹新聞的可眞厲害!」

於是,第二天的《中央日報》頭版上又有一則獨家特大新聞。

——然而,最終讓陸大聲稱霸報壇、懾服群倫的,還是他一舉而制服了位高權重的外交部長王世杰(雪艇)的得意之作。誰都知道學者出身的王部長秉性謹愼,且幾近懦弱,自從被迫當宋子文的「替死鬼」,簽訂《中蘇友好條約》,送掉了外蒙、削弱了東北,從而引致了輿論界的交相指責之後,乃乾脆來一個「閉關自守」,關上了外交部的一切新聞通道,不見記者,也不發有實質的消息。這樣做,不啻斷送了外交記者們的「生路」。

外交部既不發稍有價值消息，記者們就來個一致反擊，拒刊外交部長演說、迎賓一類的官式公報。雙方堅持，彼此封鎖，前後竟達一個多月，一時，外交部竟然被人忘懷，好像不再存在。

不過，日子久了，雙方表面彼此堅持，骨子裡卻都不禁有些著急。

這時，站在一旁、善觀火色的陸大聲，一見時機成熟，乃出面轉圜，在中央日報社三樓大宴賓客，邀請王部長與京滬平津各大報社外交記者共聚一堂，握手言和。他的這次成功的「外交手法」，不唯大大提高他在新聞界的聲望，也讓京中達官貴人對他刮目相看。

自然，當年在南京，讓他在新聞史上，佔據光榮一頁，也永受各方稱道的，還是他對孔宋豪門違章霸結外匯案的大膽揭發、和事後在層層重壓下的一力擔當。不過，這件事在他自己的回憶錄的本文中定有詳細的追述，在這裡，我也就不再多說了。總之，那幾年由於他在南京的實具驚天動地之能、頻作驚世駭俗之舉，在記者群中一直被視為神出鬼沒的孫悟空！而中外媒體派駐南京記者，一如徐佳士兄在《六十年來的中央日報》紀念冊所寫「一個不須文憑的學府」一文中所說，每天不到《中央日報》跑上一趟，便覺得工作尚未結束。

提拔後進堅持專業

前述李老總荊蓀為了讓陸副總順利訪問日、美，不惜稱病告假成全，一時成為佳話。不久，大聲兄為了讓我能以小記者而出大差，也著實扶我一把。

記得一九四七年四月四日凌晨，我正在報社宿舍裡睡得好熟好熟，突然被人搖醒，睜開眼，一看站在床前的，可不就是我的頂頭上司陸大聲。

「報社派你出差，趕快起來穿好衣服。」站在一旁，他不停催促。我意識出有點異常，一面穿上掛在床頭的一套嶄新英國呢料訂製西裝，踏上一雙時興拔佳皮鞋，一面匆匆洗刷，然後輕輕問了一聲：「一早出差，請問要到那裡？」

「參加記者團前往延安，一小時內便要起飛。」答覆雖然簡單，卻震醒了睡在對舖的同學而兼同事的漆敬堯兄，只見他睜大眼，搖搖頭，一副難以相信的樣子。

接著，在敬堯兄的祝福下，我便隨同主任乘車向機場出發，路上，他說延安風砂太大，還陪我繞道城南盛錫福買了頂呢帽。戴上新帽，我一看我這身新郎倌似的打扮，心裡不禁想到，飛到那邊，我這些寶貝行頭不就完了。於是，我不禁有點兒埋怨：「如果昨晚先告訴我，我也好有一番準備。」

「昨晚宣佈是你，今早你便走不成啦！」他笑著回答。

說起昨晚，我便想起昨晚發生的事，原來，國軍早在三月十九日更突然「打下」紅都延安，新聞界一直殷盼趕往採訪這次意外的決定性大勝，乃幾經交涉，國防部方才答應在四月四日指派三架客機，載送四五十位中外記者前往。

這時，李老總改任總經理，總編輯改請老報人王新命副總主筆兼任。早在抗戰時期，當共產黨《新華日報》在陪都重慶開辦時，王先生便有前往延安創辦《中央日報》之意，繼因中共阻撓未成。此番一聽延安收復，老先生便決定親自出馬，以了心願。想不到就在此時，他老人家創辦的一家上海私立中學卻發生學潮，非他親自前往處理不可，王先生打聽記者團還有幾天才走，乃趕往上海，準備記者團出發前夕趕回。

誰知四月三日他自上海搭乘的夜快車竟在蘇州出軌，而他一時也無法覓得其他代用交通工具。午夜一過，由誰代他出此大差，便成衆人熱門話題。於是，包括主筆、主任和副總編輯朱沛人（政校新聞系首期老大哥）在內的一群「高幹」便雲集編部，名爲議論，實則競逐。不料，淸晨一時，自社長室與李代總編輯商討一陣下來的大聲兄卻笑著告訴大家：「人選已定，不敢有勞諸公大駕。」

此語一出，諸公莫不悵然而去，而我這個剛剛掙脫頭上頂著的「臨時、試用、實習、助理」四頂帽子的新進記者，更是悄悄地回房休息去了。想不到，第二天出差的居然是我，事實上誠如大聲兄所言，前一晚如果宣佈我去，一定會大起爭議的。

說來我的那次出差，與李老總「請假」讓大聲兄出國，情況大有差別，因爲，副總編輯代總編輯辦事是理所當然，而我這名小記者之瓜代老總編輯前往延安採訪，便是上頭的提拔、和自己的運氣了。

昔日，在一般報社中，積有壓抑後進的傳統，一名記者要熬出頭，必須一步一步慢慢地爬，可是，在適才適用的前提下，當日央報諸公卻寬宏無私、不管那些老套！

回憶起來，儘管一路風砂、塵灰沒踝的延安之旅，果然報銷了我的新衣新帽和新鞋，卻也讓我在當年南京的新聞界提早闖出一點名號。尤其是我的第一篇報導，被大聲兄加了一個「延安臉譜」的標題，引人入勝，博得好評。

四十多年後，我與由同事又變成連襟的大聲兄在海外重聚，一天，偶憶舊事，問他當年爲何派我去出那趟大差，而且事先不讓我知曉？他回答說，當時他認爲採訪原是作記者的專業，有事需要安排採訪，自然要先考慮派記者。否則，大員儘出大差，小記者揀蒜皮，不唯搞亂制度，抑且打擊記者群的士氣。派你到延安，派徐佳士隨桂永凊出海，都是基於此。

爲鄭毓秀董顯光欣賞

在這裡，我要挿上一段。大聲兄在央報大膽揭發孔、宋霸佔外匯、並以顯著標題刊出國代「請殺陳誠、以謝天下」新聞之後，相繼引起大風大浪，自覺服務公營報紙可能逐步受限，乃毅然辭職，改任老報人成舍我先生主持的北平《世界日報》南京特派員之職，整天坐著成老闆新購美國製深紅耀眼豪華汽車，四出採訪。有次，司機眼尖，瞥見成老闆擠在一個車站人群中等巴士，大聲兄即命停車，請成上車，並問怎麼在這裡等巴士。成答：我的車不是你用作採訪了嗎？你的事重要。陸答：你的人也重要呀！一時傳爲佳話。

不久，大陸變色，大聲兄遠赴香港、日本打算另創事業，而我則以央報駐台特派員名義，追隨央報總經理黎世芬兄先期去台籌開央報台版，其時台灣省府仍由魏道明先生主持，對央報不多理睬，讓我們遭遇不少困難。一天，大聲兄突然來台，一見面便說要去台北賓館借輛汽車，邀請我們一同遨遊。世芬兄與我都不相信他具有如此神通，不意時他果然乘坐台字第一號禮車返來。事後，他告訴我，一九四七年他爲了便於採訪新聞，曾半開玩笑地拜在魏夫人鄭毓秀女士名下。而今，遠道來訪乾娘，借車還不是說上一套便行的事。原來，一九四七年春，他首次訪台，魏道明主席設宴歡迎。飯後，魏將一封台幣送給陸，陸不僅峻拒，且指爲侮辱，弄得氣氛極爲尷尬。不料魏夫人、大律師鄭毓秀卻以教訓口吻說：「你不要搞錯了，我們見你從南京來，身上沒有台幣，給你一點方便。你偏偏想歪了！伯聰是行賄的人嗎？你陸大聲又是受賄的人嗎？」迫得大聲兄只好道歉。在不打不相交的情況下，認她爲乾媽，陸乘勢擁抱了她一下。

那時，世芬兄原打算請他留下幫忙籌備，他說他只想自己辦報。準備在東京復刊廣州被封之《天地新聞日報》。他一度趕往嘉義空軍十大隊駐地，與好友、時任基地司令的衣復恩先生團聚。不久，又轉到日本去了。

一九四九年底，朱撫松先生突然駕臨寒舍，說是新任中廣總經理董顯光先生要請大聲兄返回中廣擔任副總經理，但那時大聲兄行跡不定，無法聯絡。過些時，更陷身大陸。其後，偶檢視存卷，還發現撫松兄留下的大聲兄的入台證。於是，我想：「如果他當年留在台灣，也許就免了一場牢獄之災。」可是，話也難說，在當時日益緊縮的台灣，誰知道他又會闖下什麼大禍！

發表〈卅年大夢將醒乎？〉

延安之捷事後證明只是一種「假象」（恕我心存忠厚，不想說得更爲難聽）。接下去，國軍一路「轉進」，共軍長驅南下，在下跟定報社退往台灣，大聲兄一家卻陰差陽錯的陷身雲南老家，受盡折磨。翻過六十年代，我家移居巴黎，陸、龔兩家開始有著聯繫。在大陸全民挨餓之時，吾妻惜瑜千方百計以油脂寄其姊惜珍，稍解艱困。等到我們一九六七年再移居紐約，大聲兄雖仍繫獄中，但所獲待遇已逐年改善，最後，更在中共政策性放鬆放人之餘，得以赴香港。

一向，我對粗中有細、有膽有識而又能隨機應變的大聲兄十足的有著信心，認爲當年他既能迅速地在南京闖出天下，在香港，他必將突破困境，另創天地。那時，他與在昆明衛生界受到尊敬的楊醫生惜珍姐租了一間小房，侷處美孚新村。可是，就在那間兼作書室的陋室中，他卻洋洋灑灑地寫出了那篇〈卅年大夢將醒乎？〉的傳世佳作，首先揭露了被人譽為清教徒式的革命社會，不僅一樣的有著瀰漫前朝的貪墨腐化，而且還變本加厲。

這篇大作首先獲得《明報月刊》的權威主編胡菊人先生擊節欣賞。用作月刊「中共建政卅周年特輯」的「重磅炸彈」，刊出後更讓舉世迸發了石破天驚、原來如此的巨大迴響。連台灣當道也在等不及為他辦理入台證之前，轉邀他前往訪問。

從此，胡、陸兩位素昧平生的文士變成了如兄如弟的知交。先是，胡先生在受託創辦香港《中報》之際，禮聘大聲兄擔任總主筆，未久，兩人更在退出「中報」之後，合作創辦了八十年代中極具影響力的《百姓》雜誌。

這樣，平地又是一聲雷，大聲兄在大陸繫獄廿二年、被人遺忘之後，不僅重又站起，而且在熱心參與中國、香港事務的研究、討論、論述之後，在海內外傳播界再受尊重。

把左中右獨請在一起

在香港再度崛起之後不久，他又興沖沖地前來美國開闢第二戰場，出任紐約華文報紙《華語快報》發行人。這家新起之秀僑報的實際負責人是兼營華語電台有成的劉恕（亞瑟）夫婦，也是當年合創《新聞天地》十一位發起者之一、故人劉竹舟先生哲嗣。亞瑟從小就佩服陸叔叔鑽天入地、神出鬼沒的本領，盼望這位重入江湖老報人爲報社衝出一條大道。

大聲兄一開始便主張把《快報》衝出僑社，辦成一家以政論見長的政治性報紙，從一九八四年一月八日起，便在快報開闢「新獨立評論」周刊，一心想承傳老「獨立評論」香火，以達到書生報國目的。

「新獨立評論」前後出刊約近三年，逐漸形成爲各方面討論中國統一問題的主要刊物，作者包括丘宏達、唐德剛、高英茂、田弘茂、朱永德、郭雨新、康寧祥、李慎之、熊玠、陳慶、翁松燃、謝扶雅、沈君山、叢甦、王鼎鈞、周策縱、姜敬寬、楊力宇、邵玉銘、宦國蒼、張旭成、徐東濱、沈策、蕭欣義……等，可謂集左中右獨之大成。

接著，在週刊已經建立的學術基礎上，他再以香港《百姓半月刊》和紐約《華語快報》共同主辦名義，八四年十一月十一日在紐約中城羅斯福旅館召開了「中國前途討論會」，讓左中右獨不同政治立場的學者齊集一堂，自由而熱烈地討論了大陸、台灣和香港的路向。會議原定在一間中型會場舉行，可是，傾盆大雨也阻止不了與會者的熱情，爲讓四百多位踴躍與會者都能獲一席之地，主持人之一的鄭心元兄臨時與旅館商理換了一個更大的會議室，仍然是座無虛席。

這次會議的召開，十足地顯示出陸大聲的人緣既好、組織才幹更高，事實上，爲使分別來自美、加、台灣和大陸的立場不同的各方著名學者專家如期趕來參加，他前後函電交加的足足忙了兩個月。美國、兩岸三地的傳媒對此也甚爲注意。北京「中國新聞社」副社長王瑾希不遠千里專程赴會。多年來，公私各方一直有人邀集不同立場人士，共同探討統一問題的願望，均因問題過份複雜而未能如願，想不到唱獨脚戲的陸大聲卻把它順利完成了。

這段時間，我一直在旁注意觀察，覺得他從創辦《百姓》、「新獨立評論」，結合各方人士，一直到這次討論會的召集，都有前後關聯的脈絡可尋，而次年中共總書記胡耀邦之所以單獨約請他前往北京見面，多半也是由此發覺他這個人頗不簡單，而樂於接談。就這樣，他青年時代，蒙蔣老總統親自接見，嚴詢新聞來源，他也當面頂撞於先，至此，復與胡總書記，抵掌而談天下大事於後，亦可謂爲國史異數了。

一向，陸大聲就是這樣的粗中有細、有膽有識，表面上你只見他嘻嘻哈哈、吵吵鬧鬧，但是骨子裡他卻精於策劃，看得清眼前複雜多變的環境，充分地隨機應變，做得恰如其分！

在這裡，讓我再舉一個例子。

當年，大陸民主傑出人士方勵之避難北京美大使館經年，終獲自由之際，中西記者紛紛追蹤訪問，方先生對大聲兄供應新聞特多。同業對此，不免有厚此薄彼之感。後來一打聽，原來陸在他幽居使館的兩年中，即不斷寄給外間有關他的新聞、評論，積久，彼此乃成知交。

也許，這可以說是大聲兄愛交朋友使然，但是，在職業上，他也獲得一分報償。

最後，站在五十年親戚立場，有些話如骨鯁在喉，不吐不快。先岳父母楊步青先生陳春梅女士，育有四位千金，俱慧麗過人，就中，三姐惜珍以能幹、大方，早年更被譽爲中央大學醫學院校花。大聲兄與伊結褵未久，不幸即蒙冤被囚，先後多達廿二年之久。其間，惜珍姐日送牢飯、夜裁寒衣，對外則獨持門戶，對內更撫養陸、楊兩府老小共達四代十口之多。及避難來美，親友原期兩人彼此扶持，百年偕老，不意大聲兄竟忍心出走，棄家不顧。

據我們所知，初時大聲兄爲掩飾內心矛盾，曾放言高論，故示從容而事實上則深爲不安，如在離家前夕，即曾數度顫抖幾乎不能自恃，反映思想鬥爭激烈。邇來在台撰寫回憶錄，亦一再聲言，將以「回憶與懺悔錄」名其新著。

概略言之，在職業生涯中，他不僅成功，且足爲後學楷模；但在家庭裡，他卻不但失敗，且有負於家人者也多得太多。難怪他曾經對我表示，像他這種人如生在包龍圖時代，腦袋非被鍘刀鍘掉不可！

一九九七年初春於紐約

我看陸大聲嚎啕大哭

劉賓雁

我和陸鏗先生第一次會面，是我第一次訪美的一九八二年年底，在紐約張文藝先生家裡。他的苦難經歷，我早有所知，因而一見其人，就頗感驚訝：這哪裡像是一個受過半生苦難、坐牢二十幾年的人呢！這些年，我見過的受難者實在太多了，其中也不乏堅忍剛毅、百折不撓之士。但是縱使這種人，靈魂和肉體受到的長期折磨也總會留下某種痕跡，不是在形容上、也會在精神上表露出來。然而我面前這位仁兄，朗朗的笑聲和筆直的脊樑、反應的敏捷和談吐的爽利，哪裡像是一個在鐵窗中度過將近一萬個朝夕的人呢！

我見過的人們中，有的僅僅「上訪」幾個月，精神已經有些失常。從國內到國外，我常常遇到的一個疑惑是：那些行為卑劣、引人憎惡的人，究竟在多大程度上是出自個人品德操守問題，又在多大程度上是由於過去經歷的迫害或憂患造成的精神失常呢？

可作相反標本加以剖析

陸鏗眞是可以作爲一個相反的標本加以剖析。我的經驗告訴我，人的主體狀態——他的精神實質和性格以及神經的堅韌程度，外界環境之侵蝕（無論是致命的摧毀或誘人的腐蝕）造成的傷害之大小，起著至關重要的作用。

陸大哥的熱情豪邁，剛正不阿，如快人快語，人所共知。但一九九一年的一次事件中他的表現，仍令我感到震驚，大概將爲我一生中難忘的十大印象或五大印象之一了。

洛杉磯有一家《新聞自由導報》，一九八九年「六四」後創辦的。一九九〇年，熱心的民運人士權華經過長時間努力，成立起一個理事會，請我擔任主席。本來心想無非是掛個名罷，後來卻忽然認眞起來，覺得把這張報紙辦好，設法打進國內，還是有一定意義的。他們登報紙招聘，找不到一個合格的總編輯，我推薦已在《導報》工作的程凱先生擔任。程凱自十六歲起從事新聞工作，曾任《人民日報》駐深圳首席記者，後又任《海南日報》社長兼總編輯，幹得很出色。天安門運動後被迫逃亡海外。我心想，到哪裡找一個更理想的《導報》總編輯呢，便來推薦。不料討論這個人選的理事會竟花了近一天時間，我費了很多唇舌，才被接受下來。其實我連程凱的長相都不記得——不過在《人民日報》每年一次的全國記者會議見過面——打打招呼而已。

一部電腦引致人事糾紛

程凱上任不久,《導報》便有了明顯的起色。但是剛剛幹了三個月,忽然傳來了程凱決定辭職的消息。事情的起因是一位愛國華僑曾把一部電腦借給《導報》,用來排版。這位先生很富有,本來是願意捐贈這部電腦的,但他留了一個心眼,擔心這家報紙有一天可能被共產黨或國民黨勢力所掌握。一九九〇年年底,他發現《導報》新成立的理事會裡有幾位國民黨人士,其中有一位還是十分活躍的,便要求收回電腦。經我請求,他同意暫緩。但到了一九九一年年初,他發覺《導報》的執委會(設在理事會下,掌管報紙)負責人傾向國民黨人士,便決定無論如何要收回電腦。怎麼辦呢?執委會主席權華主張放棄電腦,到外面去排版。總編輯程凱懂得一部電腦相當於一家報紙的排字車間;報紙沒有自己的印刷廠尚可,排字車間卻不能沒有,便堅主必須買一部電腦。到外邊排字組版,每月開支也要二、三千元,並無這筆經費;權華就主張編輯部裁人,由五人減爲二人。但這又是程凱所不能接受的。報紙雖小,倘要辦好,必須改進,兩個人是無論如何不能完成組稿、編改、採訪、校對、發行和廣告業務等工作的,更何談改進?權華堅持她的主張,於是程凱便憤然遞交了辭呈。權華並未挽留,另有兩位編輯,也決定去職。

我覺此事嚴重,便電告權華暫勿接受程凱的辭呈,待開過理事會再說,她也表示了同意。然而事後她還是接受了辭呈,並決定由理事王超華代理總編一職。

陸鏗是《導報》的顧問,我請他列席理事會會議,他很是躊躇。我力請他參加,才同意。當時我想：大聲爲什麼猶豫呢？是不是不願捲入這類糾紛呢？——他畢竟住在西岸，而當時民運內部分歧已經明顯，權華夫婦又非一般人物，他總不能不考慮今後自己在加州的處境吧？

開會那天，他按時來了，坐在我的旁邊。主席權華宣布議程。第一項，「劉賓雁主席宣布開會」；第二項是「選舉大會執行主席和秘書」。

會議議程人手一張。我也看了，卻完全沒有理會有什麼問題。這會並非「大會」，理事總共只來了九人。還要選一個「執行主席」嗎？我想都沒有想這裡邊有什麼奧妙。看來是早有準備，「執行主席」的候選人雖然遲到，還是全票當選了。

大聲責權華搞陰謀詭計

這時忽然間，聽見一聲大吼。陸大聲說話了！議程上沒有這一項。他開門見山，向執委會主席提出抗議：「權華呀權華，我一直認爲你這個小姑娘（不小了，四十歲上下，當然也早就不是姑娘了）非常優秀，甚至想過你有一天可能當國務院總理呢，怎麼今天你搞起陰謀詭計來了呢！」

不用說，全場震撼，人人愕然。大聲繼續大聲說，比平時更大聲，那音量和氣勢就可以想見了：「劉賓雁先生就是理事會主席，他大老遠從東岸趕來，你爲什麼不准他主持會議，還要選個什麼執行主席呢！……」

這時——這是第二次令我、也令所有人感到震驚了，一位七十歲的長者，爲人固屬激情份子，喜怒形之於色，然而想不到他今天會激動到這程度，竟放聲大哭起來，在泣不成聲中，他又說：「你分明是想剝奪他的發言權嘛……」

都知道陸大哥心臟不好，此時已氣喘吁吁，氣得說不出話來了，怎能不擔心他出事？衆人七嘴八舌急忙勸慰老先生消氣，千萬不要過於激動。

還好，陸大哥平靜下來了。我的心（不是心臟，另一個心）卻不能平靜了。因爲事情同陸大聲本人利害全然無關，他不過是《導報》的一位顧問，比我還遠上一層。他爲什麼會發那麼大的火呢？只能有一個原因，即出於一種道義感，及對權華的失望和對於她採取不正當手段的憤慨。

出於道義不涉個人利害

會議結束後，《世界日報》記者曾慧燕小姐來訪陸鏗，問他爲什麼會嚎啕大哭。陸鏗回答說：「我太傷心了，因爲民運如此艱難，還要搞內鬥，實在令親者痛，仇者快。」說著說著，他又流起淚來。翌日《世界日報》刊出了陸鏗流淚、劉賓雁痛心的有關報導。我意外地發現：原來大聲和我一樣，都曾對權華有過很大的好感和很高的信任。我是一九八八年到加州理工學院給中國留學生做演講時偶然認識權華的。她的丈夫在那裡讀博士，她本人在東岸讀書。此人容貌平常，矮矮胖胖。剪了短髮，衣著樸素，健談而說話很甜，給人的感覺是熱情、親切，似乎隨時準備著給你以幫助。

談吐中看得出一定水平。這些東西綜合起來便形成一種個人魅力。我同時也了解到她夫婦積極於社會活動，觀點和我一致，主張民主。

其實也只有這麼一點短暫的接觸，心裡留下的印象卻很深。記得有人勸我以留學生爲題材寫一點報告文學時，我就想到可以把權華和她丈夫寫進去。這就和大聲的「國務院總理」是一個路子了。

這時候，我在觀察海外民運中的是是非非時，已經覺察到中國人對於與己利害無關的事的那種明哲保身、明知不對卻不說話以免得罪人的態度之可怕了。並深感此害不除，今後中國人必將吃大苦頭。這一次我見到一位飽經憂患、自然也深諳世故的中國老人，爲一件與己無關的事拍案而起，仗義直言，自然大受鼓舞，也對陸鏗兄有了深一層的認識。

我請他來，雖因預感到這次會議可能會有麻煩，卻並非借他一臂之助的意思。他是顧問，沒有投票權。不過是希望有一位他這樣的人做個見證而已。想不到他竟能在此大張正氣。

有組織有預謀多數得勝

然而後來也叫人傷心，無論是陸大哥的拔刀相助，或我在會上的短兵相見，兩員老將最後都敗下陣來。每次表決，都是七：二，我是永恆的少數。若非馬大維先生陪榜就更可憐，必定是八：一了。

我去洛杉磯前，曾向全美學自聯主席爲成立「自由民主黨」而和權華夫婦打過交道的一位先生打聽其爲人。得到的回答是這對夫婦非同小可，南加州的留學生基本上都在其掌握之下（《新聞自由導報》理事會中的多數是這支力量的骨幹分子）。他沒說，但我後來從不止一個來源處獲悉，這對夫婦在那次籌備會上也有非凡表現。以致那個黨最終告吹。

大聲能一眼看穿會議議程中埋下的問題，卻無法看到會前和幕後的種種部署，以及那些理事們同權華之間親如手足的關係。既然講民主，你怎能戰勝一個有組織又有預謀的多數呢？

會議的最後一天，程凱提出一個方案：他不再堅持編輯部全員不動，可以裁減一人，把省下來的薪水用於分期付款購買一台電腦。這不是兩全其美嗎？編輯力量基本不減，又有電腦可用，幾個月後就歸自己所有，那減掉的一員又可歸隊了。這個方案還有何可以挑剔之處呢？我認爲程凱的復職是必定無疑了。

想不到忽然有一個人站起來宣告她要和程凱競選總編輯一職。她說她的施政方針和權華的主張一樣，還是裁人三個，到外邊排版。她還說，他知道這樣做《導報》只能維持，不能改進，而且她只幹三個月，就要去讀學位。

接下來投票表決，仍然是七：二。這位女士光榮當選。我失敗了。

《新聞自由導報》本來是十日刊，權華主辦的理事會成立後改爲周刊。經過這場風波，這張報紙又由周刊變爲雙周刊了。

這就是兩位老將出馬不抵一員小將的故事梗概。然而我這三天時間也並未白費，收穫是進一步認識了一位老將和一位小將，也間接增長了一些新見識，對於中國今後的主要敵人將主要是中國人自身這個問題，心裡更清楚了一些。

一九九七年四月十一日於普林斯頓

長幼之誼·情同兄弟

梁欽東

陸大聲先生是我最敬佩，同時也是最親密的前輩朋友。事實上，由於他出道很早，無論從年歲上、經歷上，都應該算是我前輩的前輩。

我還清楚地記得第一次知道陸鏗這個名字是在一九八一年中。說起來那還是因爲我的祖父梁漱溟先生的緣故。那一年六月一日，《百姓》半月刊在陸先生和胡菊人先生手中誕生了。還在上大學的我，暑假裡從杭洲浙大回到北京，照例去木樨地祖父家裡住幾天。因爲生平就愛「翻書」，這次居然在祖父的書桌上翻到了兩本剛收到的《百姓》雜誌。那年頭，大陸的思想禁錮還相當嚴，難得看到政治宣傳以外的新聞和觀點。我幾乎是一口氣就把兩本雜誌讀完了，好像久旱的枯草吸吮到春天的露水，那感受怕是沒有類似經歷的人所難以體會的。

不久，看到陸伯伯寫給祖父的信。原來一九四六年國共和談期間，祖父曾以民盟祕書長的身份擔任國內第三方面的主要調停人，而陸先生恰是活躍在談判場內外的名記者。相隔幾十年，這一緣份終於被續上了。此後兩人不時有書信來往，《百姓》雜誌也不斷地寄來。間中亦曾有雜誌被大陸海關查扣的事發生，執著的祖父還寫信查問到底是什麼內容犯了當局的忌。

祖父的《人心與人生》一書完成，陸伯伯提議選書中一部分在《百姓》連載發表。祖父回信說以政論雜誌刊行學術著作似不盡相宜，如編輯以爲可用，另有一篇短文可發，並要求不要刪改，文責自負云云。隨信他就寄去了他的〈試論毛澤東晚年錯誤之根源〉一文。《百姓》很快就在下期刊出。記得這一期雜誌的封面是祖父的鋼筆畫像，同期還發表了陸先生等人的評論文章。由於文章於同一天在香港的《百姓》半月刊和台灣的《中國時報》刊出，而且是老人家幾十年來首次在海外發表言論，又據說這是一向將毛澤東冠之以「毛匪」的台灣報紙首次出現「毛主席」字樣，因而頗受海內外輿論關注，連大陸的高級幹部內部刊物《參考資料》都給予全文轉載。一時間各方評論如潮，有的說梁先生是在贊毛、褒毛，有的則說是批毛、罵毛，甚至還有人懷疑文章的眞僞，說從雜誌上刊出的原信影印件看來，字體龍飛鳳舞，不像是出自九旬老人之手。可以說是掀起了一股不大不小的「旋風」。後來中共中央統戰部還派人來找祖父談話（我當時剛巧在場，記得是以副部長平杰三爲首的三、四位高幹），要求祖父今後在文章言論上要小心，有文章的話可以在國內刊物上發表。祖父聽了也只是點頭而未置可否。然而後來的一、二年內祖父還是在《百姓》上發表了回憶蔣介石，及呼籲大陸實行政治改革等文章。

初次見陸伯伯的面是在一九八五年。那一次他應邀訪問當時的中共中央總書記胡耀邦。與胡見面前，他先來訪問祖父，並詢以對胡的評價，祖父以「通達明白」作答。而陸與胡見面的開篇正是借用了祖父的話。

不久以後，陸伯伯就寫信給祖父說他以爲梁家後代應該有機會出國學習，他願意爲此盡力。而且說到做到，很快為我聯絡好了學校並找到獎學金。

一九八八年十月，我在陸伯伯的幫助下來到美國讀書。第二年夏我自東部轉學去美國西海岸，特別先去看望當時正住在洛杉磯西來寺著手寫回憶錄的陸伯伯。我們兩人用幾天時間把收集到的所有紀念祖父的文章做了一番整理，這部題名《中國的脊樑》的紀念文集收集了兩岸三地不同觀點、不同傾向的紀念評論祖父的文章，很快由《百姓》雜誌社出版。

到西部入學以後，每年放假都會去舊金山停留一陣子，常有機會見陸伯伯，並慢慢地與崔蓉芝阿姨和她的兒子劉家禾相熟。一九九三年至九五年我在舊金山一家建築師事務所工作，因為住處相距不遠，常常在周末去看他們，他們也把我當作家裡人，從不客套。記得有一次嚴家其先生來訪並住在他們家，我剛好也在，到了晚上要睡覺時大家請嚴先生睡客房，而我則在起居室裡睡一晚。嚴先生客氣地推辭，陸伯伯馬上說：「不必客氣，欽東就像我乾兒子一樣的。」

作為長輩，陸伯伯對如我一樣的年輕人總是以他的仁慈之心來愛護和提攜。每次遇到有客人常常還是名人，他一定會把我向大家一一介紹，還免不了褒獎一番，使我一個後輩在客人們面前不感到拘束和自卑。他一旦在報刊上讀到有關建築的文章，也一定會剪下來留待下次見面時親自交給我，用心不可謂不細。我的學業情況、個人生活、讀些什麼書，以至戀愛對象，也都是他每次關心的話題。

另一方面，雖有這些年齡、輩份、經歷上的差別，陸伯伯卻從不以長輩自居，而是以平等的姿態像朋友一樣的待人。認識不久，他就告訴我說：「你願意喊我陸伯伯也行，喊我陸大哥也可以。」他的朋友中從年逾古稀的長者到二十來歲的青年，稱呼他用得最多的就是陸大哥。他還風趣地告訴他的大兒子陸可望：「好好努力，表現得好，以後可提升你做老弟。」

記不得有多少次陸伯伯拿出自己剛完成的文稿給我看，然後問我主題清楚不清楚？論據充分不充分？還有什麼可以改進的地方？他老人家筆耕幾十年，卻不恥於讓我一個晚輩給他的文章提意見。也記不清有多少次，我們坐在他家的廚房裡隔著小餐桌長談，古今中外，上天入地，無所不及。最常說起的還是中國的前途，兩岸的關係，每次他也一定會問我的看法，鼓勵我講自己的意見。讓我感覺雖然是面對著名政論家談政治，卻像是與自己的兄長話家常。

當然，和陸伯伯在一起最大的享受，還是聽他談自己。他老人家這幾十年閱歷豐富，交遊廣闊，加上博聞強記，講起少年時照顧祖母返鄉路遇劫匪，青年時赴歐洲採訪的種種見聞，中年在大陸廿二年的牢獄之災，晚年到海外以後的風風雨雨，以及經歷中一些不足為外人道者，他總是如數家珍般娓娓道來，時而妙語如珠，引人捧腹，時而言詞凝重，發人深思。我一個晚輩得以有幸分享他一生的經驗及其引申出來的人生道理，實在受益匪淺。現在他的《回憶與懺悔錄》終於要出版了，我為陸伯伯高興，更為我們這一輩的青年人能從中得一些啓發高興。

一九九七年五月廿一日於舊金山

後記

陸大聲

從一九七八年四月三十日到達香港之日起，朋友們就鼓勵我寫回憶錄。一九八八年十月在佛光山西來寺開始動筆，由一位老友張屛之抄正；三個月後他轉回上海，不久病逝。懷念故人，不勝感嘆。一九八九年天安門事件發生，思想所受衝擊至深，跟風投入海外民運，作爲民運支持者參加了芝加哥大會、巴黎大會、舊金山大會、洛杉磯大會、華盛頓大會。小型的活動，更不計其數。終於發覺離開了本土搞民運，是脫離實際的，乃轉而繼續對鄧小平的研究，繼《風雲變幻的鄧小平時代》後又出版了兩本有關鄧的書。

一九九六年在台灣紡織工業家、柏楊稱爲「文化界大護法」的陳宏正兄的安排、督促下，才定下心來，回到回憶和懺悔上。宏正的美意和不斷地查問進度，給我以七八歲時讀私塾，老師逼著背書的感覺，有點壓力，卻有上進的喜樂。而友情逾半世紀的老友衣復恩、蕭瑛華伉儷的關懷也是一種動力。

感謝中央研究院給我提供了面對青山寫作的機會，近史所陳三井所長和所內很多朋友給我的關愛，遠超過「關愛的眼神」。陳永發、熊秉眞、羅久蓉三位學者還幫我查證歷史故事。吳鳳蓮小姐整齊的打字，戰勝了我的「鬼畫桃符」。而楊國樞副院長賜序，對我來說，顯然比「摸頭」要愉快得多。好友司馬文武以專業記者的高標準相勉，使我產生了一個奢望：但願新聞傳播界的青年朋友們能從我的經歷中得到一點靈感，從我的錯誤中汲取一些教訓，我就大慰平生了。

感謝余紀忠老大哥的鼓勵和時報出版公司的支持，在莫昭平小姐的具體策劃下，這本書出版速度之快、質量之好，首先我作爲作者就非常滿意，相信讀者也會滿意。

最後還得一提我大兒子的挑剔，他指出原稿的某些不足之處，使我不得不修改充實。楊惜珍通過龔選舞提供了寶貴的照片。樂恕人提供的照片，使焚毀於「文革」的歐洲戰地記者照得以補上。崔蓉芝不僅擔任二校工作，並把散亂的資料整理出個頭緒，連遺忘在箱底的、珍貴的如潘受先生墨寶也能找出和讀者共享。而十位好友，年高近九十到年輕三十餘，本著「友直友諒友多聞」的精神，談論陸大聲，各有所見，多予肯定，令我不無汗顏。總的說明了這本書的出版，是共同心血的結晶。

謝謝讀者購讀這本書。敬祝健康！

一九九七年六月十四日·台北南港

歷史與現場⑱

陸鏗回憶與懺悔錄

著　者—陸鏗
董事長
發行人—孫思照
社　長—莊展信
出版者—時報文化出版企業股份有限公司
台北市和平西路三段二四〇號四樓
發行專線—（〇二）三〇六六八四二
讀者免費服務專線—〇八〇—二三一—七〇五
（如果您對本書品質與服務有任何不滿意的地方，請打這支電話。）
郵撥—〇一〇三八五四～〇時報出版公司
信箱—台北郵政七九～九九信箱
電子郵件信箱—ctpc@msl.hinet.net
網址—http://www.chinatimes.com.tw/ctpub/main.htm
主編—吳昌杰
編輯—李濰美
校對—程敏・崔蓉芝・陸鏗
排版—普辰電腦排版有限公司
製版—高銘印刷股份有限公司
印刷—科藥印刷股份有限公司
初版一刷—一九九七年七月八日
定價—新台幣四五〇元
⊙行政院新聞局版北市業字第八〇號

●本書照片由作者提供

Printed in Taiwan
ISBN 957-13-2334-9

請沿虛線摺下裝訂，謝謝！

歷史洪流的重現
時代現場的側記

歷史與現場

寄回本卡，掌握歷史與現場的最新訊息

（下列資料請以數字填在每題前之空格處）

_______**您從哪裏得知本書／**

1書店 2報紙廣告 3報紙專欄 4雜誌廣告
5親友介紹 6DM廣告傳單 7其它／__________

_______**您希望我們爲您出版哪一類的歷史與現場作品／**

1歷史 2傳記 3回憶錄 4新聞事件 5國際大勢
6其它／________________________________

您對本書的意見／

_______**內容**／1滿意 2尚可 3應改進
_______**編輯**／1滿意 2尚可 3應改進
_______**封面設計**／1滿意 2尚可 3應改進
_______**校對**／1滿意 2尚可 3應改進
_______**定價**／1偏低 2適中 3偏高

您希望我們爲您出版哪一位作者的著作或回憶錄／

1____________ 2____________ 3____________

您的建議／

請沿虛線撕下後對折裝訂寄回，謝謝！

廣　告　回　郵
北區郵政管理局登記證北台字1500號
免　貼　郵　票

時報出版
CHINA TIMES PUBLISHING COMPANY
尊重智慧與創意的文化事業

地址：台北市108和平西路三段240號 4 F
電話：(080)231705(讀者免費服務專線)
(02)3066842・(02)3024075(讀者服務中心)
郵撥：0103854-0時報出版公司

請寄回這張服務卡(免貼郵票)，您可以——
- 隨時收到最新的出版訊息。
- 參加專爲您設計的各項回饋優惠活動。

編號：BC88	書名：陸鏗回憶與懺悔錄
姓名：	性別：①男 ②女
出生日期：　年　月　日	身分證字號：

學歷：①小學 ②國中 ③高中 ④大專 ⑤研究所(含以上)

職業：①學生 ②公務(含軍警) ③家管 ④服務 ⑤金融 ⑥製造 ⑦資訊 ⑧大眾傳播 ⑨自由業 ⑩農漁牧 ⑪退休

地址：　縣市　鄉鎮區　村　里
　鄰　路(街)　段　巷　弄　號　樓

郵遞區號：

國家圖書館出版品預行編目資料

陸鏗回憶與懺悔錄 / 陸鏗著 .-- 初版. -- 臺
北市 : 時報文化, 1997[民86]
面 ;　公分. -- (歷史與現場 ; 88)

ISBN 957-13-2334-9(平裝)

1. 陸鏗 - 通信,回憶錄等

782.886　　86007598